U0930890

民商审判前沿
争议、法理与实务
——"民商法沙龙"微信群讨论实录

第二辑

李志刚　主编

人民法院出版社

图书在版编目（CIP）数据

民商审判前沿：争议、法理与实务："民商法沙龙"微信群讨论实录. 第二辑 / 李志刚主编. --北京：人民法院出版社，2020.10
ISBN 978-7-5109-2972-4

Ⅰ.①民… Ⅱ.①李… Ⅲ.①民法-研究-中国②商法-研究-中国 Ⅳ.①D923.04

中国版本图书馆CIP数据核字（2020）第208208号

民商审判前沿：争议、法理与实务
——"民商法沙龙"微信群讨论实录（第二辑）

李志刚　主编

策划编辑　韦钦平
责任编辑　张　怡　巩　雪
执行编辑　卢乐宁
出版发行　人民法院出版社
地　　址　北京市东城区东交民巷27号（100745）
电　　话　（010）67550691（责任编辑）　67550558（发行部查询）
65223677（读者服务部）
客 服 QQ　2092078039
网　　址　http：//www.courtbook.com.cn
E- mail　courtpress@sohu.com
印　　刷　三河市国英印务有限公司
经　　销　新华书店

开　　本　787毫米×1092毫米　1/16
字　　数　540千字
印　　张　36.5
版　　次　2020年10月第1版　2020年10月第1次印刷
书　　号　ISBN 978-7-5109-2972-4
定　　价　109.00元

民商审判前沿：争议、法理与实务

——“民商法沙龙”微信群讨论实录（第二辑）

编　委　会

“民商法沙龙”微信群

群友录

专家学者（以姓氏笔画为序）：

于　莹	吉林大学	任　重	清华大学
万　方	北京外国语大学	庄加园	上海交通大学
王　军	中国政法大学	刘　静	北京外国语大学
王　轶	中国人民大学	刘召成	天津大学
王　涌	中国政法大学	刘凯湘	北京大学
王之洲	美国华盛顿大学	刘保玉	中国政法大学
王文胜	湖南大学	纪海龙	华东师范大学
王志诚	中国文化大学	李　宇	上海财经大学
王建文	南京航空航天大学	李　昊	北京航空航天大学
王欣新	中国人民大学	李　莉	北京科技大学
王　松	徐州师范大学	李　靖	长春理工大学
方斯远	暨南大学	李安安	武汉大学
尹　田	北京大学	李秀霞	山东师范大学
邓　峰	北京大学	李建伟	中国政法大学
石佳友	中国人民大学	肖建国	中国人民大学
龙　俊	清华大学	杨代雄	华东政法大学
叶　林	中国人民大学	吴光荣	国家法官学院
宁红丽	对外经济贸易大学	吴泽勇	华东师范大学
吕来明	北京工商大学	吴香香	中国政法大学
朱　虎	中国人民大学	汪青松	西南政法大学
朱晓喆	上海财经大学	张　谷	浙江大学
朱慈蕴	清华大学	张　瀚	华南理工大学

张　巍　新加坡管理大学
陈　洁　中国社会科学院
陈　敦　北京工商大学
陈　醇　浙江师范大学
林海权　中国人民大学
周林彬　中山大学
赵旭东　中国政法大学
赵廉慧　中国政法大学
胡田野　国家法官学院
姚　辉　中国人民大学
贺　剑　北京大学
钱玉林　华东政法大学
徐同远　华东政法大学
高圣平　中国人民大学
郭　锐　中国人民大学
桑本谦　中国海洋大学
黄　辉　香港中文大学
曹志勋　北京大学
常鹏翱　北京大学
崔文玉　上海大学
梁上上　清华大学
彭　冰　北京大学
葛云松　北京大学
葛伟军　上海财经大学
董学立　苏州大学
蒋大兴　北京大学
傅　穹　吉林大学
谢鸿飞　中国社会科学院
熊丙万　中国人民大学
薛　军　北京大学

法官及其他实务人员（以姓氏笔画为序）：

王　灯　广东省广州市中级人民法院
王　蕴　南京海事法院
王长军　四川天府新区成都片区人民法院
王世华　江苏省盐城市中级人民法院
王朝辉　最高人民法院
王毓莹　最高人民法院
厉　莉　北京市房山区人民法院
冯文生　最高人民法院
朱亚男　江苏省高级人民法院
刘　振　江苏省高级人民法院
刘小飞　最高人民法院
刘兰芳　中国商法学研究会
刘成安　山东省高级人民法院
刘建功　江苏省高级人民法院
刘炳荣　福建省高级人民法院
羊　琴　广东省高级人民法院
关　倩　江苏省高级人民法院
孙卫权　江苏省盐城市中级人民法院
司　伟　最高人民法院
苏　蓓　最高人民法院

李　芹　山东省高级人民法院

李　荐　江苏省高级人民法院

李后龙　南京海事法院

李红建　江苏省高级人民法院

杨　静　安徽省高级人民法院

杨晓蓉　江苏省高级人民法院

肖　彬　山东省高级人民法院

吴凯敏　最高人民法院

何民捷　人民日报社

佘琼圣　广东省高级人民法院

邹　宇　江苏省高级人民法院

邹　波　河南省高级人民法院

张　娜　《人民司法》杂志社

张　颖　最高人民法院

张小洁　最高人民法院

张建康　山西省高级人民法院

陈　克　上海市高级人民法院

陈现杰　最高人民法院

陆晓燕　江苏省无锡市中级人民法院

林晓青　广东省深圳市宝安区人民法院

罗　曼　北京市朝阳区人民法院

周家开　广西壮族自治区高级人民法院

南宝龙　天津市红桥区人民法院

段晓娟　江苏省高级人民法院

夏正芳　江苏省人大法工委

郭宁华　广东省深圳前海合作区人民法院

章恒筑　浙江省高级人民法院

董俊武　湖北省高级人民法院

蒋太仁　广西壮族自治区高级人民法院

曾宏伟　最高人民法院

谢　澍　湖南省长沙市岳麓区人民法院

潘军锋　南京海事法院

戴景月　河北省邯郸市中级人民法院

丁广宇　丁俊峰　马向伟　王　赫　王富博　邓江源　田朗亮　仲伟珩

任一民　刘生亮　刘春梅　孙兆晖　杜　军　李相波　杨永清　吴庆宝

吴兆祥　余冬爱　张　元　张雪楳　周伦军　姜　强　钱海玲　郭载宇

葛洪涛　詹　巍

“民商法沙龙”微信群发起人：李志刚

序

中国改革开放的伟大实践和社会主义法律体系的建立与完善，为中国民商事法学理论和司法实践提出了丰富的、厚重的中国问题，积极回应时代发展的需求，在立法、司法与法学理论的良性互动中，推动建立和完善民商法的中国学派，推进实现良法善治，是中国民商法律人、民商法学者的共同使命。

随着我国民法典的颁行，我们将进入民法典时代。但民法典的出台并不意味着对民商法问题研究的终结，而是一个新时代的开始，这也将成为生成和发展民商法的中国学派的重要契机。可以预见，在当前和今后一段时期，民法典语境下民商法适用问题研究将成为民商法学研究的重中之重。但要完成这一重大研究课题，不仅需要具有宽广的国际视野，更需要有对中国经济社会生活的深入理解、对法理和民情的深入体味以及对诉讼纠纷和司法实践的深入观察。德沃金指出，“法律是一种不断完善的实践”。[①] 时代是思想之母，实践是理论之源。民法典需要通过司法实践完成从纸面上的法向行动中的法转化，也需要通过实践而不断丰富、发展、完善法典的内容。虽然当事人、法官、律师、学者的视角不同，但其要解决的现实法律问题可能是共同的。因此，民商法学的理论研究，从来都不是关在书斋里完成的，需要广大实务工作者的参与，需要我们打破学科的、专业的、职业的局限，多维度地进行观察和思考，使法律更好地回应经济社会生活的现实需要。

---

① Ronald Dworkin，Law’s Emipire，Harvard University Press 1986，p.44.

法律条文是抽象的，但其背后的每一个具体案件却是具体的、鲜活的，在民法典制定过程中，不可避免地要回答商法的地位和立法模式问题，如商事合同的规范配置、公司法的规定与民法典中的法人制度的关系等问题。在立法语言上，不能仅仅用法学家们所熟悉的专业术语，还要考虑使用便于法官和民众理解的表述。此外，民法典的适用还涉及如何处理民事实体法和民事程序法的关系问题。要解决好这些问题，就需要我们有意识地增进不同部门法学者之间的交流，增进学者与法官等不同职业法律人之间的交流，进而突破个人专业与职业的局限，以更多维的视角探讨和理解民法典制度、规则背后的法理。民法典的起草过程已经充分体现了这种交流和互动，在民法典施行中，这种交流和互动更加不可或缺。

志刚博士搭建的“民商法沙龙”微信群平台，聚集了诸多优秀的中青年法学家和审判业务专家，他们以线上讨论的方式，探讨民商法理论和实践中的前沿问题，增进了民法学者与商法学者以及民法学者与民事诉讼法学者之间的沟通与理解，增进了学者和法官、理论与实践之间的沟通与理解，碰撞出了诸多的思想火花，一些讨论成果已经在民商事立法、司法实践中产生了积极影响。这样高品质的专业交流能持续近六年而不止，并集腋成裘，汇集成书，更是难能可贵。可以说，本书不仅是一份宝贵的知识结晶，也是民商法学者与民商事法官共同推进中国民商法学进步与发展的经验总结。

我们有理由相信，以线上阵地为学术平台，“民商法沙龙”在即将到来的民法典时代，必将创造出更多的民商法知识精品，在民商法理论发展和司法运用中，也必将发挥更大的影响力和推动力！

是为序。

王利明

2020年3月30日

导　读

本书以民商法学者、法学家与审判业务专家的专题微信讨论的完整记录呈现，作为最大内核特色；并辅以编者的评论、对所讨论问题的学术观点梳理、典型案例的裁判观点的精要提炼为补充，集中呈现了对民商审判前沿问题的深入剖析、理论研究现状和司法态度。法官、律师、学者、学生，可从不同角度精读相关内容，撷取书中的重要观点和论证，作为法律实务和论文写作之用。

一、内容导读

（一）如何读［沙龙实录］

沙龙实录是法官与学者的对谈及争论全过程，集中体现了对民商审判中前沿问题的各种分歧观点和主要理由。阅读此部分内容，可从以下三个方面进行思考与梳理：一是分析观点分歧的原因，是对基本概念内涵与外延的争论、对涵摄过程的争论，还是在基本的价值判断上的分歧。特别值得关注的是分歧点的选取。认真研读，您可以发现，即使是一个看似简单的问题，实际上在概念、判断、逻辑、价值等方面，往往有诸多的分歧点和论证点。微信群的讨论与碰撞，一个重要的价值就是可以克服单线思维，拓展出有价值的问题点。二是注意论证的方法，是逻辑推理的，还是实证的；是否因为法官和学者不同的职业视角，而有不同的结论。三是在分歧中寻找自己的答案。

思考如何从多种分歧观点的论辩中，作出确定的观点选择，并对其他否定性观点的理由作出自己的评判。

既有的教育体验和思维模式，侧重于教和考唯一确定的正确答案，缺乏一种思辨思维。精读本部分内容，对于提升法律人的思辨能力很有裨益。思辨能力、对专题问题思考的深度，并非天生，但可以通过观摩、思考与自身的研究习得并强化。编者就每一专题所写的【总结及倾向性意见】，可以作为就本专题讨论的问题进行的思辨、评论与总结的一种参考。

（二）如何读［代表性学术观点］

每一专题的【代表性学术观点】部分，选取的是就这个问题研究得最为深入、最具代表性的学者的观点和论证理由。有的观点还并不一致，甚至完全矛盾。通过对本部分的阅读，既可以了解学界就此问题研究的最新进展，也可按图索骥，找来论文全文学习，据以提升对某一问题的学理认识深度。

（三）如何读［典型案例］

本书所选取的案例，主要为最高人民法院或者比较有代表性的高级人民法院的最为典型的案例，并从万字裁判文书中提取出和讨论专题密切相关的要件事实作为【基本案情】，就裁判文书中的核心观点提炼出【裁判要旨】，并将裁判文书中对法官就这一问题的说理部分进行集中呈现，以便理解法官的裁判思路和采取相应观点的主要裁判理由。

二、读者指引

（一）法官如何读

对于经过司法考试，并且长期从事审判工作的法官而言，案件难，不在于常规案件，而在于法律对相关的问题规定不明或者没有规定的案件。正是这样的问题，为两造当事人提供了充分的博弈空间，而法官需要完成支持其中一种观点，否定另一种观点的裁判说理过程。这个过程，首先是说服自己的过程，然后是说服合议庭成员的过程，最后是通过裁判文书的说理论证过程展示，说服败诉当事人的过程。

本书的重要价值在于，在【沙龙实录】中，法学家与审判业务专家已就该争议问题的各种可能答案进行了充分的论辩，对立论和驳论的观点及理由，以真正中立、客观的“专家论证会”的方式，进行了全面的论证。法官需要做的是“择其善者而从之”，从而可以避免仅仅局限于两造当事人及律师的“选择性论证”。法官如能将【沙龙实录】呈现的对争议问题的集中、深入讨论进行简要的观点归纳和论证评判，有望使出手的裁判文书，成为一份“具有法理深度和说理典范”的优秀裁判文书，并将可能产生就此类问题作出类案指引的广泛影响。

（二）律师如何读

可以说，随着我国法学教育的持续扩张和律师行业的持续发展，我国律师行业的整体专业水平，已经越来越高。疑难商事案件的成功代理与胜诉，也成为考验律师法律专业水准和法理功底的一项重要指标。甚至可以这么说，由于持续激增的案件数量给法官带来的巨大办案压力，法官从事专门的学习研究和理论提升的时间被大大压缩。诸多专业律师在某些特定法律问题上的研究程度，可能已经高于承办法官。在疑难法律问题上，律师能否说服法官，经常成为一些案件的制胜关键。可以看到，已经有诸多律师及当事人就疑难法律问题组织专家论证会，进行论证，并形成专家法律意见书，提交给法院。但因此种专家意见书系单方有偿提供，而使其公信力受到一定影响，且其立足点重于立论。本书的价值在于，参与讨论的法官和学者没有立场预设，能够客观地、出于公正公理之心就抽象法律问题进行论证。因此，在不同观点的立论及驳论上，本书均提供了足以参照的观点及理由，可为律师在增强己方观点和驳斥彼方观点方面，提供充足的“弹药”，提升说服裁判者的法律与法理层级。

而每一专题后的【典型案例】，均附上了案号及裁判观点，可以为律师提供裁判结果的预判及案例搜索的指引。其裁判观点部分，可以作为律师在代理意见中予以借用或者重点反驳的基础。

故，如您致力于中高端商事诉讼业务，建议可以精读本书，据以了解和掌握民商审判的最前沿问题、民商法学术研究的最新动态，并据此提升在疑难民商事法律问题上的思辨能力与法理功力。

（三）学者如何读

应当看到，经过改革开放四十年的发展，我国民商法的学术研究已经进入了一个新的阶段。民商法本身就和社会经济生活密切关联，具备高度的实证因素。对于不少学者而言，较为关注的有两点：一是现在的实务热点难点问题是什么？二是司法裁判的观点是什么，法官怎么看？由于“民商法沙龙”微信群的群友半数均为四级法院中的一线资深法官和审判业务专家，因此，可以说，沙龙讨论的每一个问题，都是民商审判实务中的前沿问题、争议问题。而诸多法官和学者愿意花费半天或者数天的时间，集中就书中的一个具体问题，展开持续、深入的争辩，则足见本书所选入的专题的理论延展性及实务前沿性。正如苏永钦老师所言，本书“问题取向，要言不烦，理论与实务工作者互补性极高，一针一线补缀，再经编纂就是一幅幅佳作”。可以说，每一专题的沙龙讨论、学术观点梳理与典型案例的结合，稍作论文式的理论化、体系化整理，就是一篇立足前沿、贴近实务、有足够问题意识、论证延展、法理深度的学术期刊论文。

（四）法科学生与研究生如何读

本书不适合大学一、二年级的本科生阅读，因为大学本科的低年级学生，尚未建立起对基本法学概念、法学论证逻辑的基本框架与认知，可能产生读不懂，甚至有迷茫、不确定性之感。本书更适于优秀的高年级本科生以及在校攻读民商法专业的硕士研究生、博士研究生精读，其原因有三：

一是培养和提升从简单法律规定中读出诸多理论与实务分歧的问题意识。从事学术研究，最重要的一点，甚至起点，就是问题意识。看不出问题，是最大的问题。本书的每一个专题，都是法学理论与司法实务中的真问题，而且在讨论中，不断激发出新问题。

二是拓展思维的广度与深度。学术研究能力的一个重要体现是“小题大做”，从一个很小的题目中，发现问题富矿，并深度挖掘。单人单线的思维，对于认识复杂的世界而言，显得狭隘。克服狭隘的一个重要途径，就是看他人讨论及与他人讨论。“民商法沙龙”微信群集中了一批极具代表性的中青年法学家和审判业务专家，发言碰撞可谓“华山论剑”，处处精彩。这种论辩的微信记录，等于一场场精彩的大师课，或者说旁听了几十场民商法前沿的专家研讨会。其对于法学思维的拓展、对于思辨能力的提升，非精读不足以体会。

三是为学位论文提供了足够的选题与素材。无论是本科生还是研究生，不知道写什么、不知道怎么展开、不知道问题点在哪、不知道如何论证，是学位论文选题与撰写中面临的主要问题与困难。本书提供的每一个专题，都是极好的学位论文选题，都提供了足够的问题点，并且附上了代表性学术论文观点和实务裁判观点，等于买好了菜，备好了料，只等厨师下锅翻炒，即成佳肴。故如果在校本科生、研究生不知道毕业论文如何选题，不妨从本书讨论专题中任选一题，整理成文，当非难事。

当然，更为重要的，不是仅仅为了完成一篇学位论文，而是在精读本书中，用心观摩和体会这些中青年法学家、专家型法官的思维方式和论证方式，并以此提升自己的专业素质和思维能力，为自己的未来职业发展，提供一个坚实的素质基础。

我们衷心期待，“民商法沙龙”微信群的精彩讨论分享和编者的诚意整理，能给每一位读者带来启发和裨益！

凡　例

1. 法律文件名称中的“中华人民共和国”省略，其余一般不省略，例如《中华人民共和国民法典》简称为《民法典》；

2.《全国法院民商事审判工作会议纪要》简称为《民商审判会议纪要》；

3.《最高人民法院关于适用〈中华人民共和国公司法〉若干问题的规定（二）》简称为《公司法司法解释（二）》；

4.《最高人民法院关于适用〈中华人民共和国公司法〉若干问题的规定（三）》简称为《公司法司法解释（三）》；

5.《最高人民法院关于适用〈中华人民共和国公司法〉若干问题的规定（四）》简称为《公司法司法解释（四）》；

6.《最高人民法院关于适用〈中华人民共和国担保法〉若干问题的解释》简称为《担保法司法解释》；

7.《最高人民法院关于人民法院民事执行中查封、扣押、冻结财产的规定》简称为《查封、扣押、冻结规定》；

8.《最高人民法院关于人民法院办理执行异议和复议案件若干问题的规定》简称为《执行异议复议规定》；

9.《最高人民法院关于适用〈中华人民共和国合同法〉若干问题的解释（一）》简称为《合同法司法解释（一）》；

10.《最高人民法院关于适用〈中华人民共和国合同法〉若干问题的解释（二）》简称为《合同法司法解释（二）》；

11.《最高人民法院关于审理民间借贷案件适用法律若干问题的规定》简称为《民间借贷司法解释》；

12.《最高人民法院关于适用〈中华人民共和国民事诉讼法〉的解释》简称为《民事诉讼法解释》；

13.《最高人民法院关于适用〈中华人民共和国物权法〉若干问题的解释（一）》简称为《物权法司法解释（一）》；

14.《最高人民法院关于民事执行中变更、追加当事人若干问题的规定》简称为《变更、追加当事人规定》；

15.《最高人民法院关于人民法院民事执行中拍卖、变卖财产的规定》简称为《拍卖、变卖财产规定》。

目录
Contents

第一部分

民商审判会议纪要专题

公司对外担保无效时公司的过错与赔偿责任

【发言群友】

李志刚、李靖、王志诚、叶林、李荐、张巍、朱晓喆、刘生亮、陈醇、纪海龙、田朗亮、王建文、李宇、李建伟、傅穹、黄辉、谢澍、蒋大兴、朱虎、贺剑、熊丙万、王长军

【讨论时间】

2019 年 11 月、12 月

【沙龙实录】

问题与观点

李志刚：《民商审判会议纪要》对《公司法》第 16 条的内涵和效力的发展与拓展，在实务界产生重大影响，将产生一系列公司对外担保无效的案件。对于担保无效的责任问题，《民商审判会议纪要》第 20 条规定："……担保合同无效，债权人请求公司承担担保责任的，人民法院不予支持，但可以按照担保法及有关司法解释关于担保无效的规定处理。公司举证证明债权人明知法定代表人超越权限或者机关决议系伪造或者变造，债权人请求公司承担合同无效后的民事责任的，人民法院不予支持。"对此，有两种不同观点。观点

一：法律规定要有决议，债权人接受无决议的担保，过错在债权人，此时公司无过错，应当无责任；观点二：公司有选任责任，选任法定代表人或者授权代表人不当，才导致法定代表人或者授权代表人越权代表，签字并盖公司印章，故公司应当承担不超过二分之一的补充赔偿责任。请问您怎么看？

李　靖：个人认为公司有过错。首先，行为人越权即便不产生约定效力，但不妨碍评价为公司机关的行为，本身也是公司行为。其次，无论是人员管理，还是印章管理，均属内部管理，内部管理瑕疵对外构成过错。而且，常见担保合同约定“公司已履行内部决议程序”，也应视为公司存在过错。

王志诚：（1）我国台湾地区“公司法”第16条规定：公司除依其他法律或公司章程规定得为保证者外，不得为任何保证人。公司负责人违反前项规定时，应自负保证责任，如公司受有损害时，亦应负赔偿责任。未经设立登记，不得以公司名义经营业务或为其他法律行为。（2）依我国台湾地区审判主管机构判例，公司提供物上担保，依第16条之规范目的，亦有该条之适用。

李志刚：上述规定似未明确公司不承担任何责任？相反，“公司受有损害时”，似暗含公司也应因此承担一定责任？

王志诚：公司负责人违反我国台湾地区“公司法”第16条第1项规定，为保证或提供担保，其代表或代理公司之行为对公司不生效力，由负责人自负保证责任。

叶　林：我国台湾地区公司对外担保时，是否要由公司加盖公司印章？换言之，在担保无效的情况下，即使公司加盖公章，是否也由公司负责人个人承担担保责任？这样理解是否恰当？

王志诚：要盖章。这样理解合理，这是法定责任。若公司负责人擅自以公司名义承担他人债务，我国台湾地区审判主管机构也认为依举轻明重法理，对公司无效。

李　荐：《民商审判会议纪要》的本意是根据过错判断责任，承担二分之一的责任。民法总则规定此种情形由行为人担责，而非被代理人担责，与我国台湾地区的做法一致。但要考虑的是怎么与民法总则的规定协调。

张　巍：如果公司董事会知道越权而未阻止，又未构成表见代表的，公司有可能承担部分责任。

朱晓喆：我赞同。公司因法定代表人的越权对外担保，虽然对公司不生效力，但如有过错，应由公司承担损害赔偿责任。初步考虑，从法律依据看：（1）一般法的规定是《民法总则》第 62 条第 1 款：[①] 法定代表人因执行职务造成他人损害的，由法人承担民事责任。（2）特别法的规定是《担保法司法解释》第 7 条：主合同有效而担保合同无效……债权人、担保人有过错的，担保人承担民事责任的部分，不应超过债务人不能清偿部分的二分之一。（3）我国《民法通则》第 43 条规定："企业法人对它的法定代表人和其他工作人员的经营活动，承担民事责任。"这里很宽泛地规定：法定代表人和其他工作人员，经营活动……也就是法人应为组织活动产生的风险承担较重的责任。

从理论依据看：（1）法人应为其法定代表人或工作人员的过错负责，尤其是对外造成他人损害的情形；（2）从一般侵权法上考虑，担保不生效，但是法定代表人或董事们的行为（不是决议行为，而是对外担保的交易活动行为）导致了债权人的损失，此项纯粹经济损失，根据以上过错归属法人的规则，应由公司赔偿。法定代表人或董事的过错相当于法人的过错。

刘生亮：过错是如何穿透效果归属的？二者之间是否无因果关系？

李志刚：据此思路，越权担保，公司大都应当对法定代表人（授权代表人）的行为负责，是否应承担二分之一的赔偿责任？

朱晓喆：好像是的。公司承担责任后，可依据《民法总则》第 62 条第 2 款[②]"法人承担民事责任后，依照法律或者法人章程的规定，可以向有过错的法定代表人追偿"的规定追偿。越权，法律效果不归属于公司；与有过错的越权（侵权行为），公司应为法定代表人负责，这是两个问题。我是按法理推论的观点，没有比较法依据。只是抛砖。

---

① 现为《民法典》第 62 条第 1 款，内容与《民法总则》第 62 条第 1 款一致。
② 现为《民法典》第 62 条第 2 款，内容与《民法总则》第 62 条第 2 款一致。

“谁”的过错

李志刚：公司对外担保，当我们说“公司”有过错的时候，指的是哪一个具体的主体有过错？是公司作为一个法人整体的过错，还是指法人内部机关（董事会、股东会、法定代表人）有过错？抑或是法人内部成员（股东）有过错，继而归咎于“公司”有过错？比如，关联担保，应当由股东会决议，但董事会作了决议，是否可以认定“公司”有过错？由此是否可以让公司承担二分之一的责任？

叶 林：好有智慧的问题。

张 巍：这个问题在美国肯定是董事会，在中国法人权力机关虚化为股东会，但董事会仍是执行机关，对法定代表人及其他经理人有监督权，所以我认为仍是董事会的过错。法定代表人越权就只代表本人，不再是公司职务行为。

李志刚：鉴于对此代表权有法定限制，那债权人肯定是有过错的了。核心是公司是否有过错？“公司”和“董事会”以及“董事”，是不同主体（或者内部机关），后者的过错，能否移转到公司，可能也值得讨论。我之前考虑，如果说公司有过错，那就只有选人不察的过错。在两个主体之间的担保案件情境中，“公司”与“法定代表人”本来是合体的，现在突然分置了。要说“公司”有过错，那就需要回答两个问题：（1）此时的“公司”具体指的是谁？（2）这个“公司”错在什么地方？

陈 醇：公司权利分属于不同的内部机构，但相对人不能知道公司的对外缔约权属及其内部程序，此时公司法设定法定代表人制度，以便相对人识别唯一缔约权代表人。如果因为公司的过错使相对人产生识别错误，公司就有责任。不知能否这样理解？

叶 林：志刚的问题很有价值。在公司和公司代表人是否具有同一性的问题上，存在两个思维路径。在我国，长期以来形成了“法定代表人”=“公司机关”=“公司”的观念，相应地，法定代表人的过错即是公司的过错，这是一种逻辑演绎的分析方法。在英美法的历史上，公司是依照章程成立的，公司逾越了章程的授权即构成越权，该越权最初包括公司越权和董事越权。后来，公司越权的概念淡化，留存的只是董事越权。在这样的历史发展中，形成了“公司 = 公司董事”“公司的过错 = 董事的过错”的基本认知，这个思维路径其实是一种历史性的路径，英美法在此问题上是有共识的，却极少被中国学者和立法者接受。应该说，公司是组织体，它不存在自然人的意识和意志，故不能把自然人的过错观念直接移植到公司身上。然而，这样的观点，需要不断交流，逐渐达成共识。就现实来说，法定代表人的过错即是公司过错，这虽然在理论上是不成立的，但在认知上是达成普遍共识的。

“错”在何处

张　巍：越权还有无过错的？是授权不明的情况吗？

朱晓喆：越权是没有授权，超越权限；而过错是没有尽到注意义务。

张　巍：授权不明也许会有无过错越权。

朱晓喆：是的。越权也可能是没有过错的。没过错，法人就不用承担损害赔偿责任。

张　巍：那就不对了，法人授权不明，明明更有理由要负责。

纪海龙：如果顺着侵权的思路，也要考虑对方是否有过失。很难想象公司对外担保无效的情形，相对人没有过失。如果相对人没有过失，就构成表见代表了。

朱晓喆：对方有过失，就过错相抵。我一般是认可越权行为有可能是没有过错的。如果是授权不明的情形，可能构成过错，法人也应承担责任。

张　巍：代表人个人的过错和法人的过错是反向关联的。

田朗亮：其实我一直在想，表见代理的成立，一定要求相对方完全无过错吗？这种传统观点对实际交易中的相对方来说太苛刻了，应当充分考虑相对方与被代理人的过错程度的比较。包括所谓的权利外观的判断时点，是不是仅限于缔约的那一刻，都需要再讨论。很多民法规则只适用于简单交易的场景，没考虑现代交易的复杂性。另外，我个人感觉权利外观这个说法在表见代理的判断中其实容易引发歧义，相对方进行交易是否属于正常的商业判断（normal business），这样的判断标准的说法在字面意义上可能会表达得更全面一些。

叶 林：我觉得应该区分两种情况予以对待。第一种情况是公司正常或日常营业，对于日常经营范围内的活动，法定代表人直接对外代表公司不需要出具任何支持文件。第二种情况是特殊的营业活动，包括担保，此时，法定代表人除应提供法定代表人证明外，还需要提供其他支持文件。在第一种情况下不存在法定代表人越权的问题，在第二种情况下，有可能出现法定代表人越权，相应地，也就会出现公司相对人的审查义务。在第一种情况下，公司内部对法定代表人职权的限制不产生对外约束力。在第二种情况下，应当兼顾公司和债权人利益，既要考虑公司章程的规定（章程条款应当对公司作不利解释），也要考虑由相对人进行审查。《民商审判会议纪要》的最大遗憾是没有区分日常营业和日常营业以外的特殊营业。如果公司对外担保是第二种情况，分析的逻辑似乎应当是：法定代表人签字并加盖公司印章，同时应向交易相对人提供支持文件，由相对人作表面审查，表面文件被确认真实后，交易相对人免责，不利后果由公司自己承担。

朱晓喆：公司本身谈不上过错，公司是为法定代表人的过错负责。董事应与法定代表人处于同样的地位进行处理，但股东就不能同样对待了。

《公司法》第 16 条之目的解释

纪海龙：相对人“知道或应当知道”法定代表人超越权限（《合同法》第 50 条[①]），与过错的标准没有差别。是否有过错，最后还是要个案衡量。甚至过失和重大过失的区别，在个案中，也很难分清楚。当然，《民商审判会议纪

① 现为《民法典》第 504 条。《合同法》第 50 条规定：“法人或者其他组织的法定代表人、负责人超越权限订立的合同，除相对人知道或者应当知道其超越权限的以外，该代表行为有效。”《民法典》第 504 条规定：“法人的法定代表人或者非法人组织的负责人超越权限订立的合同，除相对人知道或者应当知道其超越权限外，该代表行为有效，订立的合同对法人或者非法人组织发生效力。”

要》第 20 条的态度是，只有债权人明知法定代表人越权时，公司才免责（免除侵权或缔约过失责任）。其实我总体上是不同意在这里适用侵权或缔约过失的。《公司法》第 16 条的本意是，针对为第三人提供担保这种风险大而几无对价的行为，强制要求公司各机关间的牵制。章程规定的牵制机制不奏效的，出发点本应就是公司对外不承担责任。只是由于要保护善意债权人的合理信赖，从而嫁接出表见代表或表见代理。如果不存在第三人信赖的，就应回归出发点，即公司不承担任何责任。如按《民商审判会议纪要》第 20 条那样，适用侵权或缔约过失，与《公司法》第 16 条的意旨有冲突。

张　巍：赞同。我追根求源，求的就是公司法上这个源头，不光中国，美国也曾限制公司担保，出发点就是保护股东。

朱晓喆：我现在对于是否成立侵权或缔约过失也是存疑。《公司法》第 16 条的确有特殊规范目的。但如果按现在的《民商审判会议纪要》第 20 条，如何解释？只好从公司为法定代表人负责的角度考虑。

王建文：确实应当立足于《公司法》第 16 条的立法目的展开分析。既然公司法关于对外担保有明确规定，至于公司章程是否规定及作何种规定只是具体适用与解释问题。若债权人不属于善意第三人，就无须突破公司法关于决议的规范，对债权人给予特别保护。在此情形下，当然不必考察公司本身是否存在过错，因为《公司法》第 16 条之所以规定决议程序，立法本意就是要借此对公司利益予以保护。

李志刚：据此，是否可以理解为，就没有公司过错赔偿责任一说了？善意就承担担保责任，非善意即免责。那就只有零和一，不存在二分之一之说了。

王建文：债权人在不存在善意的前提下，确实不需要适用缔约过失责任予以保护，否则就背离了《公司法》第 16 条的立法目的。

李　宇：从规范文义来看，承担二分之一责任的规定的前提是担保合同法律效果归属于公司。如果这个前提不满足，根本不属于上述规定的适用范围。从规范目的来看，恶意债权人还可以从公司得到二分之一的赔偿，也超出了《公司法》第 16 条保护公司的意旨。

李志刚：《公司法》第16条的规范意旨，是确定内部分权机制，还是保护公司免责？

李　宇：《公司法》第16条不是行为禁止规范，而是关于法律行为形成可能性的规范，不具备该条要件的法律行为不发生效力，而非法律行为无效。而关于担保人承担二分之一责任的适用前提为担保合同无效，两者显有区别。

张　巍：法定代表人签担保协议越权了，所以他的过错不能归于公司，董事会监督代表人乃是分内工作，所以监督不力要归于公司。

李志刚：法定代表人的过错不能归于公司，而董事会作为一个组织没有看好法定代表人，却要归咎于公司？这个逻辑有点难以理解。

张　巍：比方说法定代表人杀了人，要不要归公司？

李志刚：对外签合同是经营行为，杀人不是。从《公司法》第16条的规范意旨来看，似乎看不出公司免责的意思。保护小股东，小股东可以向行为人追责，并不意味着公司必然要完全置身事外。

李建伟：的确。合同无效后，公司仍然可能承担责任。

张　巍：如果是经营行为就按一般经营行为处理，商业判断就好。法律却专门声明这个行为不一般。我举杀人的例子是强调越权。

傅　穹：除以担保为业的公司外，公司不允许对外担保，除非公司章程另有规定。我国台湾地区2018年“公司法”的设计挺好的。《民商审判会议纪要》公布后，争议仍较大，已经不是对外担保是否采组织法决议逻辑与合同效力所能解释的，不是立法技术与政策采否定性评价，章程选入或许才是正路。

李志刚：司法政策选择本身是可以的。讨论的核心，是想知道是否存在公司基于过错承担赔偿责任的情形。如果确定没有，那问题就简单了。

纪海龙：在《民商审判会议纪要》第20条的框架下，适用于有过失的情形，大致的效果和完全排除侵权（或缔约过失）适用差不多。从而实现纪要框架下的结果正当性。

傅　穹：公司有过错，选定法定代表人不履行受信义务，不尽代表人职位职责，公司必须负一定责任，方可警示。根据过错，罚公司承担二分之一的责任，靠谱。谁选法定代表人，谁为选定者过错埋单，这也公平。

张　巍：不少公司的法定代表人是上级指派的吧？

傅　穹：提示的有道理，我调整一下我的角度。法定代表人越权担保，何以归责于公司？可否从特殊的、非常规的业务，例如，对外担保的公章监管出发，考虑过错，公司内部公章管理不严，是哪一机关之责，可否认为归于公司过错？

张　巍：公章管理失误确实属于一种过失，公章会不会就是由法定代表人管理的呢？

王志诚：关于公章管理，公司应订定内部规章，如我国台湾地区有“公司印章（大小章）管理办法”。

债权人的过错与影响

黄　辉：如果公司董事越权担保，而债权人知道或应当知道，那么，担保无效，债权人在此基础上遭受的损失当然自己负责，这个在域外法律中也规定得非常清楚。从法理上讲，这种情况下债权人的损失完全是自己造成的，当他知道或应当知道担保越权后，就应当而且有能力选择拒绝接受担保，公司所谓的用人不当或公章管理等问题可以说是公司的过错（当然，这是不是过错也值得探讨，但这不是关键问题），关键是，与债权人损失之间已经没有因果关系，因此无须赔偿。

谢　澍：《民商审判会议纪要》出发点似乎是考量债权人是否谨慎选择，由于有实定法规定在前，即应当从外观或证据上尽注意义务，从债权人是否尽其义务着手。公司既然已是当事人之一，无论是内部管理（如公章），或者是法人治理结构的疏漏（如越权代表），或多或少是有过错的。在以债权人的注意缺失为前提的情况下，担保的公司应免责到什么程度，实在是需要作出更细一点的规定。

蒋大兴：这种无效担责的做法迟早要改过来。公司是无生命体，主要依赖自然人活动。但按照《民法总则》的规定，授权只能是合法行为，违法行为非

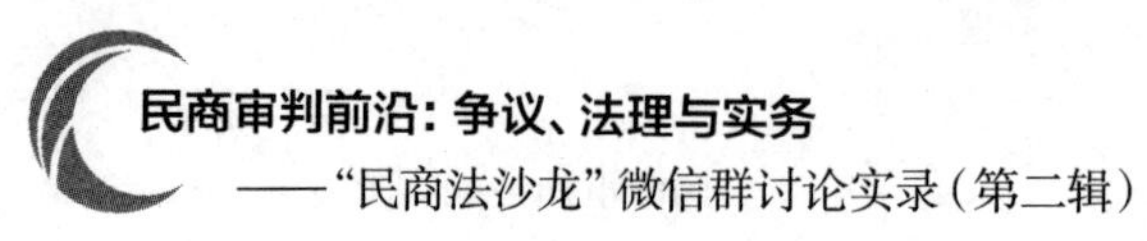

属授权范围，行为人应视情形决定是否个人担责。无论如何，公司都不应担责。《担保法司法解释》中各方担责的规则不改，实质是可能让过错者牟利。遗憾的是，《民商审判会议纪要》本来试图改正此种错误习惯，最终未能实现。

李志刚：既然是越权代表，为什么行为人不是必然应当担责，而是要视情况决定是否担责呢？

蒋大兴：如果对越权行为，相对人完全知晓甚至串通，行为人不担责合适。此种情形，意图获益者（债权人）自担其责最合适。

李志刚：行为人既恶意串通，又越权代表，缔结契约损害他人，仍可置身事外，毫无责任，会不会是对越权代表的纵容？

蒋大兴：不纵容的最佳表现就是不能让公司进其挖的坑。

黄　辉：公司的过错并不是导致债权人损失的原因，甚至可以讲，债权人是投机和恶意的，不应当纵容这种做法。行为人是越权的法定代表人（不是公司），当然会受到制裁。比如，公司可以违反信义义务起诉他，如果他与债权人是恶意串通，甚至可能构成犯罪。

李　宇：恶意者不受保护，完全符合无权代理的法理。

李志刚：单从学理上看，如果让公司承担任何责任，都毫无道理；更进一步，让越权代表人承担责任，是否也毫无道理？依据就是债权人明知需要有决议却不查决议的恶意？如果公司都无须担责，那公司自然没有必要向行为人追偿了。对这个越权担保合同的缔结，行为人和债权人都有过错，为什么不是各担二分之一的过错责任呢？

蒋大兴：越权代表人担责是自作自受，没有什么可同情的，得有是非观念。

李　宇：承担二分之一责任的规定，前提是合同的法律效果归属于担保人。在越权代表的情形下，合同的法律效果不归属于担保人。

刘生亮：《合同法》第 50 条解决的是法律行为的效果归属问题，而非合同有效性。从必要之点看，不是公司的意思，却成了合同主体。除追认外，行为不属于公司，效果即不归属于公司，却承担归属意义上的无效责任。由此，过错是无法穿透效果归属的藩篱。《民商审判会议纪要》第 20 条后段，可以按照担保法及有关司法解释关于担保无效的规定处理有待商榷。

黄　辉：虽然担保合同最终无效，公司也无须向债权人承担责任，但是，行为人违反公司规则和信义义务，对公司名誉造成损失，也让公司可能负担诉讼费用，这些都可以要求赔偿。法定代表人是对公司承担责任，而债权人是对自己承担责任。

朱晓喆：我倾向志刚的观点。问题没那么简单，公司承担担保无效的过错责任，在逻辑上是成立的。《民商审判会议纪要》第20条的意思是：（1）先排除债权人恶意时向公司主张担保无效后的赔偿责任。（2）若债权人并非恶意，法定代表人确属越权行为，虽然担保合同不生效力，但法定代表人过错可以算在公司身上，为何不能让公司承担过错赔偿责任？在被代理人对于相对人的责任上，德国法上采缔约过失或者侵权责任构成。而在法人机关问题上，德国民法典的评注中，也是赞同被代理人可能承担缔约过失或侵权责任的（参见Staudinger zum BGB评注 §177的边码23的段落，大意是：法人的机关，若超越授权，违反了先合同的保护义务，或同时构成侵权行为，如欺诈相对人，法人则根据《德国民法典》第823条承担责任）。

黄　辉：你举的第二种情况，如果债权人不是恶意（不知道也不应当知道），担保就生效了。

朱晓喆：根据黄老师的意见，修订一下对于《民商审判会议纪要》第20条的理解，在担保无效的前提下：（1）若公司证明了债权人明知越权或者决议伪造变造，债权人不能向公司主张担保无效后的赔偿责任。（2）若公司不能证明上述情形，虽然担保无效，但法定代表人的行为有过错，该过错可以算在公司头上，公司可能承担过错赔偿责任。实话说，我没有什么观点立场，只是从逻辑上觉得，担保无效后的公司损害赔偿是可能成立的。要不要进行赔偿就是司法政策和经济金融方面的考虑了。

黄　辉：我同意你对《民商审判会议纪要》第20条的理解，即可能会出现让公司在担保无效后承担责任的问题。但我的观点是这条本身有问题，不应该让公司承担责任。如前所述，既然债权人非善意导致担保无效，就应该让其自担责任。

朱　虎：如果债权人（非明知）和公司都有错，为何只有债权人自己担责，而同样有错的公司却没事呢？担保合同对于公司不发生效力，仅仅意味着公司不承担担保合同约定的担保责任，不必然意味着不承担任何其他责任。

张　巍：朱老师这点我也赞同。不生效力不等于没有缔约过失责任。如果公司有过失，比如公章管理问题，或者董事明知代表越权，公司应有缔约过失责任。但这个责任原则上是分担债权人损失，而非履行一部分担保。公司绝大多数情况下应该无责，例外可以承担缔约过失责任。特别不应把所谓选任失察归于公司。这里的过失必须是针对担保行为的具体过失，否则就成欲加之罪了。《担保法司法解释》有些模糊，毕竟里面说的是个责任上限，没有下限。

王建文：这个问题商法视角与民法视角确实有区别。民法视角下，公司亦有过错，自应担责。但公司法中要求根据公司章程中约定方式的决议程序是有特殊原因的，这是基于《公司法》乃组织法的特性所作维护公司利益及中小股东利益的特殊安排。基于此，债权人非善意，其自行承受担保合同无效的后果并无不当。

李志刚：公司法语境下，既没有说担保合同必然无效（事实上，这么多年来，大部分判决还认定担保有效，应该不能说这么多年大部分判决都是错的），也没有说无效以后公司必然不承担责任，仅仅说内部要有决议程序，并不解决外部关系。故就此而言，似不能概括为民法和商法的差别、合同法和公司法的差别。如果说《公司法》第 16 条是保护小股东，那可以通过内部追责的方式给小股东救济，未必必须把这种内部风险外部化。公司管好自己的内部人，选好自己的代表人，不正是公司法的立法目的之所在吗？公司的人，拿着公司的章，在外形成交易关系，即使担保无效，即使是保护小股东，为什么"公司"就可以完全超然事外呢？

朱晓喆：不同意把观点的合理性与民法商法的不同点联系起来，这不是什么实质的理由。

法经济学视角

黄　辉：债权人“应当知道”是越权担保，可能有几种情况：（1）事实上债权人是明知的，但其无法证明；（2）实际上债权人可能对问题有所察觉，但故意不去调查，以避免明知；（3）重大过失。前面两个，相信大家都同意公司不承担责任；第三个是争议所在，法经济学的分析方法也许会有帮助。

此时让谁承担风险和损失更为合理？是公司还是债权人？债权人是直接交易方，其调查或注意成本（越权担保已经到了债权人应当知道的程度，说明已经很容易引起债权人的注意，即注意成本已经很低）显然低于公司的监督成本（公司不可能时刻监视代表人，现实中，公司常常都不知道担保合同的存在）。在法经济学上，将法律风险由避险成本最低的一方承担，从而实现社会福利最大化，是衡平各方利益的最有效选择，因此，在债权人“应当知道”是越权担保的情况下，以债权人承担风险和损失为宜。否则，将大幅增加公司的监督成本，而且，这与现代公司治理结构也不相符。公司董事（代表人）负责运营公司，具有高度独立性，以提升运营效率。另外，公司过错也很难认定。如果仅仅以用人不当等作为过错，不符合公司情况，要是这种情形算作过错，那么，出现越权担保的公司都可以视为有过错，都需要承担责任。如果公司是明知越权签订担保合同，就不是过错问题了。这说明公司是默认，担保应当有效（这一点我与张巍老师的观点似乎有点不同）。因此，这里的错误成本也很大，一方面，由于很难证明债权人明知，从而将上面提到的债权人第（1）种、第（2）种情况都视为第（3）种情况（放过坏人的错误）；另一方面，由于公司过错的认定标准不清，第（3）种情况下的公司过错认定也很可能会出现打击扩大化问题（冤枉好人的错误）。总言之，从成本收益分析看，主张公司有过错而担责的条款是有问题的。当然，我们也可拭目以待，看看《民商审判会议纪要》第 20 条下的公司过错将来如何认定。

张　巍：董事个人乃至董事会明知，都没有符合决议的程序要求。如果这种明知没有让债权人知道，债权人仍无主张表见代表的余地。但事后债权人如能找到这方面的证据，可以作为要求公司承担缔约过失责任的依据。

李志刚：从成本收益的角度看，即使公司完全免责，让行为人（法定代表人或者授权代理人）承担二分之一的赔偿责任，是否为有效遏制这种越权代表的最优模式？

张　巍：志刚兄，选任责任我不太同意。（1）代表人是谁选的？如果是上级指派的，让债权人去找上级吗？如果上级找不到，为何可以找股东？不能捏“软柿子”吧？（2）选任是一个综合能力一般考量的过程，不能说代表人一越权就等于选任有误，即使要追究选任责任，也要回到选任时的场景去具体分析过失。（3）比起选任责任，监督责任更有道理，但董事毕竟不是简单看看，监督责任主要看制度。对此，美国特拉华州有既定规则可参考。（4）让股东追责与让债权人追责（债权人也可以去找代表人个人承担责任），归根结底是风险分配问题，谁要追责，谁就要负担追不到的结果。这个风险分配可以用一般的经济分析框架去解决。

李志刚：如张巍老师和黄辉老师所言，公司内部监督，无论是股东监督还是董事监督，成本都过高。所以我觉得让公司免责，但让行为人（自然人）本人承担二分之一的责任，可能是一个更好的解决方案。

朱　虎：从成本收益的角度看，让公司承担部分风险也不是不可能的。当然，选任过错确实应当谨慎考虑，监督过错倒不必然，毕竟较之债权人，公司治理机制之一是要监督法定代表人，此时监督越权担保行为的边际成本反而更低。

张　巍：行为人追究全责都不过分，只怕行为人没那个能力。

李志刚：但这个逻辑和《民商审判会议纪要》第20条的法理，有所不同。对行为人，意义在于行为前的威慑。至少，绝对的内部成本完全外置，未必是一个最优的制度安排。

黄　辉：完全同意你提出的对于行为人进行制裁的建议，这是国外做法，也是我曾问你中国对于越权担保中常见的伪造公文和印章问题是否追究刑事责任的原因。公司监督成本过高的特殊性，可以看作民法中个人担保与商法中公司担保需要区别对待的一个原因。因此，担保法关于过错责任赔偿的条款不应直接套用到公司担保情形。以上的成本收益分析只是一个初步，看个大概而已，如果要写成论文，需要更加全面和严谨，也会更有说服力。

李志刚：这是很好的切入点。“担保人”和“行为人”，在自然人担保时是合一的；但在公司担保的语境下，二者是分离的。在后者的语境下，“公司”的过错，就是一个关键点和根本点。

贺　剑：首先，从解释论来看，依据《民商审判会议纪要》，被越权代表的公司在担保合同无效时，是否仍应当基于过错分担责任？这里的关键问题是，债权人非善意所指为何。

第一，按照《民商审判会议纪要》第 18 条第 1 款第 1 句关于善意的定义（不知道且不应当知道），以及第 18 条第 2 款第 1 句关于债权人对公司机关决议的审查应当“尽到必要的注意义务”之规定，债权人的非善意包括两种情形：一是明知；二是有过失而不知。而依照《民商审判会议纪要》第 20 条，只有当债权人明知法定代表人越权代表的，公司才可以免于承担担保合同无效后的民事责任。因此，债权人虽不明知、但是因过失而不知（应知）越权代表的，一方面，担保合同因债权人非善意而无效；另一方面，公司并不符合《民商审判会议纪要》第 20 条的免责条件。故在债权人因过失而不知的情形下，公司若有过错，仍须承担担保合同无效后的民事责任。

第二，《民商审判会议纪要》第 18 条在债权人的善意之抽象定义和具体判定上可能存在张力：依据抽象定义，债权人因过失而不知，为非善意；但从前述具体判定标准来看，债权人即使因过失而不知，只要并非明知，仍可能为善意。

例如，《民商审判会议纪要》第 18 条第 1 款规定：“……只要债权人能够证明其在订立担保合同时对董事会决议或者股东（大）会决议进行了审查，同意决议的人数及签字人员符合公司章程的规定，就应当认定其构成善意，但公司能够证明债权人明知公司章程对决议机关有明确规定的除外。”注意，公司必须证明债权人明知才能否定其善意；如果只是证明债权人因过失甚至因重大过失而不知，债权人似乎仍为善意。

个人认为，前述《民商审判会议纪要》举例未尽妥当，仍应以抽象定义为准。债权人因过失而不知决议为假，仍应否定其善意。

其次，从立法论看，在担保合同无效时，被越权代表的公司基于过错分担责任的正当性基础为何？可能有如下潜在理由（需要说明，在此并非说公司担责的教义学基础或法律依据，如缔约过失、过错侵权等，而是旨在论证，为何前述过失就足以使得公司承担责任）：

第一，选任监督过失。如张巍老师所言，该理由的瑕疵或障碍较多，包括法定代表人通常未必由股东选任、从股东的选任失察到法定代表人越权之间的因果链条太长、证明责任应当由债权人承担，而不应仅基于越权代表就推定选任过失等。个人赞同张巍老师的结论和基本分析。不过，张老师提到的在董事会明知法定代表人的越权行为却不加制止的情形下，应认定公司有过错，或许可再作区分。

其一，如果对外担保的决议需要由董事会作出，或者债权人在不知公司章程的情形下以为可以由董事会作出，董事会明知越权代表且不加制止，或可构成事后的追认（默认），因而担保合同有效。又或者，董事会部分成员向债权人承诺，法定代表人嗣后将取得授权，但之后却无法达成相应决议，此为典型的缔约过失，与担保合同无效后公司因过错而担责也有相通之处。

其二，如果对外担保的决议需要由股东会作出，且债权人对此知情，董事会的前述消极行为可能就不具有法律意义。当然，董事会如果向债权人表示，之后会谋求股东会的相应决议，最终无法兑现，也仅涉及缔约过失责任。

第二，组织过失或风险责任。两者的教义学框架稍有不同（如过错要件之有无），且为大家所熟悉，无须多言。这里我主要从经济分析角度略作补充。

不考虑相关责任制度（法定代表人对外向债权人承担责任、对内基于信义义务向公司或股东承担责任等）对法定代表人个人的激励。因为当法定代表人决定越权时，前述个人责任激励已经失效。于此，在观念上，法定代表人的越权代表行为不妨视为侵权责任经济分析中的“事故”，而能够避免“事故”、减少“事故的成本”者，仅包括公司和债权人。于是，问题转变为：在公司和债权人均有过错的情形下，如何设计责任规则，才能将前述“越权代表”的事故成本（主要为事故概率）降到最低？

仅让债权人负责，而公司免责，实际上是将防免事故的义务施加于债权人一方。而让双方同时负责，通常而言，则是将事故的防免义务施加于债权人和公司双方。抽象而论，显然是后者，即双方担责更有利于最大限度减少“越权代表”事故之发生。但前述抽象分析还以下述事实判断为前提，即公司一方确有可能采取措施降低“越权代表”之概率。如果公司回天乏术，没有任何措施可以在事前层面降低越权代表的概率，公司就无须承担任何防免义务，因为采取了措施也没用。这与前面有老师主张的，公司无法监督和控制法定代表人的（越权代表）行为，选任过失与法定代表人越权之因果链条太长，监督或选任成本太高等有相似之处。但是，个人的初步判断是，一般而论，公司（股东会、董事会）总能采取一些措施，包括设立一些制度和流程，降低法定代表人越权代表行为之概率。倘若该事实判断成立，目前公司和债权人基于各自过错分担责任的规则，相较于债权人独自承担责任就更为合理。

第三，法定代表人的个人责任。在此，我赞同李志刚老师的说法，并稍作补充。该类责任的确不同于担保合同无效后，被代表之公司基于《担保法司法解释》的责任。在此或可类推适用无权代理人的责任规则，依据《民法总则》第 171 条第 3 款、第 4 款[①]规定承担全部或部分责任。

总结而言，在《民商审判会议纪要》之下，被越权代表的担保合同无效，公司仍有可能担责；基于经济分析视角，目前公司与债权人基于过错分担责任的规则较为有效。

熊丙万：赞同。被越权代表的担保合同无效时，根据双方的过错大小，让双方同时担责更有利于控制“越权代表”事件的发生概率。

张　巍：贺老师，我说的董事知情未阻止就是董事知道代表人要去签担保合同，却憋着没说，可以是一个，两个，直到 n 个董事。这种情况不必构成表见代表，因为债权人签担保合同的时候可能根本不知道董事知情但未阻止。后来事发了，债权人一调查发现有这种情况。此时，债权人本身不能主

---

① 现为《民法典》第 171 条第 3 款、第 4 款，与《民法总则》第 171 条第 3 款、第 4 款在文字表述上略有不同，内容没有实质变化。

张善意无过失，但可以主张公司对合同无效也有过失。其他符合表见代表的情况，您说的我都同意。至于经济分析，既然双方都有一定能力避免越权担保，那就要求各方尽到与其能力最相适应的注意。如果公司尽到了，包括前面讨论的管理公章、监督代表人的义务，那就由债权人负责。相当于侵权中的过错责任，理论上是有效率的。

贺　剑：赞同。

黄　辉：拜读了贺老师的分析，对两个问题进行回应：第一，关于董事会明知法定代表人的越权行为却不加制止的情况分类。其一，可能构成默认（我在前面已经提过此点）；其二，“董事会部分成员向债权人承诺，法定代表人嗣后将取得授权，但之后却无法作成同意的决议”，这已经表明，债权人是“明知”担保并没有董事会决议的，理应自担其责（包括相信部分董事会成员的承诺）；其三，“如果对外担保的决议需要由股东会作出，且债权人对此知晓”，那么，应该是行为人出具了虚假的股东会决议，但债权人出于过失没有发现，而董事会明知此事，实际上就变成了整个董事会的越权担保，而非代表人的个人行为。

第二，对于经济分析，这是个复杂问题，我只简单提几点：其一，需要更多关注公司的监督成本问题，不能简单一句话“公司（股东会、董事会）等总能采取一些措施”，这些措施是什么，成本有多大，都需要从公司法角度深入考量；其二，越权担保的关键人是行为人，不能简单讲“在法定代表人决定越权的情形下，前述个人责任激励已经失效”，从而去追究公司责任。也许更优的方法是加重行为人的责任，包括公司法上的责任，甚至刑事责任。

贺　剑：谢谢黄老师。另外，受您的启发，再作几点补充：第一，董事会明知法定代表人越权行为却不加制止，是否可能构成默认或追认，理论和实践层面都不无疑问。若董事会开会时就系争担保合同有过讨论，甚至口头同意，只是未作成决议，这诚然是最接近默认或默许的状态。但如果是法定代表人越权签订合同在先，董事会知道在后，所谓不予制止，是指单纯的沉默，还是必须有积极的配合行为？担保合同的订立是一次性事件，法定代表人对外已经签字盖章完成担保，此时董事会似乎只有沉默的可能。而一般认为，单纯的沉默原则上不宜解释为追认或同意。这是理论层面的疑问。在实践层面，董事会明知是指董事会开会时明知，还是也包括特定董事（如董事长）或一定数量的董事明知，后者还是很难证明的。

第二，关于经济分析，我说公司是否可能采取措施防止越权代表时，提到“公司（股东会、董事会）等总能采取一些措施”，只是指出这种可能性，但也强调这是一个（初步的）事实判断。若能在事实层面确认，对于法定代表人的越权代表行为，公司的任何机关没有任何可能在一般层面降低其发生概率，当然公司无须承担任何预防“越权代表”的义务，因为事实上就无从承担。

第三，关于法定代表人的个人责任，我赞同黄老师所说的责任加重，包括刑事责任。不过这与一旦越权代表发生（法定代表人的个人责任包括刑事责任作为预防机制失效）损害应当如何在公司和债权人之间分担，似乎可以并行不悖。法定代表人个人责任是越权代表的第一重关卡，公司和/或债权人的责任分担是第二重关卡。只要第一重关卡有漏网之鱼，第二重就有意义。

黄　辉：（1）在英美公司法中，单纯默许就可以构成默示授权，具体论述可以参见拙著《现代公司法的比较研究》（清华大学出版社 2011 年版）第 136 页的有关论述。（2）将公司责任设为第二关卡，似乎可以获得进一步减少越权问题的收益。但实际上，这个成本可能很高：一是公司采取相关措施的成本；二是可能减少债权人去审慎调查的动力，甚至鼓励其出现恶意。因为债权人知道，公司过错很容易找，越权必然意味着用人不当，而本群中不少人认为用人不当就是公司过错，果真如此，债权人以公司用人不当为由要求赔偿的诉讼就基本稳操胜券。而且，赔偿标准可以高达二分之一。经济分析是一个很有意思的话题，涉及实质性的理由，你的梳理清晰，我也很受启发。

贺　剑：的确如您所言，之前没有考虑公司采取措施的成本问题，是我的疏忽，将其纳入考量，分析势必更有挑战性，也更有意思。赔偿标准的上限是二分之一，似乎是指债务人不能清偿部分的二分之一，债权人并不能直接要求担保人承担责任，以及实践中不知是机械适用二分之一，还是也会基于债权人的过错程度（恶意、重大过失、轻过失）与公司的过错比较，进而灵活确定赔偿比例？若是后者，债权人还是比较有动力审慎调查的——若审慎调查，可能避免全部损害；不审慎，从公司处只能获得债务人不能清偿部分之一部，相当于原本的无限连带责任保证被降格为有限的一般保证。但这是对债权人行为模式的部分假设，可以进一步细化或修正。

王建文：两种立场，两种结论。主要区别在于，在债权人非善意情形下，是否应以公司同样存在一定过错为由追究其责任。主张公司承担责任无疑有很多理由，这些不同视角的解释固然各有其道理，但忽视了公司的运行机制完全不同于自然人，法定代表人滥权时构成了对公司独立人格维护机制的公司治理结构的严重破坏，在此情形下，讨论公司自身的过错和责任确实强人所难。

回到担保本身

陈　醇：联保互保导致江浙和其他地方的很多企业连锁破产。这种担保多是银行促成的。现实中大量公司为股东担保或为关联企业担保，多应当属于关联交易的范围，与非关联交易是有区别的。笼统地讨论公司担保合同，意义或许不大。

李志刚：就讨论范围而言，非关联担保无效的后果，是《民商审判会议纪要》第20条规定出台后的核心。关联担保，《民商审判会议纪要》第19条已作安排，以有效为原则，似不涉及无效的责任承担问题。

陈　醇：争议多的条款，可以考虑预防，比如"双签"制度，就可能预防很多纠纷。因为风险分担或调查义务出于权利义务的连接处，基于不同的价值观可以有不同的义务归属。无所谓谁更正确。

李　宇：赞同陈老师见解。债权人要求提供并审查决议的成本，远低于公司预先防控其法定代表人越权代表的成本。

贺　剑：赞思路！最大限度地杜绝越权代表的决议文本提供方式，是使决议有效的一定比例的公司机关的成员确认决议（甚至债权人列席决议现场），但如此一来，就意味着股东会或董事会对外行为了，可能也会有一些成本。不知是否能设计出一些折中的程序？

王长军： 赞同黄辉老师的意见。（1）法定代表人无权对外代表公司担保，必须要有公司的授权，否则构成越权代表。债权人应当知道《公司法》第16条的规定，如果仅凭法定代表人的身份或加盖了公司公章，而不去审查法定代表人有无公司的特别授权，则债权人不能构成善意，亦不值得保护。（2）法定代表人越权代表，对公司不生效力，公司无须担责。《全国法院民商事审判工作会议纪要（征求意见稿）》对此提供了两种意见，第二种为"参照《民法总则》第一百七十一条的规定，公司不承担民事责任"。可惜最终通过时，因考虑此类案件过去的裁判，未能采纳这一意见。（3）追究公司的过错责任有折中之嫌，且易导致裁判结果混乱。如"担保人承担民事责任的部分，不应超过债务人不能清偿部分的二分之一"，裁量的范围介于大于零而不小于二分之一，导致自由裁量的范围过大；加之公司过错难以认定，又将影响责任界定与过错大小的对应关系，导致裁量的随意性过大。（4）正如黄辉老师所言："将公司责任设为第二关卡，似乎可以获得进一步减少越权问题的收益，但实际上，这个成本可能很高，一是公司采取相关措施的成本，二是可能减少债权人去审慎调查的动力，甚至鼓励其出现恶意，因为债权人知道，公司过错很容易找。"事实上，债权人因公司担保而获得巨大利益，故由债权人审查法定代表人有无公司对其担保的特别授权符合风险与利益相一致的原则。从法经济学的角度分析，此举对控制风险所需的成本也最低，而且便于统一裁判尺度，也能够简单便捷地解决这一困扰司法实务的难题。如同夫妻一方所负债务是否属于夫妻共同债务一样，《最高人民法院关于适用〈中华人民共和国婚姻法〉若干问题的解释（二）》第24条的存在，使举债方的配偶不承担债务的可能性极小，造成一定社会影响，如何平衡债权人与举债人配偶的利益也成为长期困扰司法的难题。最终《最高人民法院关于审理涉及夫妻债务纠纷案件适用法律有关问题的解释》（法释〔2018〕2号）快刀斩乱麻，改行"共债共签"制度，[①] 从而轻快、简单地解决了夫妻债务这一困惑法院的沉疴痼疾，也取得了良好的社会效果，这一做法，值得公司担保规则的借鉴。

---

① 《民法典》第1064条进一步规定了夫妻债务"共债共签"制度。

贺　剑： 实践中，法定代表人为何会越权提供担保？有何经济动力？我能想象的只是公司为股东提供担保的情形，大股东控制法定代表人绕开股东会（中小股东）。还有其他情形吗？从终局预防越权代表的角度，可能还是得追问到源头：法定代表人出于何种经济或非经济的考虑，会有越权对外提供担保的动力？与债权人串通侵害公司利益，听命于大股东，或者其他？了解了这一事实背景，相关讨论或许更能有的放矢。

李志刚：（1）担保责任本身是一种具有或然性的责任，但对主合同来说却是一种必然性的增信。（2）对债权人来说，要求担保，是对主合同债权（交易）的风控措施，是主合同债权（交易）存在信用风险回款时间差的风险降级。这与债权人及第三人刻意、无偿攫取担保人利益，可能有着本质的区别。换句话说，债权人未必是要刻意损害担保人利益，但是否与债务人从事交易（通常是等价交易，而非无偿获益），取决于债务人出现不能清偿债务时，债权人的损失能否得到其他保障（担保人提供的担保，也未必能够足以清偿）。（3）提供担保，本质上不是债权人与担保人的交易，而是担保人与债务人的交易，是担保人希望促成债务人的交易（虽然称担保人，但并非无偿受损，仅系其清偿顺序在后）。故从担保的动机来说，并非债权人和行为人串通，而是行为人希望为促成债务人的交易，提供一种增信。当然，行为人肯定不是“活雷锋”，其背后是行为人与债务人有既有的，或者未来可能有的利益交换。从这个意义上来说，把债权人想象成是与行为人恶意串通的“大坏蛋”，作为理论预设，与客观情况可能未必相符。

债权人的交易选择，关系到能否为未来的债权到期清偿提供必要的安全保障，以降低投资和交易风险。有增信措施，可能覆盖到期不能清偿的风险，才会与债务人进行交易（通常必然是一个等价交易，而不是一个赠与合同）。没有第三人增信，或者第三人提供的增信措施不足以覆盖债务人到期不能清偿的风险，则放弃交易。故此，担保，并非想象中的一个债权人从担保人那无偿地攫取财富的“串通”，而是担保人与债务人之间的潜在利益交换。债务人是真正的受益人。对债权人来说，是担保人清偿，还是债务人清偿，没有本质区别。没有第三人增信，则选择放弃主合同交易，仅此而已。

至于审查的责任、有效的责任、无效后的责任，本质上是公司作为一个组织体，对于债务人到期不能清偿债务的风险，在公司、法定代表人、债权人之间的分配。纯获益的，是债务人。其他人，都不是真正的纯粹的获益者。风险分配影响的是促成还是遏制债权人的主合同交易达成，以及这种风险是在公司内部分配，还是在公司外部分配。

《民商审判会议纪要》出台前，担保有效，主合同交易达成并有担保预期。《民商审判会议纪要》出台后，担保无效，主合同交易无增信措施，放弃。仅此而已，通常不会去串通做一个无效的担保。有问题的是，之前做的，《民商审判会议纪要》出台后进入审判了。各方预期（包括对司法裁判的预期），因为纪要的规定发生重大变化，这种风险交由谁来承担。

贺　剑：谢谢李老师！据此推断，法定代表人越权对外提供担保，原因还得去公司内部（股东、董事以及法定代表人自身的动机）去找，原则上无须考虑与外部债权人的串谋风险。

【代表性学术观点】

相较于对公司担保行为解释论与效力论的持续关注不同，学界对于公司担保行为被作出无效认定的后续处理并未深入研讨。资料所呈现的倾向意见与《民商审判会议纪要》基本一致。对于无效担保合同或者担保合同的无效部分，可以依据《担保法》和最高人民法院《担保法司法解释》第 7 条、第 8 条的规定来处理。在担保合同仅因公司担保债权人违反审查义务被确认无效的情形之下，公司担保债权人、债务人、担保公司应当根据其过错各自承担相应的民事责任，但担保公司承担民事责任的部分，不应超过债务人不能清偿部分的二分之一。在担保合同因主合同无效而导致无效的情形之下，公司担保债权人、债务人、担保公司亦应当根据其过错各自承担相应的民事责任。在这种情形下，公司担保债权人的过错范围既包括在签订主合同时的过错，也包括在签订担保合同时违反审查义务的过错。但是，对担保公司来说，其无过错则不承担民事责任，有过错则承担民事责任部分，但不应超过债务人不能清偿部分的三分之一。[①]

也有学者对上述处理方式提出质疑。依据体系解释，此处担保人承担的民事责任实质上是担保人对债权人所负的赔偿损失的责任。《担保法》及其司法解释过于注重对债权人的保障而忽略了对公司利益的维护，况且债权人自身也有过错。从责任性质来看，在担保合同无效时公司承担的应该是缔约过失责任。依据我国《合同法》第 42 条[②]的规定，在缔约过失责任中，应当以信赖利益作为赔偿的基本范围，信赖利益的损失限于直接损失，即因为信赖合同的成立和生效所支出的各种费用。唯此而言，公司所承担的责任应以债权人的信赖利益的损失为限，以减轻公司的赔偿负担。[③]违反规则性质上属于决议瑕疵，如果瑕疵被治愈或者相对人形式审查没有发现，则无对外效力，相应的仅仅产生内部责任；如果决议被撤销或被宣告无效，公司应当对相对人承担怎样的责任公司法并未明确规定，从理论上讲应当承担缔约过失责任。但是司法实践中，法院多援引《担保法司法解释》第 7 条，规定担保合同无效时，担保人与债务人仍然承担连带赔偿责任，这里的赔偿责任还不完全等同于缔约过失责任。在这种规定指引下，实践做法并没有按照一般合同无效的基本原理，即使有些法院判处担保无效，担保人也要承担债务清偿责任，导致立法目的难以实现。[④]

有学者认为，立足于保护债权人的立场，组织责任模式似乎已经能够满足，但公司本身的利益如何维护？换言之，《担保法司法解释》第 7 条所表达的立法逻辑无法回答当法定代表人的个人过错被“归入”为公司的过错而使公司承担责任时，公司自身的利益因此受损，又该如何进行利益弥补。公司利益的维护只能在越权代表人承担终局责任的路径上方能实现。采取法定代表人内部担责外部化的方式，即借鉴设立中发起人责任承担的规则，通过立

---

① 参见华德波：《论〈公司法〉第 16 条的理解与适用》，载《法律适用》2011 年第 3 期。

② 现为《民法典》第 500 条，与《合同法》第 42 条在文字表述上略有不同，内容没有实质变化。

③ 参见冉克平：《论公司对外担保合同的效力——兼评〈公司法〉第 149 条第 3 款》，载《北方法学》2014 年第 2 期。

④ 罗培新：《公司担保法律规则的价值冲突和司法考量》，载《中外法学》2012 年第 6 期；郭志京：《中国公司对外担保规则特殊性研究——兼论民法商法思维方式的对立统一》，载《当代法学》2014 年第 5 期。

法确定法定代表人越权担保将与公司一起承担连带责任，是一种组织责任与身份责任兼备的方案，事实上能够起到规制提前的作用。[①] 也有学者的观点与《民商审判会议纪要》规则持相同见解但未进一步加以论证。[②]

周伦军认为，公司的法定代表人或其他人员违反《公司法》规定对外提供担保，不构成表见代表、表见代理且公司不予追认的，对相对人主张行为人应承担保证责任或赔偿责任的诉讼请求，人民法院应予支持，但相对人于缔约时知道担保行为未经适当决议的除外。[③]

冉克平认为，依据《担保法》第 5 条第 2 款[④] 的规定，担保合同被确认无效后，债务人、担保人、债权人有过错的，应当根据其过错各自承担相应的民事责任。如果公司作为担保人，董事会违反章程作出决议，公司存在监管上的过错，而且债权人知道或者应当知道该事实。易言之，公司董事、经理与债权人均处于明知状态，因此应当分担损失，公司承担的应该是缔约过失责任。[⑤]

高圣平则认为，相对人知道或应当知道法定代表人越权代表时的法律后果没有明确规定，构成法律漏洞，可类推适用无权代理规则来处理法定代表人的越权担保行为。准此，类推适用无权代理规则所解决的是越权担保行为的效果归属问题，而不涉及担保合同的效力评价。法定代表人越权担保，相对人不知道或不应当知道法定代表人超越代表权限，其已尽到审查义务，担保合同即对公司发生效力，其法律后果属于公司，但担保合同是否有效尚需接受民法总则和合同法上效力判断规则的检验。担保合同有效，公司承担的责任为担保责任；无效，则公司承担的责任为赔偿责任。法律效果不归属于

---

① 参见赖虹宇、吴越：《法定代表人越权担保中的内部责任配置方式》，载《四川理工学院学报（社会科学版）》2018 年第 1 期。

② 参见李游：《公司担保中交易相对人合理的审查义务——基于 458 份裁判文书的分析》，载《政治与法律》2018 年第 5 期。

③ 参见周伦军：《公司对外提供担保的合同效力判断规则》，载《法律适用》2014 年第 8 期。详细论述可参见周伦军：《公司担保的法律解释论》，载最高人民法院民事审判第二庭编：《商事审判指导》（2012 年第 4 辑），人民法院出版社 2013 年版，第 28~76 页。

④ 现为《民法典》第 388 条第 2 款，内容与《担保法》第 5 条第 2 款一致。

⑤ 参见冉克平：《论公司对外担保合同的效力——兼评〈公司法〉第 149 条第 3 款》，载《北方法学》2014 年第 2 期。

公司的担保合同的处理，类推适用无权代理规则，未经本人追认的越权担保行为，相应损失应在代理人和相对人之间基于过错进行分担，《担保法司法解释》第7条无适用空间。[①]

问题是，高圣平所主张的“在公司拒绝追认的情形下，公司并不能成为《担保法司法解释》第7条意义上的担保人，不应承担担保合同无效的法律后果”，是将追认与否作为效果归属的前提。但基于追认法理，追认是将本不属于本人行为的效果而自愿承受，与原本属于本人行为而因决议瑕疵或程序违法无效，是否可等同对待，仍值得进一步思考。

杨代雄认为：（1）法人的过错能力问题是越权代表中法人责任的理论前提。法人机关的行为直接构成法人行为，无须借助于代理规则。法人机关对于法律行为相关事实的认知构成法人的认知，无须借助代理法上的知悉归属规则。机关为法人承载意思与认知，使法人对外部事实具备辨识与选择的能力，法人因此具有过错能力，可以成为过错致害行为的主体，并为此承担责任。此项责任是法人为自己行为承担的责任，而非为他人行为承担的替代责任。（2）法人的过错体现于法人机关的行为之中。法人过错的承载者主要是法人的执行机关与代表机关，个别情况下也包括法人的权力机关。代表机关的职权是对外代表法人实施法律行为，当然也包括为缔结法律行为而实施的沟通与磋商行为。（3）在越权代表情形中，尽管法定代表人实施的法律行为原则上不能归属于法人，但并不意味着法人无须向相对人承担任何责任。法定代表人在代表法人实施法律行为时就代表权之有无故意或者过失误导相对人的，其过错构成法人过错，符合《民法典》第62条第1款规定的“因执行职务造成他人损害”之要件。法人其他机关对此有过错的，也构成法人过错，法人须为此类过错向相对人承担缔约过失责任或者侵权责任。（4）就缔约过失责任而论，公司越权担保中，担保合同因法定代表人未经股东会或者董事会决议之特别授权而不发生效力，依一般交易观念，可以认定相对人错失了其他担保机会，且主债务合同的缔结也是相对人（债权人）的信赖投入，

① 参见高圣平：《公司担保中相对人的审查义务——基于最高人民法院裁判分歧的分析和展开》，载《政法论坛》2017年第5期。

这些均是相对人的消极利益。从这个角度看，《民商审判会议纪要》第20条结合《担保法司法解释》第7条，有其合理性。在公司向债权人承担赔偿责任的限度内，实际效果接近于（但不等同于）公司为他人的部分债务承担担保责任。（5）就侵权责任而论，相对人因越权代表之法律行为不发生效力而遭受损失，本质上属于纯粹经济（财产）损失，在越权代表情形中，仅当法定代表人故意向相对人提供关于其未越权之不实信息时，才能认定构成欺诈，尽管仅导致相对人遭受纯粹经济损失，仍构成侵权，法人须为其代表机关的欺诈行为承担侵权责任。（6）相对人过错与责任范围。在越权代表情形中，影响法人责任范围的重要因素是相对人的过错。越权代表情形中，如果相对人在实施法律行为时知道法定代表人越权，法定代表人实施的误导行为与相对人陷入不生效法律行为之间不存在因果关系，相对人之所以陷入不利处境，完全是其自由选择的结果，法人无须向相对人承担任何损害赔偿责任。在相对人仅具有过失的情况下，法人通过法定代表人实施的误导行为构成缔约过失或者侵权，相对人的过失不影响法人责任的成立，仅影响法人责任的范围，应适用受害人与有过错（过失相抵）规则。当然，法定代表人的代表权在例外情况下存在法定限制，典型的是《公司法》第16条的规定，《民商审判会议纪要》第17条也采用了代表权限制说。（7）表见代表在相对人善意这个要件上的要求应当略低于表见代理，应只要求相对人对法定代表人是否享有代表权之判断没有重大过失。在相对人具有重大过失的越权担保情形中，权衡相对人过错与法人过错之关系，由相对人分担二分之一以上损失并无不妥。因此，根据《担保法司法解释》第7条第2分句，担保人与债权人都有过错的，担保人应赔偿的损失不超过债务人不能清偿部分的二分之一，此种损失分担比例大体上是合理的。[①]

【典型案例1】

亿阳信通股份有限公司、安徽华地恒基房地产有限公司企业借贷纠纷案

案号：最高人民法院（2019）最高法民终451号

---

① 杨代雄：《越权代表中的法人责任》，载《比较法研究》2020年第4期。

【裁判要旨】

一方对相关实施损害公司利益的行为，未能及时发现和制止，存在管理不当的过错责任，应就因担保合同无效导致相对方信赖利益受损承担赔偿责任。相对人对担保合同无效也负有审查不严的过错责任。担保行为被确认无效后，相关主体应当根据其过错各自承担相应的民事责任。

【基本案情】

安徽华地恒基房地产有限公司（以下简称华地公司）与亿阳集团签订《借款合同》，亿阳信通股份有限公司（以下简称亿阳信通公司）向华地公司出具《不可撤销担保函》，为《委托贷款协议》项下借款提供连带责任保证。亿阳信通公司系上市公司，亿阳集团为亿阳信通公司控股股东。亿阳信通公司章程第55条约定，公司下列对外担保行为，须经股东大会审议通过：……为股东、实际控制人及其关联方提供的担保。第129条第8项约定，董事会在股东大会授权范围内，决定公司的……对外担保事项……亿阳信通公司章程（2016年2月修订）第132条约定："……除本章程第五十五条的规定外，公司对外担保还应遵守以下规定：……（三）股东大会对董事会授权权限内的对外担保应经董事会全体成员三分之二以上同意，股东大会对董事会授权权限以外的担保应提交股东大会批准。"第142条约定："董事与董事会会议决议事项所涉及的企业有关联关系的，不得对该项决议行使表决权，也不得代理其他董事行使表决权。该董事会议由过半数的无关联关系董事出席即可举行，董事会会议所作决议须无关联关系董事过半数通过。出席董事会的无关联董事人数不足三人的，应将该事项提交股东大会审议。"华地公司述称："我们当时签的时候，他们自己提出说他们公司章程有这样一个授权，是不需要召开股东会的，因为他们上市公司如果对外公告的话很麻烦，时间很长，并且他们当时要借这笔款，很急。如果要发布公告的话，他要到证监会办理相关事项是一个漫长过程，而且他主动提出来，他说他们的公司章程是有这样一个授权的。所以，我们当时一开始当然要求他提供股东会决议，后来我们看到公司章程确实有这样一项规定，他有这样一个授权性规定，就要求他提供了一个董事会决议。”

【裁判观点】

《担保法》第 5 条第 2 款规定：“担保合同被确认无效后，债务人、担保人、债权人有过错的，应当根据其过错各自承担相应的民事责任。”《担保法司法解释》第 7 条规定：“主合同有效而担保合同无效，债权人无过错的，担保人与债务人对主合同债权人的经济损失，承担连带赔偿责任；债权人、担保人有过错的，担保人承担民事责任的部分，不应超过债务人不能清偿部分的二分之一。”本案中，涉案担保行为虽系无效，但亿阳信通公司相关董事就涉案担保事项出具了董事会决议，曲某作为亿阳信通公司时任法定代表人在涉案《不可撤销担保函》《最高额保证合同》上加盖了私章及公司印章，并在《不可撤销担保函》中承诺为债权本金 2 亿元及利息、违约金等承担保证责任，对于上述对外实施损害公司利益的行为，亿阳信通公司均未能及时发现和制止，存在管理不当的过错责任，其应就因担保合同无效导致华地公司信赖利益受损承担赔偿责任。由于华地公司对担保合同无效也负有审查不严的过错责任，故亿阳信通公司承担赔偿责任的范围为亿阳集团不能清偿债务部分的 50%。

【典型案例 2】

安通控股股份有限公司、安康营业信托纠纷案

案号：最高人民法院（2019）最高法民终 1524 号

【裁判要旨】

公司内部管理不规范，对于案涉《担保合同》无效，有重大过错。债权人未提交充分有效的证据证明其在签订案涉《担保合同》时对公司股东大会决议进行了审查，对于《担保合同》无效亦存在过错。应按照主合同有效而担保合同无效，债权人、担保人有过错的，担保人承担民事责任的部分，不应超过债务人不能清偿部分的二分之一的规则进行处理担保无效情形下的责任承担。

【基本案情】

2017 年 9 月 27 日，安某与吉林信托签订《信托合同》。同日，安某与郭某泽签订《差补和受让协议》。协议中明示，郭某泽为仁建公司的实际控制人，为保证安某的资金安全和收益实现，郭某泽愿意以差额补足及受让安某信托受益权的方式为安某的信托本金及年化 13% 收益的按期足额获取提供担保责任。2017 年 9 月 28 日，吉林信托按照受托人安某的指令，与仁建公司签订《信托贷款合同》；同日，2017 年 9 月 28 日，安某与安通公司签订《保证合同》。合同约定安通公司就郭某泽依据《差补和受让协议》应向安某支付的差额补足款、信托受益权转让价款、违约金，以及安某为实现上述债权而发生的费用向安某承担连带保证责任。案涉信托贷款到期后，仁建公司依照《信托贷款合同》支付了从 2017 年 10 月 11 日至 2018 年 8 月 21 日的利息，后未再履行付息义务，郭某泽亦未按照《差补和受让协议》约定向安某补足差额，受让信托受益权。

【裁判观点】

案涉《担保合同》无效，当事人无权依据合同约定请求合同相对人承担合同义务，故安某关于请求判令郭某泽、安通公司依照该合同约定支付案涉律师费 136 万元的诉讼请求不能成立，应不予支持。《担保法司法解释》第 7 条规定：“主合同有效而担保合同无效，债权人无过错的，担保人与债务人对主合同债权人的经济损失，承担连带赔偿责任；债权人、担保人有过错的，担保人承担民事责任的部分，不应超过债务人不能清偿部分的二分之一。”安通公司时任法定代表人郭某泽以安通公司名义与安某签订案涉《担保合同》，该合同上加盖了安通公司公章并有郭某泽签名。而且，根据安通公司的公开材料，2017 年，即案涉《保证合同》签署年度，华普天健会计师事务所（特殊普通合伙）经审查安通公司后，出具《2017 年度控股股东及其他关联方资金占用情况专项审核报告》，明确表示没有发现存在上市公司违反章程规定对外出具担保的事实。安通公司 2017 年《内控制度评价报告》中也没有发现内控重大缺陷。上述事实证明，安通公司内部管理不规范，对于案涉《担保合同》无效，有重大过错。此外，安某未提交充分有效的证据证明其在签订案涉《担保合同》时对安通公司股东大会决议进行了审查，对于案涉《担保合同》无效亦存在过错。依照《担保法司法解释》第7条规定，综合考虑双方当事人过错和全案情况，安通公司应对郭某泽不能清偿案涉《差补和受让协议》项下债务的二分之一向安某承担赔偿责任。

【典型案例3】

吉林翔瑞投资有限公司、吉林省吉煤投资有限责任公司金融借款合同纠纷案

案号：最高人民法院（2019）最高法民终1465号

【裁判要旨】

涉案《保证合同》系涉案有限公司法定代表人签订，并加盖公司公章，其行为属职务行为，涉案公司应对法定代表人的职务行为后果承担责任，而接受担保一方未尽谨慎审查义务，其对于《保证合同》的无效也具有过错，同样应承担相应责任。

【基本案情】

2017年7月7日，吉煤投资（作为委托人）、惠民村镇银行（作为受托人）与德成实业（作为借款人）签订《委托贷款合同》。该合同第2条约定：借款金额5000万元，借款用途为流动资金周转，借款期限为2017年7月7日至2017年9月4日。吉煤投资于当日通过惠民村镇银行向德成实业转账5000万元。

2017年7月6日，翔瑞投资（作为保证人）与吉煤投资签订《委托贷款保证合同》，约定：鉴于吉煤投资委托惠民村镇银行向德成实业办理发放人民币贷款业务，贷款额度为5000万元，并由德成实业、吉煤投资与惠民村镇银行签署了《委托贷款合同》，为保障吉煤投资权利的实现，翔瑞投资愿意为德成实业在主合同（上述《委托贷款合同》）项下的债务提供连带责任保证；

保证范围为主合同项下本金5000万元及利息（包括复利和罚息）、违约金、赔偿金、债务人应向吉煤投资支付的其他款项、吉煤投资实现债权与担保权利而发生的费用；签署该担保合同已获得翔瑞投资相关权力部门同意或国家有关机关的批准，是保证人的真实意思表示，不存在任何欺诈和胁迫的因素。后因未还款而成诉。

【裁判观点】

一审法院认为：翔瑞投资与吉煤投资签订的保证合同，由时任翔瑞投资法定代表人签字，并加盖翔瑞投资公章，属双方当事人真实意思表示，不违反法律、法规强制性规定，合法有效。《公司法》第16条系对公司及股东等主体的相关行为进行规范，属于针对公司内部管理、运营机制的程序性规定。该条规定的本意在于通过公司内部控制程序限制公司内相关主体的行为，而非由此增加交易相对方的责任或者影响交易安全。相对人是否审查公司章程及相关股东会、董事会记录，均不影响公司应当依法承担民事责任。案涉保证合同约定保证人翔瑞投资签署该保证合同已获得公司相关权力部门同意或国家有关机关的批准，相对方吉煤投资已经尽了合理审查义务。

最高人民法院二审认为：第一，本案属于法定代表人越权担保。根据《公司法》第16条第1款的规定，公司向其他企业投资或者为他人提供担保，依照公司章程的规定，由董事会或者股东会、股东大会决议。翔瑞投资的公司章程规定该公司为他人提供担保的决定权由公司出资人龙翔集团行使，公司章程中并未授权法定代表人或者董事会行使为他人提供担保的决定权。龙翔集团并未同意翔瑞投资为德成实业5000万元借款本息债务提供担保。翔瑞投资时任法定代表人王某鑫及其董事会决定为他人提供担保，超越了法律和公司章程规定的权限。

第二，债权人未尽审查义务。基于《公司法》第16条第1款对公司为他人提供担保权限的规定，案涉《委托贷款保证合同》的相对人吉煤投资知道或者应当知道翔瑞投资在拟决定签订该保证合同时应当按照翔瑞投资章程规定的权限行事。据此，吉煤投资在签订该保证合同以前应当合理审慎地审查翔瑞投资的章程及有关决议或者决定文件。翔瑞投资在一审中提供的《翔瑞投资委贷业务相关请示》和对翔瑞投资经办人许某邮件记录进行证据保全的《公证书》等证据材料能够相互印证，可以证明吉煤投资在签订《委托贷款保证合同》以前已经收到翔瑞投资的章程等文件。吉煤投资在一审中承认收到翔瑞投资董事会决议，但否认收到翔瑞投资的章程，对此未作出合理解释并相应提供反驳证据，吉煤投资的该项否定主张不能成立。吉煤投资作为债权人应当注意到翔瑞投资的章程中关于翔瑞投资为他人提供担保须由其全资持股股东龙翔集团决定的规定内容。

第三，根据《合同法》第 50 条“法人或者其他组织的法定代表人、负责人超越权限订立的合同，除相对人知道或者应当知道其超越权限的以外，该代表行为有效”的规定，鉴于吉煤投资知道或者应当知道翔瑞投资法定代表人及其董事会决定签订《委托贷款保证合同》超越权限，该保证合同应认定为无效。

第四，翔瑞投资时任法定代表人王某鑫及其董事会，在未按其公司章程规定经股东龙翔集团同意或者授权情况下，擅自决定为他人提供担保，是导致《委托贷款保证合同》无效的原因之一。王某鑫以翔瑞投资法定代表人名义签订《委托贷款保证合同》的行为属职务行为，《委托贷款保证合同》上亦加盖翔瑞投资公章，翔瑞投资应对王某鑫的职务行为后果承担责任。翔瑞投资对于《委托贷款保证合同》无效具有主观过错，应承担相应责任。

第五，对于翔瑞投资签订《委托贷款保证合同》的权限，吉煤投资未尽谨慎审查义务，其对于《委托贷款保证合同》的无效也具有过错，同样应承担相应责任。根据《担保法司法解释》第 7 条的规定，主合同有效而担保合同无效，债权人、担保人有过错的，担保人承担民事责任的部分，不应超过债务人不能清偿部分的二分之一。吉煤投资与翔瑞投资的上述过错程度大致相当，故对于债务人德成实业不能清偿的部分债务，翔瑞投资应承担 50% 的赔偿责任。根据《担保法司法解释》第 9 条的规定，翔瑞投资向吉煤投资承担赔偿责任后，可以向债务人德成实业追偿。

【民法典最新相关规定释评】

关于担保合同无效的后果，现行有效的法律规定分别为《担保法》第5条、《物权法》第172条以及《担保法司法解释》第7条、第8条。

《担保法》第5条规定：“担保合同是主合同的从合同，主合同无效，担保合同无效。担保合同另有约定的，按照约定。担保合同被确认无效后，债务人、担保人、债权人有过错的，应当根据其过错各自承担相应的民事责任。”

《物权法》第172条规定：“设立担保物权，应当依照本法和其他法律的规定订立担保合同。担保合同是主债权债务合同的从合同。主债权债务合同无效，担保合同无效，但法律另有规定的除外。担保合同被确认无效后，债务人、担保人、债权人有过错的，应当根据其过错各自承担相应的民事责任。”

《担保法司法解释》第7条规定：“主合同有效而担保合同无效，债权人无过错的，担保人与债务人对主合同债权人的经济损失，承担连带赔偿责任；债权人、担保人有过错的，担保人承担民事责任的部分，不应超过债务人不能清偿部分的二分之一。”第8条规定：“主合同无效而导致担保合同无效，担保人无过错的，担保人不承担民事责任；担保人有过错的，担保人承担民事责任的部分，不应超过债务人不能清偿部分的三分之一。”

由以上规定可以看出，《担保法》第5条与《物权法》第172条的规定，在以下两点上完全一致：一是强调担保合同的从属性，主合同无效则担保合同无效；二是强调三方对担保合同无效的后果各自承担相应的过错责任，差别仅在于后者的规定仅涉及担保物权中的担保合同。而《担保法司法解释》第7条、第8条则致力于解决担保合同无效后的过错责任承担问题。

《民法典》的最大特点是打破了《担保法》统合规定担保问题的结构，将保证担保单列为合同编典型合同分编的保证合同章，将担保物权的规定放到了物权编的担保物权分编。据此，分别以第388条和第682条作了规定。

《民法典》第388条规定：“设立担保物权，应当依照本法和其他法律的规定订立担保合同。担保合同包括抵押合同、质押合同和其他具有担保功能的合同。担保合同是主债权债务合同的从合同。主债权债务合同无效的，担保合同无效，但是法律另有规定的除外。担保合同被确认无效后，债务人、担保人、债权人有过错的，应当根据其过错各自承担相应的民事责任。”

《民法典》第682条规定：“保证合同是主债权债务合同的从合同。主债权债务合同无效的，保证合同无效，但是法律另有规定的除外。保证合同被确认无效后，债务人、保证人、债权人有过错的，应当根据其过错各自承担相应的民事责任。”

从以上规定可以看出，《民法典》第388条及第682条关于担保合同无效的规定，承继了《担保法》及《物权法》有关担保合同无效的法律效果的规定，并无变化，唯第388条将《担保法》规定的保证、抵押、质押、留置等几种法定担保方式的担保合同，拓展到了其他具有担保功能的合同。但在担保合同无效的后果上，与《担保法》《物权法》的规定并无二致。在此背景下，《担保法司法解释》第7条、第8条的规定，并未受到《民法典》的影响，在新的司法解释出台且废除《担保法司法解释》之前，关于担保合同无效的后果的规定，仍应按照《担保法司法解释》第7条、第8条的规定处理。

综上，《民法典》的新规定，对本专题的讨论及结论，并无影响。

（讨论整理：李志刚，后续评论：刘生亮）

公司为股东间交易提供担保的效力

【发言群友】

李志刚、邹宇、李宇、叶林、郭宁华、王长军、陈醇、李建伟、戴景月

【讨论时间】

2019 年 10 月

【沙龙实录】

问题与观点

李志刚：经常遇到公司为两个股东（只有两个股东）之间的交易提供担保，此种担保有效无效的问题。向诸位师友请教：一个项目公司只有两个股东，项目公司的财产就是一块地。一个股东向另一个股东转让股权（或者借款），公司以土地为股权转让价款作抵押担保。此担保是否有效？

观点一：担保无效。理由是：（1）如果履行担保责任，等于抽逃出资。（2）无法作出有效决议。两个股东都回避，无法作出符合《公司法》第 16 条的有效决议。（3）属于恶意串通损害公司债权人利益。此种情形必然影响公司清偿能力，损害了公司债权人的利益。

观点二：担保有效。理由：（1）抽逃出资的理由不成立。比如，只要公

司为股东提供担保，就必然产生股东的债权人从公司受偿的情形，如果这个理由成立，《公司法》第 16 条本身就应当废止。而《公司法》第 16 条允许公司为股东提供担保，可见此种情形并不构成抽逃出资。（2）此种情形不涉及决议的问题。两个股东都是利害关系人，没有其他需要保护的小股东。故不是作不出有效决议，而是没有必要作出决议。（3）恶意串通损害公司债权人利益的理由不成立。①如果公司债权人债权形成在后，此种抵押担保登记公示，在后债权人知道或者应当知道公司有此担保债务负担，且两个股东不可能在债权人没有出现之前就串通损害。②《公司法》第 16 条是内部治理机制，而不是外部债权人的保障机制，债权人主张无效，需另行依照《合同法》第 52 条判断，而不是想当然地认为是恶意串通损害公司债权人利益。这个交易和担保本身并无违法之处。③事实上，并没有其他公司债权人。即使有，可以另诉解决，而不是保护一个虚拟的债权人。

邹　宇：《全国法院民商事审判工作会议纪要（最高人民法院民二庭向社会公开征求意见稿）》[以下简称《民商审判会议纪要（征求意见稿）》] 第 10 条【公司为股东之间转让股权提供担保的效力】规定："有限责任公司的股东之间相互转让股权，公司与转让股东签订协议，承诺对股权转让款支付承担担保责任，公司根据《公司法》第十六条的有关规定履行了决议程序，如无其他影响合同效力的事由的，应当认定担保合同有效。"

故总体应认定为有效。但是志刚所述情形，因为存在表决权回避，决议程序如何执行，是个问题。引申一个问题：公司全体股东一致行为，是否可以豁免决议程序？

李志刚：纪要稿对这种情形能否作出有效决议，未予规定。故争议尚存。一致同意的情形与决议程序豁免，更具代表性和普遍性。

李　宇：《民商审判会议纪要（征求意见稿）》第 20 条第 4 项情形规定，持有公司 50% 以上表决权的股东单独或共同实施担保的，即可替代股东会决议要求，与《公司法》第 37 条第 2 款相抵触。

股东一致同意与公司决议

叶　林：对于这个问题，有几个点的考虑：第一，从内部合规的角度，还是应当由股东形成股东会决议，对于两个股东组成的公司，法律并没有豁免其形成股东会决议，而且在事实上，股东会决议一旦作出，应当备置在公司住所，发挥告知或公示的作用。因此，只有股东之间的认可，并不足以产生公司法上的效果。第二，如果公司唯一的资产也就是这块土地被设定了抵押，并且办理了抵押登记，那么其他的人要想向公司提供信用，往往会先审查公司资产的抵押状况，因此，就股权转让后的债权人而言，不构成隐瞒。第三，《公司法》第16条主要是约束公司内部治理问题，并不当然产生公司债权人的诉权，从《民商审判会议纪要（征求意见稿）》关于公司担保的规定中，可以得出这样的一个初步结论。第四，依照上述分析，似乎可以得出一个结论，就是这种担保是有效的。目前的案情还无法揭示这是一种抽逃出资的行为。对以上观点，心里并不是很踏实，先抛出来，请大家批评指正。

郭宁华：同意叶老师的观点。从题设条件讨论，倾向有效。是否构成抽逃出资，得看具体案情，进行其他维度的审查甄别，如虚伪通谋。

邹宇法官的引申问题在实践中或许可引申出另一种表述问题：全体股东一致行动可否被认定（推定）为有效的决议？

叶　林：决议和协议还是有些区别的，现在来看，对公司有无拘束力，是重要区别之一。

郭宁华：是的，协议能否代替决议？两者的形成程序、外观形式、拘束力范围都有所区别。实务当中还有一种情形是公司直接在协议上盖章，把水搅得更浑了，那应该如何认定？

叶　林：如果两个股东也都同意，公司在担保文件上又加盖了公章，甚至法定代表人还签了字，结论和前面的分析是一样的，应该不涉及对公司债权人的欺诈问题。

郭宁华：同意您的结论。

王长军：无论有无决议，以土地抵押为出让股东担保都会登记，故有无决议不影响股权转让后其他向公司提供信用的债权人。赞同一致同意的情形可导致决议程序豁免，因为此时履行程序徒有形式意义，无实质上的价值。

陈　醇：赞成叶林老师上面的决议合同区分观点。决议在公司法中有独立的法律地位。无效可撤销不成立的要件与合同有别。民法总则实质上未对二者进行统一。监事会只能监督股东会决议，而无权监督股东间的合同。股东合同要上升为决议，最好规定认可程序，尽管现在没有。股东完全可以就公司外事务达成合同。股东会决议约束董事会和高管，但股东合同不可，除非它被认可为决议。股东会是公司机构，股东不是。即使二者成员偶尔相同。

担保效力

李志刚：看来，题设担保有效是共识。另外，如果有在先的公司债权人，这个担保是否构成恶意串通损害第三人利益？这种股权转让交易本身，是借款的回购安排，不是无对价债权债务关系。

陈　醇：私下认为，担保合同无效。公司与股东是两个主体，公司给股东担保，股东给公司什么？

李志刚：《公司法》第16条允许公司为股东提供担保，似未以有对价为前提。

陈　醇：风险是法益，担保和保险都应当是付费服务。

李建伟：法益论也是一个好的视角。

李志刚：担保法和公司法都未以付费服务作为担保有效的要件。

陈　醇：违反《公司法》第21条。

李志刚：按照《公司法》第21条，《公司法》第16条规定的公司为股东担保，是否应当改为都认定无效？

陈　醇：担保是交易的一种。公平的，有效；免费的，不可。又不是赠与合同。

李志刚：《公司法》第21条规定："公司的控股股东、实际控制人、董事、监事、高级管理人员不得利用其关联关系损害公司利益。违反前款规定，给公司造成损失的，应当承担赔偿责任。”该条产生的后果，是损害赔偿责任，未设定担保本身无效。

陈　醇：《公司法》第16条没有规定对价，但肯定是双务有偿的。承担担保责任之后还有追偿权，似不等于赠与。若是如此，担保法是否要整体改写？

陈　醇：保险法也有追偿权，但保费照付，因为承担风险。

李志刚：担保合同规定的不是单务合同。所以建议废除《公司法》第16条？现在《公司法》第16条没废，担保合同是有效还是无效呢？

陈　醇：纠纷多，联保互保害死很多企业。除非付费，否则无效。正如公司不能向股东输送其他利益一样。

李志刚：尚未理解这两个理由的实体法依据。

陈　醇：依据是《公司法》第21条。

邹　宇：通说认为，担保人为债权人提供担保，前提是债务人与担保人之间的委托关系。委托关系可以有偿也可以无偿，但是审判实务中没有担保人向债务人请求支付担保对价的，只有追偿。

陈　醇：公司是商主体，不同于民事主体。

邹　宇：陈老师是认为民事担保和商事担保要区分认定吗？如志刚所言，这突破现行担保法了。

戴景月：在此语境下的债权人不一定是具体的已经存在的债权人吧？公司所有的财产都为股东抵押担保，他人未必不再和公司交易。项目的前景、股东的信誉能力、被担保债务的性质用途等，如果仍然让他人有信心，还是可能和公司交易的（成为债权人），但是实现债权的风险明显加大了。法律对担保进行控制或干预，预期风险尽量不要发生，也是从安定和秩序考虑的，轻易豁免决议是否妥当？比较而言，公司用唯一财产为公司负债担保，和公司为股东担保，二者对于和公司交易的他人的风险程度不一样，是显而易见的，不能作同样法律安排。

现实中，很多个案存在这种情况。如果设想被实施，正面效果很好，但是，可能仅仅因为形式要求（借用此语）的原因而不能完成，比如审批权限限制、特殊情况被忽略等。尽管如此，不建议因实用的原因而放弃既有的、哪怕仅仅是程序性的规定。

《公司法》第 16 条是要和交易无关的股东考虑利害，“关联”股东一边等候结果。当事情变成了决议不能形成的状态，那就是事情不成。

至于题设担保合同效力的问题，同意各位老师意见所依据的规则。

陈　醇：公司为股东 A、B 之间的交易提供担保，除非向公司支付了相应的对价，否则无效。具体理由如下：

第一，公司为股东提供担保，公司因此合同承担了风险，此种风险是一种不利益。尽管在承担了担保合同的义务后，公司有追偿权，但是，这种追偿权不一定能实现，因此，公司承担了风险。

从公司角度来看，付出（承担的担保义务）= 追偿权 + 风险。

当风险为 0 时，付出（承担的担保义务）= 追偿权。

当追偿权为 0（追无所偿），那么，付出（承担的担保义务）= 风险。

也就是说，只有在 0 风险时，追偿权才是担保义务的对等物；当风险不为 0 时，公司额外承担了风险。

上述风险是保险法经营的标的。如果认为风险无利益，那么，保险法无意义。

第二，担保法没有将有偿作为担保合同成立的要件，但这不影响公司法对担保合同的有偿要求。

第三，公司法对公司为主体的合同有很多要求，无偿担保违反了《公司法》第 20 条[①]第 21 条[②]的规定。

第四，公司是商主体，它提供的担保与民事主体有区别。商主体以营利

---

① 《公司法》第 20 条第 1 款和第 2 款规定：“公司股东应当遵守法律、行政法规和公司章程，依法行使股东权利，不得滥用股东权利损害公司或者其他股东的利益；不得滥用公司法人独立地位和股东有限责任损害公司债权人的利益。公司股东滥用股东权利给公司或者其他股东造成损失的，应当依法承担赔偿责任。”

② 《公司法》第 21 条规定：“公司的控股股东、实际控制人、董事、监事、高级管理人员不得利用其关联关系损害公司利益。违反前款规定，给公司造成损失的，应当承担赔偿责任。”此条的损害应当包括因担保合同造成的损害。

为目的，除非履行公司章程与公司法规定的社会责任，且依法定程序，是不能无偿承担义务的（包括承担风险）。事实上，大量的公司因为承担担保义务而破产。

第五，这种理解会不会打破担保法的预设？不会。担保法不禁止有偿。

第六，公司有偿担保会不会违法？职业性的担保由担保公司与保险公司进行，是需要行政许可的行为。但偶然性的担保，就没有必要了。正如借贷合同一样，民间一定规模之内的借贷合同是可以的，但是，一旦达到了一定规模，就只能依金融法获得许可，并由特别的商业银行法等专业法律调整。

戴景月： 反担保是否有适用空间？

陈　醇： 没考虑过。

郭宁华： 循着陈老师的观点思路，本案认定无效的适法路径是否先适用《合同法》第 52 条①第 5 款违反法律或行政法规强制性规定，然后再适用《公司法》第 21 条认定无效？

陈　醇： 是这么想。

李志刚： 可能涉及几个问题：（1）《公司法》第 16 条关于股东担保的规定，是保护中小股东，还是保护公司？（2）如果是保护公司，《公司法》第 16 条是否应该增加有偿担保，或者废止？如果没有废止，能否解释出必须是有偿担保才能有效的结论？（3）担保有追偿权，是否等于无偿赠与？（4）违反《公司法》第 21 条，是承担后续的赔偿责任，还是直接导致违反了《合同法》第 52 条，所以合同无效？

陈　醇： 是的，还需要讨论。

郭宁华： 这就引出一个老生常谈的问题，《公司法》第 21 条是否属于效

---

① 《合同法》第 52 条规定：“有下列情形之一的，合同无效：（一）一方以欺诈、胁迫的手段订立合同，损害国家利益；（二）恶意串通，损害国家、集体或者第三人利益；（三）以合法形式掩盖非法目的；（四）损害社会公共利益；（五）违反法律、行政法规的强制性规定。”《民法典》第 146 条规定：“行为人与相对人以虚假的意思表示实施的民事法律行为无效。以虚假的意思表示隐藏的民事法律行为的效力，依照有关法律规定处理。”第 153 条规定：“违反法律、行政法规的强制性规定的民事法律行为无效。但是，该强制性规定不导致该民事法律行为无效的除外。违背公序良俗的民事法律行为无效。”第 154 条规定：“行为人与相对人恶意串通，损害他人合法权益的民事法律行为无效。”

力性强制性规定?

【总结及倾向性意见】

公司为股东之间的股权转让提供担保的效力问题,《民商审判会议纪要(征求意见稿)》第10条曾就此作出规定:"【公司为股东之间转让股权提供担保的效力】有限责任公司的股东之间相互转让股权,公司与转让股东签订协议,承诺对股权转让款支付承担担保责任,公司根据《公司法》第十六条的有关规定履行了决议程序,如无其他影响合同效力的事由的,应当认定担保合同有效。"但正式稿删除了这一条,其具体原因不得而知,但围绕这一问题的争论仍将持续,故有深入讨论的必要。

就此问题,主张担保无效的理由主要包括:(1)公司未获得对价;(2)股东利用关联关系损害公司及其他股东的利益;(3)属于抽逃出资,违背公司资本维持原则;(4)属于恶意串通,损害第三人利益。其他还包括:如果只有两个股东,无法形成有效决议。

主张担保有效的理由主要包括:(1)根据《公司法》第16条的规定,允许公司为股东提供担保,说明公司为股东提供担保,不等于抽逃出资或者变相抽逃出资,仅仅是需要决议程序保护其他股东的利益。如果只有两个股东,在二者之间的交易,则没有需要《公司法》第16条通过特别程序所保护的股东。(2)承担担保责任是担保合同的履行问题,是或然的责任。承担责任后,还有追偿权,权利和责任财产与抽逃出资显著不同。(3)公司债权人有合同法上的其他制度保护,其可通过行使撤销权、代位权等方式主张权利。也可能没有其他债权人,不能因为假想一个可能存在的债权人,而直接认定恶意串通损害公司债权人利益。(4)公司法、担保法及合同法均未规定担保必须有对价。以没有对价为由,主张担保无效,无法律依据。

编者倾向同意后一种观点,即此种担保应属无效。如其他公司的债权人有证据证明系恶意串通损害其利益,可以通过诉讼主张该合同无效。但人民法院不应在没有其他公司债权人主张的情况下,以抽象的、假想的恶意串通损害公司债权人利益为由,直接认定合同无效。

【代表性学术观点】

任一民认为，公司为两个股东（只有两个股东）之间的交易提供担保，此种担保应以承认其担保有效为原则，无效为例外。主要理由是：（1）公司拥有为他人担保的能力。公司为他人担保的能力，从1993年《公司法》（第60条第3款）的管制走向了2005年的《公司法》（第16条第1款）的自治，这一点毋庸置疑。（2）公司可以为股东提供担保。2005年《公司法》修订时，除了在第16条作出允许公司为他人提供担保的正面规定外，同时删除了1993年《公司法》第60条第3款的规定，并且就公司为股东担保只是作出了程序性的限制（《公司法》第16条第2款、第3款）。这一程序性限制更多是为了保护其他股东的权益，因为债权人权益的保护，可以通过其他救济途径解决，而股东利益的保护，则属于公司法的职责范围。（3）公司为股东提供物保是否应否定合同效力。前述案例揭示公司只有一块土地，而这唯一资产为股东负债提供了物保，据此是否就应作出物保合同无效的评价？如果公司不存在破产原因，公司为股东提供物保，并不会损害公司其他债权人利益（当公司的责任财产足以覆盖公司负债，其他债权人利益并不会因为公司向股东提供物保而利益受损）。当公司有多个普通债权人，公司将全部或部分财产抵押给股东，因此丧失了履行其他债务的能力时，对该种情形，《担保法司法解释》第69条的规制手段是其他债权人可以请求撤销该抵押行为，而非将物保合同归于无效。（4）公司为他人提供物保的合同遭遇公司破产情形时是否需要作出无效的评价。当公司破产时，公司为他人提供物保，并不是直接归属于《企业破产法》第33条所规定的无效行为的范畴，而是更多纳入第31条、第32条检视的范畴。公司为他人提供物保的同时，也对主债务人取得了承担物保责任后的追偿权，基于追偿权最终行使结果的不确定性，个人理解如果是无法追偿，则可以归属于无偿行为而纳入《企业破产法》第31条第1项规制的范围；如果可以部分追偿回收，则可以纳入《企业破产法》第31条第2项规制；如果属于事后追加物保，则可以纳入第31条第3项规制；如果属于互利型担保（如互相有融资也互相提供担保），则可能会纳入《企业破产法》第31条第4项、第32条个别清偿等条款的规制范围，这些条款的共性是将此作为可撤销范围，而不是直接认定合同无效。（5）公司破产时为股东提供物保的效力还可能受衡平居次原则的检视。公司破产情形下，如认定具备衡平居次原则适用条件，那么股东享有的债权在破产程序中将作为劣后债权对待，即使办理了抵押登记也不影响其债权的劣后性。在此情形下，就普通债权人而言已无须通过行使撤销权而否定该交易的效力。（6）公司为股东交易提供担保可能更有助于债权人利益维护。公司为股东之间的股权转让提供担保，在一定程度上可能有助于公司僵局的化解，也可能是有利于资源的更优配置（受让股东之所以受让，更大程度上可能基于由其一方控制可能更有利于公司运营乃至股权价值更大化的商业判断，这也意味着可能可以对公司债权人提供更好的保护）。我们为何一定要为了可能的债权人利益受损而否定该物保合同的效力呢？（7）至于以无效为例外，《民法总则》第 154 条[①]关于恶意串通制度的存在，就说明利害关系人还是可以借助这一机制否定物保合同的效力的。但这应属于例外适用的情形。

【典型案例 1】

广西万晨投资有限公司、陈某官股权转让纠纷案

案号：

二审：福建省高级人民法院（2015）闽民终字第 1292 号

再审：最高人民法院（2016）最高法民申 2970 号

【裁判要旨】

股权转让发生在股东之间，并约定所属公司承担连带责任，标的公司承担连带责任系经过公司股东会决议，是公司意思自治的体现，这不存在损害其他股东利益的情形，也不违反法律强制性规定。

【基本案情】

2012 年 8 月 18 日，陈某官（持万晨公司 60% 股权）为股权出让方，胡

① 现为《民法典》第 154 条，内容与《民法总则》第 154 条一致。

某勇（持万晨公司 40% 股权）为股权受让方，万晨公司为目标公司，三方签订《股权协议书》，约定陈某官将其持有万晨公司 60% 股权（陈某官对目标公司的出资 6420 万元及股东权益）以 9600 万元价款转让给胡某勇。《股权协议书》第 2 条第 4 款还约定，目标公司承诺对胡某勇上述付款（包括本息在内）责任承担连带责任。陈某官对胡某勇欠付的剩余股权转让款 1815 万元及利息向一审法院提起诉讼，并请求目标公司即万晨公司承担连带责任。

【裁判观点】

福建省高级人民法院二审认为：（1）本案应适用《公司法》第 16 条的规定。本案的股权转让发生在陈某官、胡某勇两个股东之间，不存在损害其他小股东利益的情形，且万晨公司已于 2012 年 8 月 22 日完成了股权变更登记，陈某官已经不再是万晨公司股东，案涉的是万晨公司股东胡某勇与非股东陈某官之间的债权债务关系。一审认定本案并不涉及公司与外部债权人之间的关系，因此不适用《公司法》第 16 条关于公司对外担保的规定，于法无据。（2）本案中并不存在陈某官抽逃出资侵害公司或公司债权人利益的情形。抽逃出资是指在公司验资注册后，股东将所缴出资暗中撤回，却仍保留股东身份和原有出资数额的行为，该行为会导致公司财产的减少。本案中陈某官进行股权转让，并没有保留股东身份和原有出资数额，且本案中承担支付股权转让款义务的系胡某勇，万晨公司承担保证责任属于或然债务，并不必然发生，即使万晨公司承担了保证责任，也有权向胡某勇追偿，并不会导致公司财产的必然减少。因此，本案中不存在因违反强制性法律规定而导致合同条款无效的情形。故一审法院认定陈某官利用其系万晨公司法定代表人的身份，为自己股权转让提供担保，侵犯了公司的财产权，亦侵犯了公司外部债权人基于公示登记而对公司资本状况的信赖利益，万晨公司的担保行为无效，于法无据。（3）万晨公司在一审过程中对于其承担连带责任并未提出异议。万晨公司承担连带责任系经过公司股东会决议，股东会决议系公司自治的体现，既然本案当事人均对此不持异议，法院主动对公司的自治情况进行司法干预不妥。

最高人民法院再审审查认为：(1)《股权协议书》约定万晨公司承担连带责任，不存在损害其他股东利益的情形。(2)万晨公司承担连带责任系经过公司股东会决议，是公司意思自治的体现，并不违反法律强制性规定。(3)万晨公司是本案的当事人，在一审中对陈某官主张其承担连带责任并没有提出异议，二审判决认定当事人对此不持异议，且法院主动对公司的自治情况进行司法干预不妥正确。

【典型案例2】

吴某与福建鑫扬动力机械设备有限公司、郑某珍等股权转让纠纷案

案号：福建省高级人民法院(2014)闽民终字第687号

【裁判要旨】

公司股东之间签订《股权转让合同》后，转让股东已将其持有的公司股权变更至受让股东名下，而非由公司自己持有，并无发生公司回购本公司股权之情形，公司在承担担保责任后亦有权向受让股东追偿，并不必然导致公司资产的减少，因此，关于公司为股东内部股权转让提供担保的行为违反《公司法》的规定应认定无效的主张，无法律依据，法院不予支持。

【基本案情】

2011年12月1日，转让方吴某、受让方郑某珍、目标公司福建鑫扬动力机械设备有限公司(以下简称鑫扬公司)(股东为吴某、郑某珍，其出资额分别为200万元和800万元)签订《股权转让合同》，约定吴某将其持有的鑫扬公司20%的股权以530万元的价格转让给郑某珍，合同签订同时支付转让价款200万元，其余于合同签订后3个月内付清。鑫扬公司对付款义务承担连带保证责任，吴某、郑某珍在合同上签字，鑫扬公司在合同上盖章。后因郑某珍未按约付款，遂成诉。

【裁判观点】

一审法院认为：因签订上述协议时鑫扬公司股东仅有吴某和郑某珍，鑫扬公司虽未专门召开股东会并出具决议，但鑫扬公司全部股东均在协议书上签字，应认定鑫扬公司的全体股东对上述担保予以认可，故该担保行为并未违反法定程序。因吴某将讼争股权转让后不再是鑫扬公司的股东，鑫扬公司以其租金债权为讼争债务承担担保责任后亦有权向郑某珍追偿，故讼争担保行为不属于《公司法司法解释（三）》第 12 条规定的相关股东"利用关联交易将出资转出"或"其他未经法定程序将出资抽回的行为"，该担保行为合法有效。

二审中，鑫扬公司主张公司为股东内部股权转让提供担保，一旦需要公司承担担保责任，本质上会导致公司回购本公司股权，造成公司资本不当减少，这与《公司法》第 75 条的规定相违背，亦违反资本维持原则，因此，鑫扬公司的担保行为应认定无效。

对此，福建省高级人民法院二审认为：吴某与郑某珍签订《股权转让合同》后，吴某已将其持有的鑫扬公司 20% 的股权变更至郑某珍名下，而非由鑫扬公司自己持有，并无发生鑫扬公司回购本公司股权之情形，鑫扬公司在承担担保责任后亦有权向郑某珍追偿，并不必然导致鑫扬公司资产的减少，因此，鑫扬公司关于该担保行为违反《公司法》的规定，应认定无效的主张，缺乏事实和法律依据，故不予支持。

（讨论整理及后续评论：李志刚）

行政审批与合同生效

【发言群友】

李志刚、邹宇、王建文、郭宁华、王文胜、刘生亮、叶林、李后龙、吴兆祥、李宇、朱虎、段晓娟、肖建国、徐同远、朱慈蕴、刘建功、王长军、刘春梅

【讨论时间】

2019年8月

【沙龙实录】

效力要件抑或变动要件

李志刚:《商业银行法》第28条规定，任何单位或者个人购买商业银行股份5%以上的，应事先经银保监会批准。对该规范的理解与适用，形成如下不同见解:（1）未生效说。该种见解认为，这是股权转让合同的法定生效条件。未经审批，合同整体未生效，不能追究买受人的任何违约责任。（2）已生效说。该种见解认为，这是对股权变动的审批，而不是对股权转让合同的审批。报批本身是合同生效后的履行行为，而不是合同的生效条件。未履行报批义务或者违反其他合同约定义务的，都要承担违约责任。报而未批，属

于履行不能形态，应通过合同解除解决，而不是合同自始未生效。（3）报批条款生效说。该种见解认为，报批义务已生效，其他未生效。违约责任仅限于单就报批义务设定的违约责任，其他违约行为均因合同未生效而不构成违约责任，只能主张缔约过失责任。对上述规范的解释及不同观点，请问您怎么看？

邹　宇：这个问题可以和保险公司股份代持那个案子[①]进行比较研究。

李志刚：可能还有一些区别，保险公司代持股份涉及的合同无效问题，对应的是《合同法》第52条，这个问题涉及的是生效条件是否成就的问题。

邹　宇：外部条件，尤其是审批条件对合同效力的影响。当事人争论条件是否成就，目的还是合同是否生效，想起以前那个资本充足率的案子[②]，认定是管理性规定，只导致监管责任，不影响合同履行。

王建文：该问题类似于外商投资企业审批的法律性质。如果作为合同生效要件，将导致合同未生效。从当初《商业银行法》的立法精神来说，估计是希望通过强监管，严格控制商业银行大额股权转让，故设定了该审批要求。若从负担行为与处分行为两分的角度来分析，作为负担行为的股权转让合同应当有效，审批仅涉及股权的实际变动，即履行行为。该问题确实存在多种解释路径，值得讨论。

李志刚：建文老师倾向认为未生效、已生效还是仅报批条款生效？

王建文：已生效说较为合理。但金融行业作为强监管行业，立法精神估计是持生效要件说。

李志刚：如果说要报批才生效，但报批条款却先行生效了，总觉得逻辑上不太说得通。更重要的是，金融机构的股权转让涉及巨额资金以及一系列

---

① 参见最高人民法院（2017）最高法民终529号。福建伟杰投资有限公司与福州天策实业有限公司、君康人寿保险股份有限公司营业信托纠纷案。

② 指《最高人民法院关于信用社违反商业银行法有关规定所签借款合同是否有效的答复》（法经〔2000〕27号函，2000年1月19日）涉及的案例。该答复认为：《商业银行法》第39条是关于商业银行资产负债比例管理方面的规定。它体现中国人民银行更有效地强化对商业银行（包括信用社）的审慎监管，商业银行（包括信用社）应当依据该条规定对自身的资产负债比例进行内部控制，以实现盈利性、安全性和流动性的经营原则。商业银行（包括信用社）所进行的民事活动如违反该条规定的，人民银行应按照商业银行法的规定进行处罚，但不影响其从事民事活动的主体资格，也不影响其所签订的借款合同的效力。

的交易程序，并会存在多个潜在交易对手。如果把股权变动的报批，作为生效要件，将导致在确定单一买受人之前，多个意愿交易参与者的行为都处于没有合同保障的不确定状态。比如，国有金融机构股权转让，要在交易所挂牌竞价。如果要“报批才生效”，那么是否意味着监管机构先要对所有的竞价参与者的合同审批一遍，才能开始参与竞价？否则，各方为此进行的尽调、支付保证金等围绕交易所做的各种交易行为都无法得到合同的约束和保障？

郭宁华：法律本身确实有很强的宣示功能，以指引大众行为。从监管部门监管目的出发，按效力性规定解释，效果最快最直接。但是问题也较多，逻辑上也有难以自圆之处。个人倾向同意已生效说。逻辑较通，后遗症较少，较符合市场经济规则。

邹　宇：监管部门恐怕有不同意见。

王文胜：我个人认为，经批准登记后生效的合同，在市场经济条件下，越少越好。法律行政法规没有明文规定合同经批准或登记后生效的，原则上应当解释为是经批准登记后发生权利变动。对于经批准登记后生效的合同，我的观点是：经批准或登记后生效的合同在成立之后生效之前，属于效力未定的合同。在合同尚未被批准或登记或确定不会被批准或登记前，当事人负有共同促成合同得到批准或登记从而发生效力的积极协作义务。义务人违反协作义务时，相对人可以独立以诉请求履行；损害赔偿责任的性质为缔约过失责任，赔偿范围可为履行利益。我之前曾就此撰文。[①]

邹　宇：那么又会面临第三人保护问题。

刘生亮：就志刚所说的逻辑障碍问题，能否理解为附纯粹随意条件。就文胜的观点，有一个问题需要明确，即成立未生效与效力未定是否一致？关于“我个人认为，经批准登记后生效的合同，在市场经济条件下，越少越好。法律行政法规没有明文规定合同经批准或登记后生效的，原则上应当解释为是经批准登记后发生权利变动”，同意观点前段。

王文胜：我个人并不支持所谓未生效合同的术语。所有的效力待定合同、

---

① 王文胜：《论合同生效前当事人的协作义务——以经批准或登记后生效的合同为例》，载陈小君主编：《私法研究》（第12卷），法律出版社2012年版；中国人民大学“复印报刊资料”《民商法学》2012年第9期转载。

附生效条件合同、附生效期限合同，都是“成立未生效”。

刘生亮：“一方请求履行报批义务的，人民法院可以依法判令另一方履行报批义务。”如果另一方提出事实上不能履行抗辩，对法院审理范围有无影响？

王文胜：履行不能就按不能的规则来处理了。

刘生亮：《全国法院民商事审判工作会议纪要（征求意见稿）》（2019年7月30日）第39条规定：“报批义务人根据生效判决履行报批义务后，有关部门未予批准的，合同确定不生效；报批义务人拒不履行生效判决确定的报批义务的，当事人可以另行起诉，请求赔偿包括差价损失、合理收益以及其他损失在内的预期利益损失的，人民法院应予支持。”意见稿的后段表述。事实上不能履行可以把报批义务吃掉。

王文胜：最高人民法院所采思路的问题在于，报批义务如果在合同中没有明确约定时如何解释？最高人民法院认为：“批准生效的合同一经成立，有关报批义务及违约责任等相关条款的约定就独立生效。”

刘生亮：批准生效类合同是法律解释和合同解释交织在一起的问题。用法律解释校正或补足合同没有明确约定的情形。

王文胜：为何不全部统一到法律解释下？

刘生亮：实力不允许啊。

行政审批，审批的是什么

叶　林：银保监会审批的相对人是保险公司，而非转让双方，故审批实质是决定股权能否过户，而非合同效力。对于上市保险公司，银保监会并不执行此条款，实质限缩了本条的适用。故本条有解释空间。

李志刚：叶老师所言非常有启发。我在想：银保监会是安排专人去审批“股权转让合同”吗？即使是要审批合同，是要审批合同条款吗？然后说报批条款我不用审批，先生效；其他条款，我需要一一审批，觉得没有问题了，才生效？

刘生亮：请教志刚，有没有一类合同，从订立到履行需要公法和私法协同发力的。审批的是事还是人？

李志刚：对生亮的问题，我不太了解。我理解，银保监会可能主要是要审批谁来当股东，而不是看合同是怎么约定的。所有的前置交易程序都做完了，最后一家胜出，再来报批，看看这家能不能做股东。最后要批的，主要是这一家。批了，办理股权转让手续，合同履行完毕；没批，履行不能，根据合同约定，解除合同并清理权利义务。

刘生亮：提档后也可以退档。

李志刚：但如果把合同审批作为前置生效程序，那就比较麻烦：一是很多准备竞买的买家都要来报批，银保监会审的绝对不是一家，也不是一个转让合同；二是没有报批之前，所有的交易行为都没有合同约束和保障，都处于悬置的状态。除了报批义务的其他合同义务，都可以随便违约，而不承担违约责任。从审批的结果来看，银保监会审批的结果是批复同意转让给新股东，还是“股权转让合同”已经审查过了，“批准合同生效”？另外，报批条款独立自动生效论的合同法依据是什么，也一直没有想明白。

叶　林：对于任何民商事交易来说，合同都是基础，遵循自己的成立、履行和效力的规则，行政审批只是在签订、履行和效力等具体环节上嵌入合同中去的，不可能替代民商事合同的价值和地位。从这个意义上来讲，民商事合同是基础，公权力只是辅助，即使两者共同发力，也仍然存在一主一辅的问题。就合同效力而言，有形式拘束力和实质拘束力两个方面，当年起草外商投资企业司法解释时，也是遵循这个逻辑，所以，才会规定报批义务是生效的。合同条款是不可改变的，未经批准的合同，只是不产生股权变动效力。之所以赋予审批以引起物权变动的效力，是因为“三资”企业的设立采用审批制，金融机构之所以有特殊性，也是因为金融法规定了特许制，两者虽有不同，但实质是一样，在解释上应当保持一致。如果审批是合同生效的依据，那也就意味着，不审批合同不生效，从而就没有了违约责任适用的可能，事实上，双方在缔结合同时，不仅约定了交易条款，还达成了违约金条款以及其他的补偿性条款，这些当然是有效的，也是应当支付的。

郭宁华：您的观点是否倾向同意已生效说？

叶　林：对比未生效说和已生效说，我更倾向同意已生效说。

李志刚：赞同叶老师的分析。报批条款生效说是只有报批条款及报批条款的违约责任生效，其他条款及其他违约责任未生效。按照《全国法院民商事审判工作会议（征求意见稿）》，似只支持报批条款的违约责任，其他条款的违约责任都不支持。采已生效说会有什么弊端吗？会不会比报批条款生效说更简洁清晰？

李后龙：同意已生效说。大家上面讨论的问题应不属报批条款。

吴兆祥：当然，从立法例上看，有合同的特别生效要件，并不是我国立法专有。合同审批看作物权变动条件值得认真思考，特别要作体系解释，遵从相同情况相同处理原则。特别生效要件，既可以约定，也可以法定。

李志刚：兆祥怎么看《商业银行法》第28条的规定？是合同的生效要件，还是股权变动条件？

吴兆祥：就《商业银行法》第28条规定看，是对交易主体资格的限制，可以看作市场准入资格。对此类规定是效力性规定还是非效力性强制规定，争议较大。《最高人民法院关于当前形势下审理民商事合同纠纷案件若干问题的指导意见》（法发〔2009〕40号）第15条认为：“如果强制性规定规制的是当事人的‘市场准入’资格而非某种类型的合同行为，或者规制的是某种合同的履行行为而非某类合同行为，人民法院对于此类合同效力的认定，应当慎重把握，必要时应当征求相关立法部门的意见或者请示上级人民法院。”也有观点认为属于市场秩序规定，可以看作公序良俗之一种情形。

李志刚：兆祥是否认为是合同生效要件？不是说躲着不报，是在转让过程中，还没批。

吴兆祥：我刚看了一下商业银行法，有解释的空间。如果是裁判者，直接按效力性规定处理比较稳妥。原因还在于《民法总则》第153条[①]规定，非效力性成了例外。所以，《民法典（草案）》合同编针对报批生效的合同才用了报批条款生效说。

① 现为《民法典》第153条，内容与《民法总则》第153条一致。

李志刚： 不是问有效无效（《合同法》第52条），是问是否生效（《合同法》第44~47条）

吴兆祥： 所以我认为作为效力条款可能更合适。

公权、私权的区分与市场准入

叶　林： 对于公权力伺机入侵私法领地的各种做法，要保持高度警惕。

吴兆祥： 立法环节最重要。

李　宇：《民法总则》第153条不宜理解为非效力性为例外。

吴兆祥： 很显然，如果规则明确，交易者自然也可以合理地预先安排风险规避措施。最劣的是规则不明确。

李志刚：《合同法》第52条和第44条[①]解决的是不同问题。第44条不涉及效力性强制性规范问题。

李　宇：《合同法》第44条明确规定批准生效，是将批准和生效挂钩。法律、行政法规仅规定某种合同需经批准，但未规定批准生效的，不属于第44条的范围，批准不是合同生效要件。

吴兆祥： 我的意思是如果市场准入资格是决定合同效力的条件，对此之审批应当是针对合同本身的审批，影响的是合同效力，而非权利变动。

朱　虎： 只有法律、行政法规明确规定合同经批准之后才生效的，才适用《合同法》第44条的规定。如果仅仅规定了合同，应当经过批准，但是却没有规定经过批准之后才生效，那么就需要具体的判断，该批准究竟是针对合同行为还是履行行为、是市场准入资格还是合同行为等，换言之，这些都是在判断批准这种程序性规范究竟是否属于效力性强制性规范。同时《民法

① 现为《民法典》第502条。《合同法》第44条规定："依法成立的合同，自成立时生效。法律、行政法规规定应当办理批准、登记等手续生效的，依照其规定。"《民法典》第502条规定："依法成立的合同，自成立时生效，但是法律另有规定或者当事人另有约定的除外。依照法律、行政法规的规定，合同应当办理批准等手续的，依照其规定。未办理批准等手续影响合同生效的，不影响合同中履行报批等义务条款以及相关条款的效力。应当办理申请批准等手续的当事人未履行义务的，对方可以请求其承担违反该义务的责任。依照法律、行政法规的规定，合同的变更、转让、解除等情形应当办理批准等手续的，适用前款规定。"

总则》第153条确实不宜简单理解为以效力性规范为原则，管理性规范为例外。否则就与《民法总则》尽力减少法律行为无效的整体价值取向背道而驰。

吴兆祥：关于《商业银行法》第28条，我的判断是市场准入资格审查。如果不成立则结论不成立。从《民法总则》第153条规范结构看，显然非效力性但书，不可能前后平等。从立法上看要减少法律行为无效的情况是趋势，从立法技术上看应当是规则更清晰，强制性规定一是明确法律后果，二是减少强制性规定，而不是完全交给法官来区分。

李志刚：金融机构股权交易都是以亿为单位的巨额的长链条的复杂交易。如果通过一个审批环节设定全部合同未生效，将导致所有为达成交易所做的安排（违约责任设定）失去了合同保障。

叶　林：这到底算不算是市场准入，还真的是一个值得讨论的问题。准入规则应当是公开公平的，最近又开始搞负面清单和正面清单，投资者受让保险公司或商业银行的股份，严格来说，不属于市场准入的范畴。对于外资，有市场准入的限制，对于内资，或许不因为性质而有差别待遇，对于内资投资者来说，究竟他们具备什么样的条件才可以被允许准入或禁止准入，制定法上并不是很清楚的，所以是不是用市场准入的理论来解释，这真是个问题。

吴兆祥：合同编规定了报批义务单独有效，和相应的责任条款。只要非诚信方依法承担责任而不因此获利，自然可以促进交易。

规范解释：《商业银行法》第28条

朱　虎：《商业银行法》第28条规定：“任何单位和个人购买商业银行股份总额百分之五以上的，应当事先经国务院银行业监督管理机构批准。”从该规定来看，其针对的是合同中的买方这一方当事人而非双方当事人，是股权变动。这种合同履行行为而非合同本身，是为了公共利益的间接管制而非直接管制，违反并非导致公共利益直接受损，所保护的法益也并非如此重大。《商业银行法》对此所规定的法律责任是责令改正、没收违法所得并予以行政处罚，即使合同有效仍有被改正的余地，因此现有的法律手段足够，无须使合同无效。综上，《商业银行法》第 28 条属于管理性规范，违反之后并不会导致合同无效。

吴兆祥：《商业银行法》第 28 条的立法目的何在，确实值得探讨。

李志刚：“相应的责任条款”如果仅仅是报批义务，那么，其他围绕交易过程而设定的违约责任，仍将因“未经审批”而没有法律约束力，导致当事人的风控措施落空。

吴兆祥：如果仅仅是股权变动条件，是不是应该登记而不是审批?

李志刚：根据《商业银行法》第 28 条，买卖双方的责任，仍然可以通过合同的违约责任和合同解除清理。

吴兆祥：我个人认为可以允许针对报批义务单独设定责任条款，即单独的违约责任。

李志刚：其他条款的违约责任为什么不能让它生效呢?过亿的金融机构股权转让，并非只有一个报批行为需要履行。

朱　虎：兆祥所言及的“从立法上看要减少法律行为无效的情况是趋势，从立法技术上看应当是规则更清晰，强制性规定一是明确法律后果，二是减少强制性规定。而不是完全交给法官来区分”，这仅仅是一种理想状态，事实上在所有的国家，基于管制本身往往具有紧急性，立法者往往仅考量管制规范的直接后果而无力从法秩序整体考量对私法的后果、管制规范立法中的利益妥协、对于市场失灵对应的管制失利等诸多原因，立法者不得不交由司法者来具体判断，毕竟一个良好的法治国家的建立需要立法者和司法者携手并行。

吴兆祥：这是一个特别需要时间来做到的事情。当然我更期待司法说了算。报批只是一个环节。

李志刚：“如果仅仅是股权变动条件，是不是应该登记而不是审批?”是不是因为登记机关是工商，所以这仅仅是登记前的审批而已?

朱　虎：违反《商业银行法》第 28 条，个人认为，股权转让合同本身是有效的，并且可以对合同中的报批义务条款约定相应的违约责任。如果有报批义务的一方当事人连报批都不去，此时就违反了生效的合同约定，另一方当事人可以请求继续履行，让有报批义务的当事人去办理报批，如果因为时间等原因无法办理报批，此时可以请求违约方承担违反报批义务的违约赔偿责任，但是该赔偿责任的范围，应当具体的甄别，看看是否交易足够成熟。但是如果审批机关不批准，此时属于《合同法》第110条[①]所说的法律上不能履行的情形，因此不能请求继续履行，所能够请求的赔偿损失的范围，仍然要看交易是否足够成熟，从而有流动的空间，同时还要考虑双方当事人的过错。

李志刚：确实如此，但如果只有“合同”审批才生效，那其他环节（特别是之前的环节）的违约责任（风险），可能守约方就无法进行风控了。

吴兆祥：股权变更一般的只是登记吧？登记时也就是审查，不叫审批吧？

朱　虎：对于违约的损害赔偿，关键是违反报批义务的赔偿和违反整体合同义务的赔偿并非截然二分，信赖利益和履行利益的区分也不是截然的，都会存在光谱式过渡的空间，其关键在于交易的成熟度，交易越成熟赔偿范围越高，交易越不成熟，赔偿的范围越少。

李志刚：工商管理登记，特定监管部门审批前置。不是说工商审批。朱虎老师认为《商业银行法》第28条的审批是股权变动审批，还是合同生效的审批？

吴兆祥：如果考虑法律后果，还能这样理解吗？第28条的责任后果：商业银行法对此所规定的法律责任是责令改正、没收违法所得并予以行政处罚，即使合同有效仍有被改正的余地。如果合同有效，还有非法所得吗？从后果来看，是否定性评价。

朱　虎：志刚之前已经说了，应当是对于合同履行行为的批准，不影响

---

① 现为《民法典》第580条。《合同法》第110条规定：“当事人一方不履行非金钱债务或者履行非金钱债务不符合约定的，对方可以要求履行，但有下列情形之一的除外：（一）法律上或者事实上不能履行；（二）债务的标的不适于强制履行或者履行费用过高；（三）债权人在合理期限内未要求履行。”《民法典》第580条规定：“当事人一方不履行非金钱债务或者履行非金钱债务不符合约定的，对方可以请求履行，但是有下列情形之一的除外：（一）法律上或者事实上不能履行；（二）债务的标的不适于强制履行或者履行费用过高；（三）债权人在合理期限内未请求履行。有前款规定的除外情形之一，致使不能实现合同目的的，人民法院或者仲裁机构可以根据当事人的请求终止合同权利义务关系，但是不影响违约责任的承担。”

合同效力。

李志刚：不批，就不转让了。双方要算账，主要解决的是能否依据合同约定的违约责任追责的问题。

吴兆祥：这种未经批准的股权转让后果，准确吗？

李志刚：个人一直认为：成立→不成立（《合同法》第25条[①]）；生效→未生效（《合同法》第44条）；有效→无效（《合同法》第52条）。在生效未生效（《合同法》第44条法定生效条件判断）的层面上，不涉及有效无效（第52条效力性强制性规范）的问题。想请教的是：审批未过或者未到审批的环节，另有其他违约行为，能否基于合同已生效，追究违约责任的问题。转让故意不报批的隐名代持，主要解决的有效无效的问题。二者讨论的问题不同。

段晓娟：商业银行法对于股权转让的报批和之前争议的保险公司股权代持禁止的立法目的同类，实际上，《商业银行法》并非仅仅第28条规定报批，第24条也直接规定了这样的股权变动要经过批准。

李志刚：没批之前的合同，比如要交保证金，违约扣减违约金，能否追究违约责任？这是合同有效无效的问题，还是合同是否已经生效的问题？

李　宇：没收违法所得，是因为在公法上构成违法行为，因而适用该项行政处罚。但违法并不当然导致合同无效，更不能倒过来认为只有合同无效才能推出违法。

段晓娟：《商业银行法》规定设立时要提供股东的资料，我理解对于是否能作为股东本身也应该有审查。

吴兆祥：如果认定未报批为生效，目前民法典合同编草案可以参考，现行法还有违约责任。可以问问银行业同仁的意见，审批的目的是什么？

李志刚：是否可以认定为未报批已生效呢？

吴兆祥：我的意见比较保守。

李志刚：审批是在最后入主的时候把关，不让不合适的人进来。监管机

① 现为《民法典》第483条。《合同法》第25条规定："承诺生效时合同成立。"《民法典》第483条规定："承诺生效时合同成立，但是法律另有规定或者当事人另有约定的除外。"

关有人专门审查合同和合同条款吗？

肖建国：即使认定未报批合同已生效，也欠缺履行效力。违约责任方式上，可以请求违约赔偿，不能请求继续履行。

吴兆祥：问问银保监会的同志，他们怎么审批。

李志刚：合同有效且已生效，不批，产生履行不能的后果，解除合同。其他按照违约责任，为什么不行呢？银保监会当时征求意见，说合同效力的事，看司法。

段晓娟：倾向同意已生效说，但对于其中的报而未批引起的纠纷解决不能离开报而未批的原因等，对于合同约定的其他义务违反的认定和处理恐怕也得看看内容等。

李志刚：合同本来是解决两个主体之间的利益分配。为什么必须让行政机关来定呢？合同的核心是权利义务的分配，监管机关管谁能进来，二者有界分，为什么必须混同和捆绑呢？

邹　宇：因为行政机关认为合同的履行会产生外部性，有些需要管控，但是界限到底在哪里，这又是一个很难定量研究的问题。

李志刚：晓娟庭长这里提及的酌定，依据是什么？

段晓娟：我提的不是酌定，我的意思是报而未批情形下发生纠纷的，不能当然都认定受让人承担全部的后果。比如受让人签约当时不符合条件、之后也不可能符合条件是双方明知的。此时合同里其他义务违反也要看义务内容和前述不符合条件有无关联，如果有关联而因此无法履行的，同样不应当然由受让人承担全部后果。

李志刚：有效且生效才进入履行环节，可以管履行啊，怎么管都可以啊。

徐同远：《商业银行法》第 24 条规定：“商业银行有下列变更事项之一的，应当经国务院银行业监督管理机构批准：……（五）变更持有资本总额或者股份总额百分之五以上的股东……”第 28 条规定：“任何单位和个人购买商业银行股份总额百分之五以上的，应当事先经国务院银行业监督管理机构批准。”

段晓娟：同样是基于为什么要对于商业银行的股东设定一定的条件和监

管，不过我没查银保监会作出的具体规定，查一下应该能说明问题。仅仅从工作角度看到的一些商业银行业务风险来看，直观感受是太必要了。如果对于某个经常涉诉又收不回来贷款的农商行甚至城商行的贷款业务进行观察，尤其是对那些贷款疑似放给股东的关联方的银行进行观察，可能也会得出这样的股权变动审查是必要的，虽然不见得能完全防范前述风险。《外资银行管理条例》里对于股东要求可资参考。

徐同远：《商业银行法》第28条释义："本条是关于购买5%以上商业银行股份的，应当事先经国务院银行业监督管理机构批准的规定。商业银行作为重要的金融机构，其运营状况直接关系到存款人和其他客户的合法权益，关系到国家的金融安全，对国家经济和社会发展具有重要的影响。因此，国家必须加强对商业银行的监管，以保障商业银行的稳健运行，维护金融秩序，促进社会主义市场经济的发展。商业银行转让较大比例股份，将会使商业银行的股权结构和管理的控制力发生变化。因此，商业银行变更股份总额达到规定比例以上的股东的，应当事先经国务院银行业监督管理机构批准。根据银行业监督管理法的规定，商业银行变更持有资本总额或者股份总额达到规定比例以上的股东的，国务院银行业监督管理机构应当对股东的资金来源、财务状况、资本补充能力和诚信状况进行审查。本法还要求设立商业银行申请时，应当向国务院银行业监督管理机构提交股东名册及其出资额、股份以及持有注册资本5%以上的股东的资信证明和有关资料。同银行业监督管理法相对应，本条将购买股份的比例规定为5%。需要说明的是，原商业银行法规定的比例是10%，在此次修改过程中，有的常委委员提出，巴塞尔核心原则规定的有关比例是5%至10%，根据我国的情况，对股东的持股比例以从严掌握为好。因此，将这一比例修改为5%。未经批准购买商业银行股份总额5%以上的，由国务院银行业监督管理机构责令改正，有违法所得的，没收违法所得，违法所得5万元以上的，并处违法所得1倍以上5倍以下罚款；没有违法所得或者违法所得不足5万元的，处5万元以上50万元以下罚款。"①

① 《中华人民共和国商业银行法释义》，载中国人大网，http://www.npc.gov.cn/npc/c2215/200410/d276d853e73f4d84953283be5fefb151.shtml。

段晓娟：《外资银行管理条例实施细则》（2015年修订）第5条规定：“有下列情形之一的，不得作为拟设外商独资银行、中外合资银行的股东：（一）公司治理结构与机制存在明显缺陷；（二）股权关系复杂或者透明度低；（三）关联企业众多，关联交易频繁或者异常；（四）核心业务不突出或者经营范围涉及行业过多；（五）现金流量波动受经济环境影响较大；（六）资产负债率、财务杠杆率高于行业平均水平；（七）代他人持有外商独资银行、中外合资银行股权；（八）其他对拟设银行产生重大不利影响的情形。”

朱慈蕴：志刚，我认为合同只是成立了，未经审批不能生效。最终要看何种原因导致审批不通过，依过错而追责。至于志刚提出的，双方在签订合同时做了许多前期铺垫，如交保证金等，这是当事人自己的选择，不能加持为生效。特别是金融监管审批的规章是公开的，签约当事人都是知道的，未经审批就实施视为自愿冒风险。这如同审批项目，未审批通过就先施工，不能加持为生效。成立的合同同样可以追责的，比如报批义务人大包大揽能获批，最终未成，其应赔偿对方损失。

交易风险与合同功能

李志刚：我举个案例吧。国有商业银行的股东出让10%股权，需要报财政部、银保监会审批，并在交易所公开竞价。此时，需要事先公告，有多个投资者来报名、尽调、交保证金，再竞价。最后竞价成功，确定了价高者去银保监会报批。在这之前，出让人和这些投资者都要签合同，确定一整套交易程序，以及在不同阶段，各种违约行为的违约责任。如果按照未批未生效说，在产生最后一个报批人去办理报批手续之前，这些所有的合同都是未生效合同，所有合同责任都不能追究违约责任。这些合同，对参与交易的各方还有什么意义？还能通过什么方式防止和减少前期履约中的各种风险？这是合同法的价值和“报批生效”的法律意义和价值吗？涉及金融机构股权转让的交易，似乎不是仅仅由“报批义务+付款+过户”即完成的，里面包含了比较长的交易周期和交易环节。即使在产生一家去报批之后，通过监管机构还要审批半年左右的时间。在这些跨期数年、涉及诸多交易主体、诸多中介机构、诸多审批部门的交易中，把合同的约束力寄托于临门一脚的监管机构审批，才能“生效”、才能追究违约责任，感觉合同和合同法的意义被大大消解了。允许合同生效（解决合同双方的民事权利义务争议），通过股东变动（登记前的监管机构审批）控制市场准入，不批还转就狠狠地罚，有何弊端呢?

刘建功：监管机构关心的是某个主体能不能成为新股东。交易双方的合同未获批准后怎么清算，监管机构并不关心。关键是想关心也关心不了。因为这不是属于监管机构行政许可权限范围内的事。如果我们赋予了未经审批导致除了权利变动条款外的合同条款效力受损，违背的实际上是行政法对监管机构的权责限定。至于未经审批的合同中相关违约责任条款的效力，要看具体情况。未获批的合同，有的可能是因为恶意串通而无效，有的可能是因为互相之间有欺诈，有的可能是报批义务人反悔故意拖延，有的则可能是双方对监管机构裁量不予审批的结果有预见，有的甚至是监管机构不予审批的具体行政行为违法，不可一概而论。

李后龙：你说的竞价前多个投资者与股权转让方的合同安排，与股权转让合同好像不是一码事，这些前期合同不涉及报批生效问题，正式的股权转让合同应是竞得后才签订，此时才产生报批问题。

李志刚：金融机构的股权转让是一系列交易环节组成的整体的交易过程，并非一方报批，一方交钱的简单交易过程。金融机构的出让方和每一个参与竞价者都需要签署这样一个完整股权转让协议，明确参与到每一个阶段，各方的权利义务（风险与违约责任）配置，而不是只和一个交易对手，只在报批和付款、登记环节签协议。更不会因为这样一个交易分每一个交易阶段，与每一个交易签几十个独立的分割的协议。差别仅仅在于谁能跑到最后，以及跑到最后的那一个交易对手没批下来，其他交易对手如何继续的问题。通过这样一份完整的《股权转让协议》，来解决整个交易环节的权利义务争议。司法说其他人的股权转让协议因为没有报批（事实上是没有履行到报批阶段就出现了违约），所以未生效，也就不能追究违约责任——那其他参与者在报批前的各种权利义务安排靠什么维系？靠司法酌定吗？可能问题在于，要把哪些行为划入成立、生效并且已经履行的环节？哪些是履约准备？在基本的原点上，说所有的条款都没有生效，仅仅是报批条款先行生效了，逻辑上感觉有点别扭：报批条款本身也是合同的组成部分，为什么合同没有报批，报批条款就先自动生效了？法律依据和法理依据是什么？这可能是一个难以自圆其说的悖论。但把合同设定为已经生效，报批是履行行为，未批属于履行不能，解除合同，则不会存在这样的悖论。

李后龙：如果混在一起，对于批准前当事人一方的损失，即使按不生效处理，该部分损失赔偿也可得到支持。这种区分在实务中意义不大。购买，事先，这些措辞语境下，把报批作为履约对待，似不符《商业银行法》第28条立法本意。

李志刚：针对《商业银行法》第28条，立法者脑海中是否有一个审批合同条款的画面呢？

李后龙：审主体。

李志刚：是的。如果是审主体，不是审合同条款的话，感觉还是已生效说，合同已生效比较合适。已生效合同可以因为违法认定无效，也可以针对违法违规的履行行为各种行政罚，丝毫不冲突。但仅仅因为存在一个主体的审批，就把所有的合同条款作为未生效条款，无法追究违约责任，那这样一个长期的、复杂的交易过程，靠什么保障呢？对于其他没有走到报批环节的竞价者而言，并不存在要没收违法所得的问题，仅仅是民事权利义务的履约义务违反。生效与未生效的差别在于能否依据合同约定的违约责任条款追责。已生效的好处在于风险可控，而不是必须要去打官司等司法酌定。

报批条款独立性审视

王长军：最高人民法院民二庭曾经专门对《商业银行法》第28条进行了研究，认为第28条行政监管部门的审批，针对的是交易行为，即股权转让合同本身，而不是基于合同产生的权利变动。[①] 所以采纳的是第一种观点即未生效。我认为，可能更细分应该是采纳第三种观点，即唯有报批条款生效，其他条款都未生效。

李志刚：报批条款先行独立生效，其法律依据和法理依据是什么？

刘建功：赞同志刚的意见。主要理由是：行政机关的职权范围是法定的，其具体行政行为的法律效果如果要及于当事人之间的民事权利义务安排，必须要有法律的明确授权。合同中如果对于申请前的资金安排、申请不被获批后的善后安排有约定，行政机关是无权干预的。法院处理的是双方之间的民事争议，何必自束手脚，搞得遇到这种争议还不能按照当事人约定处理，干这种吃力不讨好的事？

王长军：报批条款是独立条款，故可先于其他条款生效。

李志刚：依据是什么？

王长军：刘贵祥认为："就合同条款的内容而言，其核心内容是有关当事人间的权利义务关系的规定，但于此之外，还有两类合同条款，这两类条款自身的性质决定了其独立于合同的权利义务条款：一是促成合同生效的条款。在合同的生效以某一条件的成就为前提时，此种前提性的条款将独立于合同条款而事先生效。否则，就会陷入悖论，最终既无助于缔约目的的实现，也不利于诚信原则的维护。二是在合同无效、被撤销或者终止时，有关争议解决的条款。合同法第五十七条仅规定了后者，并未对前者作出规定。事实上，二者一个针对合同的'生前'，一个针对合同的'死后'；一个促成合同有效，一个解决无效、被撤销或者终止后所生的争议，均具有手段性特点，不同于当事人意欲通过合同实现交易目的、享受权利承担义务的其他合同条款，当然具有独立性。因此，合同未生效当然不影响报批义务条款的效力。故在当事人就报批义务作出明确约定的情况下，应认为此种约定具有独立性，不受未生效合同的影响。"[②]

---

① 参见贺小荣主编：《最高人民法院民事审判第二庭法官会议纪要——追寻裁判背后的法理》，人民法院出版社 2018 年版，第 93 页。

② 刘贵祥：《论行政审批与合同效力——以外商投资企业股权转让为线索》，载《中国法学》2011 年第 2 期。

叶　林：关于合同不成立或未成立的说法，始终是有质疑的。既然要约和承诺已完成，书面协议已签署，非要说这是未成立，实在难以理解。即使最高人民法院民二庭有这个意见，也只是为了限制它的效力而采用的处理技术，甚至就是权宜之计。如果合同不成立，当事人先交纳部分款项的约定，是不是也就无效了？而实践中，要求购买方先支付部分款项，才实质启动交易，这是非常正常的。因此，在实务中，常常存在买方先付了部分款项，却等不来卖方的交付，这种情况，或许只会带来赤裸裸的欺骗。

王长军：合同成立无争议，存在争议的是未生效还是生效。

李志刚：关于悖论的分析非常客观。不知道域外法是否也是通过"报批条款"独立先行生效的方式解决的？

刘春梅：我印象中当年摩根收购建行的协议书中，每一步报批都约定了相应的违约条款；如果审批不过，赔偿多少。我不知道中国公司收购美国公司，对于涉及美国投资负面清单需审查的项目，他们是如何认定的？赞同叶老师意见，针对报批生效的合同，对于报批义务的违约责任条款约定本身是不需要审批的，类似于仲裁条款，独立于合同其他需报批条款。

李志刚：如果把报批本身作为履行行为，是不是就可以解决这个悖论了？通过股权变动卡住管制，是否可以同样实现规制目的，而不至于陷入悖论？核心问题是，如何避免那些没有走到报批阶段（未涉及准入的履约过程），仍有（不可避免地会有）违约行为，得到合同的保护。

李志刚：对于非报批条款的违约责任，缺乏合同的承载（因为未生效）。

刘春梅：关键是审批部门的审批事项是什么。

叶　林：就像志刚说过的，政府部门关心的是谁能够成为股东，谁不能成为股东，所以它实际上是一个股权变动的问题。

王长军：应该说此问题中政府部门关心的是买受人能否成为股东，仅涉及股权变动问题，不影响合同效力，这对于减少行政审批对民事合同的影响，有利于当事人的意思自治，确实利大于弊。将行政审批对合同效力的影响从无效到未生效是一大进步，再从未生效到有效，又是一个质的飞跃。此时，我想起了陈某某诉云南红塔集团追讨云南白药股权案，此案也因行政审批原因，导致股价上涨后出售方上级部门反悔，最终损害买受人利益，但买受人却无可奈何。如采观点二，正如多位老师所言，确实更有利于公正。

刘建功：其实行政机关并不关心除了与权利变动有关条款以外的合同条款，如果关心，也是越权了。法院又何必作茧自缚？可能有人担心认为审批仅仅涉及权利变动，是对审批机关的不尊重，其实是多虑了。

叶　林：同意建功的洞见。

【总结及倾向性意见】

行政审批之于合同效力，在学理与实务上一个历久弥新的话题。本次研讨的缘起，既是对悬而未决论题的持续精进，也因最新实务动向的触发。参与研讨的群友围绕《商业银行法》第 28 条所规范的审批性质与合同效力的关系进行了充分的讨论，多数意见采“已生效说”，即该规范下的审批是对股权变动的审批，而不是对股权转让合同的审批。报批本身是合同生效后的履行行为，而不是合同的生效条件。未履行报批义务或者违反其他合同约定义务的，都要承担违约责任。报而未批，属于履行不能形态，应通过合同解除解决，而不是合同自始未生效。

对于行政审批涉合同效力的规范来说，不能脱离规范目的、审批对象而得出无效、成立未生效抑或独立效力的一般性评判规则。只有法律行政法规明确规定合同经批准之后才生效的，才属于《合同法》第 44 条调整的范围。如果仅规定了合同应经过批准，但没有规定经过批准之后才生效的，就需要对该批准系针对合同本身、履行行为、市场准入资格等作出妥当甄别，从而对合同效力作出评判。

编者认为，行政审批从性质上说属于行政许可。当法律、行政法规将特定的行政审批介入民商事领域的时候，一定有其正当性基础。解释者或适用者精准构筑该基础，到位不越位，方为对法律的守护。尚有如下问题可为后续关注：第一，私法自治下的国家强制，其路径依赖与选择的技术路线问题；第二，公法与私法，互为载体的公私协力行为如何通约处理问题；第三，私法形成性行政处理的运作机理以及对民商事裁判的影响问题；第四，批准撤销而导致的行政信赖保护问题。

【代表性学术观点】

合同规制与路径依赖

崔建远认为，依《合同法》第 44 条第 2 款的文义和规范意旨，该条仅限于适用中外合资经营企业合同、中外合作经营企业合同、涉外股权转让合同，以及中外合作勘探、开采石油、天然气合同，并不适用于行政划拨的土地使用权转让合同。在未将行政划拨的土地使用权变性为出让土地使用权的场合，转让土地使用权合同应为无效，而不是未生效。主要理由是：从《合同法》第 44 条第 2 款的文义和确定其适用范围的思考路径来看，《合同法》第 44 条第 2 款中的所谓“法律、行政法规”，并非《合同法》第 44 条第 2 款本身，而是指除此而外的法律、行政法规的规定。欲知某类合同是否以行政主管部门的批准或登记为法定的特别生效要件，必须寻觅出《合同法》第 44 条第 2 款以外的法律、行政法规关于某类合同应以行政主管部门的批准或登记为法定的特别生效要件的具体规定。换言之，《合同法》第 44 条第 2 款的规定属于引致规范、解释规范或概括规范，它与某部法律、行政法规关于某类合同应当或必须经过行政主管部门批准或登记的规定相结合，适用该类合同，法律人才会得知该类合同是否已经生效或者仍然尚未生效。《合同法》没有彻底否定国家行政主管部门的审批对于某几种合同的效力的影响。《合同法》特设第 44 条第 2 款，并结合前述法律、行政法规、部门规章，继续坚持诸如中外合资经营企业合同、中外合作经营企业合同、涉外股权转让合同，以及中外合作勘探、开发石油、天然气合同依然以行政主管部门的批准为法定的特别生效要件。究其原因，（1）因为某些领域仍然实行计划管理，为了确保国家利益、战略安全，也是有序、有计划地开采能源的需要；（2）为了使利用外商投资与国内产业结构调整、引进先进技术、加快国有企业改造、鼓励出口及地区布局优化，促进整个国民经济的持续快速健康发展；（3）为了鼓励和引导外资投向，吸引外商投资举办资金密集、技术密集以及对中国国民经济发展有较大作用的合资企业；（4）为了防止探矿权、采矿权移转给缺乏资质的受让人之手，避免自然资源的浪费，降低乃至减少矿难的发生。正因如此，《国务院关于第六批取消和调整行政审批项目的决定》（国发〔2012〕52号）再次坚持了这几种合同以行政主管部门的批准为法定的特别生效要件的基本精神。[①]

吴光荣认为，法律关于合同须经审批的规定既不属于《合同法》第52条第5项所称“强制性规定”，也不同于《物权法》关于不动产登记的规定，因此：不能以违反“强制性规定”为由将未经批准的合同认定为无效，但审批指向“前置的”营业许可时除外。同时，不能类推适用《物权法》上的“区分原则”认为审批不影响合同效力，除非审批指向的是权利变动，而非基础行为。行政审批系合同的特别生效要件，故合同并不因批准而必然有效；基于信赖保护原则，合同也不因批准被撤销而当然失效。因合同或财产权属发生的争议应通过民事诉讼解决，且当事人不得就批准行为本身提起行政复议或行政诉讼。在负有报批义务的当事人违反报批义务时，可发生违约责任与缔约过失责任的竞合。[②]

姚明斌就《最高人民法院关于当前形势下审理民商事合同纠纷案件若干问题的指导意见》（法发〔2009〕40号）所确立的强制性规范规制的对象作为内部评价要件分别作了探讨。指出：上述指导意见将规制对象大体区分为合同行为本身的规制、主体资质规制和履行行为规制三个方面。自逻辑言之，由于针对合同行为本身的规制会导致违反合同无效，且主体资质规制的违反效果有别于针对合同行为本身的规制，这里的主体资质似应限于履行行为而无关缔约行为；同时，若某一规范指向合同行为本身，则相应的履行行为也在否定之列，故独立于合同行为规制的履行行为规制，似应限于未明确针对合同行为的强制规范。但在具体适用时，上述三个方面的互动关系远比逻辑

---

① 崔建远：《不得盲目扩张〈合同法〉第44条第2款的适用范围》，载《中外法学》2013年第6期。

② 吴光荣：《行政审批对合同效力的影响：理论与实践》，载《法学家》2013年第1期。吴光荣教授的核心理由是：行政审批有别于不动产登记，不动产登记并非国家基于公共利益而对合同效力的控制，但行政审批不只在合同履行环节发挥作用，更是公法授权审批机关对于交易行为的控制，倘若完全隔绝行政审批对于合同效力的影响，则会导致国家管制目的的落空。

推论要复杂得多。[①]

王文胜认为，从效力状态的角度观察，在合同生效前，经批准或登记后生效的合同属于效力未定合同。但从效力状态发生原因的角度观察，经批准或登记后生效的合同在法律后果上有独特之处。在合同效力未定阶段，当事人负有共同促成合同得到批准或登记从而发生效力的积极协作义务。此种协作义务性质上为合同附随义务。义务人违反协作义务时，相对人可以独立以诉请求履行。违反协作义务的损害赔偿责任，性质为缔约过失责任。义务人违反此种协作义务时，赔偿范围可为履行利益。[②]

蔡立东和**李晓倩**主张采用合同效力与合同履行相分离的技术路线，秉持行政审批与转让合同效力无涉的政策选择，利用违约责任承担与免除机制调整当事各方利益关系的技术构成，来调整合资企业股权变动、矿业权转让。[③]

缪因知认为，允许财产出让者及其股东或股东会以外的主体对财产转让协议之生效行使同意权，意味着为了控制物权变动结果而额外约束物权变动原因（转让协议）的效力，冲击了我国法律确认的物权区分原则，也违背了公司法的一般原理，减损了国企作为法人的独立性和主体性，增加了交易的不确定性和风险。既然完全无须审批就生效的协议仍然需要审批才能“组织实施”，不如索性将审批流程后置，进一步地简化乃至废除《合同法》第44条第2款所指涉的批准登记手续对合同效力的统辖。[④]

朱广新认为，如何与《合同法》第52条第5项区别开来，是准确理解《合同法》第44条第2款的关键。它既决定着第44条第2款的适用范围，又决定着合同未办理法定批准手续时的效力类型。根据行政许可的性质和功能，未依法办理批准手续不属于《合同法》第52条第5项规定的违反强制性规定

---

① 姚明斌：《“效力性”强制规范裁判之考察与检讨：以〈合同法解释二〉第14条的实务进展为中心》，载《中外法学》2016年第5期。

② 王文胜：《论合同生效前当事人的协作义务——以批准或登记后生效的合同为例》，载《私法研究》第12卷。

③ 蔡立东、李晓倩：《行政审批与合资企业股权转让合同的效力》，载《吉林大学社会科学学报》2010年第6期；蔡立东、李晓倩：《行政审批与矿业权转让合同的效力》，载《政法论丛》2011年第5期；蔡立东：《行政审批与权利转让合同的效力》，载《中国法学》2013年第1期。

④ 缪因知：《国有股转让协议审批要求对合同效力之影响：以“史上最大股权纠纷”为例》，载《中外法学》2015年第5期。

的行为。《合同法》第 44 条第 2 款是一种权利形成规范，第 52 条第 5 项则为权利妨碍规范，二者在适用上无混淆之可能。未办理批准手续的合同，属于未定的未生效合同或效力待定合同，如最终未获得批准，合同应确定无效。①

刘贵祥认为，行政审批在性质上为行政许可，而非行政确认，由此决定了行政审批为合同生效的必要条件，而非充分条件。在须经行政审批的场合，未经审批的合同为未生效合同，而非无效合同。未生效合同不能产生履行的效力，但并非不具有任何法律约束力，合同依法成立后，负有报批义务的一方应依照合同的约定或者法律的规定履行报批的义务，否则，即应承担相应的违约责任。对此，无论从解释论的角度进行分析，还是从立法论的角度进行分析，都可以得出大体相同的结论。考虑到解释论的思路过于曲折，从立法论的角度来探讨这一问题的解决就显得尤为必要。②

屈茂辉认为，在我国现行矿产资源法律制度框架下，行政许可是设立矿业权的原因，矿业权转让行政审批的法律本质是重新颁发一个新的行政许可。在矿业权转让行政审批中，有权行政机关并不对合同效力关涉的内容进行审查，而使行政审批决定矿业权转让合同效力仅具"外形合法性"。因此，矿业权转让合同的效力与行政审批无涉，在不具有法定无效情形下应在成立时即生效。《最高人民法院关于审理矿业权纠纷案件适用法律若干问题的解释》的结论是正确的，但在解释的说理上仍有可探讨的空间。在完善中国特色社会主义法律体系的新时代，我们应当还矿业权以不动产物权的本质，并将矿业权纳入不动产登记制度中。③

也有学者认为，在我国立法中，批准、登记往往与特定的法律行为相联系，或作为管理法律行为的行政措施，或作为法律行为的生效要件，或作为法律行为发生特定法律效果的公示手段和生效要件。作为公法手段的批准、登记已经深深地融入了我国私法领域之中。但不容忽视的是，批准、登记在

① 朱广新：《合同未办理法定批准手续时的效力——对〈中华人民共和国合同法〉第 44 条第 2 款及相关规定的解释》，载《法商研究》2015 年第 6 期。

② 刘贵祥：《论行政审批与合同效力——以外商投资企业股权转让为线索》，载《中国法学》2011 年第 2 期。

③ 屈茂辉、周红星：《论矿业权转让行政审批的法律本质——兼评最高人民法院矿业权纠纷司法解释》，载《法学论坛》2019 年第 2 期。

某些法律行为中出现了不到位、错位与缺位的情况，亟待修改；合理、科学的立法配置是充分发挥批准、登记制度应有功能的重要保证。①

杨永清认为，批准生效合同在批准前，合同未生效，但其中的报批义务本身并不需要经批准而生效。批准生效合同宜归入“效力待定合同”。批准生效合同的效力可能出现三种不同的情形：批准前，合同未生效；批准后，合同有效；行政主管机关明确不予批准的，或者根据案件的具体情况，合同不可能再去报批了，合同确定不生效。批准生效合同在批准前，其效力是未生效，但不同于无效，合同仍然对当事人具有一定的法律约束力。②

报批义务性质反思

合同报批义务独立性主张者立基于如下判断：报批行为本为行政许可程序中的申请行为，通过附随义务这个管道进入私法领域从而成为私法上的法定义务；报批义务具有程序性的性质与功能，其程序价值具有独立性；报批义务为合同形式拘束力的内容之一，理应具有法律保障机制。由此主张，未生效合同中客观存在有效义务，报批义务为一方或者双方当事人应当履行的法定义务，该项义务的履行应受相关法律的控制，而不是受合同是否生效的控制，相对于合同的生效而言，报批义务具有独立性，即报批义务并不依附于合同的生效而独立存在，在一方怠于履行报批义务时，相对方可以独立地诉请其履行。③

持独立性主张的学者也有如下不同认识，即未经审批的合同仅具备合同的一般生效要件，并未具备合同的特别生效要件，应被认定为合同未生效。报批义务系促进合同生效之程序义务，与合同生效履行之实体义务性质有别，故合同未生效不应影响报批义务的效力。报批义务不是先合同义务，而是合

① 邹双卫：《论批准、登记在我国法律行为制度中的作用与合理配置》，载《法学论坛》2011 年第 1 期。

② 杨永清：《批准生效合同若干问题探讨》，载《中国法学》2013 年第 6 期。

③ 张华：《论合同报批义务的独立性》，载《人民司法》2013 年第 11 期。

同义务，故违反报批义务承担的是违约责任，而非缔约过失责任。[①]

也有学者认为，报批是待审批合同生效的前提，但我国现有理论及立法并未对报批义务之生效、性质及违反义务之归责作出回答，无法满足实践之需求。秉承诚信与公正之理念，报批义务当以约定或法定方式产生，即便合同未生效，该义务的效力也不应受到影响。于报批义务之性质，无论从其产生还是债权保护本旨，抑或是维护公平之需，都应属合同义务。而报批义务系为促进给付利益之实现而生，且合同成立即已确定，并在义务人违反时可独立诉请履行或赔偿履行利益，故其当属从给付义务。就违反报批义务之归责，宜灵活应对，不应当然支持履行利益的赔偿请求。[②]

关于报批义务的性质，**尚连杰**认为，该项义务旨在获得审批从而促使合同生效，应属于先合同义务。理由是：从时点上看，从给付义务或最狭隘的附随义务在空间上应产生于履行过程中，而在股权转让合同未生效的情况下，二者应尚未产生。正如卡尔·拉伦茨的观点，报批义务并非产生于合同自身，而是产生于前合同的法律关系，这种法律关系从缔约开始时起即建立。与“前合同的法律关系”相对应的只能是先合同义务。另外，报批义务的强制履行，并不会将合同带入生效的状态，仅为合同生效创造条件，不存在缔约强制的问题。在我国区分附随义务与先合同义务的背景下，作为先合同义务的报批义务应具有可诉性。[③]

学理推进与立法继受

马新彦认为：按照现行法的规定，行政审批对合同效力具有决定性影响，背后的逻辑无非是在行政审批的制度框架内权力或者权力的执掌者可以凌驾于合同主体自由意志之上成为法律行为效力的决定性力量。这不仅带来了理

① 刘训峰：《论报批义务在经审批生效合同中的独立性》，载《东南大学学报（哲学社会科学版）》，2011年第6期。

② 彭熙海、杨少冰：《论合同报批义务的性质及其背信责任》，载《湘潭大学学报（哲学社会科学版）》2016年第1期。

③ 尚连杰、刘胜军：《违反报批义务的损害赔偿——以外商投资企业股权转让合同为例》，载王保树主编：《商事法论集》（总第26卷），法律出版社2015年版，第111页。

论上的矛盾与纷争，也给审判实践带来了困扰。对需经审批的合同进行类型化区分，并对现行法规范进行理性反思，不难得出结论：行政审批与合同效力之间没有必然的逻辑关系。就以国有资产为标的的合同而言，审批不是真正意义上的行政审批，而是国家所有权的终极行使；就非以国有资产为标的的合同而言，决定其效力的只能是私法自有规则体系的内在规定和基本逻辑，而绝不是公权力的审批。公权力存在的全部意义是将有损国家经济主权、损害国家利益、违反法律等合同拒之于经济领域之外。未来民法典应当删除类似于《合同法》第 44 条第 2 款的规定，以将合同的效力真正绝缘于行政审批。①

李昊系统梳理了相关学说，并提出：民法总则制定中有必要对须批准法律行为进行体系性的制度设计。须批准的单方法律行为在批准前原则上应为无效，同时设置例外规则。对于须批准的决议行为，民法总则没有必要为其设置单独的规则。对于须批准的合同，在批准前应将其规定为有效的法律行为，在规则适用上，以批准作为与审批无关的合同义务发生的构成要件，同时尊重当事人关于审批义务的特殊约定。②

李永军认为，行政法是民法的法源，而且在民法典的体系构建中，对于内部体系有着重要的影响。行政审批对于合同效力的影响，应当区分审批主体的“身份”以甄别其为“物主审批”还是“行政审批”，因为从国家到各级政府，都可能是民法上的所有权人或者被授权人，为民法上的“特别法人”，同时也是行政机关。另外，要区分其审批是对于“基础合同”的审批还是“履行行为”的审批。③

韩新磊认为，批准行为的性质，应属“形成私法权的行政审批行为”。批准是合同的特别生效要件而非成立要件，但未经批准前合同在效力上应属于未生效而非无效，如合同最终未获批准，则其效力状态归为无效。基于诚信原则，违反报批义务致使合同未生效或无效的，违约方应承担缔约过失责任。缔约过失责任的承担应限定为信赖利益，并以履行利益为限。并建议将《合

---

① 马新彦：《论民法对合同行政审批的立法态度》，载《中国法学》2016 年第 6 期。

② 李昊：《论须批准法律行为在民法总则中的规范方式》，载《法学论坛》2017 年第 1 期。

③ 李永军：《民法典编纂中的行政法因素》，载《行政法学研究》2019 年第 5 期。

同编（草案）》第294条第2款中的“不生效”修改为“未生效”，将“对方可以请求其承担违反该义务的责任”修改为“对方可以请求其承担因过错致使合同未生效的责任”。[①]

韩世远认为，司法解释与立法、学说相互协力构筑着（合同）法秩序的形成，是民法典编纂本土资源路向中最为重要的智识积累，报批义务与救济手段即为例。[②]司法解释以报批义务违反情形下合同相对人的救济为旨趣，发展了合同法的相关学说。在《合同法司法解释（二）》中通过对《合同法》第42条的具体解释，确立了违反报批义务应承担缔约过失的损害赔偿责任特殊形态[③]，进而在《最高人民法院关于审理外商投资企业纠纷案件若干问题的规定（一）》中转向合同解释，通过将合同条款区分为未生效和已生效两部分，由此实现了从缔约过失责任到违约责任的转型，将违反报批义务的法律救济构筑在违约责任上，根本上改变了原有的抗辩体系。上述经由司法解释的司法经验与智慧，为民法典草案所吸收。[④]

【实务观察】

一、司法观点

最高人民法院民二庭曾以法官会议纪要的形式对违反《商业银行法》第28条规定，未经行政监管部门批准的股权转让合同效力进行了研讨，并主张采用“未生效说”。理由是：依据《合同法》第44条的规定，法律、行政法规规定应当办理批准、登记等手续生效的，依照其规定。该条仅规定应当办

① 韩新磊：《未经批准合同的效力状态与责任认定研究——基于对〈合同编〉（草案）第二百九十四条的规范修正》，载《河南财经政法大学学报》2019年第5期。

② 韩世远：《司法经验与民法典编纂：合同编的视角》，载《人民司法》2019年第28期。

③ 《合同法司法解释（二）》第8条规定：“依照法律、行政法规的规定经批准或者登记才能生效的合同成立后，有义务办理申请批准或者申请登记等手续的一方当事人未按照法律规定或者合同约定办理申请批准或者申请登记的，属于合同法第四十二条第（三）项规定的‘其他违背诚实信用原则的行为’，人民法院可以根据案件的具体情况和相对人的请求，判决相对人自己办理有关手续；对方当事人对由此产生的费用和给相对人造成的实际损失，应当承担损害赔偿责任。”

④ 《民法典合同编（二审稿）》第294条第2款规定：“法律、行政法规规定应当办理批准等手续生效的，依照其规定。未办理批准等手续的，该合同不生效，但是不影响合同中履行报批等义务条款以及相关条款的效力。应当办理申请批准等手续的当事人未履行该义务的，对方可以请求其承担违反该义务的责任。”

理批准、登记手续，但并未明确批准的对象究竟是合同本身，还是基于合同产生的权利变动，抑或是特定主体资格的准入。如果批准的对象是合同本身，则批准是合同的法定生效条件，未经批准的合同因其不具备法定生效条件而属于未生效合同。当然，如果确定不能获得批准的，则法定条件确定不成就，合同确定不生效。此外，如果批准的对象不是合同，而是权利变动，则此时批准不影响合同的效力，仅影响合同的履行。换言之，未获批准的合同有效，但嗣后履行不能，属于合同应予解除的情形。《商业银行法》第28条批准的对象是股权“购买”行为，即股权转让行为，故批准是合同的法定生效条件，未经批准的股权转让合同属于未生效合同。①

二、司法政策

《民商审判会议纪要》(法〔2019〕254号)第37条至第40条，其中关于行政审批与合同效力问题的规定如下：

37.【未经批准合同的效力】法律、行政法规规定某类合同应当办理批准手续生效的，如商业银行法、证券法、保险法等法律规定购买商业银行、证券公司、保险公司5%以上股权须经相关主管部门批准，依据《合同法》第44条第2款的规定，批准是合同的法定生效条件，未经批准的合同因欠缺法律规定的特别生效条件而未生效。实践中的一个突出问题是，把未生效合同认定为无效合同，或者虽认定为未生效，却按无效合同处理。无效合同从本质上来说是欠缺合同的有效要件，或者具有合同无效的法定事由，自始不发生法律效力。而未生效合同已具备合同的有效要件，对双方具有一定的拘束力，任何一方不得擅自撤回、解除、变更，但因欠缺法律、行政法规规定或当事人约定的特别生效条件，在该生效条件成就前，不能产生请求对方履行合同主要权利义务的法律效力。

38.【报批义务及相关违约条款独立生效】须经行政机关批准生效的合同，对报批义务及未履行报批义务的违约责任等相关内容作出专门约定的，该约定独立生效。一方因另一方不履行报批义务，请求解除合同并请求其承担合

① 贺小荣主编：《最高人民法院民事审判第二庭法官会议纪要——追寻裁判背后的法理》，人民法院出版社2018年版，第88~89页。

同约定的相应违约责任的，人民法院依法予以支持。

39.【报批义务的释明】须经行政机关批准生效的合同，一方请求另一方履行合同主要权利义务的，人民法院应当向其释明，将诉讼请求变更为请求履行报批义务。一方变更诉讼请求的，人民法院依法予以支持；经释明后当事人拒绝变更的，应当驳回其诉讼请求，但不影响其另行提起诉讼。

40.【判决履行报批义务后的处理】人民法院判决一方履行报批义务后，该当事人拒绝履行，经人民法院强制执行仍未履行，对方请求其承担合同违约责任的，人民法院依法予以支持。一方依据判决履行报批义务，行政机关予以批准，合同发生完全的法律效力，其请求对方履行合同的，人民法院依法予以支持；行政机关没有批准，合同不具有法律上的可履行性，一方请求解除合同的，人民法院依法予以支持。

【典型案例 1】

宽甸满族自治县盛海硫化铁有限公司、陈某波与宽甸满族自治县盛海硫化铁有限公司、陈某波等采矿权纠纷案

案号：最高人民法院（2016）最高法民再 254 号

【裁判要旨】

根据《矿产资源法》和国务院《探矿权采矿权转让管理办法》的规定，是否准许转让采矿权，应当由政府地质矿产行政主管部门审批，“批准转让的，转让合同自批准之日起生效”。反之可以得出结论，未经批准的，采矿权转让合同不生效。

【基本案情】

原金山硫化铁矿即盛海公司（甲方）与陈某波（乙方）签订《租赁经营合同》并具体约定了各自的权利义务。后因合同履行发生争议成讼。本案争议主要在于当事人签订《租赁经营合同》的性质和效力的认定问题。

【裁判观点】

案涉合同为采矿权租赁合同。对于采矿权的转让进行审批，是国家规范采矿权有序流转，实现矿产资源科学保护、合理开发的重要制度。根据《矿产资源法》和国务院《探矿权采矿权转让管理办法》的规定，是否准许转让采矿权，应当由政府地质矿产行政主管部门审批，“批准转让的，转让合同自批准之日起生效”。反之可以得出结论，未经批准的，采矿权转让合同不生效。

对于采矿权租赁，国土资源部 2000 年 11 月 1 日发布的《矿业权出让转让管理暂行规定》（国土资发〔2000〕309 号）第 36 条第 2 款规定：“矿业权的出租、抵押，按照矿业权转让的条件和程序进行管理，由原发证机关审查批准。”该规定是对前述《矿产资源法》和《探矿权采矿权转让管理办法》的进一步细化，与上述法律行政法规和行政规章的精神是完全一致的，体现了国家对矿产资源的保护利用以及对于探矿权、采矿权转让和出租的严格管理和限制。

根据上述规定，采矿权的出租按照矿业权转让的条件和程序进行管理，需要原发证机关审查批准方可生效。由于本案中双方合同的性质属于采矿权租赁合同，陈某波作为个人，不具备开采矿山的资质和条件，且该采矿权租赁合同也未经政府主管部门批准，因此，应当认定本案的《租赁经营合同》因未经政府主管部门批准而未生效。原判决基于对合同性质的错误认识，认为本案合同的生效无须经相关部门审批，并判决合同有效、继续履行，属于适用法律错误。被申请人陈某波主张合同有效，要求继续履行，并基于合同有效主张赔偿其直接损失的诉讼请求不应得到支持。至于陈某波因履行未生效的《租赁经营合同》而造成的相关经济损失，可以另行主张。

【典型案例 2】

广州市仙源房地产股份有限公司与广东中大中鑫投资策划有限公司、广州远兴房产有限公司、中国投资集团国际理财有限公司股权转让纠纷案

案号：最高人民法院（2009）民申字第 1068 号

【裁判要旨】

合同未生效的原因是未经批准，而批准的前提是当事人报批，促成合同生效的报批义务在合同成立时即应产生，否则，当事人可肆意通过不办理或不协助办理报批手续而恶意阻止合同生效，显然违背诚信原则。《合同法司法解释（二）》第8条规定："依照法律、行政法规的规定，经批准或登记才能生效的合同成立后，有义务办理申请批准或者申请登记等手续的一方当事人未按照法律规定或者合同约定办理申请批准或者未申请登记的，属于合同法第四十二条第（三）项规定的'其他违背诚实信用原则的行为'，人民法院可以……判决相对人自己办理有关手续；对方当事人对由此产生的费用和给相对人造成的实际损失，应当承担损害赔偿责任。"

【基本案情】

广州远兴房产有限公司（以下简称远兴公司）成立时是中外合作经营企业性质的有限责任公司，2007年1月9日，广东中大中鑫投资策划有限公司（以下简称中鑫公司）、中国投资集团国际理财有限公司（以下简称理财公司）与远兴公司原股东二轻房产开发公司、香港卓康发展有限公司签订《出资额及权益转让合同》，分别从远兴公司的中、外方股东受让40%、60%股权后，2007年4月28日，中鑫公司、理财公司、广州市仙源房地产股份有限公司（以下简称仙源公司）签订《股权转让及项目合作合同》，约定中鑫公司将其受让的远兴公司28.5%的股权转让给仙源公司。后因合同履行发生争议成讼，当事人之间主要争议在于《股权转让及项目合作合同》的性质和效力问题。

【裁判观点】

一审法院认为：尽管《中外合作经营企业法》第10条规定："中外合作者的一方转让其在合作企业合同中的全部或者部分权利、义务的，必须经他方同意，并报审查批准机关批准。"但这只是对股权转让的程序予以规范，并未直接规定未经审批的涉外股权转让合同无效，并且现在也没有任何迹象和证据显示，若使本案合同有效将损害国家利益和社会公共利益，鉴于此，亦不宜以上述法律规定为据否定《股权转让及项目合作合同》在民商法上的效力。更重要的是，从当事人签订《股权转让及项目合作合同》的背景来看，该合同是在中鑫公司和理财公司已经通过竞拍准备受让远兴公司的股权，并与远兴公司的原出资人签订了《出资额及权益转让合同》，但由于出现4591.8万元人民币的资金缺口以致合同履行出现困难的情况下签订的。仙源公司的及时垫资避免了中鑫公司的违约，并使其成功获取了远兴公司40%的出资权益。在此，仙源公司的诚信履约行为值得肯定，其据此所享有的合同权利亦应受到法律的保护。一审法院同时注意到，在《股权转让及项目合作合同》签订的当时，中鑫公司、理财公司与远兴公司原出资人之间的《出资额及权益转让合同》尚未获得审查批准机关的批准，远兴公司的股权也尚未过户到中鑫公司名下，此时要求《股权转让及项目合作合同》的缔约各方立即将合同报请审查批准机关批准并不现实。在此情况下，如果仅仅因为中鑫公司事后反悔，拒绝将合同报批就否定合同效力，将导致法律适用结果的严重不公平。另外从《股权转让及项目合作合同》的内容来看，仙源公司的义务是一次性垫付4300万元人民币，并以此作为受让中鑫公司28.5%股权的对价，而办理股权转让的全部法律手续，将中鑫公司所占40%股权中的28.5%过户到仙源公司名下则是中鑫公司和理财公司应该承担的义务。换言之，办理股权转让的审批手续在此并非合同的生效要件，而是缔约一方应当履行的合同义务。况且，本案的股权转让只是在中方之间进行，通常不存在审批上的法律障碍。《股权转让及项目合作合同》属依法成立的合同（其中第5条第2款除外），对当事人具有法律约束力，各方当事人均应遵照执行。

二审法院认为：合同各方当事人对一审判决认定《股权转让及项目合作合同》第5条第2款属无效条款没有异议，但对合同效力有争议。本案事实表明，远兴公司成立时是中外合作经营企业性质的有限责任公司，2007年1月9日，中鑫公司、理财公司与远兴公司原股东二轻房产、香港卓康签订《出资额及权益转让合同》，分别从远兴公司的中、外方股东受让40%、60%股权后，2007年4月28日，中鑫公司、理财公司、仙源公司签订《股权转让及项目合作合同》，约定中鑫公司将其受让的远兴公司28.5%的股权转让给仙源公司，仍属中外合作经营企业的股权转让问题，根据《中外合作经营企业法》第10条关于“中外合作者的一方转让其在合作企业合同中的全部或者部分权利、义务的，必须经他方同意，并报审查批准机关批准”的规定，远兴公司的再次股权变更应报国内外资主管部门审查批准。根据《合同法》第44条第1款关于“依法成立的合同，自成立时生效”的规定，以及第2款关于“法律、行政法规规定应当办理批准、登记等手续生效的，依照其规定”的规定，《股权转让及项目合作合同》因未按法律规定办理批准手续而未生效。但本案事实表明，造成《股权转让及项目合作合同》因未报批而未生效的原因是，在仙源公司、理财公司、远兴公司都愿意履行报批手续以促成合同生效的情形下，中鑫公司明确拒绝配合其他各方完成审批手续以促成合同生效，中鑫公司故意促成合同不生效的行为客观上使《股权转让及项目合作合同》产生了视为生效的类似法律效果。因此，就《股权转让及项目合作合同》效力而言，除第5条第2款属无效条款外，依法成立未生效，但具有类似生效的法律约束力。

最高人民法院经审查认为：《中外合作企业法》第10条规定：“中外合作者的一方转让其在合作企业合同中的全部或者部分权利、义务的，必须经他方同意，并报审查批准机关批准。”对于未经批准的，效力如何，该法没有明确规定。但《合同法》第44条规定：“依法成立的合同，自成立时生效。法律、行政法规规定应当办理批准、登记等手续生效的，依照其规定。”依照合同法该条规定，此类合同虽已成立，但不像普通合同那样在成立时就生效，而是成立但未生效。《合同法司法解释（一）》第9条对此类合同的效力则有更明确的解释，即“依照合同法第四十四条第二款的规定，法律、行政法规规定合同应当办理批准手续，或者办理批准、登记等手续才生效，在一审法庭辩论终结前当事人仍未办理批准手续的，或者仍未办理批准、登记等手续的，人民法院应当认定该合同未生效”。因此，二审判决认定《股权转让及项目合作合同》成立未生效是正确的。由于该合同未生效的原因是未经批准，而批准的前提是当事人报批，促成合同生效的报批义务在合同成立时即应产生，否则，当事人可肆意通过不办理或不协助办理报批手续而恶意阻止合同生效，显然违背诚实信用原则。根据《合同法司法解释（二）》第 8 条规定，经批准才能生效的合同成立后，有义务办理申请批准手续的一方当事人未按照法律规定或者合同约定办理申请批准的，属于合同法第四十二条第（三）项规定的“其他违背诚实信用原则的行为”，人民法院可以判决相对人自己办理有关手续；对方当事人对由此产生的费用和给相对人造成的实际损失，应当承担损害赔偿责任。既然“相对人”可以自己办理有关手续，而“对方当事人”应对由此产生损失给予赔偿，那么，“相对人”自然也可以要求“对方当事人”办理申请批准手续。二审判决中鑫公司履行报请审查批准机关批准的义务是正确的。

【民法典最新相关规定释评】

就行政审批与合同效力的关系问题，《民法典》第 502 条规定：“依法成立的合同，自成立时生效，但是法律另有规定或者当事人另有约定的除外。依照法律、行政法规的规定，合同应当办理批准等手续的，依照其规定。未办理批准等手续影响合同生效的，不影响合同中履行报批等义务条款以及相关条款的效力。应当办理申请批准等手续的当事人未履行义务的，对方可以请求其承担违反该义务的责任。依照法律、行政法规的规定，合同的变更、转让、解除等情形应当办理批准等手续的，适用前款规定。”

就上述规定，编者认为，司法解释在立法的延长线上发挥着“造法”的功能，与立法、学说相互协力构筑着（合同）法秩序的形成，是民法典编纂本土资源路向中最为重要的智识积累，报批义务与救济手段即为著例。[①]

司法解释以报批义务违反情形下合同相对人的救济为旨趣，发展了合同法的相关学说。在《合同法司法解释（二）》中通过对《合同法》第 42 条的具体解释，确立了违反报批义务应承担缔约过失的损害赔偿责任特殊形

① 韩世远：《司法经验与民法典编纂：合同编的视角》，载《人民司法》2019 年第 28 期。

态，[①] 进而在《最高人民法院关于审理外商投资企业纠纷案件若干问题的规定（一）》中转向合同解释，通过将合同条款区分为未生效和已生效两部分，由此实现了从缔约过失责任到违约责任的转型，将违反报批义务的法律救济构筑在违约责任上，根本上改变了原有的抗辩体系。上述经由司法解释的司法经验与智慧，为《民法典》第 502 条所吸收。

《民法典》第 502 条第 2 款前段“依照法律、行政法规的规定，合同应当办理批准等手续的，依照其规定”是对《合同法》第 44 条的修改。依据《合同法》第 44 条规定，法律、行政法规规定应当办理批准、登记等手续生效的，依照其规定。该条仅规定应当办理批准、登记手续，但并未明确批准的对象究竟是合同本身，还是基于合同产生的权利变动，抑或是特定主体资格的准入。如果批准的对象是合同本身，则批准是合同的法定生效条件，未经批准的合同因其不具备法定生效条件而属于未生效合同。当然，如果确定不能获得批准的，则法定条件确定不成就，合同确定不生效。此外，如果批准的对象不是合同，而是权利变动，则此时批准不影响合同的效力，仅影响合同的履行。换言之，未获批准的合同有效，但嗣后履行不能，属于合同应予解除的情形。[②] 由此，“依照法律、行政法规的规定，合同应当办理批准等手续的”实际包括两种情形，即未办理批准等手续影响合同生效的情形与无涉合同效力仅影响合同履行的情形。前者系合同生效的法定特别生效条件，后者可作为当事人约定的特别生效条件或纯粹随意条件。

《民法典》第 502 条第 2 款中段“未办理批准等手续影响合同生效的，不影响合同中履行报批等义务条款以及相关条款的效力”以及后段“应当办理申请批准等手续的当事人未履行义务的，对方可以请求其承担违反该义务的责任”。容括了《民商审判会议纪要》第 37 条、第 40 条的内容，但又不完全

---

① 《合同法司法解释（二）》第 8 条规定：“依照法律、行政法规的规定经批准或者登记才能生效的合同成立后，有义务办理申请批准或者申请登记手续的一方当事人未按照法律规定或者合同约定办理申请批准或者申请登记的，属于合同法第四十二条第（三）项规定的‘其他违背诚实信用原则的行为’，人民法院可以根据案件的具体情况和相对人的请求，判决相对人自己办理有关手续；对方当事人对由此产生的费用和给相对人造成的实际损失，应当承担损害赔偿责任。”

② 参见贺小荣主编：《最高人民法院民事审判第二庭法官会议纪要——追寻裁判背后的法理》，人民法院出版社 2018 年版，第 88~89 页。

相同。“履行报批等义务条款以及相关条款的效力”重述了《民商审判会议纪要》第37条报批义务及相关违约条款的独立性，这里的相关条款应仅限于与报批等义务、责任承担相关的条款，而不包括争议解决条款。

实践中，可能引发争议的是“应当办理申请批准等手续的当事人未履行义务的，对方可以请求其承担违反该义务的责任”的解释适用问题。对于违反报批等义务的责任，《民商审判会议纪要》采违约责任说，《民法典》对此未予明确。负有报批义务的当事人违反报批义务时应承担责任的性质和范围一直见解不一，有学者认为可发生违约责任与缔约过失责任的竞合，[①] 也有学者认为系违反协作义务的损害赔偿责任，性质应为缔约过失责任，赔偿范围可为履行利益。[②] 我们认为，《民法典》之所以未如《民商审判会议纪要》明确为违约责任，正是直面这种争议和认识不一。按体系解释，本条第2款后段的报批等义务应系影响合同生效的义务，报批义务人违反该义务所应承担的责任可能是违约责任，也可能是缔约过失责任，还可能是《民法典》第581条的替代履行责任。实践中，应视合同履行情况、报批等义务对于合同命运与收益预期的影响程度、得否由己方与第三方替代履行情况等进行综合判断责任成立的相当性；责任范围上，也应以经上述综合判断所形成的原因力进行框定。

（讨论整理及后续评论：刘生亮）

---

① 吴光荣：《行政审批对合同效力的影响：理论与实践》，载《法学家》2013年第1期。

② 王文胜：《论合同生效前当事人的协作义务——以批准或登记后生效的合同为例》，载《私法研究》第12卷。

抵押合同之违约金条款的效力

【发言群友】

李志刚、刘生亮、王松、朱虎、刘春梅、刘凯湘、邓江源

【讨论时间】

2019 年 4 月

【沙龙实录】

李志刚：就抵押合同能否约定单独的违约金条款（如抵押人不办理抵押登记的，应当向债权人支付 50 万元的违约金）而言，有不同观点。观点一：违约责任是违反合同的责任，当事人可以自由约定，只要不具备《合同法》第 52 条[①]的情形，均属有效，可以主张违约金。观点二：抵押合同是从合同，其唯一效力是办理抵押登记后产生担保物权。如果未办理登记，担保物权未设立，只能据此主张赔偿责任，而无其他违约责任。损害赔偿责任的承担，

① 《合同法》第 52 条规定："有下列情形之一的，合同无效：（一）一方以欺诈、胁迫的手段订立合同，损害国家利益；（二）恶意串通，损害国家、集体或者第三人利益；（三）以合法形式掩盖非法目的；（四）损害社会公共利益；（五）违反法律、行政法规的强制性规定。"《民法典》第 146 条规定："行为人与相对人以虚假的意思表示实施的民事法律行为无效。以虚假的意思表示隐藏的民事法律行为的效力，依照有关法律规定处理。"第 153 条规定："违反法律、行政法规的强制性规定的民事法律行为无效。但是，该强制性规定不导致该民事法律行为无效的除外。违背公序良俗的民事法律行为无效。"第 154 条规定："行为人与相对人恶意串通，损害他人合法权益的民事法律行为无效。"

则取决于主合同履行情况。故债权人主张就违反抵押登记义务所约定的违约金的，不予支持。请问您怎么看？

刘生亮：同意观点一。基于担保的共通性规则和从属性弱化趋势，无理由限制当事人特别约定。但要结合观点二下赔偿责任的范围，启动违约金调减功能。

王　松：同意观点一。该约定不违反法律、行政法规的禁止性规定，合法有效，合同具有法律约束力，抵押人应当就其未依约履行抵押登记义务而向债权人承担违约责任，如果约定违约金过高，可以调整，实践中有这样的案例。

李志刚：在保证合同的语境下，有观点认为，保证合同的责任就是清偿原债务，无其他义务及责任。一是此种观点是否成立；二是如果成立，能否类推适用到抵押合同、质押合同？

朱　虎：同意观点一。尤其在第三人提供担保的情形，担保合同单独约定违约金是针对担保人不履行的风险，与主合同违约金针对的是债务人不履行的风险并不相同。

刘春梅：（1）担保独立化是世界趋势。（2）针对担保责任约定额外的违约责任，本质是担保人和债权人之间对违约的预定赔偿，没有违反法律法规禁止性规定，在担保人与债权人之间有效。但是，非经债务人同意，不得向债务人追偿。因为此违约金指向的是担保人自身不及时承担担保责任的行为，此违约金不能当然追偿债务人。（3）如此规定，既有利于担保人及时履行担保责任，也防止债权人和担保人串通损害债务人利益。

网络平台贷款很常见模式是，债权人指定有关联关系的公司作为担保人，约定极高的违约金。在执行阶段执行，然后再向债务人追偿。针对担保公司不及时承担担保的违约金，我们认为除非债务人同意，不能向债务人追偿。

刘生亮：债务人同意也不能追偿。同意时可以追偿的理由，有说明吗？我倾向认为，同意与否，也仅是合同债权而非追偿权，债务人破产时，影响甚巨。

刘春梅：我个人赞成即使约定也不得追偿，因担保人是因为其不及时承担担保责任而赔偿，不能将其不法行为的责任后果约定转移。

刘凯湘：担保合同尽管是从合同，但仍然具有独立性，担保合同中关于合同的成立、生效、履行、解除、违约救济等约定，同样适用合同法的一般规定。唯违约金的调整与主债务的履行情况存在关联，担保人可以债权人没有实际损失或者损失很小为由请求调整。同意刘春梅法官的意见，担保人不能就违约金向债务人追偿。

邓江源：延伸的问题：债务人对抵押合同提供“反担保”的，抵押人是否有权就违约金向债务人追偿？

【总结及倾向性意见】

关于未办理登记的不动产抵押合同的效力，《民商审判会议纪要》(法〔2019〕254号，2019年11月8日)第60条规定：“不动产抵押合同依法成立，但未办理抵押登记手续，债权人请求抵押人办理抵押登记手续的，人民法院依法予以支持。因抵押物灭失以及抵押物转让他人等原因不能办理抵押登记，债权人请求抵押人以抵押物的价值为限承担责任的，人民法院依法予以支持，但其范围不得超过抵押权有效设立时抵押人所应当承担的责任。”

关于抵押合同约定单独的违约金条款是否有效的问题(如约定抵押人不办理抵押登记的，向债权人支付一定数额的违约金)，有两种观点。一种观点认为，违约责任是违反合同的责任，当事人可以自由约定，只要不具备《合同法》第52条的情形，均属有效，可以主张违约金。另一种观点则认为，抵押合同是从合同，其唯一效力是办理抵押登记后产生担保物权。如果未办理登记，担保物权未设立，只能据此主张赔偿责任，而无其他违约责任。损害赔偿责任的承担，则取决于主合同履行情况。故债权人主张就违反抵押登记义务所约定的违约金的，不予支持。多数参与讨论的群友赞同第一种观点，同时认为，如果合同约定的违约金过高，可以根据当事人诉辩情况等进行调整。

【代表性学术观点】

范小华认为，因抵押人原因未办抵押登记的抵押人应承担违约责任，具体包括：（1）要求继续履行合同办理抵押登记。（2）赔偿损失。在债权人不愿意选择要求抵押人继续履行登记义务或者抵押人对抵押物已经丧失了处分权导致继续履行登记义务出现履行不能的情况下，抵押合同债权人可以根据《合同法》第107条①的规定直接要求抵押人承担赔偿损失的违约责任。针对债权人向抵押人提出的赔偿损失的诉讼请求，需要注意：（1）根据违约损害赔偿约定优于法定的原则，如果抵押合同对违约损害赔偿有约定的，从其约定。（2）没有约定的，根据《合同法》第113条第1款②的规定计算损失赔偿的范围，即“损失赔偿额应当相当于因违约所造成的损失，包括合同履行后可以获得的利益，但不得超过违反合同一方订立合同时预见到或者应当预见到的因违反合同可能造成的损失”。依据该条规定，抵押人的损害赔偿范围为债权人的实际损失，也就是主合同到期时债务人没有清偿的担保范围内的债权。因为如果依约进行了抵押登记，抵押权可以实现该担保范围内的债权。同时根据该条的合理预期规则，该债权损失应当以抵押物的价值为限。因为根据合理预期规则，抵押人的违约责任应以其在订立抵押合同预见或应当预见的对方损失为限，而由于抵押合同已经将担保财产特定化处理，因此抵押人能够预见到自己可能会替主债务人代为履行的债务就是抵押物价值范围内没有清偿的部分。因此，在双方当事人没有约定违约赔偿的情况下，赔偿范围为主合同未履行的担保范围内的债权数额并以抵押物价值为限。（3）按照实际损失确定损失赔偿数额的，还需要考虑未能进行抵押登记是抵押人原因还是债权人原因以及各自作用大小等，综合权衡各方面的因素来确定赔偿金额。这主要是因为不动产登记为双方申请原则，虽然现实中很多是抵押人原因导致未能登记，但也不乏债权人原因导致，抵押人只对自己违反合同义务的行为承担相应的责任。（4）赔偿损失仅限于他物抵押（抵押人为第三人）。在自物抵押（抵押人与主债务人同属一人）的情况下，虽然主合同和抵押合

---

① 现为《民法典》第577条，内容与《合同法》第107条一致。

② 现为《民法典》第584条，与《合同法》第113条第1款在文字表述上略有不同，内容没有实质变化。

同都生效，但主债务人仅需承担主合同项下的违约责任，而无抵押合同项下违约赔偿责任之承担。因为，在抵押人与主债务人同属一人的情况下，当债务人未清偿主债务，无论要求其作为主债务人清偿主债务，还是要求其作为抵押人进行损害赔偿，都属于向同一人主张，均由同一人的全部财产（包括尚未抵押登记设定抵押权的抵押物）承担责任。换言之，抵押合同的损害赔偿责任已经被主合同的债务清偿责任所吸收，故不存在单独的抵押合同项下的违约赔偿责任之承担。①

倪龙燕认为：违约责任是一般情形下未登记抵押合同中债权人可得为救济的途径。在违约责任之下包含继续履行、采取补救措施或者赔偿损失等具体的救济方式。在未办理抵押登记的情形下，其主要可以适用的方式为继续履行与损害赔偿。关于损害赔偿的确定，在抵押合同下，若债务人不积极办理抵押登记，债权人直接的损失为“抵押权”，损害赔偿则是将该“抵押权”通过金钱的方式折价。折价的方式应根据抵押权实际履行所产生的价值进行判断。若损害赔偿的范围超过抵押权实现所能产生的利益，则与“可预见性规则”相悖；若损害赔偿的范围低于抵押权实现所能产生的利益，则与“完全赔偿原则”②不符。具体而言，其一，抵押权为担保主债权的从权利，即使抵押权成立，实现抵押权的最大限度也仅为清偿担保的主债务，因此，损害赔偿以担保的主债务的范围为限；其二，抵押权以抵押物的价值（包括从物、附加物等）为限，正如法院判决所言“债权人与抵押人、质押人签订物的担保合同时，对于其只能在担保物价值范围内享有优先受偿权有着明确的预见，抵押合同债务人未办理房产抵押登记以及股权质押登记，给抵押合同的债权人所造成的损失应当限于本应抵押的房产、本应质押的股权价值范围内”③。若抵押物的市场价值发生正常的波动，损害赔偿责任的上限亦随之波动；若抵押物因毁损灭失而导致抵押财产价值减少，当毁损灭失是因抵押合同的债务

① 范小华：《未办抵押登记的不动产抵押合同中抵押人责任研究》，载《法律适用》2015 年第 4 期。

② 根据《合同法》第 113 条第 1 款的规定，损失赔偿额应当相当于因违约所造成的损失，包括合同履行后可以获得的利益，但不能超过违反合同一方订立合同时所能够预见或者应当预见的因违反合同可能造成的损失。该规定体现了我国损害赔偿的“完全赔偿原则”与“可预见性规则”。

③ 参见最高人民法院，（2017）最高法民终 934 号民事判决书。

人的行为所致，损害赔偿仍然以抵押物未毁损情况下的价值为标准；当毁损灭失是因第三人的行为所致，损害赔偿的金额相当于“抵押物剩余价值＋抵押人所受利益”。主债务与标的物的价值以较低者为损害赔偿的范围。[①]

杨代雄认为：实践中，出于交易成本或效率等因素的考虑，当事人订立抵押合同但未办理抵押登记的现象不在少数。如果固守“抵押合同仅产生抵押权设立请求权”之陈见，则一方面违背双方当事人订立抵押合同的初衷，不符合一般交易观念，另一方面导致债权人的利益得不到充分保护。因此，非常有必要承认抵押合同具备双重法律效果，既能产生抵押权设立请求权，也能产生抵押物变价清偿请求权。一方面，如果因抵押人的过错导致变价清偿义务履行不能（抵押物灭失、被转让），或者抵押人迟延履行变价清偿义务后该义务陷于履行不能，则抵押人须对债权人承担违约损害赔偿责任，在抵押物价值范围内赔偿债权人因丧失担保权利而遭受的损失。另一方面，虽未构成履行不能，但如果抵押人陷于履行迟延，债权人催告其在合理期限内履行变价清偿义务而其逾期仍未履行的，债权人有权依据《合同法》第 94 条第 3 项[②]解除抵押合同并请求替代给付的损害赔偿。同样也是在抵押物价值范围内赔偿债权人因未享用担保权利而遭受的损失。此时，“抵押物价值”仅具有数学意义，发挥限定赔偿数额的作用，抵押人可以用抵押物之外的其他财产履行违约损害赔偿义务。在上述情形之外，债权人仅有权请求抵押人以抵押物变价所得清偿主债务。不过，如果债权人事实上请求抵押人在抵押物价值范围内对主债务承担连带清偿责任，则可以解释为向抵押人发出代物清偿要约，允许抵押人直接以金钱清偿主债务。抵押人按照要求向债权人支付金钱的，构成代物清偿承诺，同时发生清偿效力，主债务与抵押人的担保义务均归于消灭。[③]

冉克平认为：将未登记不动产抵押合同置于《合同法》的规范体系内，以合同解除与违约责任的方式对债权人予以救济，是解决第三人提供不动产

---

① 倪龙燕：《不动产抵押合同的效力探析——以实务中法律救济裁判路径为出发点》，载《法治研究》2019 年第 1 期。

② 现为《民法典》第 563 条第 1 款第 3 项，内容与《合同法》第 94 条第 3 项一致。

③ 杨代雄：《抵押合同作为负担行为的双重效果》，载《中外法学》2019 年第 3 期。

抵押但未登记这个问题的合理途径。关于违约损害赔偿范围，抵押人的违约损害赔偿的范围受下列因素的限制：（1）可预见性规则。违约损害赔偿责任受可预见性规则的限制（《合同法》第113条第1款），主要是为了限制所失利益赔偿的意图。可预见性的判断通常以客观标准即抽象的“理性人”并结合具体的情事进行判断。因不动产抵押人的原因导致抵押登记未能办理或者发生错误登记，损害赔偿的范围应当以抵押财产的价值为限，即使不动产抵押合同办理登记，抵押人承担责任也仅限于抵押财产。如果抵押财产上还存在先顺位的抵押权，则应当扣减先顺位的债权担保数额。此外，抵押财产的价值可能在主债务成立至履行的期间内发生变化，由于担保权具有从属性，因此，抵押人预见的时间点并非以不动产抵押合同缔结之时，而应以主债务不履行之时为准。（2）债权人与有过失。债权人与有过失表现在以下两个方面：一是不积极协助办理抵押登记，相应地，抵押人的违约损害赔偿责任应当依据具体的情事予以减轻。二是债权人自身风险防范意识不足。不动产抵押合同登记抵押合同不是保证合同，该合同本身不具有担保功能，若债权人在未取得抵押权之前即发放贷款，贷款损失不能完全归结为抵押人不履行抵押合同，损害赔偿的范围应当考虑债权人自身风险防范意识不够的问题。①

刘振会认为：抵押人与抵押权人签订土地使用权抵押合同后，不办理抵押权登记，抵押权不能设立，抵押权人无法达到以土地使用权担保其债权实现的目的。因此造成抵押权人债权无法实现损失的，赔偿损失应当限于约定土地使用权的价值范围。同时，应当分清合同双方各自办理抵押登记的责任，根据各自违约责任大小在约定土地使用权的价值范围内分担赔偿责任。②

【典型案例】

中国建设银行股份有限公司满洲里分行与满洲里中欧化工有限公司、北京伊尔库科贸有限公司信用证纠纷案

案号：最高人民法院（2009）民二终字第112号

① 冉克平：《论未登记不动产抵押合同的效力》，载《法律科学》2020年第1期。

② 刘振会：《签订土地使用权抵押合同不办理抵押登记的责任性质及承担》，载《人民司法·案例》2017年第20期。

【裁判要旨】

因抵押人原因未办抵押登记的，抵押合同债权人可以根据《合同法》第107条的规定直接要求抵押人承担赔偿损失的违约责任。如果抵押合同对违约损害赔偿有约定的，从其约定。

【基本案情】

满洲里中欧化工有限公司（以下简称中欧公司）与中国建设银行股份有限公司满洲里分行（以下简称满洲里建行）签署《贸易融资额度合同》，按约定，满洲里建行为中欧公司开具信用证，截至2008年10月24日，中欧公司共有16笔接受单据并承诺到期付款信用证，合计11 781 974.65美元。满洲里建行对上述信用证项下的汇票全部承兑，汇票到期后，满洲里建行必须无条件对外支付。截至2009年3月10日，满洲里建行对外支付了全部承兑信用证款。后，中欧公司和其他担保单位应满洲里建行的要求偿还了部分信用证欠款，尚余部分本息未还。

2008年10月6日，北京伊尔库科贸有限公司（以下简称伊尔库公司）为担保中欧公司履行上述《贸易融资额度合同》，与满洲里建行签署了《最高额抵押合同》，将其房产及相应的土地使用权抵押给了满洲里建行，承诺为中欧公司在2008年7月18日至2009年7月16日根据《贸易融资额度合同》开立信用证等贸易融资提供最高额抵押担保。《最高额抵押合同》第3条约定：“双方应于本合同签订后7个工作日内到相应的登记部门办理抵押登记手续。甲方（伊尔库公司）应于抵押登记完成之日将抵押财产的他项权利证书、抵押登记文件正本原件及其他权利证书交乙方（满洲里建行）持有。”合同第10条违约责任第3项约定：“如果因甲方（伊尔库公司）原因导致抵押权未有效设立，或者导致抵押财产价值减少，或者导致乙方（满洲里建行）未及时或者未充分实现抵押权，且甲方（伊尔库公司）与债务人不是同一人，乙方（满洲里建行）有权要求甲方在本合同约定的担保范围内对担保的债务与债务人承担连带责任。”该《最高额抵押合同》签订后抵押的房产和土地未办理抵押登记。

2009年3月16日，满洲里建行向内蒙古自治区高级人民法院提起诉讼，请求中欧公司清偿满洲里建行为其垫付的两笔信用证本息款；并由伊尔库公司以其抵押财产在其担保的范围内承担担保责任。

【裁判观点】

内蒙古自治区高级人民法院一审认为：因满洲里建行与伊尔库公司订立抵押合同后对抵押物房产及土地没有办理抵押物登记，根据《担保法》第41条"当事人以本法第四十二条规定的财产抵押的，应当办理抵押物登记，抵押合同自登记之日起生效"的规定，抵押合同未生效。因满洲里建行主张的抵押权尚未设定，伊尔库公司不应承担担保责任。

最高人民法院二审认为：伊尔库公司于2008年10月6日与满洲里建行签署的《最高额抵押合同》，系在《物权法》2007年10月1日施行之后。根据《物权法》第178条"担保法与本法的规定不一致的，适用本法"之规定，本案应适用《物权法》的规定。由于《担保法》第41条"当事人以本法第四十二条规定的财产抵押的，应当办理抵押物登记，抵押合同自登记之日起生效"的规定及《物权法》第15条[①]"当事人之间订立有关设立、变更、转让和消灭不动产物权的合同，除法律另有规定或者合同另有约定外，自合同成立时生效；未办理物权登记的，不影响合同效力"的规定相冲突，故一审法院适用《担保法》第41条处理本案不当，应予纠正。

本案中的《最高额抵押合同》是双方当事人真实意思表示，且不违反国家法律和行政法规的禁止性规定。虽然满洲里建行与伊尔库公司订立合同后未对抵押物房产及土地办理抵押物登记，但根据《物权法》第15条的规定，物权变动的原因行为独立于物权变动的结果行为，未办理抵押物登记不影响

① 现为《民法典》第215条，将《物权法》第15条"合同另有约定外"修改为"当事人另有约定外"，其他内容与《物权法》第15条一致。

合同的效力，该抵押合同属有效合同。根据《合同法》第 44 条[①]关于“依法成立的合同，自成立时生效”之规定，该合同于成立时生效。《最高额抵押合同》生效后即对合同双方产生拘束力。

从双方在《最高额抵押合同》第 3 条的约定可见，办理抵押登记手续的主要义务应由抵押人伊尔库公司承担，故未及时办理抵押登记手续，导致抵押权未有效设立，伊尔库公司应当按照该合同第 10 条违约责任第 3 项的约定，根据《合同法》第 107 条“当事人一方不履行合同义务或者履行合同义务不符合约定的，应当承担继续履行、采取补救措施或者赔偿损失等违约责任”的规定，承担违约责任，即在按合同约定的担保范围内对担保的债务与债务人承担连带责任。

【民法典最新相关规定评释】

关于不动产抵押登记，《民法典》第 402 条规定：“以本法第三百九十五条第一款第一项至第三项规定的财产或者第五项规定[②]的正在建造的建筑物抵押的，应当办理抵押登记。抵押权自登记时设立。”不动产物权的变动，以登记为生效要件，此为各国和各地区通例，符合不动产所具有的特征。本条明确不动产抵押权经登记而设立。该条规定在不动产抵押上沿袭了《物权法》第 9 条、第 187 条的规定，继续采用抵押权登记成立要件主义，明确不动产抵押权依据登记而设立，只是将《物权法》第 187 条规定的抵押物范围略有调整。《物权法》第 187 条规定的抵押物范围为：建筑物和其他土地附着物、建造中的建筑物、建设用地使用权和“四荒”土地承包经营权（《物权法》第

① 现为《民法典》第 502 条。《合同法》第 44 条规定：“依法成立的合同，自成立时生效。法律、行政法规规定应当办理批准、登记等手续生效的，依照其规定。”《民法典》第 502 条规定：“依法成立的合同，自成立时生效，但是法律另有规定或者当事人另有约定的除外。依照法律、行政法规的规定，合同应当办理批准等手续的，依照其规定。未办理批准等手续影响合同生效的，不影响合同中履行报批等义务条款以及相关条款的效力。应当办理申请批准等手续的当事人未履行义务的，对方可以请求其承担违反该义务的责任。依照法律、行政法规的规定，合同的变更、转让、解除等情形应当办理批准等手续的，适用前款规定。”

② 《民法典》第 395 条规定了可供抵押财产的范围：“债务人或者第三人有权处分的下列财产可以抵押：（一）建筑物和其他土地附着物；（二）建设用地使用权；（三）海域使用权；（四）生产设备、原材料、半成品、产品；（五）正在建造的建筑物、船舶、航空器；（六）交通运输工具；（七）法律、行政法规未禁止抵押的其他财产。抵押人可以将前款所列财产一并抵押。”

180 条第 1 款第 3 项表述为：以招标、拍卖、公开协商等方式取得的荒地等土地承包经营权）。《民法典》第 402 条则删去了“四荒”土地承包经营权，增加了海域使用权。

适用本条规定，注意以下问题：

1. 区分抵押合同的生效和抵押权的生效。

《民法典》第 215 条规定：“当事人之间订立有关设立、变更、转让和消灭不动产物权的合同，除法律另有规定或者当事人另有约定外，自合同成立时生效；未办理物权登记的，不影响合同效力。”这延续了《物权法》第 15 条关于不动产物权变动的合同效力与物权效力区分的规定，即通常说的不动产物权变动的原因与结果相区分的原则。[①] 具体来说，关于不动产物权变动的基础关系，即设立、变更、转让和消灭不动产物权的合同是否生效，应当依据合同法来判断，不能以不动产是否已经办理物权登记为标准进行判断；关于不动产物权的变动，应当以登记为必要条件，合同生效不必然发生不动产物权的变动。[②]

《担保法》第 41 条有关“当事人以本法第四十二条规定的财产抵押的，应当办理抵押物登记，抵押合同自登记之日起生效”的规定，将基础关系（合同）与物权变动的效力混为一谈，已被前述民法典和物权法规定彻底否定。

2. 在未经登记的不动产抵押合同生效而抵押权未设立的情况下，债权人

---

① 区分原则，即在发生物权变动时，物权变动的原因与物权变动的结果作为两个法律事实，他们的成立生效依据不同的法律。参见孙宪忠：《论物权法》（修订版），法律出版社 2008 年版，第 39 页。本次民法典编纂，彻底接受了债权和物权的法律效力及其法律根据相互区分的科学法理，这在全部涉及交易的民事活动分析和裁判中都有贯穿性作用，属于民法基本制度的更新改造。在民事交易中，当事人都会先订立合同然后履行合同，不能把合同的成立等同于合同履行，而应该把合同订立发生的债权效果和合同履行发生的物权效果区分开来。这一做法的意义显著，因为民商法上全部的交易都存在订立合同和履行合同的区分，这个改变对于民商法涉及交易的全部案件的分析和裁判具有指导意义。参见孙宪忠：《民法典是对国家治理体系和治理能力现代化的重要提升》，载《中国法律评论》2020 年第 3 期。

② 当然，本条规定的前提是“当事人之间订立”有关设立、变更、转让和消灭不动产物权的合同。凡不以当事人的意思表示为原因的物权变动，如依法律的直接规定或者事实行为引起的物权变动，不适用本条规定，适用《民法典》第 229 条至第 232 条（对应《物权法》第 28 条至第 31 条）的规定。

享有债权请求权。

不动产抵押合同生效但未经登记的，债权人对抵押人有依约定登记设立抵押权的权利，如抵押人拒绝设立抵押权，债权人有权诉请法院强制抵押人设立抵押权，抵押人不主动履行法院判决的，债权人可以法院生效判决为基础，请求登记机关办理抵押权登记。如果因抵押物灭失、抵押物转让他人等原因不能办理抵押登记、无法设立抵押权的，抵押权人有权解除合同并请求抵押人承担违约责任。

（讨论整理及后续评论：王松）

外观主义与强制执行：代持股权是谁的责任财产？

【发言群友】

刘保玉、佘琼圣、吴兆祥、王长军、王赫、郭宁华、王建文、刘建功、刘生亮、李志刚、司伟、张元、段晓娟、王志诚

【讨论时间】

2019年6月

【沙龙实录】

显名股东的债权人能否申请执行股权

刘保玉：最高人民法院在“王某岐与刘某苹、詹某才等申诉、申请民事裁定书”[①]中，就“隐名股东对股权是否享有排除强制执行的权利”提出如下裁判观点：

首先，《公司法》第32条第3款规定：“公司应当将股东的姓名或者名称向公司登记机关登记；登记事项发生变更的，应当办理变更登记。未经登记

① 参见最高人民法院，（2016）最高法民申3132号民事裁定书。

或者变更登记的，不得对抗第三人。”工商登记是对股权情况的公示，与公司交易的善意第三人及登记股东之债权人有权信赖工商机关登记的股权情况并据此作出判断。本案中，王某岐与詹某才之间的《委托持股协议》已经一审、二审法院认定真实有效，但其股权代持协议仅具有内部效力，对于外部第三人而言，股权登记具有公信力，隐名股东对外不具有公示股东的法律地位，不得以内部股权代持协议有效为由对抗外部债权人对显名股东的正当权利。

法院认为，《公司法》第32条第3款所称的“第三人”，并不限缩于与显名股东存在股权交易关系的债权人。根据商事外观主义原则，有关公示体现出来的权利外观，导致第三人对该权利外观产生信赖，即使真实状况与第三人的信赖不符，只要第三人的信赖合理，第三人的民事法律行为效力即应受到法律的优先保护。基于上述原则，名义股东的非基于股权处分的债权人亦应属于法律保护的“第三人”范畴。因此，本案中詹某才因其未能清偿到期债务而成为被执行人时，刘某苹作为债权人依据工商登记中记载的股权归属，有权向人民法院申请对该股权强制执行。

佘琼圣：上述最高人民法院裁判认为，根据商事外观主义原则，有关公示体现出来的权利外观，导致第三人对该权利外观产生信赖，即使真实状况与第三人的信赖不符，只要第三人的信赖合理，第三人的民事法律行为效力即应受到法律的优先保护。基于上述原则，名义股东的非基于股权处分的债权人亦应属于法律保护的“第三人”范畴。

问题是，该裁判并没有论述该债权人从事涉案法律行为与其信赖工商登记之间的因果关系，债权人也并没有就此举证证明。退一步说，即使存在这样的因果关系，债权人是否就应当保护呢？在现代社会，任何财产均处于流动之中，今天该股权是甲的责任财产，明天可能就不是了。第三人如果基于股权登记而与甲交易，明智且合理的做法是要求甲将该股权质押。强制执行中，执行的应当是被执行人的责任财产。股权登记只是公示方法，而非权利来源。

吴兆祥：讨论这个问题，应该考虑民法总则关于法人登记的公示原则，是保护善意相对人，不是所有第三人。这是民法总则的重要变化。

王长军：刘老师的问题提得很好。从司法实务来看，只要实际出资人的债权人证明显名股东持有的股权系为实际出资人代持，则法院通常都会以实体正义为由予以执行。我认为这也公平、正当。但从引用的最高人民法院案例来看，其将《公司法》第32条第3款所称的“第三人”，并不限缩于与显名股东存在股权交易关系的债权人，名义股东的非基于股权处分的债权人亦属于法律保护的“第三人”范畴。这样，实际出资人两面都面临巨大风险，似乎有失公允。

将《公司法》第32条第3款的“第三人”扩大解释为代持股东的所有债权人，值得商榷。根据该案例阐释的理由“根据商事外观主义原则，有关公示体现出来的权利外观，导致第三人对该权利外观产生信赖，即使真实状况与第三人的信赖不符，只要第三人的信赖合理，第三人的民事法律行为效力即应受到法律的优先保护。基于上述原则，名义股东的非基于股权处分的债权人亦应属于法律保护的第三人范畴”，似难得出其结论。宜将该款的“第三人”作限缩解释，限定在信赖股权登记的债权人，以平衡“第三人”与实际出资人的利益冲突，也不会导致实际出资人风险超过合理范围。

佘琼圣：如果皆以登记为准，相关判决不应该总是拿外观信赖保护说事；凡有登记的执行标的，执行异议之诉可以休矣。

隐名股东的债权人能否申请执行股权

刘保玉：我的问题是在隐名股东的债权人查明情况并提供证据的前提下，能否申请执行隐名股东借他人名义登记的股权？

王　赫：个人理解，存在两种思路：第一种是《公司法司法解释（三）》的思路，即实际出资人并不是公司股东，不享有股权。即便实际出资人的债权人能够提供证明实际出资的事实，也只能冻结实际出资人对出名股东的债权。第二种思路则是，在金钱债权执行中，执行贵在变价，即便实际出资人不是公司的股东，不能在公司中投票，但其对出资股权对应的价值仍有合法利益。既然执行股权通常通过拍卖股权进行，那么直接冻结显名股东的股权，进而拍卖，既可以有效实现债权，又对公司经营和其他股东没有影响（其可以在拍卖程序中行使优先购买权），似乎也并无不可。

前一种观点在逻辑上无疑是清晰的。后一种可能更重实效，但可能还需要回应：执行机构能否突破形式标准（占有、登记或者第三人确认）而基于其他证据（如代持协议），直接执行第三人名下财产的问题。这与审执分离的界限有关。

郭宁华：这个问题的实质是被执行人的财产权属认定问题。

王建文：刘老师这个问题挺有意义，值得深思。从显名股东的债权人保护角度来说，固然应慎重对待实际出资人的执行异议权，毕竟基于商法上的外观主义原则，应保护基于该外观的信赖利益，除非有证据证明显名股东的债权人明知该隐名持股关系存在。但从实际出资人的债权人角度来说，其可主张执行实际出资人的所有财产，当然包括其隐名持股的股权。然而，在外部关系上，该股权无疑构成了显名股东的责任财产，因而也需要保护显名股东债权人的利益。因此，一般来说，实际出资人的债权人不能直接申请执行显名股东名下的股权。

刘建功：第一，实际出资人和名义股东之间的合意内容，如果成立委托关系，则在隐名出资人对外负债时，其委托他人持有的财产权利自然可以通过类似执行债务人在第三人处债权的程序成为执行标的。第二，实际出资人与名义股东恶意串通，企图规避前者的对外负债，属于虚假意思表示，结果也应等同于前者。

但申请执行人并不是对股权具有类似物权的权利。如果名义股东有债权人也申请执行股权，得大家分了。

佘琼圣：按照前述裁判外观主义的解释逻辑，如果交易在前，显名股东股权登记在后，断无执行该股权的依据。

刘生亮：刘老师提出的问题能否转换为“隐名股东的债权人与显名股东的非基于股权处分的债权人”之间的对抗问题，而将其他案例类型涵摄其中？

外观主义与权利归属

李志刚：第一，在权利有法定公示方式的前提下，“隐名股东”不是“股权”法秩序下应当保护的权利人。除非经过显名程序，其仅仅享有“委托代持合同”项下对显名股东的请求权，似不能产生“股权”直接归属的法律后果。

第二，为了保护申请执行人的利益而通过执行实现的“层层击破”，是否应当有一个边界？正如王赫所言，是否要突破“审执分离”，乃至要跨越不同法律关系？审判尚且要框定是否属于本案审理范围，执行是否可以未经审理程序，借由“责任财产”，“打”遍天下？

第三，如果说隐名股东仅仅享有基于“委托持股合同”所享有的请求权（解除委托或者要求显名），那么，执行程序是否产生被执行人所有合同立即解除、清算的法律后果？

王长军：公平是法律始终的价值追求，实际出资人是股权投资利益最终归属者，其不同于名义股东的普通债权人，其合法权益应当得到保护。当实际出资人的利益与名义股东的一般金钱债权人的利益冲突时，应当优先于名义出资人的一般债权人获得保护。外观主义原则的目的是维护交易安全和对善意第三人的保护，其适用范围应局限于就名义股东股权产生信赖而与名义股东从事交易的第三人。名义股东的一般债权人不属于第三人，不能依据外观主义原则寻求《公司法》第 32 条第 3 款的适用。

王建文：实际出资人与名义股东之间的内部关系应定位于委托持股的合同关系，从信托角度，亦可解释为信托关系。但无论如何均属于合同关系，不得对抗基于该股权登记的善意第三人。因此，除非名义股东的债权人明知该股权代持关系存在，从而构成非善意第三人，名义股东基于该股权登记的信赖利益应予保护，而不必将债权人限定为名义股东基于股权处分的债权人。至于实际出资人的债权人，其能主张执行的责任财产显然不宜包括实际出资人隐名持有的股权，因为基于该股权代持关系形成的权利仅为债权或请求权或信托关系中委托人的特定权益，均不属于可直接执行的财产权。

王长军：这样做是否会鼓励债务人转移财产，对抗执行呢？

李志刚：如果有证据证明系恶意串通，可以另行主张委托合同无效。好处是避免从根本上摧毁以登记公示为权利保障依据的基本法秩序。

王建文：赞同志刚意见。

王长军：《公司法司法解释（三）》第25条第1款规定：“名义股东将登记于其名下的股权转让、质押或者以其他方式处分，实际出资人以其对于股权享有实际权利为由，请求认定处分股权行为无效的，人民法院可以参照物权法第一百零六条的规定处理。”由此看来，实际出资人与名义股东之间亦非普通的债权债务关系。

王建文：该规定就是备受质疑的股权善意取得的依据。但即便如此，也只是引入了负担行为与处分行为独立说的结果，不能以此认定隐名出资的股权可作为实际出资人责任财产。

司　伟：关于实际出资人的债权人的执行问题，同意志刚的意见。首先，要区分审执，执行阶段一般应仅作形式上的审查，执行部门不宜伸手过长，否则有未审先定之嫌。其次，即使在审判阶段仍然遵循了登记外观而对执行异议的成立与否作出了裁判，也并不就意味着执行异议之诉就不具有存在的意义，因为在诉讼中作此处理背后所考量的因素所蕴含的理念原则实际上并不相同。

这里面主要应有以下几点考虑：第一，商事外观主义其实应当是站在宏观层面，着眼于整个商事交易的安全、效率的大环境而言的，而非仅仅过于强调必须拘泥于某一个具体交易之中。外观主义形成一项基本法理原则，让虚假外观凌驾真实权属之上成为正义推定基础，根本原因是实际权利人本人行为的可归责性。

第二，从《公司法司法解释（三）》的规定来看，实际出资人可以依照《公司法司法解释（三）》第24条第2款主张投资权益股权，或者依照该解释第25条第2款主张名义出资人承担赔偿责任。可见，我们并不承认所谓的隐名股东，股权代持关系就是一种委托关系，双方之间关系的性质就是债权债务关系。

第三，法律给予实际出资人一定保护的同时，从维护商事活动高效稳定展开的角度，对隐名出资的现象予以谨慎抑制，符合法律的价值追求，不能仅以个别案件中的所谓公平为由否定法律对整体秩序进而整体公平正义的追求和引导。此外，由实际出资人承担其选择隐名方式持股而带来的风险，也符合风险与收益同在，而交由其作为“理性人”自行承担的基本商事判断法则，更加具有保护的正当性。

其实，我觉得，对这个问题的探讨就是一个法律的取舍问题，与怎么理解《公司法》第 32 条第 3 款的“第三人”的范围关系并不大，限于这个问题，就有点只见树木了。

张　元：高度附议。此问题讨论太多了，需要的是决断。

段晓娟：同意志刚的意见。

王志诚：若隐名股东的债权人查得隐名股东借由名义股东持有股权：第一，强制执行具有相对性，在隐名股东（实际出资人）未依其与名义股东间的法律关系（如信托或借名契约）取得股权前，隐名股东债权人如何强制执行非属隐名股东的股权，实难想象；第二，理论上，若隐名股东的债权人查得隐名股东借由名义股东持有股权，应可代位终止隐名股东与名义股东的法律关系，再进行强制执行；第三，当然，若隐名股东的债权人查得隐名股东与名义股东间存在信托关系或拟制信托关系，亦可直接强制执行信托受益权。

李志刚：实务上，是否可以在执行程序中，径行终结委托持股协议或者信托关系，然后强制执行合同（信托）终止后的财产权益？

王　赫：个人感觉实务中这么做的应该比较少。一般或者不冻结，或者直接冻结股权，从可行性上，学理上是可以的，至于有没有实定法依据，主要看解释。个人理解这里面的关键是债权人代位权的范围和行使方式。《合同法》第 73 条规定的债权人可以代位行使的权利相比我国台湾地区的更窄，而且限于诉讼方式行使。我国台湾地区“债法”上的代位权，不限于金钱债权，形成权、物权请求权乃至诉讼上的权利都可以代位，这应该是王志诚教授立足我国台湾地区“债法”认为可以代位终止代持的原因。

王长军：诚然，商事外观主义目的是保护宏观的商事交易的安全、效率，而非仅仅拘泥于某一个具体交易之中。但追求效率优先时，也应适当兼顾公平，这也是交易中的安全问题。法律的公平常常是通过一些个案来体现的。代持股权、借名买房等在中国并非个别，尤其是在限购政策下借名买房更多，都面临着同样的问题：实际出资人能否排除登记权利人的债权人的司法执行。对此有两种观点：第一种主张以登记公示为准，不能阻止执行。第二种认为应当考虑申请执行人在与被执行人进行商事交易时是否对案涉标的（股权、房屋）具有信赖利益，以平衡申请执行人与实际出资人的利益。对信赖利益的范围解释不同，又可分为不同的观点。目前，两种观点在司法实务中争议颇大。

例如，山东省高级人民法院民二庭《关于审理公司纠纷案件若干问题的解答》第6条规定："名义股东因借款、买卖等非股权交易纠纷而成为被执行人时，名义股东债权人依据工商登记中记载的股权归属，申请对该股权强制执行。实际出资人以其实际享有股东权利，提出执行异议被驳回后，又提起案外人执行异议之诉，请求停止对该股权强制执行的，能否予以支持？答：实际出资人要求停止执行的诉讼请求，应予支持。理由：根据《最高人民法院关于适用〈中华人民共和国公司法〉若干问题的规定（三）》第二十五条的规定，股权善意取得制度的适用主体仅限于与名义股东存在股权交易的第三人。商事外观主义原则的适用范围不包括非股权交易第三人。在外观权利与实际权利不一致的情况下，根据权利外观理论，善意第三人基于对权利外观的信赖而与名义权利人进行民事法律行为的，该民事法律行为效力受法律的优先保护。但，如果名义股东债权人申请执行的是其与名义股东因借款关系等而形成的一般债权，债权人并没有与名义股东从事涉及股权交易的民事法律行为，从权利外观原则来看，此时的债权人不是基于信赖权利外观而需要保护的民事法律行为之善意第三人，故其债权请求不能受到优先于实际权利人的保护。但是，审理此类案件时，应当对实际出资人所提交的证明权利存在的证据进行严格审查，查明权利的真实性，既要防止虚假诉讼以逃避债务，也要防止侵权了实际出资人的实际权利。"

似乎最高人民法院对此问题的态度也未统一，如《公司法司法解释（三）》第25条的规定，对该条虽有争议，但毕竟是生效的条文，对司法实务具有准绳效力。

李志刚：（1）题设情形“实际出资人的债权人能否主张执行代持股权”，似在解决代持合同前提下，实际出资人的权利性质和财产范围。此与《公司法司法解释（三）》解决显名股东处分行为的效力，可能针对的还不是一个问题，未必能类推适用。（2）比较起来，“借名”是更值得保护的法秩序，还是“法定登记确定权利归属”，在更为一般的意义上，显然有数量级的差异。如果说“生存权”是对普遍性的法秩序的一种例外性破坏，那么，这种例外性破坏，要扩大到什么样的程度，可能是裁判者（特别是作为一种规则指引和行为预判时）值得慎重斟酌的。

【总结及倾向性意见】

1.关于显名股东的债权人执行股权，隐名股东能否排除执行的问题。

多数观点认为，隐名股东不能享有排除强制执行的实体权利。其主要理由是：第一，商事外观主义着眼于整个商事交易的安全、效率，不能拘泥于某一个具体交易之中。从维护商事活动高效稳定展开的角度，对隐名出资的现象应当予以谨慎的抑制。第二，从《公司法司法解释（三）》的规定看，实际出资人可以依照《公司法司法解释（三）》第24条第2款主张投资权益股权，或者依照该解释第25条第2款主张名义出资人承担赔偿责任。可见，从公司法角度，隐名股东实际上把并不是“股东”，其只是跟显名股东之间存在委托持股的债权债务关系，因此隐名股东并不享有股权。第三，商事外观主义的正当性基础根本在于实际权利人的可归责性。实际出资人既然选择隐名，就应当承担因此带来的风险，这也符合风险与收益同在的基本商事判断法则。

少数观点认为，隐名股东享有排除执行的实体权利。其主要理由是：第一，《公司法》第32条第3款规定：“公司应当将股东的姓名或者名称向公司登记机关登记；登记事项发生变更的，应当办理变更登记。未经登记或者变更登记的，不得对抗第三人。”对该“第三人”的理解，应当限于交易中的第三人，比如股权的买受人或者接受该股权质押的质权人，但并不应包括显名股东的普通债权人。这是因为，商事外观主义原则的目的是维护交易安全和对善意第三人的保护，其适用范围应当局限于就显名股东股权产生信赖而与显名股东从事交易的第三人。第二，从利益衡量的角度来看，隐名股东是股权投资利益最终归属者，其合法权益应当优先于显名股东的债权人得到保护。因为对于显名股东的债权人而言，其只能就显名股东的责任财产受偿，既然股权实质不是显名股东的责任财产，自然不能强制执行。

2. 关于隐名股东的债权人能否直接执行股权的问题。

多数观点认为，隐名股权的债权人不能直接执行登记在显名股东名下的股权。其主要理由是：第一，如前所属，从实体法的角度，隐名股东本身并不享有股权，其与显名股东之间是委托持股的债权债务关系。第二，从执行法的角度来看，《查封、扣押、冻结规定》第 2 条第 1 款规定：“人民法院可以查封、扣押、冻结被执行人占有的动产、登记在被执行人名下的不动产、特定动产及其他财产权。”即执行机构在采取执行措施时，只能采用外观主义判断执行标的的权属，而无权像审判机构一样，结合其他证据对该财产权属究竟是否属于被执行人所有进行判断。第三，从实际操作的角度，也无法操作，因为无论是对市场监督管理部门还是公司，隐名股东都不是股东，人民法院即便想冻结，也无法实现。因此，对于隐名股东的债权人而言，正确的执行方法有两种：（1）代位隐名股东的债权人，向显名股东提起诉讼，待隐名股东显名化后再行执行股权；（2）由于隐名股东对显名股东享有支付投资收益、过户股权的债权，隐名股东的债权人可以按照到期债权执行强制执行。

少数观点则认为，隐名股东对股权享有实际的权益，符合一定情形时，应当允许其债权人可以直接执行股权。第一，从执行法的角度，执行机构查封时的外观主义并非没有例外，《查封、扣押、冻结规定》第 2 条第 3 款就规定，对于登记在第三人名下的其他财产权，第三人书面确认属于被执行人的，人民法院可以强制执行。因此，在显名股东书面确认该股权属于隐名股东时，执行法上的障碍就消除了。第二，从实体法角度，虽然对公司和公司股东而言，隐名股东并非股东，其并不能行使股东权利，但强制执行股权的实质是转让股权以获得交换价值，对公司治理没有影响。此时，就与显名股东要转让股权一样，公司或者其他股东不同意转让就应当购买。

【代表性学术观点】

最高人民法院在《民商审判会议纪要》的引言部分提出，外观主义是为保护交易安全设置的例外规定，一般适用于因合理信赖权利外观或意思表示外观的交易行为。实际权利人与名义权利人的关系，应注重财产的实质归属，而不单纯地取决于公示外观。总之，审判实务中要准确把握外观主义的适用边界，避免泛化和滥用。

1. 关于显名股东的债权人执行股权，隐名股东能否排除执行的问题。

股权强制执行理论与实务问题研讨会[①]多数观点认为，对股权的强制执行也要遵循商法上的外观主义。因此当显名股东是被执行人时，隐名股东提出案外人异议及异议之诉排除执行的，人民法院不予支持。其主要理由是：第一，《公司法》第 32 条第 3 款明确规定，未经登记或者变更登记的，不得对抗第三人；第二，这是商法外观主义的要求，实际上登记在谁名下谁就是股东（夫妻共有的情况下也是如此，只是离婚时配偶一方面可以要求分得相应利益），从这个角度讲，《公司法司法解释（三）》按照无权处分解释显名股东对其名下股权的处置已经走偏了；第三，如果支持隐名股东的请求，极易引发合谋规避执行，因为隐名股东和显名股东之间的真实意思是很难查清的；第四，代持本身存在风险，隐名股东在要求显名股东代持时就应当预料到该风险，由其承担不利后果并无不当，并且从法政策的角度看，很多代持都是出于脱法的目的，让代持人承担不利后果有助于纠正其行为；第五，申请执行人也有信赖利益需要保护，在某些情况下申请执行人在交易中没有要求被执行人提供财产担保，恰恰是因为其名下有价值不菲的大额股权。

少数观点认为，隐名股东是否一定不能排除执行不应一概而论。因为隐

---

① 该会议由中国法学会商法学研究会、中国行为法学会执行行为研究会、北京市高级人民法院执行局在 2017 年 7 月 1 日举办。

名持股的问题比较复杂，有些情况下，隐名持股只是股东之间的一纸协议，公司、其他股东、债权人都不知道这个事实；但有时隐名股东不仅实际参与经营，担任董事，甚至连债权人都知道隐名股东存在，在这种情况下，如果证据充分的话，对隐名股东的权益似乎也应当予以保护。另外，根据商法的外观主义，公司法所谓的不得对抗第三人，应当指的是交易第三人，股东的金钱债权人不应包含在内。

崔建远认为，强制执行处于非基于法律行为而发生的物权变动的领域，不应适用公信原则，在确定被执行人的财产时，应依实事求是原则，确定被执行人的可被执行财产。[①]

叶林认为，股权代持的核心是信任，向他人施以信任的委托人必然面临各种风险，相应地，必然存在某种风险转嫁或者转移的机制。允许代持人以其代持股权偿还债务的做法是合理的，也是符合商法外观法理的。[②]

王毓莹、翟如意认为，隐名股东与名义股东之间的约定即使有效，也仅对其双方具有约束力，对外股权所有权人仍表现为名义股东，申请执行人有权向人民法院申请执行。《民法总则》第65条规定，法人的实际情况与登记的事项不一致的，不得对抗善意相对人。《公司法》第32条第3款规定，公司应当将股东的姓名或者名称向公司登记机关登记；登记事项发生变更的，应当办理变更登记。未经登记或者变更登记的，不得对抗第三人。根据前述规定，在处理此类纠纷时，应当区分公司内外法律关系，隐名股东与名义股东之间系内部关系，双方之间的约定不具有对抗外部第三人的效果，隐名股东主张排除执行的诉讼请求不应支持。其因股权被强制执行所遭受的损失，可以按照约定向名义股东主张赔偿。[③]

王东敏认为，对隐名股东有明确证据证明股权不属于显名股东的，法院一般不采取强制执行措施，隐名股东向执行法院提供有效证据即可阻却执行。例如，争议发生前的公证文件，上市公司公开披露的信息，隐名股东向公司

---

① 崔建远：《论外观主义的运用边界》，载《清华法学》2019年第5期。

② 叶林：《股权代持纠纷裁判的司法立场》，载《法律适用》2018年第22期。

③ 王毓莹、翟如意：《执行异议之诉中排除执行的民事权利类型化研究》，载《人民司法》2019年第28期。

实际出资的证据等。[①]

张元认为，在显名股东为被执行人时，对于隐名股东提出案外人异议之诉，应确定的规则是：如果执行法院已对案涉股权予以冻结，即使通过现有证据查明股权实际权属确实归属于隐名股东，无论该申请执行人所持执行依据赋予其一般债权还是处分请求权，隐名股东对于案涉股权的所有权主张，均不能对抗申请执行人，执行法院可以对案涉股权予以处分而偿付申请执行人或者将案涉股权强制交付于申请执行人。主要理由是：（1）优先对申请执行人予以债权人保护，系通过利益衡量得出的合理结论。民事主体之间发生交易，如果一方名下具有足以偿付债务的财产，另一方自然对其偿付债务能力产生信赖，愿意并乐于与其发生交易行为，即使该种交易无任何债权担保。相比之下，一方面，隐名股东敢于藏身幕后，就应当承担一种"可能丢失财富的风险"；另一方面，隐名出资现象不可避免地带有规避法律、逃避管制、贪占法律优惠等不法或不当目的，法律也不应予以鼓励。因此，对债权人予以最大限度的保护是一种合理的结论，也能得到社会公众的普遍认可。股权强制执行程序中建立隐名股东不能对抗申请执行人的规则，能够倒逼隐名股权显名化，以制度督促社会诚信的巩固，或者督促建立英美法的信托持股制度等，将代持股权需求纳入法律公开指引的渠道。（2）申请执行人所持执行债权具有不同于一般债权的优先权利，可以对抗实际权利人。执行债权，是指已经经过生效法律文书确认的，由人民法院以强制执行力予以保障实现的债权。执行债权由人民法院耗费司法资源，经过审慎判定，最终通过生效法律文书加以确认，并由执行部门采取查封、扣押、冻结措施，由国家强制力加以保障，这类债权显然有别于未经诉讼确认的一般债权，应当优先加以保护。如果将执行债权的保护等同于未经诉讼确认的一般债权，诉讼将毫无效益与价值可言。强制执行法上多项制度都体现了上述原理，典型如参与分配制度，已经取得执行依据的执行债权可以申请参与分配，而未取得执行依据的一般债权，即使证据确凿、事由充分，亦不能采取与执行债权一般的平等

① 王东敏：《隐名股东是否可以阻却强制执行显名股东名下的股权》，载微信公众号"法盏"2018年8月7日。

保护，即不能参与分配。（3）域外关于执行债权于在实体法上的优先性，已有多个立法例可供借鉴。在执行法院对显名股东名下股权冻结情形下，这里所指的赋予执行债权在实体法上的优先性，是指一旦执行法院对股权冻结，无论是否存在隐名股东，申请执行人仍然可以依该冻结行为，对抗隐名股东和其他一般债权人。德国民事诉讼法赋予申请执行人因查封行为而取得优先权，即查封质权。法国也有类似规定，按照学者对法国立法例的研究，就同一财产已申请并由法院采取强制执行措施的普通债权人，取得无对抗力的所有权的权利人，不得以其所有权对抗已申请法院对同一财产采取强制执行措施的普通债权人。《日本民法典》在其第 177 条规定物权“不登记就不得对抗第三人”。按照目前日本已有的判例和一般学说，执行债权人因为属于就系争标的物取得了直接支配关系的债权人，和未公示的物权取得人就物的支配形成了相争关系，故没有争议地认为执行债权人属于未经登记而不得对抗的第三人。在美国，执行债权等均属于 lien，lien 的内涵大致相当于我国法上的担保物权加诉讼保全等强制措施，除一些例外情况外，未公示的担保物权不能对抗执行债权。①

陈林莉认为，隐名股东不具有排除强制执行的实体权利。第一，外观主义形成一项基本法理原则，让虚假外观凌驾真实权属之上成为正义推定基础，根本原因是实际权利人本人行为的可归责性，既然因实际权利人原因导致权属公示错误自然要为自身错误承担不利后果。“对于引发表见性事实的人，应对有正当理由信赖该表见性事实的相对人承担责任。”名义股东债权人若善意信赖股权登记进行司法程序且执行程序已启动，则善意债权人和司法执行机构的信赖利益并不亚于交易相对人可能付出的代价及受损利益，因此依外观主义法理原则内在机理，非交易第三人的信赖利益同样需要尊重和保护，外观主义原则理当突破“交易”内涵桎梏而得以更广泛适用。第二，无论是根据《公司法司法解释（三）》第 25 条、第 27 条还是《执行异议复议规定》第 25 条，隐名股东对抗显名股东的债权人都没有法律依据。第三，从贯彻风

① 张元：《隐名股权的强制执行》，载最高人民法院民事审判第一庭编：《民事审判指导与参考》（2016 年第 3 辑），人民法院出版社 2017 年版，第 65 页。

险与利益同在的角度，股权名实分离的本源在隐名股东为寻求个人利益最大化而与名义股东达成协议牺牲股东身份地位。商事“理性人”趋利避害的本能决定此种身份的牺牲可能会换取更大利益，取舍之时理性商主体完全有能力、有条件预见这种身份公示舍弃存在的风险，为了规避可能存在的商业或法律风险，隐名股东亦可依《物权法》第 223 条[①]等采取如质押、担保等风险防范措施。若隐名股东选择忽略风险，或该风险对其而言不足为惧或其自身有过失，无论何种都不应让善意第三人为其自信或疏忽承担法律上的不利益。因此，三方主体中善意第三人最无辜，但其却为自身权益的实现作了如诉讼申请、财产调查等付出，“交易安全保护，从其实质上言并非确定责任的归属，而实为对外观虚像所引发风险的分配”。名义股东和隐名股东是局面形成的“始作俑者”，并且促成虚实分离局势的两方从中获益，若不由他们承担因此衍生的法律风险显然很不公平。第四，从实现“整个社会的福利”角度，不允许隐名股东排除执行，有利于强化隐名股东风险防范意识，防止恶意串通逃避债务行为，维护商事活动高效稳定进行。[②]

2. 关于隐名股东的债权人能否直接执行股权的问题。

在股权强制执行理论与实务问题研讨会上，有观点认为：第一，最高人民法院《查封、扣押、冻结规定》对此有明确规则，对于第三人名下的财产权利，只有第三人书面确认属于被执行人所有时才能强制执行。因此，在显名股东未书面确认的情况下，直接执行其名下股权违法。第二，强制执行程序中对案外第三人名下的股权予以执行，实质上是由执行机构对该股权属于被执行人进行了实体判断，有违审执分离的原则，也没有给予案外第三人充分的程序保障。第三，执行机构的认定未必都是正确的，一旦错误的话，案外人在物质和精神上都会遭受损失。第四，隐名股东对显名股东享有债权，申请执行人可以提起代位诉讼或者对该债权予以强制执行。

相反观点认为，第一，实践中，当事人一般不会毫无依据地要求执行案

① 现为《民法典》第 440 条，将《物权法》第 223 条第 1 项修改为“汇票、本票、支票”，将第 6 项修改为“现有的以及将有的应收账款”，其他内容与《物权法》第 223 条一致。

② 陈林莉：《外观或事实：隐名股东执行异议之诉的裁判标准》，载《国家法官学院科研部会议论文集》（全国第 28 届学术讨论会）。

外人名下的股权，其通常都会提供一定的证据，此时执行机构应当进行审查，而不能不管不理。第二，审执分离不是绝对的，在不同的历史阶段可以有不同的表现形式，如果分得太清楚了，执行效率就会降低。第三，代位权诉讼的问题是，目前合同法司法解释将代位权诉讼限定在了金钱债务，因此，隐名股东对显名股东的债权并不通过代位权诉讼解决，而隐名股东又不会自己向显名股东提起诉讼（出于规避执行的目的），这就陷入了一个死结，在这种情况下，反倒不如认可对显名股东的债权强制执行，然后由显名股东提起案外人异议之诉，从而引入诉讼最终解决纠纷。第四，根据债权执行的规则，也要求次债务人（显名股东）承认隐名股东对其享有债权，如果其承认的话，实际上等于认可股权是隐名股东的，直接执行股权并无不妥。第五，从司法实践的情况下，第三人书面确认其名下财产属于被执行人的情况极为少见，即便有也多是为了规避执行等不当目的，因此寄希望于显名股东的诚实是靠不住的。

叶林认为，允许委托人（隐名股东）的债权人直接主张代持人所代持股权的利益，就必须说清楚穿透的正当性，即只有在代持关系是为了规避强行法规定，或者逃避债务时，才能予以穿透。如果只是站在保护债权人的立场作出判断，而不顾及某些股权代持的正当性，必将颠覆应有的司法价值观。或许，我们只是在形式上采用了"利益衡量"的判断标准，但真正要表达的却是一种"结果导向的裁判理念"。[①]

张元认为，可以在代位权诉讼的框架下，建立单独的申请执行人代位变更诉讼制度。在隐名股东为被执行人时，隐名股东实际上对显名股东名下股权具有变更登记请求权，隐名股东随时可以要求显名股东配合变更或是请求人民法院予以变更，但是，隐名股东没有行使该种请求权，就属于怠于行使该项债权，申请执行人作为债权人，可以按照代位行使隐名股东所具有的向显名股东的变更登记请求权。按照《合同法司法解释（一）》的相关规定，在当事人地位上，申请执行人作为原告，显名股东作为被告，隐名股东即被执行人作为诉讼第三人。人民法院可以根据申请执行人提交的相关证据，判

① 叶林：《股权代持纠纷裁判的司法立场》，载《法律适用》2018 年第 22 期。

决显名股东名下股权实际上由隐名股东所有。由于该类判决属于形成（变更）判决，依通说，形成判决当然发生物权变动效力，按照该判决，案涉股权即已归属于隐名股东。于是，执行法院可以对案涉股权进行冻结并予以处分，进而清偿申请执行人债权。[①]

【典型案例 1】

黄某鸣、李某俊与皮某、广元市蜀川矿业有限责任公司案外人执行异议之诉案

案号：最高人民法院（2019）最高法民再 45 号

【基本案情】

黄某鸣、李某俊系夫妻关系。黄某鸣原系广元市蜀川矿业有限责任公司（以下简称蜀川公司）的股东并兼任公司法定代表人。后黄某鸣将其持有的蜀川公司全部股份转让给权某先并退出公司，蜀川公司现任法定代表人为权某先。

2012 年 2 月 13 日，蜀川公司与四川广达建筑安装工程集团有限公司及其他 16 位自然人股东发起设立新津小贷公司，公司注册资本为 10 000 万元。2011 年 12 月 19 日，黄某鸣通过中国工商银行广元分行营业部将现金 500 万元转入蜀川公司指定的银行账户，该转账凭证上载明：支付黄某鸣成都投资款。黄某鸣个人转入公司账户，从账户转到成都作验资款。

2011 年 12 月 20 日，蜀川公司将黄某鸣转入的 500 万元投资款再转入新津小贷公司的银行账户。蜀川公司名义上向新津小贷公司投资 500 万元，占公司 5% 股权。国家企业信用信息公示系统显示，蜀川公司系新津小贷公司的登记股东，投资额为 500 万元，占公司 5% 股权。

2012 年 5 月 31 日，黄某鸣、李某俊与蜀川公司签订《确认书》，载明：2011 年 12 月 19 日黄某鸣向蜀川公司转账 500 万元，2011 年 12 月 20 日以

① 张元：《隐名股权的强制执行》，载最高人民法院民事审判第一庭编：《民事审判指导与参考》（2016 年第 3 辑），第 65 页。

蜀川公司名义向新津小贷公司出资500万元，占公司5%股份；现各方确认该股份实际系黄某鸣出资，股份归黄某鸣所有，其股东权利义务由黄某鸣享有和承担；蜀川公司只是名义上的持股人，不实际享有公司股东权利和承担股东义务；公司股份在具备过户条件时，按照法律规定过户给黄某鸣，在未过户前，该股份由黄某鸣行使股东权利和履行股东义务，若需要变更过户手续由蜀川公司提供。

2011年12月27日，新津小贷公司召开第一次股东会，黄某鸣作为蜀川公司的委派代表参加会议并被选举为公司监事。在新津小贷公司以后召开的多次股东会会议中，黄某鸣、李某俊作为蜀川公司的委派代表或者新津小贷公司股东身份参加会议并行使表决权；在多次监事会会议中，黄某鸣、李某俊以监事身份参加会议并行使表决权。

2015年4月3日，新津小贷公司通过中国工商银行将2012年度和2013年度的股东分红共41万元直接转入黄某鸣指定的银行账户。2017年1月17日，新津小贷公司出具证明：黄某鸣、李某俊以蜀川公司名义成为公司股东，出资500万元，占公司5%股份；黄某鸣、李某俊全程参与公司筹建，直接参加公司的股东会议、董事会议和监事会议，行使股东权利和监事权利；公司的利润分配是直接打入黄某鸣、李某俊的银行账户，公司知晓黄某鸣、李某俊是蜀川公司所持股份的实际出资人。

皮某与蜀川公司民间借贷纠纷案，一审法院判决蜀川公司归还皮某借款452万元。判决生效后，蜀川公司没有主动履行其还款义务，皮某申请强制执行。

2016年6月21日，一审法院裁定冻结了蜀川公司持有的新津小贷公司5%案涉股权。次日，一审法院向新津小贷公司发出协助执行通知书。

2016年11月9日，黄某鸣、李某俊向一审法院提出执行异议申请。一审法院受理后，依法进行了审查，裁定书驳回黄某鸣、李某俊的异议请求。

2017年1月11日，黄某鸣、李某俊向一审法院提起执行异议之诉，并提出前述诉讼请求。一审法院判决：一、确认登记在蜀川公司名下的新津小贷公司5%的股权属于黄某鸣、李某俊所有。二、不得执行登记在蜀川公司名下的新津小贷公司5%的股权。皮某不服上诉。二审法院判决：撤销原判，驳回黄某鸣、李某俊的诉讼请求。黄某鸣、李某俊不服二审法院判决，向最高人民法院申请再审。

【裁判观点】

最高人民法院认为，首先，关于投资权益显名化其实质是否是变相请求对处于查封状态下的案涉股权权属进行变更和处分的问题。根据《查封、扣押、冻结规定》第26条规定："被执行人就已经查封、扣押、冻结的财产所作的转移、设定权利负担或者其他有碍执行的行为，不得对抗申请执行人。"而本案系因代持股权引发的纠纷，投资权益显名化的核心是确认代持股权的法律关系，并非对已查封股权的处分和转移，仅仅是恢复事物的本来面目，进而保护实际出资人对案涉股权享有的实际权益。故对黄某鸣、李某俊的该项主张，予以采纳。但仅该项理由成立，并不能引起法院对案件实质结果的改变。

其次，根据已查明事实不足以证明新设小贷公司需要至少一家企业法人作为出资人的强制性规定，且在新津小贷公司的出资人中蜀川公司并非唯一的企业法人。同时，在股权锁定期届满后，黄某鸣、李某俊也未举示证据证明其曾积极督促蜀川公司进行股权变更登记，黄某鸣、李某俊作为具有完全民事行为能力的自然人，应当具有预知法律风险的能力，基于对风险的认知，黄某鸣、李某俊仍选择蜀川公司作为代持股权人系其对自身权利的处分，发生的不利后果也应由其承担。对于黄某鸣、李某俊称因债务纠纷导致蜀川公司下落不明，无法办理股权变更的意见，因自股权锁定期届满至股权被查封前，黄某鸣仍担任蜀川公司的法定代表人长达一年多时间，其陈述蜀川公司下落不明无法办理股权变更的意见明显不成立，法院不予采信。且按照一般的商事裁判规则，动态利益和静态利益之间产生权利冲突时，原则上优先保护动态利益。本案所涉民间借贷关系中债权人皮某享有的利益是动态利益，而黄某鸣、李某俊作为隐名股东享有的利益是静态利益。根据权利形成的先后时间，如果代为持股形成在先，则根据商事外观主义，债权人的权利应当更为优先地得到保护；如果债权形成在先，则没有商事外观主义的适用条件，隐名股东的实际权利应当得到更为优先的保护。因案涉股权代持形成在先，诉争的名义股东蜀川公司名下的股权可被视为债务人的责任财产，债权人皮某的利益应当得到优先保护。

另外，《公司法》第 32 条第 3 款规定：“公司应当将股东的姓名或者名称向公司登记机关登记；登记事项发生变更的，应当办理变更登记。未经登记或者变更登记的，不得对抗第三人。”工商登记是对股权情况的公示，与公司交易的善意第三人及登记股东之债权人有权信赖工商机关登记的股权情况并据此作出判断。其中“第三人”并不限缩于与显名股东存在股权交易关系的债权人。根据商事外观主义原则，有关公示体现出来的权利外观，导致第三人对该权利外观产生信赖，即使真实状况与第三人信赖不符，只要第三人的信赖合理，第三人的民事法律行为效力即应受到法律的优先保护。基于上述原则，名义股东的非基于股权处分的债权人亦应属于法律保护的“第三人”范畴。本案中，李某俊、黄某鸣与蜀川公司之间的股权代持关系虽真实有效，但其仅在双方之间存在内部效力，对于外部第三人来说，股权登记具有公信力，隐名股东对外不具有公示股东的法律地位，不得以内部股权代持关系有效为由对抗外部债权人对显名股东的正当权利。故皮某作为债权人依据工商登记中记载的股权归属，有权向人民法院申请对该股权强制执行。

【典型案例 2】

中国银行股份有限公司西安南郊支行申请上海华冠投资有限公司执行人执行异议之诉案

案号：最高人民法院（2015）民申字第 2381 号

【基本案情】

中国银行股份有限公司西安南郊支行（以下简称中行南郊支行）是申请执行人，成城公司是被执行人，上海华冠投资有限公司（以下简称华冠公司）是提出执行异议的案外人，执行标的是成城公司名下登记的渭南市城市信用社股份有限公司1000万股股份。根据陕西省高级人民法院（2009）陕民二终字第00053号生效民事判决，成城公司为该股权的名义持有人，华冠公司是该股权的实际权利人。

中行南郊支行主张，案涉执标的长安银行1000万股股份登记在成城公司名下，中行南郊支行已经信赖该登记并申请将涉案股权采取执行措施，根据商事外观主义原则，上述股权应执行过户给中行南郊支行。

【裁判观点】

最高人民法院认为，商事外观主义作为商法的基本原则之一，其实际上是一项在特定场合下权衡实际权利人与外部第三人之间利益冲突所应遵循的法律选择适用准则，通常不能直接作为案件处理依据。外观主义原则的目的在于降低成本，维护交易安全，但其适用也可能会损害实际权利人的利益。根据《公司法司法解释（三）》第26条的规定，股权善意取得制度的适用主体仅限于与名义股东存在股权交易的第三人。据此，商事外观主义原则的适用范围不包括非交易第三人。

案涉执行案件申请执行人中行南郊支行并非针对成城公司名下的股权从事交易，仅仅因为债务纠纷而寻查成城公司的财产还债，并无信赖利益保护的需要。若适用商事外观主义原则，将实质权利属于华冠公司的股权用以清偿成城公司的债务，将严重侵犯华冠公司的合法权利。依照《民法通则》第75条第2款[①]之规定，中行南郊支行无权通过申请法院强制执行的方式取得案涉执行标的长安银行1000万股股份。

（讨论整理及后续评论：王赫）

---

① 现为《民法典》第267条。《民法通则》第75条第2款规定："公民的合法财产受法律保护，禁止任何组织或者个人侵占、哄抢、破坏或者非法查封、扣押、冻结、没收。"《民法典》第267条规定："私人的合法财产受法律保护，禁止任何组织或者个人侵占、哄抢、破坏。"

第二部分

合同法专题

民事合同与商事合同：学理、实务与立法期待

【发言群友】

李志刚、张巍、邹宇、姜强、叶林、陈洁、刘凯湘、陈醇、肖建国、厉莉、张建康、朱晓喆、薛军、李后龙、宁红丽、王长军、郭宁华、吕来明、张谷、纪海龙

【讨论时间】

2019 年 10 月

【沙龙实录】

民事与商事：是否可分与是否能分

李志刚： 2019 年 10 月 13 日，在中国人民大学法学院召开的“民法典合同编分则草案立法研讨会”上，诸多发言者认为，有必要区分民事合同与商事合同，尽可能在合同编分则中体现出商事关系的特点，解决二者的混同甚至错位的问题。此点值得欣慰。从某种意义上说，这可能也决定此次民法典修订评价指数的一个核心要素。最核心的问题是，能否在具体条款上，实现民事规则与商事规则的区分。

张　巍：民事和商事怎么分呢？买手套和买公司有两套买卖合同？

李志刚：您提出的问题似乎已经回答了区分的必要：买手套和买公司，会用一套买卖合同吗？

张　巍：合同法的关键在总则部分，我的问题实际是针对总则部分，这里面有没有买手套和买公司的两套制度？分则部分，商事合同留给商人自己约定，法律不用太细，实际上也做不到细致，关于商事实践，立法者没有商人清楚。

邹　宇：确实，商事法律规范应当是从商事活动规则中生发出来的，目的在于解决商事活动中被扭曲的交易情形，并提供准确的规则预期。除少数情况外，司法判断绝不应取代商业判断。

李志刚：理论上当然可以假定商人都是理性的、聪明的，但这并不意味着商事合同都是完备的。在合同没有约定或者约定不明的情况下，合同法作为任意法、补充法，通过提供精细的分则规范，作为一种制度供给，给商人以指引或者“备用”，可能仍有必要。否则，直接把分则删了，岂不更好？对于总则部分，可能也有区分的必要和空间。比如，对违约金调整，是否可区分？至少德国法作了不同的安排。《德国民法典》第 343 条规定：处罚的违约金过高的，经债务人申请，可以判决减至适当的金额。在对违约金是否适当作判决时，应考虑债权人的一切合法利益，而不是考虑财产上的利益。已支持违约金的，不得再要求减少。《德国商法典》第 348 条规定：商人在其营业中约定的违约金不得依《德国民法典》的规定减少。此外，从缔约地位和缔约能力的角度看，格式条款在民事合同与商事合同是否要有所区分，也有讨论空间。

张　巍：《德国民法典》第 343 条有点举棋不定的意思。这条是什么时候出现的？此前有相应条文吗？什么叫债权人的一切合法利益，而不是财产利益呢？我感觉《德国民法典》像是要从允许调整的立场上后撤，有必要了解一下法条的历史。

姜　强：我觉得商事与民事的区分，自始至终都不重要；重要的是，在不同的交易类型上，是否存在差异性以及这种差异性是否值得区别对待。它不取决于商事与民事的先验划分，而取决于交易类型的经验区别。

李志刚：既然交易类型在经验上有区分，立法不是正应当作出回应吗？

叶　林：这个问题不能简单地等同于民事合同和商事合同的划分，实质问题是：商事合同是不是要遵守某些特殊的技术规范？这些特殊的技术规范会产生什么样特殊的法律后果？我在讨论保管合同和仓储合同时，就认为仓储合同是保管合同的特殊类型，它应当遵守保管合同的一般规定，但同时仓储业已经发展出了诸多复杂的、具体的规范，最典型的就是仓单。如果商业实践中产生了这种特殊需求，就有针对特殊需求制定特别规范的需求，从而在某个具体规则上，呈现出商事合同和民事合同的不同。如果撇开这些技术性的差异和技术性的规范，还是要适用民事合同的一般规定。类似的例子还有很多，比如大家争论的约定违约金过高或者过低的调整问题，也存在商事合同有无特别规范的问题。一般而言，法官在处理商事合同纠纷案件时，对于约定较高的违约金，是不太愿意予以调整的，这至少也是一种司法态度和政策。

李志刚：叶老师所言极是。是否可以这样认为：泛泛而谈民事合同和商事合同，并不一定能解决问题。但在具体的合同的交易规则（条款）设定上，应当有特别的区分适用？

叶　林：你的总结非常准确，我是这个意思。正是在这个意义上，商事合同只是决定了这些技术规范的适用范围，而不是为了建立一套全然不同于民事合同的法律规范。因此，在法律没有就商事合同作出特别规定的情况下，诚实信用等原则仍然是适用的。

李志刚：我非常认同您的这个观点。在具体合同的具体规范上，可以或者应当体现出这种区分，不是非要分成两部法。

陈　洁：非常同意叶老师的观点。

叶　林：如果仔细阅读《德国商法典》关于商行为的特别规定，就可以清楚地看到：商法关于合同的规定只是在民事合同规则基础上的补丁，而不是“重打锣鼓另开张”，绝不是单独塑造一种被叫作商事合同的合同。但在中国，由于在观念上不承认商事合同的存在，所以，在许多重要的技术性规范的发展上，存在落后的状况。这只是一般法和特别法的关系，不是并存的两部平行的法律的关系。比如，在沉默能不能成为承诺的方式的问题上，《民法总则》现在的规定是可以在法定、约定或有交易习惯时成为承诺方式。其实，这种情况只是发生在商业活动中。由于《民法总则》没有具体的规定，有关沉默的规范适用只能依靠法官的解释，限定其范围，而法官的解释又必须依赖于观念上的商事合同。

刘凯湘：非常同意叶林的观点，商事合同主要是通过具体的适用方面的例外规则得以体现，很难从法教义学上进行抽象。但是，仍然存在商事合同与民事合同进行区分的一般学理归纳，就如同我们可以坚定地说：保管合同是民事合同，而仓储合同是商事合同。

叶　林：我非常同意凯湘的意见，保管合同是民事合同，仓储合同是商事合同，但在合同编草案中，并没有用非常明确的语言加以界定，这在未来可能会导致法律适用的混乱。我们或许可把商事合同和民事合同的区分，分为观念上的区分、实在法意义上的区分，以及技术规范上的区分。如此，或许可能更清楚的说明这一范畴的存在。

姜　强：民事合同和商事合同的关系，正如法律关系的性质与权利义务的关系一样，是权利义务决定了法律关系的性质，而非法律关系的性质决定了权利义务。同样，民事关系和商事关系也取决于权利义务的内容，进而，可以说这是商事合同，原因在于这个合同的权利义务决定了其与同类型的民事合同存在不同。而这个权利义务恰恰与交易惯例、市场规则、交易结构等密切相关。换言之，商事合同的结论是解释的结果而非前提。在这个意义上，我同意叶林老师的意见，仓储合同是商事合同，保管合同是民事合同。但也是在这个意义上，说它是商事合同或者民事合同并不重要。我之所以反对民事合同和商事合同的划分，是认为这个划分遮蔽了问题的实质，好像一旦说这个是商事合同，就孑然而立似的，其特殊性自然证成，其规则适用就先验决定，我认为这是不对的。

李志刚：按照您的思路和论证，由结果入手，是否要调整？按照这个逻辑，是否可以得出这样的结论：《德国民法典》第 343 条与《德国商法典》第

348条有关违约金是否可以申请调整的规定是错的，因为他们先验区分了？

姜　强：不是从结果入手，而是看系争问题的实质。例如，强调商事外观，是不是就不讲合同文本外的其他能够探究当事人真意的材料，是不是通谋虚伪的规则就不用了？显然不是。在这个意义上，强调商法的外观主义就遮蔽了问题的实质。类似的情形还有，强制规范与合同效力，说效力性强制性规范影响合同效力，这一概念如果说有意义，最多说有形式意义，因为问题的实质还是，为什么一个强制性规范应当导致合同无效。

商事合同这个概念本身并不能解决问题，即使把这个概念确定下来，问题无非转化成哪些是商事合同，商事合同的认定标准是什么，确定为商事合同后，进而适用商事合同的规则。但从意思表示和法律适用的程序看，作业过程并无变化，徒增烦恼。

李志刚：德国法在违约金的问题上就这么规定了。照此的话，100多年来肯定增加了不少烦恼。我国的《消费者权益保护法》对消费者买卖和商事买卖也作了区分。先要认定消费者，再适用消费者权益保护法，那肯定也增加了不少年的烦恼了。

姜　强：关于违约金的问题，德国的民法典和商法典作出了区别规定，其根源还在于立法者对于不同主体、不同合同类型给出了不同的利益衡甚至价值判断，进而制定了不同的规则。但是，我国合同法在这个问题上一体对待，并未考虑合同类型等其他因素，从实践来看，确实存在诸多问题。对此，在解释论上如果难以完成改造任务，则在立法论上的处理无非是增加除外条款，或者将调整违约金规则的构成要件弹性化。但这也并非必须以承认商事合同为前提。在这个意义上，我仍然认为，在合同法的适用上，无时无刻均需关注交易主体、交易类型、交易结构、交易惯例、交易习惯等诸多因素。它们既是合同解释、意思表示解释的重要参考因素，也是解释合同法规则的重要手段。这些作业，同样无须以承认商事合同或者必须制定独立的商事立法为前提。

为什么要分

陈　醇：在讨论商事合同与民事合同的区分之前，先得确定什么是商事合同。商事合同是商行为的一种。商行为具有三大特征：营利性、经营性、身份性（一般为商主体特别是企业所为）。其中，经营性包括连续性、职业性与计划性。这是商学学者多年研讨的结果，应当珍视。以上述观点为基础，我对商行为有几点新的看法：（1）商行为一般是大规模行为。合同法是解决“单挑”纠纷，而证券法、保险法等则是解决“打群架”纠纷。连续性、职业性的行为，要实现营利目标，还需要是规模性的，这样才能实现规模经济。（2）商行为是程序性的行为。因为行为的职业性与反复性，且又是大规模性的行为，必然会形成固定的程式，以提高效率、保障安全等。

作为商行为的一种，商事合同也有上述各种特征，特别是群体性与程序性。根据上述特征，可以得出商事合同与民事合同存在以下区别：（1）商事合同不仅重视单个合同，而且重视契约群。证券法、期货法、保险法等所有商法制度，既调整单个合同，也调整合同群落。一般合同法不调整合同群体。（2）凡是商事融资合同，必定存在违约预防制度。拙作《金融法违约预防与违约处置制度》列出了大量的内容，于此不再重复。比如，金融借贷合同有发达的违约预防制度，而普通的民事借贷没有。（3）商事合同必定存在专业的缔约与履行程序，甚至存在特别的纠纷解决程序，而民事合同的程序约定通常极为简略。（4）商事合同的违约处置有多种方式与相应的制度，违约责任制度只是其一。商业银行法、保险法规定了多种违约处置方式，企业破产法是商法特有的一揽子违约处置方式。民事合同通常只有违约责任。（5）商事合同的缔约阶段，必定会以缔约竞争制度为主要制度，而不是传统合同法的要约与承诺制度。证券法、期货法等金融商法中的信息披露、禁止操纵市场、禁止内幕交易、集中公开竞价交易程序等均是缔约竞争制度，一般合同法不考虑竞争，以一对一、可等待性等无竞争环境为缔约磋商的假定。（6）商行为中的合同行为，往往是多环节行为的组成部分，最终行为的效力，往往依赖于此前的行为群体的效力，它存在连续效力判断的情况。例如，公司合并，涉及多个环节，多个决议与合同，其中一个出现瑕疵，合并行为就难以完成。一般合同法不考虑行为环节间的关系。（7）商事合同中包括多种服务合同，没有交付标的之类的问题。（8）商事合同以货币与有价证券（票据、证券等）为主要交易标的。商法是资本法，集中资本是商法的基本内容，这决定了货币及其替代物是主要的交易标的或目标。民事交易大多还局限于物品与劳务的交易，没有到达资本交易的阶段。（9）商事合同的主体必有一方是企业（特别是公司），这容易使组织性与契约性混淆于一体，从而产生更为复杂的问题。所谓股债“杂糅”合同即是如此。这种合同的效力要考虑组织性与契约性，从而区分于一般合同法。（10）商事合同的效力可能受制于所在的合同群体，规模在商法中有极其重要的意义。合同的群体性可能是违法（如非法集资）的原因，群体性可能影响合同效力。这与传统合同法不考虑群体性对效力的影响有区别。（11）建立决议效力与合同效力的链接制度是商法独有的任务。因为企业这一主体的同一性，商事合同与决议制度密切相关，有时，决议的效力会影响合同的效力。这不是民事合同的任务。（12）商法有大量的强制性规范，以强制性规范作为引致条款而判断合同的效力，是商事合同制度的一般情况，而民事合同无效情形没有这么复杂。

李志刚：就最常见的买卖合同而言，家里买一台家用空调，和商场进货100台空调，也可以有民事买卖和商事买卖的区分，这种区分，不是先验的理论偏好，而是本身的交易逻辑和不同强度的法律保护需求。

叶　林：对于志刚所说的合同，我更愿意用消费者合同的概念加以提炼，在消费者合同中，应当对经营者作不利的解释，换句话讲，在这种情况下，区分两种合同的目的，是确定消费者权益保护法的适用范围。

李志刚：还有民宅租赁和商户租赁，民事借贷（无息、亲友）和商事借贷（高息、投资）。商事特别法（公司、证券、票据、海商）从来都是独立的，没有民商混同的问题。但作为一部民商合一的合同法，区分二者，就有点考验立法者的智慧了。

叶　林：没错，随着法律越来越精细化，立法者真的应该多考虑一下具体合同中的细节差异。其实，承认商法的存在还有一些特殊的意义：如果商法是一个特别法，它就可以不拘泥于合同关系本身，还可以深入到作业程序。

肖建国：赞同叶林老师意见。我记得2018年北京市高级人民法院研究室组织的全市法官专题研讨中，谈到关于《合同法》第114条[①]违约金调减权的适用问题。刘凯湘老师在总结发言中，也特别强调区分民事合同与商事合同，这一观点得到了与会者的一致认同。

李志刚：赞同。关于违约金调整的问题，在执笔起草2013年全国法院商事审判会主报告时，开始表述的是“民事合同可以根据公平原则予以必要调整；商事合同以不调整为原则，以调整为例外”，最后讨论定稿的是“商事合同则要有所不同”。讨论修改表述的一个原因是：毕竟立法上没就此作出区分，故存有顾虑。在这些年的实践中，大部分商事法官已经形成了尊重约定、维护诚信，不愿去调整的商事审判理念。但一些传统民法理念浓厚，对违约方心存善念的法官，仍然存在着一种调整冲动。如果此次民法典起草能解决这一问题，真是善莫大焉。

张　巍：民事合同和商事合同分开，会不会导致民事合同实质就剩下消费合同？那样的话消费者权益保护法已经单独立法了。

李志刚：未必。从主体特质来看，似可简要作如下划分：消费者权益保护法规范的对象是民事主体和商事主体之间的合同，商事合同规范的是商事主体和商事主体之间的合同；在二者之外，还有不少纯粹的民事合同，如家庭亲友之间的生活借贷、“闲鱼”买卖，自然人之间的住宅租赁。

张　巍：民事主体与民事主体之间，和商事主体与商事主体之间，具体有什么区别呢？或者政策有什么不同？

李志刚：比如哥哥借妹妹5万元，和两个企业之间借5000万元，是否会有所不同？

张　巍：契约自由，有什么不同呢？

李志刚：民事主体与商事主体之间的合同，双方形式上平等，但实质上，

---

① 现为《民法典》第585条，与《合同法》第114条在文字表述上略有不同，使更加严谨，内容没有实质变化。

缔约地位和缔约能力可能不平等，故可能需要法律的强势介入作后盾，保护弱者。正如，多年前邱本教授在《法学研究》上著文提出的在实现了“由身份到契约”之后，还要实现“从契约到人权”的命题。而梁慧星教授则将此作为由近代民法到现代民法的一个重要特征。商事主体与商事主体之间的商事合同，双方都是职业的经营者，缔约能力、缔约地位基本对等，以契约自由为常态，故尽可能限缩公权力的介入与干预。对于双方都是民事主体之间的“纯”民事合同，由于两方都不专业，可能需要一些“父爱主义”的保护和特别关爱。

叶　林：合同自由当然重要，但它既然是一项重要的法律原则，从实务角度来看，恰恰应该尽量少用，在具体规范能够解决具体争议时，不要用合同自由或诚实信用解决争议。最好的情况是，在法律没有具体规范时，才转而求助原则性规定。在这个意义上，民事合同和商事合同都强调自由，但却要少用自由的原则。

民事借款与商事借款：一个例证

厉　莉：传统借款合同按主体区分，适用不同法律，这带来了很大的问题，如职业放贷人。期待民法典借款合同章节能够按行为性质区分民事借贷和商事信贷，适用不同规则。

李志刚：提到职业放贷人，我有一疑惑：如果就是用自有资金放贷，没有吸储，放贷的社会危害性在哪？这不是解决了融资难的问题吗？增加借款供给，本质上应该是有利于降低利率，有助于解决融资贵的问题啊？

张建康：非常同意。

厉　莉：民间信贷市场客观上确实对融资会起到一定的促进作用，这个市场不是不能发展，而是需要规范，不能没有任何约束的野蛮生长。不在监管视野之下的不受规制的职业放贷行为，会产生很多问题。职业放贷的目标和对象多是小微企业，现实中的“714 高炮”、校园贷等，都是一种职业放贷行为。高息贷款不受任何规制，就成了一种吸血经济和寄生经济，过高的利息根本无法解决小微企业的融资难、融资贵的问题，还会衍生很多社会问题。

李志刚：如果有又好又便宜的贷款，小微企业为什么还要高息向职业放贷人借款？

把他们消灭，小微企业融资难、融资贵的问题就解决了吗？至于校园贷的问题，当然需要规制，但通过合同无效规制显然是不够的，直接入刑，并且用重刑，岂不是更好？比如，允许职业放贷人放贷，但对放校园贷者，如果通过刑法规制，按照行为犯入罪，起步刑有期徒刑十年以上，情节严重的可判死刑，是否可以实现趋利避害地解决这两个问题？至于利率问题，如果觉得高了，可以把利率的上限划低，比如最高利率是 1%，是否可以解决？

叶　林：贷款问题特别复杂，不是单纯的经济理论或法学理论可以支撑的。在历史上，高利贷受到限制乃至排斥，带有寺院法的痕迹；在当代，宗教教义不那么重要，公平观在某种意义上发挥了更重要的体现。相对来说，24% 的利率无论如何都是太高了，这会怂恿更多资金远离实体经济。另外，贷款难是一个复杂的结构性问题，与银行的风险考虑、贷款额度等密切相关。解决贷款难，需要银行和民间借贷者共同努力，国家甚至应该仿效域外的做法，制定贷款人条例，对贷款人给予适当的共同约束。

邹　宇：校园贷的最大问题，不是单纯的高息，而是把贷款的财产关系和人身权、名誉权、隐私权等人身关系混杂在一起了。

厉　莉：对于职业放贷行为需要规制的是不受监管的经营性，因为不受监管的经营行为的影响很大。放贷完全可以注册，各个地区都可以注册小贷公司。同时，行政法规是禁止不经注册的、具有经营性的放贷行为的，因而由此缔结的合同，民法应该有所区别性评价。

朱晓喆：苏盼老师在《上海财经大学学报》2019 年第 6 期上发表了《司法对金融监管的介入及其权力边界——以金融贷款利率规范为例》一文，认为：司法与金融监管的权力边界需要合理划定。在利率市场化改革背景下，行政主管机关已全面放开金融贷款利率管制，但司法通过两种形式介入利率调整：抽象化的规则创制与具体化的个案干预。在抽象层面，最高人民法院发布司法文件从结果上统一了金融贷款利率上限，对利率规范权力配置格局构成冲击。在具象层面，地方法院通过个案裁判调整金融贷款利率，相比抽象介入更具合理性，但也存在裁判路径混乱、说理不充分的问题。司法介入金融监管的权力边界应限于规范框架下的个案调整，在理念上以不介入为原则、以介入为例外，在方法上将司法介入限于个案调整，优先适用具体规则，将抽象化原则具体化之后适用，并将公共政策转介为司法技术问题再行适用，以实现形式理性与实质理性的统一。她的主要观点是司法过度介入金融利率市场。

李志刚：对苏盼老师的观点不敢苟同。立法机关和行政机关在利率上限问题上的沉默，才产生高息借款利率是否支持的问题，司法对此无法回避，才被推到了前台。

厉　莉：赞同！并非司法愿意介入，而是个案裁判需要一个标准，而监管部门并未表态。

朱晓喆：请教：监管不表态，是否意味着其认可金融借款应该市场化，应该支持高利率？

李志刚：几年前，我曾参与过有关机构组织的起草“放贷人条例”的讨论。因条文稿未就利率上限问题作出规定，还专门建议有关部门在该稿中予以明确。但相关人员的建议是按照最高人民法院确定的标准定，而不是认为没有上限。2019 年最高人民法院、最高人民检察院、公安部、司法部《关于办理非法放贷刑事案件若干问题的意见》将超过 36% 的实际年利率的非法放贷行为，作为非法经营罪“情节严重”的情形，显然体现出对高利贷的严厉的管制态度。市场化和设定利率上限，二者并不冲突。比如香港特别行政区的利率是市场化的，但超过 48%，构成犯罪。可见，二者可以并存，而非决然冲突。

厉　莉：香港特别行政区的放贷人条例，对于具有经营性质的放贷行为，刑法、民法、行政法都有约束和限制。不是不能做，而是要在立法框架下做。

张　巍：要是市场利率超过 48% 呢？这种数字是怎么出来的？要解决高利贷问题，该做的是放开市场、充分竞争，要是利率真的下不来，说明风险真的很高。

李志刚：利率是资金的价格，决定利率的因素有两个，分别是资金供求与放贷风险。前者由宏观的市场因素决定，后者则必定是由单个特别具体的借款人自身的资信和资金流、还款能力等微观的个体因素决定。市场化的利率并不意味着不需要上限，上限是规范后者的，而不是限制前者的。

张　巍：如果上限低于市场，实际法律就不是在帮助借款人；如果上限高于市场，那要上限有什么用呢？

李志刚：按照马克思的经典描述，300% 的利润，等于激励犯罪。所以，正常的市场利率必然有一个正常的资金收益区间。但个体风险因素是没有上限的。设定上限，旨在防止过高的利润产生铤而走险的过度激励，引发各种社会问题，甚至形成对犯罪的激励。

张　巍：这个区间的形成应当靠市场。要是上限低于市场，等于法律否定市场；要是上限高于市场，等于没上限。实际上，很多高额借款也是从哥哥向妹妹借 5 万元开始的。

李志刚：举个例子：目前温州的民间借贷指数是市场化的，大致区间在 15% 到 20%。但是，从来也没有说不存在利率超过 24% 的借款合同。因为正常的生产经营可能难有 24% 的利润，但炒股和赌博可能有。超市场区间，不是因为反市场规律，而是因为还款风险匹配。高风险，高收益。

张　巍：这不就是市场规律吗？

李志刚：赌博和贩毒，是高风险高收益的体现，当然是市场规律，但被界定为违法犯罪了。

张　巍：那要禁止的是赌毒，不是利率。

借钱不违法，要禁的是借钱来干的坏事。我觉得有些情形很难分民事与商事：我向妹妹借钱来付学费、来炒股、来开公司，这个民商怎么分？

李志刚：是的，利率 24% 以内不违法，因为正常经营有可能实现。但能产生 240% 的利率，不违法就比较难了——这可能是上限的原因。哥哥向妹妹借钱来付学费，不可能是 24% 的高息，可能大多数是无息，甚至本都不好意思要了。但用来炒股、开公司，通常会约定一定的利息，无息的可能性不大。

叶　林：利率经常变动，这是市场引起的，谁都无法事先知道。因此，我反倒挺怀念按照银行贷款的倍数确定民间借款利率的做法。当然，在中国，还会出现这样的情况，即借款人从银行低成本借入资金，再以高利率放贷给使用人，这可以说是一种套利活动。

李志刚：存有套利之处，通常背后都有背离市场的压制因素。从法律角度说，套取银行资金高利转贷的问题《民间借贷司法解释》和刑法已经作了相应的制度安排。

邹　宇：过高的利率，借款人不可能通过正常生产经营还款，可能会诱发极端行为甚至犯罪。对于民间借贷，相关规制措施如果与市场期待相悖，基本都会被规避。而且我们在关注高息的同时，还应当注意一个关键因素，即用款期间。大量的借贷是为了解决临时周转，用款时间可能是一个月，或者一周。极端情况下，甚至类似于银行业的隔夜拆借。传统金融难以提供此类融资支持，因为交易成本太高。民间借贷是可以缓解此类用款需求的，比如哥哥的公司向妹妹的公司借款 100 万元，用 3 天，利息 3 万元。如果进行年化，那利息超过本金 3 倍，绝不可能认定有效。

李志刚：这是个好问题。之前考虑过“短期”或者“极短期”借款高息的合理性问题。但进入诉讼的，肯定已经不是短期了，所以感觉这个因素可以淡化。

学理与路径

薛　军：就其本质而言，民事合同与商事合同的区分，仍然是法律针对不同的社会场景与利益格局，设置不同的（缺省性）规则。强调注意区分民事合同与商事合同或者消费合同，其实就是提醒立法者、解释者、裁判者注意针对不同的社会场景设置区分性的规范，体现不同的裁判理念。从这个角度看，讨论民事合同与商事合同的区分还是有意义的，尤其是在中国的语境之下。因为 1999 年的《合同法》是以所谓的从三部合同法的三足鼎立走向统一合同法为亮点的。不少民法学者把这种立法形式上的统一理解为对各种生活关系适用统一的合同规则，不注意区分性调整或者设置更加精细的妥当的规则，这是有问题的。强调区分民与商，有助于纠偏，有助于鼓励大家更多地反思：这样设置规范对所有的合同场景都妥当吗？但是，如果把这种具体规范设置层次上的区分又上升到立法体例意义上来讨论，其实又走向了另外一个极端。因为商事合同的规则恰恰是与普适性的合同规则相伴而生的，脱离民法的一般性规则背景的衬托，商事性的特点要进行规范表达其实比较麻烦。因此，我个人认为多讨论具体规则场面的问题，比讨论体例问题更加有意义。以民法典分则中的合同编容纳不同类型的合同没有问题，前提是民商法学界充分的知识交流与合作。

李后龙：诚也！民商在具体规范上的区分，比在立法体例上的区分，应当说更有意义，也更具可操作性。尽管在大量的司法裁决中体现了民商区分的理念，但在具体规则上的提炼并不多。目前最大的问题是应当通过在哪些具体规范上来区分民商合同法律适用，这方面的研究还远远不足以影响立法者。

宁红丽：对民事交易和商事交易作出区分的确是有必要的，关键是如何体现在立法技术上。比如品牌旗舰店里买东西是消费者买卖，适用《消费者权益保护法》；但在二手物品平台上买一个二手手机，属于一个民事买卖，双方也不可能约定这么详细，这种情景中没有无理由退货制度的适用，这时买方的检验通知义务应该如何适用，是值得思考的。

李志刚：B2B，B2C，C2C，不同的场景预设，产生不同的规则需求。即使是在同样的买卖合同项下，也并非没有区分规范（商事、消法、民事）的必要和可能。而这正是合同法分则具体条款要精细解决的问题。

宁红丽：在二手平台纠纷中，容易出现买卖双方对“八成新”“九成新”的认识各执一词；对于超过一周以上的质量异议，卖方也会认为太长了。但是《合同法》要求买方及时检验，很明显也不能作为对这类二手物品买卖的检验期间。《合同法》作为一个法律产品，能为交易提供多少解决方案，以及何种解决方案，当事人应该对它有何种期待，都是值得思考的问题。根据《德国民法典》第 434 条、第 435 条和第 438 条的规定，动产在交付之后两年内可主张瑕疵救济；而且规定民事买卖的买方无检验义务。我国《合同法》也应该对买卖的瑕疵担保责任能否提供类型化的解决方案。

王长军："即使是在同样的买卖合同项下，也并非没有区分规范（商事、消法、民事）的必要和可能"——很赞同志刚老师的观点，这也是司法实务中的一个短板，亟待弥补。首先，在只有一个规则的情形下，必然容易导致一体适用，如《合同法》第 114 条的违约金调整问题，在实务中甚为混乱，已成为民商审判中一个极为突出的问题。其次，我国法官裁判要求严格按照法律，避免"同案不同判"，在规则单一的情况下，这也容易导致忽视民事与商事的个性，可能造成不公正的裁判结果。最后，我国法官的产生，目前一般是从学校到法院，由书记员、法官助理再到法官，可能会缺乏生活经验和审判经验。加之案多人少，在结案率的考核下，往往疲于加班结案，缺乏对知识充电的时间。故有待在合同法分则中通过具体条款精细解决。

郭宁华：一直赞成民商分立。个人浅见认为，民事合同和商事合同要作区分不太容易，常常交织在一起，区分成本高，希望先从部门法开始作适当切割，独立出典型的商法，如公司法、证券法等，这一点似共识基础好些。

吕来明：第一，不同概念的类型化区分是为了更为科学精准地解决不同的现实问题。商业活动与非商业活动事实上的区别，决定了其法律需求会有差异，区分类型的调整更为精确妥当。各种有名合同类型的概念的不断扩展，也是基于这一原因。所以商事合同的概念、商事与非商事的区分，是出于现实必要性的考虑。

第二，概念是规则的起点，也是思维的出发点。商事合同的概念并非不同类型合同规则差异的解释结果，恰恰相反，区分商事合同是制定规则或适用法律的思维起点或依据。每一种合同都有不同规则，说仓储合同是商事合同，并非因为其规则不同于保管合同而刻意把它称为商事合同，而是因为其符合我们心目中商事合同的特征或要素，应结合商业实践确立其相应的规则。

第三，在立法讨论层面：(1) 无论采取何种体例，对于仅在商业领域存在的合同类型，其规则的确立，自然会考虑商业实践，不存在纠结概念区分的问题。（2）对于商业活动和非商业活动都可能涉及的合同类型，比如买卖合同，域外既有区分商事买卖而制定若干特殊规则的，如《德国商法典》；也有在商法典中全面规定的，如《美国统一商法典》中的买卖篇；也有不区分的，如多数民商合一的国家和地区，那么，则需梳理区分每一条，是民事还是商事。由于商事合同是一个与民事合同相对的概念，那么，我国是否需要区分，从而规定商事买卖的补充性规定或特别规定？这是需要关注的问题。（3）除了各种合同的具体规则外，有无必要和可能在合同法一般规则的基础上，确立不同于合同法一般规则而又普遍适用于各类商事合同的共同性规范，哪怕是相对于为数不多的几条，类似于《德国商法典》中的商行为的一般规定？从目前的态势看，立法者并没有打算这样做。我倒觉得，民法典中不规定，留待后续通过专门的商法制度集中规定，也是比较好的选择，因为与其在民法典中拆分肢解规定商业实践所需求的特殊规则，补丁分散。不如留出空间，待后续理论研究和实践提炼成熟后，集中规定打补丁。

李志刚：非常赞同吕老师对区分二者的必要性的分析。但留待于立新法，可能有很长的时间周期和不确定性。对实务需求，可能解不了近渴。所以，此次民法典的制定就成了一个非常难得和宝贵的契机。特别值得珍视这次有可能将商事合同的具体规则、特殊规则写入其中合同编的总则及分则的机会——这可能也是商法界在此次民法典起草过程中最值得努力的部分，也是最有可能作出实质性贡献的部分。

邹　宇：以我们所接受的法律教义学训练，首先要明确概念、构成要件，再以此作为标尺分析具体个案。现在对于何为商事合同、何为民事合同，到底有无统一标准？从主体区分，还是从行为区分？有时还不可避免地会加入司法政策的考量。典型地，如情势变更是民法中的概念，但是2009年《最高人民法院关于当前形势下审理民商事合同纠纷案件若干问题的指导意见》开宗明义提出"慎重适用情势变更原则，合理调整双方利益关系"。从具体商业活动类型来看，有的融资租赁案件出租方提供的合同文本中载明在承租方违约的情况下，出租方可单方取回租赁物、单方评估作价、单方变卖或重新出租。如果按照《合同法》第40条[①]的规定，排除对方主要权利的条款无效。但是商业实践中，承租人违约而又愿意配合出租人做好后续工作的情况少之又少。此时是否可以按照民事证据规则，直接从程序上审查评估意见，从而决定是否采信？

李志刚：邹法官提的两个点，可能正好对应司法者对立法者的两个期待：（1）此次立法中是否可能解决概念的问题；（2）具体规则中能否体现特殊性问题。对于融资租赁合同中的格式条款公平性的问题，还涉及商事合同中是否存在格式条款的适用空间问题。有关民事合同与商事合同的区分，我之前做过一些思考和讨论，题目是《民、商案件之区分：反思与重构》，发表在《商事审判参考》2013年第3辑上。核心观点是，主体论和案由论都不足以反映民事与商事的差异，建议采取本质论，即是否是以"资本的增殖"为目的的区分标准。换言之，民事与商事的区分，不应基于其主体是自然人还是法人，也不是基于其是合同法分则规定的哪一章的合同，而是基于其交易的目的是将标的物用于自身使用，还是为了进行后续的转售交易。

李后龙：能在合同法分则中解决几条就非常不易了，但仍然无法回避商事合同概念问题，就像当年的《物权法》将商事留置权界定为企业之间，但在具体适用时发现是不周延的。

邹　宇：现在对民商区分的讨论，感觉像讨论效力性和管理性规范的区分，难以形成共识标准。建议还是先要行动起来。

李志刚：两个问题：（1）是否有必要分？（2）如果有必要分，怎么分？至于分得是否完美，那是另一回事。不完美的条文，是普遍的、常态的。只要有必要分，就值得努力。至于区分的标准，肯定不完美。但能达到"相对合理主义"的标准，就已经值得高度肯定了。对于模糊地带的区分，不妨留给一线法官。

① 现为《民法典》第497条。《合同法》第40条规定："格式条款具有本法第五十二条和第五十三条规定情形的，或者提供格式条款一方免除其责任、加重对方责任、排除对方主要权利的，该条款无效"《民法典》第497条规定："有下列情形之一的，该格式条款无效：（一）具有本法第一编第六章第三节和本法第五百零六条规定的无效情形；（二）提供格式条款一方不合理地免除或者减轻其责任、加重对方责任、限制对方主要权利；（三）提供格式条款一方排除对方主要权利。"

郭宁华：心动不如行动，商法学界、商法实务界多年来形成了相当程度的共识，也发出了诸多的热切期待和呼吁。广阔天地，大有作为。

张　谷：同意叶林、海龙的意见。德国商法上关于商行为分别对物权和债权方面作了特别的规定，但主要还是停留在“商业法”阶段，尚未进入“商事法”的新阶段。在整个社会的交易和服务愈益商化，甚至在“公司帝国主义”的背景下，应该更多关注不同行业企业的业务契约，关注行业本身的契约自治。从这个角度，《德国商法典》关于独立和非独立的商事辅助人的规定，反而具有更为长久的生命力，而这可能是在讨论中略为忽视的地方。

李志刚：我注意到，您在《中国应用法学》2017 年第 4 期发表的《从民商关系角度谈〈民法总则〉的理解与适用》一文中，对有关民法总则在民事案件与商事案件适用上的差异性，也有专门分析。比如说《民法总则》第 10 条将习惯列为法源，但应当根据纠纷性质是民事还是商事的不同，对习惯作出灵活的、不同的解释。对商事纠纷在法律适用方面的特殊性，予以充分关注。

叶　林：商法的发展，在历史上主要来自习惯，立法者在法典化时期，将习惯转变为制定法；自从我们进入法典化时代后，关于商法来自习惯的说法就慢慢减少了影响力，制定法或立法者就成为商法规范形成的主导者。在中国，这个趋势更为明显，当然，我反倒觉得，学者应该多和商界的人沟通，“发现”商业活动中好的交易习惯，或许，这是向中国商法注入活力的重要步骤。

纪海龙：商事关系和民事关系不同，这显而易见，估计没人会否认。但对于法律世界如何处理这种不同，则会有分歧。如果从立法、司法和交易实践三个角度观察，我认为，在立法层面，对于商事合同的规定，立法应尽量克制，尽量只是将已经成熟的实践规则总结、整理和体系化为制定法，并且应尽量给出司法以弹性解释空间。从而，对于目前的民法典编纂工作，并非合同法分则规定越多的商事合同类型就越好。但如果立法介入应尽量克制，那么马上提出的问题就会是，面对商事纠纷，不存在相应的（任意性）规范，或者法律中的任意性规范并不太合适时，如何处理这些法律“漏洞”。在司法层面，对于商事法律漏洞的填补，存在多个选项可供司法者选择，如任意性规范、补充性解释、商法基本原则；甚至在法学方法论领域，在填补合同漏洞时也会存在究竟是任意性规范还是补充性解释优先的问题。我认为，针对商事合同，应以探求当事人潜在真意的补充性解释为优先，次之为商事特别规范，再次之为统一适用于民商事的规范，补之以商法基本原则等方法论上的操作来矫正不适宜于特定交易的任意性规范。当然这种操作对于司法者的负担会很重。概言之，便是对于商事实践和商人智慧，应该尽量尊重，尽量不干涉他们的真实交易意思，司法者在以管制为理由干涉商事实践时，应负担清晰论证的义务，一环环具体论证某个交易如何干扰了金融秩序，即便存在干扰，那么刑事或行政手段是否足够而不应干涉私法层面的交易效力。尊重商人实践和商人智慧，也意味着不能笼而统之的以民事合同和商事合同的区分为由，径直突破一般规范。其实，即便同是商事租赁合同，厂房租赁和商铺租赁之间的区别也非常大；同是商事买卖，买卖企业和买卖汽车配件之间的区别也非常大。它们之间的区别，绝对不亚于民事和商事之间的区别。而这些特殊性，大多是需要商人和商事律师去基于合同规范去调整的。从这个角度出发，也就意味着更应尊重和重视不同企业和行业的契约自治和契约实践。由此回应立法层面的观察，也会发现，其实通过立法实现对于商事合同的调整，往往是不能承受之重。

李志刚：感谢诸位分享的慧见！看来有共识，但分歧尚存。共识是存在民事合同与商事合同的区别；分歧是能否通过立法实现、如何实现，以及未来对司法实务的影响。无论如何，民法典的起草，特别是合同法分则的起草，为我们思考和解决这些问题提供了非常宝贵的契机。期待这些问题和争论，能在民法典合同法的分则起草过程中，能得以最大限度、以最优的方案得以解决。

【代表性学术观点】

王文宇认为，适当区辨民事合同与商事合同，乃认识商法的核心。（1）合同法制是在规范当事人交易中之合意，其任务是决定法律（含政府立法与法院判决）介入“商业交易”的程度。（2）商法之所以与民法相依相存，归根结底，即系商事行为极大部分都依靠合同完成，而合同关系亦为民法规范之基础组成。当前合同法发展上，一方面，法律对于契约自由的限制越来越多；另一方面，20世纪后社会分工日益复杂，产生各种契约相互交织的现象，商事与民事合同在当今市场经济体系下的二元发展，是应受严正讨论之议题。（3）商事合同与民事合同之区辨，前者即为B2B（business-to-business）合同，后者即为B2C（business-to-customer）合同，两者判准落在契约当事人“议约缔约能力”（如法律专业与信息对称程度）的有无，而不仅仅是“从事商业活动”。应了解商事合同多为无名合同，甚至具有不完整契约（或关系契约）的特性，未必适合套用民法任意规定，反须更重视在尊重当事人自治意思前提下，所受凸显之合同解释以及商业习惯的重要地位。（4）民商合一体系下，法条中并不特意区分商事合同与民事合同，只有一套共通适用于二者立法论与解释论之合同法制。而在合同法规范设计上，核心即是强制规定与任意规定的设计，其中强制规定的部分，包括公序良俗与公共秩序的规定、合同法的执行与解释规定（请求违约损害赔偿、探求当事人真意等）、保护合同弱势当事人的规定。前两者民事及商事合同皆有适用，但第三者主要适用于民事合同。（5）民事合同仰赖诸多的强制规定，包括保护性的强制规定，受到管制多；商事合同则较不仰赖保护性的强制规定，多以任意规定为主，受到管制较少。法条上未加以区分，解决之道在秉持区分民事合同与商事合同之概念，扩张认定民事合同法律的介入空间，并厘清强制规定与任意规定解释上的界线。在民事合同中宜倾向将任意规定解释为强制规定以保障弱势当事人，在商事合同则避免对当事人自治意思的限制。（6）若商事合同发生争执，法院在解释商事合同内涵时，须通过精深的合同解释与漏洞填补运用方式，回归商事合同目的与商业考虑，必要时亦可参酌商事习惯与法理，以实践商事合同。（7）有名合同的分类并非绝对，如租赁合同，既有可能是民事合同，亦可能为商事合同态样，应视合同当事人及合同解释的结果而定。法院于判断上应重视当事人的个案需求，重视缔约目的与合同本旨，不宜机械性套用任意规定。（8）商事合同中所谓当事人真意的探求，相当程度仰赖合同解释的能力。合同解释方法上，应考虑缔约目的、缔约背景事实、习惯乃至当事人诚信的衡量，基于尊重合同法以私法自治为核心的原则，发生抵触时自应以当事人真意的推敲为依归，而避免不当套用任意规定。尤应强调，类推适用并非合于精准逻辑的法学方法，故宜审慎使用。[①]

朱广新认为：（1）商事合同与民事合同的区分，是近现代合同法上区别对待合同类型或规则的基础观念之一。在民商分立的立法体制下，该观念贯彻在民法典与商法典的分立格局中；在民商合一的立法体制下，该观念主要由立法、司法中对民法典上合同规则的区分规范或适用显现出来。（2）商事合同是一个相对性或比较性概念，其相对或比较的对象，一开始主要是民法典上的典型合同，现在进一步发展为民法或消费者权益保护法上的消费者合同。消费者合同概念的提出与普遍使用很大程度上强化了商事合同概念的使用。（3）虽然民法是私法的基本法，但民法典上的典型合同在适用上不能仅从特别法与基本法的关系角度加以理解，还需要从典型合同的适用领域进行分析。（4）即使立足于民法典与商法典作纯粹的形式性区分，商事合同与民事合同之间在绝大多数情况下不存在泾渭分明的界限。因此，所谓商事合同与民事合同的区分，在民商分立体制下，主要指商法典上的商行为与民法典上的典型合同的区分；在民商合一体制下，应该是对纯粹适用于经营者之间的合同与根本不区分适用对象的典型合同之间所作出的区分。（5）在民商合一体制下，区分商事合同与民事合同的真正意蕴是，就某些合同而言，当其适用于商人之间时，法律有必要相对于纯粹适用于非商人之间或者商人与非商人之间的情况作出一些特别安排。（6）作为私法之基本法的民法典，其合同法分则的再法典化首先需要考虑的问题是，如何填补在非经营性民事活动上的典型合同立法缺漏，即对于一些经常发生的非经营性交易（如借用）、非经营者之间的交易（如民间借贷）或者不是主要表现为经营性的交易（雇佣），是否还应该像以前那样特别强调经济实用主义思想，完全不作明确规

① 王文宇：《从商法特色论民法典编纂——兼论台湾地区民商合一法制》，载《清华法学》2015 年第 6 期。

定。(7)《合同法》上的典型合同偏重商事交易之说，只是一种整体性观念或看法，对于一些既适用于商事交易又适用于非商事交易的合同，其也存在抹杀商事交易的特殊性的立法缺陷（商化不够）。双方商事买卖合同特别规则的欠缺，表现得尤为明显。①

【民法典最新相关规定释评】

2020年5月28日通过的《民法典》最终未就“商事合同”作出专门规定。全国人民代表大会常务委员会副委员长王晨2020年5月22日在第十三届全国人民代表大会第三次会议上所作的《关于〈中华人民共和国民法典（草案）〉的说明》中指出：“我国民事法律制度建设一直秉持‘民商合一’的传统，把许多商事法律规范纳入民法之中。编纂民法典，进一步完善我国民商事领域基本法律制度和行为规则，为各类民商事活动提供基本遵循，有利于充分调动民事主体的积极性和创造性、维护交易安全、维护市场秩序，有利于营造各种所有制主体依法平等使用资源要素、公开公平公正参与竞争、同等受到法律保护的市场环境，推动经济高质量发展。”立法机关的这一陈述，体现了承认存在商事法律规范，但坚持“民商合一”的指导思想，实施了把“商事法律规范纳入民法”之中的立法路径。《民法典》虽未专门写出“商事合同”这几个字，但融资租赁合同、保理合同等，属于典型的商事合同，则是毋庸置疑的。唯一令人遗憾的是，在民法典合同编的通则部分，未能在规范中就民事合同与商事合同的差异性作出区分，“民商不分”“民商混同”的立法模式下，民事合同与商事合同各自的特性能否得到必要的尊重，只能留待司法机关的认识和执行了。

（讨论整理及后续评论：李志刚）

① 朱广新：《论合同法分则的再法典化》，载《华东政法大学学报》2019年第2期。

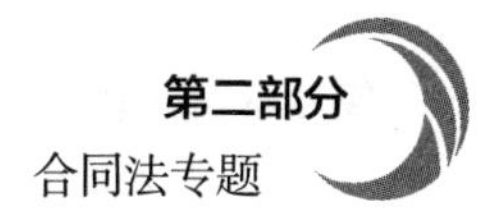

政府定价、房屋限购与合同效力

【发言群友】

李志刚、王蕴、叶林、刘建功、李后龙、汪青松、王长军、郭宁华、王文胜、刘生亮、戴景月、李宇、王赫、宁红丽

【讨论时间】

2018 年 9 月、2019 年 6 月

【沙龙实录】

超过合同指导价的价格条款效力

李志刚：四川省高级人民法院指导性案例《价款超过政府指导价的部分属于自然债务——红云公司诉宝泰公司合同纠纷案》[（2013）川民终字第 678 号] 判决认为：合同约定未违反法律、行政法规强制性规定的，不影响合同效力，但合同价款超过政府指导价的部分属于自然债务。如合同尚未实际履行完毕而债权人请求履行的，对于超过政府指导价的部分，人民法院不予支持。[1] 请问您怎么看？

王　蕴：指导什么意思，不可上下浮动？

① 参见《合同价款超过政府指导价的部分属于自然债务》，载微信公众号“审判研究”2018 年 9 月 22 日。

李志刚：判决援引了《价格法》第3条第4款：“政府指导价，是指依照本法规定，由政府价格主管部门或者其他有关部门，按照定价权限和范围规定基准价及其浮动幅度，指导经营者制定的价格”和第12条“经营者进行价格活动，应当遵守法律、法规，执行依法制定的政府指导价、政府定价和法定的价格干预措施、紧急措施”的规定，认为：经营者在价格活动中，应当执行政府指导价、政府定价。经营者在提供收费服务时，应当遵守法律、法规，特别是有关价格的法律、法规和政策的规定。

王　蕴：干涉合同“自由”。如果合同约定了超过指导价是自然债务，那也是自由的一部分吧？

叶　林：价格法规定的主管部门，其实是发展和改革委员会，不是银保监会，更不是人民银行，发展和改革委员会的执法范围扩张到银行和保险市场了吗？

李志刚：这个案件涉及的是工程竣工结算收费。

叶　林：利息固然是资金的价格，这是理论上的说法，但毕竟以“资金”为本，货币或资金是购买商品和服务的工具，这个商品即使包括无形商品或资产，但也绝不是资金或者货币。如果是建设工程，情况有些特殊，但主要要考虑发包时的定价方式，在工程款结算上引入价格法，是否适用法律不当？

李志刚：判决认为，《中介服务收费管理办法》第18条规定：“中介机构要严格执行国家有关收费管理的法规和政策，不得违反规定设立收费项目、扩大收费范围、提高收费标准。”[①] 在本案中，《建设工程造价咨询协议》第24条的约定反映了双方当事人在签订合同时的真实意思，即同意在川价发〔2008〕141号通知规定标准的基础上，提高收费比例。案涉当事人之间约定的超过川价发〔2008〕141号通知规定的收费部分，虽然未违反法律、行政法规的效力性强制性规定，但违反了《价格法》等具体的有关价格的法律、行政法规的管理性强制性规定，人民法院虽不宜直接以当事人的该约定违反

① 该办法已于2016年6月13日被《中华人民共和国国家发展和改革委员会公告2016年第13号——国家发展改革委宣布失效的文件目录》废止。

法律、行政法规的管理性强制性规定为由宣告无效，但因该约定违反法律、行政法规的管理性强制性规定，不当然地受到法律的保护和赋予司法强制执行力。换言之，人民法院不宜通过判决的方式支持当事人违反法律、行政法规管理性强制性规定的诉求，该诉求也不宜通过人民法院赋予司法强制执行效力的方式得以实现。同时，案涉收费约定也与《合同法》第 7 条“当事人订立、履行合同，应当遵守法律、行政法规，尊重社会公德，不得扰乱社会经济秩序，损害社会公共利益”规定的精神相悖。因此，本案争议的审核竣工结算的收费标准问题，应当按照川价发〔2008〕141 号通知规定的标准收费，宝泰公司上诉主张按照川价发〔2008〕141 号通知规定的标准收取案涉审核竣工结算审核费的理由成立，予以支持。

可能涉及 3 个问题：（1）超过指导价，约定是否有效？（2）如果有效，是否有法律约束力，并得到判决支持？（3）如果不能支持，成为自然债务的法理与法律依据是什么？

刘建功：这个案件的法官有没有先问问省政府之所以将这个咨询服务的价格确定为政府指导价的上位法依据、初衷、针对的问题是什么？

李后龙：此种情形认定为自然债务的法理是否为该超过指导价部分属于法律上不可履行？假定物价局查处了，法院又认定当事人按约支付，确有冲突；反之，法院不支持并可移送物价局查处。

李志刚：判处按约支付，物价局作出处罚，是否可以并行？

汪青松：红云公司应当知道限价规定，故是否可按欺诈可撤销情形处理，未在法定期限行使，撤销权消灭。

李志刚：单从判决来看，其似未以欺诈为由主张撤销；而且对合同约定的价格，本身是双方的真实意思表示，有明确的认识。是否知道法律的规定，不属于“欺诈”的情形。

汪青松：红云作为业内企业，应该知道对本行业的限价规定，而客户不一定知道，故红云在缔约时应主动遵守限价规定。其超过限价缔约似有欺诈故意。至于对方没提撤销就是另外一个问题了。我个人觉得这个思路导致的撤销权消灭或可以解释您提出的按约定价格履行的可行性。

李后龙：自然债务的判定未认定约定无效，只是不具强制执行力，这样行政司法各自履职方向一致，倒也避免了以前司法行政不同向的问题，故作为指导性案例有其价值。

刘建功：这个案例还有探讨余地。一般来说，政府为某种商品或者服务提出指导价，一定是基于一定的国家利益或者社会公共利益。对工程造价以及与工程造价相关的咨询服务价格提出指导价，估计应该是针对政府或者国有企业投资的基建项目，为了避免成本过高而采取的限制措施。那么，纯粹的民营企业之间就此所作超出指导价的约定，应当不在干预范围，否则就不是指导价而是限定价了。本案情况究竟如何，还得仔细思量。毕竟，案件结果是公然保护了一个在白纸上签下黑字的人反悔。感觉案件还有事实需要仔细询问。

李志刚：这个判决可能是想走一条中间道路。循此思路，是否违反规章的，也都可以作为自然债务来认定呢？认定为自然债务，法律依据又是什么呢？

房屋限购政策与规避行为

王长军：房屋限购政策下，商品房买卖产生了不少新问题，如甲与开发商按照政府的核定价格签订了商品房预售合同，并口头同意开发商的要求额外再给付 40 万元加价款，网签当日甲也将 40 万元转给了开发商。一年后，甲以多收取的 40 万元无依据为由要求开发商返还。是否支持？

郭宁华：好问题。同问类似问题：政府对房屋实行限价销售政策后，开发商与小业主签了捆绑装修合同 40 万元，小业主以装修价显失公平为由要求撤销装修合同，是否支持？

王长军：开发商为了规避限价，采取出售精装房的方式，通过装修获取更大的利润，社会都心知肚明，但买受人买到后（都赚了钱），往往以装修质次价高等理由，纷纷起诉要求退还多收取的装修款或解除装修合同等，形成集团诉讼，法院苦不堪言。就你说的情形，还需具体分析案件事实，通常而言，只要开发商不太过分（如 40 万元的装修实际只用了不到 10 万元），不能解除装修合同，因为装修与房屋不可分割。

李志刚：是不是通谋虚伪的问题？合同约定的房价是虚假的意思表示，40 万元加价后的价格是隐藏的意思，真实的意思。至于隐藏的真实的意思（价格），依照有关“法律规定”处理，这就又绕到政府管制和合同自治的老问题了。

司法与管制政策扩张

李志刚：仅仅从规范效力层面，至少限价规定，应该不是“法律”规定。而限价的正当性，可能也未经过真正的“民意”（根本上的规范效力来源）检验。限价，本质上是对被扭曲的市场价格的一种回归，这和刻意破坏“法治”秩序的通谋，可能还是有异。如果是我处理的话，可能还是合同归合同，管制归管制。加价 40 万元是隐藏意思、真实意思，并不具备无效情形。如果开发商违规，政府对其可尽管制规范进行行政处罚，未必是必须由法院通过合同来进行价格管制的社会治理。即使一定要主动作为，通过司法建议也可实现。无须给无所不在、日益扩张的强力管制加码。尽可能地给好不容易累计的一点点契约精神、意思自治，保留一点点有限的私法空间。

王长军：志刚兄言之在理。我也有此意，只担心这样判决效果不好：一是政府限价成空；二是开发商照此效仿，社会有非议。

李志刚：判支持真实意思，给政府发函，建议依规处罚。

王文胜：赞同志刚的看法。突破政府价格管制的行为，尽可能运用行政手段去遏制，不要用民事司法手段。

李志刚：关于商品房的若干行政管制，本质是货币超发的果，而不是市场交易者的恶。商品房中的若干看似违规交易，本质上是最无奈的保值避险措施。政府管制的环节未真正实现“法治”，司法若是扩张解释“法”，以之为据，逼真为假，“契约之治”，岂不悲哉。遑论每一个此种情形的背后，都是假“法”之名，破坏诚信（市场的真实价格）的真正恶者。

刘生亮：是否构成通谋也可以再探讨。此案型和买卖避税型、建工黑白型等如何辨识也不无争议。就长军兄所提案型，我倒倾向是价格确定问题，而非名实不符或虚伪与隐藏关系问题，也可避免司法背锅之嫌。

戴景月：最近参加了一次研究生答辩会，在对于新形态的法律规制方面，几乎每个学生都建议加强监管力度，处罚力度，政府积极干预。我很吃惊，我们的法科生，尤其是民商法的学生，怎么不会从市民社会、从合同设计寻找路径？动辄求助强化管制呢？

李　宇：这种现象反映出相当程度的思维惰性，在论文中主张加强管制可以免去很多论证，相比于对现行实体法作解释学分析难度小多了。

王　赫：从经济效果上来看，价格管制导致租值消散。管制越强烈，绕过管制的积极性就越高（利润空间大）；管制围堵力度加大，迂回对策导致的耗费也越多（捆绑销售还是价格竞争，靠排队领号对社会成本消耗更大），所以自然应该尊重意思自治。而且，成本和价格从来就不该挂钩，装修成本是多少钱，跟卖多少钱有什么关系呢？只要装修效果达到合同约定的标准就行了。

戴景月：购得“精装房”，立刻打掉地板墙面重新装修的，比比皆是。我见过最“土豪”的，是把独栋别墅拆了重建。后者只是买块地和建房手续而已，但是他认为值：一是免去各类手续跑办（几乎没可能）；二是仍然利用了小区的基础设施。买房人购买的是“自由”和个性，我们有多大必要去给计算水泥价格和工人工资呢？

王文胜：这牵扯到这几年个别地方政府力推的全精装政策，要求新房全面装修，我个人是很反对这个政策的。

李　宇：这种政策就像不具备法源正当性的各类限购措施，在公法上的效力尚且存疑，更不要说私法了。

戴景月：故对动辄以公序良俗的通道将政策导入合同自治的思路，在民商法领域，似更要保持一种高度的警惕。

李　宇：这种思路和做法尤其危险，而且有时候显得荒谬可笑。因为政策会经常因市场变化而变化，司法如果随之摇摆不定，危及司法的权威性和法的安定性，也背离了国家机关权力分工的机制。

宁红丽：我在检索北京市关于车牌转让合同效力的案例时，也发现了不同的判决。

【总结及倾向性意见】

关于购房者与房地产公司达成“阴阳合同”，规避房屋买卖价格的限制；事后购房者反悔，希望借助合同无效的事由达成额外购房款的返还，应当如何处理的问题，从法政策的角度来说，与论者的价值倾向较为一致，即不应支持购房者的请求；同时，法规范层面的修辞也均指向私法自治与公共管制的互动，即关于商品房限购的管制，不能介入当事人之间契约的效力。

不过，2019 年《民商审判会议纪要》第 31 条第 1 句强调：“违反规章一般情况下不影响合同效力，但该规章的内容涉及金融安全、市场秩序、国家宏观政策等公序良俗的，应当认定合同无效。”问题在于，房地产限购政策是否属于可与“金融安全、市场秩序、国家宏观政策”之列举并列的“公序良俗”？ 2016 年中央经济工作会议提出“房子是用来住的、不是用来炒的”定位之后，[①] 历年中央经济工作会议均延续这一政策。2017 年中央经济工作会议不仅将房地产政策与金融稳定紧密挂钩，[②] 而且进一步强调调控政策的“连续性和稳定性”，允许地方实行“差别化调控”；[③]2018 年中央经济工作会议再次

① “第四，促进房地产市场平稳健康发展。要坚持‘房子是用来住的、不是用来炒的’的定位，综合运用金融、土地、财税、投资、立法等手段，加快研究建立符合国情、适应市场规律的基础性制度和长效机制，既抑制房地产泡沫，又防止出现大起大落。要在宏观上管住货币，微观信贷政策要支持合理自住购房，严格限制信贷流向投资投机性购房。”参见《中央经济工作会议在北京举行 习近平李克强作重要讲话 张德江俞正声刘云山王岐山张高丽出席会议》，载《人民日报》2016 年 12 月 17 日，第 1 版。

② “打好防范化解重大风险攻坚战，重点是防控金融风险，要服务于供给侧结构性改革这条主线，促进形成金融和实体经济、金融和房地产、金融体系内部的良性循环……”参见《中央经济工作会议在北京举行 习近平李克强作重要讲话 张高丽栗战书汪洋王沪宁赵乐际韩正出席会议》，载《人民日报》2017 年 12 月 21 日，第 1 版。

③ “……保持房地产市场调控政策连续性和稳定性，分清中央和地方事权，实行差别化调控。”参见《中央经济工作会议在北京举行 习近平李克强作重要讲话 张高丽栗战书汪洋王沪宁赵乐际韩正出席会议》，载《人民日报》2017 年 12 月 21 日，第 1 版。

重申之前的政策立场；[①]2019年中央经济工作会议则更是明令要求坚持"稳房价"的调控政策。[②]由此观之，至少在经济政策层面，商品房交易本身是不被鼓励的，而房地产限购的调控政策，即便本身不能纳入"市场秩序"的公序良俗类型，也因2017年中央经济工作会议的政策表达，使其至少与"金融安全"紧密关联；更何况，数年来中央政策均提及该问题且授权（或者起码允许）地方因地施策，以"国家宏观政策"类型包摄地方限购政策，从而将之归于"公序良俗"也未为不可。

正如群友提及，北京市司法实务曾以公序良俗为由否定车牌转让合同的效力，裁判实务也在类似领域持不同的立场。在北京市第三中级人民法院（2019）京03民终5184号民事判决中，裁判者认定涉案合同"其中涉及车牌转让的有关内容，扰乱了对小客车配置指标调控管理的公共秩序，损害了社会公共利益"，故而无效。

不过，若将视角限制在商品房限购领域，裁判倾向却与群内讨论相同。虽然既有判例多关于"限购令"而非"限价令"，但是由于政策所涉领域一致，故仍有引述价值。例如，北京市第二中级人民法院明确指出："限购政策不属于法律和行政法规范畴，故当事人不能以限购不符合购房资格作为合同无效的理由。"[③]

无独有偶，浙江省宁波市中级人民法院有判决认为，违反商品房"限购令"的行为并未损害社会公共利益。[④]但是，前一案例仅仅讨论了限购政策

---

① "要构建房地产市场健康发展长效机制，坚持房子是用来住的、不是用来炒的定位，因城施策、分类指导……"参见《中央经济工作会议在北京举行 习近平李克强作重要讲话 栗战书汪洋王沪宁赵乐际韩正出席会议》，载《人民日报》2018年12月22日，第1版。

② "要坚持房子是用来住的、不是用来炒的定位，全面落实因城施策，稳地价、稳房价、稳预期的长效管理调控机制，促进房地产市场平稳健康发展。"参见《中央经济工作会议在北京举行 习近平李克强作重要讲话 栗战书汪洋王沪宁赵乐际韩正出席会议》，载《人民日报》2019年12月13日，第1版。

③ 参见北京市第二中级人民法院，（2012）二中民终字第16191号民事判决书。因为该案例登载于《人民司法·案例》2014年第4期，故编者认为可以在一定程度上代表裁判倾向。

④ 参见浙江省宁波市中级人民法院，（2014）浙甬民二终字第559号民事判决书。最高人民法院中国应用法学研究所编：《人民法院案例选》2015年第3辑，人民法院出版社2006年版。该案例在裁判要旨中载明："'限购令'并非法律、行政法规的强制性规定，违反商品房'限购令'的行为不宜认为损害了社会公共利益，故违反'限购令'的商品房销售合同仍然有效。"

“不属于法律和行政法规的范畴”，并未论及是否该当于《合同法》第52条第4项而导致无效的可能；后一案例在文书部分亦同，但是刊载于案例选时，于“法院评论”部分尝试从三方面论证限购令不属于社会公共利益：第一，以房屋限购的手段遏制房价过快上涨缺乏法律依据，系“缺乏法律明文授权的行为”，暗示“限购令”并不合法；第二，对“社会公共利益”的认定应当从严把握，否则任何违反地方性法规、规章和行政规范性文件的行为都将通过《合同法》第52条第4项被认定无效，那么第5项“强制性”的限制将成为具文，与《合同法》促成合同有效的目的相悖；第三，社会公共利益应当普适于全国各地，而各地“限购令”的具体标准殊异，故至多代表地方利益。[①]

不过，“法院评论”的论证思路可能并非严密，因为其需要反驳的推理链条是地方房地产调控手段（“限购令”）→公共政策→社会公共利益。只有能够阻止从“限购令”中理解相关公共政策，或者阻断特定公共政策与社会公共利益之间的论证，才堪称有效；如若论证未能击中上述要害，则相当于仍未就地方房地产政策与社会公共利益之间的关系作出妥当的论述。

其一，讨论“限购令”是否合法，是错置了论证导向，因为政策手段的合法性问题是讨论《合同法》第52条第5项的聚焦点（是否该当于第5项的“法律、行政法规”要件）；但是评价“限购令”背后的公共政策是否涉及公共利益，与“限购令”本身是否合法并无太大关系：即便为了实现目的之手段不妥，公共政策的目的仍可能系出于维护公共利益，那么法律行为若有违背该公共利益目的之虞，则依《合同法》第52条第4项之规定被认定无效，并无障碍。更何况，以“限购令”为代表的地方房地产调控手段并不见得“不合法”。《国务院关于坚决遏制部分城市房价过快上涨的通知》(国发〔2010〕10号）和《国务院办公厅关于进一步做好房地产市场调控工作有关问题的通知》(国办发〔2011〕1号）系国务院的行政命令，地方政府根据上级行政命令的授权制定地方房地产调控手段，并无不合法的事由；其中“暂停”的表述字眼，更是国发〔2010〕10号“采取临时性措施”和国办发

① 参见最高人民法院中国应用法学研究所编：《人民法院案例选》2015年第3辑，人民法院出版社2016年版，第88~96页。

〔2011〕1号“暂停在本行政区域内向其售房”表达的同义转述；所谓“政府方面其实也意识到房屋限购政策存在缺乏法律依据的问题”的推论，可能略显附会。

其二，从严认定社会公共利益，并不意味着要将证明认定社会公共利益的举证责任加诸被告。因为合同因违反《合同法》第52条之无效乃当然无效，该当于其构成要件时，法院应不待当事人主张而直接依职权判定。① 而且当所涉行政规章、命令涉及国家宏观政策时，因有效的国家宏观政策从价值秩序上必然与社会公共利益一致，故此时裁判文书反倒应就为何未损害社会公共利益进行论证。

其三，为实现维护同种类型的社会公共利益，各地会因地制宜，采用符合地方实际的策略。“法院评论”部分的第3项理由实际上混淆了政策目的所代表的公共利益与实现该目的的手段。如若该理由成立，则相当于宣布：任何涉及社会公共利益的政策，都不可能体现在地方性规章或行政命令中；而这显然违背常识。更何况，国发〔2010〕10号文件、国办发〔2011〕1号文件均已授权甚至指令地方政府根据具体情况，采取不同的行政手段实现政策目的。

不过，裁判文书论证思路略有偏差，并不意味着其结论亦不妥当。实际上，前述3个裁判文书貌似对合同效力的判断大相径庭，但是最终输出的裁判结果却惊人地趋同：裁判结果均驳回了主张合同无效一方当事人的返还请求。从此视角观察，论证合同有效或无效只不过是起到阻却返还请求权发生的手段而已。实际上，只要能够起到阻止返还请求权（无论是发生还是行使），不论其论证思路，仅就裁判结果而言，应值肯定——而相异的论证路径却指向相仿的裁判结果，说明此论证路径并不必要：即便公法管制“扭曲”交易价格，市场仍然会在新的价格上自发形成新的交易形式；但是交易者寻求公共秩序之外的交易方式，当然不可能再指望管制救济对其规避交易的形式予以首肯；不过，此时公共管制秩序并非要在交易有效或无效的二分法中寻求非此即彼的回答，而毋宁更应该采取维护私法自治结果的策略——无论

① 参见朱庆育：《民法总论》，北京大学出版社2016年版，第310页。

合同效力如何，若当事人已就其内容予以履行，则不应要求相对人予以返还，即便当事人事后反悔，也应令其为自己的法外（或“管制秩序”之外）行为自我答责，所谓明知无给付义务而仍未给付者，不得请求返还之法理，即在于此。[①] 此时，若裁判者转而确认合同有效以阻却返还请求权之不发生（相对于前述的阻却返还请求权之行使），则实际上是以私法自治否定公共秩序，过犹不及。更加务实的态度是，一方面以公共秩序的价值否定故意规避公共管制之行为，另一方面令采取规避行为的当事人求仁得仁，咎由自取，无法得到公共秩序之救济。合同归合同（私法自治归私法自治），管制归管制，由此方能明确划分公共秩序与私法自治之间的清晰界限。群友讨论中所担心的公法管制过度介入私法自治，亦在于此。

【典型案例 1】

张某如诉沈某买卖合同纠纷案

案号：北京市第二中级人民法院（2012）二中民终字第 16191 号

【基本案情】

2011 年 6 月 3 日，张某如（乙方）和沈某（甲方）签订北京市存量房屋买卖合同，约定张某如购买北京市朝阳区某房屋，总价款 240 万元。买卖合同签订后，张某如支付沈某定金 5 万元。张某如在签订买卖合同当日，一并签署了购房承诺书，明确其知晓《国务院办公厅关于进一步做好房地产市场调控工作有关问题的通知》（国办发〔2011〕1 号）、《北京市人民政府办公厅关于贯彻落实国务院办公厅文件精神进一步加强本市房地产市场调控工作的通知》（京政办发〔2011〕8 号）、《北京市住房和城乡建设委员会关于落实本市住房限购政策有关问题的通知》（京建发〔2011〕65 号）。现张某如以其不符合购房资格为由起诉至法院，要求判令解除房屋买卖合同并返还 5 万元

① 参见王泽鉴：《不当得利》，我国台湾地区 2015 年自版发行，第 126 页。另外，《民法典（草案）》第 985 条规定：“得利人没有法律根据取得不当利益的，受损失的人可以请求得利人返还获得的利益，但是有下列情形之一的除外：（一）为履行道德义务进行的给付；（二）债务到期之前的清偿；（三）明知无给付义务而进行的债务清偿。”

定金。

【裁判观点】

限购政策不属于法律和行政法规范畴，故当事人不能以限购不符合购房资格作为合同无效的理由。如合同目的无法实现，可以判令解除购房合同。一方当事人在应知或明知不符合购房条件下，仍然签订买卖合同导致合同目的最终无法实现，属于违约行为，不能免除违约责任。

【典型案例 2】

俞某飞诉华润置地（宁波）发展有限公司商品房销售合同纠纷案

案号：

一审：浙江省慈溪市人民法院（2014）甬慈民初字第 481 号

二审：浙江省宁波市中级人民（2014）浙甬民二终字第 559 号

【基本案情】

原告俞某飞与案外人余某涯系母子关系。2011 年 8 月 4 日，原告以余某涯名义与被告华润置地（宁波）发展有限公司签订商品房买卖合同，约定余某涯购买被告开发建设的位于慈溪市某小区某房屋，房屋总价款为 3 140 463 元，买受人以按揭方式付款，合同签订当日须支付房价款的 30%（950 463 元），剩余部分款项由买受人向银行按揭贷款获得。合同附件八第 11 条约定：“若买受人违反宁波市住房限购政策的相关规定，本合同无效。”另查明：原告在签订购房合同时，名下已有两套房屋。

原告俞某飞于 2014 年 4 月 16 日诉至法院，请求判令：确认原、被告签订的商品房买卖合同无效；被告即时退还原告房屋预付款 950 463 元，并赔偿自预付款支付之日至实际退还日的利息损失；诉讼费用由被告承担。

【裁判观点】

一审法院认为：案涉商品房买卖合同有效，理由是《宁波市人民政府办公厅关于进一步做好房地产调控工作的通知》(甬政办发〔2011〕38号)第6条及《宁波市建设委员会关于进一步落实住房限购政策有关事项的通知》(甬建发〔2011〕31号)第1条均有"对在本市已拥有2套及以上住房的本市户籍居民家庭……暂停在本市向其售房,违反规定购房的,不予办理房地产登记"的规定,该规定并非法律、行政法规,且属于管理性强制性规定,而非效力性强制性规定,违反上述规定并不必然导致合同无效。合同附件八第11条虽然约定"若买受人违反宁波市住房限购政策的相关规定,本合同无效",但合同的效力系法律对当事人之间成立合同的法定评价,非依当事人约定而无效。

二审法院认为:本案诉争房屋系上诉人借他人名义购买,房屋的实际买受人为上诉人。合同不存在《合同法》第52条规定的法定无效的情形,应认定合法有效。《商品房买卖合同》附件八第11条约定"若买受人违反宁波市住房限购政策的相关规定,本合同无效",该约定符合《合同法》第45条关于"当事人对合同的效力可以约定附条件"的规定,但该规定中的"附条件"是指将来可能发生的事实,而上诉人在签订购房合同时,名下已有两套房屋,据此,本案不能适用该规定。

【民法典最新相关规定释评】

关于合同效力的问题,《民法典》在合同编第508条作了兜底式的转致规定:"本编对合同的效力没有规定的,适用本法第一编第六章的有关规定。"《民法典》第一编第六章即总则编的民事法律行为章,其中第153条延续《民法总则》同条规定的表达:"违反法律、行政法规的强制性规定的民事法律行为无效。但是,该强制性规定不导致民事法律行为无效的除外。违背公序良俗的民事法律行为无效。"

相比《合同法》第52条的规定,《民法典》对影响法律行为效力的"法律、行政法规的强制性规定"作出了限定,即该"强制性规定"仅指可以"导致民事法律行为无效"的类型。这一缩限延续自《合同法司法解释(二)》第14条的规定,该条规定:"合同法第五十二条第(五)项规定的

‘强制性规定’，是指效力性强制性规定。”如果说该条是从正面对强制性规定作出的类型限缩，那么《民法总则》与《民法典》第153条的表达方式就是反面排除。此外，“公序良俗”的概念替代了合同法中“社会公共利益”的表述，在立法技术上更为精细。

早在《合同法司法解释（二）》颁布前，实务界和理论界即已认识到，并非所有强制性规定的违反均会导致合同无效。《合同法司法解释（一）》第4条作为提示规定，重申地方性法规和行政规章不得作为认定合同无效的依据；《合同法司法解释（二）》更在鼓励和促进交易的立场上继续前进，以管理性强制性规定和效力性强制性规定的类型划分进一步缩小合同无效的可能场景；甚至试图将这一类型化区分运用至越权交易的场景。[①] 但是从《民法总则》制定中概念表达的删改过程可以看出，[②]《民法总则》与《民法典》没有采纳《合同法司法解释（二）》提出的“效力性强制性规定”的概念，实践中判定第153条适用范围，仍需要根据个别案件的全部案情，在具体场景下斟酌鼓励交易和不阻碍实现强制性规定背后法政策目的的原则，妥适地解释强制性规定的规范目的是否指向交易无效。而在法政策目的尚未明确形成强制性规定的场合，虽然可以借道《民法典》第153条第2款的“公序良俗”，但是若所有违背公序良俗的合同皆为无效，则相当于第153条第1款第2句但书规定沦为具文——因为强制性规定或多或少都包含“公共秩序”的考量。何况，违反法律、行政法规明示的强制性规定尚要再经过一次司法裁量评价，判断是否会导致合同无效，举重以明轻，违背无规范性表达的“公序良俗”，自然也要在裁判中斟酌，是否实现“公序良俗”的目的，必须要求合同无效。因此，在适用《民法典》第153条第2款时，特别是为实现法政策的目的而

---

① 参见《最高人民法院公报》2015年第2期。最高人民法院，（2012）民提字156号民事判决书。但这一理论的“拓展使用”遭到了学界的批评，甚至在法院系统内部也未统一意见。参见朱庆育：《〈合同法〉第52条第5项评注》，载《法学家》2016年第3期；高圣平、范佳慧：《公司法定代表人越权担保效力判断的解释基础——基于最高人民法院裁判分歧的分析和展开》，载《比较法研究》2019年第1期。

② 《民法总则（草案）》三审意见指出：“某一强制性规定是否为‘效力性强制规定’，是法律解释的结果，而不是事先获知某项强制性规定为‘效力性强制规定’，因此建议删除‘效力性强制规定’。”参见扈纪华编：《民法总则起草历程》，法律出版社2017年版，第101页。

需借道该规定时，也应依该条第 1 款指示的评价标准，判断被违反的“公序良俗”是否一定要求合同无效方能在社会意义上被修复；只有在确定不令合同无效不足以实现公序良俗的目的后，方能依该条第 2 款判定合同无效。

此外，因为《民法典》合同编不再重复规定法律行为效力的相关事由，《民法典》第 508 条将合同效力的一般规定转致总则编法律行为章，而合同编第 464 条仍然延续《合同法》的表达，将“合同”定义为“协议”而非明确表达为“法律行为”，故裁判时因合同效力需要援引法律行为章相关规定的，还应在文书中援引《民法典》第 508 条。

（讨论整理及后续评论：吴园晨）

电商刷单与合同效力

【发言群友】

李荐、李志刚、李宇、纪海龙、张谷、叶林、宁红丽、熊丙万、朱亚男、薛军、吕来明、朱虎、王文胜

【讨论时间】

2019年3月

【沙龙实录】

案例与问题

李　荐：电商刷单涉及《民法总则》中的民事法律行为、合同法和电子商务法的交集，值得研究。试举一案例：甲公司系在某网商平台上开店的商家。为提高销量吸引顾客，将销售的价值5000元的冰柜以1元价格挂单自卖自买，也就是通称的“刷单”，并先后“刷单”200单。自然人乙在甲公司挂1元价格期间，花费3元买入了3台冰柜，但甲公司一直未发货。数月后，乙在甲公司挂单1元期间又分三批买入10台冰柜，甲公司依然未供货。甲公司承认1元挂单系为刷单，乙声称购买13台冰柜系为经营冷饮店。如乙请求甲公司履行合同，或者赔偿13台冰柜实际价值的损失，是否应予支持？第一种

观点认为应予支持；第二种观点认为不应支持；第三种观点认为仅支持第一次购买的3台；第四种观点认为要具体分析乙是否为善意。甲公司系虚伪表示。如果乙系善意，则认定合同成立并生效；如果乙非善意，则认定合同不生效力。哪种观点更为妥当？能否援引《民法总则》第146条[①]“行为人与相对人以虚假的意思表示实施的民事法律行为无效”的规定，作为认定无效的依据？若否，何以为据？

《民法总则》的视角

李志刚：《民法总则》第146条似为通谋的虚伪表示。案例中买家与卖家虽然各怀心思，但显然乙是希望以1元的价格买到冰柜，与甲方刷单而不是成交的意思，并非一致。甲的单方虚伪，从甲的单方角度界定为真意保留的话，从乙的角度，似为对合同相对方欺诈。

1元中签的促销行为，事实上并非没有，故还不能说下单就是“非善意”。

李　宇：据民法理论和比较立法例，单独虚伪表示，原则上不因此无效；但能证明相对人明知者，无效。我国民法未设此种规定，可结合法理以说理。直接的法律依据可援引《民法总则》第143条第2项[②]有关意思表示真实是民事法律行为有效要件的规定。

李志刚：如果按照《民法总则》第143条第2项的规定，是否所有的单方欺诈，都可依据“意思表示不真实”，主张合同无效？把评价依据，立足于买方的动机，似乎卖方的这种“欺诈性销售”，反倒成了法律刻意保护的对象？

纪海龙：此案中不存在表示人和相对人通谋，故不能适用《民法总则》第146条。似构成传统法律行为学说中“失败的通谋虚伪表示”，也就是一方想和对方通谋虚伪，结果对方当真了。在德国法的语境下，失败的虚伪表示适用《德国民法典》第118条戏谑行为的规定，即后果是无效，但赔偿对

① 现为《民法典》第146条，内容与《民法总则》第146条一致。
② 现为《民法典》第143条第2项，内容与《民法总则》第143条第2项一致。

方信赖利益。《德国民法典》第118条戏谑行为的无效后果，在立法论上有问题。

我的观点是：戏谑行为（也就是表意人非诚意，如开玩笑，也期待对方认识到自己是在开玩笑，但是对方善意认为该表示是严肃认真的）应适用意思表示错误的规定，即表意人的真意是没有意思表示，按照意思表示解释（从客观相对人角度理解）的结果是有意思表示，从而表意人真意和外部表示间存在偏差，故而是意思表示错误。

回到本案，关键是看买方是否善意。如果可以认定买方是善意，则按照《民法总则》第142条第1款[①]的意思表示解释规则，就是存在单价1元的合同。但卖方可基于重大误解（卖方自身的重大误解），依《民法总则》第147条[②]主张撤销；撤销后还应按照《民法总则》第157条[③]的规定，赔偿买方损失。初步判断，前3单买方为善意，后面10单为恶意。在恶意的情形下，合同根本不成立。

李志刚：没太想明白，卖方是怎么被自己的欺诈性销售行为“重大误解”？乙下单，希望以1元的价格购机，不是真实的意思表示吗？

李　宇：欺诈的法律后果，因已经有法律的明文规定，故不能适用《民法总则》第143条第2项的规定。第143条本不应作为评判具体法律行为效力的根据，但由于我国现行法缺少单独虚伪表示、戏谑表示的规定，遇有此类案件时，除援引法理作为说理依据外，不得已援引本条作为裁判依据。正如在《民法总则》施行之前，法院遇有通谋虚伪表示案件时，也不得已将《民法通则》第55条第2项（《民法总则》第143条第2项的前身）作为判决依据。

《合同法》的视角

张　谷：我倒认为甲只是在要约邀请（至于是否“欺诈性销售”，取决于

① 现为《民法典》第142条第1款，内容与《民法总则》第142条第1款一致。
② 现为《民法典》第147条，内容与《民法总则》第147条一致。
③ 现为《民法典》第157条，内容与《民法总则》第157条一致。

网商平台的交易规则)。在孔夫子旧书网上，客户下单也是要卖家确认的，因为卖家一定是以库存为限，否则一味依买家下单数认定成交，不堪设想。再者说，乙方所谓之“信赖”真具有保护的价值吗？简单处理：乙要约，甲未及时承诺，要约失效，合同不成立。

李志刚：网商平台可以根据商家设定的库存量及网购者的下单量来实时控制“超售”，这在技术上应当非常简单。从合同相对方的角度来看，是否可以将甲的行为认定为欺诈呢？

张　谷：甲的行为确带有“戏谑”的性质，之所以敢如此，一是期待客户不至于当真，二是网上交易规则足以避让风险。

李志刚：确实如张老师所言，下单是承诺，还是确认是承诺，取决于网上交易规则特约。但网上确实也有诸多低价促销成交的实例。如果没有确认程序的事先声明或者特约，或者明确是限量的促销，而都认定为“戏谑”，等于鼓励此种欺诈性销售，并且让所有下单者陪耍。

纪海龙：认定戏谑未必有利于卖方，卖方无论如何都要至少承担信赖利益赔偿责任。

叶　林：我没刷过单，不知道具体刷单的做法；但甲是一家公司，它应该知道别人会挂单，并买到这个商品，这是他早就应当预见到的。如果第一次挂单的时候，被别人刷到了，或许还可以说是个戏谑，但他还继续第二次挂单，甚至总共挂单了几十笔，这说明他本身就不反对与对方达成协议，甚至就是同意和对方达成协议。所以，我不觉得这里面有合同不成立的问题。或许甲公司并不希望真的以一块钱出售这件商品，但在第一次成交后，还一而再、再而三以一块钱的价格挂出来，这恐怕就是赌博。

宁红丽：我觉得叶林老师的分析比较有说服力。将 5000 元的商品价格公开标为 1 元，无论基于何种目的(如本案的虚假评价或者虚假销量)，本身这种行为就带有不可控风险。如果是买方第一次下单，卖方以错误标价撤销尚能接受。但连续几次都不予处理，这种以标价错误撤销的理由就难以成立了。

《电子商务法》的视角

熊丙万：《电子商务法》第49条规定：“电子商务经营者发布的商品或者服务信息符合要约条件的，用户选择该商品或者服务并提交订单成功，合同成立。当事人另有约定的，从其约定。电子商务经营者不得以格式条款等方式约定消费者支付价款后合同不成立；格式条款等含有该内容的，其内容无效。”

将此情形认定为要约邀请，可能与该条规定不符。

纪海龙：以前电商的一般交易条款大都写“客户发货”才是承诺。现在按照《电子商务法》规定，合同成立的最迟时间点是买家付款。

张　谷：《电子商务法》的规定是强行法吗？

宁红丽：关于网络交易合同的成立，《电子商务法》第49条的规定是任意法；但其第2款又规定消费者付款的，不能助长合同不成立。现在要看如何认定这1元的性质。

《电子商务法》生效之前，《淘宝规则》第18条规定：“成交，指买家在淘宝上拍下商品并成功付款到支付宝。货到付款交易中买家拍下商品即视为成交。”有关什么是“点击并确认购买”，《天猫规则》第19条规定：“在购买流程中，当买家在‘确认订单信息’页面，点击‘确认无误，购买’的按钮成功后，即为点击并确认购买。”不知道《电子商务法》生效施行后，上述规定有没有修改。

内心真意的探求

熊丙万：甲在刷单时，内心的真实意思有两种可能的状态：一种是“知道可能被买家下单的风险，要是真遇到了就自认倒霉（但等事情真的发生了，就开始采取策略性行为，主张合同不成立或者有效力瑕疵）”；另一种是“我这里根本就是不卖的，你下单了我也不卖”。如果这两种店主都有的话，可能不太适合都认定合同不成立或者有效力瑕疵。在第一种店主的情形，合同就是有效的。

纪海龙： 从卖家事后表现看，卖家明显是后种心态。

张　谷： 关键是交易规则。心态，猜起来费劲。题设案例中，1 元挂单，成交 200 台，皆为甲“自娱自乐”。及至乙下单两次：3 台加 10 台，甲是否“确认”？不知道。只说甲“未供货”，这里是暗示成交了，甲违约？还是一种误导性的描述？孔夫子旧书网上，有商家挂出线装古籍 1 元，但系补图，会提醒客户不要下单；即使未提醒，客户下单，商家不确认，客户也不能“霸王硬上弓”。

叶　林： 甲公司以 1 元钱的价格挂单的时候，在某种程度上是为了做广告宣传，是为了在网上形成好的口碑，相当于卖出了商品并做了广告，它是有回报的。在这个意义上，不能把 1 块钱等同于商品的价格，商品的价格实际上相当于广告费。

宁红丽： 主观意思怎么确定呢？合意认定采客观说，还是风险控制说？

张　谷： 商家这样干，平台应依规则处罚商家。“提交订单成功”，难以理解。

宁红丽： 平台处罚是一方面，但仍涉及甲乙之间的民事权利义务争议问题。

纪海龙： 立法论上，《电子商务法》第 49 条第 2 款的规定是有问题的。

宁红丽： 我觉得《电子商务法》第 49 条是无意义的。如果可以格式条款约定要约延迟生效，法律如何能规制得了合同的成立时间呢？

熊丙万： 如果店主在从事这类刷单时的常见心态是第一种，是不是就可以推定“卖方在刷单时有超低价销售的意思（特别是前 3 台）”？

纪海龙： 如果卖家是第一种心态，他应该就自认倒霉，发货了。

熊丙万： 这不是事后不认账了嘛。但如果能够得到一般经验上的支持，也不妨对初期的意思进行推定。

纪海龙： 原本值 5000 元，标 1 元，很难认为卖家是愿意用这么大的代价去冒险。

熊丙万：不好这样说。取决于店主通过刷单获得多大的利益。如果店主通过刷单获得的利益足够大，而被1元下单的概率小，那么，店主也可能愿意冒这个风险。从这个角度讲，后面那10台的问题比较大。

张　谷：不管乙下单成功与否，付款与否，其实乙没多少值得保护的利益和正当性。或者说，可以鄙视甲公司的品行，但绝不应因此要甲公司付出如此大的代价，将来让乙忏悔。

朱亚男：不知道孔夫子旧书网的补图1元，是否类似商家补差价的那种1元，意思清晰无误，与本案刷单营造销量的行为性质应该并不相同。

纪海龙：简单说，如果可认为前3单买家善意，即不应知卖家戏谑，合同成立，卖家陷入意思表示错误，3个月内不撤销的，丧失撤销权，就要履行合同。如果买家恶意，合同不成立，双方各不负责。当然，“戏谑”一词，表述也不准确，准确地说，是非诚意表示。

李志刚：不太倾向认定是“卖家陷入意思表示错误”，或者说，每一个网上经营者，都应该对其低价挂网行为所产生的后果，会有当然的、必然的认知，甚至这种流量和广告效应，本身就是其自身刻意追求的。法律介入的功能，是鼓励其“虚晃一枪”，又以“非真意”撤回，还是相反？标价错误，与刻意低价吸引流量，有本质区别。

纪海龙：如果可以认定为丙万说的卖家心态的第一种，那就是认定卖家有真意，当然不构成意思表示错误，这13台都是有效合同。我是倾向认定丙万说的第二种卖家心态，此时才会构成错误。

李志刚：对于网络销售行为（持续、集中、公开、涉众），是应该按照“意思主义”去逐一揣摩“真意”；还是应该按照“表示主义”，简单化规则确定交易结果，是侧重保护“卖方”和“买方”的两种不同价值取向。我支持后者。在这一点上，孔夫子旧书网（少量特定物）和淘宝（以批量种类物为主），可能也有本质区别。

纪海龙：即便构成错误，卖家也不是毫无责任。一是撤销权有3个月的除斥期间，二是撤销后也要承担赔偿责任。表示主义下，如果相对人知道或应知表意人真意的，也要以真意作为意思表示解释结果。

李志刚：乙可否认为甲就是要以此促销？

薛　军：卖家的真意肯定不是要与一般的相对人订立合同。这是非常明确的。如果说戏谑有点放纵了商家，那么比较合适的界定应该是没有缔约意图却假装要与对方缔约的恶意磋商行为。

纪海龙：同意卖家的真意不是与一般人订立合同。我认为构成戏谑表示的场合，应适用意思表示错误，而不是如《德国民法典》第118条规定那样无效的法律后果。如果认定为没有缔约意图却假装要与对方缔约的恶意磋商，那就是真意保留了。

李志刚：网上没有真的1元促销并且完成交易的吗？

张　谷：关键是交易规则。再说了，特定物、种类物是主观标准定的，与依客观交易观念确定的替代物、不可替代物不同。甲有无责任亦非关键。按大家提供的淘宝交易规则，我只关心，客户拍下商品后，如何才能“成功支付到支付宝”？中间甲有无控制过程、结果的余地？

李志刚：支付规则可能简单多了，基本是实时到账。大多是支付到平台方，而不是卖家最终收款。

熊丙万：有的平台有一个针对每个店主的“未提现账户”，如拼多多。

叶　林：平台捆绑的第三方支付，在性质上，更像是支付保证人，它划扣买方的付款，并告知卖方可予交货，在卖方交货后，平台才将款项划转卖方，这类似证券交易中的中央对手方。

对于丙万说的第二种心态，我觉得要从两个方面去理解：一方面，如果平台交易规则允许这种反悔，买家当然也知道了，这似乎是买卖双方的一种游戏；另一方面，如果平台交易没有设置这种反悔的规则，就应当按照合同成立的一般规则来理解。

宁红丽：网上真有1元促销并且完成交易的。

李志刚：是的。如果实证中有，消费者就有理由相信这是缔约的真意，并且是通过亏本赚吆喝（广告）。故让每一个网上的消费者去揣测哪个是真的促销，哪个是“游戏”，这可能是对常态化的网购促销行为的摧毁。

《电子商务法》第49条之再思考

薛　军：《电子商务法》第49条第2款的确问题很多。立法草案中本来没有这个条款，后来可能是为了约束商家砍单行为，加入了这一款。我对这一款一直持反对意见。

本案所涉问题首先是交易规则的约定。如果约定发货合同才成立，那么本案中合同没有成立；但合同不成立不代表商家没有责任。广州互联网法院第一案就是处理的类似商家先标一个低价，然后取消订单的案件，商家后来承担了缔约过失责任。

朱亚男：对照前引《淘宝规则》第18条和《天猫规则》第19条，《电子商务法》第49条特别是第1款将“订单提交视为合同成立”的规定，应该是比付款更进一步。

李志刚：作为一种在网上公开、持续进行的，对不特定消费者的促销行为，不太倾向以一种个人化的心理，推定为“戏谑”行为，除法定或者特别约定外，倾向对网店经营者的一种严格责任。

薛　军：淘宝规则在这个问题上恰恰不是普遍性的做法。其他平台普遍性的约定是，标价构成要约邀请，用户下单构成要约，商家发货构成承诺。现在由于《电子商务法》第49条第2款的约束，大家都修改了交易规则。但是实务上出现了大量的标价错误案件，虽然用户下单，但最终商家都拒绝发货。似乎也没有诉请实际履行的。本案是否可以结合当事人的真实的意思表示的探求，定性为恶意磋商行为?

宁红丽：《电子商务法》第49条把合同成立与支付联系起来，我觉得是把传统市场的规则适用到电商平台上了。

吕来明：《电子商务法》第49条第1款规定，除非另有约定，当事人提交订单时合同成立。第2款规定，电子商务经营者不得以格式条款等方式约定消费者支付价款后合同不成立；格式条款等含有该内容的，其内容无效。这款规定的目的在于限制经营者超低价标注吸引流量和客户，然后利用合同成立的发货规则的约定进行“砍单”。虽然对该条有不同评价，但淘宝规则中实行的是款到支付宝合同成立，不违反《电子商务法》第49条的规定。所以，乙提交订单并支付了1元钱，合同成立当无疑问。

另外，甲自买自卖刷单与乙花费1元钱下单是两个不同行为，经营者刷单不影响他人下订单合同成立的认定。此外，甲标价为1元是故意的，是其真实意思表示，并非标价错误，至于其动机是什么，无法得知，动机也不影响效力认定。

再者，商事活动讲究外观主义，且网络交易中出于各种目的超低价出售商品也时常发生，不宜基于一般民事生活经验认定为戏谑行为，否则网络交易中超低价标注吸引流量扰乱秩序、损害消费者的现象将得到激励。甲多次标价1元出售应当预知其后果，应推定为具有一旦有人下单即出售的意思，不应推定为不具有缔约的意思。至于乙图便宜买13台冰柜，也是真实意思表示，这和消费者在市场上抢便宜货没有区别，无须探究其用途。

朱亚男：处理上认同案例中客户下单对刷量商家具有法律约束力。只是，进行促销活动的商家对促销时间段等信息通常有明确告知，这种是否意味着与刷量营销有表示主义的差异？纪老师的戏谑非诚意表示以及重大误解我觉得也是一种思路，毕竟赔偿也不会太少。

吕来明：电商平台上1元秒杀的商品间或就会出现，买家抢到了，商家不能以戏谑行为拒绝履行。

李志刚：刷量营销，是欺诈性销售行为，消费者无从得知是真促销，还是“刷量营销”。对欺诈性销售行为，我一直不太赞同从结果和金额上去作“心太软”的判断——这对更多的网络平台受众而言，是一种纵容。要说这是经营者对自己行为的“重大误解”，至少我是难以接受。单方真意保留，在合同语境下是单方欺诈，不意味着合同无效。

纪海龙：重大误解如果难以接受，也可以认定真意保留，那就是志刚和吕老师的思路了。

朱亚男：这里的重大误解应该是参照戏谑行为，就是说他以为对方肯定不会当真。赞同欺诈性刷量不应得利。当然，我认同志刚说的，这太个人或者私人了，于平台，真不合适。

李志刚：按约履行，替代履行，都妥。

刷单商家与“羊毛党”

薛　军：1元秒杀的活动是有明显的场景的。不能说出现了1元的标价就认为是秒杀价。普通的消费者是完全能够判断属于什么情况。现在很多人对消费者作善意的推定，其实没有注意到绝大多数这样的所谓消费者其实是网络黑灰产中的“羊毛党”。这个案件中的消费者有很大的概率是知道商家在刷量，然后自己也就去顺势敲诈一下商家。

李志刚：这种敲诈，不是欺诈性销售者自己引来的吗？需要考虑从根本上减少用网络的流量营销，然后拍拍屁股走人的商家。消费者的网购、线下购物环境差，会遭遇“玩笑”“玩笑性欺诈”，某种意义上说，就是立法者和司法者对欺诈的发端处太仁慈了。如果本案判全部支持，是一种什么样的示范效应？如果判不成立，不支持，又是一种什么样的示范效应？

朱亚男：问题是刷量和“羊毛党”，你选择谁？

薛　军：我不会站在“羊毛党”一边。

宁红丽：我觉得要看商品网页的控制权在哪儿。如果卖家对页面信息有完全的控制权，何必给当事人贴标签呢？购物车的商品可以设降价提醒，买家选择降价的时候购买，是很理性的选择。如果消费者看中的冰柜从5000元降到1元，任何一个人都会多买几台吧？

薛　军：互联网上的商家好不容易才争取到消费者的下单，一般不可能恶意取消订单或者不发货。现在利用商家的标价错误或者程序漏洞恶意下海量订单的主要是网络黑灰产集团。涉及普通消费者的是非常少的。我们可不要太天真。关于商家刷单，当然不对。但是在现有的平台竞价排名模式之下，也是迫不得已。商家应该得到同情的理解。

熊丙万：“羊毛党”的确问题比较大。据说有的“羊毛党”人可以通过软件程序去追踪1元单，这类“羊毛党”人更可怕。把案情修改一下，“羊毛党”的问题就十分明显了，例如，乙第一单买了3台，第二单买了100台甚至更多。不过，这个案件中，特别是头3单，不太符合“羊毛党”的行事风格。

朱亚男：举个极端例子的确很有说服力。

薛　军：平心而论，如果不是在秒杀活动的特定背景之下，你作为一个诚实的善良的消费者会相信这是一个正常的要约吗？你相信1元钱买得到这个商品吗？个人认为刷单者应该承担一定程度的缔约过失责任，但原告要求履行合同的请求也不应得到支持。

熊丙万：很多时候可能也搞不懂店主背后是在玩什么游戏，估计会少量下单，反正不花太多钱（但一般不太会大量下单）。

宁红丽：如果是这样就陷入一般规则的不可知论了，跟知假打假似的。果然，《电子商务法》第49条不但不能解决问题，反而还恶化了这个问题，还是把网页认定为要约邀请的弹性更大。

熊丙万：《电子商务法》第49条的确有很多问题；如果可以重来，法律应尊重商家关于要约邀请的约定。当然，商家需要明确提示买家这是要约邀请。

李志刚：《电子商务法》第49条规范设定没有问题，低价引诱才是问题。规则简化才好操作，立法的规则预设是站在保护消费者一边的。常态交易，无此问题。第49条回答了合同是否成立的疑问。但有结果评价希望否定合同效力。

熊丙万：目前这个案件主要不是《电子商务法》第49条的问题。

宁红丽：我反而觉得是《电子商务法》第49条的问题，如无该条，合同不成立，私法上缔约过失责任，公法上虚假广告责任；有该条，问题复杂了，如大家讨论的各种意见。像京东、苏宁约定页面是要约邀请的话，约定发货合同成立，应该就没这个问题了。

薛　军：现在他们这样约定就是违法行为了。平台对此怨声载道。在拼单模式下参与拼单的购买者支付了价款，但是合同是否成立仍然是不确定的。因此第49条第2款完全没有办法适用。

宁红丽：平台可以推迟要约生效时间，如发货时要约生效。

薛　军：《电子商务法》第 49 条第 2 款太刚性了。付款了，合同就必须成立。其他约定都是无效的。

李志刚：钱都付了，对方都履行了，合同成立还有这么大困难吗？成立还有特别大危害吗？

网购中的消费者保护

吕来明：此案与《电子商务法》第 49 条无冲突，淘宝规则不是发货规则。关键是意思表示问题。这件事归根结底是一个合同，我认为消费者的认知能力不同，道德水平不同，一个人认为不可能 1 元钱买冰柜，另一个人也可能认为遇到了捡便宜的机会，不能对消费者的认知程度和道德水准有过高要求，尤其是网络促销低价标注五花八门。至于本案中乙是否为“羊毛党”，那是个事实认定问题，“羊毛党”的形态也比较复杂，并且我认为“羊毛党”是个泛化的称呼，不能把贪图便宜的消费者都当作“羊毛党”。

宁红丽：淘宝提供给卖家两种库存计算方式：一种是付款去库存，另一种是加入购物车去库存，在标价错误的场合，之前发生过大促期间有可能会出现超量销售无法履约的情况。

纪海龙：付款就成立，对商家潜在伤害大，对消费者福祉提高有限。以前的实践做法，发货算承诺，对消费者害处不大。

李志刚：常规交易，存货计数，没有问题。大规模促销，低价诱导，才引发问题——由此引发的问题，后果由谁来承受合适？标价错误，与低价促销，是两个问题。

朱　虎：同意《电子商务法》第 49 条第 2 款过于刚性，不利于预防商家的库存风险和标价错误风险，风险分配方式明显有误。

宁红丽：这中间有个案认定的空间，但一般规则应该认定为卖家是商品信息页面的管理人，因此一般应承担责任。不应一开始就特殊化，将买家作为“羊毛党”处理。

纪海龙：消费者保护的最终杀招，是市场竞争，而不是立法“父爱主义”。比如，法律对提高劳动者解雇条件的特殊保护以及对承租人的保护，是最终有利于劳动者和承租人，还是害了他们，经济学界完全没有定论。

朱 虎：不买采取其他时间点合同成立的商家的货，就可以啦。这样，市场竞争就会排除这种约定，而非一概通过强制性介入。

张 谷：我不认同这样的商家，但不代表我同意付款即成立，更不代表我相信“以 1 元买多台 5000 元冰柜”的客户（本案中不是消费者）有多么的善意。一对多的电子交易，存货量时时都在变动中，如同网上购票一样，付了款都不一定买得到。无论如何强调商事交易，证券交易、纸黄金交易都有“异常交易规则”来应对。尤其不要以电商经营者如何不道德，去证成客户一定应该获得履行利益，那是连他自己都不敢相信的。

李志刚：要求消费者像通过司法考试的法律人那样，具备精致的合同成立时间判断能力，进而选择合适的商家，首先是对立法者的一个挑战，然后是对“适格消费者”的一个挑战。当然，将低价大促销和错误标价导致的合同成立风险，分配给消费者，也不能不说是一种可能的制度安排。

个案处理与规则拓展

朱 虎：第一，按照意思表示的解释规则，如果甲能举出证据证明相对人是恶意，相对人不值得保护，合同因未形成合意根本不成立。后面的 10 台有可能如此处理，相对人前面买了但卖家不发货，已经使得相对人应当存在怀疑，并且应当存在双方沟通行为。但前面 3 台不确定，即使不同于 1 元秒杀场景，也不能排除相对人有善意可能性。当然，如果甲不能举出有利证据证明相对人为恶意，则推定相对人为善意。

第二，如果相对人善意，则相对人值得保护，合同成立。但是，即使合同成立且要保护相对人，究竟是允许甲撤销而赔偿信赖利益（对乙的较弱保护），还是不允许撤销而应履行合同（对乙的较强保护）？

第三，就本案前 3 台而言，首先至少要考虑以下因素：其一，甲预防被他人下单风险的成本（可能较低，技术上可以采取卖方确认方式，即使存在《电子商务法》第49条，也有一定自由度，毕竟第1款的适用前提是页面符合要约条件的）。其二，甲作为营利主体对被他人下单的认知可能性。其三，甲超低价标价的收益（可能很大，广告效应）。但即使这样考虑，也仅仅得出应当保护乙的结论，还无法充分得出应当对乙进行较强保护而非较弱保护的结论。

第四，因此，还要考虑其他因素：刷单行为扰乱交易秩序而对此的抑制机制（这与标价错误不同，即使理解商家在排名机制下的不得已，但仍然是扰乱评价顺序而应予以抑制）；商业交易中允许重大误解（尤其是非对方原因造成自己误解）的正当性（正当性较弱，尤其是本案中甲基于自我利益目的标超低价）。因此，如果可以认定前3台相对人是善意，甲的因素决定了应当保护乙。并且，个人倾向基于上述其他因素而对乙进行较强保护，即合同有效且不应以重大误解为由撤销。

纪海龙： 总体赞成朱虎的思路，本质上涉及重大误解规则的设计。

朱　虎： 是的，民事交易中我也赞同非因对方原因导致的重大误解，毕竟一律不允许人做错事太难了。但商业交易中，利用某方式获得利益，又否认所采取方式所带来的风险，不太厚道。

张　谷： 朱虎、海龙已经从理论高度来分析结构性问题了。回到本案，核心问题是，一个刷单销售的电商经营者，其可能的责任边界在哪里？我们讨论合同成立与否、合同效力如何（是否表示错误，是否戏谑表示，是否心中保留），无非是可能的技术路径而已。意见对立者的差别在于对责任边界的立场不同，因此“欺诈性销售”“羊毛党”之类，是强化各自不同立场的修辞。对《电子商务法》第49条合理与否、是否适用，恰好在讨论过程中得到反思。

李志刚： 关于合同成立的问题，在解释论上及《电子商务法》第49条的语境下，答案似乎是明确的。在“意思表示”与合同效力方面，作为电商线上交易，主要通过程式化的点击完成。是简化处理交易规则，还是像单一交易一样，不仅细细考察鼠标背后的“意思”，还要深入审核鼠标背后的“动机”与“道德品质”，以求对经营者的实质公平，可能是两种不同的选项。

李　荐：将甲公司行为界定为真意保留较妥，但《民法总则》的确无对应法条，是否可以依据诚信原则。案例中，卖方虽然没发货，但如已在出售信息中登记已发货，应视为要约承诺应该已达成。

李　宇：不宜用诚信原则。

纪海龙：在法律适用上，可用《民法总则》的意思表示解释的规定。

李志刚：真意保留在表示主义语境下，外部表示有效。进一步的问题则是，电商交易采意思主义还是表示主义更好？

王文胜：前面大家都在讨论淘宝和天猫的交易规则。我想，首先需要区分不同的网商平台。比如，不要把淘宝、天猫和阿里巴巴等同。阿里巴巴还有一个网站，网址是 www.1688.com，自称为批发网，做 B2B 的。涉案网站是 B2B 为主的平台，还是 B2C 为主的平台，先要了解清楚。

李　荐：研究好透啊！如果是 B2B 的平台，平台显示已发货，但实际没有发货。如何处理？

王文胜：既然是在 B2B 的平台上，此前大家一切以淘宝或天猫这种 B2C 平台的经验、习惯为基础，以及一切以经营者消费者关系为基础所作的讨论，能否适用于本案，都成了问题。当然，从学说讨论的角度，脱离本案实际案例的裁判，假定这个案子不是发生在 B2B 平台而是发生在 B2C 平台，则讨论仍是有意义的。

李　荐：个人理解，真意保留的定性和相关规则应该是一致的，只是在 B2B 上和 B2C 上善意的认定有区别。

王文胜：是的，民法一般规则的适用不分 B2B 还是 B2C，但之前的某些讨论可能带入了消费者权益特殊保护的考量。包括前面所讨论的《电子商务法》第 49 条，是不是只适用于 B2C 平台，都有待讨论。该条第 1 款没有提及“消费者”，使用的是“用户”，但第 2 款明确规定了“消费者”。

在学习前述各位大咖高见的过程中，我有点疑惑不解的地方，发出来请大家指正：

第一，李宇所说的在真意保留等场合找不到明确规定而以《民法总则》

第 143 条第 2 项为依据的观点，我是有所保留的。《民法总则》第 143 条是不是能作为裁判法律行为效力的裁判依据？对此有不同看法，我目前倾向持否定立场。对于法律没有规定的问题，比如真意保留，不如直接用学说案例等进行漏洞填补，没必要强行以《民法总则》第 143 条第 2 项作为依据。实务中有很多法官喜欢这样做，但实务中这样，和是不是应当这样，是两回事。

第二，关于丙万所说揣测当事人内心的思路。在当事人内心有多种可能时，对当事人内心的揣测是不是应当过多影响裁判思考，我是持怀疑态度的，因为这将为裁判活动带来太多不确定性。

第三，关于朱虎等所说相对人为恶意时未形成合意、合同不成立的观点。我的感觉是，德国和我国台湾地区对于意思表示瑕疵的后果，都是放在意思表示的效力中去处理。我们一直以来是放到法律行为的效力中去处理。这种差异会导致，在相对人为恶意时，单方虚伪影响的是意思表示的效力，还是影响法律行为的效力，好像要细致分辨一下。

第四，关于志刚讨论到的亏本赚吆喝（广告）的现象。这种刷单和传统实体店面中的亏本赚吆喝的现象是有差异的。实体店面的亏本赚吆喝会直接地带来真正的客流量。这种刷单刷的是数字，相应地可能会影响网店在平台展示时的排名，但在刷单的过程中是静悄悄的、偷偷的，不是在那里"吆喝"的。所以，对于刷单时的单价与市场价之差，好像不宜从类似于广告费的角度去理解。

李志刚：刷单的目的是排名，或者造成买得人多的假象，这本身就会带来流量。从这个意义上说，刷单正是一种广告，虽然没有发出声音，但必然影响搜索排名和流量，是在线的"吆喝"，而且是一种不诚信的"吆喝"。

李　宇：法律没有明文规定的真意保留等行为，裁判文书说理部分固然可以结合学说案例，但仍无法解决需要引用具体法条作为裁判依据的问题。如果不以《民法总则》第 143 条第 2 项作为依据，将会逃向诚信原则等一般条款，更不妥当。如果我国《民法总则》把意思表示效力规则规定周全，第 143 条原本是无用的，但现在并不周全，故在处理真意保留等场合作为裁判依据使用（同时需结合裁判说理），也可以看作有"无用之用"。

【总结及倾向性意见】

沙龙讨论首先从民法总则的意思表示理论展开。从纯粹理论学说的角度，案例所涉情形可以归入“真意保留”的规则之下。但是，“真意保留”理论仅停留于学说上，在实定法中缺乏明确对应的条文；所以，必须从其他条款中尝试解释出相应规则，并妥当地应用于电子商务交易的语境中。讨论认为，与案例情形相近的《民法总则》规范分别为第 143 条第 2 项和第 146 条。不过，因为案例中不存在表示人和相对人的通谋，故不宜援引第 146 条；第 143 条第 2 项是否可以援引用于判断法律行为的效力尚有争议，而且“意思表示真实”的确定，实际上已经进入法律行为的解释领域，故需要探求双方当事人的内心真意。群友讨论明确指出，案例所涉的前后两次交易中，买受人第一次交易的内心真意不易确定，但在出卖人未实际履行的情形下进行的第二次交易，在解释上应当与第一次有所区别；出卖人的真意也系“刷单”，而并非与不特定相对人缔结买卖合同。于是，从合同成立角度重新审视案例成为可能。

从合同法的视角而言，首先需要讨论如下问题：出卖人发布商品信息的行为应当被理解为要约还是要约邀请？在传统合同法思路下，为防止供货不足或一物数卖的风险，倾向将法律风险分配给买受人，此时出卖人发布的商品信息原则上被解释为要约邀请；[①] 只有在出卖人保证货物供应等情形下方有例外。不过，这一理论不能免于争议，讨论中就有群友指出，出卖人在明示库存量的情形下为刷单行为，将与正常低价促销行为难以分辨，此时若仍然将合同不成立的风险分配给买受人，不啻激励欺诈，毋论在当今技术条件下，出卖人可以通过网络平台存量数据控制风险的现实；而且具体到案例中，出卖人在刷单被“截和”后仍然继续挂单，似乎自甘合同成立的风险，若此时仍然使出卖人拥有决定合同是否成立的优越地位，在法政策的妥当性方面可能需要额外的证成。

案例与传统合同法学说的背离，可能是出于电子商务作为合同交易的特别场景，需要考虑电子商务法中特别规范的缘故。依《电子商务法》第 49 条

① 参见朱庆育：《民法总论》，北京大学出版社 2016 年版，第 148~149 页。

第 1 款的规定，交易双方若没有其他约定，则出卖人发布商品信息视为要约，买受人提交订单成功则相当于承诺，此时合同成立。部分群友在讨论中对该条文持批评态度。但是亦有群友指出，“规则简化才是好操作”。电子商务交易与传统交易不同，往往缺乏相对人面对面的交流，交易双方特别是消费者难以充分获得交易背景相关的信息；[①] 因此电子商务交易（特别是涉及消费者的 B2C 交易）中，能够促成当事人信赖与理解基础的仅有商品信息的文义表达，外观主义在该情境下应当得到更大的尊重——否则当事人之间为多次磋商、小心探寻文义之外隐藏语境所付出的交易成本会令电子商务交易难以承受，或者最起码被更倾向外观主义交易模式的平台经济所取代。具体而言，如果于此恪守传统交易的规则，退回到经营者发布商品系要约邀请的原则性规定，那么就意味着 B2C 电子商务的交易流程将由经营者发布商品信息（要约邀请）→买受人提交订单（要约）→经营者确认（承诺）→付款（买受人履行）→发货（出卖人履行）五步组成；与之相对，《电子商务法》第 49 条的交易原型则由经营者发布商品信息（要约）→买受人提交订单并付款（承诺 + 买受人履行）→发货（出卖人履行）三步组成。传统交易规则的流程中，经营者确认订单方使合同成立的规则使其拥有最终决定合同是否成立的优越地位，伴随这一地位的则是买受人在提交订单后需要额外与出卖人协商，以确定交易是否成立。所以，在标准化商品或消费品的买卖中（一般根据基本商品信息即可达成交易，无须交易双方额外磋商），允许商家通过确认订单控制交易成立，只会徒增交易成本；这一交易模式也逐渐随技术进步、商品与服务的标准化以及区域内统一大市场的建立而式微——开放式超市代替柜台式商店，自助收银超市代替柜员结算的趋势，正是因无须以额外人力从事不必要的确认、计算等协商成本而发生的必然结果——在标准化的商品或服务交易上，买卖双方对反复确认交易是否成立的意愿很低，如果有可能，当事人甚至更愿意采用意思实现的方式缔结合同，无人超市的技术发展方向以及近年来热门的智能合约话题即是例证。从规范、制度竞争的视角来看，《电子

① 比较法上，电子商务交易规则的核心即在于详细规定经营者的信息提供义务，如《德国民法典》在电子商务交易契约目下仅有两项条文，分别为第 312 条之 9 与第 312 条之 10，均花费一半以上篇幅不厌其烦地详细规定经营者的信息提供义务。

商务法》的该条规定类似于《淘宝规则》和《天猫规则》。尽管在《电子商务法》修订之前，不少平台仍然采取异于《淘宝规则》的交易规则，但是在B2C领域，采用这一规则的淘宝、天猫平台已经取得了决定性的优势地位，[①]某种意义上也可以说市场业已给出了自然选择的结果。此外，即便《电子商务法》第49条采取了“一刀切”式的规制策略，但是商家仍然可以在经营中采用其他方式发布要约邀请，[②]而不会显著增加交易成本。

最后，法政策的选择必然涉及利益衡量；讨论也在后段转向在具体个案中确定当事人利益保护的问题。群友指出，案涉当事人，一方是“刷单商”，另一方系“羊毛党”，均不值得裁判者给予特别的保护，要避免裁判结果激励其中的任何一方。所以，买受人的第二笔交易因可以确定系“恶意”，故宜否定该法律行为的效力；而买受人的第一笔交易，如无证据证伪其善意，则认定为合同有效，令出卖人承担“刷单”的风险，更为妥当。

【代表性学术观点】

冉克平认为：我国现行法对有意的单方面意思表示瑕疵（真意保留和戏谑行为）未作规定，而且各个国家和地区对此的规定并不统一。在真意保留方面，德国学说将之置于意思表示瑕疵理论中。《德国民法典》为保护法律行为上的交往，对此规定了有效的法律后果，只有在相对人知悉保留的情形下方才无效。日本、韩国、我国台湾地区和我国澳门特别行政区皆继受了德国的相关规定。但是，法国、瑞士、奥地利、意大利和荷兰的规定与之不同，如瑞士、荷兰等从合同解释的角度予以规定，而法国学说则从表见理论解决这一问题。英美法则适用禁反言原则，禁止虚伪意思表示的当事人事后否认。德国法上，真意保留的构成要件要具备表示意思、故意使表示内容与其意思

① 例如，淘宝与天猫在农产品网络零售中所占份额高达75%。参见农业农村部信息中心、中国国际电子商务中心研究院：《2019年全国县域数字农业农村电子商务发展报告》，第16页。尽管没有公开的数据能够量化淘宝与天猫在全部B2C电子商务市场中所占的份额比例，但是生活经验已然可以令我们确信淘宝与天猫在此领域的绝对优势地位。

② 如发布商品信息时将该商品价格大幅提高，并注明仅该商品信息为要约邀请，排除《电子商务法》第49条第1款之适用，若买受人愿意交易，可以在协商、确认订单后由经营者修改订单中的商品价格，再由买受人付款。

不一致、隐匿意思的故意三项；举证责任方面，主张意思表示有效的当事人只需证明意思表示存在，而主张无效者应当证明相对人明知真意保留的事实。冉克平建议，在民法典总则编中加入真意保留的相关归因，理由有二：其一，在相对人知晓真意保留的情况下，真意保留无法被合同解释及表见理论完全替代；其二，从民法体系来看，在存在意思表示瑕疵制度的情况下，民法典规定真意保留制度有助于体系的完整性。他认为，真意保留的法律效力基于信赖保护和归责原则两大原理，相对人不知表意人真意保留，意思表示有效；相对人若知晓，则无效，但该无效不得对抗善意第三人。我国学说和以往的立法构想，在真意保留制度上均存在分歧。真意保留法效果的政策选择，实为意思自治与信赖保护两大原则之间冲突与平衡的结果。在相对人明知表意人真意保留的情形下，应当将意思表示规定为可撤销更为妥当，因为：（1）难以确定表意人的保留是否系恶意；（2）无效的后果并未尊重表意人的意思自治；（3）即便在德国法学说上，亦有学者反对；（4）日本学说主张，在相对人知悉表意人真意保留时，仅表意人可以主张无效，其效果与可撤销已非常接近。[①]

纪海龙认为：“真意保留制度不具有独立的制度价值”，在学说上应当将其纳入意思表示解释规则中。《德国民法典》规定真意保留制度只是因特定的历史背景与第一起草委员会采意思主义观念的权宜之计，在德国法律实践中，真意保留规则的意义也不大。在意思表示的解释方面，当代立法普遍采用自然解释与规范解释相结合的方法，我国《民法总则》也存在该解释方法的制度基础。然而，相对人不知悉真意保留则意思表示有效的规则是意思表示的规范性解释方法的“当然结果”；而相对人知悉真意保留则意思表示无效的规则是意思表示的自然解释方法的“当然结果”。他认为，在相对人知悉真意保留的构成要件时，相对人无论是“明知”还是“应知”均应发生意思表示不成立的法律效果。[②]

① 参见冉克平：《真意保留与戏谑行为的反思与构建》，载《比较法研究》2016年第6期。

② 参见纪海龙：《真意保留与意思表示解释规则——论真意保留不具有独立的制度价值》，载《法律科学（西北政法大学学报）》2018年第3期。

张阳、徐兵认为：对刷单的事后监管措施效果有限，只有通过政府和第三方通过分摊平台事前监管成本、提高社会重视程度和督促平台信息公开等方式，才能促使平台对刷单采取选择积极的事前监管措施，方能使刷单行为得到遏制。但是当刷单的收益极高时，事前监管限于技术与成本问题可能无法起到相应效果；当刷单的收益极低时，事后监管就足以起到作用，积极的事前监管就不必要。如果社会重视刷单行为，增加刷单的成本，减少刷单的收益，那么刷单只需事后监管足以规制，且多方博弈后会形成不刷单的稳定均衡。基于此，其建议提高惩罚刷单的规制力度，应当拓宽举报刷单的渠道；在社会没有重视刷单的情形下，公权力应该通过鼓励平台监管、补贴积极监管措施、惩罚消极监管等方式介入平台监管；平台应该信息公开，在社会举报率和事后处罚额不高的情形下还应当加大事前监管力度。此外，还应当建立销售量、评价数、好评率等因素以外的电商排名标准。①

【民法典最新相关规定释评】

关于真意保留，即表意人有意地使意思表示产生单方面瑕疵的问题，《民法典》仍然未作明确规定。这可能是因为对于真意保留问题，已完全可以在意思表示的解释层面解决，而无须另立专条。《民法总则》与《民法典》第142条规定："有相对人的意思表示的解释，应当按照所使用的词句，结合相关条款、行为的性质和目的、习惯以及诚信原则，确定意思表示的含义。无相对人的意思表示的解释，不能完全拘泥于所使用的词句，而应当结合相关条款、行为的性质和目的、习惯以及诚信原则，确定行为人的真实意思。"这一规定相当于明确采用自然解释与规范解释相结合的方法。所以，在真意保留的场景下，因系有相对人的意思表示，故在规范解释的运用下，当相对人不知表意人真意保留时，法律行为在相对人可理解的内容上生效；当相对人明知或应知表意人真意保留的场合，法律行为则因不合意而不成立。这一解释的结果与比较法上真意保留规定的结果一致。在适用层面，如果具体案情

① 参见张阳、徐兵：《电商企业刷单与电商平台监管的演化博弈分析》，载《企业经济》2018年第4期。

涉及真意保留的，则应当援引《民法典》第142条，运用意思表示的解释方法，分析意思表示中的规范内容，考虑相对人对该规范内容的理解是否可归责于表意人。如果可归责于表意人，则此处应当依表示内容成立法律行为，表意人的“内心意思”完全可以不用理会；否则可以认定意思表示解释的结果系双方当事人不合意，法律行为未成立。

（讨论整理：李志刚，后续评论：吴园晨）

格式条款的效力认定

【发言群友】

王长军、徐同远、李志刚、宁红丽、戴景月、高圣平、姜强、刘生亮、段晓娟、吴兆祥、李宇

【讨论时间】

2019 年 6 月

【沙龙实录】

问题与观点

王长军：《合同法司法解释（二）》第 10 条规定："提供格式条款的一方当事人违反合同法第三十九条第一款的规定，并具有合同法第四十条规定的情形之一的，人民法院应当认定该格式条款无效。"对该条应如何理解？

第一种（多数）观点认为：从第 10 条文义解释来看，格式条款无效需同时具备两个条件：（1）格式条款提供者违反《合同法》第39条[①]规定的提示说明义务；（2）具有《合同法》第40条[②]规定的情形之一。

第二种观点认为：格式条款无效需同时具备两个条件：（1）格式条款提供者违反《合同法》第39条的提示说明义务；（2）格式条款提供方免除其责任、加重对方责任、排除对方主要权利的。观点二不同于观点一的地方在于，认为违反《合同法》第52条[③]、第53条[④]绝对无效，与提示说明义务无关。

第三种观点（少数观点）认为，《合同法司法解释（二）》第10条似画蛇添足，且文义表述上有误导之嫌。无论什么条款，只要违反《合同法》第40条就绝对无效。故第10条可表述为：“格式条款具有合同法第四十条规定的情形之一的，人民法院应当认定该格式条款无效。”

① 现为《民法典》第496条。《合同法》第39条规定：“采用格式条款订立合同的，提供格式条款的一方应当遵循公平原则确定当事人之间的权利和义务，并采取合理的方式提请对方注意免除或者限制其责任的条款，按照对方的要求，对该条款予以说明。格式条款是当事人为了重复使用而预先拟定，并在订立合同时未与对方协商的条款。”《民法典》第496条规定：“格式条款是当事人为了重复使用而预先拟定，并在订立合同时未与对方协商的条款。采用格式条款订立合同的，提供格式条款的一方应当遵循公平原则确定当事人之间的权利和义务，并采取合理的方式提示对方注意免除或者减轻其责任等与对方有重大利害关系的条款，按照对方的要求，对该条款予以说明。提供格式条款的一方未履行提示或者说明义务，致使对方没有注意或者理解与其有重大利害关系的条款的，对方可以主张该条款不成为合同的内容。”

② 现为《民法典》第497条。《合同法》第40条规定：“格式条款具有本法第五十二条和第五十三条规定情形的，或者提供格式条款一方免除其责任、加重对方责任、排除对方主要权利的，该条款无效”《民法典》第497条规定：“有下列情形之一的，该格式条款无效：（一）具有本法第一编第六章第三节和本法第五百零六条规定的无效情形；（二）提供格式条款一方不合理地免除或者减轻其责任、加重对方责任、限制对方主要权利；（三）提供格式条款一方排除对方主要权利。”

③ 《合同法》第52条规定：“有下列情形之一的，合同无效：（一）一方以欺诈、胁迫的手段订立合同，损害国家利益；（二）恶意串通，损害国家、集体或者第三人利益；（三）以合法形式掩盖非法目的；（四）损害社会公共利益；（五）违反法律、行政法规的强制性规定。”《民法典》第146条规定：“行为人与相对人以虚假的意思表示实施的民事法律行为无效。以虚假的意思表示隐藏的民事法律行为的效力，依照有关法律规定处理。”第153条规定：“违反法律、行政法规的强制性规定的民事法律行为无效。但是，该强制性规定不导致该民事法律行为无效的除外。违背公序良俗的民事法律行为无效。”第154条规定：“行为人与相对人恶意串通，损害他人合法权益的民事法律行为无效。”

④ 现为《民法典》第506条，将《合同法》第53条中“造成对方人身伤害的”修改为“造成对方人身损害的”，其他内容与《合同法》第53条一致。

《合同法》第39条与第40条之间的关系

徐同远：《合同法》第39条第1款针对“采用格式条款订立合同”而设，第40条旨在规制格式条款的效力评价。《合同法司法解释（二）》第10条将二者捆绑在一起，不知道出于什么想法？

李志刚：假如没有这条司法解释，根据《合同法》第39条和第40条，格式合同当中又免除自己责任的条款，但没有提示说明，这个条款有效无效？提示说明了，有效无效？

王长军：如果格式条款违反了《合同法》第40条，则绝对无效，无论是否提示说明。

李志刚：那《合同法》第39条怎么理解？第39条说，免责条款，应当提示说明。如果免责条款因为违反第40条绝对无效，那提示说明了，不也还是无效吗？

王长军：《合同法》第39条只适用于第40条以外的情形。

李志刚：《合同法》第39条的免责条款包括在第40条范围内。第40条以外，就没有第39条什么事了吧。

宁红丽：《合同法》第39条是订入控制，是关于格式条款合意的起码要求，是针对全部格式条款的要求。这一条第1句又加上公平原则，使订入控制与内容审查混为一谈了。而格式条款的内容审查不应针对核心给付条款，德国学者将格式条款的内容审查限定在对任意性规定作出的修改范围里。事实上将免除自己责任、加重对方责任、排除对方权利作为内容审查的标准，也是不准确的。

李志刚：《合同法》第39条第2款似乎排除了订约协商。

戴景月：实务中确实有免除己方责任无效，即使作了说明也无效的观点。

李志刚：故倾向《合同法司法解释（二）》第10条，旨在解决《合同法》第39条与第40条之间的紧张关系，即免责条款未提示说明，才无效；提示说明了，可以有效。

王长军：《合同法》第 40 条只针对违反《合同法》第 52 条、第 53 条及提供格式条款一方免除其责任、加重对方责任、排除对方主要权利的情形，范围较第 39 条应窄些。

李志刚：《合同法》第 52 条、第 53 条不涉及格式条款，一律无效。但免责、加重条款，涉及《合同法》第 39 条和第 40 条的关系。《合同法司法解释（二）》第 10 条，是解决这个紧张关系的。

立法动态

高圣平：《合同法》第 39 条第 1 款前段属于格式条款效力的概括控制规则（公平原则），后段是格式条款订入合同的规则，未尽提示和说明义务，即未订入合同，无须进行效力判断。将《合同法司法解释（二）》解释为可撤销有误。《合同法》第 40 条是已经订入合同的格式条款的效力判断规则。《民法典合同编（二次审议稿）》对此作了明确。

《民法典合同编（草案）（二次审议稿）》第 288 条规定：格式条款是当事人预先拟定，并在订立合同时未与对方协商的条款。采用格式条款订立合同的，提供格式条款的一方应当遵循公平原则确定当事人之间的权利和义务，并采取合理的方式提请对方注意免除或者减轻其责任等与对方有重大利害关系的条款，按照对方的要求，对该条款予以说明。提供格式条款的一方未履行提示或者说明义务，致使对方没有注意或者理解与其有重大利害关系的条款的，对方可以主张该条款不成为合同内容的一部分。《民法典合同编（草案）（二次审议稿）》第 289 条规定：“有下列情形之一的，该格式条款无效：（一）具有总则编第六章和本法第二百九十八条规定的无效情形；（二）提供格式条款一方不合理地免除或者减轻其责任、加重对方责任、限制对方主要权利；（三）提供格式条款一方排除对方主要权利。”

姜　强：同意高老师的意见。格式条款的控制分为两个层面：一是合同的订入控制，系合意的达成控制，归属于合同成立制度，是事实判断，不提示，视同未合意；二是效力控制，如果提示说明了，则要根据效力规则作判

断，在格式条款里，主要涉及优势地位的一方当事人利用格式条款排除权利的问题，可以归属于公序良俗或者其他效力控制规范。

刘生亮：订入规则很清晰，关键是证明规范，如何防止订入逃逸。

李志刚：《民法典合同编（草案）(二次审议稿）》无效情形，对《合同法》第40条作了限缩。《合同法》第39条和第40条有交集（重合）。

徐同远：在《合同法司法解释（二）》中，第9条“提供格式条款的一方当事人违反合同法第三十九条第一款关于提示和说明义务的规定，导致对方没有注意免除或者限制其责任的条款，对方当事人申请撤销该格式条款的，人民法院应当支持”与第10条，在个案适用时，也会重合。

徐同远：《合同法司法解释（二）》第10条还可能滋生疑义。如果是认为它针对《合同法》第39条和第40条的交集，除了交集之外，第40条还有其他情形。

段晓娟：我记得当时问《合同法司法解释（二）》的这个内容和《合同法》条款内容的不同解读时，讲授《合同法司法解释（二）》理解和适用的专家介绍：原告这样诉也可以，那样诉也可以，当作多给原告一条路。

王长军：《民法典合同编（草案）(二次审议稿）》第288条好。如果依照《合同法司法解释（二）》第10条的文义进行理解，则格式条款无效的范围将极大减少，似乎格式条款比非格式条款无效的难度还大，结论显然存疑。

徐同远：所以，不是太明白为什么会这样规定。

段晓娟：《合同法》第39条没有明确未提示说明的法律后果，觉得《保险法》关于未提示说明的后果是对被保险人不生效规定正确。

李志刚：《合同法》第52条、第53条解决了无效（绝对、当然）的一般情形；第39条、第40条通过《合同法司法解释（二）》第10条明确免责、重责、削权的格式条款因未提示说明而无效的情形。

王长军：《合同法》第52条、第53条属绝对无效应无争议，故无论是否格式条款，无论是否履行提示、说明义务，只要违反第52条、第53条都无效。关键是《合同法》第40条的后半部，即“提供格式条款一方免除其责任、加重对方责任、排除对方主要权利的”该部分是否也属绝对无效？如果是，则与第52条、第53条一样，则《合同法司法解释（二）》第10条系画蛇添足；如果不是，则上述第二种观点正确。我个人认为《合同法》第40条整条都属于规定绝对无效的条款。

吴兆祥：《合同法司法解释（二）》第10条应该是明确的，目前合同编好像有所调整。目前以未订入合同说和效力待定说为有力说。

王长军：《合同法司法解释（二）》采纳了可撤销说，即司法解释第9条。

高圣平：我赞成王长军的观点。就格式条款的效力控制，《合同法》第40条是绝对无效事由的列举，如违反第39条后段，未尽提示和说明义务，格式条款不订入合同，自无效力控制的讨论空间。各个国家和地区，除绝对无效的硬性控制之外，尚有弹性控制的适用空间，德国和我国台湾地区规定系以公平原则作为相对无效的情形，并有相应列举式的判断标准（以公平原则为指引），恰与我国《合同法》第39条前段相当。不过，各个国家和地区新近就格式条款的规制已有相应改变，值得深入研究。

刘生亮：是的。陈忠五在《法律行为绝对无效与相对无效之区别》[①]一文中有论述。

李志刚：邢海宝《论对格式条款的明确说明——以保险合同为中心》一文对《合同法》第39条和第40条的关系有相关论述。[②]

李　宇：保险合同有其特殊性，以保险合同为中心的观点，很难推而广之适用于一切合同。

【总结及倾向性意见】

《合同法》第39条第1款规定：“采用格式条款订立合同的，提供格式条款的一方应当遵循公平原则确定当事人之间的权利和义务，并采取合理的方式提请对方注意免除或者限制其责任的条款，按照对方的要求，对该条款予

① 陈忠五：《法律行为绝对无效与相对无效之区别》，载我国台湾地区《台大法学论丛》1998年（第27卷）第4期。

② 邢海宝：《论对格式条款的明确说明——以保险合同为中心》，载微信公众号“明德商法”2019年6月12日。

以说明。”该条规定提供格式条款一方在将格式条款订入合同时负有提示（提请注意）[①]和说明义务，但没有规定提供格式条款一方违反该义务时的法律后果。[②]

《合同法司法解释（二）》第9条、第10条明确其法律效果，具体规定了两种救济方式：（1）赋予格式条款相对方以撤销权，如相对人申请撤销该格式条款的，法院应当作出撤销该格式条款的裁判。第9条规定：“提供格式条款的一方当事人违反合同法第三十九条第一款关于提示和说明义务的规定，导致对方没有注意免除或者限制其责任的条款，对方当事人申请撤销该格式条款的，人民法院应当支持。”（2）属于格式条款法定无效情形的，法院应当认定该格式条款无效，即第10条规定：“提供格式条款的一方当事人违反合同法第三十九条第一款的规定，并具有合同法第四十条规定的情形之一的，人民法院应当认定该格式条款无效。”

根据《合同法司法解释（二）》第9条、第10条之规定，一方面，提供格式条款一方，违反《合同法》第39条规定的义务，并不必然导致该格式条款无效，格式条款相对方可以向法院申请撤销来否定该格式条款的效力。另一方面，提供格式条款一方，违反《合同法》第39条规定的义务，并且该格式条款属于《合同法》第40条、第52条、第53条规定的法定无效情形的，人民法院应当直接认定该格式条款无效。[③]

《合同法司法解释（二）》第9条规定违反提示和说明义务的他方当事人享有撤销权，第10条规定违反上述义务且落入《合同法》第40条后段三种情形之一时，条款无效。关于这两种后果的区分，《合同法》第39条、《合同法司法解释（二）》第9条对于可撤销合同的规定较为明确。《合同法》第40

① 提示义务履行到何种程度才算合理，《合同法司法解释（二）》第6条第1款有专门说明：提供格式条款的一方对格式条款中免除或者限制其责任的内容，在合同订立时采用足以引起对方注意的文字、符号、字体等特别标识，并按照对方的要求对该格式条款予以说明的，人民法院应当认定符合《合同法》第39条所称“采取合理的方式”。提供格式条款一方对已尽合理提示及说明义务承担举证责任。

② 有观点认为，这是一个缺乏法律效果的不完整的法律规范。参见高圣平：《格式合同司法规制中的几个问题》，载王利明主编：《合同法评论》2004年第4辑，人民法院出版社2005年版。

③ 沈德咏主编、最高人民法院研究室编著：《最高人民法院关于合同法司法解释（二）理解与适用》，人民法院出版社2009年版，第88~89页。

条、《合同法司法解释（二）》第10条易生歧义，对此应作限缩解释，[①]即依据立法目的，此类免责条款若系企业的合理化经营所必需，免除的或是一般过失责任，或是轻微违约场合的责任等，并且提供者又履行了提请注意的义务，则此类免责条款应当有效；除此之外的免责条款才归于无效。也就是说，根据《合同法司法解释（二）》第10条的规定，提供格式条款的一方当事人违反《合同法》第39条第1款的规定，并具有《合同法》第40条规定的情形之一的，人民法院应当认定该格式条款无效。

【代表性学术观点】

梁慧星认为：《合同法》第40条规定“提供格式条款乙方免除其责任”的条款无效，变成了“免责条款”一律无效，不仅与第53条规定的“免责条款原则有效，例外无效”存在矛盾，也与《合同法》第39条规定的履行了提示义务和说明义务则免责条款有效，存在逻辑矛盾。《合同法司法解释（二）》第10条则将《合同法》第40条与《合同法》第39条联系起来，格式合同中的免责条款，如果不违反第39条的规定，不违反公平原则，并且履行了提示、说明义务，即应认定为有效；如果违反第39条的规定，或者违反公平原则，或者未履行提示、说明义务，即应认定为无效。该司法解释纠正了上述逻辑矛盾，使格式合同中的免责条款，仅在违反《合同法》第39条规定情形被认定为无效，符合《合同法》立法指导思想，可资赞同。[②]

崔建远认为：《合同法》第40条后段规定，提供格式条款一方免除其责任、加重对方责任、排除对方主要权利的，该条款无效。对此，法律人绝不可单纯地、望文生义地将其适用于个案，必须结合《合同法》第39条的规定确定免责条款的效力。因为免责条款肯定是免除一方的责任、加重对方责任或排除对方主要权利，无论是哪一种，都符合《合同法》第40条的规定，就都得无效。如果认定免责条款都无效，显然不符合客观实际，违反生活常识，且不符合《合同法》的立法目的。应当这样认识问题：《合同法》第40条规

① 崔建远主编：《合同法》（第6版），法律出版社2016年版，第71页。该部分由崔建远执笔。
② 梁慧星：《读条文 学民法》（第2版），人民法院出版社2017年版，第174页。

定的文义涵盖过宽，依据立法目的，此类免责条款若系企业的合理化经营所必需，或免除的是一般过失责任，或是轻微违约场合的责任等，并且提供者又履行了提请注意的义务，则此类免责条款应当有效；除此之外的免责条款才归于无效。因而，对于该条规定应当进行目的性限缩。对此，《合同法司法解释（二）》第 10 条已经规定，提供格式条款的一方当事人违反《合同法》第 39 条第 1 款的规定，并具有《合同法》第 40 条规定的情形之一的，人民法院应当认定该格式条款无效。①

周清林认为，对格式免责条款的规制应当按照以下步骤进行：第一，规定格式免责条款提供方有提请注意和说明的义务，若违反这一义务视为双方并未就该条款达成一致，因而这些条款不被认定为合同条款。第二，假若提供方没有违反这些义务而对方当事人接受的，若这些条款合乎《合同法》第 52 条和第 53 条情形，应强制性地认定为无效；倘该格式条款符合失权条款情形，即属于“免除自己主要义务”和“排除对方主要权利的”，亦应定为无效；如果上述格式条款只是“加重对方责任”的显失公平条款，即应按照可变更、可撤销来对待；不能被归类到上述三种情况的，则统统有效。②

李绍章认为：《合同法》规定了格式条款的无效情形，即具有无效合同的五种情形的（《合同法》第 52 条）；提供格式条款一方免除其责任、加重对方责任、排除对方主要权利的；此外，格式条款中如果存在造成对方人身伤害或因故意或者重大过失造成对方财产损失的免责条款，亦无效。《合同法司法解释（二）》第 10 条规定对格式条款无效情形的解释有画蛇添足之嫌。《合同法》已规定了格式条款的无效情形，《合同法司法解释（二）》尽管对此作出了进一步解释，但以违反公平原则和提请、说明义务并同时具有《合同法》规定的无效情形作为无效认定依据，实无必要：一是因为《合同法》对格式条款无效情形规定得十分清楚，司法解释不必重复；二是因为对于违反公平

① 崔建远主编：《合同法》（第 6 版），法律出版社 2016 年版，第 71 页。该部分由崔建远执笔。

② 周清林：《论格式免责条款的效力层次——兼谈〈合同法〉及其司法解释之间的矛盾及其协调》，载《现代法学》2011 年第 4 期。

原则和提请、说明义务的情形，司法解释赋予了当事人申请撤销权。[①]

贺栩栩认为：结合《合同法》第39条和第40条进行体系解释，格式条款无效应满足：“已经订入合同”“经合同解释明确其含义”“未遵循公平原则确定当事人之间的权利和义务”，其表现形式多为“提供格式条款一方免除其责任、加重对方责任、排除对方主要权利”。《合同法》第40条和在此之后的特别法规定，即《消费者权益保护法》第26条和《保险法》第19条（这两个法条与《合同法》第40条规定基本一致），都仅描述了无效格式条款的类型，即格式条款之特征或内容控制之客体，并未提供实质性的评价标准。因此，仅仅是“免除其责任、加重对方责任、排除对方主要权利”，难以成为效力评价标准。《合同法》第39条中的“公平原则”，或以《消费者权益保护法》第26条中“不公平、不合理的规定”为标准，较为抽象。交易关系中的公平原则是否得到遵守，反映在裁判规则上应为权利义务是否均衡。格式条款使用人对相对人造成“不合理的利益减损”的，格式条款无效。具体有两个评价标准：一是任意法规范，即格式条款违背任意法规范中包含的体现公平和对等性法律基本思想的，构成对相对人的“不合理的利益减损”；二是对影响当事人合同利益实现的权利、义务、责任的限制，即在无任意法规范的领域，可以胜任格式条款审查标准，即判别对相对人构成不合理的利益减损的，是“免除其责任、加重对方责任、排除对方主要权利”，且此类权利、义务和责任，应对合同目的和合同利益实现至关重要，尤其适用于无名合同中的格式条款审查。[②]

贺剑认为：《合同法》第40条，免除己方责任、加重对方责任、排除对方主要权利均属于客观上显失公平；主观上，在格式条款客观上显失公平的情形下，提供格式条款的一方往往利用了己方优势——尽管《合同法》第40条并未明确规定主观要件。这一法无明定可以有两种解释：一种是立法者为了特别保护接受格式条款的一方而一律推定主观要件存在，这是不可推翻的推定，因此即便可以证明主观要件不存在，也不影响第40条的适用。另一种

① 李绍章：《格式条款的契约法理与规制分析——兼评〈合同法司法解释（二）〉对格式条款的相关规定》，载《南昌大学学报（人文社会科学版）》2012年第5期。

② 贺栩栩：《〈合同法〉第40条后段（格式条款效力审查）评注》，载《法学家》2018年第6期。

解释是,《合同法》第 40 条是显失公平制度的体现，二者在构成要件上并无不同：立法者是因疏漏而未明确规定主观要件。故若可以证明主观要件不存在，仍应排除第 40 条的适用。后一解释更值赞同。其实益在于，在商事合同等场合，第 40 条的适用就应当（基于主观要件的要求）有所限制。[①] 而《合同法》第 39 条是显失公平制度的一种特殊类型。该条的主观要件是未尽到相应的提示和说明义务，即主要是利用对方没有经验；而其客观要件是免除责任或者限制责任，这虽然包括显失公平和稍失公平两种情形，但因为显失公平情形可以直接适用《合同法》第 40 条而无效，故第 39 条的客观要件宜作限缩解释，仅限于稍失公平。[②] 理由在于，格式条款意味着经常性的大规模交易，而在大规模交易中，尽管就每一次单独交易而言，提供格式条款的一方当事人都只是利用其优势而致使合同稍失公平，但积少成多，其却能利用不是每一个相对人都会起诉撤销而谋取大量利益。这种行为的主观恶性较严重，因此综合考察主客观要件，仍可以主观要件之有余而补客观要件之不足，认定其构成显失公平。第 39 条的法律后果为可撤销 [《合同法司法解释（二）》第 9 条]，由此也可得到解释。

【典型案例 1】

刘某捷诉中国移动通信集团江苏有限公司徐州分公司电信服务合同纠纷案

案号：江苏省徐州市泉山区人民法院（2011）泉商初字第 240 号[③]

【裁判要旨】

经营者在格式合同中未明确规定对某项商品或服务的限制条件，且未能证明在订立合同时已将该限制条件明确告知消费者并获得消费者同意的，该

① 贺剑:《〈合同法〉第 54 条第 1 款第 2 项（显失公平制度）评注》，载《法学家》2017 年第 1 期。

② 参见施杨、朱瑞:《格式条款提供方的合理提示义务与格式条款效力的认定》，载《人民司法·案例》2010 年第 18 期。换言之,《合同法司法解释（二）》第 10 条只是一个注意规定。

③ 最高人民法院指导案例 64 号，该指导案例旨在明确电信服务企业在订立合同时未向消费者告知某项服务设定了使用期限限制，在合同履行中又以该项服务超过有效期限为由限制或停止对消费者服务的，构成违约，应当承担违约责任。该案例对于明确格式合同有关条款的法律适用规则、保护消费者合法权益、规范电信服务等行业的经营秩序具有明显的指导作用。

限制条件对消费者不产生效力。

【基本案情】

2009年11月24日，原告刘某捷在被告中国移动通信集团江苏有限公司徐州分公司（以下简称移动徐州分公司）营业厅申请办理“神州行标准卡”，付费方式为预付费。原告当场预付话费50元，并参与移动徐州分公司充50元话费送50元话费的活动。在业务受理单所附《中国移动通信客户入网服务协议》中，双方对各自的权利和义务进行了约定，其中第4项特殊情况的承担中的第1条为，在下列情况下，乙方有权暂停或限制甲方的移动通信服务，由此给甲方造成的损失，乙方不承担责任：（1）甲方银行账户被查封、冻结或余额不足等非乙方原因造成的结算时扣划不成功的；（2）甲方预付费使用完毕而未及时补交款项（包括预付费账户余额不足以扣划下一笔预付费用）的。

2010年7月5日，原告在中国移动官方网站网上营业厅通过银联卡网上充值50元话费。2010年11月7日，原告在使用该手机号码时发现该手机号码已被停机，原告到被告的营业厅查询，得知被告于2010年10月23日因话费有效期到期而暂停移动通信服务，此时账户余额为11.70元。原告认为被告单方终止服务构成合同违约，遂诉至法院。

【裁判观点】

法院生效裁判认为：电信用户的知情权是电信用户在接受电信服务时的一项基本权利，用户在办理电信业务时，电信业务的经营者必须向其明确说明该电信业务的内容，包括业务功能、费用收取办法及交费时间、障碍申告等。如果用户在不知悉该电信业务的真实情况下进行消费，就会剥夺用户对电信业务的选择权，达不到真正追求的电信消费目的。

依据《合同法》第39条的规定，采用格式条款订立合同的，提供格式条款的一方应当遵循公平原则确定当事人之间的权利和义务，并采取合理的方式提请对方注意免除或者限制其责任的条款，按照对方的要求，对该条款予以说明。电信业务的经营者作为提供电信服务合同格式条款的一方，应当遵循公平原则确定与电信用户的权利义务内容，权利义务的内容必须符合维护电信用户和电信业务经营者的合法权益、促进电信业的健康发展的立法目的，并有效告知对方注意免除或者限制其责任的条款并向其释明。业务受理单、入网服务协议是电信服务合同的主要内容，确定了原被告双方的权利义务内容，入网服务协议第 4 项约定有权暂停或限制移动通信服务的情形，第 5 项约定有权解除协议、收回号码、终止提供服务的情形，均没有因有效期到期而中止、解除、终止合同的约定。而话费有效期限制直接影响原告手机号码的正常使用，一旦有效期到期，将导致停机、号码被收回的后果，因此被告对此负有明确如实告知的义务，且在订立电信服务合同之前就应如实告知原告。如果在订立合同之前未告知，即使在缴费阶段告知，亦剥夺了当事人的选择权，有违公平和诚信原则。被告主张“通过单联发票、宣传册和短信的方式向原告告知了有效期”，但未能提供有效的证据予以证明。综上所述，本案被告既未在电信服务合同中约定有效期内容，亦未提供有效证据证实已将有效期限制明确告知原告，被告暂停服务、收回号码的行为构成违约，应当承担继续履行等违约责任，故对原告主张“取消被告对原告的话费有效期的限制，继续履行合同”的诉讼请求依法予以支持。

【典型案例 2】

周某治、俞某芳与余姚众安房地产开发有限公司商品房销售合同纠纷案

案号：浙江省宁波市中级人民法院（2014）浙甬民二终字第 470 号

【裁判要旨】

商品房买卖中，开发商的交房义务不仅仅局限于交钥匙，还需出示相应的证明文件，并签署房屋交接单等。合同中分别约定了逾期交房与逾期办证的违约责任，但同时又约定开发商承担了逾期交房的责任之后，逾期办证的违约责任就不予承担的，应认定该约定属于免除开发商按时办证义务的无效格式条款，开发商仍应按照合同约定承担逾期交房、逾期办证的多项违约之责。

【基本案情】

2012年11月12日，原告周某治、俞某芳（买受人）与被告余姚众安房地产开发有限公司（以下简称众安公司）（出卖人）签订商品房买卖合同，约定：买受人购买的商品房为预售商品房，出卖人应当在2012年12月31日前，将商品房交付买受人使用；出卖人承诺于2013年3月31日前，取得土地、房屋权属证书并交付给买受人，买受人委托出卖人办理该商品房转移登记，出卖人不能在前款约定期限内交付权属证书，双方同意按照下列约定处理，约定日期起30日内，出卖人交付权属证书或登记证明的，按已付房价款的1%承担违约责任，约定日期起30日以后，出卖人仍不能交付权属证书或登记证明的，买受人退房，出卖人在买受人提出退房要求之日起30日内将买受人已付房价款退还给买受人，并自约定日期至实际退款日止，按日向买受人支付已交付房价款3‰的违约金，买受人不退房，出卖人自约定日期起至实际交付权属证书或登记证明之日止，按日向买受人支付已交付房价款3‰的违约金；若出卖人逾期交房并承担了逾期交房违约责任的，则本合同第16条中出卖人承诺取得土地、房屋权属证书的时间相应顺延，顺延期限与商品房交付的逾期期限相同等。2013年3月9日，被告登记取得房屋所有权证；2013年3月25日，被告取得土地使用权（土地使用权分割登记）。二原告依照合同约定将房屋价款支付给被告。至原告起诉之日，被告未与原告办理房屋交付手续，亦未向原告交付房地产权属证书。

【裁判观点】

一审法院认为：依照合同约定，被告负有按时交房与按时交付权属证书的义务。现被告以合同中的条款（附件八补充协议第6条第2款）“若出卖人逾期交房并承担了逾期交房违约责任的，则本合同第十六条中出卖人承诺取得土地、房屋权属证书的时间相应顺延，顺延期限与商品房交付的逾期期限相同等”为由，认为即使认定被告逾期交房，那么逾期交房屋权属证书时间也应当相应的顺延。根据《合同法》第39条、第40条规定：采用格式条款订立合同的，提供格式条款的一方应当遵循公平原则确定当事人之间的权利和义务，并采取合理的方式提请对方注意免除或者限制其责任的条款，按照对方的要求，对该条款予以说明；格式条款具有《合同法》第52条和第53条规定情形的，或者提供格式条款一方免除其责任、加重对方责任、排除对方主要权利的，该条款无效。附件八补充协议第6条第2款系被告方提供，其内容显然置原告方的利益于不顾，导致其权益处于不确定状态，免除了被告按时交付房地产权属证书的义务，应当为无效的格式条款，故被告不能因为双方有此条款的约定而免除其逾期交付权属证书的违约责任。

二审法院认为：至于附件八补充协议第6条第2款关于“若出卖人逾期交房并承担了逾期交房违约责任的，则本合同第十六条中出卖人承诺取得土地、房屋权属证书的时间相应顺延，顺延期限与商品房交付的逾期期限相同”的约定，根据《合同法》第39条、第40条规定：采用格式条款订立合同的，提供格式条款的一方应当遵循公平原则确定当事人之间的权利和义务，并采取合理的方式提请对方注意免除或者限制其责任的条款，按照对方的要求，对该条款予以说明；格式条款具有《合同法》第52条和第53条规定情形的，或者提供格式条款一方免除其责任、加重对方责任、排除对方主要权利的，该条款无效。该补充协议的格式条款系上诉人提供，并没有采取合理的方式提请对方注意，而其内容显然对被上诉人利益不利，导致被上诉人权益处于不确定状态，免除了上诉人按时交付房地产权属证书的义务，应当为无效。

【民法典最新相关规定释评】

《民法典》用了第496条和第497条两个条文就格式条款的问题作出规定。

第496条规定了格式条款订立人的提示说明义务：“格式条款是当事人为了重复使用而预先拟定，并在订立合同时未与对方协商的条款。采用格式条款订立合同的，提供格式条款的一方应当遵循公平原则确定当事人之间的权利和义务，并采取合理的方式提示对方注意免除或者减轻其责任等与对方有重大利害关系的条款，按照对方的要求，对该条款予以说明。提供格式条款的一方未履行提示或者说明义务，致使对方没有注意或者理解与其有重大利害关系的条款的，对方可以主张该条款不成为合同的内容。”

第497条规定了格式条款无效的情形：“有下列情形之一的，该格式条款无效：（一）具有本法第一编第六章第三节和本法第五百零六条规定的无效情形；（二）提供格式条款一方不合理地免除或者减轻其责任、加重对方责任、限制对方主要权利；（三）提供格式条款一方排除对方主要权利。”

与合同法及其司法解释相比，《民法典》有以下变化：一是针对格式条款订立人提示说明的范围，增加了与对方“有重大利害关系的”的内容。二是针对《合同法》第39条没有规定提供格式条款一方违反说明义务的法律后果问题，明确赋予了对方在订立人未履行提示说明义务下主张相关条款不成为合同内容的权利。这也修改了《合同法司法解释（二）》第9条对方有权申请撤销该格式条款的内容，与《保险法》第17条关于“未作提示或者明确说明的，该条款不产生效力”的规定是一致的。三是就格式条款的无效，《民法典》第497条分项列出无效的情形，将总则中法律行为无效的规范和合同编中免责条款无效的规范，作为认定格式条款的无效事由；同时将《合同法》规定的“免除其责任、加重对方责任”的格式条款一律无效，限制为“不合理”地减免或加重时方为无效；保留了“排除对方主要权利”的格式条款无效的规定。较之《合同法》第40条和《合同法司法解释（二）》第10条，《民法典》的规定显然更为科学、系统和完善，也解决了原来《合同法司法解释（二）》第10条在解释上存在歧义的问题。

（讨论整理及后续评论：王松）

税率调整与情势变更

【发言群友】

李秀霞、李志刚、郭宁华、刘生亮、宁红丽、邹宇、王文胜、葛洪涛、王长军、戴景月、李宇、王松

【讨论时间】

2019年6月

【沙龙实录】

李秀霞：因增值税税率降低，固定总价（包含税）的合同，发包方能否要求相应降低价款？

李志刚：请求调整的法律依据是什么？

郭宁华：如影响较大，可考虑下情势变更的思路进行合同变更。

刘生亮：印象中，黄喆老师在《法律科学》2013年第5期发表的论文《情势变更原则在建设工程合同中的适用》涉及这个问题。

宁红丽：这里牵涉如何认识“固定总价”的问题，采用固定价格签订合同，不就是排除了调整因素吗？我个人觉得，除非构成情势变更，税率变动不应构成价格调整的原因。

李秀霞：合同约定“固定单价（一方出具10%增值税发票）”，现在该方出具的是9%增值税发票。

邹　宇：固定总价也是双方在核算基础上达成的合意，能够提高交易效率，不宜否认。税率调整可以考虑构成情势变更。

宁红丽：根据这个价格约定，我觉得问题在于把固定价格理解为税前价格还是含税价格。按上面的条文，我个人倾向理解为含税价格。

李秀霞：是含税价格。标的100亿元的建设工程施工合同，承包方因税率变化能增加上亿元的利润，发包方进项抵扣少了。不过双方款项进出发生时间不同。对于持续性合同，双方主要款项进出发生时间不同，比如前期承包方付款多，进款少。整个建筑行业交叉影响，单独就一个合同论及增减款项。

李志刚：1%的税率变化，可能还够不上适用情势变更的量度，即使基数很大。

为何因为税率调整的利益就必须要由合同相对方分享？事实和法律依据是什么？

李秀霞：还有一问题，如果双方协商分享了该利益，即降低了固定单价或者总价，在强制招标项目中违法吗？

郭宁华：个人感觉不违法，没过错，政策福利，除非发包方也主张调低总价。法律依据是《合同法司法解释（二）》第26条的规定。

王文胜：税率变化所带来的风险由谁承担？利益由谁享有？现在是因税率降低而就利益分配有争议。反过来，税率上涨呢？当事人约定税后固定单价，是否意味着当事人将税率波动的风险和收益都给了依法应缴纳税款的那一方？还是说，当事人在订立合同时，根本没有预计税率波动，没有对税率波动的风险与收益的分配作出安排？

邹　宇：这正是适用情势变更的前提，即缔约时完全不可能预见，合《合同法司法解释（二）》第26条有明确规定。

李志刚：1%的税率的调整，不足以产生合同权利义务的显著失衡；何况当事人已经通过合同条款明确固定了税负的承担主体和承担方式。

葛洪涛：同意志刚意见，尤其是对于从事如此大额交易的商主体而言。

王长军：赞同志刚意见。固定包干价合同通常对发包人较有利，承包人风险更大（因为人工、材料价格上涨概率高于下跌），因 1% 的税率下调难以构成情势变更。

李秀霞：合同会约定材料价格调整的情形，比如涨跌超过 5% 或者 3% 的部分调整。

王长军：合同约定了一定幅度的价格调整较为公平、合理，对承包人的风险有一定防范。但建筑实务中，在固定包干价下几乎未见到发包人叫苦的，哭的多为承包人。

邹　宇：转换一下问题，固定总价合同符合什么条件可以调整价格？

李秀霞：税负的承担主体是发包方，承担方式是由承包方缴纳 10% 的税。这样是否正确？现在承包方缴纳少了，那发包方是否就负担少点？降税是谁的红利，发包人还是承包人？

戴景月：如果一定要用红利，降税红利是给税负人的。

李秀霞：目前已经签订了合同的，或者在履行中的，是给施工方的。以后的，可能还是投资方的。我没有依据，得看税改背景。

戴景月：作为调整杠杆，减税加税一定是直接针对税负主体的，即使想通过他撬动其他主体，鼓励或削减某类活动，除了考虑情势变更的要件以外，司法调整负担，还要看一方的费用加重或减少是否使对方费用减少或加重，比如调整过重的违约金。

李志刚：税收红利必须拿出来平分的法律依据和合同依据是什么？再举个例子，个人所得税下调 1%，单位和个人是否应当各分得 0.5% 的政策红利？正如戴景月院长所言，违约金调整尚有 30% 的幅度考量，税率变动 1% 的风险（红利）就要通过情势变更改变、调整合同约定，那情势变更的适用可能也过于随意了。

李秀霞：发包人提出的理由是：我按照 10% 税率给你支付了工程款，而你给我的发票却是 9%，至少是与合同不符。如果说这里面有没有损失的话，可能用来抵扣的税款少了，算是发包人的损失吧。承包人有获利，发包人有损失，能不能达到显失公平的程度呢？我倒是倾向你的观点。不过总有些疑问。再如，业主发现开发商实际支付的税比买房时的税低了，也是因为税改的原因，业主起诉要求返还相应税款部分的购房款。能支持吗？

所以我认为对于已经履行的合同，鉴于施工方的利润低，税负降低是施工方获利。戴院长说的对税负主体有利，我同意。

李志刚：司法在介入或者调整合同自治的时候，可能要有两个基本的原则：（1）允许一方当事人正当地获利。除非违法或者恶意损害了他人的利益，不应“容不得他人好”，或者必须利益均沾。（2）司法作为一只看得见的手，也要非常审慎地往外伸，必须由明确法定、约定或者显著不公，避免“父爱主义”或者“忍不住的关怀”，特别是在商事领域。

情势变更适用中最重要的一点是与普通商业风险的区分。商事主体较之民事主体，对成本、收益和风险，都有较强的测算和控制能力，这是商主体营利性、营业性的内在动因和客观表现。所以，商事合同中的对价款及风险、收益的事先安排，比法官事后的、出于朴素的公平观的调整冲动更符合“看得见的手”的市场调节机制规律要求。

如果税率调整 1% 就要通过司法去调整所有的合同，那调整一次 1% 的个人所得税或企业所得税，法院要审多少个案子？关键是，这样做就真的实现公平了吗？

李　宇：赞同！

戴景月：平均利润率是经营活动的预计盈利的常规，但是小概率发生的“意外之财”砸谁头上，就该谁暴富。

王　松：这个涉及情势变更与商业风险的区分。商业风险属于商业活动的固有风险；情势变更是作为合同成立基础的环境发生了异常变动，当事人缔约时无法预见的非商业固有的风险。通常当事人在缔约时已将商业风险合理计算在内并形成相应的合同价格，由一方当事人承担并不会导致显失公平；情势变更适用的情形是如果坚持按照约定，会在结果上导致对一方显失公平，而另外一方获得暴利。情势变更的风险是往往无法预见、风险程度远远超出正常人的合理预期、风险难以防范和控制，继续维持合同效力会显失公平，如经济危机、通货膨胀、汇率大幅变化等。据此，本案税率调整属于商业风险为宜。

郭宁华：赞同志刚意见。根据《合同法司法解释（二）》第26条可知，情势变更的适用原则是公平原则，适用条件是显失公平，这里已包含了对秩序价值、规则的稳定性以及司法资源、正义成本的综合衡量，因此对情势变更原则在司法裁判中的适用是非常慎重的，按照《最高人民法院关于正确适用〈中华人民共和国合同法〉若干问题的解释（二）服务党和国家的工作大局的通知》，个案中适用该条的，应当层报高级人民法院甚至最高人民法院审核。对于什么是“显失”，考虑到《合同法司法解释（二）》第26条和第29条都是以公平原则为基础，在司法实践中也有一种做法是参照《合同法司法解释（二）》第29条，违约金的调整规则，变更幅度超过原合同总价的30%或接近30%的可视为显失公平。当然，这里指的是个案，在系列案、有可能引起连锁反应的类案中则另当别论。李秀霞所提的案件中1%的税率或许在个案中调整影响不大，但也要排查是否属于系列案或者可能引起系列案连锁反应的情形。

李秀霞：损失的30%。

刘生亮：回到李秀霞老师所提具体案型，是否还有一个检讨顺序的问题？即发包方请求降低价款的请求，能否通过合同解释来解决？

李秀霞：是的。如果定为商业风险或者不可抗力，那么交付9%的发票就不违约。

刘生亮：本案的税率变化幅度在含税固定价合同所调整（容许）范围内，该合同仍是主观价格。商业风险抑或情势变更的分析作为合同解释作业内容对待。

李志刚：合同约定了固定价款及税负承担的主体，这个价格仍是“主观价格”？

刘生亮：合同约定了固定价款及税负承担的主体，这个价格仍是“主观价格”。主客观与否取决于价格形成机制而不是固定与否。

【总结及倾向性意见】

案例涉及的问题涵盖两个方面，一是合同（特别是以土木工程为典型的建筑施工合同）约定的“固定总价”应当如何理解；二是税收调整是否需要对约定的“固定总价”进行司法干预。

首先讨论对案例中“固定总价”的理解。群友讨论已经指出，“固定总价”是含税价格。当事人之间约定“固定总价”，其交易目的显然是为便于核算，避免未来因微小事由而重复计算，造成浪费；所以即便当事人之间未明确该总价是否为含税价格，也应斟酌当事人交易的情境，解释成含税价格为宜。

一般而言，合同用语的理解需要区分不同的交易情境，例如国际咨询工程师联合会（FIDIC）将施工合同大体分为三种典型场景，分别为：（1）由发包人一方负责设计的建筑或工程项目（Conditions of Contract for Construction，施工合同条件，CONS）；（2）承包人负责设计、同时负责供应相关电器及设备的项目（Conditions of Contract for Plant and Design-Build，生产设备和设计-施工合同条件，P&DB）；（3）发包人较少介入，由承包人基本负责全部建筑或工程的项目（Conditions of Contract for Engineering，Procurement and Construction/Turnkey Projects，设计采购施工/交钥匙工程合同条件，EPCT）。[①] 三种场景的区分标准主要考虑设计者是合同的何方当事人、发包人是否希望介入日常工作以及发包人对项目进程确定性的需求。整体而言，区分的依据主要是对项目风险的控制能力，将风险在合同双方当事人之间进行分配；例如，在发包人深度介入项目的CONS情形，除非当事人之间另有约定，否则发包人和承包人之间需要经过测量和估价的程序[②] 确定[③] 价格，[④] 将施工中工程量的增减等风险完全交由发包人承担，但是在P&DB和EPCT条件下，合同价格分别为中标（承诺）合同的总价格（the lump sum Accept Contract Amount）[⑤] 和合同总额价格（the lump sum

---

① 当然，FIDIC还发布过一种“简明合同条件”（the Short Form of Contract），供价值小、工期短、内容简单的项目使用，但是该条件属于前述典型情境的简化而非一种独立交易情境，故此处不讨论。

② See FIDIC CONS，§12.1-12.3.

③ See FIDIC CONS，§3.5.

④ See FIDIC CONS，§14.1（a）：“the Contract Price shall be agreed or determined under Sub-Clause 12.3［Evaluation］and be subject to adjustments in accordance with the Contract”.

⑤ See FIDIC P&DB，§14.1（a）.

Contract Price)，[①] 显示出合同价格的确定程度实际上属于风险在合同双方当事人之间的分配问题。也即，交易的惯例应当是，当发包人方面能够通过项目设计、派员监督、现场调试等手段控制风险时，项目的总价按照最后实际发生的工程总量计算，价格的决定依赖事后的估价；而在承包商控制项目风险，发包人只希望购买“交钥匙”项目时，事先约定的总价不应受到太大的调整。所以，如何对案例中的“固定总价”进行解释，有赖于考察案涉项目中究竟何方更易于控制项目的风险。而在 FIDIC 对合同条件适用类型化区分的指引问题，可能对“如何确定何方更易于控制项目风险”具有借鉴意义。[②]

例如，发包人负责项目设计，承包人只是根据发包人提供的图纸进行施工，则应当认定发包人可以通过项目设计控制风险；又如当发包人完全不派人监督项目施工，只希望购买一个拎包入住式的“交钥匙”项目，则应当认定承包人可以控制项目的全部风险；在前者情况下，“固定价格”在解释上应当更为宽松并偏向于承包一方，而在后者情形下则更应固守“固定价格”的文义。

但是，FIDIC 的合同条件在涉及群友讨论的第二个方面时，却未依前述三种交易情境而有所区别，即在税率变化是否引发固定价格调整的问题上，CONS、P&DB 和 EPCT 三种情形使用了同样的规则：除非因法律改变，合同价格不因承包商支付的税费而进行任何改变。[③] 而且，FIDIC 的《合同指南》针对该项特别指出，该项中所称的因法律改变的税率调整的适用条件是税率增加的情形。[④] 而且可以类比的是，在发包人更希望以固定价格缔约的情形下（倾向 EPCT 条件下），通货膨胀等成本的增加而引起的调整不适用于该情形。《合同指南》更是开宗明义地指明其原因在于是让承包人承担更大的风

---

① See FIDIC EPCT，§ 14.1（a）.

② 参见前引 FIDIC 提供的《合同条件使用说明》，首先将项目区分为简单项目和复杂项目，对于简单项目建议适用“简明合同条件”，对于复杂项目则展开三种典型交易情境的区分。

③ See FIDIC CONS，P&DB，EPCT，§ 14.1（b）：“the Contractor shall pay all taxes，duties and fees required to be paid by him under the Contract，and the Contract Price shall not be adjusted for any of these costs，except as stated in Sub-Clause 13.7 [Adjustments for Changes in Legislation] .”

④ See FIDIC Contracts Guide，§ 14.1：“If the rates of duty/tax increase after the the Base Date，Sub-Clause 13.7 applies.”

险。[①] 这也与国内固定总价合同适用情形基本相符。固定总价合同俗称“闭口合同”“包死合同”，[②] 在建设施工领域主要运用于设计施工图纸文档详备、工期较短、工程结构相对简单、投标时间充裕的工程项目中。[③] 这些项目的风险大多事先可以预期且相对于承包方而言较为可控，双方约定固定总价的目的也正是顺应市场规律，将风险转移给可控的一方。若案涉合同采用固定总价，在税率降低的情形下即轻易运用情势变更理论进行调整，则可能反而与双方当事人缔约时的目的背道而驰，也与国内外相关领域的交易惯例有所偏离。更何况情势变更需要达成“重大”的程度，仅仅1%增值税税率的变动显然难以达成。

此外，讨论的最后，有群友指出该价格是主观价格，因而税收调整所涉情事可以通过合同解释的方式解决。虽然该价格系双方当事人斟酌市场信息而达成，可以理解为经济活动中的客观价格在个别交易中的反映，因而确实可以说是“主观价格”，但是该主观价格的背景恰恰是在税收调整之前长期稳定的市场交易，所以即便是主观价格，也不会体现为对客观价格的背离。[④] 或者更具体地说，即便是在合同解释的框架下分析该“主观价格”，其解释所赖以生成的语境仍然是长期稳定的通常交易所产生的“客观价格”——因为交易信息壁垒、独特的需求（异于其他市场主体的动机）、特定的财务状况、客观价格是垄断定价、交易标的不具代偿性等可能导致主观价格与客观价格背离的因素[⑤] 均不在案例考虑的范围之内，所以只要在价格形成机制中不涉及不正当竞争问题，该定价大凡是主观价格与客观价格的统一。

从长期来看，价格形成机制的最关键因素是供求关系，只要裁判的最终结果不会影响供求动机，那么就不会实质性地对可能受歪曲的交易起到矫正的作用。而宏观来看，税率升高/降低的可能性是无法预测的，合同的双方当事人会自行按照风险控制的可能性对风险进行交易，并反映在价格之中。即

---

① See FIDIC Contracts Guide，§13.8：“No such formulae are included in EPCT，which is intended to place greater risk on the Contractor.”

② 参见闫文周、高琳：《对固定总价合同价款调整的探讨》，载《商场现代化》2007年第20期

③ 参见舒颖：《从纠纷案例处理探析固定总价合同的纠纷规避》，载《建筑经济》2013年第8期。

④ 参见罗子明：《消费者心理学》，清华大学出版社2002年版，第218页。

⑤ 参见罗子明：《消费者心理学》，清华大学出版社2002年版，第217~218页。

便该税率调整的风险不期而至，对当事人之后是否选择交易方面也不会有太大影响，也即该风险恰恰因为无法预测而不会对供求关系产生影响；裁判者也无法根据当下税率调整的现实预测未来税率变动的可能，裁判本身也无法从“向前看”的角度为双方的未来交易起到规划安排的作用——能够形成健康价格机制的基础仅有市场而已。裁判者在此问题上持谨慎立场，不轻易运用情势变更理论调整合同，反而可能更为妥当。

【民法典最新相关规定释评】

本题涉及的规则包括情势变更和约定不明确时合同内容的确定问题。关于情势变更，《民法典》第 533 条规定：“合同成立后，合同的基础条件发生了当事人在订立合同时无法预见的、不属于商业风险的重大变化，继续履行合同对于当事人一方明显不公平的，受不利影响的当事人可以与对方重新协商；在合理期限内协商不成的，当事人可以请求人民法院或者仲裁机构变更或者解除合同。人民法院或者仲裁机构应当结合案件的实际情况，根据公平原则变更或者解除合同。”关于约定不明确时合同内容的确定问题，《民法典》第 510 条规定：“合同生效后，当事人就质量、价款或者报酬、履行地点等内容没有约定或者约定不明确的，可以协议补充；不能达成补充协议的，按照合同相关条款或者交易习惯确定。”此外，该问题还须参照意思表示的解释规则，即《民法典》第 142 条规定：“有相对人的意思表示的解释，应当按照所使用的词句，结合相关条款、行为的性质和目的、习惯以及诚信原则，确定意思表示的含义。无相对人的意思表示的解释，不能完全拘泥于所使用的词句，而应当结合相关条款、行为的性质和目的、习惯以及诚信原则，确定行为人的真实意思。”

《民法典》第 533 条源自《合同法司法解释（二）》第 26 条的规定，在适用上与原先并无太大差异。例如最高司法机关认为可以借鉴比较法实务上的做法，在税法变动的场景下，除非当事人在合同中对此有明确约定，否则风险由当事人各自承担。[①]不过，因为情势变更制度的目的在于平衡当事人之间因社会异常变动引起的利益变化，所以必须在个案中斟酌各方当事人的风险负担，运用诚信原则具体判断。此外，因为合同约定优先于情势变更规则的适用，所以在适用第 533 条之前，必须首先依据第 510 条甚至第 142 条对合同进行解释。只有在确定了当事人并未就该重大情势的变更进行约定（即“无法预见”），且该变更的情形属于合同交易的“基础条件”后，方能根据第 533 条对合同进行调整。

（讨论整理及后续评论：吴园晨）

① 参见沈德咏主编、最高人民法院研究室编著：《最高人民法院关于合同法司法解释（二）理解与适用》，人民法院出版社 2009 年版，第 190 页。

代位权之行使条件与证明责任

【发言群友】

葛洪涛、王松、司伟、刘生亮、肖建国、吴泽勇、张谷、刘建功、薛军、李宇、刘凯湘

【讨论时间】

2019 年 5 月

【沙龙实录】

葛洪涛：根据《合同法司法解释（一）》第 11 条规定，债权人依照《合同法》第 73 条的规定提起代位权诉讼，应当符合下列条件：（1）债权人对债务人的债权合法；（2）债务人怠于行使其到期债权，对债权人造成损害；（3）债务人的债权已到期；（4）债务人的债权不是专属于债务人自身的债权。

根据《合同法司法解释（一）》第 13 条第 1 款规定，《合同法》第 73 条规定的“债务人怠于行使其到期债权，对债权人造成损害的”，是指债务人不履行其对债权人的到期债务，又不以诉讼方式或者仲裁方式向其债务人主张其享有的具有金钱给付内容的到期债权，致使债权人的到期债权未能实现。第 2 款规定，次债务人（债务人的债务人）不认为债务人有怠于行使其到期债权情况的，应当承担举证责任。

《合同法司法解释（一）》第 13 条第 2 款应作何解释？次债务人只能举

示证据证明已经被起诉或仲裁；还是说，只要能够证明债务人一直在积极协商处理，即可以作出债务人未怠于行使其到期债权的认定？

王　松： 按照《合同法司法解释（一）》第13条第1款的规定，只要债务人对次债务人的债权已到期，债务人未以诉讼或仲裁方式向次债务人主张权利，即构成“债务人怠于行使其到期债权，对债权人造成损害”，债权人即可行使代位权。因此，次债务人需要举证证明已经被起诉或仲裁。

葛洪涛： 文义解释应该是这样，但如果仅是为了这样简单的事情，第2款的规定好像没有必要。

司　伟： 好问题！我认为《合同法司法解释（一）》第13条第1款的规定作为一般规则可能更好。也就是说，一般情况下应该遵循这样简单明了的标准，但是并没有绝对地排除在个别案件中，次债务人有非常充分的证据证明与债务人之间正在协商，债务人是在积极的主张债权。如果是在合理的期限内，仍然认定债务人怠于主张债权，并不妥当。当然为了防止个案对于一般规则的肆意突破，可以适当提高次债务人证明责任的门槛。

葛洪涛： 有观点认为，法律突破合同相对性原则，设立债权人代位权制度，同时严格规定代位权的构成要件，旨在均衡保护“债权人的债权”与“债务人、第三人经济自由”两个价值目标。审理代位权诉讼纠纷案件，法官对主债权债务与次债权债务同时进行认定，但认定标准需按照债权人代位权之诉成立的法定条件，与普通诉讼中通过审理某一法律关系确定当事人的权利义务不同。债务人在代位权诉讼中作为第三人的诉讼主体地位，若债务人与次债务人的权利义务过于复杂、尚存重大争议，法官并不会对债务人与次债务人之间的权利义务争议作出实质性认定，亦无法确认次债务是否确定并已到期。为平衡债权人、债务人、次债务人利益，当次债务尚不能予以确定时，债权人的代位权将无法实现。不知大家怎么看？

刘生亮： 此观点恐无规范依据，有增设要件之嫌。若债务人与次债务人间权利义务关系明晰，则无须代位成讼，进而审理止争，径行执行到期债权即可。

肖建国： 洪涛的问题很好，回头有必要专门写篇论文研究。我的初步意见是:《合同法司法解释（一）》第13条的规定的确有些费解。“怠于行使到期债权”在第11条中可以理解为债权人代位权的权利发生要件，按照罗森贝克的规范说应由债权人负证明责任；但鉴于“怠于行使到期债权”本质上是两个消极事实（债务人不履行到期债务、债务人不以诉讼或仲裁方式向次债务人主张权利），债权人难以举证；尤其是债务人申请仲裁与否，具有保密性，债权人无从得知该事实，因此，第13条第2款将未怠于行使到期债权的举证证明责任分配给次债务人。总体来说，第13条第2款采用的是法国法上的举证责任倒置方案，债权人主张怠于行使到期债权的，即推定其真实，被告须证明未怠于行使的相反事实。

葛洪涛：肖老师，您的意思也是应当采文义解释，仅有提起诉讼或仲裁才符合第13条所规范的证明内容?

肖建国：似不宜限制这么窄，诉讼或仲裁之外，还有其他争议解决主体，如行政机构、调解组织等。

葛洪涛：是否可以这样理解您的意思，解释论上，只能限制为诉讼或仲裁；立法论上，有扩大的空间?

肖建国：不过，就证明的有效性看，诉讼或仲裁比较规范，有据可查；而行政处理或第三方调解，未必好证明。双方的磋商，也有保密性、内部性。也不排除串通造假的可能性。

吴泽勇：我也觉得第1款写得不太好。从证据法理论上，就“怠于行使到期债权”这一要件事实，第1款设置了一个法律推定规则，即将这该要件事实替换为“未以诉讼或者仲裁方式主张债权”这一具体事实，从而降低了主债权人的证明难度。第2款又就进行了证明责任倒置，将该要件事实的证明一劳永逸地交给了次债务人。两个技术操作层面，可以认为后者的强度远高于前者。如果这个理解是对的，那么在存在第2款的情况下，第1款还有什么独立的价值呢？正如肖老师所言，第1款对“怠于行使到期债权，对债权人造成损失”的界定令人费解。一方面，这个要件事实从逻辑上只应该包括逗号前后的两部分，不知道为什么出现了“不履行到期债务”这个内容。另一方面，将“怠于行使到期债权”界定为不通过诉讼或者仲裁主张债权，是对合同法条文文义的严重限缩。这种限缩的理由何在？

张　谷：特别同意建国所说的"双方磋商有恶意通谋的可能"。债权人代位权难就难在既要保障债权实现，又不能让债权人过分干预债务人的自由。同时，代位权之行使，在两个方面都有通谋的可能：一方面，债务人的众多到期债权人中，何以个别债权人知悉其对次债务人拥有债权？不乏通谋或不当个别清偿者。另一方面，倘若债权人费尽调查之力，发现债务人对次债务人拥有债权，债务人和次债务人亦十分有可能进行串通、伪造、抵销、免除、和解、延缓履行等。

肖建国：对的。在《合同法司法解释（一）》放弃入库规则的情况下，恶意通谋尤甚，张谷老师所言更值得关注。

王　松：《合同法司法解释（一）》第13条第2款似可理解为：次债务人如果认为债权人不具备提起代位权诉讼的四个要件［《合同法司法解释（一）》第11条］，可以就该四个要件进行举证。即该处所指不仅针对第2项要件。

张　谷：债务人未以诉讼、仲裁方式行权的，构成"怠于行权"的初步证据；若次债务人能够证明债务人以其他方式行权的，为免作为第三人的债权人突破债的相对性，不当干预债务人事务，应认为不存在"怠于行权"的事实。但无论声称以何种方式行权，倘有通谋情形，甚至有虚假诉讼、仲裁，或者故意利用法院或仲裁机构造成行权假象的，仍为"怠于行权"。

刘建功：赞同。

薛　军：关于债权人代位权，曾经遇到一个问题也可以讨论一下。债务人为履行债务提供了连带责任保证人。债权人在其债权到期后跳过保证人，直接针对次债务人行使代位权。这样做可以吗？

葛洪涛：看来是有争议，提供一点背景资料，供大家参考："债务人只有以诉讼或者仲裁的方式向次债务人主张权利，才不构成'怠于'，仅以私力救济方式主张权利如直接向次债务人主张权利，或向其代理人主张权利，甚至包括向民间调解委员会或行政机关请求处理，都属'怠于'之列。因为如果规定债务人采取了这种方式便不构成'怠于'，则在债权人提起代位权诉讼后，债务人与次债务人之间极易通谋举证证明债务人已向次债务人主张权利，以对抗债权人的代位权，进而使代位权制度形同虚设。故规定只有在债务人已向次债务人起诉或者申请仲裁的情况下，才不构成‘怠于’，否则，债权人均可行使代位权。”①

张　谷：上文言说不同，倒也不构成矛盾。只是在允许债权人干预债务人经济自由方面略有不同罢了。

李　宇：关于薛军老师提出的问题，我认为可以。拙见：第一，法条文义上没有限制。第二，债权人是否请求连带义务人履行债务，是他的权利，没有充分理由似不应干涉。第三，债权人不找连带保证人先诉次债务人，多有实际上的理由，比如保证人无资力；如果增加顺序之类的要件（要求先诉保证人），难免把法院审查方向导引到对保证人和次债务人状况的比较，恐难以操作。

刘凯湘：当时设置代位权的具体规则时主要考虑，一是要让代位权制度落于实处，便于法院作出是否符合要件的判断。二是便于债权人行使权利，所以作了三个实质性的限制规则：其一是把“怠于行使到期债权”限缩为债务人不以公力救济方式行使权利（主要为防止债务人与次债务人通谋）；其二是把代位权的客体限定为金钱给付内容的债权（主要为防止过度干预债务人和次债务人的私法生活）；其三是取消入库规则（主要防止其他债权人“搭便车”）。

葛洪涛：我理解张谷老师的意思，也赞同刘凯湘老师和曹守晔老师关于条文起草背景的解释。这些措施对于代位权制度的落实的确具有积极意义。但实践中总会碰到特殊案件，即司伟老师所说的原则与特殊的关系问题。由于代位权与执行程序中的到期债权执行密切相关，在程序法上很有实践意义。谢谢肖老师与吴老师。在民法典制定背景下，代位权制度还是有讨论余地的，且不应限于入库规则。此外，就薛军老师提出的问题，同意李宇老师的意见，理由也是法律没有禁止。

---

① 曹守晔等：《〈关于适用合同法若干问题的解释（一）的理解和适用〉》，载《人民司法》2000年第3期。

【总结及倾向性意见】

“债务人怠于行使到期债权”这一要件，《合同法司法解释（一）》第13条将其界定为，债务人不履行其对债权人的到期债务，又不以诉讼方式或者仲裁方式向其债务人主张其享有的具有金钱给付内容的到期债权，致使债权人的到期债权未能实现。对上述规定，学理和实务一直存有争议。本次沙龙的讨论，再现了既往关于“怠于行权”认定标准的争点；同时，审视问题的视角进一步扩及至程序法，试图从实体与程序的双重视角，提出妥当的解释方案。就本次讨论而言，主要形成以下两种意见：

第一，限缩说，即把“怠于行使到期债权”限缩为债务人不以公力救济方式行使权利（主要为防止债务人与次债务人通谋）。第二，推定说，即就“怠于行使到期债权”这一要件事实，司法解释第1款设置了一个法律推定规则，即将这该要件事实替换为“未以诉讼或者仲裁方式主张债权”这一具体事实，从而降低了主债权人的证明难度；第2款又进行了证明责任倒置，将该要件事实的证明一劳永逸地交给了次债务人。

编者倾向认为：《合同法司法解释（一）》第13条将这一要件的含义界定为，债务人不履行其对债权人的到期债务，又不以诉讼方式或者仲裁方式向其债务人主张其享有的具有金钱给付内容的到期债权，致使债权人的到期债权未能实现。次债务人（债务人的债务人）不认为债务人有怠于行使其到期债权情况的，应当承担举证责任。第1款中的“不以诉讼方式或者仲裁方式”行权针对的是保全必要性要件，由债权人承担证明责任。而第2款中此债务承担的举证责任所针对的证明事项是针对怠于行权要件和保全必要性要件。因此，公力救济方式仅针对必要性要件发生效力。在债权人承担举证责任时，采推定方式。就债务人而言，在两个要件意义上发挥作用。动摇必要性应采用公力救济的方式。动摇怠于行权，包括但不限于公力救济。也就是说，《合同法司法解释（一）》第13条的规范结构为，第1款是融合了必要性要件和怠于行权要件，而第2款赋予次债务人举证责任的仅系针对怠于行权要件。因必要性要件应由债权人承担举证责任，结合代位权的规范目的与制度功能，应作有利于债权人的解释，减轻债权人的举证负担，所以才将其

证明内容限缩为公力救济的方式。

之所以产生争议，实际上众多解释方案割裂了《合同法司法解释（一）》第 13 条第 1 款规定的规范构成。即第 1 款针对的是“债务人怠于行使其到期债权，对债权人造成损害的”的解释，而非单纯针对“债务人怠于行使其到期债权”的解释。司法解释在“债务人怠于行使其到期债权，对债权人造成损害的”中间填充了“又不以诉讼方式或者仲裁方式向其债务人主张其享有的具有金钱给付内容的到期债权”的内容，同时将“债务人怠于行使其到期债权”及“对债权人造成损害的”表达为“债务人不履行其对债权人的到期债务”及“致使债权人的到期债权未能实现”。由此，必要性要件和怠于行权要件构成交错关系。因此，第 1 款中的“债务人不履行其对债权人的到期债务，又不以诉讼方式或者仲裁方式向其债务人主张其享有的具有钱给付内容的到期债权”的规定，既属于怠于行权要件认定的一般标准，采用的是推定规范，同时又是代位权构成之必要性要件的必要条件。

综上所述，《合同法司法解释（一）》第 13 条中的“又不以诉讼方式或者仲裁方式向其债务人主张其享有的具有金钱给付内容的到期债权”系推定规范。依推定规范法理，债务人虽未采取公力救济方式行权，但次债务人若不认为债务人有怠于行使其到期债权情况的，可以举示证据推翻上述推定效力；反之，债务人即使采取了公力救济方式行权，次债务人以此主张债务人未怠于行使其到期债权进而主张代位权行使条件不具备的，债权人也可以举示证据推翻上述推定效力。

【代表性学术观点】

关于“怠于行使到期债权”的解释与规范适用，学者间见解不一。

朱广新认为，不以诉讼方式或者仲裁方式向次债务人主张其享有的到期债权，指明了“债务人怠于行使其到期债权”的判断标准。此解释具有鲜明的中国特色。怠于行使权利与否，不应以是否采取诉讼方式或仲裁方式主张权利为判断标准。不作这样要求的原因在于，当事人债权人以债务人“怠于行使权利”为由行使代位权时，债务人可以自己积极行使权利予以反驳，既然债务人已行使权利，则债权人不得再为代位行使；如债务人不能提出事实予以反驳，其行为应构成怠于行使权利。总之，债务人是否怠于行使权利，其举证责任不应由债权人来负担，否则，会严重背离代位权的本性——保护债权的一种私力方式。代位权在本质上是债权为实现自我保全而不得已扩张其相对效力的结果，在债权人与债务人的利益衡量上，债权人的利益应得到优先考虑。因此，判断债务人的行为是否构成“怠于行使”，在举证责任分配上，不应使债权人负担过多的责任，否则，会抑制代位权的产生。由于代位权的行使并不加重次债务人的负担，所以，除非其能够证明，自己确实已向主债务人履行了债务，或正在履行债务，或双方因债务的履行正处于诉争之中，否则次债务人不得拒绝债务之履行。因此，《合同法司法解释（一）》第13条第2款规定的“次债务人（即债务人的债务人）不认为债务人有怠于行使其到期债权情况的”，指次债务人应举证证明：自己确实已向主债务人履行了债务，或正在履行债务，或双方因债务之履行尚处于诉争之中。“债务人怠于行使其到期债权”，以法言之文义看，旨在说明，债务人在条件允许的情况下未及时（积极）行使自己的债权。但是，因合同关系具有封闭性，让债权人去证明债务人存在未及时行使债权的事实，并非易事。为达到保全债权的目的，对于“怠于行使”应尽量作有利于债权人的解释。在债务人的债权已到期，且逾合理期限后，可推定债务人怠于行使其权利，债权人可向第三人行使代位权。此时，债务人如不能提供其已以诉讼或仲裁方式向次债务人主张债权的证据，其怠于行使其债权的行为即为确定事实。该怠于行使权利的事实应溯及至债权人行使代位权之时。至于债务人因何种缘由怠于行使其债权，在所不问。债权到期后的合理期限之决定，应立足于案件实际，考虑提起诉讼或申请仲裁所需要的必要准备时间。[①]

韩世远认为，《合同法司法解释（一）》的规范模式虽有一定道理，但仍有值得推敲之处。其一，此种见解是在怠于行使“债权”的前提下展开的，更限定于“具有金钱给付内容的到期债权”，将债权人代位权之客体作较为狭窄的限制，人为地限缩了债权人代位权制度应有功能的发挥。其二，在到期

① 朱广新：《合同法总则研究》（下册），中国人民大学出版社2018年版，第440~442页。

债权的领域内，要求行使权利的方式限于诉讼方式或仲裁方式，否则将属于怠于行使，又有干涉债务人权利自由之处，结果是不当地扩张了债权人代位权的运用。另外，鉴于诉讼时效的中断提起诉讼或者申请仲裁之外，尚得包括“当事人一方提出要求”或者“权利人向义务人提出履行请求”，加之次债务人不认为债务人有怠于行使其到期债权情况的，应当承担举证责任。因而，《合同法司法解释（一）》第 13 条第 1 款限定于提起诉讼或者仲裁方式主张权利，自法政策上判断，似有进一步斟酌的余地。只要债务人已行使自己的权利，即使其方法不当，或结果不佳，债权人也是不能够行使代位权的。若债务人行使自己的权利时允许债权人代位，则构成对债务人的不正当干涉。债务人不行使自己的权利，并不考虑其理由如何、债务人是否有故意或过失。另外，债务人给付迟延时，无须对债务人催告行使权利。①

崔建远认为，债权人代位权的成立要件之“怠于行使其权利”局限于债务人主观上怠于行权，范围过窄，构成未认知的法律漏洞。应将适用范围扩张至债务人无行为能力，且无监护人，无法向其债务人主张债权等客观上无法行权的领域。但司法解释规定，仍将债务人怠于行权的情形扩展了，即债务人不以公力救济的方式行权就构成怠于行使其对第三人的权利。《合同法司法解释（一）》第 13 条第 1 款的规定，有其正面作用：诉讼方式或仲裁方式能够清晰地显示出债务人行使权利了，证明力最为直接和确凿；而非诉讼方式、仲裁方式，即债务人直接请求第三人履行的方式，在识别债务人对次债务人是否确实行使权利的问题上，相对困难。因为行使权利与否更多地取决于债务人、第三人是否承认，债务人实际上未行使权利却谎称已经行使了，甚至债务人和次债务人恶意串通欺骗债权人，均不易查清。上述规定，只承认债务人以诉讼方式或仲裁方式请求次债务人履行为行使权利，既可不让债务人、次债务人谎称已经行使权利的企图得逞，同时，也可以弥补前述未认知的法律漏洞。

针对将债务人直接请求次债务人履行的权利行使形式排除在怠于行使权利的形态之外，可能出现的债务人和次债务人串通的情形，崔老师也给出了

① 韩世远：《合同法总论》(第 4 版)，法律出版社 2018 年版，第 439 页。

解决方案：法律人可通过修正判断债务人行使权利的标准来解决。即判断债务人是否怠于行使权利不宜限于行使权利的过程，而应兼顾行使权利的结果。在债务人直接请求次债务人履行义务的情况下，不过分纠缠于债务人是否向次债务人主张了权利的这个过程，而是更看重次债务人是否已向债务人清偿的结果，只要在债务履行期届满时次债务人尚未清偿，债务人又未通过诉讼方式或仲裁方式请求，就认定“债务人怠于行使其权利”。[①]

王利明则认为，怠于行使应当仅限于债务人能够通过诉讼或仲裁的方式向其债务人主张权利，但一直未向其主张权利。主要理由为：此种方式具有一种客观的明确的标准，能够用来判断是否构成怠于行使。具体来说，一方面，债务人是否通过诉讼或仲裁以外的方式向其债务人主张了权利，对此债权人很难举证。即使债权人能够举证，债务人也可以随便举出一个事例说明其曾经向其债务人主张过权利，就可否定债权人关于其怠于行使债权的指责。另一方面，由于在债权人行使代位权的情况下，对次债务人并不有利，所以次债务人也可能会编造各种情况说明债务人曾经向其主张过权利。因此，如果将怠于行使权利的情况扩大到债务人能够通过诉讼或仲裁以外的方式向次债务人主张权利，但一直未向其主张权利，则很难判断债务人构成怠于行使，债权人所享有的代位权将会落空。正是由于这一原因，《合同法司法解释（一）》第 13 条第 1 款采纳了此观点。王利明老师还认为，债务人怠于行使债权的问题，应当由债权人举证。也就是说，债权人必须证明债务人能够通过诉讼或仲裁的方式向次债务人提出请求却没有及时提出。在债权人完成上述举证义务后，次债务人不认为债务人有怠于行使其到期债权情况的，也应当承担举证责任。举证的内容包括两方面：一是债务人在其债权到期以后，已经通过诉讼或者仲裁的方式向次债务人提出请求，至于法院或仲裁庭没有及时受理，则不能认为债务人构成怠于行使。二是债务人及时提出了请求或者因正当的理由而不能很快地向次债务人提出请求。例如，如果次债务人证明债务人已经与其达成清偿债务的和解协议或延期履行协议，只要这种协议达成过程中没有损害债权人债权的意图，则债务人根据这些协议不能向次债

① 崔建远：《合同法总论》（中卷），中国人民大学出版社 2016 年版，第 263~268 页。

务人及时提出请求，也不能认为债务人构成怠于行使权利。[①]

林诚二认为，所谓债务人怠于行使其权利，即债务人应行使之权利法律上能行使而事实上不行使之状态。但所谓怠于行使权利，学说上认为不可代位，但实务上见解则颇为分歧，时可时不可，实则实际上因必先代位权利，其后债权或物权所生之权能，自亦当然在代位行使之列。较确定者系使用、收益、处分，一定不可代位行使，盖此涉及债务人之自由也。又关于债务人自行行使权利或由债权人代位行使权利间并无一定先后顺序，实务上常视具体案情个案认定之，但如债务人已先行行使权利者，因无债务人怠于行使权利之情事，债权人自无行使代位权之必要。

关于须有保全债权之必要要件，所谓必要，系指若不代位行使权利，即有害于债权人受清偿之权利。盖如债务人怠于行使之权利若对于债权人之权利无影响时，债权人即无行使代位权之必要。但对于债权人之权利有无影响之判断，学说上则有不同见解，有认为必以债务人因怠于行使权利而陷于无资力为必要；另有认为只要影响债务人对债权人之给付即可，其中差别在于债务人如对于债权人负有给付特定物之债务时，债权人得否就债务人因特定物所生权利主张代位权。[②]

【典型案例 1】

鲁某鱼、陈某芬与云锡公司、林海公司、姜某云债权人代位权纠纷案

案号：最高人民法院（2019）最高法民申 1200 号

【裁判要旨】

“次债权”确定并非代位权行使的一般条件，是否采取诉讼方式或者仲裁方式行权，也并非“债务人怠于行使其到期债权”认定的唯一标准。

---

① 王利明：《论代位权的行使要件》，载《法学论坛》2001 年第 1 期；王利明：《合同法研究》（第 2 卷），中国人民大学出版社 2015 年版，第 99~101 页。

② 林诚二：《债法总论新解》（下册），我国台湾地区瑞兴图书股份有限公司 2017 年版，第 192~195 页。

【基本案情】

鲁某鱼、陈某芬以林海公司怠于行使对云锡公司的到期债权为由提起代位权诉讼。当事人之间针对“次债权”确定是否为代位权行使的一般条件以及债务人怠于行使权利的一般判断标准是否限于“提起诉讼或仲裁”等公力救济方式展开争论。

【裁判观点】

根据《合同法司法解释（一）》第11条规定的代位权构成要件，本案存在两个争议问题：一是债务人的债权是否到期；二是债务人是否怠于行使该债权。

就第一个问题，通常而言，“次债权到期”并不要求“次债权确定”，因为关于次债权数额的争议，可以在代位权诉讼中解决。但是本案的特殊性在于，云锡公司与林海公司之间的债权债务关系极其复杂，涉及双方三个合作项目分家之后的账目总体清理。即便《重组协议》暂定了云锡公司应当支付给林海公司款项的数额，但是协议同时约定要对“三个项目公司进行的（包括但不限于）借款、垫款、代垫工程款、代偿贷款本息、往来款等款项经对账后进行互补”“互补金额由各方共同签字确认”，还约定付款时间为“在本协议约定的各项工作完成并办理完工商登记变更等法律手续后的30个工作日内分三次支付”。这些约定尤其是付款时间的约定及其履行均导致债务人的债权到期时间具有不确定性。实际上，林海公司与云锡公司也一直在就抵扣的款项进行对账。综合考虑上述因素，认定案涉次债权已经到期的依据并不充分。

就第二个问题，《合同法司法解释（一）》第13条规定：“合同法第七十三条规定的‘债务人怠于行使其到期债权，对债权人造成损害的’，是指债务人不履行其对债权人的到期债务，又不以诉讼方式或者仲裁方式向其债务人主张其享有的具有金钱给付内容的到期债权，致使债权人的到期债权未能实现。次债务人（即债务人的债务人）不认为债务人有怠于行使其到期债权情况的，应当承担举证责任。”该条文将债务人怠于行使权利的一般判断标准具化为“未提起诉讼或仲裁”，同时赋予次债务人以举证义务，对于解决

“怠于行使权利”的举证难题具有积极意义。法院组织本案询问时，林海公司陈述，未提起诉讼，一是因经营情况不好无法支付诉讼费用，二是除《重组协议》外无其他证据支持。法院认为，若林海公司陈述如实，则其在不掌握证据的情况下，提起诉讼未必符合自身利益考量；再联系上述林海公司持续与云锡公司协商对账的事实，虽林海公司未提起诉讼或仲裁，但也难以认定构成“怠于行使权利”。

综上所述，二审法院认为“次债权”确定是代位权行使的一般条件虽有不当，但认定本案中鲁某鱼、陈某芬不具备行使代位权的条件是正确的。

【典型案例 2】

芜湖金隆置地有限公司、交通银行股份有限公司宁波分行债权人代位权纠纷案

案号：最高人民法院（2018）最高法民终 917 号

【裁判要旨】

债务人是否构成“怠于行使到期债权”的判断标准为其是否向次债务人采取诉讼或仲裁方式主张债权，只有采取诉讼或仲裁方式才能成为其对债权人行使代位权的法定抗辩事由，债务人采取其他私力救济方式向次债务人主张债权仍可视为怠于行使债权。

【基本案情】

芜湖金隆置地有限公司（以下简称芜湖金隆公司）与芜湖市国土局之间的《国有土地使用权出让合同》解除后，经多次磋商，但自双方确定相关债权至 2010 年 12 月交通银行宁波分行提起本案诉讼时，芜湖金隆公司未对芜湖国土局到期债权提起诉讼或者仲裁。芜湖金隆公司在芜湖国土局提出的仲裁程序中提起反请求，系发生在交通银行宁波分行提起本案债权人代位权诉讼之后。

【裁判观点】

关于交通银行宁波分行提起代位权诉讼是否符合法律规定的条件，安徽省高级人民法院一审法院认为，交通银行宁波分行对芜湖金隆公司所享有的债权已经生效民事调解书确认，为合法债权；芜湖国土局发函认可芜湖金隆公司在其处有 4155 万元到期债权，且依据《合同法司法解释（一）》第 12 条的规定，该债权不是专属于芜湖金隆公司自身的债权。依照《合同法司法解释（一）》第 13 条第 1 款的规定，本案芜湖金隆公司未按案涉民事调解书确定的内容履行其对交通银行宁波分行的到期债务，在对芜湖国土局的债权到期后，在合理期间内又不以诉讼或仲裁的方式向芜湖国土局主张到期债权，应当认定属于怠于行使到期债权，对交通银行宁波分行造成损害。故交通银行宁波分行提起代位权诉讼，符合《合同法司法解释（一）》第 11 条规定的代位权诉讼提起的条件。

最高人民法院二审认为：根据《合同法》第 73 条及《合同法司法解释（一）》第 11 条的规定，债务人是否构成"怠于行使到期债权"的判断标准为其是否向次债务人采取诉讼或仲裁方式主张债权，只有采取诉讼或仲裁方式才能成为其对债权人行使代位权的法定抗辩事由，债务人采取其他私力救济方式向次债务人主张债权仍可视为怠于行使债权。芜湖金隆公司与芜湖国土局之间的《国有土地使用权出让合同》解除后，虽然多次磋商，但自双方确定相关债权至 2010 年 12 月交通银行宁波分行提起本案诉讼时，芜湖金隆公司未对芜湖国土局到期债权提起诉讼或者仲裁，符合司法解释规定的关于主债务人怠于行使到期债权的情形。芜湖金隆公司在芜湖国土局提出的仲裁程序中提起反请求，系发生在交通银行宁波分行提起本案债权人代位权诉讼之后，不影响该行代位权的行使。故芜湖金隆公司上诉称原审认定其怠于行使债权事实错误的理由不能成立。

【典型案例 3】

上海东湖房地产发展有限公司与上海中祥（集团）有限公司等代位权纠纷案

案号：上海市高级人民法院（2009）沪高民一（民）终字第21号

【裁判要旨】

具体案件中，应将主观因素、外在表现与客观结果三个方面进行综合考量，以判断债务人是否怠于行使权利。不能仅仅因为立法者将“债务人是否提起诉讼或者仲裁”这一种怠于行使权利的表现形式规定为认定标准，便认为凡是债务人提起诉讼便不能认定债务人有怠于行使权利的状况，甚至得出债权人不能主张代位权的结论。[①]

【基本案情】

中祥公司对东湖公司享有合法有效的债权，东湖公司对闸北经委所享的债权，亦经生效法律文书所确定并已到期。对于该债权，东湖公司已经诉讼并最终进入执行阶段，在2000年8月16日，东湖公司与闸北商委、中亚公司签订和解协议后长达数年时间里，该和解协议并未按约履行。本案争议主要在于东湖公司已经采取诉讼救济的情形下，是否属于怠于行权。

【裁判观点】

本案主要争议在于东湖公司是否怠于行使其到期债权。

1999年6月8日，上海县公司与东湖公司通过订立《协议书》，确认上海县公司同意将其在天星大厦项目上的投资通过诉讼追回的权利由东湖公司代为执行，东湖公司取得投资本息后的一周内应返还上海县公司投资部分的本息。因而，东湖公司通过诉讼方式向闸北商委主张了相关债权，232号判决亦已支持该债权。在该案执行过程中，东湖公司与闸北商委、中亚公司达成和解协议，东湖公司已取得闸北商委先行归还的1400万元，并可以按约申请作为充抵债务的天星大厦8个楼面办理过户手续。如东湖公司作为诚信的当事方，理应将和解协议的相关内容告知中祥公司，并及时办理房屋过户手续，进而与中祥公司结算给付。但东湖公司却未将真实情况告知中祥公司，与中

---

① 王伟、卢薇薇：《债务人怠于行使到期债权之司法认定》，载《人民司法·案例》2009年第20期。

祥公司签订了有关房产分割协议，引发了191号案件，法院最终认定其具有欺诈行为，判决撤销了该房产分割协议。可见，东湖公司未积极申请房产过户有其主观上有违诚信的原因和目的。客观上，在东湖公司与闸北商委、中亚公司达成和解协议后，没有证据表明东湖公司申请相关房屋过户存在障碍。东湖公司辩称系当时对房屋过户的税费承担问题与闸北商委、中亚公司存在争议，但国家税收法规对税费的承担有明文规定，且东湖公司在得到闸北商委归还的1400万元后，也不存在无力承担过户费用的问题。至于其所称系争房屋被查封，也是达成和解协议近一年以后的情况。直至本案一审，在法院释明下其仍未在合理期限内积极配合履行义务。一审法院认定东湖公司怠于向闸北经委主张债权的行为成立，并无不当。

鉴于东湖公司的行为致使中祥公司长期以来未能实现其相应债权，已对中祥公司造成损害。作为次债务人的闸北经委及中亚公司亦认为东湖公司怠于行使到期债权，同意直接向中祥公司支付相关款项，因此中祥公司主张行使代位权，理由成立。至于东湖公司抗辩所称其与中祥公司约定返还中祥公司投资本息，是在其取得投资本息后一周内，因此其对中祥公司的债务未到期。对此，二审法院认为，东湖公司故意不要求实现其到期债权，以使其对中祥公司的债务不能满足清偿的条件，应视为该清偿条件已成就。

（讨论整理及后续评论：刘生亮）

汽车销售中的欺诈与惩罚性赔偿

【发言群友】

徐同远、李志刚、南宝龙、王志诚、潘军锋、王松、李秀霞、马向伟、吕来明、王文胜、王富博、傅穹、刘建功、李后龙、朱虎、纪海龙、王蕴、赵廉慧、刘静、邹波、钱玉林、吴泽勇、尚法、宁红丽、梁上上

【讨论时间】

2018年12月、2019年3月

【沙龙实录】

惩罚性赔偿是否需以“影响购买决策”为构成要件

徐同远：江苏法院发布2018年度消费者权益保护十大典型案例，其中典型案例二认为，销售者对汽车配件存在欺诈行为，影响消费者购买汽车决策时，应当按照车辆全款的三倍支付惩罚性赔偿金。

基本案情：2017年7月12日，原告唐某宏（乙方）与被告宝华公司（甲方）买卖协议一份，约定乙方购买甲方所售车型为2016款福睿斯1.5自动时尚型轿车一辆。2017年8月27日，涉案车辆在泰兴市珊瑚镇发生事故受损，在修理过程中，唐某宏发现该车之前曾经修理过，遂委托靖江天安达汽车贸易有限公司对后保险杠进行拆解，发现涉案车辆的前后保险杠均存在维修过的痕迹，遂与宝华公司产生纠纷诉至法院。法院认为：唐某宏因生活所需向被告宝华公司购买涉案车辆，属于生活消费，其购买行为受《消费者权益保护法》的保护。消费者有知悉其购买、使用的商品或者接受服务的真实情况的权利，宝华公司作为专业的汽车销售商，在无特别约定的情况下，其在向唐某宏交付车辆前应对车辆进行全面检测，将符合约定的新车交付给唐某宏，宝华公司作为经营者理应明确具体的将涉案车辆已经经过维修的事实告知消费者，宝华公司未提供任何证据证明其对原告履行了上述告知义务，明显侵犯了唐某宏的知情权。本案中，宝华公司应当明知其隐瞒涉案车辆的真实情况会让唐某宏陷入错误认识，并作出签订合同、购买涉案车辆的决定，但其仍然放任这种结果的发生，主观上具有欺诈故意，应当认定宝华公司的行为构成欺诈。故判决宝华公司于判决生效后十日内赔偿原告唐某宏三倍购车款共计 270 000 元。

法官点评认为：《消费者权益保护法》第 2 条规定：“消费者为生活消费需要购买、使用商品或者接受服务，其权益受本法保护；本法未作规定的，受其他有关法律、法规保护。”本案中，原告因生活所需向被告宝华公司购买涉案车辆，属于生活消费，其购买行为受《消费者权益保护法》的保护。一方故意告知对方虚假情况，或者故意隐瞒真实情况，诱使对方作出错误意思表示的，可以认定为欺诈行为。欺诈关注的是当事人意思表示真实的问题，并不涉及合同目的的实现。因此，一方的欺诈行为尽管仅涉及商品的某些部分，但如果按照一般消费者的观念，这种部分的欺诈足以影响其对商品整体的购买决策时，则应当对商品的整体承担欺诈的法律责任。从一般消费者的认知能力和消费心理出发，新车是指全新、未经过使用、未经过维修的车辆，经过碰撞、维修的车辆并非一般消费者认为的新车，故车辆经过碰撞、维修的信息显然会影响消费者的购买选择，宝华公司应当明知其隐瞒涉案车辆的保险杠曾经被修理过的真实情况会让原告陷入（按照新车购买涉案车辆）的错误认识，但其仍然放任这种结果的发生，主观上具有欺诈故意，应当认定被告宝华公司的行为构成欺诈。依据我国《消费者权益保护法》第 55 条的规定，原告据此要求被告宝华公司赔偿其三倍购车款即 270 000 元的诉讼请求，符合法律规定，应予支持。[①]

李志刚：是否可以理解为对《消费者权益保护法》第 55 条作了一个限缩解释？《消费者权益保护法》第 55 条规定："经营者提供商品或者服务有欺诈行为的，应当按照消费者的要求增加赔偿其受到的损失，增加赔偿的金额为消费者购买商品的价款或者接受服务的费用的三倍；增加赔偿的金额不足五百元的，为五百元。法律另有规定的，依照其规定。经营者明知商品或者服务存在缺陷，仍然向消费者提供，造成消费者或者其他受害人死亡或者健康严重损害的，受害人有权要求经营者依照本法第四十九条、第五十一条等法律规定赔偿损失，并有权要求所受损失二倍以下的惩罚性赔偿。"从文义上看，第 55 条未将"影响购买决策"作为三倍赔偿的限定条件，而是以经营者单方存在"欺诈行为"为唯一条件，赋予对经营者严厉的"惩罚性赔偿"。

南宝龙：好比中介机构欺诈，诱使购买商品，三倍赔偿是比照收取的中介费计算，还是比照买卖合同全款计算。

李志刚：您倾向哪种计算方式？

南宝龙：我想不好。如果严格按照文义解释，则不能得出全款赔偿的结论。

王志诚：惩罚性赔偿之立法意旨在于惩罚故意侵权（如诈欺）行为，依文义不宜再加其他要件（如影响购买决策）。应注意者，诈欺行为应会采用诈术或欺罔方法，是否皆会使他人作出错误决策？可能未必。

李志刚：王老师从侵权的视角解释欺诈，富有启发。即使采用诈术，但未足以产生动摇购买决策的影响——如豪车上装了一个假螺丝，是否仍适用整车三倍惩罚性赔偿，可能是两种观点在价值取向上的根本性分歧。另外，法定"惩罚性赔偿"，其特殊性和重心是否在于"惩罚性"，而不在于"赔

---

① 参见江苏省靖江市人民法院，（2017）苏 1282 民初 7064 号民事判决书；江苏省泰州市中级人民法院，（2018）苏 12 民终 710 号民事裁定书。该案二审审理期间，上诉人靖江市宝华汽车销售有限公司提出撤回上诉的请求，二审法院予以准许。该案被江苏省高级人民法院列为"江苏法院 2018 年度消费者权益保护十大典型案例"之一。参见《江苏法院 2018 年度消费者权益保护十大典型案例》，载微信公众号"江苏高院"2019 年 3 月 13 日。

偿”？但惩罚性赔偿的规则，和裁判者内心的“公正感”（民法上的补偿性）有一定疏离。因此，诸多案例似乎一直试图在寻求一些法外（文义之外）的因素，来限缩“惩罚性”标准的适用范围？

南法官所提及的有关以“中介费”还是“整车价”作为三倍的基数，似从经营者收益视角，对“惩罚性赔偿”进行限缩的一种思路。

潘军锋：该案的案情确实与之前最高人民法院第五巡回法庭作出的二审民事判决（2018）最高法民终 12 号豪车赔偿案有点类似。但本案中，保险杠的维修占整车的质量因素比较大，构成了整体欺诈，故支持了三倍赔偿。还有一个案例，就是汽车有过投保记录，但没有实际交付使用，消费者购车一年后，之前的保险公司问是否要续保，才得知之前该车出卖过，之前的买主退车退保了，没有实际提车。消费者主张三倍赔偿，是否支持？当时有两种意见，核心在于《消费者权益保护法》第 55 条是否需要有实际损害后果，观念欺诈是否可以主张惩罚性赔偿，请各位大家指教。

李志刚：原告主张的欺诈，是指“应该主动告知被买过（但是没有被用过）的事实而没有被告知”吗？

潘军锋：是的，主张未告知有出售记录影响其购买该车的决定，类似于出卖凶宅未告知。

配件、欺诈与利益衡量

王　松：《人民法院报》2018 年 12 月 6 日以《从 1650 万减到 11 万，最高法详解“史上最贵退一赔三案”改判原因》一文，就“豪车”天价赔偿案作了专题报道：

一是购车者称“宾利”车是有过大修记录的问题车，法院未予认定。最高人民法院经审理，认为购车者关于车漆抛光打蜡和窗帘更换属于“大修”的主张，与公众对于“大修”的合理认知明显不符。经销商提供了车辆的全套正式进口手续，车辆未被他人使用过，经销商提供的车辆符合合同约定。购车者称车辆经过前述处理后，车辆价值降低了约 90 万元，但对此未提供任何证据。经销商称购车者对窗帘问题完全知情，处理要求是购车者提车时提出，但因经销商未提供证据，该主张亦未获法院支持。

二是是否构成“欺诈”，应综合案件具体事实进行认定。窗帘虽然不属于车辆的重要配件，但因涉及配件的更换，配件价值数额并非显著偏低，最高人民法院认为，即使更换的是进口原装件，对该类信息经销商仍应如实告知购车者。至于该轻微措施未告知是否构成欺诈，考虑的主要因素包括：（1）是否影响到购车者缔约的根本目的。判决分析了合同中的相关条款、相关问题及处理的轻微程度，以及是否危及车辆安全性能、主要功能和基本用途，是否给购车者的日常用车造成不利影响、是否影响到购车者一定的财产利益等因素。根据案件事实，最高人民法院认定本案中并不存在影响购车者缔约根本目的的情形。（2）经销商是否存在隐瞒相关信息的主观故意。因经销商签订合同将该车销售给购车者时，对于车漆瑕疵和窗帘问题并不知晓。在交付购车者之前，经销商对存在的瑕疵和问题处理后进行了记载，并将信息上传至购车者可以通过一定途径查询的网络平台，表明经销商并不存在隐瞒信息的明显意图。综合相关事实，最高人民法院最终认定，虽然经销商的行为对购车者的知情权产生了一定的影响，但尚不构成欺诈，不应适用“退一赔三”的惩罚性赔偿规定。

李志刚：超出本案事实之外，有两个更具普遍性的法律问题，似仍值得探讨。（1）奢侈品、金融产品，是否适用于三倍的惩罚性赔偿？（2）价值100万元的车，中间有5万元的配件是假的，是否适用三倍惩罚性赔偿，并据此赔偿300万元？

李秀霞：第一个问题，看是否属于生活消费。第二个问题，汽车销售欺诈类案件，个案事实细节不一，而细节事实在欺诈的认定上所产生的影响不可忽略。该案判决为类案的审理提供了原则性路径，对促进购车者知情权的合理保护和行业的有序发展具有重要指导意义。比如一个追求完美主义的我，全车喷漆，或者哪个地方因被别人开过碰坏后修理了，就觉得整个豪车都不好了。如果一般的车，还没有这种感觉。

李志刚：法律规定的适用，可能不应以个人的喜好特质（完美主义）而有差异。

李秀霞：回归到法律问题的讨论，根据《消费者权益保护法》第55条规定，经营者提供商品或者服务有欺诈行为的，应当按照消费者的要求增加赔偿其受到的损失，增加赔偿的金额为消费者购买商品的价款或者接受服务的费用的三倍；增加赔偿的金额不足500元的，为500元。法律另有规定的，依照其规定。

根据该条规定：（1）奢侈品也属于消费品，符合该条规定，法律没有另外规定，故应三倍赔偿。（2）部分欺诈，即使是配件，也属于本条的欺诈，本条没有区分整体欺诈还是部分欺诈，也没有其他法律规定。适用整体三倍赔偿，而不是配件价格的三倍。如果要降低赔偿额，我认为只能从是否构成欺诈上找理由。比如我的巴宝莉风衣，纽扣是假的，需要整体赔偿。豪车的一个部件是假的，整车三倍赔偿可能有人感觉有失“比例原则”，我认为比例原则正好予以支持，从目的和必要性来看，配件价格的三倍赔偿款对于一个买豪车的人算不了什么，对于一个卖豪车的经销商或者生产者更算不了什么吧？

《消费者权益保护法》的目的是维护消费者权益和市场秩序，系基于消费者的弱势地位，所以整体三倍赔偿是必要的，似乎没有其他更好的替代措施。我甚至认为，越是这种价值昂贵的不宜辨别的不易买到的东西，越应该严厉惩罚。根据《最高人民法院关于审理商品房买卖合同纠纷案件适用法律若干问题的解释》第14条规定，超过3%的房屋面积缩水，是双倍赔偿房款。这两者的立法目的差不多。

我之前审理过一个车门喷漆的案件，销售商称是因为运输过程中刮擦的，经常会有这种到了后小修的，很正常，所以没有记录，也没有告知。后未完全支持原告。

马向伟：不知国外立法是如何规定的？我一直困惑的是，《消费者权益保护法》前半句是加倍赔偿损失，也就损失数额加倍，后半句又说是购置价款的加倍，是否存在思维上的错位呢？购置价款毕竟不等同损失数额。

李秀霞：我再抛开法律问题谈谈我的感想。有时候，我说的是有时候，

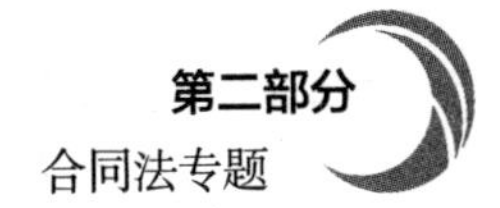

面对具体案件、具体当事人和单纯的讨论问题，不一样。

吕来明：交付时故意不告知当事人修过车，但记录在可以事后查询的系统中，以此来说明不构成欺诈，有点问题。这相当于让消费者承担了购物时查询所有公开系统的义务。明明经营者可以不花任何成本告知合同相对人，偏不告知，让消费者承担未查询的法律风险，并不公正。另外，对于一名理性的消费者而言，买一辆车，如果事先知道车门碰过漆处理过，窗帘换过，通常考虑是不买这辆车，换辆车，除非有另外约定，比如降价。

李志刚：判决赔偿 11 万元似在结果上对“侵害知情权”和价格补偿上作出了认定，对细节瑕疵和 550 万元汽车之间的关系，判决原文也作了比较细致的说明。脱离案情本身的场景，假设 3 万元窗帘是假的，是否要赔偿 550 万元的三倍？也就是向伟提出的问题。

王文胜：如果把事故往后移，要怎么处理？在 4S 店买新车，已经上好车牌，还没提车，做装潢的过程中，4S 店工作人员移车时发生了碰撞。这种场合，买方可否拒绝要这辆车？汽车的普通瑕疵，消费者是否必须接受？

李志刚：这可能取决于拒绝受领的救济，在《合同法》和《消费者权益保护法》上有没有作实定法的区分。现行《消费者权益保护法》，似未就此作出规定。您认为拒绝受领的依据是什么？

王富博：应区分欺诈行为与行为对象、行为后果。只要实施了虚构事实或隐瞒真相的行为，就构成欺诈，这是性质问题。实施虚构或隐瞒的对象是消费品的主要部分还是次要部分、后果轻重，均不应成为认定是否构成欺诈行为的要素。在一般侵权案件中，后者同时可以作为责任承担的酌定因素，但在消费者权益保护法领域已有强制性规定的情况下，似无自由裁量权。

李志刚：据此逻辑，如果 3 万元窗帘是假的，赔 1650 万元也是必需的？

王富博：法律的实施如果可以随意打折，恐永难达至法治。

李志刚：认同。这本身应该也是惩罚性赔偿的立法目的，可能没有给法官留出利益衡量的余地。

马向伟：惩罚性赔偿和合同效力、根本违约，是什么关系？

王富博：诚信无价，判个天价赔偿，如果能推动诚信社会建设，又有何不可？

傅　穹：是这个理，反之，背信弃义，成本畸低。靠谱。

王文胜：对于汽车这种特殊的种类物的买卖，是否要和普通的种类物买卖进行区别处理？房屋有凶宅问题，汽车也有类似的问题。从修理来说，汽车的质量问题很容易加以修理，但问题是，有很多消费者想要的是一个未经任何修理的汽车。

李志刚：特殊的法律依据是什么？

王文胜：要对合同目的进行解释。

李志刚：买鞋子，消费者也不喜欢被修过的。

王文胜：《人民法院报》报道的最高人民法院判决意见是：“最高人民法院考虑的主要因素包括：（一）是否影响到购车者缔约的根本目的。判决分析了合同中的相关条款、相关问题及处理的轻微程度，以及是否危及车辆安全性能、主要功能和基本用途，是否给购车者的日常用车造成不利影响、是否影响购车者一定的财产利益等因素。根据案件事实，最高人民法院认定本案中并不存在影响购车者缔约根本目的的情形。”这段话，似乎需要讨论。这类商品的买卖，买受人的观念和出卖人的利益之间怎么协调，是个问题。

吕来明：对于名牌商品，其价值是整体的，550 万元的车，如果公开信息价值 3 万元的窗帘是假的，在市场上绝对卖不了 447 万元。另外，如果有实力买 550 万元车的人，你事先告诉他窗帘是假的，可以便宜 11 万元，他一般也不会买。所以，部分欺诈只是情节和损害后果大小问题，与定性无关。至于处理，我认为可以支持退车请求。并在车门漆面、窗帘修理对整车价值的影响范围内三倍赔偿。

李志刚：根据《消费者权益保护法》第 55 条经营者提供商品或者服务有欺诈行为的，应当按照消费者的要求增加赔偿其受到的损失，增加赔偿的金额为消费者购买商品的价款或者接受服务的费用的三倍。文义解释上，未作切割或者区分（整体或者部分）。逻辑上，存在向伟说的，损失与价款的“错位”。

吕来明：如果严格按条文，不考虑赔偿额的大小，假窗帘 3 万元，赔偿整车三倍也符合法律规定。但本案判决否认构成欺诈，确可能实会起到鼓励欺诈的效应，欺诈认定门槛高，欺诈成本太低了。

马向伟：上述案例情形，能否不要求退车，只要求三倍车价赔偿呢？

李志刚：两个层次：一是本案中确实是进口原装窗帘，但是交换检验时换过；二是如果是假窗帘的假设情形。

刘建功：契约从标的特点可以有很多分类，可分或不可分是其中一个。豪车看起来比较吓人，实际上只要认定是种类物并且是可分的种类物，目前的法律规定都可以波澜不惊地执行。记得学国际经济法课程时有溢短装条款，这个，可以和本案作个对比。

李后龙：那个案例对于职业打假还有道理，对于普通消费者判得过低了。但原判车价三倍赔偿绝对是机械执法。

李秀霞：马向伟提的问题太尖锐，都没有发现到。引发了我的思考。（1）关于赔偿与价款的问题，说是赔偿损失，又把价款引进来，是不是说明了前段对欺诈的程度存在一个固定认识？比如，欺诈，是说某一东西是假的或者达不到承诺的效果，或者说还能用所以损失不好界定就用价款来认定了事，或者认为欺诈是影响整体的。欺诈的含义是什么？承诺的学区房实际上不是算不算欺诈？答应卖的某一新产品会附上当面辅导使用，但只发了个书面说明算不算欺诈？（2）欺诈会导致合同无效，后果是相互返还。那么惩罚性赔偿是例外规定？这种欺诈是不是需要构成根本违约才可以？对此的惩罚性赔偿的后果是不是也要达到类似根本性违约的情形才会有？（3）返还的时候，可以要求赔偿损失。那么，不返还可以吗？可以要求三倍赔偿吗？您提出的三个问题值得思考。

《消费者权益保护法》与《合同法》

刘建功：现代工业发展，一方面让可分物更清晰，另一方面也让两者之间更模糊了。但是，车的问题，幸好没有超出传统民法的范畴。甲供应乙一万吨煤炭，乙检测出甲有五十吨就是煤矸石。法院会认定合同无效吗？不知道。但是商人们用溢短装条款解决了这个问题。就和大学老师告诉我们的可分物是一样的逻辑。窗帘被偷换了和发动机被换了，不可能是一个标准。后者涉及对标的的核心认知，前者完全不同。

李志刚： 商事合同的溢短装条款和《消费者权益保护法》上的惩罚性赔偿，法理似乎有异。

刘建功： 文科生得学点工科知识。我接触过某县的一个货物品质纠纷。商人们在技术专家支持下，没有解决不了的问题。至少从《消费者权益保护法》的文义看，没有就核心部件、普通部件、边缘性装饰上的欺诈，作出区分，也没有赋权。

刘建功： 法官的任务，不就是解释吗？解释消费者权益法的目的。

李志刚： 双方是商人，不是《消费者权益保护法》的语境。

《消费者权益保护法》的前提是不对等，从而对经营者课以严格责任加惩罚性赔偿。《消费者权益保护法》的目的，可能也还不是考验消费者对“核心部件”的区分，并以“核心部件”的欺诈，为三倍的适用条件。

刘建功：《消费者权益保护法》的核心，不是改变构成要件，而是加重惩罚。要件本身应该没有变化。

李志刚： 要件是欺诈，还是核心部件的欺诈？

刘建功： 首先看是否可分。如果窗帘的更换，依照常识不会改变整体价值，那么，仅仅是窗帘的欺诈。如果是变速箱，一般来说，肯定没人可以忍受。但是随着技术进步，接口式的大部件更换只需要花几分钟时间，不妨碍其他部分的价值，那么，也可以定义为可分物。如果窗帘或者发动机是假冒的，那么依照两者本身处罚即可。汽车刚问世时，和现在人对车的认知不同，因为时间的变迁，不可能不改变我们的尺度。法律也同样，需要依照现实去解释才是我们的任务。

李志刚： 是否可忍受，主观性比较强。我买一个 3000 元的冰箱，发动机没坏，外皮是破了重新刷的，未必“可忍受”。

刘建功： 好问题。20 世纪 80 年代，我们买个冰箱，哪怕压缩机是顶级的，只要表皮不行，必然找商家吵个没完。假如你昨天买一个冰箱，恰好昨晚被员工碰坏了包装。今天送货上门，被你火眼金睛发现了，你会三倍索求？社会变迁，导致了整个社会忍受度发生了很大变化。就社会政策而言，最严厉的政策打击最坏的15%最有效，否则我们都会收获哭笑不得的结果。

李志刚：可能未必。这种对恶的仁慈，制假售假的成本过低，可能才是我们假货长期普遍泛滥的原因。域外比较法不乏实例。

吕来明：赞同。

刘建功：要罚当其罪。一个整车全部假到家的，和一个其他都对，就在窗帘上企图贪便宜的，两者居然是一个结果，那么，可能就是在鼓励更加负面的东西。

宾利车案再思考

朱　虎：坦白而言，与法学界目前很多人的观点不同，我倒赞同最高人民法院最近判决的结论：（1）消极欺诈，在认定是否存在告知义务时，信息本身的重要性也要考虑在内，《欧洲合同法原则》明确提到这一点。事实上，这也是判断欺诈与意思表示不真实之间因果关系的判断所要求的。（2）惩罚性赔偿的正当性本来就存在诸多疑问，虽然可以以社会共治的正向激励来部分证成，但问题在于，为何利益要给受害者，且从经济学角度观察，惩罚性赔偿确实会带来很多问题，美国各个州已经进行制度调整。（3）由此，欺诈所导致的惩罚性赔偿运用起来要慎重一些，否则可能会导致经营者成本增加，并进而转嫁给所有的消费者。就此，需要对能够导致惩罚性赔偿的消极欺诈所涉及的信息进行更具体的甄别。（4）如建功所言，可分物和不可分物的具体界限会随着科技的发展而移动。如果仅仅是窗帘的问题，可以被认为是可分的，德国民法称为物的非重要成分，物的非重要成分也可以成为单独物权的客体。按照此种逻辑，在计算惩罚性赔偿是单独计算窗帘更换的价值并非完全无根据。（5）不考虑诉讼费承担的问题，最高人民法院最后的判决，就窗帘部分而言，大致相当于窗帘更换价值的三倍，因此是可以接受的。

刘建功：赞同朱虎老师的观点。

纪海龙：价值判断上我也同意朱虎的观点，具体适用技术上，似乎不适用法律原则，无解。

朱　虎：也不见得，至少在这个案件中，我倒觉得物的重要成分和非重要成分的区分本身可以以经济逻辑予以解释进而提取出可资教义化的规则。交易的存在往往以信息不对称为前提。因此一般情形之下，无法要求一方当事人花费成本所获得的信息要告知另一方当事人，每个当事人应当自己付出成本获知交易信息。因此在认定告知义务时，往往要比较双方获取该信息的成本以及该信息对交易的重要性，信息对于交易的重要性同样涉及交易成本的问题。

纪海龙：那其实还是比例原则的适用。其实是看个案。窗帘可以用非重要成分解决，豪车漆面修补就很难。

朱　虎：是的，就是涉及比例原则。在这个案件中，即使要保护消费者，是否要采用这么“猛”的方式？

刘建功：实际上，这个案件完全没有超出教义学范畴。

李志刚：对宾利车案的判决，赞同，无异议。

惩罚性赔偿的功能与规范构成

李志刚：抛开个案，就朱老师对惩罚性赔偿的一般性讨论，提两点不同意见：（1）多倍惩罚之利给消费者，而不是上交国库，是出于对私人执法的激励，弥补公共执法的不足——一个最基本的问题：律师费和时间成本都无处弥补，能激励消费者去诉讼吗？（2）经营者成本转嫁是个伪命题——经营者制假售假，消费者就获得了红利了吗？

朱　虎：你说的第一点，我当然明白，我的意思是，在惩罚性赔偿数额大大超过消费者维权成本的时候，为何要消费者保有利益？也许只能从预防行为的角度来进一步证成了，我的问题仅仅在于如果“眉毛胡子一把抓”，是否会导致过度预防？

李后龙：我觉得惩罚性赔偿适用时把欺诈行为已构成根本违约作为条件，

可能能解决讨论的案件的问题。

刘建功：东汉末年，何进大将军为了对付内侍十常侍，召西凉董卓进京。其实如曹操所言：一狱卒足矣。公共执法不足，应该考虑如何通过各种手段去加强、监督和制约。而不是请董卓先生来，那会带来更多问题。

李志刚：等着加强的好消息，再等十年，够不够？

刘建功：十年看起来很长，在历史上其实很短。我们回头想想，十年前，咱们在讨论什么？如果真的以十年为期作为进步标志，其实已经有很大变化了。相信市场自身的自净力量。一百年前，德国货就是假冒伪劣代名词，英国市场要求必须标红德国制造。现在呢？过度预防，会演变成劣币驱逐良币，结果更惨。

李志刚：十年，还没加强，说明思路有问题，假货仍旧颇为泛滥。自净都四十年了。消费者保护，有没有过度；假货泛滥，是不是好多了？一是静心，看看自己有没有遇到过不幸；二是看看消费者协会，投诉和解决问题的比例。

刘建功：我们大多都被假冒伪劣坑过。问题是，在逻辑上，我们讨论的对策，就结果而言，是充分条件还是必要条件。简单来说，是这样就能解决问题，不这样，就不能解决问题？还是，如果这样，不仅不能解决问题，还带来更多问题？

朱　虎：对这个问题的讨论往往会演变成对事实判断的不同和三观的不同，不存在谁说服谁的问题，摆清楚各方的论点和论据即可。

刘建功：事实判断，或者价值判断。

李志刚：事实，影响法政策选择。

刘建功：不过目前还在事实判断范畴。

李志刚：保护过度，对经营者违法行为宽松一些，补偿；保护不够，从严治理，三倍。“保护过度”可能是设想；对消费者救济的普遍不足，可能抬头可见。

朱　虎：虽然《消费者权益保护法》没有就核心部件、普通部件、边缘性装饰上的欺诈明确作出区分，但解释上仍然要考虑对不同类型信息予以隐瞒对合同目的实现的重要性，解除时不是也要考虑是否致使合同目的不能实现吗？在这个案件中，“撤销＋惩罚性赔偿”还是“解除＋违约责任”，仅仅在于订货时车辆已特定化还是签订合同后车辆才特定化，如此而已，在价值判断上似乎不应当有什么区别。所以，两种方式的选择都要判断合同目的是否能够实现。

王　蕴：总盯着价值，不考虑利益不对；反之亦然。

赵廉慧：在惩罚性损害赔偿方面，个人认为Guido Calabresi和Sharky的两篇论文[①]逻辑上已经讲得很清楚了。行政处罚有监管俘获和效率不高的问题，还是要靠民事救济来解决造假者违法成本低的问题。在消费者保护领域，目前的三倍乃至十倍惩罚性赔偿在保护消费者力度方面仍然是不足的。惩罚性赔偿在计算方面应当在实际的损害基础上除以其被捉住并惩罚的概率。提出诉讼的消费者，当然不能取得全部损害赔偿，以免产生过度保护取得windfall（意外之财），但要给一个合理的激励，比如个人事实上的损害的两倍加上合理的律师费用。余下的巨额赔偿可以设置基金。

王　蕴：纯自治肯定不行，契约兜底，不是纯靠惩罚。

回到常识与常理

刘　静：消费者权益保护法和民法的不同在于消费者权益保护法具有社会法、经济法的属性，要通过惩罚使受罚行为得到应当或者强有力的抑制的作用。如果法官一定要适当地解释法律，前提是否应从现实出发，目前的情况究竟是过度保护还是保护不足？

从法律制定的预设功能出发，有明确的规则，就应当按照现行法律规则执行，否则，法律何以提供稳定的预期？我们目前的裁判还是演绎推理，不是归纳推理或者创设判例修改法律吧？

如果我买一只羊，是不是也要区分核心、本质、部件和可替代性，我就

---

① Guido Calabresi, The Complexity of Torts-The Case of Punitive Damages, Exploring tort law, edited by M. Stuart Madden, 2005 in Cambridge by Cambridge university press, pp333-351; Sharkey, Catherine M., Punitive Damages as Societal Damages. Available at SSRN: https://ssrn.com/abstract=407080

是要买一只白羊，而且我看对眼了的这只，你告诉我它是纯种鄂尔多斯羊，后来资料出来它是陕西羊，法官是不是要来分析你就是买一头羊来吃，你管它是哪里的羊？三倍赔偿给你太多了，一倍半就可以了，我岂不是很郁闷。我就算是要吃，也要吃我愿意吃的品种或者就是这一只，你隐瞒了、欺骗了，这个行为就是要受到惩罚，和我怎么处理这只羊，有什么关系？

而且，我一生气打个官司，法条上说赔三倍，法官说，不行，三倍对你来说太多了，一倍半应该赔给国家。这样，职业打假人是会受到了打击，但是真正的消费者也会消停了，购买预期就是窗帘可能换过，漆可能重新喷过，座椅可能坐过几个月，但是何妨？都不是关键部位，按照窗帘和座椅的价格赔给你好了。从经营的角度来看，相比大方给予赔偿的其他品牌商家，这类案例中的商家很可能是在拱手相送客户。

所谓消费，豪车车主希望得到的不只是一堆零件组成的整体，还包括他的消费体验，这些都是涵盖在这个品牌的文化、服务和质量上的，综合起来是一种产品，这种在厂商内部形成的所谓商业惯例的基础上的维修和容忍，对消费者而言是没有抗辩力的，我的价格是包含了我的消费体验的，我要的完美新车，赔十倍我都觉得不舒服。虽然和娶新娘不太一样，但有同理之处。市场自净能力的论证，相当期待。在惩罚性赔偿数额大大超过消费者维权成本的时候，为何要消费者保有利益？这个不太懂，怎么算消费者的维权成本，诉讼费、律师费、误工费，那是不是消费者的工作能力也要去考量计算了？为什么不让消费者保有利益呢？我每每买到假货、受到厂商蒙蔽，但又没有时间去诉讼的时候，就是希望有人费时费力地去诉讼，有消费者去维权，现行法律规定给他的利益法官不给判，或者判给国家，这个也说不通。

一百年前？一百年前，德国货就是假冒伪劣代名词，英国市场要求必须标红德国制造，这是对的，也不需要他们考虑过度惩戒。现在德国货质量好了，就不标红了，这是现在的事情，不需要一百年前就预见到。但这中间的过程，肯定不是市场自净就可以解决的。

邹　波：每每遇到，我同刘老师的感觉一样，与法官的身份无关。

吕来明：很有道理。以常识出发最有说服力。我们每个人买新车的时候是整体产品体验。商品价值绝不是每个零件价值的简单相加。设身处地地想，如果商家告诉我们窗帘换过门漆处理过，但不影响使用，我们是同样是不会买这辆车的。买高档商品的合同目的绝不是简单的安全能用就行，追求完美没有瑕疵也是合同目的。

赵廉慧：法理无非人情。目前在消费者保护的领域的确是存在保护不足，而且严重不足的状况，从来没有见过保护过度的情形。刘老师说的贴近常识，符合法理。

邹　波：确实需要思考，在我国成文法的语境下，判例对法律、对下级法院法官裁判思路的影响。自由裁量权的限度、自由裁量权行使的方式方法。

钱玉林：刘老师的观点实质上阐释了法理（自然法）与法律（实证法）的关系。社会一般人觉得她讲得有道理，那么这个"理"（包括生活常理），应当成为法律的应有之义，成为裁判法源。

吴泽勇：这个判决我初看之下是被说服了，后来听到朋友基于消费者权益保护法理念的批评，觉得也有道理。这两天看到各位师友的讨论受益很多。现在的感觉是，这个判决不能说是错误判决，因为的确在教义学的射程之内。但判决书目前的说理肯定没有唯一性，学者完全可以提出同样很有道理的批评。最高人民法院实际上是在教义学的边界之内作了一个价值判断或者利益衡量。与判决中出现的技术分析相比，判决背后的政策考量也许更值得重视。最高人民法院究竟如何看待《消费者权益保护法》上的惩罚性规定？它究竟准备保护什么，不准备保护什么？我觉得它这几年的立场其实是统一的。

细节的审视

尚　法：其实本案的核心问题在于，汽车经销商对到店新车存在的轻微问题进行妥善处理，虽进行了记载并上传至网络平台，没有隐瞒的主观故意，但未在交车时直接告知消费者，经销商是否构成欺诈？或者说，正如老师们已经开始注意到的核心问题，对消费体验的保护应保护到什么程度？是整车退一赔三，还是综合各种细节予以考量？有完美主义消费者，有容忍度相对高一点的消费者等。

另外，这是个私法案件，是否需要通过过度惩罚一个私人去为民请命？此外，符合行业规律的一些相对合理的做法，如何裁判才不至于过度打击行业的同时也警醒行业进一步规范？

刘　静：一是对于瑕疵告知义务，销售者如告知，消费者就很有可能不买或者不提这辆车。轻微瑕疵也好，行业惯例也好的情节，我认为仅仅资料上传到网上是不够的，必须作出明确的提示，在此情形下才不构成欺诈和隐瞒。二是消费体验的提法不是很严谨，仓促就之，本意是说产品是作为完整客体出售的，法律明确规定赔三倍，就是因为这种欺诈行为并不是祸害这一个消费者，而是已经有很多很多了，可能成千上万。正因为不好计算，所以才用简单的方式明确。

吴泽勇：裁判者承受的压力可想而知，法律人应该消解矛盾，而不是制造矛盾。

宁红丽：我同意吴泽勇老师所说的本案处理方案在《消费者权益保护法》的解释范围之内，但不同意“将维修资料上传到网络系统”视为尽到对消费者的告知义务。这取决于对获得与告知信息的成本高低。对销售人员而言，告知成本极低；但对消费者而言，获取车辆相关维修信息其实是很高的。之所以很多人浪费大量的时间去了解自己不需要知道的车辆信息状况和维修信息，是因为车辆销售行业和维修行业都没有尽到合理的告知义务。

尚　法：我们曾做过一个非正式的民意访问，问他们对判决结果的看法。有位老年人听说了一审判决后很诧异，第一反应是，不该赔那么多（重庆话），但最好赔一点。很多人都是这个态度。

刘　静：不要问老年人，要问买豪车的人。

尚　法：不属于尽到了告知义务，属于进行了披露，表明没有隐瞒的故意。欺诈的主观要件，最典型就是故意隐瞒，就主观而言，这个案子处于一个中间地带，既未故意隐瞒，也未当场当面告知。《人民法院报》的报道已解释了，如果故意隐瞒，赔偿远不止 11 万元了。

宁红丽：消费者的确是跟人均收入水平和消费偏好而分为不同群体的，

兼顾的确是困难的。

李志刚：普通合同的补偿性与欺诈消费者的惩罚性，不同的思维，影响基准。

吕来明：不告知是故意的，不是忘了，告诉了第三方而不告诉合同相对人，而且几无成本，一句话的事儿，而且如果告诉了很可能人家不要这辆车，所以这仍然是故意隐瞒。那么为什么不告知？就是存侥幸心理，就是你发现不了正好，你发现了我可以说没隐瞒的故意。

纪海龙：法条本身可能有问题（惩罚性赔偿的计算基准）。其实没人否认消费者应受保护，欺诈情形惩罚性赔偿应当配置，关键是惩罚性赔偿的细节如何设计。本案如果严格按照消费者权益保护法规定，赔偿额的确过高，有违比例原则。从主观上论证不存在欺诈也只是权宜之计，毕竟不告知是否构成欺诈取决于是否认定存在告知义务。技术上本案确实是死角，不用基本原则似乎无解。

吕来明：经营者在一个报纸公告栏中刊登了其产品有问题，消费者买的时候其没告诉，这不是故意隐瞒？另外，故意和过失还有个中间地带？

尚　法：之前，对极小瑕疵，极大赔偿的问题，很多地方法院被迫在要么判退一赔三，要么不予赔偿之间选择，也有法院开始根据具体案情逐步判决部分赔偿。

刘　静：法律不明确才需要比例原则权衡吧，明确的时候，也需要吗？那一个几十元的东西打了二审，有没有说保护畸低，按照比例原则多判一点？

吴泽勇：为什么不通过司法解释来回应这个问题呢？或者干脆交给立法。

尚　法：这可能超出了法官的能力，但法官必须处理手头具体个案。法官们都知道，亲历案卷，亲历庭审，会有很多外人无法感受到的体验。如果最高人民法院在这个个案（反复强调，汽车销售纠纷每个个案确实非常不同，因为涉及的部件太多了，物流也是长途奔袭）判决退一赔三，个人消费者可能非常高兴，但整个行业的客观现实和规范发展问题要不要考虑？逼着产业和行业投入更大成本（而且社会实践活动具有的不特定性无法完全杜绝类似轻微问题不再出现），将消费体验提升到完美程度，必定导致所有消费者为此买单。如二审支持一审，恐将引发更大的问题。

纪海龙： 确实，消费者权益保护、劳动者权益保护都是这个理儿。从法学方法论角度来看，法律漏洞填补（法的续造），基本都是突破法条文义，否则就是法律解释而不是漏洞填补了。漏洞填补有类推，目的性限缩和直接适用原则。如果在本案中直接用比例原则，就是属于基于法律原则的漏洞填补。

吴泽勇： 我个人原则上不赞成轻易颁布司法解释，我也觉得通过个案回应很多时候是更好的选择。

李志刚： 完全认同个案判决，本案确实有很多细节。从细节性的案例，到判例的一般性价值导向，有重大影响。这个过程，可能需要特别细细斟酌裁判要旨的要件。如果类案规则上升为：豪车配件欺诈不适用三倍赔偿，可能要非常慎重。

纪海龙： 关于配件欺诈，或许可以考虑因果关系标准。因果关系，是指客观理性的消费者如果不被欺诈，就不会订立此合同或者会订立内容实质不同的合同。如果“客观理性”的消费者不被欺诈就不会订立该合同，可以直接三倍；如果“客观理性”的消费者不被欺诈会订立内容不同的合同，便以“不同”作为基数。

另外，对于种类物，是否应区分订约时的欺诈和履约时的违约，也值得考虑，此实际涉及《消费者权益保护法》中的欺诈和民法法律行为领域的欺诈是不是一回事儿。

尚　法： 据了解，在顶级豪车的生产流通实践（估计汽车行业都这样）中，生产厂家通常要求新车到4S店后，必须试车至少二十公里，谓之动态检查，以检查经运输和存储后的车辆是否有问题，有问题即应处理（如电瓶是否还有电、液态物是否要补充、相关连接部件是否松动等），不作动态检查必会挨批，以确保交付到消费者手上的车无问题。4S店都是有厂家认证并定期培训的。我们提车后，大多维保修理都倾向去4S店，也是认为其相对更正规。

吴泽勇： 海龙这个评价方式可能不利于目前的判决。

纪海龙：取决于如何认定“客观理性”。

吴泽勇：这是最核心也是最难的问题了。

梁上上：应该放到PDI（即Pre Delivery Inspection，出厂前检查，或称车辆的售前检验记录）的场景中讨论问题。判决书载明：中国汽车流通协会代表表示：案涉车辆的漆面伤处理及窗帘更换均属于PDI程序即乘用车新车售前检查服务。乘用车新车售前检查服务是指经销商按照供应商的规定与标准，对消费者所购乘用车新车进行检查和校正的检测服务，包括对新车外观（内外饰）和随车工具进行静态检查，以及对功能性零部件、机械构造等进行动态检查，通过检查发现并处理一切不符合供应商规定和标准的项目。PDI是新车销售前不同于其他商品所特有的服务，其目的是为消费者提供一辆合格的新车。中国汽车流通协会经组织行业专家、主机厂、经销商调研后于2017年3月发布《乘用车新车售前检查服务指引（试行）》（以下简称《指引》），列出了经销商应对消费者进行告知的情形和标准。

尚　法：是的。脱离行业场景，弊端立现。

判决并未以汽协规范为判决依据，而是对规范进行了审视，可以说进行了适度修正。

梁上上：在PDI的场景下，11万元是妥当的。

刘　静：第一，消费者保护和劳动者保护很不一样。第二，行为经济学说，我们都不客观理性。所以，大部分人即便事后知道这可能是无法避免的，也不愿意再要这辆车。第三，所谓汽车行业的这些标准也好流程也罢，如果是合理合法的，司法的功能是指引厂商向消费者开示已获得认可，而不是想说就说。那么判赔也是更有利于加强厂商的责任，提高消费质量的。

尚　法：中国汽车流通协会2017年3月已制定了规范，附有非常详细的开示清单，从极小的抛光打蜡到比较严重的问题，逐一列明，要求经销商如实对照检查并存档。个人感觉（仅仅是个人感觉）十几年前披露PDI可能整个社会接受度不高，那时候大众把车看得非常非常金贵，一点瑕疵都接受不了。感觉PDI应该是行业内一直埋头在做，但行业当时是不是觉得让社会公开接受这一观念的时机还未到，所以只做不说，可能也因此引发了很多纠纷。

随着汽车已十分普及，可能行业觉得时机慢慢到了，可以正式向社会披露了，为了进一步规范经销商的行为及买卖双方关系，便适时正式出台了 PDI 指引，正在行业内力推。早在本案之前，有些地方法院已经开始理解 PDI 背景并仅判决部分赔偿了。估计有很多经销商还是会非常担心消费者理解不了，陷入告知怕漫天砍价，不告知则被巨额赔偿的两难境地。以上纯属个人猜测。

【总结及倾向性意见】

群友的讨论从如下问题展开：《消费者权益保护法》第 55 条惩罚性赔偿的前提，是否要求欺诈行为达到“影响购买决策”的程度？这可能涉及该条适用范围之缩限，或者更准确地说，这是要求对欺诈行为与交易相关行为直至消费者损失之间的因果关系链条作更为精细化的分析；即因为适用时需要同时涉及经营者的行为和消费者的损失，故必须评价欺诈行为和具体损失之间的联系——这种评价又必须建立在描述欺诈行为与损失之间事实因果进程的基础上。所以，经营者欺诈行为—影响购买决策—交易完成—消费者受到损失的因果链条如此建立起来，与其说“影响购买决策”是使用缩限的解释方法增添了文义之外的构成要件要素，不如说这是为了调和《消费者权益保护法》文本和传统民法学说体系间分歧所必然作出的妥协。[①]

讨论必须首先从提及的两件案例开始。江苏高院发布的典型案例[②]和最

---

① 实际上，如果试图严格按照传统民法学说理解《消费者权益保护法》第 55 条的文义，则会引发更令人困惑的思虑。第 55 条的文本表达将适用范围限制在“提供商品或者服务有欺诈行为”的语境下，而“提供商品或者服务”显然指合同的履行行为，但如此一来，似乎经营者在与消费者缔结合同时的欺诈行为并不在本条的规范射程之内；更为严重的是，除了专以提供信息为目的的合同之外（如专家咨询合同），绝大部分合同的履行行为（提供商品或者服务）根本不可能出现“欺诈”行为，若退一步，姑且将提供不符合合同约定的商品（违反物的瑕疵担保义务）或服务，或者使用诈术使消费者受领瑕疵商品或服务的情形均归于“欺诈”概念的涵摄之下。那么就前者而言，几乎所有的违约情形都可以适用惩罚性赔偿；就后者而言，适用范围大大缩限，与立法目的显然背道而驰。强调这一点的目的在于说明《消费者权益保护法》（至少第 55 条）的规范文本表达与传统民法学说体系分歧过大，以至于尽管包括群友在内的多数民法学者都尝试着将该条整合进一个完整的民法学说体系框架内，但是对该条的理解自始不可能局限于文义，而必须直接从其他落脚点（如功能目的）出发展开讨论。

② 参见江苏省靖江市人民法院（2017）苏 1282 民初 7064 号，唐某宏与上海协通福骋汽车销售服务有限公司、靖江市宝华汽车销售有限公司买卖合同纠纷。

高人民法院的案例[①]之间形式上确实存在分歧。根据江苏高院发布典型案例时所拟标题表达的意思，[②]针对保险杠（部分配件）存在欺诈，惩罚性赔偿的范围应以车辆全款计算；而最高人民法院在“宾利案”中呈现的最终裁判结果，则是针对窗帘及细微处喷漆（部分配件）未告知信息，不支持惩罚性赔偿。案例结果虽然大相径庭，但是两件案例的裁判文书所采思路却非常相似。江苏法院案例从裁判文书上体现的论证思路如下：（1）先由证据法上的事实描述，确认案涉车辆保险杠曾有拆开、更换的痕迹；（2）前述事实与保险公司出具的书证相印证，证明案涉车辆曾经发生轻微碰擦事故并接受维修；（3）案涉车辆发生事故并接受维修的事实，“显然会影响消费者的购买选择”；（4）经营者未将该事实告知消费者，属于欺诈行为。如果抛开江苏高院文章对该案例的评述不论，裁判者均不可避免地需要考虑欺诈行为是否与损害结果之间存在因果关联，以及在何种范围上存在因果关联，[③]其中，对行为层面因果关系的定性，除了考虑事实层面欺诈行为和损害之间条件关系的描述之外，还必须评价作为条件的欺诈行为是否与损害结果的发生之间具备社会相当性。[④]所谓“影响购买决策”的裁判文本叙述，记载的正是裁判者考虑欺诈行为与损害结果之间的社会相当性结论，即按照法官的“感觉因素”（群友李秀霞用语），推测社会一般标准，进而以该标准衡量欺诈行为与损害结果之间的关联。所以，两件案例的裁判思路完全一致，仅仅是因为案情上的差别而导致了裁判结果的不同。

---

① 参见最高人民法院（2018）最高法民终12号，贵州新贵兴汽车销售服务有限责任公司、杨某宝买卖合同纠纷。简介可参见“典型案例1”部分，为方便叙述，以下简称“宾利案”。

② “销售者对汽车配件存在欺诈行为，影响消费者购买汽车决策时，应当按照车辆全款的三倍支付惩罚性赔偿金。”参见《江苏法院2018年度消费者权益保护十大典型案例》，载微信公众号“江苏高院”2019年3月13日发布。

③ 因果关系在损害赔偿法上的功能即是围绕这两个层面展开，首先以构成要件的身份作“是或否”的回答，决定是否成立损害赔偿请求权；其次还要继续在损害赔偿范围具体确定的层次上发挥作用，以确定损害赔偿作为法律效果的具体内容。参见曾世雄：《损害赔偿法原理》，詹森林续著，我国台湾地区新学林出版股份有限公司2005年版，第112页。

④ 参见王泽鉴：《损害赔偿》，我国台湾地区2017年自版发行，第92页、第101~105页。此处姑且不论及在考察相当性之后，可能还须审视的规范目的评价；即编者的评论中，对事实描述上的条件关系和相当性评价的区分，并不表示因果关系的认定仅需两个步骤，而是试图表明，因果关系之认定，在条件关系的描述之外，还需要额外的评价部分，这两个部分因精细化裁判论证的需求，确实可得且应得区分。

群友的讨论进而指向了惩罚性赔偿的功能目的，并在最后的讨论中将这一规范目的的讨论聚焦于汽车销售的语境下——这正与损害赔偿因果关系规范目的理论的学术发展史不谋而合。一方面，正如群友所言，“法律规定的适用，可能不应以个人的喜好特质（完美主义）而有差异”，因此教义学上模糊的社会相当性判断可能因裁判者的偏好而有所不同，[①] 于是规范功能目的的分析作为更为客观的叙述方法开始出现。[②] 另一方面，具有普遍性的规范不可能对个别的情事予以一般性的保护，[③] 因为在充满风险的现代社会，必须在规范适用中通过规范目的的阐释，以在保护被害人与过度苛求加害人采取事前措施之间作出利益衡量。这就必须在具体交易语境下，结合交易惯例和危险排除的成本分配等问题进行分析。

《消费者权益保护法》上的惩罚性赔偿制度类似一种“私罚”，其主要功能目的可以抽象地叙述为弥补刑法与公法在“社会大众的惩罚需求上”的不足。[④] 所以，在这一功能目的的指引下，决定惩罚性赔偿的判断前提应当是首先论证具体交易场景下的当罚性。豪车销售者就窗帘等配件瑕疵未告知消费者，是否会引发该场景下公共秩序的处罚，以及可能的处罚程度，就成为首先需要论证的话题。群友讨论中提及需要考虑“罚当其罪”(刘建功用语)，即意在于此。但是综观“宾利案”，即便只处罚窗帘和喷漆瑕疵，并加入计算执法成本，以之作为奖励私人执行的标准，也会大大超过裁判确定的最终数额。所以，裁判者一定考虑了其他交易上的要素，对这一责任范围进行了“酌

---

① Vgl. Dirk Looschelders，Schuldrecht Allgemeiner Teil，Auflage 14.，Franz Vahlen M ü nchen 2016，§ 45 Rn.985. 虽然作者还提及存在掩盖重要价值判断的危险（Au β erdem besteht die Gefahr，dass die entscheidenden Wertungen verdeckt werden），但是编者认为，该不足之处可以前述缺陷所蕴含，因为当裁判者（法律适用者）以自己的独特偏好取代理想判断者后，已不可能在裁判文书中记载价值衡量中的决定性因素，故于正文不赘。

② 该学说在 20 世纪 30 年代由 Rabel 教授提出，并经 v. Caemmerer 发扬光大。参见王泽鉴：《损害赔偿》，我国台湾地区 2017 年自版发行，第 110 页。

③ Vgl. Dirk Looschelders，Schuldrecht Allgemeiner Teil，Auflage 14.，Franz Vahlen M ü nchen 2016，§ 45 Rn. 987.

④ 参见朱广新：《惩罚性赔偿制度的演进与适用》，载《中国社会科学》2014 年第 3 期。

减”。[①]

裁判文书中提到，案涉车辆的漆面伤处理及窗帘更换均属遵循新车售前检查服务（PDI）程序指引而进行的处理。但是，根据中国汽车流通协会2017年3月发布《指引》第8.2项“信息告知”的内容，新车交付消费者时，“应向消费者提供乘用车新车PDI检查表”；同时，《指引》附件A“乘用车新车到经销商处后检查表（参考文本）”的“第一部分”，载有“漆面、电镀件、车内/外装饰是否有缺损”的选项。尽管该指引仅仅是“指导性规范，不作为强制标准”，[②]但是《指引》的出台原因之一，系出于司法机关向行业协会的征询，[③]故可以认为这一《指引》体现了行业的交易习惯。经营者未遵循《指引》或交易习惯所要求的形式向消费者披露漆面维修的信息，不仅未如窗帘部分一样，被认定违反了告知义务，而且裁判者甚至排斥了《指引》的参考，直接给予经营者“可以基于商业判断对消费者予以告知”的许可——其实质缘由自然是在特定的交易环境下，《消费者权益保护法》第55条的保护范围并不及于特定的消费者权益，所以裁判者“并未以汽协规范为判决依据，而是对规范进行了审视”，对《指引》的要求作出了区分：在油漆等情形，因为长途运输中不可避免出现擦碰，故允许经营者按照营业便利予以处理；但在窗帘等内饰的情形，经营者完全可以控制风险，故于此认定负有赔偿责任。由此案例出发，可以看出司法实务中已逐渐发展出一套在具体交易场景下确认《消费者权益保护法》第55条规范目的的类型化方法。未来若能对诸类型的整理，一套将该条规范容纳于传统理论框架中的学说体系一定可以成形。

---

① 裁判文书中的“对消费者知情权产生了一定程度的影响”“因涉及问题及处理措施显著轻微”“兼顾对消费者认知能力和消费心理的保护”等措辞对此有所体现。参见最高人民法院（2018）最高法民终12号，贵州新贵兴汽车销售服务有限责任公司、杨某宝买卖合同纠纷民事判决书。因为若真是“显著轻微”，那么根本不具备公共秩序上的需罚性。而且，仅认定对消费者知情权“产生了一定程度的影响”（而非对权利或利益的侵害），损害赔偿的请求权基础也未予释明。此外，如果真的旨在保护“消费者认知能力和消费心理”，那么还应当额外论证经营者行为的主观过错或者违法性（但前文已经排除了经营者“存在隐瞒相关信息的主观故意”）。综上所述，因多项理由均难以成立，所以该赔偿数额只可能是延续前文思维脉络（“本院认为”部分第一项、第二项）产生的损害赔偿数额的“酌减”，而非其所在部分（“本院认为”第三项）单独成立的损害赔偿。

② 见《指引》第1条第4款。

③ 见《指引》“编制说明”部分第一段。

【典型案例】

贵州新贵兴汽车销售服务有限责任公司、杨某宝买卖合同纠纷案

案号：最高人民法院（2018）最高法民终 12 号

【基本案情】

2014 年 3 月 20 日，大众汽车销售公司从英国进口一辆宾利慕尚汽车，中华人民共和国外高桥出入境检验检疫局出具了《中华人民共和国出入境检验检疫进口机动车辆随车检验单》，中华人民共和国上海海关出具了《货物进口证明书》。

2014 年 6 月 24 日，杨某宝与贵州新贵兴汽车销售服务有限责任公司（以下简称新贵兴公司）签订《销售合同》，约定新贵兴公司向杨某宝销售尊贵版宾利慕尚汽车一辆，单价 5 500 000 元。新贵兴公司保证所售车辆具有合法手续，符合国家商检部门检验标准，车辆的质量标准和保修期限按厂家规定。如发生质量问题，新贵兴公司协助解决。预计交车日期为 2014 年 7 月 30 日，以杨某宝全部车款到达新贵兴公司账户为前提，最终交车日期以新贵兴公司的通知为准。杨某宝在交车地点现场验收车辆，新贵兴公司将车辆交由杨某宝实际支配并向杨某宝交付车辆的海关及商检单证、维修保养手册、交车清单等文件。车辆交接书的签订视为车辆的正式交付，其后一切风险责任由杨某宝承担。《销售合同》对所售车辆的发动机号、车架号等未作约定。

新贵兴公司随后从大众汽车销售公司购入前述进口宾利慕尚汽车。2014 年 7 月 30 日，该车辆运抵新贵兴公司，新贵兴公司拟将该车辆交付杨某宝。同日，新贵兴公司进行车辆移交检查时发现车辆左前门下有漆面损伤，通过抛光打蜡清除了漆面损伤，这一处理操作记载于该车辆的维修记录中。2014 年 10 月 8 日，因汽车右后窗帘存在异响，新贵兴公司更换了窗帘总成，该维修操作亦记载于车辆的维修记录中。案涉窗帘总成的配件市场价为 38 341.80 元，工时耗时为 0.6 小时，工时费为 561.60 元。

2014 年 9 月 26 日，新贵兴公司向杨某宝开具机动车销售统一发票。2014 年 10 月 14 日，杨某宝取得贵州省出入境检验检疫局出具的《中华人民

共和国进口机动车辆检验检疫证明》。2014 年 10 月 30 日，杨代宝为所购车辆办理了机动车登记手续。

2016 年 5 月 31 日，杨某宝通过 www.chejianding.com，即车鉴定网查询所购车辆的维修保养记录时，查询到案涉车辆的前述处理、维修记录，遂以新贵兴公司和大众汽车销售公司在车辆交付之时未向其告知前述情形构成欺诈、给其造成巨大损失为由提起本案诉讼。

【裁判观点】

最高人民法院二审认为：

首先，新贵兴公司的行为是否构成《消费者权益保护法》中的欺诈

第一，欺诈构成要件中信息告知的时间节点不以缔约阶段为限。

相对于消费者而言，经营者在商品信息的获取上明显处于优势地位，消费者难以知悉经营者获取商品相关信息的具体时间或阶段，难以区分经营者对相关信息的获取是在缔约之前还是缔约之后。若经营者将其缔约之后、交付之前知悉的不利于消费者的信息不告知消费者，而仅将此种情形作为履约过程中的违约行为处理，不利于充分保护消费者的知情权。即使经营者在缔约阶段对不利于消费者的相关商品信息不知情，但在交付消费者之前已经知悉的，其仍负有及时告知消费者的义务。

第二，新贵兴公司是否具有将案涉信息告知杨某宝的法定义务。

依据《消费者权益保护法》第 8 条和第 20 条规定，消费者享有知悉商品相关信息的权利，经营者负有主动向消费者提供商品真实、全面信息的义务。本案中杨某宝主张新贵兴公司交付车辆时未告知其车辆有过维修记录，故意隐瞒了车辆的相关情况，该主张涉及新贵兴公司履行信息告知义务是否全面的问题。

关于商品信息的全面告知，在强调消费者有权获取商品全面信息的同时，亦应强调对消费者知情权的实质性保护。现代汽车商品零部件众多，构造复杂，车辆从生产至最终交付消费者，期间需经历运输、存储等诸多环节，产品自身及物流环节涉及的信息量巨大，要求经营者将前述所有信息不加区分

地全部告知消费者，并不利于消费者知情权的实质性保护，亦可能导致交易成本的不必要增加。经营者所应提供的商品全面信息，并非指与商品有关的所有信息，而是指可能影响消费者人身健康、安全或一定财产利益的全部重要信息。案涉车辆的漆面瑕疵和窗帘总成问题及相应处理措施是否属于应予告知的信息，分析如下：

关于车辆漆面瑕疵及其处理。案涉车辆产自英国，车辆经由包括海运在内的多种运输方式方完成从生产车间至最终销售网点的物理位移，运抵销售网点后亦经历了一定时间的存放。因外在环境、车辆本身的特性甚至物流、仓储过程中人为操作的轻微失误，均可能导致车辆表面或相关部位出现瑕疵。案涉车辆的受损漆面仅有车辆左前门下方一处而非车身多处，无证据证明漆面损伤面积较大，其处理不涉及相应部位的钣金操作，甚至不涉及油漆用料。就处理效果而言，正如杨某宝的自认，漆面轻微损伤经抛光打蜡后肉眼即已无法察觉，需用高精密的仪器才可以检测出。因此，对于新车在流通或存储环节产生的此类轻微瑕疵，经营者通过轻微的手段进行消除的行为，属于新车交付前合理的整理行为。该类问题及相应的整理行为显著轻微，不涉及消费者人身健康和安全，几乎不涉及其实质性财产利益，经营者如未将这类信息告知消费者，不构成对法定告知义务的违反，不构成对消费者知情权的侵犯。二审审理过程中，杨某宝亦自认漆面轻微损伤及其处理问题属于正常的交车前检查处理程序。另外，对于类似信息，经营者可以基于商业判断对消费者予以告知，以更规范、更高程度的信息披露提升其长远商业竞争力。事实上，中国汽车流通协会制定的《指引》对此已予以引导。

关于窗帘问题及其处理。新贵兴公司主张窗帘总成的更换系因杨某宝提车时提出了处理要求，并主张窗帘异响系因车辆到店后长时间停放导致窗帘电机运行不畅所致，但新贵兴公司对此均未提交相应证据，而且新车长时间存放不必然导致此类问题的发生。对于新车到店后经营者经检查发现的此类轻微问题，如果一律退运回生产厂家处理，或者由生产厂家、经营者投入更多成本以进一步降低轻微问题出现的概率，必将导致经营成本的增加，进而导致消费者交易成本的增加。对消费者而言，以合理价格购买到从出厂、运输、存放直至交付所有环节均完美无缺的车辆，固然可以最大限度满足其消费体验，但权衡行业现实、相关操作的经济合理性，对新车的此类轻微问题，由获授权的经营者以符合行业操作规范标准的措施进行修复，在轻微问题可以得到消除的前提下，一名理性的消费者应将经营者对新车的修复行为视为生产厂家的修复行为。但与此同时，新贵兴公司不能证明该类问题的产生与新车的运输或存储有关，且对右后遮阳窗帘总成的处理涉及配件的更换，所需的材料费及工时费均可独立计价，配件和所耗工时的市场价约 4 万元，数额并非显著偏低。故本院认为，新贵兴公司针对右后窗帘总成所采取的并非对新车瑕疵的整理措施，而是对新车局部轻微问题的修复措施。该类信息对消费者的消费心理和财产利益具有一定的影响，经营者应向消费者如实告知，新贵兴公司未予告知，违反了《消费者权益保护法》第 8 条第 1 款和第 20 条第 1 款的规定，侵犯了消费者的知情权。

第三，新贵兴公司未将与窗帘有关的问题告知杨某宝是否构成《消费者权益保护法》中的欺诈。

《消费者权益保护法》第 8 条和第 20 条的规定对于平衡消费者在商品信息获取上所处的不利地位、确保消费者的知情权不受侵犯具有重要意义。至于新贵兴公司违反法定告知义务是否构成《消费者权益保护法》第 55 条第 1 款下的欺诈，本院认为应综合考虑如下因素：

1. 是否影响到消费者缔约的根本目的。（1）合同中是否对此存在专门约定。双方在《销售合同》中对案涉车辆的基本情况如厂商、品牌及型号、颜色、单价、交付方式、付款方式等作了约定；新贵兴公司的义务还包括车辆应商检合格、具有合法手续、质量标准和保修期限应依厂家规定等；双方还对其他事项进行了约定。从合同内容来看，《销售合同》并未对与窗帘相关的问题或者类似的问题进行约定。因此，与窗帘相关的问题或类似的问题并不构成杨某宝缔约的根本目的。杨某宝诉称案涉车辆系经过“大修”的问题车而非新车，该主张与一般公众对于“大修”的合理认知明显不符，在并无证据证明该车交付前即已被他人办理过车辆注册登记，或虽未办理过车辆注册登记但被他人实质使用过的情况下，新贵兴公司交付的车辆属于合同所约定的新车。

（2）问题是否严重及相应处理措施是否复杂。关于车辆的窗帘问题及相应修复措施，不涉及车辆的动力系统如发动机和变速器等，不涉及车辆的转向系统、制动系统、悬架系统、安全系统，不涉及前后桥的主要零件及全车的主线束，不危及车辆安全性能、主要功能和基本用途。相应修复措施轻微，花费时间较短，与此相关的信息并不属于影响杨某宝缔约根本目的的重要信息。

（3）是否给消费者造成较大不利影响。其一，是否涉及杨某宝的人身健康和安全。本案中，并无证据证明窗帘问题及其修复给杨某宝的人身健康和安全构成潜在威胁，甚至造成实质损害。杨某宝二审庭审时还称其系以全款购买豪车而新贵兴公司实际交付的却系有过修理记录的车辆，对其心理上造成了伤害。《消费者权益保护法》第 51 条规定，“经营者有侮辱诽谤、搜查身体、侵犯人身自由等侵害消费者或者其他受害人人身权益的行为，造成严重精神损害的，受害人可以要求精神损害赔偿”，但杨某宝未举证证明新贵兴公司在销售过程中存在上述法定情形。事实上，杨某宝并未以其人身健康、安全受损或受威胁为由提起本案诉讼。其二，是否影响杨某宝的日常使用。至本案二审第一次庭审时，案涉车辆实际使用时间已经超过三年，行驶里程超过 29 000 公里，且杨某宝称案涉车辆常用于商业接待，无证据证明窗帘问题对其日常使用造成了不利影响。杨某宝二审庭审中称，窗帘处目前似存在漏风和风噪的情况，对此，在符合法定要件的前提下，杨某宝有权另行主张相应权利。其三，是否涉及杨某宝较大的财产利益。一般而言，如果经营者的欺诈行为给消费者造成了损失，通过消费者所遭受损失的严重程度，可合理反推经营者所隐瞒信息对消费者知情权影响的严重程度。杨某宝诉称车辆系经过大修的车辆，给其造成了巨大损失，但一审审理过程中杨某宝并未就损失问题提供任何证据。二审庭审中，杨某宝称经咨询相关评估机构，车辆经维修后价值降低了约 90 万元，对此杨某宝亦未提交任何证据。虽然更换案涉窗帘总成的费用就数额而言并非显著偏低，但相对于车辆购置价而言，该数额亦非明显偏高，且与车辆购置价相比占比显著轻微，故对于案涉车辆的消费者而言，窗帘修复费用并不构成一项较大的财产利益。

原审法院认为，案涉车辆不同于一般的汽车商品，其品牌溢价高，更轻微的质量问题亦会严重影响车辆价值，从而造成消费者杨某宝的损失。本院认为，价格高低取决于不同消费者的主观感受，在判断瑕疵或问题对车辆价值的影响时，以车辆市场售价的高低作为一般汽车商品与特殊汽车商品的区分标准，实践中难以掌握。案涉车辆本质上仍属于可依型号、规格、质量等加以确定的具有共同物理属性的物，并非具有独特特征而无法代替的物，原审法院的上述认定并无依据。

因此，从合同约定的内容、问题及处理措施的轻微程度及给杨某宝造成的影响来看，本案并不存在杨代宝的缔约目的不能实现的情形。

2. 新贵兴公司是否存在隐瞒相关信息的主观故意。其一，在车辆交付之前，新贵兴公司将上述两处操作均如实予以记录，并即时上传至消费者可通过一定途径公开查询的网络。信息的录入和上传系经营者自行主动完成，相关信息已在一定程度上进行了披露。虽然中国消费者协会认为经营者记录和上传前述信息的目的是对供应商而非消费者进行告知，但无论其主观目的如何，既然信息的记录和上传系经营者主动为之，且客观上有助于消费者查询到该类信息，可认定经营者并无刻意隐瞒相关信息的意图。其二，从案涉车辆的销售流程可见，杨某宝向新贵兴公司签约订购车辆在先，新贵兴公司向大众汽车销售公司订购车辆在后，杨某宝向新贵兴公司订购车辆时，车辆的发动机号和车架号尚未确定，即杨某宝与新贵兴公司签约时待购车辆尚未特定，无证据证明新贵兴公司与杨某宝缔约时即已知悉前述问题的存在。因此，在本次销售过程中新贵兴公司并无隐瞒相关问题及处理记录的主观故意。

综上所述，新贵兴公司虽未将窗帘问题及其修复情况告知杨某宝，但未予告知的信息并不属于影响杨某宝缔约根本目的的重要信息，无证据证明新贵兴公司存在隐瞒相关信息的主观故意，该类轻微问题也并不属于明显超出一般消费者心理所能承受范围之特殊事件，且案涉纠纷的标的物不涉及食品和药品。综合考量上述因素，本院认为，新贵兴公司未履行告知义务虽一定程度侵犯了杨某宝的知情权，但尚不构成欺诈。原审法院依据《合同法》第

54 条第 2 款、《消费者权益保护法》第 55 条第 1 款的规定，以新贵兴公司存在欺诈为由判令撤销《销售合同》，新贵兴公司向杨某宝折价退赔购车款，并以车辆购置价格为基础承担三倍赔偿责任，法律适用存在错误。

其次，新贵兴公司是否应承担相应责任。

新贵兴公司对漆面瑕疵所采取的轻微处理措施属于经营者新车交付前的整理行为，新贵兴公司未予告知不承担赔偿责任。而新贵兴公司对车窗帘问题的处理属于对局部轻微问题的修复行为，对与此相关的信息新贵兴公司在车辆交付前或交付时应予告知但未予告知。虽然新贵兴公司一定程度上对相关信息已予以披露，但其毕竟未在车辆交付前或交付时以更直接、更明确、更便捷的方式告知消费者，对消费者的知情权产生了一定程度的影响，对此新贵兴公司应承担相应的赔偿责任。因涉及的问题及处理措施显著轻微，且明显不危及车辆安全性能、主要功能、基本用途，无证据证明该问题给杨某宝造成了较大不利影响，经营者在车辆交付前亦已免费原装更换了窗帘总成，兼顾对消费者认知能力和消费心理的保护，以及对经营者即时记载并上传相关信息这一行为的鼓励和引导，二审酌定新贵兴公司向杨某宝赔偿 110 000 元。

【民法典最新相关规定释评】

《民法典》第 179 条第 2 款延续《民法总则》的表达，规定："法律规定惩罚性赔偿的，依照其规定。"但在《民法典》框架内，仅在三处明确规定了惩罚性赔偿的适用，而且均位于侵权责任编，分别为第 1185 条、第 1207 条和第 1232 条。其中，第 1185 条系故意侵害知识产权且情节严重的情形，第 1232 条系违反法律规定故意污染环境、破坏生态造成严重后果的情形，均与本题讨论无关。第 1207 条延续《侵权责任法》第 47 条的规定，虽事涉产品责任，与合同法存在关联，但是最后分句规定的惩罚性赔偿仅被限制在"造成他人死亡或者健康严重损害的"场景下。不过，因为相对本条的产品责任而言，《消费者权益保护法》第 55 条规定的场景更为具体，故依特别法优于一般法的原则，在符合《消费者权益保护法》的情境下，应当首先适用消费者权益保护法的相关规定，因此，第1207条显然不应作反面推论的解释，即不能认为《民法典》对产品责任惩罚性赔偿的适用进行了限缩，而应看作立法者在此有意留白。

在具体适用中，若具体案件符合消费者－经营者的规范场景，则适用《消费者权益保护法》第55条。但因第55条涉及的也是责任问题，所以在具体责任的归属上，需要就个别情形进行衡量，决定普遍规范的适用。虽然《民法典》第1207条的规定与《侵权责任法》第47条的规定，在本题场景下相差不大，[①]但是因《民法典》的体系效应，解释结论会有所不同。《民法典》第1207条所在的侵权责任编第四章名为“损害赔偿”，且《民法典》不存在债法总则，故该规定对类似场景下损害赔偿的责任成立应具有一般意义——或者最起码可以从该条款中抽取出立法者所持的、较为一般的价值倾向，并将之拓展适用至整体债法框架下。而该条最后分句有“相应”二字，指示法官在适用时须在判断责任成立后，还要考量责任范围的大小，即，在产品责任范围内，被侵权人生命权、健康权受到侵害时，尚有限缩损害赔偿责任范围的可能；举重以明轻，在其他类似场景下考察损害赔偿责任，当然更应具体分析责任范围的问题，而非一并就交易总额的倍数计算损害赔偿范围。所以，即便《消费者权益保护法》第55条并未以“相应”二字限制赔偿范围，但是在解释上仍然可以得出需要独立考察责任范围的结论，即例如本题所讨论的案例，实质上将第55条“购买商品的价款”限缩解释为“相应”的价款，仅就窗帘等个别部件而非整车的价款确定损害赔偿的责任范围。

（讨论整理及后续评论：吴园晨）

① 差别仅在于采取有效补救措施的选择性构成要件方面。

对账单的性质与诉讼时效的起算

【发言群友】

李荐、王松、李志刚、叶林、张谷、吴庆宝、刘建功

【讨论时间】

2019年3月

【沙龙实录】

基本事实与法律问题

李　荐：债务人以对账单、询证函为据，主张债权诉讼时效经过的，能否支持？例如，甲公司与乙公司于2012年期间发生交易，双方之间没有书面合同亦无关于付款期限的约定，之后于2013年形成对账单或询证函确认了结欠的交易金额，甲公司于2018年起诉至法院主张债权，乙公司提出诉讼时效抗辩。

观点一认为，双方当事人之间没有关于付款期限的约定，债权人可以随时要求履行，但对账单、询证函本身仅是双方确认债权债务金额的依据，并非债权人要求履行的依据，故诉讼时效应自债权人主张债务人履行债务的宽限期届满的计算。甲公司现于2018年起诉主张债权，当然未超出诉讼时效。

观点二认为，对账单、询证函系确认债权的依据，债权人理应自权利确定时的合理期限主张债权，故诉讼时效应自对账单、询证函出具后的合理期限开始起算，甲公司在对账单出具后5年才主张权利，显然超过诉讼时效。

王　松：对账单、询证函对还款期限未作约定，观点一中的宽限期与观点二中的合理期限似并无区别，差别在于怎么确定这个期限的时间。应当看当事人意思表示，这个期限确定了，就可以判断是否超过时效了。

李志刚：观点二中的“理应”，法律依据是什么？“从合理期间开始起算”的法律依据是什么？

李　荐：有观点认为，既然对账了，就应在合理时间主张权利。

李志刚：这两个“应当”，似于法无据。否则，只要法官认为应当判赢，就可以判赢了。

李　荐：实际只是对账，也就是会计意义上的，我个人也是这样的观点，不知有无不同意见。

叶　林：对账单是一个会计凭证，主要用于会计记账和账目核对，与诉讼时效之间没有直接对应关系。即使是已经经过诉讼时效的债务，也要通过对账方式确定债权债务的金额，以便在公司内部进行会计处理。所以，严格说来，对账单与诉讼时效之间没有直接对应关系。但在审判实践中，为了保护债权人的利益，的确有将对账单视为债权人讨债或债务人承认债务的证据，我个人的看法是，如果对账单详细记载了截至对账时的主债务和利息，似乎也不排除将其当作诉讼时效中断的依据，但如果只是记载了主债务而未记载利息，似乎不足以作为诉讼时效的证据。

李志刚：（1）题设交易不知道是买卖抑或是借款或其他？如果不是借款关系，可能未涉及利息的核对和记载。（2）起算的事实认定，存有模糊空间的时候，会有保护债权人，还是保护债务人的价值选择。有观点认为时效制度是赋予债务人的法定利益，故选择保护债务人。个人倾向，如果事实模糊和有裁量空间，可能保护债权是一个更重要的选择，理由有二：一是对债权人而言，毕竟是真金白银给出去的；二是欠债还钱也许是中国人的一种朴素的自然法理念。当然，在事实清晰的情形下，法律规定是明确的，无须选择。

张　谷：因甲、乙间对账的事实不是特别清楚，谈点不一定准确的想法。总体来说，我倾向第二种观点的前半部分和第一种观点的后半部分结合起来。详言之，甲、乙间似乎交易往来较多，彼此间交易惯例是一方指示，另一方发货，但不是每一笔当即结算，而是一定期间内总结一次。因此对账轧差前，每一笔交易的请求权“瘫痪”，不必行使，也不开始起算时效；唯于对账总结后轧出的差额，双方无有异议，视为确定。此后双方以该差额作为权利义务内容（交互计算）。接下来，乙就差额的给付义务并无期限之约定，双方若无嗣后补充协议，甲就差额的请求权依法可以随时请求，只是要给乙合理准备时间。准此，甲对乙的请求权的诉讼时效也应在甲请求后的合理期间经过后开始起算。

时效的起算

吴庆宝：其一，就债务形成后，双方的对账单、询证函应当视为对债权债务的认可。即便双方的合同没有具体约定债务追索的具体期限，在实践中，可以将合同履行过程中针对合同约定不足内容进行补充或补救，视同合同履行中的弥补行为。其二，具体的时效计算，合同有约定的从约定开始计算；没有约定或者约定不明的，则应从合同期满开始计算时效；事后另有约定的，则从最后一次约定期限到来计算时效。其三，根据《民法总则》的规定，民事诉讼时效期间为三年。这与侵权知道或应当知道不同。不能将双方合同约定不明，推论为以主张权利时计算诉讼时效。

故而，在时效内的权利确认、询证函等，应当视为诉讼时效起算点的依据。时效期满后，尽管有对账单、询证函的，如债务人明确其不能作为债权追索凭证的，则不能视为诉讼时效重新起算点，仍应以原约定为起算点。

张　谷：只就所言的“其三”，谈点不同意见。侵权损害赔偿之债和违约之债的时效期间起算，同与不同另说。契约导致的特别结合关系中，如果有给付义务履行时间的明确规定，债务人届期不为给付，债权人都是“知道或者应当知道权利受侵害”的；问题在于有些债务关系对履行时间没有规定，即不定期债务，嗣后没有补充协议明确的，依《合同法》第62条第4项[①]规定，债权人可以随时要求履行。试想甲借钱给乙，不定期限，时效能从放贷之后即起算吗？

另外，有些请求权是取决于债权人的意思表示的（如解除后的返还请求权），未经解除，请求权尚不产生。所以，不定期债务中，时效不是从请求权产生可得行使时起算的。

吴庆宝：所言有道理。记得当年起草关于诉讼时效的司法解释时，对分期、不定期债务作过一些讨论。主要认为，无论书面合同还是口头合同，都应当可以确定债务期限，不然，就成了永久性可主张的债权了。所以，需要相关证据予以证明。自然，不能以发放了借款，时效就开始起算。如果没有约定，或者双方各执一词，如何确定债务期限，而不是首先来确定诉讼时效。但最终需要法官来判断，可能就是个人价值取向了。依约不能确定主张权利期间的，需要分出不同情况加以认定，有合理理由的，以第一次或意识到权利被侵害主张权利时，认定诉讼时效开始点，是说的过去的。但如权利人不能自圆其说的，不予认定可能法律风险更小些。

储蓄合同的时效起算

张　谷：在现实当中，储户的银行存款（相当于借钱给银行）多年不取的也有，甚至有“休眠户”。储户的请求权不会开始起算时效期间。什么时候去取款，而银行拒不偿还，才有时效起算问题。不仅涉及不定期，本身就是继续性关系。

吴庆宝：储户存款排除时效的适用，主要基于双方的信赖，以及金融信用。理财，通常要计算时效。但如果是银行的理财，到期不取，则会自动转为活期存款。如果其他机构理财，就要按照合同约定办理，即要计算诉讼时效。

---

① 现为《民法典》511条第4项，与《合同法》第62条第4项在文字表述上略有不同，内容没有实质变化。

刘建功：储蓄之所以不考虑诉讼时效问题的原因，除了吴庆宝提出的外，可能还与另外两个因素有关：

第一，长期以来，普遍看法是储蓄关系不是债权债务关系，而是类似于保管合同的关系。《民法通则》第 75 条第 1 款规定："公民的个人财产，包括公民的合法收入、房屋、储蓄、生活用品、文物、图书资料、林木、牲畜和法律允许公民所有的生产资料以及其他合法财产。"而这一条是放在所有权一节中的。

第二，储蓄合同对此往往有明确约定，即定期存款到期后储户不提款的，自动转为活期存款或者一个明确约定的短期定期存款。

吴庆宝：不定期债务无论书面还是口头，总要有个约定，即便没有明确约定归还期限或合同期限的，都需要按照习惯或惯例予以认定，除非法律有规定，或既有案例予以固定规则，即不可将其认定为长期时效或不受时效约束。上述观点可取之处在于：所有权的法律保护不同于债权。所有权期限由法律调整，不由双方协议约定。

其中，也有例外：如果没有所有权登记的，可能失去法律的规定性，如果借用人或保管人丧失道德理性，也可能招致纠纷，而除了银行保管箱之外，权利人得到保护的概率就缩小了。

刘建功：我并不赞同储蓄合同项下款项和所有权有关。这就是一个债权。

银行存款定期到期自动转活期，在法律上不是约定不受诉讼时效制度约束。而是说，只要储户不向银行要求提款，存款就视为尚未到期。这样自然就没有时效问题了。

时效起算与权利主张

刘建功：李荐所提问题是不是可以分为两个层面：第一，对于没有明确约定履行期限的债权，诉讼时效自何时起算；第二，对账单询证函是否有"主张"的效力导致时效中断。

对于第一个问题，在大部分案件中具体情况千差万别。其实很多时候法官是可以根据双方之间多次交易模式去判断合理的时效起算点。就发票交付而言，一般就能认作是起到主张权利的效果——人家都把账单寄上门了，你还说不知道对方居然想要欠款？

张谷老师提到的长期业务关系滚动结算模式也是典型情况之一。在交易中，各方始终在合理地期待下一次交易或者付款。不要说没有明确约定履行期，就是合同中有约定，都存在被当事人以行为作出的意思表示内容所取代的可能性。

但是，对于双方之间没有重复交易模式可供参考的，对所谓的未约定履行期限的债务，三年不去追讨，对于企业而言，是不可思议的（这其实也是商事主体和一般民事主体不同身份给法官带来不同判断标准的一个小小注脚）。按照企业财务准则，账期三年的应收账款都可以全部计提坏账损失了。而且准则还要求，对未约定履行期限的应收账款，要计算财务费用，这是直接影响企业利润多少的重要因素，没有哪个企业主会不关心。

说企业不去索要，不外乎两种情形：一是要了，电话商谈之类，但对方耍赖；二是企业管理确实较为混乱，躺在权利上睡觉。对于前者，需要法官在个案中判断形成心证，需要利用机会不惜以较大成本调查取证惩罚说谎者。对于后者，如果我们仍然以所谓第一次追索来确认起算点，等于从根本上违背了诉讼时效制度的立法初衷。而且，在实务中还会导致出现，债权人一方会拼命证明自己第一次追讨很迟、债务人一方会拼命证明对方其实很早就索要过这种让人哭笑不得的场面。所以对于商事主体而言，起算点不妨以请求权产生后加上给予对方合理准备期间为妥。

对于第二个问题，一般来说，对账单询证函的文义上确实不能直接解释出主张权利的意思。但客观上，很多企业会以寄送对账单的方式进行主张。我认为，对于一定期间内（譬如说三年的诉讼时效规则和应收账款计提坏账准备的共同期限）寄送的对账单，应该视作主张权利的意思表示，这似乎可能更符合商人之间的习惯。

但是，对三年之后突然来的一份对账单询证函，债务人盖章确认的，究竟能起到什么作用，就得再分析了。特别是询证函，往往是企业委托中介机构审计评估时，由中介机构根据谨慎性要求作出的。如果我们赋予其很大的效力，等于告诉企业，以后收到询证函千万要装作没收到，更不能老老实实核对数字。“判决是要向前看的”，这个效果恐怕不是法官所愿意看到的。

吴庆宝：我同意建功法官的观点。补充以下：第一，理论上任何民事交往行为都有始有终，不会半截出来、无疾而终。故而，只要有相关证据证明，都可以认定时效起点。第二，在民间交往中，确有以个人信用为依托的口头协议和交易，没有第三人在场，或没有交易记录，的确难以认定。此时，需要参考交易习惯等综合认定，不宜否定交易的时效。第三，法官通常支持善意的债权人，经识别，认为债务人有恶意或有违良性道德的，基本会支持债权人的请求。但民间借贷暴露出不少问题，需要引起重视，尤其在价值观取舍上。第四，超过《民法总则》规定的时效期间，以钓鱼方式重新启动时效的行为，应当提醒市场参与主体，须在所谓对账单、询证函上署明：不因此认可债务，不作为时效新的起点。不然，还会有债务人将自然债务认可为受法律约束的债务。

【总结及倾向性意见】

案例中涉及对账单与诉讼时效起算点的争议，其核心可以被分解为以下两个子问题：其一，发送对账单（或询证函等）的行为是否可以被理解为“提出履行请求”或者“同意履行义务”；其二，在未定履行期限的债之关系中，因其诉讼时效的起算点与前一问题的回答密切相关，所以在此情境下，该回答是否需要顾及诉讼时效制度的利益衡量，而应有所求全。因此，问题的讨论首先从未定履行期限的债之关系的诉讼时效起算点开始。

依《合同法》第 61 条[①]、第 62 条[②]，未定履行期限的债之关系，应依补充协议、合同解释或合同漏洞填补规则确定履行期限；若仍不能确定的，再依

① 现为《民法典》第 510 条，与《合同法》第 61 条在文字表述上略有不同，内容没有实质变化。

② 现为《合同法》第 511 条。将《合同法》第 62 条第 1 项“质量要求不明确的，按照国家标准、行业标准履行；没有国家标准、行业标准的，按照通常标准或者符合合同目的的特定标准履行。”修改为“质量要求不明确的，按照强制性国家标准履行；没有强制性国家标准的，按照推荐性国家标准履行；没有推荐性国家标准的，按照行业标准履行；没有国家标准、行业标准的，按照通常标准或者符合合同目的的特定标准履行。”其他内容除个别文字表述外，没有实质变化。

双方提出履行请求或者同意履行义务的时点加上宽限期予以确定。《最高人民法院关于审理民事案件适用诉讼时效制度若干问题的规定》第6条在重申了这一规则的基础上，进一步明确了债务人拒绝履行的诉讼时效起算。这一将未定履行期限的债之关系区分为“可以确定”与“不能确定”的二分法，在实务界中被普遍采纳。虽然学界对未定履行期限债权的诉讼时效起算方式存在少数不同观点，但该少数观点并未就规范适用层面给出解释路径。[①]不过，“可以确定”的三种方式中，[②]当事人事后协议补充，近乎于债务更新；依合同相关条款或交易习惯确定，实为合同的解释，可以理解为合同缔结时当事人之间默示的意思表示内容；随时履行，则相当于任何一方当事人可以意思通知的方式令宽限期起算，进而确定履行期限。以此推论，当事人之间即便事前合意中确实存在漏洞，事后亦未能达成更新合意，但只要能在交易往来的行为互动中解释出要求履行或者提出履行的自然目的意思，就足以令时效在宽限期后起算。而且，这一自然目的意思因不指向规范层面，故在审查当事人往来时，只需要按照客观理解，能够阐释出推进履行进程的自然目的即可，不需要额外考察当事人是否有受（个别）规范约束的意思。而对账单或询证函在交易日常中即使被解释为债务更新[③]或者类似债务更新的交互计算[④]，至少包括通过明确履行标的或者简化履行内容从而推进履行进程的自然目的，故若不考虑诉讼时效制度本身的利益衡量，除非有相反的意思表示，否则似乎发送对账单的行为一定会直接或间接（开始计算宽限期）引起诉讼时效的起算。

但是，正如有群友提出：若无条件地将寄送对账单解释为要求履行或者提出履行，那么裁判结果会激励当事人消极对待对账单等材料——如此对账单等用于明确交易内容的商业工具就会被弃之不用，债之关系会在更长时间内处于悬而未决的状态，这反而与诉讼时效制度试图澄清事实降低交易成本

---

① 参见霍海红：《再论未定履行期限债权的诉讼时效起算》，载《环球法律评论》2019年第1期。

② 参见最高人民法院民事审判第二庭编著：《最高人民法院关于民事案件诉讼时效司法解释理解与适用》，人民法院出版社2008年版，第123-124页。

③ 参见崔建远：《论合同漏洞及其补充》，载《中外法学》2018年第6期。

④ 参见赵姿昂：《民法典视野下商事担保制度的整合与建构》，载《河南社会科学》2018年第12期。

的初衷[1]不符。然而，仅仅阐述价值判断上的不一致并不足以证成对账单不引发时效起算的观点，因为诉讼时效届满之抗辩阻却权利实现的正当性基础，在于权利人的可归责性；即权利可行使时，权利人具有抽象的可归责性，权利可行使而被束之高阁，则权利人具备具体的可归责性。[2]权利人若受到负面激励，迟迟不通过对账单等方式明确债之关系的内容，亦不提出履行请求，则相当于使权利长期陷入不能行使的状态，由此制造了权利无法实现（受损害）的抽象危险，违背了应当妥善照顾自己利益的行为模式，[3]只要权利人对自身行为与该行为模式间的差异，于规范意义上具有相当的认识，则因主客观一致而可将此种违背不真正义务的不法归责于权利人——抽象危险对应抽象可归责性，抽象可归责性为20年长期时效的正当性奠基，正因如此。换言之，未定履行期限的债之关系本是20年长期时效制度的典型规范情形，当事人之间未定履行期限，自然是出于短期内无法预测或安排债之关系的未来，[4]需要在更长时间内观察彼此交易的继续与发展，方能对履行期限予以规划；若于此以短期时效的具体归责性强迫债权人在短时间内清理债权债务关系，不免有张冠李戴之嫌。

一概而论对账单的理解，出现价值判断和激励效应的悖反，正是因为太过笼统地理解交易场景的缘故。群友在最后的讨论中，已经明确指出：“在大部分案件中具体情况千差万别”，需要对寄送对账单的语境作类型化分析。

当事人寄送对账单的情形可能出现在债之关系缔结后的任何时点，[5]依据交易语境的不同，而可能有不同的行为目的。通常而言，对账单本身只是

---

① 诉讼时效制度旨在“降低因事实的模糊化所可能导致的诸多社会成本”。参见朱虎：《诉讼时效制度的现代更新——政治决断与规范技术》，载《中国高校社会科学》2017年第5期。因义务人、审判与不特定第三人的成本最终均会在交易中由双方承担核算，故这里编者将诸项社会成本统一理解为交易成本。

② 解亘：《〈民法总则（草案）〉中时效制度的不足》，载《交大法学》2016年第4期。

③ 债权以消灭为目的，故债权人积极行使债权应当属于社会普遍期待的行为模式。参见朱庆育：《民法总则》，北京大学出版社2013年版，第525页。

④ 当然，也有可能是因为对交易双方而言，履行期限或者债权本身的重要性有限，故于此疏忽，产生合同漏洞。但处于此种情境的当事人若事后需要填补漏洞，自然会采取更为积极行动，不可能出现讨论案例中发送对账单后仍然超过诉讼时效的情形，故编者对此种可能性不再赘述。

⑤ 因本次讨论的主题限于寄送对账单与诉讼时效之间的互动，所以不再讨论寄送对账单可能被解释为合同缔结手段等情形。

一方提供的，记录双方交易明细的核算表格，在配合发票等其他单据一并使用时，可用于证明相应的交易事实的存在及明细。在交易中，对账单的形式较为多样，并未形成统一的标准——也即，未能因标准化而产生某种规范性——故裁判者单纯就对账单而言，难以探查相应的交易习惯，故只能从对账单以外的交易情境中提炼相应的习惯要素予以分析。交易中，寄送对账单的目的可能有：（1）为印证被审计单位会计记录所载事项而查询或函证，在此目的下，寄送的对账单实际上就是询证函，旨在核实该单位应收账款记录的真实与正确；（2）与另一方当事人明确债之关系的具体内容，或者相当于依《合同法》第 61 条的方式达成补充协议；（3）双方企业之间依交易习惯或随寄送、确认对账单的进程同时以合意达成交互计算，旨在简化履行，故通过对账单证明事实的性质，实现债务约束（Schuldversprechen）或债务承认（Schuldanerkenntnis）的效果。①

所以，对寄送对账单的行为，必须参酌交易习惯、与交易习惯不同的具体情境和该情境下对当事人理解的可期待性进行理解，这也正是法律行为解释的必然方法；② 由此该意义产生的法效果才能归属于当事人。③

在第一种情形下，寄送对账单仅仅为了查知事实的目的，在准法律行为的意义上其自然目的意思付之阙如，故不可能产生与履行相关的法效果，这一场景的特征在于对账单或询证函上载明审计目的表达（如“为审计会计记录……”“……仅作为审核本单位账目之用”等字样）。

第二种情形的特征则在于原合同的履行内容约定不明；不过，以对账单的方式就履行内容达成补充协议，并不意味着该协议同时可以被理解为要求履行或者提出履行：因为如果关于履行期限的内容同样在原合同中付之阙如，双方确认对账单时亦没有明确履行期限，那么对履行期限的缄默只能被理解为故意为之，故于此应当谨慎认定要求履行或者提出履行的意思。这两种情

① 严格来说，交互计算合意也可以被理解为广义的确定债之内容合同（类似于《合同法》第 61 条的补充协议）。参见刘春堂：《民法债编各论（上）》，我国台湾地区 2003 年自版发行，第 178 页。

② ［德］卡尔·拉伦茨：《法律行为解释之方法——兼论意思表示理论》，范雪飞、吴训祥译，法律出版社 2018 年版，第 90 页。

③ ［德］卡尔·拉伦茨：《法律行为解释之方法——兼论意思表示理论》，范雪飞、吴训祥译，法律出版社 2018 年版，第 89 页。

形下，因为对账单分别系反映原交易事实的证据材料和原交易关系的继续和补充，所以裁判者的焦点更侧重于原合同的内容，基于原交易的事实推断寄送对账单本身的性质。

而最后一种情形则与之不同，因为交互计算、债务约束和债务承认，都相当于当事人之间重新缔结债之关系，而且新债之关系与原有债之关系之间并不一定存在效力上的牵连，[①] 故更应当侧重于对账单本身的记载，对于原债权债务关系内容的考察则退居次席——或者更确切地说，在确定当事人之间寄送和确认对账单的交易上行为之后，一方面，依交互计算、债务约束或者债务承认的客观交易上典型目的（objektive verkehrstypische Geschäftszwecke），已经具备探知该交易标准化情境（交易习惯）的可能性；另一方面，当事人援用该交易标准化情境的目的，多数在于简化原债权债务关系，故若再令原债权债务关系中的复杂情境影响简化后的新债之关系，不啻治丝益棼。

讨论中亦有群友提及，法官在实务中虽然“可以根据双方之间多次交易模式去判断合理的时效起算点”，但是鲜有此类实践，其原因可能正在于此。虽然在传统民法学说看来，交互计算所形成的新债之关系从确定之时开始起算诉讼时效；[②] 但是从更为宏观的利益衡量角度而言，若双方当事人早先已约定定期进行交互计算，那么寄送并确定对账单的形式则相当于定期计算与交互抵销，每一期交互计算之后会定期形成类似于分期债务的新债之关系，故此时为维持民法内在价值秩序体系的统一，应与《民法总则》第 189 条[③] 倾向保护债权人的立场一致，即考虑到诉讼时效制度本身的内在利益衡量倾向，让每一期交互计算达成新债的诉讼时效均从最近一期的计算时点开始起算。如果当事人是嗣后达成类似交互计算的债务约束或债务承认合意，计算后成立的新债相当于令被计算的旧债重新起算诉讼时效；这也与《最高人民法院

① 交互计算将当事人间交易关系中的复数债权债务予以结算，被形象地称为外套契约（Mantelvertrag）。因在计算形成差额（计算后形成的新债权）之前，需要对各项债权予以相互抵销，故双方债权债务关系在对等数额范围内，已发生清偿之效力，故即便不采无因债权理论，计算形成的差额债权在效力上也不太受原交易关系的影响。相关理论详述见陈自强：《无因债权契约论》，中国政法大学出版社 2002 年版，第 222~226 页。

② 参见邱聪智：《新订债法各论（上）》，中国人民大学出版社 2006 年版，第 186 页。

③ 现为《民法典》第 189 条，内容与《民法总则》第 189 条一致。

关于超过诉讼时效期间借款人在催款通知单上签字或者盖章的法律效力问题的批复》的倾向保持一致，即债务人在对账单上的签字或盖章会导致已经经过的诉讼时效重新起算。在此种情形下，因在时效制度上已相当偏向于债权人，考虑到时效制度与证据法的紧密连接，应平衡两造利益，贯彻武器平等原则，[①]赋予债务人证明时效完成的可能性，故令诉讼时效自双方以对账单的形式达成新债时起算，更为妥当。

不过，正如群友在讨论中最后提及的那样，在此种情形下裁判者应注意寄送对账单的一方是否存在“钓鱼启动”诉讼时效的可能性，同时可以欺诈、错误等事由给予相对方撤销权予以救济。

【民法典最新相关规定释评】

关于履行提出的期限问题和诉讼时效的规定，《民法典》与《合同法》的规定并无不同。《民法典》第 511 条第 4 项延续《合同法》第 62 条第 4 项的，规定：“履行期限不明确的，债务人可以随时履行，债权人也可以随时请求履行，但是应当给对方必要的准备时间。”

（讨论整理及后续评论：吴园晨）

① 此种武器平等，完全是利益衡量的结果，介乎于形式的武器平等与实质的武器平等之间。关于证据法上的武器平等原则简介，参见杨锦炎：《武器平等原则在民事证据法的展开》，中国政法大学出版社 2013 年版，第 20 页。

第三部分 担保法专题

主合同无效返还之债的担保

【发言群友】

李志刚、王长军、徐同远、刘建功、叶林、刘生亮、戴景月、傅穹、王文胜、吕来明、夏正芳

【讨论时间】

2019年5月

【沙龙实录】

李志刚：根据《担保法》第5条[①]规定，主合同无效，担保合同无效。如果当事人之间明确约定：主合同无效，担保人对主合同无效后的返还之债，承担担保责任，此种担保是否有效?

王长军：我认为约定与法律规定冲突，无效。

徐同远：有效。

刘建功：有效。

---

① 现为《民法典》第388条。《担保法》第5条规定："担保合同是主合同的从合同，主合同无效，担保合同无效。担保合同另有约定的，按照约定。担保合同被确认无效后，债务人、担保人、债权人有过错的，应当根据其过错各自承担相应的民事责任。"《民法典》第388条规定："设立担保物权，应当依照本法和其他法律的规定订立担保合同。担保合同包括抵押合同、质押合同和其他具有担保功能的合同。担保合同是主债权债务合同的从合同。主债权债务合同无效的，担保合同无效，但是法律另有规定的除外。担保合同被确认无效后，债务人、担保人、债权人有过错的，应当根据其过错各自承担相应的民事责任。"

李志刚： 合同无效，不影响清理条款的效力。为返还之债提供担保，是一个相对独立的意思表示，为什么也无效呢？

叶　林： 这不仅涉及保证是否当然具有从属性的基础理论问题，也涉及保证合同中的“保证标的”（我自己起的名字）的理解问题。

徐同远： 如果保证所担保的债不成立或无效，保证就是无标的（ohne Gegenstand）。

刘生亮： 能否考虑或有债务？

徐同远： 如果受到担保的债权人与保证人对受担保的债（尤其是金钱之债——借款合同）不成立或无效，是明知或应知的，对于合同无效后的返还之债，保证人要承担保证责任。解释保证合同，可以得出这样的结论。如果当事人对此有约定，自然也是有效的。

刘生亮： “如果受到担保的债权人与保证人对受担保的债（尤其是金钱之债——借款合同）不成立或无效，是明知或应知的”这个明知要件可以没有。

戴景月： 有效。一则，返还之债是另一个法律关系，不受主合同无效的约束；二则，这也是对一个或有风险债务的保证，与法理不悖。假设一下，如果主合同无效被确定后，有个案外人来担保返还，效力应该只受普通担保合同的法律规制。

王长军： 按照题意，保证人有两个责任：一是保证合同有效时的保证责任；二是“主合同无效，担保人对主合同无效后返还之债，承担担保责任”。而按照担保法规定，主合同无效则保证合同无效，保证人只承担与其过错相应的责任。特别约定产生的法律规定之外的责任，加大了保证人的责任，违反了保证合同的从属性，对保证人过于苛刻。

徐同远： 甲与乙签订融资租赁合同。甲为出租人，乙为承租人，丙向甲提供保证。其实，甲与乙之间，名为融资租赁，实为民间借贷。此时，就乙向甲偿还借款，甲可否要求丙承担保证责任？

戴景月： 实务中，保证人同时为中介人的，经常会承诺任何情况都要包着（保证）。在出现主合同无效的情况下，也确实足额补偿了债权人的损失。这时候的保证人更重视自己的信誉。既然市场有此类存在，何必干预，使其无效呢？

王长军：赞同。但是第三人作新的保证人，而非原保证人要承担两个保证责任。

戴景月：本题中，原保证人分饰两个角色。

徐同远：两个保证的标的不同。

戴景月：法律关系变化了。

王长军：同一人作为两个合同的保证人，两个合同的债权人与被保证人相同，这是规避法律，加大保证人责任的方法。

傅　穹：认定有效为宜。一是，尊重担保交易双方的真实意思表示；二是，利益衡量出发，无损第三方利益与公共利益，也未扩张保证人的承诺担保标的风险范围；三是，若认定无效，有违诚信信赖。综上所述，比较而言，认定有效为妥。

王长军：在理。但违反了我国坚守的保证合同的从属性。

李志刚：对于返还之债的担保责任，是一个独立的意思表示。这个担保，并没有脱离无效返还之债（主债权）。

傅　穹：此种情况，似与保证合同从属性不冲突，赞同李志刚的解释。

王文胜：一是看保证人是否明知，有的时候保证人是明知当事人之间是名实不符的交易的；二是如果不明知，则看是否加大其风险。

李志刚：这两“看”的法律依据是什么？

王文胜：核心是解释当事人的意思。保证人担保的是债务的履行，如果债在负担轻重和偿债风险等角度还是那个债，只是产生债的原因和当初所理解的不同，则保证合同不应受到影响。

李志刚：有效无效，返还的款项本金是一样的；无效时，利息负担可能还要减轻。若此，是否更应当认定对无效返还之债的担保有效了（何况就此作了独立的担保意思表示）？

王文胜：是在类比该案之外的另一种情形吗？

李志刚：没有。就是题设本案情形。

吕来明：第一，如果另行约定对主合同无效的返还之债承担保证责任是主合同无效被确认后单独约定的，毫无疑问是一个单独的保证合同，不受第一个保证合同因从随主无效的影响。如果是在同一个保证合同中约定主债权有效和无效两种情形下的保证责任，那么后者这个单独的意思表示条款是否属于该保证合同的内容呢？如果是，从逻辑上来说，保证合同无效，则该条款也无效。如果认为虽然写在一张纸上，但实质上是两个保证关系（合同），则该单独表示的保证条款有效。不同性质的被保证债权下保证意思表示即使在同一载体形式中体现，应认定为各自独立的保证合同，从随主无效只及于无效保证标的那个保证关系。第二，保证合同无效后，保证人可能还有赔偿损失的（部分）责任，那么，这个责任和另行约定的返还之债的保证责任是何关系呢？

李志刚：关于吕来明老师提出的问题一：倾向是两个保证合同，一张纸。因为是为两个性质的主债权分别提供保证。并存的约定，并不属于法定禁止的情形，没有无效事由。关于问题二：无效损失赔偿责任是法定责任，返还之债的保证责任是基于特约产生的合同责任。二者有一定的竞合，但这似乎可以择一行使，而不构成第二个保证责任无效的事由。

夏正芳：愿意承担责任又损害谁的利益呢？没有必要否定。

戴景月：即使有赔偿责任，但自己愿意承担无效后的保证责任，也不过吧。

王长军：如果认为虽然写在一张纸上，但实质上是两个保证合同关系，即有效时保证人承担保证责任，无效时则按照约定承担责任。则保证人将面临两个责任：法定的缔约过失责任与约定责任。这两个责任从有利于债权人来说，通常都是约定责任大于法定责任（否则，债权人没有必要另行约定无效时的责任）。这两个责任保证人如何承担呢？首先，债权人通常会主张约定责任，这就意味着保证合同无效时双方另行约定的约定责任高于法定责任，对此，有无法律依据？其次，保证人承担超过法定责任的部分，能否向被保证人追偿？再次，如果保证人承担的责任超过了被保证人的责任，将违反保证合同的从属性，损害保证人利益而无效。最后，倘若允许这样约定，实务中债权人往往会与保证人另行约定，虽然有利于债权人利益的保护，但不利于保证人，将导致担保法设立的对保证人权利保护的目的落空。

【总结及倾向性意见】

关于“对合同无效之后的返还之债承担担保责任”的约定是否有效的问题，多数观点认为，有效。其主要理由是：第一，主合同之债与主合同无效返还之债是两个不同的债务，主合同之债无效，但主合同返还之债有效，因此为该债务的保证，只要意思表示真实且不存在其他无效情形，应当认定有效。第二，从利益衡量的角度来看，这种约定无损第三方利益与公共利益，主合同无效之后担保人承担的缔约过失责任与返还之债的保证责任构成竞合关系，并未扩大保证人的负担。

少数观点认为，无效。其主要理由是：第一，此种约定违反了《担保法》第 5 条关于“主合同无效，担保合同无效”规定。虽然从表面上来看，当事人约定对无效返还之债承担保证责任，与对主合同承担保证责任，担保的是两个不同的债务。但实际上两个债务只是一个合同的两面。此种约定无异于说“无论主合同是否有效，担保人都承担责任”，只是承担责任的范围不同（有效是担保履行，无效是担保返还）。第二，如果此种约定有效，保证人很可能一方面要承担主合同无效导致担保合同无效的缔约过失责任，另一方面又要承担返还债务之债的担保责任，无疑加重了担保人的负担。

【民法典最新相关规定释评】

本专题的讨论，主要争议在担保合同中约定担保合同无效的，担保人对返还之债承担责任的内容是否有效。相关条文是《担保法》第 5 条规定：“担保合同是主合同的从合同，主合同无效，担保合同无效。担保合同另有约定的，按照约定。担保合同被确认无效后，债务人、担保人、债权人有过错的，应当根据其过错各自承担相应的民事责任。”

《民法典》中，由于体例原因上述内容被分别规定在第 388 条（担保物权合同）和第 682 条（保证合同），实质内容没有变化，仅有表述差异。加上民法典第 156 条保留了《民法总则》有关“民事法律行为部分无效，不影响其他部分效力的，其他部分仍然有效”之规定，因此上述观点无须改变。

（讨论整理及后续评论：王赫）

一般保证的诉讼时效起算与中断

【发言群友】

朱虎、刘炳荣、肖建国、章恒筑、高圣平、李建伟、徐同远

【讨论时间】

2018年10月

【沙龙实录】

朱　虎：请教诸位两个问题：第一，《担保法司法解释》一般保证中，主债务诉讼时效中断，保证债务诉讼时效中断。一般情形下，一般保证的债权人必须先起诉债务人，一般保证的诉讼时效自判决生效之日起才开始计算，因此就不会有中断的问题，那么这个规定所适用的主要情形是什么呢？是在执行程序中申请执行也可以导致诉讼时效中断，因此是在执行程序中才具有该条的适用余地吗？除了这种情形之外，也没有其他可能的适用情形？

第二，《担保法司法解释》规定，一般保证的诉讼时效自债权人对债务人的判决生效之日而非执行终结之日起算；但是按照担保法的规定，就债务人的财产强制执行前，一般保证人都享有先诉抗辩权。那么这两条如何协调？

刘炳荣：第一，在对主债务提起诉讼或仲裁的情况下，保证债务的诉讼时效从判决生效之后开始计算。起诉或主张权利都是主债务诉讼时效中断的事由。都能引起保证债务诉讼时效中断。问题是保证债务的诉讼时效何时开

始重新计算。当年的《民法通则》仅规定中断时起重新计算诉讼时效。那么诉讼程序过程中，什么时候开始重新计算？所以才有《担保法司法解释》第34条。现在不存在问题。《民法总则》在诉讼时效中断重新开始时间加上了有关程序终结时起。一般保证的债权人并不一定向主债务人起诉，在债权人先向债务人主张权利的情况下，就适用主债务诉讼时效中断，保证债务亦中断。对主债务申请强制执行的前提是已经提起诉讼或仲裁。适用《担保法司法解释》第34条已经引起诉讼时效中断的后果，而且从生效之日开始重新计算。申请强制执行不存在诉讼时效的问题。第二，在保证期间内保证人承担保证责任的前提是债务人不能履行，标准是经诉讼强制执行仍不能履行的。但是《担保法》第17条第3款[①]规定有除外情形，《担保法司法解释》解释了第一种情形。在这些除外情形下，保证人不得行使先诉抗辩权。没有矛盾。

肖建国：我理解，朱老师的问题，与一般保证人的先诉抗辩权相关。先诉抗辩权本意设定诉权行使顺序，不过《担保法司法解释》第125条将先诉抗辩权改造为先执行抗辩权，即允许债权人同时起诉债务人和一般保证人，但判决主文设定先后执行顺序：先执行债务人，不能满足债权的再执行一般保证人。这种针对一般保证人的判决，民事执行法上称为“附条件的执行依据”。这一改造，使诉讼时效的意义也相应发生改变，即由过去适用于审判程序，变为适用于民事执行，与《民事诉讼法》第239条的申请执行时效接轨了。

章恒筑：实践中有把先诉抗辩权理解成先起诉抗辩权、先保全抗辩权，是认识偏差吧？

肖建国：按照《担保法司法解释》第125条规定，应该属于误认。

---

① 现为《民法典》第687条第2款。《担保法》第17条第3款规定：“有下列情形之一的，保证人不得行使前款规定的权利：（一）债务人住所变更，致使债权人要求其履行债务发生重大困难的；（二）人民法院受理债务人破产案件，中止执行程序的；（三）保证人以书面形式放弃前款规定的权利的。”《民法典》第687条第2款规定：“一般保证的保证人在主合同纠纷未经审判或者仲裁，并就债务人财产依法强制执行仍不能履行债务前，有权拒绝向债权人承担保证责任，但是有下列情形之一的除外：（一）债务人下落不明，且无财产可供执行；（二）人民法院已经受理债务人破产案件；（三）债权人有证据证明债务人的财产不足以履行全部债务或者丧失履行债务能力；（四）保证人书面表示放弃本款规定的权利。”

章恒筑：谢谢。但如果认为先诉抗辩不意味着先保全抗辩，法院可以对主债务人和一般保证人同时进行查封，实践中又会引发超标的查封的争议。当然，另外，也存在通过查封进行不当商业竞争的情形，法官有时真的很难，还可能导致履职风险。

肖建国：先执行抗辩权中的“执行”，是指“终局执行”。财产保全裁定虽也有保全执行问题，但属于临时性措施，非终局执行。故债权人有权对一般保证人申请财产保全。

章恒筑：我也这样认为，但操作规范还有待细化。

肖建国：这类案件的财产保全，关键在于找保全的财产。理性的债权人都会优先查封债务人的财产，债务人财产不够的或找不到的，退而求其次，保全查封一般保证人的财产。至于超额查封问题，可能会出现，但只要不构成“明显超标的额查封”即可。保全查封时不需要评估，故法官有合理的裁量范围，不能过于苛责。当然也不排除恶意诉讼的情形，特别是在知识产权案件中尤其突出。对于恶意诉讼行为，需要另外的规则来调整。

高圣平：总体上我认为，目前就查封中出现的问题关键在于程序法上的查封究竟产生什么实体法上的意义。如目前物权法和登记法上，一旦查封，就限制标的物的处分，如此带来了执行实践和信贷实践中的诸多问题。个人认为，执行程序中的查封仅能使查封所据的实体权利就标的物取得相应的顺位，并没有限制标的物进一步处分和担保。就保全查封而言，一旦取得胜诉裁判，其查封所生实体法效力溯及至保全查封之时。

肖建国：法院查封有限制处分的效力，这是没有疑问的。高老师的问题，应该是反思查封效力的绝对性之弊端，寻求更为宽松的查封相对性效力。

章恒筑：不仅仅是知识产权诉讼，比如 100 万元的债务诉讼，申请人找保险公司担保，保全错误的责任也就在 100 万元范围。但被保全人的银行账号被查封，贷款被列入不良，银行纷纷起诉，担保链扩散……影响就何止 100 万元，我把这种现象称为担保的杠杆效应。慎用保全放水养鱼，不及时保全也有风险（特别是所谓首封制问题），这也是我说的法官两难的重要原因。

肖建国：请问银行管理上的规定，效力层级如何？

章恒筑：对银行支行行长来说，考虑问题时，遵循的是金融逻辑和趋利避害法则，一般不会有法律的效力层次的观念。

朱　虎：谢谢诸位老师。在一般保证中，如果一般保证的诉讼时效从债权人对债务人的判决生效时才起算，那么在此之前就没起算，既然没起算如何因主债权时效中断而中断呢？

债权人仅起诉债务人，而未将保证人作为共同被告一并起诉的情况之下才会发生这个问题。如果根据《担保法司法解释》第125条的规定，一般保证的债权人向债务人和保证人一并提起诉讼的情况下，就不会发生本条规定的情况。所以，可能的问题在于，一般保证的诉讼时效究竟从什么时候开始起算？无论是保证期间内债权人向债务人提起诉讼或者申请仲裁时开始起算一般保证合同的诉讼时效？还是从债权人对债务人获得生效判决时才起算一般保证合同的诉讼时效？

李建伟：针对朱虎老师提出的第二个问题，《担保法司法解释》规定，一般保证的诉讼时效自债权人对债务人的判决生效之日而非执行终结之日起算；但是按照《担保法》的规定，就债务人的财产强制执行前，一般保证人都享有先诉抗辩权。那么这两条如何协调？

这个问题的回答是：法理上应该从债务人执行终结日，但这一天往往遥无期限或者难以确定，于是规定了一个确定无疑的期日。另外，允许债权人一并起诉一般保证人与债务人的规定本身，已经使先诉抗辩权得到了某种程度的消解或曰柔和，国情实践。

朱　虎：是的，我理解也是如此。

徐同远：关于诉讼时效起算，《民法通则》第137条第1句①与《民法总则》第188条第2款第1句②规定，至少从“从权利人知道或应当知道权利被侵害时”开始起算，对于一般保证中的保证债权人来说，何时满足这样的

① 现为《民法典》第188条规定。《民法通则》第137条第1句规定：“诉讼时效期间，从知道或者应当知道权利被侵害时起计算。”《民法典》第188条第2款第1句规定：“诉讼时间期间自权利人知道或者应当知道权利受到侵害以及义务人之日起计算。”

② 现为《民法典》第188条第2款第1句，内容与《民法总则》188条第2款第1句一致。

要求？

朱　虎：所以，问题又回到了，如果债权人没有同时起诉债务人和保证人，而是先起诉了债务人，获得胜诉判决后，可不可以直接再起诉保证人？

肖建国：可以起诉保证人。但法院要作出附后执行条件的判决。

朱　虎：赞同肖老师的理解。

【总结及倾向性意见】

关于一般保证债务诉讼时效的起算问题，现行担保法及其司法解释规定，一般保证债务的诉讼时效与主债务诉讼时效同时起算，即自主债务到期之日起算。具体包括以下两个方面：

第一，在保证期间内，债权人仅对债务人提起诉讼或者申请仲裁的，主债务诉讼时效中断，保证债务诉讼时效也中断，一般保证人也不再受保证期间的保护，即不再享有保证期间届满产生的免责抗辩权。主债务经诉讼或者仲裁确定后，债权人对债务人的请求权已经得到裁判，主债务诉讼时效不再计算，但一般保证债务尚未裁判，诉讼时效仍然发生作用，一般保证合同的诉讼时效应“从判决或者仲裁机构的裁决生效之日起，重新开始计算”。[①]

第二，在保证期间内，债权人将债务人和保证人作为共同被告提起诉讼的，该诉讼终结后，债权人对主债务人和一般保证人的请求权已经得到裁判，则主债务的诉讼时效和一般保证债务的诉讼时效均不再需要计算，更无须“重新开始计算”。

上述规则值得商榷。一般保证中，在就债务人的财产强制执行无效果的事实出现之前，保证人有权拒绝履行保证债务。依照《民法总则》第188条第2款第1句[②]规定：“诉讼时效期间自权利人知道或者应当知道权利受到损

---

① 曹士兵认为，《担保法司法解释》第34条第1款规定一般保证债务的诉讼时效“从判决或者仲裁裁决生效之日起”重新开始计算不妥，因为在“判决或者仲裁机构的裁决生效之日”，一般保证人仍然享有先诉抗辩权，法院不得在此时就对一般保证人的财产进行强制执行。该条宜修改为：“一般保证的债权人在保证期间届满前对债务人提起诉讼或者申请仲裁的，从依法强制执行债务人财产仍不能履行债务时，重新开始计算保证合同的诉讼时效。”曹士兵：《中国担保制度与担保方法》，中国法制出版社2008年版，第152页。

② 现为《民法典》第188条第2款第1句，内容与《民法总则》第188条第2款第1句一致。

害以及义务人之日起计算。”据此，一般保证债务的诉讼时效不应当与主债务诉讼时效同时起算，而应当在依法强制执行债务人财产仍不能履行债务时，开始计算保证合同的诉讼时效。正在起草的《民法典合同编（草案）（二次审议稿）》第483条第1款已对此作出调整，规定：“一般保证的债权人在保证期间届满前对债务人提起诉讼或者申请仲裁的，从保证人拒绝承担保证责任的权利消灭之日起，开始计算保证债务的诉讼时效。”

【代表性学术观点】

李国光等认为：根据《担保法》第25条规定，一般保证的，须在保证期间内对债务人提起诉讼或者申请仲裁。债权人已提起诉讼或者申请仲裁的，保证期间适用诉讼时效中断的规定。这里的“保证期间适用诉讼时效中断的规定”，意图在于说明保证期间已经转换为诉讼时效，此后应当依据法律关于诉讼时效的规定处理。即一般保证的债权人在保证期间内对债务人起诉或者申请仲裁，则保证期间的作用便已结束，诉讼时效制度开始发生作用，债权人只要遵守诉讼时效方面的规定，就可以依法保证自己的权利。根据《担保法司法解释》第34条第1款规定，一般保证合同的诉讼时效“从判决或者仲裁机构的裁决生效之日起，重新开始计算”。当然，该条司法解释仅适用于债权人仅起诉债务人，而未将保证人作为共同被告起诉的情形。如果一般保证的债权人将债务人和保证人作为共同被告起诉的，则适用《担保法司法解释》第125条的规定，法院应当在判决书中明确在对债务人财产依法强制执行后仍不能履行债务时，由保证人承担保证责任。①

曹士兵认为：就一般保证债务诉讼时效的起算问题，应区分具体情形。第一，根据《担保法》第25条的规定，债权人在保证期间内向债务人提起诉讼或者申请仲裁，一般保证人的保证期间中断；在诉讼或者仲裁过程中，主债务不计算诉讼时效，一般保证债务自然也不计算诉讼时效。在诉讼或者仲裁终结后，债权人对债务人的请求权已经得到裁判，诉讼时效不再计算，但

① 李国光等：《最高人民法院关于适用〈中华人民共和国担保法〉若干问题的解释理解与适用》，吉林人民出版社2000年版，第149页。

一般保证债务尚未裁判，根据《担保法司法解释》第34条第1款规定，一般保证合同的诉讼时效“从判决或者仲裁机构的裁决生效之日起，重新开始计算”。第二，如果债权人在起诉债务人时将保证人一并起诉，根据《担保法司法解释》第125条的规定，人民法院可以将债务人和一般保证人列为共同被告。以债务人和一般保证人为共同被告的诉讼终结后，债权人对主债务人和一般保证人的请求权已经得到裁判，则主债务的诉讼时效和一般保证债务的诉讼时效均不再需要计算，更无须“重新开始计算”。[①]

先诉抗辩权不能阻止诉讼时效的起算，以《担保法司法解释》第34条第1款和第36条的规定为依据，一般保证债务的诉讼时效的起算和中断有如下要点：（1）一般保证债务的诉讼时效与主债务诉讼时效同时起算。主债务诉讼时效自主债务到期之日起算，保证债务的诉讼时效也在此时同时起算。（2）在保证期间内，债权人对债务人提起诉讼或者申请仲裁，主债务诉讼时效中断，保证债务诉讼时效也中断，一般保证人也不再受保证期间的保护，不再享有保证期间届满产生的免责抗辩权。（3）主债务经裁判、仲裁确定后，主债务诉讼时效不再计算，但保证债务如果未经裁判或者仲裁，诉讼时效仍然发生作用，应当重新开始计算。（4）按照权利发生、时效发生的原则，一般保证债务的诉讼时效因债权人对债务人提起诉讼或者申请仲裁而中断后，应当自《担保法》第17条规定的“债务人财产依法强制执行仍不能履行债务”时重新开始计算，因为仅在此时债权人才能对一般保证人行使权利。基于此，《担保法司法解释》第34条第1款规定一般保证债务的诉讼时效“从判决或者仲裁裁决生效之日起”重新开始计算不妥，因为在“判决或者仲裁机构的裁决生效之日”，一般保证人仍然享有先诉抗辩权，法院不得在此时就对一般保证人的财产进行强制执行。因此，第34条第1款宜修改为：“一般保证的债权人在保证期间届满前对债务人提起诉讼或者申请仲裁的，从依法强制执行债务人财产仍不能履行债务时，重新开始计算保证合同的诉讼时效”。[②]

---

① 曹士兵：《中国担保制度与担保方法》，中国法制出版社2008年版，第151页。

② 在司法实务中，正确判断“依法强制执行债务人财产仍不能履行债务”，应当以法院因债务人无可供执行的财产而裁定中止对债务人的执行或者终结执行为标准。

崔建远认为：[①] 根据《担保法》第 25 条第 2 款 [②] 规定，在合同约定的保证期间和法定的保证期间，一般保证的“债权人未对债务人提起诉讼或者申请仲裁的，保证人免除保证责任；债权人已提起诉讼或者申请仲裁的，保证期间适用诉讼时效中断的规定”，该规定存在问题。因为保证债务的诉讼时效期间尚未起算，谈不上中断。同时，债权人对债务人提起诉讼或者申请仲裁，主债务诉讼时效中断，但在就债务人的财产强制执行无效果的事实出现之前，保证人有权拒绝履行保证债务，按照《民法通则》第 137 条第 1 句关于诉讼时效期间自权利人知道或者应当知道其权利受到侵害时起算的规定衡量，保证债务的诉讼时效期间不起算。诉讼时效期间不起算，也就无所谓诉讼时效的中断。[③]《担保法司法解释》意识到《担保法》第 25 条第 2 款规定的不当，试图加以修正，于其第 34 条第 1 款规定：“一般保证的债权人在保证期间届满前对债务人提起诉讼或者申请仲裁的，从判决或者仲裁裁决生效之日起，开始计算保证合同的诉讼时效。”这避免了《担保法》第 25 条第 2 款存在的“未起算，却中断”的逻辑错误，但仍然存在问题：其一，它不符合《民法通则》第 137 条第 1 句关于诉讼时效期间起算点的规定，因为判决或者仲裁裁决生效之日，并不清楚对主债务人的财产强制执行有无效果，只要未出现对主债务人的财产强制执行无效果的事实，保证人就有权行使先诉抗辩权，可以拒绝履行其保证债务。也就是债权人对保证人的债权尚未受到保证人不当行为的侵害，依据《民法通则》第 137 条前段关于诉讼时效期间起算点规定的反面推论，保证债务的诉讼时效期间仍不开始进行计算。其二，它同《担保法司法解释》第 125 条后段关于“应当在判决书中明确在对债务人财产依法强制执行后仍不能履行债务时，由保证人承担保证责任”的规定不一致，

---

① 崔建远：《保证债务与诉讼时效》，载《人民法院报》2003 年 6 月 6 日。

② 《担保法》第 25 条第 2 款规定：“在合同约定的保证期间和前款规定的保证期间，债权人未对债务人提起诉讼或者申请仲裁的，保证人免除保证责任；债权人已提起诉讼或者申请仲裁的，保证期间适用诉讼时效中断的规定。”《民法典》第 692 条第 1 款规定：“保证期间是确定保证人承担保证责任的期间，不发生中止、中断和延长。”第 693 条第 1 款规定：“一般保证的债权人未在保证期间对债务人提起诉讼或者申请仲裁的，保证人不再承担保证责任。”

③ 《担保法司法解释》第 125 条关于“一般保证的债权人向债务人和保证人一并提起诉讼的，人民法院可以将债务人和保证人列为共同被告参加诉讼。但是，应当在判决书中明确在对债务人财产依法强制执行后仍不能履行债务时，由保证人承担保证责任”的规定，坚持了《民法通则》的思想。

走到了另外的方向。解决上述问题的路径，《担保法司法解释》第34条第1款的规定不符合《民法通则》关于诉讼时效期间起算的规定，并无适当的理由修正《民法通则》的该项规定，依据下位阶规范不得抵触上位阶的原则，在确定保证债务的诉讼时效期间的起算点上，应当适用《民法通则》第137条的规定，而非适用《担保法司法解释》第34条第1款的规定。[①]

张谷认为：债权人以自己的行为去排除先诉抗辩权，其法定的唯一标准在于《担保法》第17条第2款，即“就债务人财产强制执行仍不能履行债务”，绝不应该另外实行什么双重标准，如“对主合同纠纷要求审判或仲裁”，或者“债权人对债务人起诉或申请仲裁”。之所以出现《担保法》第25条第2款与第26条第2款的不一致，第25条第2款对于第17条法定标准的偏离，问题的症结就在于没有厘清先诉抗辩权、诉讼时效、约定保证期间之间的关系。正确的解决方法是，作为保证合同附加的终期，约定保证期间的钟摆将不会停止。[②]其间主债务到期不履行的，除非保证人行使先诉抗辩权，否则债权人对保证人的请求权，应开始其诉讼时效。债权人无论为诉讼外或诉讼上请求均可中断诉讼时效。照此办理，可得出下列结论：如果债权人对保证人的请求权，其诉讼时效完成时，而约定保证期间尚未届满的，那么保证人取得时效抗辩权；约定保证期间届满与否，已无实际意义。如果约定保证期间届满时，此前债权人未要求保证人承担保证义务的，那么保证人保证义务消灭；债权人对保证人的请求权，其诉讼时效完成与否，也不重要。如果债权人对保证人的请求权，其诉讼时效未完成，且约定保证期间亦未届满的，在一般保证中，于强制执行无效果后，或者在连带责任的保证中，于主债务履行期届满后，债权人不迟延地要求保证人承担保证义务的，那么保证义务仍

① 编纂民法典时，应重新设计一般保证债务的诉讼时效的起算点，修正《担保法》第25条第2款以及《担保法司法解释》第34条第1款的规定，一般保证期间的起算点，应为对主债务人的财产强制执行无效果之时（实际上为次日）；而诉讼时效期间的起算点是权利人知道或者应该知道权利被侵害之日（实际上为次日）。

② 这是借用曹士兵先生的形象的说法。参见曹士兵：《中国担保诸问题的解决与展望》，中国法制出版社2001年版，第137页。

然存续，不过嗣后发生保证义务范围固定之结果。[①]

冯永军、徐诚明认为：保证债务的诉讼时效应从债权人得向保证人行使保证债权之日起计算。在保证人享有先诉抗辩权的保证中，由于保证人所承担的是一种补充责任，债权人应先就主债务人的财产为强制执行且不能满足其债权时才能向保证人行使其权利。《担保法司法解释》第 34 条第 1 款规定："一般保证的债权人在保证期间届满前对债务人提起诉讼或者申请仲裁的，从判决或者仲裁裁决生效之日起，开始计算保证合同的诉讼时效。"该规定不甚合理，因为此款确定的保证债务的诉讼时效的起算点与保证人享有的先诉抗辩权发生矛盾，依先诉抗辩权保证人在债权人未就主债务人的财产强制执行而无效果前，对于债权人得拒绝清偿。这就决定了债权人只有就主债务人的财产强制执行后且无效果才能向保证人主张保证债权。所以，保证债务之诉讼时效的起算点应为债权人就主债务人的财产强制执行的程序终结之日起。保证人要求债权人向主债务人提起诉讼或申请仲裁的主要目的在于以国家强制力对债务人的财产进行强制执行，以确保保证人的补充责任。因此，应把《担保法司法解释》第 34 条修改为：一般保证的债权人在保证期间届满前对债务人提起诉讼或申请仲裁及强制执行的，从债权人就主债务人的财产为强制执行的程序终结之日起，开始计算保证合同的诉讼时效。

此外，根据《担保法司法解释》第 36 条规定，一般保证中，主债务诉讼时效中断，保证债务诉讼时效中断。该规定显然违背了保证债务不随主债务范围和强度扩大而扩大的变动规则，由于主债务诉讼时效的中断使主债务在诉讼时效上的强度增加，而不是减弱，保证债务不能随之变化。应修改为：一般保证中，主债务诉讼时效中断，保证债务诉讼时效不当然中断。[②]

关晓海、王中强则认为：一般保证诉讼时效规则不宜改变。第一，一般保证人享有先诉抗辩权，只有在主合同经过审判或者仲裁并就债务人的财产强制执行后仍不能履行债务时，保证人的保证之债才会称为真正的确定之债。作为一种确定的合同之债，自然也要受到诉讼时效制度的约束，所以，保证

① 张谷：《论约定保证期间——以〈担保法〉第 25 条和第 26 条为中心》，载《中国法学》2006 年第 4 期。

② 冯永军、徐诚明：《论保证期间与诉讼时效》，载《河南财经政法大学学报》2015 年第 2 期。

之债的诉讼时效应该从此时起算，《担保法司法解释》将保证之债的诉讼时效起算点规定在“判决或仲裁生效之日”，从立法技术的角度来讲并无不妥。第二，如果一般保证中主债务的诉讼时效中断，而保证之债的诉讼时效不中断，必然发生在主债务诉讼时效尚未经过的情况下，保证之债的诉讼时效已经经过，而基于一般保证人的先诉抗辩权，债权人要向一般保证人主张权利的前提是必须先向债务人主张权利并作出生效的判决或者仲裁裁决，所以，此时债权人必然在非自身过错的情况下面对保证利益的丧失。另外，为胜诉判决并不一定能够在执行程序中完全得到满足，如果规定“一般保证中，主债务诉讼时效中断，保证债务诉讼时效不中断”，对于债权人来讲，一般保证人的引入毫无意义。[①]

【典型案例】

陆某相与金华市绿春苗木专业合作社及徐某弟、芦某红借款合同纠纷案

案号：浙江省高级人民法院（2018）浙民再149号

【裁判要旨】

一般保证的债权人在保证期间内未通过诉讼或仲裁方式向债务人主张权利，此时债权人无权直接向保证人主张保证责任，即保证期间届满保证人不再承担保证责任。

【基本案情】

2014年1月24日，金华市绿春苗木专业合作社（以下简称绿春合作社）与徐某弟签订贷款合同，约定：（1）由绿春合作社贷款给徐某弟20万元，贷款期限为6个月，具体时间以拨款日为准，贷款月利率为1.5%。按照章程规定到期不还按0.5‰收取滞纳金。（2）保证方式：保证贷款方式。当日，芦某红作为徐某弟的妻子签订贷款共有人还款承诺书；陆某相出具贷款担保人承

① 关晓海、王中强：《一般保证诉讼时效规则不宜改变》，载《人民法院报》2011年8月24日，第7版。

诺书，承诺：贷款人徐某弟向你会申请贷款金额 20 万元，我自愿作为贷款人的担保人承诺，一旦贷款人未按合同约定履行还款义务，在你会向本人发出书面通知后，本人即无条件按你会要求履行偿还义务，直至前述合同项下的本息全部清偿为止，无论该笔贷款是否有担保。本承诺函所确定的偿还义务是不可撤销，自本人签字之日起生效，至贷款人在前述合同项下的债务全部清偿完毕之日失效，未经你会同意不得撤销。担保承诺人一栏由陆某相本人签名并捺手印。同日，绿春合作社将借款 20 万元汇入徐某弟指定的账号。绿春合作社自认徐某弟已支付了借款期内 6 个月的利息（2014 年 1 月 24 日至 7 月 23 日的利息），此后利息由徐某弟委托案外人代偿支付到 2015 年 4 月 23 日止（共 10 期利息）。绿春合作社起诉请求：（1）徐某弟、芦某红共同归还借款本金 20 万元及利息 51 000 元（利息按月利率 1.5% 从 2015 年 4 月 23 日起至 2016 年 9 月 23 日止，此后利息按此标准至实际还款之日止），并支付绿春合作社为实现债权而支出的律师费 13 500 元。（2）在上述借款人不能还款时，由陆某相承担还款责任。

【裁判观点】

浙江省高级人民法院再审认为：陆某相出具的《贷款担保人承诺书》中明确约定："一旦贷款人未按合同约定履行还款义务，在你会向本人发出书面通知后，本人即无条件按你会要求履行偿还债务……"该条款明确表达了当债务人不能履行债务时由保证人承担保证责任的意思，符合《担保法》第 16 条对一般保证的规定。

陆某相出具的《贷款担保人承诺书》中，承诺对借款的保证期间为"直至前述合同项下的本息全部清偿为止"。根据《担保法司法解释》第 32 条的规定，此类情形下应视为对保证期间约定不明，保证期间应为主债务履行期届满之日起二年。由于绿春合作社与徐某弟在贷款合同中约定的借款期间为 2014 年 1 月 24 日至 7 月 23 日，故陆某相提供担保的保证期间应为 2014 年 7 月 24 日至 2016 年 7 月 22 日。保证期间不同于诉讼时效期间，其作为除斥期间，根据《担保法司法解释》第 31 条规定，保证期间不因任何事由发生中断、中止、延长的法律后果。至于一般保证诉讼时效期间与保证期间的关系，《担保法司法解释》第34条第1款规定，“一般保证的债权人在保证期间届满前对债务人提起诉讼或者申请仲裁的，从判决或者仲裁裁决生效之日起，开始计算保证合同的诉讼时效”，即如果一般保证的债权人在保证期间内通过诉讼或者仲裁方式向债务人主张权利，此时保证人的保证期间作用完结，保证债务诉讼时效从主债务诉讼判决或者仲裁裁决生效之日起算。如果一般保证的债权人在保证期间内未通过诉讼或仲裁方式向债务人主张权利，此时债权人无权直接向保证人主张保证责任，即保证期间届满保证人不再承担保证责任。本案中，绿春合作社一审起诉时间为2016年10月9日，在2014年7月21日至2016年7月22日的两年保证期间内，绿春合作社既未对债务人提起诉讼或申请仲裁，也未向保证人陆某相主张权利，故本案的诉讼时效期间从未开始起算。即随着两年保证期间届满，债权人绿春合作社对担保人陆某相享有的实体权利已经消灭，陆某相的一般保证责任已经免除，不存在适用诉讼时效制度的问题。因案涉保证债务的诉讼时效期间尚未起算，原判决适用《担保法司法解释》第36条的前提并不存在，陆某相作为本案的一般保证人应予免责。

【民法典最新相关规定释评】

首先，关于保证期间的性质。

《民法典》第692条规定：“保证期间是确定保证人承担保证责任的期间，不发生中止、中断和延长。债权人与保证人可以约定保证期间，但是约定的保证期间早于主债务履行期限或者与主债务履行期限同时届满的，视为没有约定；没有约定或者约定不明确的，保证期间为主债务履行期限届满之日起六个月。债权人与债务人对主债务履行期限没有约定或者约定不明确的，保证期间自债权人请求债务人履行债务的宽限期届满之日起计算。”

该条第1款保证期间“不发生中止、中断和延长”，与《担保法司法解释》第31条一致。第2款关于推定没有约定保证期间的两种情况，将当事人“没有约定或者约定不明确”情形下保证期间统一规定为主债务履行期限届满之日起六个月，改变了《担保法司法解释》第 32 条“没有约定，六个月；约定不明，两年”的规定，缩短了债权人行使权利的期间，值得关注。第 3 款保证期间起算点的确定，与《担保法司法解释》第 33 条一致。

依据《民法典》第 692 至第 694 条的规定，债权人在保证期间内，向保证人以法律所认可的方式主张保证责任的承担，可以取得要求保证人代债务人履行债务或者赔偿的债权请求权；如果债权人未在保证期间用法律规定的方式向保证人主张权利，则保证期间届满，债权人就丧失了要求保证人代债务人履行债务或者赔偿的债权请求权。因此，保证期间是决定债权人能否取得可以要求保证人代债务人向其进行代为履行或者进行赔偿责任承担的债权请求权的期间，是决定债权人能不能够取得相应权利的期间，可称之为或有期间。

保证期间既不是诉讼时效期间，因为保证期间发动时还没有一个要受期间限制的请求权存在，且保证期间是和诉讼时效期间衔接的期间；也不是除斥期间，因为除斥期间系对一个现实存在的形成权进行的期限限制，保证期间起算时也还没有一个要受期间限制的形成权。

其次，关于保证债务的诉讼时效。

《民法典》第 694 条用 2 款回答了保证期间与诉讼时效期间之间的衔接关系：“一般保证的债权人在保证期间届满前对债务人提起诉讼或者申请仲裁的，从保证人拒绝承担保证责任的权利消灭之日起，开始计算保证债务的诉讼时效。连带责任保证的债权人在保证期间届满前请求保证人承担保证责任的，从债权人请求保证人承担保证责任之日起，开始计算保证债务的诉讼时效。”

根据该条第 1 款规定，一般保证的债权人在保证期间届满前对债务人提起诉讼或者申请仲裁的，从保证人拒绝承担保证责任的权利消灭之日起，开始计算保证债务的诉讼时效期间。就算是债权人通过提起诉讼或者申请仲裁的方式向保证人主张保证责任的承担，由于一般保证的保证人有先诉抗辩权，因此保证债务的诉讼时效期间并未起算，只有待先诉抗辩权消灭，保证人拒绝承担保证责任的权利消灭，此时才开始计算债权人要求保证人代债务人履行债务或者承担赔偿责任的债权请求权的诉讼时效期间。

根据该条第 2 款规定，在连带责任保证中，连带责任保证的债权人在保证期间届满前请求保证人承担保证责任的，从债权人请求保证人承担保证责任之日起开始计算保证债务的诉讼时效期间。

（讨论整理及后续评论：王松）

未同时起诉抵押人的抵押期间效力

【发言群友】

李志刚、马向伟、刘保玉、王松、徐同远、肖建国

【讨论时间】

2018 年 5 月

【沙龙实录】

李志刚：《物权法》第 202 条[①] 规定："抵押权人应当在主债权诉讼时效期间行使抵押权；未行使的，人民法院不予保护。"问题：债权人在主债权诉讼时效期间内，起诉了债务人，并获得胜诉判决，但并未行使抵押权。作出生效判决后，债权人再行主张抵押权，是否应当支持？

一种观点认为，债权人已提起诉讼主张主债权，诉讼时效在判决生效后，确定的给付义务为生效判决所替代，不再适用诉讼时效的规定，故不适用《物权法》第 202 条，仍可另行主张抵押权。

另一种观点认为，对主债权的作出了生效判决后，主债权的诉讼时效已经不再存在，所以与之相关的行使抵押权的期限也届满，不再保护了。请问您怎么看？

马向伟：我的理解是，物权法对于抵押权存续期间采取了与主债权诉讼

---

① 现为《民法典》第 419 条，内容与《物权法》第 202 条一致。

时效挂钩的立法模式，即主债权只要不罹于诉讼时效，抵押权就不会因存续期间经过而消灭。这样规定的优点在于防止出现主债权已经丧失强制执行力，而债权人却可以单独行使抵押权的不合理状态。同时，目前的《民事诉讼法》也已经将诉讼时效和执行时效予以融合和有效衔接，因此，我认为只要主债权没有超过诉讼时效和执行时效，抵押权就不应消灭。

刘保玉：“另一种观点”根本无从成立。以此认识，债权人必须一并起诉债务人和所有的抵押人。

王　松：债权人主张债权的行为与要求行使抵押权的行为不同，相互之间不能替代。能不能有第三种观点：债权人主张债权的判决生效后，判决主文确定了债务人履行债务的期限，从该期间最后一天起算至 3 年后期满（《民法总则》实施前为 2 年）为行使抵押权的时间，逾期行使抵押权则不予保护？《担保法司法解释》第 12 条第 2 款规定：“担保物权所担保的债权的诉讼时效结束后，担保权人在诉讼时效结束后的二年内行使担保物权的，人民法院应当予以支持。”

徐同远：“不予保护”：（1）文义解释：非消灭；（2）体系解释：现行民法关于“不予保护”的直接或间接表述，如《民法通则》第七章（如第 135 条，第 137 条第 2 句），《担保法司法解释》第 12 条第 2 款；（3）历史解释：《物权法（草案）》有过消灭的表述；（4）目的解释：“过了主债权诉讼时效期间后，抵押权人丧失的是抵押权受人民法院保护的权利，即胜诉权……”[①]

马向伟：我一直不赞同这种观点。债权超过诉讼时效即丧失胜诉权，成为自然债务的观念，从最高人民法院诉讼时效司法解释来看，已经被抗辩权发生主义所取代，即赋予债务人不履行抗辩权，债务本身并不消灭。但就物权而言，所谓胜诉权消灭或抗辩权发生均不应适用。只要超过存续期间，抵押权就应绝对消灭。否则，如果按照胜诉权消灭或抗辩权发生主义来定性抵

① 可参见全国人民代表大会常务委员会法制工作委员会民法室编：《中华人民共和国物权法：条文说明、立法理由及相关规定》，北京大学出版社 2007 年版，第 299~300 页；胡康生主编：《中华人民共和国物权法释义》，法律出版社 2007 年版，第 439~441 页；王胜明主编：《中华人民共和国物权法解读》，法律出版社 2007 年版，第 438 页；姚红主编：《中华人民共和国物权法精解》，人民出版社 2007 年版，第 352~353 页；扈纪华主编：《物权法知识读本：理解与适用》，研究出版社 2007 年版，第 257 页。

押权存续期间，就会导致这样一种结果：抵押权存在，但不能司法强制行使。这样将会导致超过期间的抵押无法涤除抵押登记，却又不能行使，造成物权秩序的混乱和不稳定。

对于志刚所列的第一种观点，我感觉也应修正一下，即并非取得生效判决后抵押权就不存在存续期间，抵押权存续期间此时应与执行时效挂钩。

肖建国：大陆法系民法典的消灭时效，对债权请求权一体保护：有争议债权的判定适用一般时效期间，生效法律文书确定的债权的实现，则适用民法典最长时效期间。因此，判决胜诉后，主债权应当受民法典最长时效期间的保护。《物权法》第 202 条中的“诉讼时效”，实为“消灭时效”，应当解释为包含执行时效之意。债权人对主债权获得胜诉给付判决后，主债权的保护期间应当自动适用《民事诉讼法》第 239 条的执行时效。债权人在执行时效期间内实现抵押权即可。在执行时效内，债权人可以通过民事诉讼法实现担保物权的特别程序，也可通过诉讼程序获得对抵押权的执行依据，以实现抵押权。因此，完全赞同马法官的意见。

【总结及倾向性意见】

债权人在主债权诉讼时效期间内，起诉债务人并获得胜诉判决，但并未行使抵押权。此后，债权人再行主张抵押权能否得到法院支持？对此有两种观点：第一种观点认为，债权人已提起诉讼主张主债权，确定的给付义务为生效判决所替代，不再适用诉讼时效的规定，债权人仍可另行主张抵押权。第二种观点认为，对主债权作出生效判决后，主债权的诉讼时效已经不再存在，债权人行使抵押权的期限也已届满，不应再予保护。

编者倾向认为，《物权法》第 202 条规定的是抵押权的法定存续期限，而非抵押权的诉讼时效或受到公权力保护的期限。在主债权诉讼时效期间内抵押权人不行使抵押权的，不仅丧失人民法院的公力保护，而且会导致抵押权的消灭。对于主债权诉讼时效届满的法律后果，《民商审判会议纪要》（法〔2019〕254 号，2019 年 11 月 8 日）第 59 条也作了明确规定：“抵押权人应当在主债权的诉讼时效期间内行使抵押权。抵押权人在主债权诉讼时效届满前未行使抵押权，抵押人在主债权诉讼时效届满后请求涂销抵押权登记的，人民法院依法予以支持。以登记作为公示方法的权利质权，参照适用前款规定。”

【代表性学术观点】

第一，胜诉权丧失说（视为诉讼时效说）。

全国人大法工委认为：过了主债权诉讼时效期间后，抵押权人丧失的是抵押权受人民法院保护的权利即胜诉权，而抵押权本身并没有消灭，如果抵押人自愿履行担保义务的，抵押权人仍可以行使抵押权。《物权法》第 202 条的主要考虑是，随着市场经济的快速运转，如果允许抵押权一直存续，可能会使抵押权人怠于行使抵押权，不利于发挥抵押财产的经济效用，制约经济的发展。因此，规定抵押权的存续期间，能够促使抵押权人积极行使权利，促进经济的发展。由于抵押权是主债权的从权利，因此，一些国家民法和我国台湾地区“民法”将抵押权的存续期间与主债权的消灭时效或者诉讼时效挂钩的做法，值得借鉴。①

第二，时效抗辩权发生说。

尹田认为：《物权法》第 202 条仅产生担保物权可因主债权超过诉讼时效期间而与之同时丧失强制力的效果，即主债权诉讼时效期满后，对于主债权人行使担保物权的主张，担保人有权在诉讼中主张时效抗辩。但是，如果担保人未在一审辩论终结前主张其时效抗辩，则视为放弃时效利益，主债权人行使其担保物权的主张仍然成立。②

王利明认为：在主债权诉讼时效期间届满以后，抵押权不受法律保护。《物权法》第 202 条所说的“人民法院不予保护”，应当与民法通则关于诉讼时效届满的法律后果作相同理解。即主债权时效届满后，抵押权不消灭，而只是使抵押人享有了拒绝履行的抗辩权。作为从权利的抵押权，其实体权利不应消灭，如果抵押人自愿履行担保义务，抵押权人仍然可以接受，从而使

---

① 胡康生主编：《中华人民共和国物权法释义》，法律出版社 2007 年版，第 440~441 页。
② 尹田：《物权法》，北京大学出版社 2013 年版，第 470 页。

其权利实现。[①] 但由于主债权已过诉讼时效，抵押权不再受人民法院保护，抵押人实际上已没有法律上的义务履行担保责任。[②]

高圣平认为：主债权诉讼时效届满后，抵押权不消灭，但抵押人能依债务人之时效抗辩，对抗抵押权人。依我国学界通说，诉讼时效届满并不消灭实体权利，即虽然诉讼时效届满，主债权仍然存在，只是丧失胜诉权，从抵押权的从属性出发，尚无法推出抵押权消灭的结论。应当理解为，抵押权不因主债权诉讼时效届满而消灭，满足了抵押权支配性的要求，符合我国诉讼时效的后果安排，也为担保发展预留了空间；同时，抵押人享有抗辩权，避免了抵押人的求偿困境，保障了抵押人的合理利益。[③]

第三，权利消灭说。

最高人民法院物权法研究小组认为：（1）《物权法》第 202 条规定的抵押权行使期间，是与抵押权所担保的主债权挂钩，这个期间即为主债权的诉讼时效期间。如果主债权诉讼时效期间一直没有届满，则抵押权一直存续而不消灭。（2）抵押权未及时行使的后果不仅是丧失人民法院的公力保护，而且应当消灭。《物权法》第 202 条采用司法解释的语言进行表达，容易引起误解。若认为抵押权丧失胜诉权，无异于承认抵押权适用诉讼时效制度，这有违民法原理。故应解释为该条参照了《法国民法典》第 2180 条的规定，抵押权因时效完成而消灭。所以，该条用立法语言表述更为妥当，即“抵押权未在主债权诉讼时效期间行使的，抵押权消灭”。[④]（3）当事人约定或者登记部门要求登记的抵押权的存续期间不影响抵押权的存续。[⑤]

王闯认为：《物权法》第 202 条参照了《法国民法典》第 2180 条的抵押权规制模式，主债权诉讼时效完成后，抵押权消灭。如此解释优点有三：其

① 胡康生主编：《中华人民共和国物权法释义》，法律出版社 2007 年版，第 441 页。
② 王利明：《物权法研究》（第 3 版），中国人民大学出版社 2013 年版，第 1218 页。
③ 高圣平：《担保物权的行使期间研究——以〈物权法〉第 202 条为分析对象》，载《华东政法大学学报》2009 年第 1 期。
④ 最高人民法院物权法研究小组编著：《〈中华人民共和国物权法〉条文理解与适用》，人民法院出版社 2007 年版，第 602 页。
⑤ 抵押权人未依法及时行使抵押权的，不仅丧失人民法院的公力保护，而且会导致抵押权的消灭。魏振瀛主编：《民法》（第 7 版），北京大学出版社 2017 年版，第 328 页。

一，符合民法关于诉讼时效仅适用于请求权的通说。其二，符合《物权法》第四编担保物权体系内在逻辑。《物权法》在第十五章“一般规定”中第177条[①]规定了担保物权的统一消灭原因；在第十八章第240条[②]规定了留置权的特殊消灭原因；因此，将第202条解释为抵押权的特别消灭原因，比较适宜。其三，使抵押权因主债权诉讼时效完成而消灭，不仅简单明快，而且便于实务操作。[③]

曹士兵认为：《物权法》第202条规定：“抵押权人应当在主债权诉讼时效期间行使抵押权；未行使的，人民法院不予保护。”该条是对抵押权人行使抵押权的期限的规定，因为以人民法院的保护为落足点，因此《物权法》该条规定的是抵押权的司法保护期，而非抵押权的存续期间，因为该期间届满后，“抵押权人丧失的是抵押权受人民法院保护的权利即胜诉权，而抵押权本身并没有消灭”[④]。《物权法》生效后，因有第202条规定的抵押权司法保护期，因此《担保法司法解释》第12条第2款的规定对抵押权不再适用。值得注意的是，抵押权人的司法保护期也是对法院非诉讼执行程序的限制，在主债权诉讼时效届满后，抵押权人请求法院启动非诉讼执行程序的，法院不得裁定准许。因此，抵押权人如果就抵押权的实现与抵押人无法达成协议，在司法保护期内即应当向法院请求实现抵押权。如果抵押权人在司法保护期内与抵押人有过协商，在司法保护期届满后才请求法院启动司法程序，法院不因抵押权人在司法保护期内向抵押人主张过权利而放宽限制，抵押权仍然不受法院保护。[⑤]

程啸认为：《物权法》第202条规定的是抵押权的法定存续期限，即在主债权诉讼时效期间内抵押权人不行使抵押权的，抵押权归于消灭而非仅仅是丧失胜诉权或强制执行力。在主债权罹于诉讼时效后，抵押权归于消灭。因为诉讼时效只适用于请求权，而抵押权属于物权，不适用诉讼时效；债务人

① 现为《民法典》第393条，内容与《物权法》第177条一致。

② 现为《民法典》第457条，内容与《物权法》第240条一致。

③ 王闯：《民商事审判实务若干争论问题——以合同法和担保物权法为中心》，载最高人民法院民事审判第二庭编：《商事审判指导》（总第29辑），人民法院出版社2012年版，第106页。

④ 胡康生主编：《中华人民共和国物权法释义》，法律出版社2007年版，第441页。

⑤ 曹士兵：《中国担保制度与担保方法》，中国法制出版社2008年版，第275页。

有时效抗辩权，而时效抗辩权对抗的是债权请求权，[①]抵押人则不能援引该时效抗辩权来对抗抵押权人实现抵押权的要求。[②]抵押权人有权向法院请求确认抵押权消灭，并依据法院的裁判文书办理抵押权的注销登记。此外，如果抵押权人在主债权诉讼时效期间内行使了抵押权，如已经向法院申请对抵押财产进行强制执行，但由于一些原因执行程序处于停滞状态并未进行完毕的，即使嗣后主债权诉讼时效期间经过，也不能认为抵押权人因在主债权诉讼时效期间内未行使抵押权而导致抵押权消灭。[③]

【典型案例】

王某诉李某抵押合同纠纷案[④]

案号：

一审：（2015）通民（商）初字第 23906 号

二审：（2016）京 03 民终 8680 号

【裁判要旨】

抵押权人在主债权诉讼时效期间未行使抵押权将导致抵押权消灭，而非胜诉权的丧失。抵押权消灭后，抵押人要求解除抵押权登记的，人民法院应当支持。

【基本案情】

2009 年 8 月 11 日，王某（甲方）与李某（乙方）签订协议书，约定："一、甲方从乙方处借款人民币伍拾万元，期限自 2009 年 8 月 11 日至 2009 年 9 月 10 日。期满一次性偿还全部借款。二、若借款期限届满甲方未能偿还

---

① 确切地说，是债权人的给付请求权。

② 抵押权作为绝对权，抵押权人于债务履行期限届满或发生当事人约定的实现抵押权的情形时，有权将抵押财产变价并优先受偿。即抵押权人的本质为变价权与优先受偿权的实现，而非抵押权人针对抵押人的给付请求。抵押权人实现抵押权时，无须抵押人的同意与协助，可以依照《物权法》第 195 条第 2 款的规定请求人民法院拍卖、变卖抵押财产。

③ 程啸：《担保物权研究》，中国人民大学出版社 2017 年版，第 73~74 页。

④ 参见《最高人民法院公报》2017 年第 7 期。

全部债务，自期满之日起至甲方实际偿还乙方全部债务之日止按日向乙方支付借款额的3‰作为逾期还款的利息。三、为保证乙方的权益，甲方将位于北京市通州区A房屋抵押于乙方处。同时，甲方将该房屋产权证、购房合同、购房发票、房主身份证件等交乙方保存。四、若借款期限届满甲方未能偿还全部债务。甲方除应当向乙方支付本协议第二条所规定的逾期还款利息，还应当协助乙方处分抵押物。处分所得偿还乙方债务，不足部分由甲方负责偿还。因处分抵押物产生的费用，由甲方承担……”同日，从李某的银行卡号向另一账户转款49.72万元。王某向李某出具收条，写明：“今收到李某现金人民币伍拾万元整。”2009年8月12日，王某和李某在北京市通州区建设委员会办理了关于涉案房屋的抵押登记手续，2009年9月2日，李某被登记为上述房屋的他项权利人，取得A房屋他项权利证书，其上记载房屋所有权人为王某，债权数额为人民币50万元。

原告王某诉称：李某未在主债权诉讼时效期间行使抵押权，故抵押权不予保护，起诉请求判令：李某协助王军办理注销通州区A房屋的抵押登记手续。

【裁判观点】

北京市第三中级人民法院二审认为：王某与李某之间的借贷法律关系成立，李某的债权已经超过诉讼时效。在主债权已过诉讼时效的前提下，李某的抵押权已消灭，抵押人王某主张解除抵押登记的请求应予支持。理由如下：

《物权法》第202条规定：“抵押权人应当在主债权诉讼时效期间行使抵押权；未行使的，人民法院不予保护。”该条款中“不予保护”含义的明确依赖于对诉讼时效和抵押权性质的分析。

首先，就诉讼时效而言，其以请求权人怠于行使权利持续至法定期间的状态为规制对象，目的在于让罹于时效的请求权人承受不利益，以起到促其及时行使权利之作用，依民法理论通说，其适用范围限于债权请求权。而就抵押权而言，其属于支配权，并非请求权的范围，更非债权请求权的范围，如将抵押权纳入诉讼时效的规制范围，无疑有违民法原理。

其次，就抵押权而言，其目的在于担保债务的履行，以确保抵押权人对抵押物的价值享有优先受偿的权利。为实现上述目的，抵押权对物之本身必将产生权能上的限制，对物的使用和转让均会发生影响。因此，若对抵押权人行使抵押权的期限不进行限制，将使抵押财产的归属长期处于不稳定状态，不仅不利于保护当事人的合法权益，也不利于物之使用和流通效能的发挥。此外，如果允许抵押权人在任何时候均可行使抵押权，则意味着在主债权经过诉讼时效且债务人因此取得抗辩权之后，债权人依然可从抵押人处获得利益，进而将抵押人和债务人之间的追偿和抗辩置于困境，换言之，也意味着抵押人将长期处于一种不利益的状态，其义务也具有不确定性，若如此，对于抵押人来说未免过于苛刻亦有失公允。

最后，从权利分类角度分析，在数项权利并存时，依据权利的相互依赖关系，有主权利与从权利之分，凡可以独立存在、不依赖于其他权利者，为主权利；必须依附于其他权利、不能独立存在的则为从权利。举例而言，在债权与为担保债的履行的抵押权并存时，债权是主权利，抵押权为从权利。在主权利已经丧失国家强制力保护的状态下，抵押物上所负担的抵押权也应消灭方能更好地发挥物的效用，亦符合物权法之担保物权体系的内在逻辑。故《物权法》第 202 条规定抵押权行使期间的重要目的之一当在于促使抵押权人积极地行使抵押权，迅速了结债权债务关系，维系社会经济秩序的稳定。综合上述分析，应当认定在法律已设定行使期限后，抵押权人仍长期怠于行使权利时，法律对之也无特别加以保护的必要，应使抵押权消灭。具体到本案中，因李某在主债权诉讼时效期间并未向王某主张行使抵押权，故对李某的抵押权，人民法院不予保护，该抵押权消灭，王军请求解除抵押登记的请求应予支持。

【民法典最新相关规定释评】

关于抵押权的行使期间，《民法典》第 419 条与《物权法》第 202 条的规定完全一致：“抵押权人应当在主债权诉讼时效期间行使抵押权；未行使的，人民法院不予保护。”

《担保法司法解释》第12条第2款规定："担保物权所担保的债权的诉讼时效结束后，担保权人在诉讼时效结束后的二年内行使担保物权的，人民法院应当予以支持。"基于担保的从属性要求，为避免抵押人承担超过主债务人所应承担的责任，《民法典》第419条（《物权法》第202条）取消了《担保法司法解释》第12条有关主债权诉讼时效届满后再加上2年的规定，使担保物权的效力仅与主债权的诉讼时效挂钩，《担保法司法解释》第12条不再适用。

《民法典》第419条（《物权法》第202条）中"在主债权诉讼时效期间行使抵押权"应当如何理解？是向法院起诉或者申请执行，还是仅向抵押人主张抵押权即可？对此，应当依《民法典》(《物权法》）的体系解释处理。《民法典》第410条（《物权法》第195条）规定，抵押权人行使抵押权有两种方式：一是"与抵押人协议以抵押财产折价或者以拍卖、变卖该抵押财产所得的价款优先受偿"，二是"请求人民法院拍卖、变卖抵押财产"。据此，必须是在"债务人不履行到期债务或者发生当事人约定的实现抵押权的情形"之后至"主债权诉讼时效期间"届满之前行使抵押权，行使抵押权的方式仅限于达成实现抵押权的协议或者向法院请求拍卖、变卖抵押财产。

如果抵押权人在诉讼之外向抵押人主张权利，但未达成实现抵押权的协议；或者抵押权人只是在诉讼中提交了抵押权凭证，而未向法院请求实现抵押权，则不能认为行使抵押权。如果抵押权人在司法保护期内与抵押人有过协商，在司法保护期届满后才请求法院启动司法程序，法院不因抵押权人在司法保护期内向抵押人主张过权利而放宽限制，抵押权仍然不受法律保护。

《民商审判会议纪要》(法〔2019〕254号，2019年11月8日）第59条采纳了主债权诉讼时效经过后，抵押权就因该期间的经过而消灭的观点，与《民法典》第419条一致，可以继续适用。

（讨论整理及后续评论：王松）

土地被收回时抵押权的效力

【发言群友】

邹波、王蕴、王文胜、夏正芳、刘建功、佘琼圣、王长军、司伟、刘保玉、徐同远、曾宏伟

【讨论时间】

2018 年 6 月

【沙龙实录】

案例与问题

邹　波：甲公司通过出让方式取得一块国有土地使用权，后通过抵押该地块从乙银行贷款 8000 万元。由于甲公司经营不善，受让土地后两年没有进行开发，市政府通过行政行为收回土地，甲公司无力偿还贷款。乙银行提起行政诉讼，要求确认市政府收回土地的具体行政行为违法。如果法院行政判决确认政府违法，乙银行能否请求政府赔偿其相当于贷款本息的损失。

王　蕴：这是两个法律关系。

王文胜：收回土地和银行有什么关系?

邹　波：银行认为政府收回行为违法，目的是要赔偿，甲公司无任何

财产。

夏正芳：行政行为对抵押有何影响？情况不太清楚。

邹　波：我也是很疑惑，本应属于不同的法律关系，政府愿意赔偿，想让法院出具调解书，这才是问题所在。

刘建功：抵押权已经设立。政府收回土地使用权，相当于土地使用权权属易手，不影响抵押权成立。

邹　波：政府收回土地，从担保法的角度来讲没有影响抵押权的设立，所谓的抵押权优先受偿，此时应当如何处理是关键。

佘琼圣：我也碰到过类似案件。政府起诉主张出让合同无效，收回土地，但发展商已经将土地使用权抵押给银行贷款。抵押物是土地使用权而非所有权。皮之不存，毛将焉附？可以适用《物权法》第 174 条[①]的规定，抵押权人对政府返还的地价款或者征收补偿金享有优先受偿权。

邹　波：如何处理二者之间的关系是关键。

佘琼圣：如行政行为违法，政府对收回土地应有补偿和赔偿金，抵押权人对此有优先权。

王长军：如果银行作为抵押权人仅能对政府返还的地价款或者征收补偿金享有优先受偿权，则大亏，严重损害银行利益，银行以土地使用权作为抵押物的风险剧增，亦不公平。即使出让合同无效，银行也善意取得抵押权，应当受到保护。即使政府收回土地使用权，也不影响银行在土地使用权上设立的抵押权，银行无须进行行政诉讼。

邹　波：出让合同是有效的，政府收回时理由正当但程序上存在问题，收回后又重新挂牌出让。甲公司无任何财产，所以才起诉政府。

王长军：政府可以依据行政权力收回已设定抵押权的土地使用权，但抵押权并不因土地使用权收回而消灭。（1）收回土地使用权，是政府对甲公司闲置土地等违法行为的一种行政处罚，政府代表国家对违法者施以行政处罚不应受第三方权利的干扰和妨碍，这是由行政权力的国家强制力决定的。对长期闲置的土地依法收回，旨在避免土地的闲置和浪费，维护国家的土地利

① 现为《民法典》第 390 条，与《物权法》第 174 条在文字表述上略有不同，内容没有实质变化。

益，如因土地使用权上设定了抵押而无法收回，则无疑会使土地闲置的违法状态持续而国家却无可奈何，有关土地长期闲置即可被收回的法律规定也就被规避了，故抵押权的设定不能也不应该成为行政权力行使的障碍。（2）行政权力的行使虽不因抵押权的设定而受到影响，但行政权力的行使并不影响抵押权。收回土地使用权，只是甲公司使用土地的权利消灭，而银行在土地使用权上所设定的抵押权并不因土地使用权的收回而消灭。因为抵押权具有排他性和追及性，即抵押权一经设立，便具有对抗任何第三人（包括政府）的法律效力，无论抵押物通过何种方式，流转到何人之手，只要抵押权人未受清偿，则其因实现债权而享有的该抵押物处分所得的优先受偿权就不会消灭。

司　伟：根据《担保法》第 58 条规定，抵押权因抵押物灭失而消灭。而本案中的抵押权是设定在建设用地使用权上的，而并非国有土地所有权上。而在这种情况下，建设用地使用权因为政府的收回而消灭。因此，我觉得这应该构成法律上的意义上的抵押财产的灭失。皮之不存，毛将焉附？这时候认为抵押权还存在在法律依据上有一定障碍，抵押权的追及效力并不能解答这个问题。根据《物权法》第 174 条的规定，此时抵押权人只能就相应的价金优先受偿了。当然，本案中是政府无偿收回，没有相应的价金。在这种情况下应该怎么保护抵押权人的权利，确实还值得思考。

刘保玉：这是行政权与私权竞存的极好事例。还可能发生的问题是债务先到期而未得到偿还，抵押权人欲实现抵押权过程中，政府决定收回土地使用权，又该如何对待？建设用地使用权，不同于土地所有权。土地灭失的规定也不应解释为包括使用权被收回的情况。如果使用权被收回将导致抵押权消灭，则后果不堪设想，且违背设立建设用地使用权（限制物权）的初衷和法理——限制物权成立。建议：根据《民法总则》第 187 条[①]关于民事责任优先的规定精神，推论出民事权利与行政权等竞存时，民事权利优先的结论。唯此方能找出妥适规则，妥善处理此类问题。实质观点和认识：根据他物权、限制物权与所有权关系的原理和相关规定，另根据《民法总则》第 187 条规

① 现为《民法典》第 187 条，内容与《民法总则》第 187 条一致。

定的精神，当私权与公权竞存、冲突时，优先保障私权，即本案中的抵押权。

邹　波：抵押权是建立在土地使用权基础上，土地使用权被收回，是不是就可以认为抵押物灭失，符合《担保法》第58条的规定呢？

刘保玉：不是这个意思，也不赞同这种认识。土地所有权派生出建设用地使用权，土地使用权为限制物权，但已经成立也具有限制所有权的作用；土地使用权人依法可以将其土地使用权抵押，且此行为应当认为不违背土地所有权人的意志。此时，土地所有权应该受到使用权、抵押权双重限制。土地使用权人后来的单方违法行为导致相应法律后果的，其效果不应及于抵押权人。这是限制物权成立后的法律效果、法理共识。行政机关有权依法收回土地使用权，而抵押权人依法得享有并行使抵押权，故发生两权的冲突、竞存，依前述认识，我主张抵押权优先。

徐同远：甲向乙出售房屋A，并办理了过户登记。乙把房屋抵押给了银行丙。后甲依法行使解除权，解除了之前的房屋买卖合同。试问：在现行法框架下，在合同解除后，丙对房屋的抵押权是一个什么状态？丙当然可以依据善意取得的规定主张权利。

徐同远：此案中政府收回土地，不是征收意义上的，而更像对土地出让合同行使解除权。

刘保玉：土地使用权人设定抵押权时，其权利无瑕疵的，第三人当然可以取得抵押权；抵押权设立时，土地使用权已存在瑕疵的（如闲置土地已达两年等），则应再看第三人是否符合善意取得的条件。

王长军：甲、乙的房屋买卖合同解除，丝毫不影响丙对房屋的抵押权。

刘保玉：多数开发商的土地使用权都会拿去抵押，之后抵押权人、债权人无法控制其是否去实际开发土地。如果因此导致土地被政府收回且能发生抵押权也随之消灭的结果，谁还敢接受建设用地使用权抵押？谁能控制此类风险？

另外，如果土地使用权抵押后，前手闲置土地一年多且未能还债，抵押权人行使抵押权而拍卖了土地使用权。后手取得的土地使用权，是否要承受前手闲置一年多的瑕疵？即其必须在剩余不足一年、半年的时间中马上开发？对此，我持否定态度。

司　伟： 保玉老师分析的有道理。但抵押权是一种优先受偿权，在政府已经收回土地并且即将再通过招拍挂程序出让土地的情况下，银行实现该优先受偿权确实存在障碍。通过招拍挂程序的再行出让和土地使用权转让也不是一回事。如果不能解决这一障碍，那么认可仍存在抵押权并没有实际意义。

曾宏伟： 土地使用权与所有权是什么关系？政府收回土地使用权，权利是否消灭还是仍然存在？如果认定抵押权存在，是不是有利于防止政府随意收回土地使用权？

司　伟： 从保护私权利的角度来看，这个理念我也赞同。但在实践中一方面要找到法律依据，另一方面又要具有可行性，找到符合抵押权性质特点的可实现权利的方式。否则相应的判决在现实中不具有可操作性。

徐同远： 此案中政府收回土地认定，是《物权法》第 148 条[①]中的收回，在民法上理解为合同解除权行使亦非不可。至于这种瑕疵，不仅在使用权抵押权时存在，在使用权转让、出资时同样存在。

刘建功： 我们国家实行城市土地国有制度，国家拥有城市土地所有权，国家因土地使用权人违反开发强度进度的规定，依照出让合同采取收回措施，本质上是解除了土地使用权出让合同，但所有权人依然是国家，仅仅是把原本依合同授予市场主体的使用权收回，这种收回怎么就能产生合法设立在先的抵押权消灭的结果？依照法院如果作出认定抵押权仍然存在的裁判，对于政府绝非坏事，政府的抵触没有我们猜想得那么大，相反，我觉得政府会顺应这个判决，因为这同时关涉金融环境、营商环境问题。客观情况是，如果有抵押权在，政府在大多数情况下反而不愿意对违规土地采取收回措施了。

---

① 现为《民法典》第 358 条。《物权法》148 条规定："建设用地使用权期间届满前，因公共利益需要提前收回该土地的，应当依照本法第四十二条的规定对该土地上的房屋及其他不动产给予补偿，并退还相应的出让金。"《民法典》第 358 条规定："建设用地使用权期限届满前，因公共利益需要提前收回该土地的，应当根据本法第二百四十三条的规定对土地上的房屋以及其他不动产给予补偿，并退还对应的出让金。"

【总结及倾向性意见】

土地使用权抵押权得否对抗土地使用权收回，属于行政权与私权竞存案型。如何认识此间所涉法律问题，既缺乏学理共识，实务方案也颇为鲜见。本次沙龙讨论，主要形成三种意见：

第一种解释方案，分别行权不连动说。主要理由在于：政府代表国家对违法者施以行政处罚不应受第三方权利的干扰和妨碍，对长期闲置的土地依法收回，旨在避免土地的闲置和浪费，维护国家的土地利益，抵押权的存续非行政权力行使的障碍。但行政权力的行使并不影响抵押权。

第二种解释方案，行权连动说。主要理由在于：基于《担保法》第 58 条的规定，抵押权因抵押物灭失而消灭。设定在建设用地使用权上的抵押权，因政府的收回而消灭。抵押权的追及效力不能解答这个问题。

第三种解释方案，行权限制说。主要理由在于：土地所有权派生出建设用地使用权，土地所有权受到使用权、抵押权双重限制。土地使用权人的单方违法行为导致相应法律后果的，效果不及于抵押权人。行政机关有权依法收回土地使用权，抵押权人依法得享有并行使抵押权，发生两权竞存。依照《民法总则》第 187 条关于民事责任优先精神，民事权利与行政权等竞存时，民事权利应优先获得保护。

解释方案的妥当性和可接受性是裁判者的恒久追求。期间的利益衡量与价值判断虽恪守法律思维的逻辑要求，但人们更倾向于向纠纷形成的源头追溯。这种动因其实与自己责任原则的根深不无关联。对题述问题进行常识追问的话，我们是否可以作出这样的描述：因开发商自身原因，政府依法收回土地，依附于土地使用权上的利益相关者的权益如何处理。编者做过以下思考：

第一，政府依法收回土地旨在保障土地资源的合理利用，防止囤地牟利有害公共利益。收回而另行出让后，抵押权人可基于行政信赖原理，就另行产生的土地出让金优先受偿，否则政府收取两次土地出让金构成公法上不当得利。

第二，土地使用权被政府依法收回，抵押权人应承担"过错责任"。土地使用权两年内未进行开发利用而被收回的风险可归属于抵押物价值贬损的情形，抵押权人应积极行权，要求抵押人增信或先行实现担保物权，否则即应为自己的过错而承担此种风险。

无法说服自己的时候，更不要尝试去说服别人。回到逻辑的起点并谋求分歧解决的共识，是无法回避的现实。（1）政府依法收回土地使用权行为的性质。能否将其解释为私法形成性行政处理行为，并以此为逻辑起点进行教义分析。（2）题述问题的属性。是价值判断问题、政策选择问题还是其他的决定法律适用方法的问题。（3）法律漏洞与类推适用问题。如是否参照《民法总则》第 187 条，将其作为行政权与私权竞存来处理。

无法向前与回不到从前一样，令人沮丧。我们能做的，就是在不断地观而习得中倾听理论界与实务界的声音。

【代表性学术观点】

蔡红认为：土地使用权抵押能否对抗土地使用权收回取决于我国土地使用权的独立性和土地使用权收回的性质。基于抵押权的独立性，抵押权人可以对抗土地所有人收回土地的债权行为。但对国家依法收回土地使用权的公法行为，则无权对抗。对善意抵押权人的合法权益的保护，抵押权人可基于物权性权利，区别土地使用权收回的不同情形向抵押人主张自己的权利。[①]

高兴兵、李劼认为：抵押权因政府回收建设用地使用权而注销登记，并不意味着原抵押物上所设立抵押权当然消灭。根据《闲置土地处置办法》第 12 条的规定，因政府行为造成闲置而收回土地的，应实行协议有偿收回国有建设用地使用权或置换土地，故抵押权人对原抵押物上所享有的抵押权并未消灭，抵押权的效力及于建设用地使用权被政府收回后而取得的代位物上。[②]

湛中乐认为：土地使用权收回不是单一性质的个别行为，而是一组性质多样的行为组成的行为体系。尽管国有土地使用权出让合同属于行政合同，应当适用《行政处罚法》《土地管理法》等行政实体性和程序性法律，但并不

---

① 蔡红：《土地使用权收回与土地使用权抵押效力研究》，载《当代法学》2002 年第 8 期。

② 高兴兵、李劼：《抵押权不因注销登记而消灭》，载《人民司法·案例》2019 年第 20 期。

能排除准用《物权法》《合同法》等民事实体法，也不排除适用民事诉讼予以救济。①

【典型案例】

中国光大银行股份有限公司温州分行、耀华电器集团有限公司金融借款合同纠纷案

案号：浙江省温州市中级人民法院（2016）浙03民终6394号

【裁判要旨】

抵押权因政府回收建设用地使用权而注销登记，不属于担保物权消灭的情形。政府回收建设用地使用权虽导致其上所设立的抵押权注销登记，但并不意味着该建设用地使用权上所设立的抵押权当然消灭。若该建设用地使用权被政府回收后存在代位物的，则抵押权人对该建设用地使用权上所享有的抵押权并未消灭，抵押权效力及于该建设用地使用权的代位物。

【基本案情】

案涉土地使用权抵押给中国光大银行股份有限公司温州分行，抵押期间自2015年6月17日起至2016年6月16日止。由于该宗地因政府、政府有关部门的其他行为导致闲置，由市政府收回上述宗地的国有建设用地使用权。登记机关为该宗地办理了土地使用权抵押权注销登记，并将结果告知抵押双方。当事人之间就案涉抵押权是否消灭产生争议并成讼。

【裁判观点】

根据土地登记档案显示，涉案土地使用权因政府、政府相关部门的其他行为导致闲置，由政府收回并对土地使用权及抵押权予以注销，并不属于《物权法》第177条②规定的担保物权消灭的情形。依据《物权法》第174条

① 湛中乐：《我国土地使用权收回类型化研究》，载《中国法学》2012年第2期。
② 现为《民法典》第393条，内容与《物权法》第177条一致。

的规定，担保期间，担保财产毁损、灭失或者被征收等，担保物权人可以就获得的保险金、赔偿金或者补偿金等优先受偿。依据国土资源部《闲置土地处置办法》第12条规定，因政府行为造成闲置而收回土地的，应实行协议有偿收回建设用地使用权或者置换土地。因此，涉案土地使用权及抵押虽因政府收回而注销，但担保物权并不当然消灭，其效力仍及于涉案土地使用权被政府收回后而取得的代位物或权益。一审法院以抵押权已办理注销为由驳回抵押权主张错误，应予纠正。

（讨论整理及后续评论：刘生亮）

房屋抵押与租金质押并存时的租金权利冲突与顺位

【发言群友】

李志刚、李建伟、刘保玉、周伦军、林海权、段晓娟、陈敦、刘建功、仲伟珩、徐同远、王赫、杨晓蓉、王松、刘生亮

【讨论时间】

2017年1月

【沙龙实录】

问题与观点：权利性质、冲突与顺位

李志刚：房屋所有权人先将房屋抵押，后又将租金质押。抵押权人行使抵押权，法院查封了房屋，并通知了房屋的承租人。此时，房屋的抵押权人和租金的质押权人对到期租金的权利主张产生冲突，优先保护谁？《物权法》第197条[①]规定："债务人不履行到期债务或者发生当事人约定的实现抵押权的情形，致使抵押财产被人民法院依法扣押的，自扣押之日起抵押权人有权

① 现为《民法典》第412条，与《物权法》第197条在文字表述上略有不同，内容没有实质变化。

收取该抵押财产的天然孳息或者法定孳息，但抵押权人未通知应当清偿法定孳息的义务人的除外。前款规定的孳息应当先充抵收取孳息的费用。”但该条规定未明确涉及租金被质押的情形。对此，您怎么看?

李建伟：抵押权人的孳息收取权，是抵押权的效力之一。孳息收取之后，自然用于偿债也即属于抵押权人优先受偿权的效力体现。但需要强调以下两点：第一，该收取权并非抵押权的当然效力，也非必然发生，只在《物权法》第 197 条规定的特殊情形发生；第二，这一效力的实现以收取到孳息，即题设的租金现金为前提，如果租金在此之前已经被质押且该债权质权有效设立的，应该质权人优先。一孔之见。

刘保玉：我认为没有什么可争议的，租金质权人优先。按照《物权法》第 197 条的规定，也应当如此理解。抵押权的效力并不当然及于租金。赞同建伟兄的主张。

李志刚：有另一种观点认为抵押权的效力及于抵押物的孳息，所以抵押权人应优先于租金质权人受偿。抵押权查封通知是对抗要件，抵押权本身已及于租金，通知仅影响对抗。

周伦军：我的观点就是您所说的另一种观点。第一种观点，直接悬空了立法的规定，不知道解释的路径如何展开？我的理论路径是：物权成立在先，效力当然优先。

林海权：第一，不动产抵押权登记时设立并公示，可以对抗第三人。至于抵押权的范围是否及于孳息，从民法上物的理论以及法政策学的便捷交易考虑，一般认为是及于孳息的，故应认为，自登记时不动产和孳息都已设立了抵押权，并取得对抗第三人的效力。第二，抵押人在设定抵押后如将租金另行质押的，则取决于租金质权是否设立并公示。如果没有公示，已经公示的不动产抵押权当然优先；如果已经公示，则存在与不动产抵押权之间的竞合问题，需要优先权规则来解决。第三，不动产抵押与租金质押在一个登记系统登记的，按登记先后，不动产抵押登记在先的，当然有优先效力。不动产抵押与动产质押在不同登记系统登记的，据联合国国际贸易法委员会介绍，大多数国家认为不动产登记系统具有优先性，故不动产抵押登记的效力优于租金质押。

利益衡量、行为激励与交易成本

段晓娟：实践中遇到这种问题会很头疼：有的抵押权人行使抵押权时，会发现突然跳出来一个所谓的“承租人”——租了20年，有租赁合同，租金全支付完了；或者租了20年，租金质押了。一直在想，这种抵押后发生的类似行为，是否应有所限制？

李志刚：这可能要区分事实问题和法律问题。从事实认定的角度说，如果事先已经办理了质押登记，事后虚构租赁合同的难度较大。从法律风险分配的角度说，可能还涉及质押权人有无必要事先查询租赁物上是否存在抵押权的负担。

陈　敦：恰如建伟老师所提到的，抵押权的效力虽然能及于租金，但并非必然及于租金。所以，不能限制抵押人处分租金。

段晓娟：如果抵押人可以在设定抵押后随意再将租金质押，且只要租金质押做了登记，就能够得到保护的话，很容易成为抵押人恶意阻却抵押权人就抵押物优先受偿的工具。

刘建功：确实需要结合《物权法》第190条[①]有关“订立抵押合同前抵押财产已出租的，原租赁关系不受该抵押权的影响。抵押权设立后抵押财产出租的，该租赁关系不得对抗已登记的抵押权”的规定，再作进一步分析。先抵后租，如果租赁权的存在影响抵押权人利益，对在后设定的应收账款质押，会不会有影响？

仲伟珩：就信赖保护和交易安全而言，似乎应优先保护抵押权。否则像段晓娟法官所说的那种情况普遍存在，会极大地影响抵押权的行使和效力发挥。且对于质权人来说，其应该负有审查租赁物上是否有限制物权的义务，此种交易成本也较低。

---

① 现为《民法典》第405条。《民法典》第405条规定：“抵押权设立前，抵押财产已经出租并转移占有的，原租赁关系不受该抵押权的影响。”

刘建功：《物权法》第190条第2句“抵押权设立后抵押财产出租的，该租赁关系不得对抗已登记的抵押权”的规定，虽然不能完全得出绝对否定租赁的结论，但保护设定在先的抵押权是无疑的。租赁合同并不当然终止的前提是，即便有租赁合同，也不影响抵押权人利益。否则，按照《物权法》第190条第2句的规定，租赁权对抗不了设定在先的抵押权。而终止的时间，就要取决于影响的大小了。

陈　敦：在没有租金质押的情况下，对于欠缴的租金，抵押权人也应该有权主张。如果租赁合同不终止，会影响房屋抵押权的实现。

刘建功：这应该是法律之所以规定设定在先的抵押优于设定在后的租赁的原因。

抵押权的效力所及与查封措施

徐同远：在分析《物权法》第190条，尤其是本条第2句时，还要注意《拍卖、变卖财产规定》(法释〔2004〕16号）第2条第2款的规定：“拍卖财产上原有的租赁权及其他用益物权，不因拍卖而消灭，但该权利继续存在于拍卖财产上，对在先的担保物权或者其他优先受偿权的实现有影响的，人民法院应当依法将其除去后进行拍卖。”所谓“权利继续存在于拍卖财产上，对在先的担保物权或者其他优先受偿权的实现有影响”，是指因租赁关系的存在，抵押财产无人应买，或者其变价所得不足以清偿抵押权所担保的债权额。

陈　敦：由于登记抵押权可以对抗在后租赁权，故而抵押人将租金质押，其效力只及于租赁合同终止前的租金。

周伦军：给定的问题中，质权设定在后，抵押物已经被查封。

陈　敦：抵押权虽成立在先，但并不必然及于孳息，只有查封后才及于孳息。故抵押权人对房屋租金的抵押权取得后于租金质权。对于已到期的租金，是先存在质权，后因查封被抵押权效力所及。

周伦军：如果未到期，谁都无权主张承租人为现实给付。物权法定原则的重要内容之一，是效力法定。《物权法》第197条规定，似应当解释为租金已为抵押权的效力所及。

徐同远：根据《物权法》第197条第1款的规定，抵押权效力及于租金债权，是基于对抵押财产的扣押（本款中“扣押”包括现行强制执行法上所说的查封、扣押、冻结等控制性强制执行措施）而当然产生的，无须人民法院对租金债权另外采取扣押措施。这是对物执行依据效力的例外。这种理解在我国台湾地区也可以找到相关规定。如我国台湾地区“民法”第864条规定：“抵押权之效力，及于抵押物扣押后抵押人就抵押物得收取之法定孳息……”

而《查封、扣押、冻结规定》（法释〔2004〕15号）第22条有关“查封、扣押的效力及于查封、扣押物的从物和天然孳息”的规定，是关于查封或扣押对物效力范围的规定，它把法定孳息排除在外，与《物权法》第197条第1款的规定并不一致。因此，如果抵押财产由人民法院查封或扣押，似乎并不足以使抵押权效力及于租金债权获得实现，为此还需要人民法院对租金债权另外采取强制执行措施。相应地，在《物权法》施行后，在查封或扣押抵押财产所产生的效力上，《查封、扣押、冻结规定》第22条规定应不再适用。

王　赫：首先，根据《拍卖、变卖财产规定》（法释〔2004〕16号）第31条第2款的规定，房屋抵押后，房屋的交换价值已经由抵押权人取得。此后抵押房屋出租的，如果抵押权实现时，“带租拍卖”可能影响抵押权人利益的，可以去除租赁后进行拍卖。可见，租赁合同并不因为出租房屋上设定抵押而无效，仅不得对抗抵押权人，此亦为《物权法》第190条规定之意旨。因此，出质时租金债权合法有效，质押权人有权依法取得租金质权。

其次，根据《物权法》第197条第1款的规定，抵押物被人民法院控制后，抵押权人即通知承租人收取租金。《查封、扣押、冻结规定》第22条规定：“查封、扣押的效力及于查封、扣押物的从物和天然孳息。”根据该条规定，查扣措施并不包括法定孳息。可见，抵押权人收取租金的权利并非源自人民法院的查封，而系基于《物权法》之规定。

基于此，《物权法》的规定实际上是确立了一种以扣押为前提的法定债权让与。此时，需要处理的是同一债权的质权人和债权受让人之间的对抗问题。

由于租金债权质押设立在前，同一债权法定转让在后，在质押已经登记的情况下，应当认定租金债权质押优先于抵押权人的收取权——这也是担保物权追及效力的体现。

值得注意的是，从这一观点不能得出抵押设定在先却被后设立的租金债权架空的结论。这是因为抵押权人的利益仅限于支配房屋的交换价值，但并不支配房屋的使用价值。抵押后，抵押人自己依然可以继续适用抵押房屋，而并不需要向抵押人交纳使用费用。同理，无论先租后抵还是先抵后租，在人民法院查封抵押房屋前，抵押权人都不享有收取租金（房屋使用价值对价）的权利。只有当抵押之后设定的租赁可能影响抵押权人的交换价值时，其才能在拍卖前涤除租赁。

综上所述，无论是先租后抵还是先抵后租，由于抵押权人并不支配抵押物的使用价值及其对价，且租金质权设定在先又办理了登记，故就租金而言，租金质权人均应当优先于房屋抵押权人受偿。但在先抵后租，且租赁对抵押权人实现权利有影响时，抵押权人可以要求涤除租赁。此时，因为后续的租金债权也没了，因此租金质权人的权利实际上受到了影响。对于质权人来说，这也是他应当承担的风险。在法律规定抵押后租赁不能对抗登记的抵押权的情况下，其接受租金债权质押时，有义务去查看该房屋之上是否已经设定了抵押。反之，对于抵押权人来说，如果其在接受房屋抵押时，已经存在租赁合同的负担，其为充分保障自身权利，可以要求抵押人将租金一并质押，或者要求债务人额外提供更多的担保。

租金之细分：已到期与未到期

杨晓蓉：有必要就争议问题梳理一下解释的基本路径。首先，在先登记的抵押权应当优先于在后登记的租金质权。其次，抵押权人行使抵押权即申请法院查封后，有权请求终止租赁关系，并对之前的租赁合同债权债务进行清理。此时，对已到期的租金应当区分处理：（1）如果对应的租赁期间已经经过的，抵押权人无权主张优先于租金质权；（2）如果对应的租赁期间尚未经过，所谓已到期的租金只是根据租赁合同已届支付期的，抵押权人应优先租金质权人。

王　松：租金系抵押物的法定孳息，是抵押人对抵押物行使所有权的产物。法律规定抵押权及于孳息制度，在于抵押物处置前，抵押物仍为抵押人占有、收益，其目的是保障抵押权的实现及平衡双方利益。《物权法》第197条第1款规定，天然孳息仅在抵押物因抵押权人行使抵押权被法院依法扣押后，方属于抵押权效力所及；而且，抵押权人收取抵押财产的法定孳息，需要通知法定孳息的清偿义务人，否则即便抵押财产被依法扣押，抵押权对法定孳息的清偿义务人不产生效力，即将通知作为抵押权效力及于抵押财产法定孳息的生效要件。故所讨论的问题，宜区分租金是否到期，区别对待。（1）对于已到期租金，质权人优先。鉴于租金在通知之前已经被质押且该债权质权有效设立，租金在符合法定条件前并非抵押标的，故对于已到期租金，质权人的权利应优先于抵押权人（2）对于未到期租金，抵押权人优先。根据《物权法》第190条第2句和《拍卖、变卖财产规定》（法释〔2004〕16号）第31条第2款的规定，实现抵押权时，如果租赁合同关系影响抵押权人优先受偿权，如导致抵押财产流拍，抵押权人有权请求法院除去抵押财产上的租赁权后再行拍卖、变卖，即除去租赁权。抵押权人申请法院除去租赁权后，后续的租金债权已不存在，应优先保护抵押权人的利益。

陈　敦：对于房屋抵押后，是否必然及于租金，有不同观点；对于房屋被查封后，抵押权及于租金时，抵押权与租金质权何者优先，也有不同看法。

对于前者，我赞同李建伟老师和刘保玉老师的观点，仅在查封后，抵押权的效力才及于租金，因抵押权并无使用、收益权能，故不得影响抵押人对抵押财产的使用、收益。对于查封之前抵押人得收取的租金，包括得收取而未收取者，抵押权的效力皆不及于。仅仅在人民法院查封且通知承租人后，抵押权的效力才及于租金。此时，抵押权与租金质权发生竞合，需要定其优先次序。

抵押权效力及于租金，无论是认定自抵押权登记设立时起即及于租金，还是房屋抵押权自查封房屋后才及于租金，即及于是否有溯及力，也有不同观点。谢在全先生认为系抵押权之延长，以避免对租金之抵押权与原抵押权存在不同的优先次序争议。依此解释，房屋抵押权人对查封后房屋租金的抵押权，先于租金质权而成立，对于查封后的房屋租金，抵押权人应当优先于租金质权人。

考虑抵押权经登记可对抗租赁权，抵押权实行后，租赁权将被涤除，对于查封后房屋所生租金，抵押权优先于质权，亦不发生过分之损害，此种解释可取。

文义解释与法理探寻

徐同远：《物权法》第197条第1款但书要求抵押权人“通知应当清偿法定孳息的义务人”，似借鉴了我国台湾地区“民法”第864条有关“抵押权之效力，及于抵押物扣押后抵押人就抵押物得收取之法定孳息。但抵押权人，非以扣押抵押物之事情，通知应清偿法定孳息之义务人，不得与之对抗”的规定。根据该条规定，通知是只针对“应清偿法定孳息之义务人”的对抗要件。正如谢在全先生语：“未将抵押物扣押之情事，通知清偿义务人时，仅系不得与之对抗而已，亦即该义务人不知情事而将法定孳息给付于抵押人时，仍生清偿之效力，抵押权人不得对之主张清偿无效。此项通知既系对法定孳息清偿义务人之对抗要件，故纵未通知，抵押权人对抵押人就此项法定孳息之优先受偿权亦无影响，盖抵押人已丧失该法定孳息之收取权而该法定孳息则成为抵押权标的物之故。”①

如果认可我国《物权法》第197条第1款借鉴了我国台湾地区“民法”第864条，那么对该款中通知的效力自然同样可以按照对抗的原理来理解。但是，该款中的通知只具有对抗效力，并不意味着对于同一个租金债权，抵押权就优先于权利质权。租金质权与抵押权关系似乎在本款射程之外。通知对抗应该是只在“应当清偿法定孳息的义务人”（这里为承租人，即租金债务人）、得收取法定孳息的抵押人（在这里是抵押人，亦即租金债权人）与抵押

① 谢在全：《民法物权论》，中国政法大学2011年版，第678页。

权人之间发挥作用，并不涉及租金质权人与抵押权人之间对同一个租金债权的效力孰先孰后。

至于租金债权在出质时，除了设质登记，是否要通知租金债务人，以及通知在租金债务人、租金债权人（出租人和出质人）和租金质权人之间具有何种效力，肯定也是一个不容回避的问题。但是，这可能与《物权法》第 197 条第 1 款无关。

因此，承租人把租金支付给了租金质权人，不会涉及通知对抗问题，而可能只会与物权的优先效力有关。如果按照前面的讨论，在对租金债权进行扣押前，作为租金债权人的抵押人就已经把租金债权出质给了他人，租金质权具有优先于抵押权的效力。承租人把租金支付给了租金质权人，自然会影响抵押权人对租金的优先受偿。租金由租金质权人优先于抵押权人受偿，如有剩余，剩余部分才为抵押权效力所及。

刘生亮：根据《物权法》第 197 条之文义，租金并非抵押权效力所及之当然范围，而是仅限于抵押财产为人民法院依法扣押后的范围内。其固守的仍是不动产抵押权之基本法理，即不动产抵押权之性质上属价值权，仅为担保债权人之债权获得清偿之担保物权，故不动产所有人或用益物权人之使用收益权能，仅当抵押物扣押后方受限制。缘何于抵押物扣押后，抵押权效力及于租金，学理上有不同解释。

最高人民法院物权法研究小组认为：“抵押财产被人民法院依法扣押时，抵押权已开始实行，从权益占有角度看，此时抵押人已因抵押物被依法扣押而丧失直接占有权与用益权，无法实现抵押制度赋予他的用益权能；而抵押权人此时已取得对抵押物的占有权和用益物权，即使在由法院扣押场合，抵押权人的上述权益也是通过执法机关代为占有的形式体现的。由此，抵押权人应取得孳息。”[①] 然上述见解有违抵押权之价值权特性，也与抵押物为人民法院依法扣押后抵押人即丧失对抵押物的占有、使用之实际不符。

有基于物上代位之法理认为抵押权具有掌握抵押物使用价值之性质，由

---

① 最高人民法院物权法研究小组编著：《〈中华人民共和国物权法〉条文理解与适用》，人民法院出版社 2007 年版。

此效力及于租金。我国台湾地区“民法”则基于调和抵押权人、不动产所有人与用益物权人之权益结构立场，为巩固抵押权之信用，防止拍卖手续延迟，方以强制执行程序启动以后的期间为限，决定租金是否为抵押权效力所及。综上所述，仅于抵押财产被人民法院依法扣押后抵押权效力才及于租金。

作为调整先抵后租的基本规范，《物权法》第190条第2句规定：“抵押权设立后抵押财产出租的，该租赁关系不得对抗已登记的抵押权。”对上述“不得对抗已登记的抵押权”的规定如何理解，学理上虽有不同见解，但倾向从最大限度地保障抵押权实现为出发点，平衡因租赁关系的介入而产生的担保与用益之间的可能紧张关系，即以租赁关系的存续是否对抵押权的实现造成不利影响为基准，决定其法律上的命运。基于此，无论是否经抵押权人同意，抵押人皆可对抵押物进行出租，并享有租金债权。又，租金债权具有独立的财产价值，具有可处分性，于是必然衍生出抵押权效力与租金债权处分效力之间竞合问题。

需要分析的是，此间竞合产生的情形及如何确立优先规则，即“抵押财产被人民法院依法扣押后抵押权效力及于租金”时与租金债权依法出质后设立的质权之间的顺位问题。如果遵循将物权设立的先后顺序作为优先顺位确立的一般规则，问题即转化为“抵押财产被人民法院依法扣押后”，针对租金而存在的抵押权与质权何者在先的问题。此时，应根据租金债权之支分债权特性视不同情形而定。

第一，扣押前已经到期的租金债权，依据《物权法》第197条规定，此时抵押权效力应不及于租金，且以现实存在的租金债权作为质押标的，质权依法设立，此时设立在先的抵押权与后设立的质权之间不存在竞合关系。第二，扣押后尚未到期的租金债权，此时作为出质标的的为将来租金债权。由此带来的问题是，将来权利实际发生时，系经由出质人才发生质押效力抑或是不经由出质人而直接归属于质权人，即以将来权利之出质之过程作何解释的问题。我认为，无论是否承认物权行为与否，以将来租金债权出质的生效时间点为债权实际发生之时，而将来租金债权出质的权利变动路径应解释为，于债权实际发生时经由质押人至质权人。因此，针对经人民法院依法扣押后开始到期的租金债权，欲受制于质权需经过扣押之关口。然而，当抵押权在先设立并联立扣押之抵押权实行行为时，将阻却将来租金债权质权对于租金之效力。

此外，苏永钦教授就物权堆叠的规范问题在理论上做过深入探讨，值得关注。

【总结及倾向性意见】

《物权法》第 197 条规定：“债务人不履行到期债务或者发生当事人约定的实现抵押权的情形，致使抵押财产被人民法院依法扣押的，自扣押之日起抵押权人有权收取该抵押财产的天然孳息或者法定孳息，但抵押权人未通知应当清偿法定孳息的义务人的除外。前款规定的孳息应当先充抵收取孳息的费用。”但该条规定未明确涉及租金被质押的情形。从群友讨论情况看，主要涉及以下几个问题：

第一，从事实角度看，在时间轴上，至少涉及抵押登记时、房屋出租时、租金质押时、人民法院扣押时、抵押权人通知时、支付租金时等多个不同时点，而不同时点的位序，又将影响不同权利的位序。

第二，从法律争议看，对租金的抵押与质押之间的关系，涉及抵押权登记时及于租金、抵押权人通知时及于租金、抵押权人通知时及于到期未付租金、抵押权人通知时及于未到期已付租金等不同观点。

第三，从立法角度看，全国人大法工委认为：其一，抵押权设立后，抵押财产的占有、使用和收益权仍由抵押人行使，故因抵押财产的使用而产生的孳息应当归抵押人所有，抵押权的效力不及于孳息。其二，当抵押权人行使抵押权致使抵押财产被人民法院依法扣押的，如果孳息仍为抵押人收取，则会出现抵押人为收取孳息而拖延处理抵押财产，此时剥夺其收取租金的权利，有利于抵押权人顺利实现抵押权，并能充分发挥抵押财产担保债权受偿的功能。[①]

第四，从历史解释看，《物权法》第 197 条来自《担保法》第 47 条有关

① 全国人大法工委民法室编著：《中华人民共和国〈物权法〉解读》，中国法制出版社 2007 年版。

"债务履行期届满，债务人不履行债务致使抵押物被人民法院依法扣押的，自扣押之日起抵押权人有权收取由抵押物分离的天然孳息以及抵押人就抵押物可以收取的法定孳息。抵押权人未将扣押抵押物的事实通知应当清偿法定孳息的义务人的，抵押权的效力不及于该孳息。前款孳息应当先充抵收取孳息的费用"的规定。

第五，从体系解释看，《物权法》第197条还涉及《物权法》第190条、《查封、扣押、冻结规定》(法释〔2004〕15号)及《拍卖、变卖财产规定》(法释〔2004〕16号)有关执行的司法解释的规定。

第六，从学理上看，苏永钦先生在《物权堆叠的规范问题——以次序为轴心的堆叠原则》一文中，将"同一物或物权上，有两个以上的物权或部分物化的权利"界定为"物权堆叠"，讨论建立在稳定的权利公示制度上的规范意义，认为堆叠规范应追究自由堆叠、无缝堆叠、物尽其用的目标，通过加入次序变项隐含的时间维度，建构最符合物权堆叠需要的四度空间和多而不乱的堆叠秩序。他还提出：前位优先于后位、例外法定、无害前位行使（权能交叠而不完全含纳于前位权利的后位权利，可以在后位不得妨害前位的原则下同时并存）以及必要时得申请除去的堆叠原则。前述师友论及的抵押物交换价值与使用价值在行使抵押权时的界分，体系解释所涉及的诸个法条背后的法理，则进一步印证了苏永钦教授所建构的"物权堆叠及其次序"理论。

王赫提出的《物权法》第197条的通知产生"法定债权让与"，在此语境下考虑其与租金质押的关系，与我而言，是一种富有启发的创见。徐同远老师所提及的对抗效力只针对承租人，而不解决租金质押权人与房屋抵押权人之间的关系，也是一个值得细细思考的问题点。

第七，从权利救济看，在先抵后租的情况下，如果租金质押影响抵押权人实现抵押权，涤除租赁负担，是可能选项。而已预付租金如何处置，也值得思考。

对于争议问题，编者倾向认为：（1）扣押时点，即为抵押权及于租金债权的时点；（2）已扣押未通知的，抵押权仍然及于租金，但承租人已清偿的，有效；（3）租金设定质押的，应按照抵押物扣押时点与租金质押设立时点先后，确定权利顺位，且均优于普通债权；（4）如扣押在租金质权设定之后的，抵押权人对租金债权的优先权劣后于租金质权人，但抵押权人可以通过涤除租赁权。

【代表性学术观点】

谢在全认为：租金为法定孳息收益之一，因抵押权为非占有担保物权，抵押人不丧失抵押物收益权之本质，故租金本身应非抵押权效力所及。我国台湾地区“民法”第864条规定：“抵押权之效力，及于抵押物扣押后抵押人就抵押物得收取之法定孳息。但抵押权人，非以扣押抵押物之事情，通知应清偿法定孳息之义务人，不得与之对抗。”根据该条规定：（1）抵押权之效力不及于抵押物扣押前得收取的租金（包括得收取而未取者在内），故在抵押物扣押前抵押权人无收取租金的权利。即使抵押权所担保之原债权应由债务人支付利息者，除别有法律关系外，抵押权人亦不得收取租金以充利息之清偿。（2）在抵押物经扣押并将扣押之情事通知承租人后，租金始能为抵押权所及。即使承租人向抵押人支付租金，对抵押权人亦不生效力，抵押权人仍可向承租人请求交付扣押后之租金。且此项效力乃基于抵押物之扣押而生，执行法院无须对抵押人与承租人另发扣押命令。（3）根据物权效力优先的原则，在抵押物扣押前，即使其他债权人已就该租金债权已取得扣押或收取命令，只要该债权人尚未收取而抵押权人已将抵押物扣押之情事通知承租人后，抵押权人亦优先于其他债权人受偿。（4）如果未将抵押物扣押的情况通知清偿义务人，仅系不得与之对抗而已。承租人不知其情事而将租金给付于抵押人时，仍生清偿效力，抵押权人不得对之主张清偿无效。由于是对抗要件，故即使未通知，抵押权人对抵押人就此项租金的优先受偿权亦无影响。因为抵押人已丧失该租金的收取权，该租金已成为抵押权的标的物。（5）虽未通知，但承租人未向抵押人清偿前，已经抵押权人对之为给付之请求者，承租人仍应向抵押权人为给付，因该请求同时具有通知之效果，承租人不得再为拒绝。[①]

任一民认为：第一，《物权法》第197条是否适用于抵押物被查封这一情

① 谢在全：《民法物权论》（中册），中国政法大学出版社2011年版，第677~678页。

形？从文义解释看，《物权法》第197条所规定的抵押权效力及于租金等法定孳息，系建立在抵押物被法院“扣押”这一基础事实上，而未规定在抵押物被“查封”时也能产生此效果。之前的讨论有观点认为，第197条的“扣押”应包括查封、扣押、冻结等保全措施，即对该条的“扣押”应作广义解释。“扣押”一词应源于《民事诉讼法》上的保全和强制执行措施，但民事诉讼法上的“扣押”是与“查封”“冻结”作区分对待的。依体系解释，《物权法》第197条的“扣押”似不宜解释为一体包括“查封、扣押、冻结”措施，这从《物权法》第206条第4项[①]的规定“抵押财产被查封、扣押”可以看出，在物权法语境下，“扣押”应不能等同于全部保全措施，而应作狭义解释。若如是，《物权法》第197条的规定就无法适用于标的物被查封而未被扣押的情形。

第二，“扣押”措施是否可以针对不动产实施？所谓的扣押，应指向标的物从被执行人或被保全人处移转归法院占有，抵押人丧失了占有和使用权。但是，对于不动产可以适用“扣押”这一保全方法吗？如果与《查封、扣押、冻结规定》(法释〔2004〕15号）相比较，当“查封、扣押、冻结”三种保全措施一体规定时，将其适用范围包括了不动产、特定动产以及其他财产，但在就“扣押”这一保全措施作单独规定时，其所针对的标的物为动产，而从未涉及不动产。尤为明显的是该司法解释第29条就保全期限所作规定：“查封、扣押动产期限不得超过1年，查封不动产的期限不得超过2年。”但不动产抵押是最为常见的抵押类型，如果《物权法》第197条的规定不能适用于不动产，可能不是出于立法者的本意。如果稍加考察，这一制度可能移植于德国及日本民法，而德、日执行法上所有类型的控制性措施都叫“扣押”有关。我国台湾地区“民法”也存在“扣押”“查封”混用的情形。对此用词可能引发的争议暂且搁置，我们循着《物权法》第197条的“扣押”包括了“查封”措施从而可以规制不动产抵押情形的解释继续分析。

第三，抵押物被扣押后，抵押权及于的租金债权与租金是否到期有关吗？细究《物权法》第197条，其所规制的应该是抵押物被扣押之日起发生

① 《民法典》第423条第4项规定，“(四）抵押权人知道或者应当知道抵押财产被查封、扣押”。

的租金，即新增租金。与租金是否到期并无太大关联，即使租金扣押前未到期，扣押后才到期，如果可供收取的租金是扣押之前租赁合同履行所可收取的，那么仍不属于抵押权可及于之范围。更为密切关联的是租金有否收取，若新增租金在扣押前已经收取，则不在抵押权效力所及范围；如果是尚未收取，则在抵押标的扩容范围内，并且还需满足通知法定孳息清偿义务人的条件。

第四，抵押权效力及于租金这一法定孳息，是否构成法定债权让与？个人理解是不构成的，这只是涉及担保物范围的扩充，即在抵押物被扣押日起，抵押物的范围从之前的限于交换价值扩增了使用价值的内容。这一变动，与其说是债权让与，不如说是构成新增租金债权质押。如果评价为债权让与，那就意味着新增担保物将直接确认归担保物权人所有，有违流质流押禁止规定，同时，也与学理上将抵押权及于扣押后的法定孳息放置在担保标的物范围而相背离。并且，如果抵押人不是主债务人，当发生主债务人清偿债权的事实后，抵押物自可以释放，难道在此场合将发生债权的二度让与？如果发生抵押权人破产的情形时，那就意味着抵押人将无从回复原状的风险。只有将其解释为担保物的扩充，则可在债权实现时，担保物随之释放，法定孳息的收取权回归抵押人行使才更符合法理，同时如果发生抵押权人破产的风险时，抵押人可以隔离破产风险。

第五，如果新增租金债权属于担保物的扩容，而不构成债权让与，应如何评价其性质？个人更赞同将其界定为债权质押的性质，并且这一界定也有助于物权堆叠规范的清晰。当抵押物被扣押后，抵押权人在保有之前的抵押物交换价值优先受偿利益的同时，又获得了对新增租金的优先受偿权，其性质更与债权质押相符合。由于这一租金债权质押设定在后，之前已存在的租金质权设定在先，那么自然应确认为在先设定的租金质权优先于抵押物扣押后新设的租金质权。并且这一评价也不会对抵押权人权益带来太大影响。如果是先抵后租的情形，由于租赁合同可在实现抵押权时直接废除，那么租金质权人也就无法与抵押权人竞争。如果是先租后抵，抵押权人可谓自甘冒险，其实，抵押权人可通过设定抵押的同时设定租金质权，那就可以更好的保全自己的权益。我们不宜因其“有权不用”而溺爱他。如果加入破产的因素，可能需要考虑的问题点将增加不少。

第六，如果发生扣押行为被依法解除情形，那么我们该如何评价？其中最为常见的情形就是抵押人破产。破产程序启动后，依据《企业破产法》第19条的规定，之前对债务人（破产）财产实施的保全措施都可以解除，那就意味着扣押抵押物将可被解押，解押的后果是什么？抵押物扣押后新增租金收益就到此为止，不再源源不断地进入担保物范围？实务中，还可能发生抵押物解除滞后（或因管理人延迟申请，或因扣押法院延迟解除）的现象，于此场景下，租金收益是归属于抵押权人享有还是普通债权人享有的问题（如果未设定租金质权）。

其他问题，诸如：曾实施扣押行为抵押权人的担保财产该如何评价？如果扣押行为发生在破产受理前一年内，是否构成追加物保而可撤销？如果存在租金质权，该如何评价？先租后抵情形下，管理人有无必要行使《企业破产法》第18条规定的解除权，如果说解除后的受益人是抵押权人，而不是普通债权人，管理人还要解除吗？等等，仍值得进一步思考。

【典型案例】

中国民生银行股份有限公司深圳分行与天津九策实业集团有限公司、天津市九策高科技产业园有限公司等金融借款合同纠纷案

案号：最高人民法院（2016）最高法民终542号

【裁判要旨】

以房产的租金收益设立应收账款质押，并办理了质押登记的，应认定该质押有效设立。通常情况下，质权人可对该租金收益享有优先受偿权。但是，当租金质权与房屋抵押权在受偿顺序出现冲突时，应依据《物权法》第197

条并参照《合同法》第 80 条[①]的规定，认定房屋抵押权是否及于租金。《物权法》第 197 条规定的对法定孳息清偿义务人的通知，并非抵押权效力及于法定孳息的生效要件，而系对抗要件。抵押权效力自查封之日起已及于租金。因本案应收账款质权设立在后，故租金收益相对于抵押权人不应当优先受偿。

【基本案情】

2005 年 11 月 30 日，隆侨公司与远东百货签订房屋租赁合同，隆侨公司将案涉房产出租给远东百货，租期 20 年。

2011 年 7 月 19 日，国联公司与中技公司签订贷款合同，约定国联公司向中技公司发放信托贷款 7 亿元。同日，国联公司与隆侨公司签订抵押合同，隆侨公司以案涉房产为国联公司对中技公司的债权提供抵押担保。该抵押合同第 13 条第 4 款约定，借款期满后借款人所欠贷款和垫款本息及其他一切相关费用不能按时清偿，国联公司因此主张抵押权，致使抵押物被人民法院依法查封或扣押的，自查封或扣押之日起国联公司有权收取由抵押物分离的天然孳息以及隆侨公司就抵押物可以收取的法定孳息。2011 年 7 月 22 日，国联公司、隆侨公司办理房地产抵押登记手续。

2012 年 4 月 16 日，国联公司向江苏省高级人民法院提起诉讼，请求中技公司还款，并要求隆侨公司承担抵押担保责任。

2012 年 4 月 17 日，根据国联公司申请，江苏省高级人民法院裁定查封隆侨公司抵押的案涉九处房产；4 月 18 日，江苏省高级人民法院向天津市南开区房管局发出协助执行通知书，要求协助执行。

2013 年 8 月 12 日，江苏省高级人民法院向远东百货发出协助执行通知书，要求自 2013 年 8 月 14 日起暂停支付租赁合同项下租金。

2013 年 7 月 4 日，江苏省高级人民法院作出（2012）苏商初字第 0003 号判决，判令隆侨公司以案涉房产对国联公司的债权承担抵押担保责任。隆

---

① 现为《民法典》第 546 条。《合同法》第 80 条规定：“债权人转让权利的，应当通知债务人。未经通知，该转让对债务人不发生效力。债权人转让权利的通知不得撤销，但经受让人同意的除外。”《民法典》第 546 条规定：“债权人转让债权，未通知债务人的，该转让对债务人不发生效力。债权转让的通知不得撤销，但是经受让人同意的除外。”

侨公司不服该判决，上诉。2013 年 12 月 9 日，最高人民法院作出（2013）民二终字第 124 号判决，驳回上诉，维持原判。

2013 年 12 月 26 日，国联公司向江苏省高级人民法院申请强制执行，请求扣划远东百货应付隆侨公司的租金并拍卖案涉抵押担保房产。

2014 年 1 月 14 日，江苏省高级人民法院向远东百货发出（2014）苏执字第 0001 号协助执行通知书，要求远东百货"自 2014 年 1 月 18 日起按期将'2005 年 11 月 30 日房屋租赁合同'项下的房屋租金汇付至本院执行专户"。2014 年 2 月 28 日，江苏省高级人民法院再次通知远东百货，"尚未支付给隆侨公司的 2013 年 12 月的租金亦当……汇付至本院执行专户。"

2015 年 8 月 5 日，江苏省高级人民法院作出（2014）苏执字第 0001 号 -5 执行裁定书，将案涉房产作价 8.04 亿元抵偿给国联公司的债权受让人江苏江阴 - 靖江工业区丰裕资产管理有限公司。

2015 年 11 月 30 日，江苏省高级人民法院裁定终结本次执行程序。

2014 年 12 月 16 日，因隆侨公司进入破产程序，租赁合同约定的解除条件成就，远东百货致函隆侨公司解除租赁合同。

2015 年 4 月 9 日，江苏省高级人民法院因拍卖案涉房产，通知远东百货可行使优先购买权。远东百货复函表示，租赁合同已于 2014 年 12 月 16 日终止；租赁房屋已于 2015 年 3 月 16 日交还隆侨公司，该公司不是上述房产承租人，不享有优先购买权。隆侨公司代理人认可案涉租赁合同已经解除。

【裁判观点】

最高人民法院二审认为：本案所涉的房产抵押给了另案债权人国联公司，国联公司在实现抵押权时将案涉租金收益作为抵押权标的通过法院予以强制执行。由此产生的主要法律问题是：国联公司在另案中的抵押权效力是否及于案涉租金收益？如果及于，何时及于？对该问题的回答，关系到究竟是民生银行深圳分行还是国联公司对案涉租金享有优先受偿权的问题。租金属于法定孳息的范畴，故判断另案抵押权的效力是否及于案涉租金，亦当依据《物权法》第 197 条规定进行分析。

本案应收账款质权设立之时，抵押财产即案涉房产已被江苏省高级人民法院另案查封，但尚未通知法定孳息即案涉租金的清偿义务人远东百货。在此情况下，另案抵押权的效力是否应当及于法定孳息，关键在于对《物权法》第 197 条第 1 款关于通知的法律后果如何判断。

若该通知行为系抵押权的效力及于法定孳息的生效要件，则本案质权设立时国联公司的抵押权尚不及于案涉租金，本案质权当优先于另案抵押权受偿。若该通知行为系抵押权的效力及于法定孳息的对抗要件，即未通知的效果只是不得主张清偿义务人所为之清偿无效，则国联公司的抵押权自 2012 年 4 月 18 日江苏省高级人民法院查封之日起已经及于案涉租金，早于本案质权设立时间，另案抵押权人当优先于本案质权人受偿。

对此，一方面，从抵押权效力及于孳息的立法目的来看，抵押权系非占有性担保物权，抵押权设立后，抵押财产的占有权、使用权和收益权仍由抵押人行使，因抵押财产的使用而产生的孳息亦当由抵押人所有。但是，当债务人不履行到期债务或者发生约定的实现抵押权之情形，因抵押权人行使抵押权致使抵押财产被法院扣押，就意味着抵押权进入实现程序。如果此时抵押财产的孳息仍为抵押人收取，就会使抵押人为收取孳息而拖延处理抵押物，此时剥夺抵押人收取孳息的权利有利于抵押权的实现，这应是《物权法》第 197 条第 1 款规定抵押权效力自扣押之日起及于孳息的立法目的之所在。法院通过查封对抵押财产施加以公权力之后，抵押人收取孳息的权利即被剥夺，抵押权人是否通知法定孳息的清偿义务人，并不影响该立法目的的实现。

另一方面，从法律规定的通知之目的来看，法定孳息系由抵押关系当事人之外的第三人负责清偿。《物权法》第 197 条规定的对法定孳息清偿义务人的通知与《合同法》第 80 条规定的债权让与时对债务人的通知，均具有防止发生债务人为错误给付之目的。《合同法》第 80 条明确规定，未经通知，该转让对债务人不发生效力。参照该规定，对法定孳息清偿义务人之通知亦当解释为，未经通知对该法定孳息清偿义务人不发生抵押权效力及于孳息之法律效果。进而言之，抵押财产被法院扣押后，即使抵押权人怠于通知，抵押权效力已经及于孳息，但清偿义务人因不知抵押财产被扣押的情况而将法定孳息支付给抵押人的，仍产生清偿的效力，抵押权人不得主张清偿无效，即不得对抗清偿义务人。

由此可见，《物权法》第197条规定的对法定孳息清偿义务人的通知，并非抵押权效力及于法定孳息的生效要件，而系对抗要件。

因此，虽然江苏省高级人民法院于2013年8月12日才通知远东百货暂停支付租赁合同项下租金，但应认定国联公司的抵押权效力自2012年4月18日江苏省高级人民法院查封之日起已及于案涉租金。因本案应收账款质权设立在后，民生银行深圳分行对案涉九处房产租金收益相对于另案抵押权人不应当优先受偿。

另外应指出的是，本案应收账款质权虽然劣后于另案抵押权，但民生银行深圳分行较之于无担保之普通债权人就案涉租金仍具有优先受偿的权利。若另案抵押权人国联公司的债权受清偿后上述租金仍有剩余，则民生银行深圳分行就该剩余部分之租金可主张优先受偿。根据法院二审查明的事实，2015年11月30日江苏省高级人民法院另案裁定，终结本次执行程序。据此可知，另案抵押权人国联公司的债权尚未得到全部清偿。

在另案抵押债权尚未得到全部清偿的情况下，民生银行深圳分行对案涉租金不得行使优先受偿权。更何况，当事人并未提供证据证明在案涉租赁合同解除后，案涉房产之上又形成新的租赁关系。故在案涉租赁合同解除后，由于案涉质权的标的即收取租金的债权已经终止，民生银行深圳分行亦无从行使其优先受偿权。

根据上述分析可以认定，本案应收账款质权虽有效设立，但另案抵押权及于法定孳息即租金的效力优先于本案应收账款质权的效力。故相对于另案抵押权人国联公司而言，民生银行深圳分行对案涉九处房产租金收益不具有优先受偿的权利。

综上所述，最高人民法院认为，原判决认定事实及适用法律基本正确，仅第六项判令民生银行深圳分行对案涉九处房产租金收益享有优先受偿权有欠妥当，应予纠正。最高人民法院二审判决九策实业集团有限公司不履行债务时，民生银行深圳分行对隆侨商贸有限公司持有的房产自2013年1月22

日至2018年1月21日出租所产生的租金收益享有优先受偿权。在民生银行深圳分行实现上述优先受偿权后，隆侨有限公司有权向天津九策实业集团有限公司追偿。

【民法典最新相关规定释评】

就本专题讨论之议题，主要涉及《民法典》第412条，该条规定：“债务人不履行到期债务或者发生当事人约定的实现抵押权的情形，致使抵押财产被人民法院依法扣押的，自扣押之日起，抵押权人有权收取该抵押财产的天然孳息或者法定孳息，但是抵押权人未通知应当清偿法定孳息义务人的除外。前款规定的孳息应当先充抵收取孳息的费用。”该条规定来源于《物权法》第197条的规定：“债务人不履行到期债务或者发生当事人约定的实现抵押权的情形，致使抵押财产被人民法院依法扣押的，自扣押之日起抵押权人有权收取该抵押财产的天然孳息或者法定孳息，但抵押权人未通知应当清偿法定孳息的义务人的除外。前款规定的孳息应当先充抵收取孳息的费用。”比较可以发现，《民法典》仅对个别文字作了简化处理，并无所涉具体法律问题的实质修改。故本专题的讨论意见及结论无变化。

（讨论整理及后续评论：李志刚）

第四部分

公司法专题

司法判决介入公司治理

【发言群友】

陆晓燕、李建伟、叶林、李后龙、张巍、段晓娟、傅穹、马向伟、李志刚、纪海龙、李宇、葛洪涛、曾宏伟、章恒筑、刘春梅、王建文、吕来明、方斯远、彭冰、邓峰、王松

【讨论时间】

2018 年 12 月

【沙龙实录】

经营期届满与强制收购

陆晓燕：当企业经营届期，企业两股东无法形成延期决议（大股东持股 64%，小股东 36%）。此时，小股东主张公司清算，而大股东则愿意收购小股东股权。请教，企业大股东能否在小股东不同意的情况下强行收购其股权？现行法律没有明确规定，但总感觉应该以“股东离散”替代“公司离散”。

李建伟：应该依照原来企业的约定进行清算。除非小股东同意，否则应寻找其他路径解决。

陆晓燕：现在大股东愿意以高于清算分配额甚至高出许多的金额收购小

股东股权，小股东只是因为与大股东的矛盾而故意为难他。实际上，企业法人就是因股东矛盾而导致不能延续。现有收购方案并不损害小股东利益。事实上，也征询了小股东意见，是否愿意反向收购。

叶　林：如果争议的本质是股权定价，可否考虑适用民法的定价规定？就是大股东出价后，征求小股东意见，法院酌情裁量合理价格。另外，若当事人无法达成一致分配意见，可否将企业运营中的资产视为不可分物？进而，将该资产归属于出价高的一方？出价少的一方，获得合理现金补偿？

陆晓燕：争议的本质是定价，但表现为小股东申请清算。因为小股东想获得的补偿远超过股权评估值，且小股东也不同意反向收购。

李后龙：在约定经营期限届满后，公司能否存续取决于双方能否达成新的协议。而能否达成新的协议，还是出于利益选择，即大股东的出价。任何一方，包括法院，都没有强迫缔约新协议的权力。现有办法只能让大股东提高收购价码。

张　巍：赞成李老师的观点。假如章程中未约定大股东到期可强制收购，那么，大股东一开始就应该预见未来可能出现僵局，并在对价中自觉作出调整。契约自由的基本内涵是第三方，包括法院，不主观评判当事方依据自由意志订立的协议的好坏，更不能以第三方的利弊来要求当事人一方的行为。同时，强制收购也不符合有限责任公司人合性的性质。这个问题的另一关键之处还在于，小股东有没有权利拒绝整体出售公司营业？并且无论以何种方式，出卖给谁。

段晓娟：公司经营期限届满如不能形成修改章程的决议用以延长期限的，个人认为只能解散清算。法院并没有予以干预调整或帮小股东选择的任何法律依据。通过解散清算分配剩余财产使公司股权灭失与转让股权获得转让款使股权灭失，看上去似乎小股东同样是得到一笔款项同时不再持有股权。但在法律效果上，二者显然有区别：前者股权灭失时对公司进行了清算，对债权债务进行了清理，如清算合法，股权灭失后小股东就该事项事后没有任何再因曾作为该股东而承担任何责任的可能性；而在后者股权转让的情形下，显而易见是不可能完全排除这种风险的。由此说明并不能得出所谓大股东的收购方案并不损害小股东利益之结论，更不能据此作出强制小股东接受该方案的裁判。对于大股东来说，想要存续很简单，出到足以让小股东愿意得到一笔款并承担由此带来的未来不可知风险的价格。否则，只有解散清算。

陆晓燕：从法律规则上是这样，但总觉得小股东的做法有失公允，让一个很好的公司解体。在这个具体案件中没有股权转让的风险。

强制收购的替代选择：公司解散清算中的营业转让

陆晓燕：叶老师的想法我觉得挺好的，在清算过程中将整体财产作为不可分财产进行处置，也许可以保留它的经营价值。

叶　林：由于类似案件涉及公司持续经营、各股东间的保护，所以需要平衡多种价值。但仍可在具体案件中，找到平衡和干预的边界。

傅　穹：叶老师的观点恰好点出公司营业财产整体价值的必要性。

段晓娟：叶老师的意思是小股东不同意转让股权，公司也通不过修改章程延长营业期限的情况下进行清算时，在清算过程中将公司财产整体转让，由大股东通过竞价等方式整体买受财产继而利用该财产继续经营吗？如果是，我觉得只能这种方式最好了。

叶　林：是的。

李后龙：这是否就是理论上的营业转让？

叶　林：是的。尤其当经营期限届满时，运用营业或营业资产转让理论是合理的。在经营期限届满的情形下，股权的概念会淡化。

陆晓燕：我也觉得叶老师的想法很好。不然，这样就陷入两难的境地。上海市第二中级人民法院曾判过一个收购股权的案子，我很想借鉴，但理由是比较宏观的价值判断。如果适用公司强制清算，又会使一个经营不错的企业不存在，还会涉及职工问题需要解决。

段晓娟：我觉得营业转让和强制收购股权完全不是一个概念。叶老师的观点可行，恰恰在于和强制收购股权的性质和法律后果不同。所以，仍然还是不赞同强制收购股权的路径。

傅　穹：高招，既实现企业整体的营业价值，也确保大小股东的公平竞价，且最大化退出股东的收益，但不得低于清算价值。

陆晓燕：如果是没有壳资源的企业，公司财产整体转让等同于营业转让（不考虑税收差异）。如果是有壳资源的企业，只有股权转让才能体现企业壳资源的价值。当然，此时的股权转让对价，不仅包括财产评估价值，还应当包括市场竞价衡量出里面的壳资源价值。

段晓娟：叶老师的主意好。估计陆老师在手的案件是小股东以经营期限届满公司解散后未自行清算为由而申请的强制清算吧？如果是这样，个人觉得按照现有法律制度应支持强制清算的申请。在强清程序中，通过竞价等方式完成对营业财产的整体转让。而法院在此程序中完全可以通过对清算方案的确认等制度安排来引导各方实现利益最大化。

公司僵局下的司法选择：股权收购还是判决解散

马向伟：公司僵局形成后，股东起诉解散公司，其他股东为了使公司存续，同意以合理价格收购该原告股东的股权（不会低于公司解散清算后该原告股东所能获得的利益），但该原告股东拒绝收购，就是坚持要解散公司。此时是否属于通过其他途径无法解决，是否法院必须要判令解散公司呢？根据《公司法司法解释（二）》第5条第1款规定：“人民法院审理解散公司诉讼案件，应当注重调解。当事人协商同意由公司或者股东收购股份，或者以减资等方式使公司存续，且不违反法律、行政法规强制性规定的，人民法院应予支持。当事人不能协商一致使公司存续的，人民法院应当及时判决。”一种观点认为，只要当事人不能直接协商一致收购，就应认定通过其他途径无法解决，法院应判决解散公司。另一种观点认为，判决公司解散应审慎为之，在其他股东愿意以合理价格购买原告股东股权的情况下，原告股东利益本可通过不解散公司而得到保障，但其却无端拒绝，属于恶意申请解散公司，损人而不利己，不应得到支持。

李志刚：法官是否可以基于一种良好的愿望和善意，而脱离或者超越法律规定所得出的裁判结果?《公司法司法解释（二）》第 5 条第 1 款最后一句虽然没有直接说判决解散，但从前半句的文意和本句的整体看，显然是判决解散。

纪海龙：著名的拉德布鲁赫公式：正义和法的安定性之间的冲突也许可以这样来解决，由规章制度和国家权力保障的实证法，即便其在内容上不公正或者具有不合目的性，也应享有优先地位，除非该实证法律与正义的冲突达到了如此难以承受的程度，以至于该法律作为“不正确的法”而必须向正义屈服。当然，在法律中的非法与尽管内容不正确但仍然有效的法律之间，无法划出一道清晰的界限；但另一个界限却能被清晰地划出：在正义从未被追求过的地方，在制定实证法时作为正义之核心的平等有意地被否认的地方，此处的法律已并非仅仅是不正确的法，这样的法律已经完全丧失了它的法的属性。

李志刚：如果回归民商事司法的私法本质属性，保持一种谦抑性的话，此案件法官是否要违背当事人的意志，“为民作主”？个人倾向持保留态度。海龙所言的前提是“不正确”，但这条规定本身是否不正确，还是制度规定者已经作了充分考量的一种制度安排，可能还有讨论余地。

李　宇：在当事人未达成合意的情况下，法官如何能够确定合理价格?尤其是对于股权这样一种特殊性质的财产。轻易以滥用权利之类为由否定解散的请求，有可能导致对意思自治的过度压制。

张　巍：这里是不是涉及权利滥用的问题?

李志刚：“滥用”一词，其实也容易被滥用。正如李宇老师所言，对股权的价值，让外部人或者是法官来评价，未必真能有一个“合理”的结果。比起私权的滥用，公权、裁量权的“滥用”，更值得警惕。如果私权滥用没有一个可供评价的确切标准，又如何能防止公权对私权的侵蚀，不被“滥用”？而后者，恰恰最缺乏制约。

马向伟：股权的价值的确不好判断，但是如果与公司解散后的剩余财产分配权相比较，显然还是容易分出利益大小的。

李志刚：这个问题的通俗化说法实际就是，我把东西扔了，也不给你，是否可以？就因为你喜欢，你给的钱多，法院就要判决我必须按照高价卖给你，不准扔。这样到底行不行？

葛洪涛：这涉及理念问题。但所有权也经历了从绝对自由到附义务的相对自由的历史发展。

李志刚：那您倾向的判决是否为：不能扔，必须给？并且按照《公司法司法解释（二）》第5条判决？如果在所有权社会本位的语境下，是可以判决：我不准扔我的手机，必须高价卖给喜欢这个手机的您。

葛洪涛：从解释论层面，李老师的观点可能更妥当。但从立法论层面，还是有讨论的余地。理由在于：（1）当大家一起入股办公司时，已经有了牵连关系，不再是彼此独立的个体；（2）经济原则是立法与实践中都必须考虑到的因素；（3）就像促进交易是合同法的一个价值取向，维持公司存续是不是也应予以考虑。

打破公司僵局的司法救济路径：判决修改公司章程？

曾宏伟：有个案例。法院一审认为A公司章程条款由全体股东参加制定，并由全体股东签字确认，章程作为全体股东的契约，每一股东都要受到公司章程的约束。但是，由于A公司章程第16条“股东会对第十三条中的各款作出决议，必须经全体股东一致通过并作出决议，否则作出的决议无效”的规定，在公司运作过程中，遇到了根据公司章程内容无法实现公司管理的异常情况，不利于公司正常经营活动的开展，章程中的这种阻碍公司正常运作和管理的条款应该加以修改和完善。根据A公司章程的规定，公司章程的修改，必须由全体股东通过，被告某科技公司作为股东之一不愿意变更公司章程内容，导致两原告某商贸公司、某电力公司的合法权益无法实现，公司的重要权利无法行使。在本案中，A公司章程第16条虽然在形式上并不违反《公司法》的规定，但客观上造成少数股东的意见左右股东会甚至决定了股东会的意见，以致公司出现无法正常运行的局面，故依法应予变更。《公司法》第43条规定：“股东会的议事方式和表决程序，除本法有规定的外，由公司章程规定。股东会会议作出修改公司章程、增加或者减少注册资本的决议，以及公司合并、分立、解散或者变更公司形式的决议，必须经代表三分之二以上表决权的股东通过。”因A公司章程第16条“股东会对第十三条中的各款作出决议，必须经全体股东一致通过并作出决议，否则作出的决议无效”与该规定不一致，故对两名原告要求将A公司章程第16条“股东会对第十三条中的各款作出决议，必须经全体股东一致通过并作出决议，否则作出的决议无效”改为“股东会决策重大事项时，必须经三分之二以上有表决权的股东通过”部分予以支持，即“A公司股东会会议作出修改公司章程、增加或者减少注册资本的决议，以及公司合并、分立、解散或者变更公司形式的决议，必须经代表三分之二以上表决权的股东通过”。股东会对A公司章程第13条中其他各款作出的决议，是否“必须经全体股东一致通过并作出决议，否则作出的决议无效”，由股东会在修改公司章程时议定。在未修改的情况下，第13条中其他各款按该章程规定执行。被告认为，两名原告拖欠缴注册资金，损害公司利益，仅享有40%表决权利，且被告系A公司一股东，无权变更公司章程，对两名原告的诉讼请求应予驳回。法院认为两名原告拖欠缴注册资金，与原告诉求没有因果关系，被告不同意修改A公司章程是导致两原告起诉的直接原因，某科技公司作为本案被告的主体适格，故对其主张驳回两名原告的诉讼请求不予支持。故判决：A公司章程第16条“股东会对第十三条中的各款作出决议，必须经全体股东一致通过并作出决议，否则作出的决议无效”改为“A公司股东会会议作出修改公司章程、增加或者减少注册资本的决议，以及公司合并、分立、解散或者变更公司形式的决议，必须经代表三分之二以上表决权的股东通过”。法院最终判决修改了公司章程。这个案例，大家怎么看？

章恒筑：浙江也有类似案例。因为解散公司的成本太大，只能由法院修改公司章程。

刘春梅：法院直接修改公司章程违背股东意思自治，破坏当事人预先安排。构成公司僵局可以引入竞价机制。2005年，我审过一个一审案件。其中，双方股东持股比例是50∶50，导致永远没有多数决。后来解决方案是一方股东拿钱走人，另一方股东继续持有公司。

王建文：不赞同法院直接判令修改公司章程的做法。

吕来明：对特定事项作出股东一致决的安排是当事人基于商业判断作出的选择，不违反法律规定，应尊重其自治。一致决安排的重要原因可能就在于，当事人都认同某些情形下小股东权益的保护比公司僵局的防范更加重要。至于由此产生的效率以及出现僵局的问题，也是全体股东在制定章程一致决条款时应当考虑并承担的风险，不应当允许事后反悔。法院一般也不宜用事后的对经营问题的抽象判断代替当初当事人特定的商业判断，干预此类约定。

方斯远：本案的判决以《公司法》第 1 条和第 43 条为实体法依据，论证逻辑似乎是以立法宗旨为出发点对第 43 条进行目的性限缩。但在第 43 条对法定和章定的关系已经有明确规定的情况下，这一论证逻辑似乎很难站得住脚。在判决结果上，原告主张将章程所要求的一致决事项从“章程第十三条所有事项”限缩为“重大事项”，而法院部分予以支持，即“A 公司股东会会议作出修改公司章程、增加或者减少注册资本的决议，以及公司合并、分立、解散或者变更公司形式的决议，必须经代表三分之二以上表决权的股东通过”，实际上等同于禁止公司通过章程约定比《公司法》第 43 条第 2 款更严格的决议标准，难谓合理。

段晓娟：不认同法院的判决意见。理由如下：第一，公司法允许章程规定股东会议事方式和表决程序，章程规定某些事项一致决也是各股东共营事业自我保护的选择，法院不应干涉；第二，该案例通篇也未认定公司章程第 13 条的性质；第三，通过对章程第 13 条的论证，也得不出法院应当干涉的理由。我更倾向股东起诉到法院要求判决变更章程的事项属于公司自治的事项，裁定驳回起诉为妥。

彭　冰：我觉得具体要看章程第 13 条的规定内容。如果确实是涉及公司经营所有事项，从而导致公司无法正常经营的，法院也许可以介入。如果只是重大事项，则法院应该尊重当事人自治。

邓　峰：美国法院也曾有过这样的做法，法院有权出于打破公司僵局而在特定案件中提供救济，但并不是通过终极性地修改公司章程方式。以章程

自治来反对法院的救济是不合情理的，合同也是当事人自主签订的，但是当事人并不是理性、万能的。法院可以解释合同，也是按照合同的目的去区分不同的权利义务；同理，公司章程也是如此。

对这个问题，我觉得原则应当是：第一，法院不提供修改公司章程的救济，但是可以提供认定具体事项的突破公司章程规则的救济，即就事论事。第二，此处的核心问题还是判断过错。我们的法律规则和法院裁判通常回避这个问题，但这是公司法不可避免的发展趋势。有了过错的判断，那么章程的僵化规则就可以视为不当阻碍。如果没有过错，仅仅是讨论可以不可以，就没有意义了。第三，应当是最后的救济手段。这个问题其实在《公司法司法解释（四）》制定的时候就讨论过，只是当时没有形成具体方案和思路，相应的学术研究也没有跟上。

王　松：我认为，（1）本案裁判观点为因A公司章程第16条“股东会对第十三条中的各款作出决议，必须经全体股东一致通过并作出决议，否则作出的决议无效”与《公司法》第43条规定不一致，故对两原告要求将A公司章程第16条“股东会对第十三条中的各款作出决议，必须经全体股东一致通过并作出决议，否则作出的决议无效”改为“股东会决策重大事项时，必须经三分之二以上有表决权的股东通过”部分予以支持。这个理解不妥。《公司法》第43条规定特别决议须经代表2/3以上表决权股东通过，并没有规定当事人不得约定全体一致通过，本案章程约定须全体一致通过，依该法条显然得不出章程约定无效的结论。对不违反公司法禁止性规范的公司内部约定，应当依法认定有效。（2）法院直接判决修改公司章程也不合适。可以裁判股东具体争议事项，不宜直接取代当事人就章程内容进行修改。法院直接制定当事人之间的交易规则，不太合适。

【总结及倾向性意见】

从经营期限届满，公司大股东能否在小股东不同意的情况下强行收购其股权以避免解散？再到法院直接变更公司章程中一切事项都需要一致决的条款，是否妥当？都涉及公司治理中的司法介入问题。

一种观点认为，无论是公司经营期限抑或章程一致决条款，都是源于股东对特定事项作出的安排，是当事人基于商业判断作出的选择，不违反法律规定，应尊重其意思自治。上述安排的重要原因可能就在于，当事人都认同某些情形下股东权益的保护比公司僵局的防范更加重要，出现问题本身也是股东在制定章程时应当考虑并承担的风险，不应当允许事后反悔。法院一般也不宜用事后的对经营问题的抽象判断代替当初当事人特定的商业判断，干预此类约定。

另一种观点认为，法院有权出于打破公司治理失灵而在特定案件中提供救济，但并不宜通过终极性地修改公司章程方式，而应提供认定具体事项的突破公司章程规则的救济，但这也应是穷尽内部渠道之后的最后救济路径。

延伸的思考是，要将司法介入理解为是相对于组织层面与市场层面公司治理的第三种类型。然而公司制度毕竟是各公司利害关系人共同让渡自己部分权利所形成，由此确定的组织性也决定了公司治理的自治属性是本质。公司作为公司治理的载体，也由于各个公司不同性格和风格，决定了公司治理也有自身特征，此差异化和个性化导致在信息量以及时机把控上，公司参与者相较于裁判者才是公司治理最好的决策者。由此公司治理的定位在自然属性上仍应体现为公司自治，在法律属性上应归位于私法自治和意思自治，体现自治性质的组织与市场的公司治理是主导，司法介入是补充。

但不可否认，公司治理各方由于地位和立场的不同，必然存在不同的角色利益和功能诉求，而且公司治理直接参与的各方与公司利益相关者各方的利益也必然会存在不同的利益冲突，可能存在对个别主体个别权利的损害风险。该公司自治的局限性和各方利益冲突的天然性，就需要对公司治理加以"纠偏"从而体现利益衡平，进而实现公司整体利益。如对"资本多数决"纠偏，以公司法人格否认、怠于清算情况下清算义务人责任，体现债权人保护机制实现利益衡平。又如源于公司机关、组成人员在信托、监督、委托、雇佣等不同法律关系下运转，不同的权利和义务必然构成不同的法意和法益，司法调整上就要注意哪些机关要强调商业判断规制，哪些要强化组织义务等。再如股东异质化导致的利益冲突，财务投资类、战略投资类股东短期利益与长期利益的冲突引发的在公司治理层面股东之间的矛盾，也需要在公司整体利益面向上予以协调。

还需要强调的是，对于更体现公司治理私法自治本质的，组织与市场层面的公司才是主要的，作为次要的、补充的司法介入，宜强化公司治理配置中的“权利平衡”属性。进言之，公司已经不再仅仅是股东的利益载体，而是具有独立人格的诸多利益相关者的利益综合体。司法介入代表着公共权力，利益衡平不仅是法律的本身要义，也是司法干预公司治理的动机。应更多体现公司股东的整体利益和综合利益。

关于介入的条件，简单的回答是，组织与市场公司自治不能解决问题，那么就转换成了如何判断在什么情况下上述两类公司自治不能解决问题？不容忽视的是公司自治的前提：一是参与内部争议各方对各种备选解决办法的效率属性有深刻了解。二是如果交由法院解决会破坏公司层级制的威权效力，进而丧失公司作为协同利害关系人各方治理结构的优势。那么剩下的选择就是法律对公司治理的“选择性干预”。在法院与公司利害关系人信息量迥异的背景下，更多的自由度总比更少自由度更好，否则就不能解释选择公司制度和治理工具的正确性，由此，诉诸法院只能作为一种推进诚信交易的救济，把司法介入的选择权交由公司利害关系人，并将调整后果传递给合适人群，辅助组织与市场自身的治理机制发挥更充分作用。

现实公司组织实际与理性公司法规定存在张力，但核心还是一致的，即选择性干预治理关键在于“给予并得到可信承诺”，这源于公司法既有规定也源于各方已接受的章程约定，法律干预公司治理是通过规则来实现事先的“可信承诺”。反过来说，法律与章程是公司利害关系人参与公司，并愿意为之付出现有或将来的资产所不可或缺的。上述关系人为什么会放弃对某个要素的控制权，愿意参与公司制度这种集体活动的日常事务，目的还在于制度给予其实现特定利益的可信许诺，同时，公司制度也要求以各种法定或约定的方式来解决各方争端，一旦触发就启动了司法介入程序。

【代表性学术观点】

鲍为民认为，美国公司法中发展出了以期待利益落空理论为基础、以法院司法介入为手段的多种解决公司僵局问题的方案。其中，司法介入的具体方式包括判决解散公司、强制股权置换、任命破产管理人或监管人、任命临时董事、法院行使"直接司法管理权"等。而我国的有限责任公司和不公开发行股票的股份有限公司与英美法系中的闭锁公司有异曲同工之妙，大陆法系严格的资本制度使在这些公司中形成僵局的可能性远高于英美法系的闭锁公司。但英美法系国家的法院对经济生活的干预力度是大陆法系法院难以企及的，因此美国公司法上才有空间发展出"任命破产管理人或者监管人""任命临时董事"以及"直接司法管辖权"等解决公司僵局的措施。对于秉承大陆法系传统的我国法院来说，全盘照搬美国的规定是不可能的，应该建立一种以强制股权置换和强制解散公司为主体的公司僵局司法救济制度。

在公司僵局的司法介入中，应该坚持以下原则：（1）自力救济优先原则。这是指在公司僵局形成后，首先要由当事人自行协商，通过设置诸如"经过连续的两次股东会"等程序性要求来给予股东对僵持意见的充分考虑和协商时间；如果协商不成则可以通过内部和外部转让股份的方式解决僵局。（2）商事主体维持原则。解散公司对僵局而言无疑是最彻底的解决方案，但对那些经营状况良好或者正处于上升阶段的公司，因为其内部决策和管理机制的暂时失灵即终止其"生命"，显然成本过高、浪费了资源。以公司或者其他股东购买起诉股东的股权或股份的方式来解决僵局是一种很好的替代方式。现行法下公司不能因为公司僵局而回购股份，因此在立法上应当予以完善。（3）限制股东诉讼解散公司原则。如果一味纵容股东提起解散公司的诉讼，一方面，可能导致股东为达到其他目的而滥用该权利，如以此作为退出公司前讨价还价的手段；另一方面，判决解散公司往往会不合理地施惠于僵局的一派股东而牺牲另一派股东的利益。美国法上的公司僵局处理制度及法院任命破产管理人或者监管人、任命临时董事以及行使"直接司法管辖权"等，就我国目前的法律传统和环境来看，还没有适用这些制度的条件，不应不加选择地一概引进。[①]

罗培新提出公司这一长期合同的合意漏洞要求司法介入予以弥补以及司法介入是公司合同的重要组成部分，所以在公司法的合约化和自由化倾向愈加明显的同时，司法对公司运作的介入也越发积极，它们起到了“弥补合同缝隙”“解读隐含公司合同条款”的作用。在我国目前公司法的刚性日渐消隐、司法介入公司运作的空间得到极大拓展的背景下，就司法介入公司运作应当遵循以下理路：

一是避免司法的“合同漏洞补充”异化为变相的行政干预。在我国，由于政府主导着公司的制度供给，而法院的裁判行为在相当程度上受制于政府目标。因而，原来“合同漏洞补充”意义上的对公司运作的司法介入，有可能被异化为变相的行政干预。法院在裁断相关纷争时，应避免行政干预循此缝隙而潜入公司合约，破坏股东和债权人的合理预期。

二是司法解读公司法规则应本着公司法的属性进行。就规范对象而言，公司法规则大体可分为以下三类：第一，结构性规则。主要规范公司权力在不同机关的分配以及各机关行使这些权力的要件，以形成运作有序的公司治理架构，如我国《公司法》第 44 条、第 108 条分别关于有限公司和股份公司董事会成员人数的规定，以及第 111 条关于董事会表决规则的规定等。这类规则只涉及公司内部的权力分配，宜为任意性规范。第二，分配性规则。规定了公司财产在股东间的分配方式。如《公司法》第 34 条、第 166 条关于公司利润分配的规定等，此类规则亦因不涉及第三方利益，而应为任意性规范。第三，信义规则。规范了董事和控股股东的义务。如《公司法》第 147 条、第 148 条规定公司高管人员必须承担忠实勤勉义务等。这类规则对于因公司长期合同的不完备性而使股东合意面临着的诸多漏洞，起着拾遗补缺的功用，故总体上应当为强制性规范。

由此本着公司法法条自身的属性，遵循一定的法理判断标准，以正确理解该法条的性质。比如，对于《公司法》第 111 条规定的“董事会决议的表决，实行一人一票”，宜认定为属于补充性规则，即如果没有另外约定，则董

---

① 参见鲍为民：《美国法上的公司僵局处理制度及其启示》，载《法商研究》2005 年第 3 期。

事会表决实行一人一票，而如果公司在初始章程中约定，在特殊情况下董事长有权多投一票，应认定为有效。故而，法院在裁决董事会决议纠纷时，不能仅仅因为公司董事人数、董事表决权重的分配在表面上似乎有违公司法规定而予以撤销。

三是法院解读公司法规则应寻求更为根本性的判断标准。对于《公司法》规则的任意性或强制性属性之判断，并不能简单地依赖“不得”“必须”“应当”等强制性规范字句，或者“可以”“由公司章程规定”“依照公司章程的规定”等任意性规范字句，而应从根本上选择一种更为抽象的法理判断标准，从而正确解读公司参与方的隐含合同条款，作出妥当裁断。①

蒋大兴就公司强制解散来讨论，核心是股东退出手段，以此出发也可看到其中隐含的股东间对价交换的合意，对于因表面合意导致的公司僵局，法院应以更高层次上的合意来解读公司参与人之间的真实意思表示，从而解决矛盾。

法律文本表述上股东提起强制解散之诉，需满足“公司经营管理发生严重困难”之要件，但实务中对该要件应如何解释存在争议。但实质上司法解散不是目的，而是股东寻求退出公司的手段，赋予少数股东强制解散公司的实质在于赋予其退出公司的谈判筹码。案例实践也表明，无论法院如何判决（公司解散或不解散），仍有存续价值的公司，都会通过买断等变通方式继续存在。法院是否判决公司解散，与该公司是否居于盈利状态（是否属于“好公司”）没有关系，而与股东之间是否存在不可调和的“人合性障碍”有关。

法院是否判决解散公司，不应以公司的盈利状况好坏为主要裁判标准，而应以股东之间的“人合性障碍”为考量基准。企业破产法与公司法中的有关“强制解散制度”最终形成一种互补的体系，分别重点解决“资合性欠缺”和“人合性欠缺”“公共违法”的公司之解散。如果理解了司法强制解散制度的本质，则不必过分担心其对社会公众利益会产生实质性损害，而应当完善立法，使司法强制解散制度更加宽容，增加替代性救济方式，节省股东的

① 参见罗培新：《填补公司合同“缝隙”——司法介入公司运作的一个分析框架》，载《北京大学学报（哲学社会科学版）》2007年第1期。

退出成本。或者，更准确地说，“司法强制解散”可以被“司法强制退出”制度所取代——直接规定，经营管理发生严重困难的公司，少数股东可主张由公司或多数股东收购其股权，从而以公平价格退出“令其失望”的“好公司”。[①]

【典型案例】

林某清诉常熟市凯莱实业有限公司、戴某明公司解散纠纷案[②]

案号：最高人民法院（2012）民申字第336号

【基本案情】

常熟市凯莱实业有限公司（以下简称凯莱公司）成立于2002年1月，林某清与戴某明系各占50%的股份，戴某明任法定代表人及执行董事，林某清任总经理兼监事。公司章程规定：股东会的决议须经代表1/2以上表决权的股东通过等。自2006年起，林某清与戴某明两人间的矛盾显现。同年5月9日，林某清提议并通知召开股东会，由于戴某明认为林某清没有召集会议的权利，会议未能召开。林某清还多次委托律师向凯莱公司和戴某明发函，要求戴某明提供凯莱公司的财务账册等资料，并对凯莱公司进行清算。戴某明也多次回函称不同意解散公司，并要求林某清交出公司财务资料。

另查明，从2006年6月1日至案件判决之日，凯莱公司未召开过股东会。服装城管委会调解委员会两次组织双方进行调解，但均未成功。后林某清诉至法院，以凯莱公司经营管理发生严重困难，陷入公司僵局且无法通过其他方法解决为由，请求解散凯莱公司。

【裁判观点】

最高人民法院再审认为：凯莱公司已符合《公司法》及《公司法司法解释（二）》规定的司法解散的条件。

---

① 参见蒋大兴：《“好公司”为什么要判决解散——最高人民法院指导案例8号评析》，载《北大法律评论》2014年第1辑。

② 最高人民法院指导案例8号。

首先，凯莱公司的经营管理已发生严重困难。根据《公司法》第180条和《公司法司法解释（二）》第1条的规定，判断公司的经营管理是否出现严重困难，应当从公司的股东会、董事会或执行董事及监事会或监事的运行状况进行综合分析。本案中，凯莱公司戴某明与林某清各占50%的股份，章程规定“股东会的决议须经代表二分之一以上表决权的股东通过”，只要两名股东的意见存有分歧、互不配合，就无法形成有效表决，显然影响公司的运营。

凯莱公司已持续4年未召开股东会，无法通过股东会决议的方式管理公司，股东会机制已经失灵。执行董事戴某明作为互有矛盾的两名股东之一，其管理公司的行为，已无法贯彻股东会的决议。林某清作为公司监事不能正常行使监事职权，无法发挥监督作用。由于凯莱公司的内部机制已无法正常运行、无法对公司的经营作出决策，即使尚未处于亏损状况，也不能改变该公司的经营管理已发生严重困难的事实。

其次，由于凯莱公司的内部运营机制早已失灵，林某清的股东权、监事权长期处于无法行使的状态，其投资凯莱公司的目的无法实现，利益受到重大损失，且凯莱公司的僵局通过其他途径长期无法解决。本案中，林某清在提起公司解散诉讼之前，已通过其他途径试图化解与戴某明之间的矛盾，常熟服装城管理委员会与两审法院也曾组织双方当事人调解，但均未成功。

最后，林某清持有公司50%的股份，也符合《公司法》关于提起公司解散诉讼的股东须持有公司10%以上股份的条件。

故裁定驳回常熟市凯莱实业有限公司、戴某明的再审申请。

（讨论整理及后续评论：陈克）

一人公司能否为股东提供担保：法理基础与制度设计

【发言群友】

李志刚、李建伟、王建文、段晓娟、刘建功、刘生亮、曾宏伟、张巍、周伦军、朱慈蕴、吴庆宝、刘凯湘、陈克、邓峰、叶林、邹波、傅穹

【讨论时间】

2018年7月

【沙龙实录】

《公司法》第16条的规范功能与一人公司的债权人保护

李志刚：一人公司能否为股东提供担保？一种观点认为，不能，理由是：（1）根据《公司法》第16条第2款“公司为公司股东或者实际控制人提供担保的，必须经股东会或者股东大会决议”及第3款“前款规定的股东或者受前款规定的实际控制人支配的股东，不得参加前款规定事项的表决。该项表决由出席会议的其他股东所持表决权的过半数通过”的规定，给股东担保必须通过股东会决议，而一人公司不能形成有效股东会决议。（2）一人公司涉及公司财产处分必须具有正当性，特别是流向股东的，否则无法证明公司财

产与股东财产之分离，导致人格混同了，股东可以极其方便地决定公司财产的处分。另一种观点认为，一人公司股东与公司的意志本来就是一体的，不存在需要通过回避表决方式保护的小股东，所以不适用《公司法》第16条。请问您怎么看？

李建伟：这个问题的确存在多种解释：一种文义解释是一人股东直接行使股东会的权力；另一种解释是一人公司无法据此形成有效决议，后一种解释更接近于目的解释，即立足于第16条严厉规定的保护公司、其他股东与公司债权人利益的解释。即《公司法》第16条有关公司担保的严厉规定，不仅保护小股东，还保护公司既有债权人。

李志刚：确实有这个问题。不过，存有疑惑的是：如果《公司法》第16条是为了保护公司债权人，那么，在非一人公司的场合，其他股东是否会出于保护公司债权人的目的，而投否决票？

李建伟：我说的是损害其他股东利益的同时，也会损害债权人利益；保护其他股东，也就保护了债权人。

王建文：我不反对一人公司为股东提供担保，但坚持认为仍然必须满足《公司法》第16条的决议程序。《公司法》第16条不仅是维护中小股东权益，而是为了维护公司独立人格不被滥用。

段晓娟：赞同建文老师说的这一条并不仅仅是保护中小股东。

李志刚：第16条的功能是什么？是保护谁的，以什么方式保护的？是保护公司独立人格不被滥用吗？《公司法》第20条规定：“公司股东应当遵守法律、行政法规和公司章程，依法行使股东权利，不得滥用股东权利损害公司或者其他股东的利益；不得滥用公司法人独立地位和股东有限责任损害公司债权人的利益。公司股东滥用股东权利给公司或者其他股东造成损失的，应当依法承担赔偿责任。公司股东滥用公司法人独立地位和股东有限责任，逃避债务，严重损害公司债权人利益的，应当对公司债务承担连带责任。”如果是保护公司人格独立的，直接适用《公司法》第20条，不用解释啊，拿起来就用，不是更好吗？通过《公司法》第16条的会议体决议程序解决，不是舍近求远了吗？更何况，《公司法》第16条的会议体预设，对一人公司而言，本身就是个悖论——一人公司可能通过会议体的方式，实现公司治理吗？

王建文：董事会决议或股东声明也是一种意思表示方式。

李志刚：在一人公司的语境下，通过这两种方式，能解决对一人公司担保问题的制约吗？

王建文：公司担保客观上可能减损公司财产，但为了融资的现实需要，法律不得不允许，但设置限制。

李志刚：可以提供担保但设置限制，与在制度上禁止一人公司为股东提供担保，显然是两个不同的法律问题，须细究不同的法理基础。从诉讼的视角看，一人公司在交易中提供担保后，公司自身通过其法定代表人（通常即股东本人）又在诉讼中否认公司提供担保的合同效力，这是股东本人突然良心发现，想起来要保护公司债权人了吗？

段晓娟：还真有这样的案例，一人公司的股东反悔了，于是以公司名义来诉，要求确认公司提供的担保无效，堂而皇之的理由就是损害公司和债权人利益。

刘建功：（1）《公司法》第 16 条的本意在于保护公司中小股东免受大股东和实际控制人的压迫，一人公司不存在可能受压迫的小股东，因此不涉及第 16 条的适用与否问题。（2）不能仅仅以公司为股东的负债提供担保并实际承担保证责任，即得出对外清偿因可能损害其他债权人利益而无效的结论。事实上，公司的每一次对外承担保证责任，都可能构成对其他债权人的损害，而公司法并没有禁止公司为股东对外担保，只不过是要求公司履行小股东保护程序义务而已。

李志刚：对于《公司法》第 16 条是否有保护债权人的功能，我还是存有疑惑：在非一人公司的情形下，如果未回避的股东与债权人一条心，那肯定不同意公司对外提供担保啊？因为任何对外担保行为，都可能造成公司资产的减损，哪个债权人会同意呢？

李建伟：我的意思是，不公平关联担保，既损害其他股东利益，也就会损害公司债权人利益。目前法院倾向趋严解释违反第 16 条对外担保合同的效力，那么第 16 条既然有保护其他股东的功能，自然也就具有保护公司债权人的功能。

李志刚：这种公司外部债权人的利益保护机制，是不是通过公司内部的决议机制来实现的呢？或者说，是不是《公司法》第16条本身的立法意旨呢？

刘生亮：保护不特定债权人的功能已溢出第16条的规范目的，不公平关联担保对债权人损害的救济机制，自有他途。

李建伟：不是说第16条有这种立法意旨，而是客观上有此功能。

李志刚：如果其他股东同意关联担保，并导致公司实际承担了担保责任，是不是就不一定能说有保护债权人的功能啦？如果这个推论成立，似乎应当认为第16条不产生禁止一人公司为股东提供担保的结论？

李建伟：作为利益交换，股东们可能彼此享受数个担保。此类事情不仅来自逻辑，更来自实践。至于第16条有无保护公司其他债权人的初衷，我不论证。

禁止担保的法理

李志刚：江苏常州中院作出的（2009）常民二终字第0451号判决的裁判要旨为："在章程没有禁止性规定的前提下，应当允许一人公司为其股东提供担保。至于是否损害公司债权人利益，则属于民法中撤销权的范畴，不属于公司法的调整范围。如果股东借公司担保损害资本维持原则，甚至抽逃出资，则可以援引公司法关于股东抽逃出资或者股东滥用公司法人地位等法律规定，追究股东的法律责任，但并不能据此否定一人公司为股东担保的法律效力。"[①] 个人也倾向认为，一人公司为股东担保，至少不在《公司法》第16条的规范射程。

刘建功：《公司法》第16条中有关表决回避的规定，能表明这一条的目的在于保护中小股东利益。公司外部其他债权人利益自有其他保障方法。

曾宏伟：规范公司对外担保行为的法律依据，不仅针对《公司法》第16

---

① 参见姜旭阳：《一人公司为股东担保的效力》，载《人民司法》2010年第4期。

条。如果一人公司人格相对独立，也可以规范。

李志刚： 一人公司不能为股东提供担保的依据，如果不是基于《公司法》第16条，那是基于哪一条呢？《公司法》第63条规定："一人有限责任公司的股东不能证明公司财产独立于股东自己的财产的，应当对公司债务承担连带责任。"据此，一人公司财产不独立，仅产生股东与公司承担连带责任的后果；而并非公司不认可，即产生公司免责的后果。

张　巍： 限制一人公司担保没有道理。恰恰相反，一人公司最怕的是滥用法人人格，应更多考虑相对人的利益才对。对非一人公司而言，公司法对大股东关联交易的整体政策还要进一步考虑。大股东既然控制了公司，原则上有权控制公司的经营，包括决策关联交易。只有当关联交易损害公司利益，并且这种损害不成比例地让小股东承担的时候，才需要法律介入。

李志刚： 赞同！周伦军老师似专门撰文论述过一人公司为股东提供担保的问题，并持禁止担保的意见，能否帮助指正和理解？

周伦军： 一人公司为股东担保的问题本不包含在《公司法》第16条的文意射程之内，赞同和反对这两种观点在逻辑层面都有其道理，也都有相应的案例支持。但如果从法律评价同向性的角度考虑，认为一人公司可以为股东担保，同时又规定可以成为债权人撤销权的客体，甚至可能构成抽逃出资，会使问题更加复杂化。所以我猜测，设定一人公司为股东提供担保的裁判规则，可能是出于这一政策考虑，不知道揣测的是否准确？而且，从结果上看，由一人公司的股东以其包括股权在内的全部责任财产承担个人责任，并不会出现放任其逃避债务的后果，一人公司的法人人格亦不会因此受到影响。从这个角度看，主张一人公司不能为股东提供担保可能更合理一些。

李志刚： 一人公司的债权人行使合同法上的撤销权的条件，和确立一人公司不能为股东提供担保的裁判规则，二者无论在法律依据、适用条件还是法律后果上，都有本质差异。而股东的债权人在股东未能还款时，通过执行股权来追偿债权，和通过一人公司提供的担保物权追偿，二者完全不可同日而语。因为通常而言，股东把其主要财产投入一人公司，大部分已物化为一人公司的实物财产，在此基础上设定的担保物权，价值是确定的，风险是可控的；而当股东已经无法清偿其个人债务时，其投资的一人公司可能已经濒临破产，股权价值微乎其微甚至趋近于零。

制度设计与经济绩效

刘建功： 为股东提供担保和抽逃资本，以及其他债权人的权利如果因为股东人数的区别而发生质的变化，会更加导致一个结果：打算保护的对象“死得更快”。如果做一下对一人公司的田野调查，可能更有益处。

李志刚： 在没有恶意侵害债权人的故意的前提下，公司资产具有重要的担保价值，可为股东提供融资便利，不是解决小微企业融资难的重要途径吗？

刘建功： 不妨启动极端思维法，假设一家公司股权结构是 99% 对 1%。我们的逻辑还过得去吗？

李志刚： 建功庭长所言的“死得更快”，似乎是在经营差的语境下。如果正常经营，能够清偿公司债权人的债权，是否也要据此否定所有一人公司的担保？按照极端思维法的逻辑，可否得出一人公司的所有规定都可以删除了？

刘建功： 如果限定一人公司这样不行、那样也不行，那么谁还去设一人公司？这就是“死得更快”的逻辑，因为没有生命力了。所以不认可一人公司为股东担保，也不行啊。法律不是救世主，不当挡路人，就是很高深的学问了。一人公司担保，自然有更符合逻辑与现实的规制的空间与手段。

李志刚： 我在实务中也看到了大量一人公司为股东提供担保的交易。在二者本质上是利益一体的前提下，实际上是有助于增进此类市场主体的融资能力的，而并不存在损害小股东利益的命题，而撤销权自有其另外的逻辑与空间。所以，如果司法认定一人公司为股东担保无效，不仅法理上不能自圆其说，经济绩效上可能也将大大削弱此类主体的融资能力，更是鼓励在先的担保以股东（同时是公司法定代表人）反言的方式，逃避责任。

刘建功： 或者说，本来一人公司有些许制度红利，被没有严格法律和法理依据的一人公司担保限制，弄成了没有价值。如果说一人公司为股东担保会破坏公司的有限责任，那么，不如禁止一切由公司为股东提供担保的行为，因为每次为股东担保都在伤害公司的有限责任制度。建议持“禁止一人公司为股东提供担保”观点者，认真学习党的十九大的精神，“放、管、服”是我们应对贸易战的策略，不应该有和“放、管、服”这种堪比减税的策略背道而驰的裁判倾向出现啊。故禁止一人公司为股东担保的法理依据不足，且效果不会理想。

可能的弊端与防范的举措

朱慈蕴：赞同各位的意见，没有必要禁止一人公司给股东担保。但根据《公司法》第 16 条的规定，给股东担保是股东会的决策事项，不得通过公司章程改变决策权。那么，一人公司给股东担保时，该股东一定要书面记载该担保事项，放在公司备查，即在公司不能偿债时，债权人有机会质疑股东是否有利用担保而掏空公司。

周伦军：一人公司滥用法人人格的现象也不容小觑。

朱慈蕴：是的，因此，股东有很多行为与公司关系过多，他自己就要证明其与公司财产是分离的，而且一人公司的揭开面纱应该比较容易得到支持。

吴庆宝：一人公司为股东担保，实系自己为自己担保。自己处分自己的民事权利，正是法律所应保护的内容，他人实际不应干涉，司法机关更不应主动干预。例如，我们可用工资为自己或他人担保，也可用个人房产、存款为自己出境担保。但凡以自己民事权利从事的行为，要检视的关键在于：权利的处分有无干扰或损害他人权利，以及行使个人权利、加重个人义务，有无法律禁止，是否与法律的精神相悖。而担保本来就是促成交易的制度，把本来不太可能或有困难的交易促成。既然公司通过内部流程，愿意承担相关风险，我们又何必主动去干预呢?

朱慈蕴：吴老师讲的是客观事实。关键是，一人公司的很多决策都具有这样的特点，但我们是要事先禁止来防止他滥用公司人格，还是事后通过揭开公司面纱来保护债权人？

吴庆宝：在一般性的规则设定上，我们应当将每个公司当成合格合法的市场主体看待，而不可以有色眼镜区别看待。有不足，可以加强监管；但不宜事先对某类主体作出绝对的限制。其实，公司有无独立性，司法是不能事先判定的。不能认为一人公司是一个小偷，预先给它按上标识；应当将一人公司与其他公司一视同仁。只是发现有普遍性问题的，可以加以限制，但不能完全将其排除在门外。

李志刚：从根本上说，普通的一人公司并没有真正的独立意志，因为作为公司表意机构的法定代表人与一人公司的股东，二者以同一为常态。而从《公司法》第 63 条有关"一人有限责任公司的股东不能证明公司财产独立于股东自己的财产的，应当对公司债务承担连带责任"的规定来看，一人公司法人财产的独立性，立法采用的也是一种例外性规则。对一人公司债权人的保护，是通过击破有限责任实现的，而不是限制一人公司的能力，更不是通过决议机制。朱老师所提的备案制度，似不是影响其担保能力的理由。

朱慈蕴：备案的要求来自《公司法》的规定，凡是股东会的决策权都由股东行使，必须书面记载。立法对一人公司的承认，还是注意到了它的优劣并存。主要通过事后保护，让一人公司的股东自己举证证明公司财产与其独立。

吴庆宝：制度设计可以多方考量，不能一以概之。一人公司也是市场不可或缺的，需要我们不断去完善。不能因为有问题就将其限制住，或者一概予以排除。尤其对司法机关而言，设定裁判规则或者制定司法解释、司法政策，应当在定性同时，也要注意定量分析，看看到底有多少一人公司存在人格混同。实在不能容忍，看其普遍意义，再择其缺陷予以限制规范。

利弊再权衡

刘凯湘：（1）就立法宗旨而言，《公司法》第 16 条第 2 款、第 3 款主要在于保护中小股东利益，而一人公司不存在此种情形；（2）就担保的制度目

的而言，主要在于通过担保促进交易，而限制一人公司为股东担保显然是与此目的相悖的；（3）就救济措施而言，中小股东或者债权人如果能够证明一人公司的股东存在因为自己担保而发生人格混同或其他损害其利益的情形，也完全有法律上的规则提供救济，包括人格否认、债权保全撤销权等。所以，限制一人公司为股东担保是难谓有正当性与合理性的。

朱慈蕴：赞同！

刘凯湘：一人公司其实不存在对中小股东利益保护的问题，只涉及对债权人利益保护的问题，而债权人已经有足够多的救济途径。

曾宏伟：对于这个问题，我也在思考中。（1）一人公司如果因为给股东提供担保，并履行担保责任，是否构成财产混同？（2）如果认定为财产混同，则其效果与禁止一人公司为股东担保的效果是否一致？（3）如果认为不构成财产混同，则一人公司的债权人利益如何保护？（4）如果允许一人公司为股东提供担保，则与股东以其全部责任财产为其债务提供一般担保有何区别，一人公司独立人格的意义何在？

李志刚：看来基本的共识是：不应当从制度上限制一人公司为其股东担保。

个人有以下的几点思考：（1）一人公司的债权人认为此种担保损害其利益的，可以通过撤销权等其他途径另行救济。二者的根本性差别在于：前者根本上否定了一人公司对股东的担保能力；后者则是在具体的个案情形中，判断是不是恶意损害公司债权人利益，通过其他制度而非《公司法》第16条的决议机制给予救济。若是如此，如果从司法政策和司法导向上，禁止一人公司为其股东担保无效，还有其他什么理由吗？否则，这条规定倒成为一人公司股东（事先通过公司提供担保，事后主张担保无效）为逃避担保责任而反言的合法通道。股东的担保权人，就不是债权人，就不需要保护了吗？（2）立法上，一人公司的人格独立，是原则，还是例外？意志上的独立，可能是个伪命题。财产上的独立，至少从《公司法》第63条来看，独立似是例外。（3）保护一人公司债权人，应当是基于违法行为或者恶意侵害导致其正当权益在事实上已经受到损害，而似乎不能把保护公司债权人作为一个直接的法政策目标，从根本上否定一人公司的担保能力。若单纯从保护公司债权人的立场出发，那应该否认所有公司为他人设定担保——因为无论其他股东是否同意，公司承担担保责任，都会减损公司资产，从而在客观上损害公司债权人的利益。

陈　克： 否定一人公司的对外担保，超越了《公司法》第16条的字义范围，是采取目的性限缩漏洞填补方式。那确定一人公司可以进行担保是法律漏洞，就成了前提。如何得出此结论？从债权人保护的目的？从《公司法》第20条、第63条出发的体系解释？好像证成有困难。很困惑。

曾宏伟： 可以区分为股东担保和一般对外担保两种情形，进一步讨论。

李志刚： 在一人公司的语境下，怎么区分“对内担保”和“对外担保”呢？即使可分，又能否生成一个禁止“对内”担保的法定事由呢？区分的目的和意义是什么？

规范效果评估：事前与事后

吴庆宝： 提供担保本身就是为保护债权人合法权益，使其利益能够得到实现。接受担保的选择权在债权人，如果债权人不接受一人公司提供的担保，这个担保也无法成立。为达成和实现交易，债权人甘愿冒一定风险，说明他是经过深思熟虑的。不够慎重或被人欺骗，都不应当成为正当的抗辩理由。作为市场主体，重大交易应当由专业的法律团队提供支持和法律风险评估。

周伦军： 谁能帮忙介绍一下，设定禁止一人公司为股东提供担保规则，用事前和事后的观点评价，会产生什么样的差异？规范意义和实证意义是什么？

李志刚： 如果要设定禁止一人公司为股东提供担保的裁判规则，确实要充分论证制度设定的初衷和法理。毕竟，这一条不是《公司法》的既有规定，而是一条自行生成规则，或者可能是一个缺乏法理基础的推论。

邓　峰： 一人公司为股东提供担保，认定无效，立法政策应当考虑利益相关者，才能算是合理化。但对利益相关者的保护，在一人公司之中，究竟起到何种作用，恐怕是不够清晰的，是有一些过度的。

关于事前和事后。就原意而言，事前是指一方制定了规则或者定价政策，另外一方知道了这个规则或者政策，在交易之前采取策略。这就是我们平常说的法律规则出来以后，人们针对法律规则的反应。事后是指在这个规则下，双方进入了交易关系，另外一方采取的机会主义行为。但是，现在这两个概念通常在合同之类的行为之中不够用，因为还有一个合同履行之中的事中一人公司的问题，并不能根据法条判断出我国公司法的态度：究竟是常态下采取了程式，保持了股东和公司的独立，还是不独立？法条只是说，应当保持独立。所以不能简单地判断哪个是常态。这是一个事实问题，还是应当根据事实判断。对我而言，比较困难的问题是：法人子公司、国有独资公司算不算一人公司？现在其实是不清楚的。如果只是自然人的一人公司，我觉得禁止担保，恐怕要求过度。

叶　林：在理论上，一人公司和公司股东之间是相互独立的，公司经由唯一的股东同意向股东提供担保，在公司法的程序上没有问题，这也符合合同相对性原则。出现问题的情形主要是公司借担保之机向股东转移财产，以逃避公司债务。这种情况，可以通过宽松解释《公司法》第 20 条予以解决，即公司和股东对公司债权人负连带责任。公司向股东提供的担保合法有效，但不意味着公司债权人要承受该种担保的不利后果。

邓　峰：因为人格混同就禁止，似乎并不成立。未来在公司法修改的时候，在一人公司的治理上应该作出一些改革。比如像英国法，虽然只有一名股东，但必须有两名董事，或者必须将消极权力交给公司秘书。也就是说，其实一人公司只是一名股东的公司，但并不是真的只有一个人是内部人，而是仍然至少存在两个人，股东（兼任董事、法定代表人）、公司秘书。我国立法上，整个一人公司的制度设计存在不足之处。

不过，根据我的印象，按照只有一名股东的模式设立的一人公司，有，但其实并不多。大多数公司是“事实上的一人公司”，比如 95∶5 的股权比例。不过，可能最大的问题，还是法人子公司和国有独资公司是否属于一人公司的问题。

邹　波：现实中很多人都会找个挂名的，实际上一人公司不多，主要是设立公司者也怕连带责任。

周伦军：那就是邓老师说的事实上的一人公司。一人公司本来是立法的恩赐，滥用是常态。

李志刚：所以规定禁止一人公司为股东提供担保，可能不是立法者的初衷。

邓　峰：鉴于中国法的特性，不能简单地推定公司就是维持程式的、维持独立性的。法官必须在审判、仲裁员必须在仲裁中，判断公司究竟是member-managed，还是manager-managed的两种情形，区分作为股东工具的公司和作为独立主体的公司。把这个问题当成一个事实问题来对待。

拓展问题：行为方式与特殊主体

傅　穹：能否换个角度解释一下这个话题：一人公司能否给股东借贷、赠与或担保？这三个行为均系资金融通行为，也是资产维持项下程度不同的弱化公司信用的行为。允许一人公司施与股东信用，与允许债权人经由其他方式追索，并不冲突。所以赞同上述支持一人公司可以为股东提供担保的观点，不应从制度上予以限制。否则，限制的，就不仅仅是担保行为这一类行为了。

邓　峰：子公司和国有独资公司，适用一人公司与否？我知道实际上是两回事，但是找不到依据。只能根据实践经验解释。但是这肯定是个问题。

李志刚：回到立法，公司法并未限定一人公司只能是一名自然人设立的公司，而是只有一名出资者的股东。若此，否定一名法人股东为一人公司的理由不足。具体到有关会议体和会议决议程序的规定，无论是一名自然人股东，还是一名法人股东，都不是会议体，不可能也不需要通过会议决议的方式实现公司治理。但这完全不意味着一人公司的股东就无法形成公司的意志，不能进行交易。有关公司意志和股东意志分离的规定，似乎也难以因为自然人和法人的区分而区分，倒是因为合一的原因而合一。

邓　峰：对一人公司制度存在本身，我不反对，但是公司法的法条表述有问题。

段晓娟：从《公司法》的规定来看，至少国有独资公司不属于该法规定的一人公司。

周伦军：那是一人公司的特殊样态。

曾宏伟：其实规则确定了，事前有预期，赖账的问题倒可以不考虑。

李志刚：一人公司的股东通常将其最重要、最主要的财产投入一人公司，用一人公司的财产为其本人提供担保，是交易的常态。就我个人有限的经历所见，现实中，有诸多一人公司为股东提供担保的交易，如果突然生出了一个一人公司禁止为股东提供担保的普遍性裁判规则，为其反言提供法定事由，导致既有交易担保无效，冲击巨大。更为重要的是，这个规则从根本上限制了一人公司或者其股东的融资及担保能力，如果这个规则本身没有确定的法理基础，又不当遏制可能的交易，生成和推行的价值何在?

段晓娟：国有独资公司的对外担保也是个掏空公司的巨大风险，没专门梳理过这类公司的章程，不过了解有对部分央企授权董事会决定对外担保事项。

曾宏伟：国资委好像要求禁止或者经过审批，一人公司为自己担保没有禁止啊。这也许就是事前和事后对实务的重大影响吧。为股东提供担保的交易，诸多。股东可以以一人公司的股权和其他财产和信用融资。

段晓娟：似有变化，可以了解一下。我觉得挺危险的，如果再没有相应章程的规制的话。

李志刚：在涉及国有独资企业对外担保的（2017）最高法民申370号民事裁定中，裁定书指出：担保人主张其系国有独资公司，按照其公司章程以及《企业国有资产法》第30条有关“国家出资企业合并、分立、改制、上市，增加或者减少注册资本，发行债券，进行重大投资，为他人提供大额担保……重大事项，应当遵守法律、行政法规以及企业章程的规定，不得损害出资人和债权人的利益”的规定，第32条有关“国有独资企业、国有独资公司有本法第三十条所列事项的，除依照本法第三十一条和有关法律、行政法规以及企业章程的规定，由履行出资人职责的机构决定的以外，国有独资企业由企业负责人集体讨论决定，国有独资公司由董事会决定”，以及《公司法》第66条“国有独资公司不设股东会，由国有资产监督管理机构行使股东会职权。国有资产监督管理机构可以授权公司董事会行使股东会的部分职权，决定公司的重大事项，但公司的合并、分立、解散、增加或者减少注册资本和发行公司债券，必须由国有资产监督管理机构决定……”的规定，否认担保合同的效力，但上述法律并未规定国有独资公司对外担保必须经过国有资产管理机构的审批程序，同时也未有法律明确规定国有独资公司签订对外担保合同必须经过批准方能生效，故国有独资企业对外担保的合同不属于必须经过审批方可生效的合同。债权人和债务人合谋串通损害国家利益的问题，因无相关证据，亦不予支持。这个案件还是对外提供担保，如果国有独资公司为其股东提供担保，其股东也是国有性质，至少从国有资产保护的视角来说，可能不是禁止一人公司为股东提供担保的法理依据。

抛开国有独资公司，就民营企业或者自然人设定的一人公司而言，股东把最有价值的财产投入公司，股权价值多变且虚，故公司财产提供担保和股权作为股东财产提供担保，二者在价值的数量上和确定性上有本质差异。信用融资在实务中，风控措施为零，如果不是个笑话，那作用也是微乎其微，除非背后有国有企业及政府的隐形信用。

曾宏伟：那只是在国有金融机构，信用在民间融资中还是有价值的。

李志刚：民间融资如果没有物权担保，仅仅依靠信用担保就放款，那在后续追偿时可能只会依靠暴力催收，等于将大量的民间借贷类民事案件导向非法拘禁和故意伤害的刑事案件，这应当不是一个商事审判规则的情景预设和喜见后果。

曾宏伟：股东则完全可以不选择一人公司，如果他一定要以出资的财产为自己担保。

李志刚：是的，一人公司老板还可以有几套房子、几亿元现金，不用借款了呢。

邓　峰：如果有这样的规则，我觉得不妥。如果法人子公司适用一人公司的话，就更不妥，这本来就是一个常见的融资手段。如果禁止担保，也要禁止应收账款质押等，那这个边界就太多了。母公司用子公司对母公司的应收账款质押，当年发明这个手段的某大型国企CFO还因此评上了明星CFO，和这个担保有什么区别?

傅　穹：若禁止担保，类似担保的资产减损行为均会纳入其中，边界不断扩大。赞同允许一人公司为股东提供担保的意见。

曾宏伟：论证可能不充分，所以争论是最好的出路。

李志刚：对国有独资公司的特殊问题，如果确有必要进行禁止（若禁止，也要有法理基础并经论证）或者审批的话，可以单独规定，而不应当成为禁止所有的一人公司为股东提供担保的理由。

【总结及倾向性意见】

本次专题讨论的主要问题是一人公司能否为股东提供担保的问题。

一种观点认为，不能。主要理由包括：（1）损害了公司及公司债权人的利益；（2）无法作出有效的公司决议。另一种观点认为，可以。

编者倾向后一种观点，即一个公司可以为股东提供担保，主要理由如下：（1）《公司法》第16条的决议回避程序旨在保护中小股东，而非禁止公司为股东提供担保，也不是为了保护公司债权人，因为任何公司为股东提供担保的行为都可能对公司债权人的利益产生负面影响。（2）由于一人公司股东只有一人，故其公司治理并非通过会议体实现，更不应当就此否定一人公司在交易上的行为能力。（3）一人公司为股东提供担保，存在可能影响公司债权人利益实现的或然性，而不是必然性。在交易达成，按期还款的情况下，并不损害公司债权人的利益，是解决中小微企业融资难、融资贵的重要途径。（4）一概否定一人公司为股东提供担保的能力，禁止一人公司为股东提供担保，则在根本上遏制了交易，限制了中小微企业及其投资者的融资能力，与鼓励投资、促进交易的商事审判价值取向不符。（5）一人公司为股东提供担保，如果损害公司债权人的利益，则公司债权人可以通过《公司法》第20条股东滥用权利、《公司法》第63条股东与一人公司对债权人承担连带责任及

《合同法》上的撤销权制度，保护其正当权益。（6）国有独资公司为股东提供担保，是否涉及国有资产流失，尚有讨论余地，因为其股东本身也是国有性质。而从制度上一概否定一人公司为股东提供担保，更是与立法对一人公司制度设置的便利价值相背离。（7）从立法论上看，可以通过设立一人公司为股东担保的强制备案制度、设立一人公司的双董事制度、公司秘书制度等方式，限制一人公司为股东提供担保可能存在的弊端，但这不等于从根本上否定一人公司为股东提供担保的能力。（8）在既有交易大量存在一人公司为股东提供担保的情形下，设定禁止一人公司为股东提供担保无效的规则，不仅没有坚实的法理基础，而且是鼓励反言，因为事先代表一人公司作出担保承诺的一人公司法定代表人与股东绝大部分是同一个人。

商事审判领域的每一个裁判导向、司法解释与司法政策导向，都会对市场交易实践产生重大影响，从这个意义上来说，每一个商事裁判规则的出台，都值得细细考究其背后的法理、对经济发展绩效的影响。

从司法态度看，2018年8月对外征求意见的《最高人民法院关于审理公司为他人提供担保纠纷案件适用法律问题的解释（稿）》第8条［一人公司、国有独资公司关联担保的特别限制］规定：“一人有限责任公司为其股东、国有独资公司为其出资人提供担保，公司主张担保合同对其不发生效力的，人民法院应当予以支持。”这个司法解释最终并未出台，但该解释稿的基本内容已整体放入《民商审判会议纪要》公司纠纷的第六大点“公司为他人提供担保”中。值得关注的是，有关一人公司担保对公司不发生效力的这条规定已从纪要的该部分中剔除。从历史解释的角度，可以看出，最高人民法院已改变了对一人公司不能为股东提供担保的司法态度。此点，值得实务界重视。

【代表性学术观点】

杨青贵认为：公司法在一人公司为股东担保问题上存在立法漏洞，但该行为的较强负外部性以及道德风险的客观存在又证成立法引入的必要性。重构一人公司为股东担保行为的规制规则并非要回到2005年修订《公司法》前的完全禁止模式，而是应当对相应担保行为加以严格限制，引入采取限制性允许模式。立法应对一人公司为股东担保通过权能主体限定、法人型股东的担保决定权、明确公司债权人直接性保护机制、建立和完善一人公司债权人的直接保护机制和一人公司担保行为强制性信息披露制度予以进一步完善。①

【典型案例】

卜某干诉常州柯尼马电动车有限公司保证合同纠纷案

案号：

一审：（2009）溧民二初字第0420号

二审：（2009）常民二终字第0451号

【基本案情】

卜某干原系常州柯尼马电动车有限公司（以下简称柯尼马公司）独资股东，同时任该公司法定代表人。2008年4月15日，卜某干与谢某初签订股权转让合同书，约定由卜某干将拥有的柯尼马公司100%的股权以人民币50万元转让给谢某初，股权转让金于同年11月20日前全部付清。9月9日，谢某初向卜某干出具欠条一张，言明已经支付35万元股权转让金，尚欠15万元，柯尼马公司在"此欠款由柯尼马公司担保"的意见上加盖了公章。此后谢某初和柯尼马公司未予付款，卜某干遂以谢某初为被告提起诉讼，法院判决谢某初向卜某干支付股权转让金15万元并承担诉讼费。因谢某初未履行上述债务，卜某干遂起诉柯尼马公司，要求其承担连带清偿责任。另查明：出具欠条时，柯尼马公司系自然人独资有限公司，谢某初系股东，公司章程对公司担保的问题未作规定，对本案所涉的担保事项亦未采取书面形式由股东签名后置备于公司。

① 参见杨青贵：《刍议一人公司为股东担保问题及其法律规制》，载《理论月刊》2012年第11期；杨青贵：《一人公司为股东担保行为规制的法经济学分析》，载《重庆理工大学学报（社会科学版）》2013年第1期。

【裁判观点】

一审法院认为：柯尼马公司在谢某初出具给卜某干的欠条上明确欠款由其担保的行为属实。虽然柯尼马公司的股东谢某初没有按照公司法的相关规定，作出书面材料置备于公司，但卜某干并无过错，也不属于担保法规定的担保无效的情形，故卜某干与柯尼马公司间保证合同关系应属合法、有效。柯尼马公司对保证方式没有明确，应按照连带保证责任承担责任。现债务人谢某初在判决书规定的债务履行期届满后没有履行债务，卜某干可以要求保证人柯尼马公司在其保证范围内承担保证责任。据此判决柯尼马公司承担连带清偿责任。

二审法院认为：（1）就不设董事会或者股东会的一人公司而言，《公司法》第16条关于担保能力的规定无适用的必要，因为此时公司所有权和经营权尚未分离，均由公司所有者即唯一的股东行使，而公司为他人担保的决策权属于公司的所有者的权利。（2）《公司法》第16条的立法目的是，通过设定特殊担保时股东回避表决，以防止大股东（利害关系股东）滥用股东权利，保护公司和小股东（无利害关系股东）免遭公司作保的风险，确保公司更加客观、公正地决定是否为其股东进行担保，而并非禁止或限制该类特殊担保。实践中，一人公司不存在大股东与小股东之别，也不存在利害关系股东与无利害关系股东之别，唯一的股东同意提供担保，不仅体现股东意志，也体现公司意志，在没有其他利害关系股东存在的情形下，也就谈不上损害其他股东的利益。因此，一人公司的股东可以自行作出由一人公司为自己债务提供担保的决定。是否损害公司债权人利益，则属于民法中撤销权的范畴，不属于公司法调整范围。如果股东借公司担保损害资本维持原则，甚至抽逃出资，债权人可援引公司法关于股东抽逃出资或者股东滥用公司法人地位等法律规定，追究股东的法律责任。（3）关于审查债权人的注意义务。一人公司因仅有一个股东，自然无法成立股东会并形成股东会决议。因此，只要公司章程不禁止，股东个人同意后公司对外担保的能力就具备了。只不过股东行使职权作出担保的决定时，法律上倡导的是采取书面形式并由股东签名备置于公司。这样做是为了更全面、更完整地记载一人公司的运营状况。但实践中一人公司的操作并非如此规范和明确，股东个人同意的意思表示往往体现在担保合同上加盖公司的公章。因此作为债权人而言，只要审查一人公司的章程中有无对外担保的特殊规定，如果没有，则基于自身过错，对担保的合理期待应当受到保护。(4)《公司法》第 16 条作为一般规范而言对一人公司无适用的必要，而且公司法分则的特殊规范中亦未对一人公司为其股东提供担保作相应规定，根据私法中“法无禁止即自由”的理念，以及从适应市场主体的融资需求、尊重交易效率和减少交易成本出发，在章程没有禁止性规定的前提下，应当允许一人公司为其股东提供担保。综上所述，因柯尼马公司的章程没有对公司担保的问题作出禁止性规定，故柯尼马公司的担保有效，应承担连带保证责任。

（讨论整理及后续评论：李志刚）

欠缴出资之股东间的催缴诉权

【发言群友】

邹宇、朱慈蕴、傅穹、段晓娟、刘生亮、李志刚、葛伟军、郭宁华、肖建国、王松、钱玉林、蒋大兴、刘建功、李后龙、张谷

【讨论时间】

2019年5月

【沙龙实录】

规范与争议

邹　宇：《公司法司法解释（三）》第13条第1款规定："股东未履行或者未全面履行出资义务，公司或者其他股东请求其向公司依法全面履行出资义务的，人民法院应予支持。"对于自身未履行出资义务的股东，是否可以据此起诉其他未出资的股东，有两种意见。观点一认为："其他股东"剔除了所有未全面履行出资义务的股东，故其无诉权；观点二认为："其他股东"是指剔除被告股东本人以外的所有股东，故即使起诉股东自身未全面履行出资义务，也有诉权。既有案例中，在被告以该条规定抗辩的情况下，法院裁判认为自身未履行出资义务的股东不是适格原告，故裁定驳回起诉。请问您怎

么看？

朱慈蕴：倾向观点一。因为股东起诉其他未履行出资义务的股东，事实上是代表公司提诉，目的是维护公司的资本充实。若其本人没有履行出资义务，排除未到期的情况，其本人对公司的资本充实负有义务，属于债务人，应当无权代表公司催缴出资。

傅　穹：倾向观点二。理由有以下三点：一是在现行公司法的认缴制模式下，存在未全面履行出资义务的股东起诉未出资履行股东的情形，剥夺其诉权，无益于资本充实与股东公平；二是未履行或未全面履行出资义务的股东互相反诉，有利于鼓励互相催缴；三是立法最好将催缴义务落实在董事勤勉义务之上。

段晓娟：基于对条文的文义解释，倾向观点一。

刘生亮：倾向观点二。履行出资义务与否与是否有代表权无关联。未全面履行出资义务的股东之间也不能据此作为抗辩事由。

傅　穹：从文义解释出发，确实应该得出观点一的结论，我赞同朱老师与段法官的推论。对“其他股东”，可以采限缩解释，严格限定在全面履行出资的股东才有诉权。我的困惑是，履约程度不同的股东之间能否诉？换个比喻，五十步是否可以诉百步？在司法实践中，是否严格控制此标尺。此外，能否主张同时履行抗辩呢？

刘生亮：为什么采限缩解释？我认为不可以，因为不在同一个法律关系之下。

段晓娟：同时履行抗辩也曾在我脑子里闪过，但我觉得先要考虑股东可以催缴的基础，才能确定能不能走这个路径。

公司法视角

邹　宇：从公司法角度来看，未出资（包含完全未出资、未完全出资、未如期出资、非货币出资存在瑕疵等情形）当然损害了公司的法人财产权，但是对于其他股东产生何种影响？如果原告没有依据《公司法》第 28 条有关

“股东应当按期足额缴纳公司章程中规定的各自所认缴的出资额……”的规定及第83条有关发起人未缴足应按照发起人协议承担违约责任的规定，主张未出资股东违约责任，而是要求被告直接向公司履行出资义务，则裁判结果是利他的，限制原告主体资格似乎并无必要。但是在利他的诉讼中，法院因原告欠缺诉的利益，而驳回原告起诉，似乎也有一定道理，除非有法律明确规定。

李志刚：公司的财产与所有股东的利益相关，仅就“诉的利益”而言，似还不能说欠缴出资的股东自身对公司追缴其他股东的出资责任缺乏诉的利益。

朱慈蕴：自己都未履行出资义务，请求他人履行的合理依据是什么呢？

刘生亮：正如朱老师所言，《公司法司法解释（三）》第13条的规范目的在于维护公司的资本充实。此目的实现，立法技术上需实体和程序协同发力。故就文义解释而言，采限缩解释可能与规范目的不符。

朱慈蕴：出资认缴是相对于公司的承诺，假设是股东之间的合同，一方未履行自己的义务，怎么会有权利请求对方履约呢？

傅　穹：我初步持折中观点，允许未全面履行出资义务的股东诉未出资股东，在比例同一的情况下，可以就分期履行享有同时履行抗辩权。

刘生亮：我之所以认为不能主张同时履行抗辩，恰恰是此义务经由合同而转介组织了，利益相关者之间的对待给付，因归入组织而方向相同，则无对抗基础。

傅　穹：经由合同而转介组织，则无对抗基础吗？未必如此。假定，在认缴资本制度下，所有的股东均未全面履行按时足额出资的义务，分别是九成、五成与未支付。此时，未出资的股东可以诉已出资九成的股东先出资到位吗？我尚未查询实务案例。但从履行出资义务的公平对待出发，难以想象不能主张同时履行抗辩权的后果。

葛伟军：公司章程在股东和股东之间缔结了合同。适用同时履行抗辩，是适当的，因为在《公司法司法解释（三）》第13条项下，原告股东和其他股东缴纳的出资期限均已到来。按此逻辑，一个出资期限未到期的股东，也

可以要求已到期的股东履行出资义务，而后者不能主张同时履行抗辩。

傅　穹：英国公司法怎么回答的？

葛伟军：在英国公司法，已经删除了授权资本的概念。又仔细读了一下第13条。被告股东的出资义务已经形成，而其他股东，在认缴资本制度下，有可能出资期限还没到来。问题中讨论的股东和其他股东，应该都是指缴纳期限已经到来、出资义务已经形成的情况。关键之处在于：章程在股东和股东之间、股东和公司之间缔结了合同。

郭宁华：《公司法司法解释（三）》出台先于《公司法》认缴资本制的修改，彼时应该尚未考虑认缴制的情况。

李志刚："未履行或者未全面履行"似应指"到期应缴而未缴"，违反了出资的约定。若是如此，公司法有关认缴资本制的修改变化可能对题设问题无实质性影响，且公司法修订后，《公司法司法解释（三）》已经作了相应的修改，但并未修改第13条。

诉讼法视角

肖建国：此种情形不符合同时履行抗辩权要件，应认可未全面出资股东的起诉权。

郭宁华：起诉没问题，实体上有无胜诉权呢？

肖建国：同时履行抗辩成立的典型裁判方式：德国、日本的同时履行判决（对待给付判决），即原告附条件的胜诉判决。我国不同。被告抗辩成立的，法院往往判决驳回原告诉讼请求。我查过裁判文书网，实践中多如此裁判。在不适用同时履行抗辩之下，未全面履行出资义务的股东，不仅有起诉权，也有胜诉权。

郭宁华：根据《公司法》第94条规定，股份公司设立过程中，股东未履行出资义务的，公司设立时的其他股东应当承担连带责任。股份公司的规定精神可推广适用到有限责任公司。根据连带责任内部求偿的原理，其他股东有权向未出资股东追偿。

王　松：《公司法司法解释（三）》规定的目的在于督促股东全面履行出资义务，保障公司资本的充足。股东未足额履行出资义务，构成对足额出资股东的违约责任，足额出资的股东可以行使诉权，要求未足额出资的股东向公司履行。未足额出资的股东之间难谓构成违约，且同时公司也有诉权，增加过多的诉权主体似无必要，故不适宜赋予欠缴出资的股东以诉权。

合同法视角：违约责任，还是代位权

钱玉林：公司章程有关股东出资的规定，就是公司与股东、股东与股东之间的合同。该合同实质上是“合伙协议向第三人履行合同”的混合体。在此基础上理解《公司法》第28条、第94条和《公司法司法解释（三）》第13条规定，其法理自明。

葛伟军：《公司法》第28条第2款规定：“股东不按照前款规定缴纳出资的，除应当向公司足额缴纳外，还应当向已按期足额缴纳出资的股东承担违约责任。”此处的违约责任，依据的是什么？发起人协议，或者合资/合作协议？但是，公司成立的基础不是股东之间的协议，而是章程。即使股东之间没有发起人协议或合同，或者该类协议或合同无效，只要章程有效，即可。这也能解释合同解除与公司解散之间的关系。不知这样理解，妥否？

钱玉林：2014年后应理解为约定义务，所以抽逃出资和虚假出资除罪化了。

段晓娟：恰恰觉得那个除罪化有问题。

李志刚：对有关2014年《公司法》的修改否定了股东对公司出资的法定义务的观点，个人一直不敢苟同。股东所有的权利，来源于出资。认缴出资仅仅是允许出资期限延后、宽限，向来没有否定其法定义务性质。非罪化，仅仅意味着不再通过刑罚手段规制，并不等于免除了出资的法定（民事）责任。

段晓娟：我国公司的实践往往有很多让人匪夷所思的事情，司法如果不考虑这一现实，得出来的结果恐怕难以是“正义”的。记得曾经有过一个案子：公司清算组提起诉讼，诉一个股东将占有的公司财产交付给公司，该财产当初是这个股东作为出资交付给公司的。一审、二审判了支持，股东申请再审。结果查下来的情况是公司对外无债务，按照出资比例和股东之间协议分配剩余财产的话，这部分财产应当归属于该股东，这个时候清算组起诉股东把财产交付给公司，貌似有法律依据——履行清算组职责，清理收回公司财产。但在公司无对外债务，应当分配剩余财产，且该部分财产实际应归属于该股东的情况下，清算组还来诉股东向公司交付该部分财产，显然有问题。

邹　宇：与公司设立目的相匹配的注册资本是公司正常经营和债权人保护的重要途径。有一个阶段对最低注册资本制度、资本维持制度的集中批判，无非是认为将大量社会财富沉淀在公司账户内是极大浪费、由此导致了普遍性的抽逃出资等。但现在来看，在公司法资本制度改革之初对“一元公司”的歌颂，现在又还留存了多少呢？市场本身是理性的。

郭宁华：《公司法司法解释（三）》第 13 条第 1 款其他股东的起诉权的理论基础是代位权，代公司向股东追出资，从这个角度理解的话，似乎这个“其他股东”是否已出资并不重要，有资格就行。但有一个问题，如果这个时候公司表态说，你自己都没有出资，不同意你代位，则如何处理？

李志刚：不同意代位也可以，公司可以自己直接承接这个诉讼，但公司可能不能在这个诉里主张对原告的出资责任。

《公司法司法解释（三）》第 13 条第 1 款规定，“公司或者其他股东请求其向公司依法全面履行出资义务的”，文义解释，这个义务，是公司法上的法定义务，还是章程上的“合同约定义务”？此义务，与《公司法》第 28 条第 2 款规定的股东向股东主张的违约责任，基础可能有显著不同。如果是代位行使公司法上公司的权利，则原告本人是否足额出资，与其代位行使的权利，是源于不同的法律关系，可能难以跨越交错。如果通过文义解释认为第 13 条的出资义务（责任）的来源是法定义务（责任），则合同法上的抗辩权依据无法援引。

历史解释与目的解释

李志刚：《最高人民法院关于公司法解释（三）、清算纪要理解与适用》一书对该条规定的说明指出：《最高人民法院关于审理公司纠纷案件若干问题的规定（一）(征求意见稿）》第9条的规定原为“股东出资不足或者出资存在瑕疵，公司及已适当履行了出资义务的股东可以向人民法院提起诉讼，请求判令其补足出资或者补正瑕疵，并支付利息”。[①]可见，原征求意见稿中，起诉股东限于“已适当履行了出资义务的股东”，正式稿里删除了这一限制。据此，从立法解释、历史解释的角度，是否可以理解为去除了这一限制？

邹　宇：《最高人民法院关于公司法（三）、清算纪要理解与适用》一书反映了起草司法解释时的思维进路，可供参照。

蒋大兴：这个应该是第一种解释，而且这不是代表诉讼，是直接诉讼。只是向第三人履行而已。原告的请求权基础是《公司法》第28条和股东契约及公司章程。基于法律规定，可以理解为法定责任，基于章程约定，也可以理解为合同责任。

从表面来看，《公司法司法解释（三）》在起诉主体上确实似乎放松了。但从其文义来看，其他股东应是相对于未履行或未全面履行出资义务的股东之外的其他股东，即履行或者全面履行了出资义务的股东。此种安排，旨在在股东之间形成一种监督机制，提诉股东必须自己是干净的，要起诉他人先完善自己。虽然这与一般违约之诉的提诉主体要求不同，更为严格。

李志刚：这个逻辑推演有点难理解：未足额出资的股东互相告，不是更能督促对公司的出资义务履行吗？如果只有两名股东，都没出资到位，事实上也控制了公司的意志，那不是永远无人可以启动向公司履行出资义务的诉讼程序了吗？

蒋大兴：如果此种情况，则通过债权人诉讼启动，不是没办法。内部追

① 参见最高人民法院民事审判第二庭编著：《最高人民法院关于公司的解释（三）、清算纪要理解与适用》，人民法院出版社2014年版，第216页。

诉若存在内部控制，启动不了并不奇怪。立法是否科学是另外的问题，目前立法安排如此。

李志刚：在文义解释有分歧的情形下，从目的解释（促进资本充实）的角度考虑，是否要将股东限定为自身已充分履行出资义务的范围，即是范围大好、还是范围小好，可能有讨论空间。

谁代表公司

郭宁华：实务当中更为吊诡。当事人根本不按照法律规定和法理的内在逻辑和预设情境来。如起诉的“其他股东”已缴纳出资，但掌控公司的大股东反倒没有出资到位，然后公司在诉讼中跳出来说你不能代位，应当由我来决定诉还是不诉。请问：公司的意见能否被采纳？

李志刚：好问题。实际上这是谁能真正代表公司的问题。在公司诉讼中，经常遇到类似问题。

邹　宇：如果原告股东提议通过股东会决议方式形成公司意志，决定是否起诉，未出资股东应当排除表决权。

傅　穹：这是个好问题，所以，可以考虑同时履行抗辩，尤其是针对控股股东不出资或未按期出资的情形。

蒋大兴：理解为代位本身就可能不妥，所以才会出现你说的大股东可能跳出来的问题。这不是代位诉讼。

郭宁华：如果是基于代位权的话，公司意志和“其他股东”的起诉目的确实存在冲突。

段晓娟：《公司法司法解释（三）》第 13 条规定的是公司和其他股东可以起诉主张，那么其他股东的起诉与否当然不会受限于“公司的意志”，在符合第 13 条规定的其他股东起诉时，谁控制公司、公司的意见如何，没有意义。

郭宁华：程序上感觉没问题，但实体结果上有些别扭。

同时履行抗辩权：路径与可能性

刘建功：同时履行抗辩权的前提是存在当事人之间存在互负义务的双务合同。股东与公司之间，以及股东之间的法律关系显然不具备上述性质。这个问题在英美法上是不是受到“净手规则”（clean hands doctrine，欲主张权利，首先须自身无过错）规则的限制？

段晓娟：如果认为股东之间存在合同关系的话，比如出资合同，两名股东在合同中约定了各自向公司履行缴纳出资义务的期限、金额、方式等，这种约定的内容为什么不是互负“债务”呢？同时履行抗辩里的债务似乎不能只理解为双方之间你欠我货款、我欠货没交付吧？唯一让我觉得需要讨论的，是这个时候的同时履行抗辩权是否因为是对公司的出资而基于公司法的原因受到排除或限制行使。细细思考，还是觉得公司法上并没有对这一同时履行抗辩权的行使予以限制和排除的依据以及必要。

郭宁华：是的，同时履行抗辩权在实务中常常蕴含着公平诚信的理念在里面。

刘建功：假设有一家2015年设立的公司，共有甲、乙、丙、丁四名股东。按照章程规定，认缴出资期限均已届满。其中，只有甲完全履行了出资义务，乙、丙履行了一半出，丁完全没有履行。乙起诉要求丙履行出资义务。丙提出：你自己还没有完全履行啊，要求行使同时履行抗辩权。法官说：乙自己必须无过错，于是支持了丙的抗辩。乙一看不行，就和甲商量，由甲出面起诉。法官一看，甲无过错，于是判决要求丙履行出资责任。丙不干了，上诉称：丁还一分钱没出，大家都是股东，应该平等，要求对于丁没有履行出资义务行使同时履行抗辩权。此时，法官可能还得支持丙的主张——什么事实都没有变化，仅仅换了个原告，判决结果就可能截然相反，这说明，十有八九是在什么地方，逻辑出问题了。如果把问题进一步复杂化，四个人履行比例不一，同时履行抗辩导致的计算，将成为法官的灾难和法庭闹剧。

同时履行抗辩权，前提是双方互负债务，并且所负债务之间具有对价关系。而股东出资义务一旦确定，就有涉他因素，到期不能履行，不仅在出资合同各方之间产生是否违约的问题，接受出资的公司也有独立的请求权，这与单纯的向第三人履行似乎还是有很大区别的。后者在合同当事人违约情形下，依照《合同法》第 64 条的规定："当事人约定由债务人向第三人履行债务的，债务人未向第三人履行债务或者履行债务不符合约定，应当向债权人承担违约责任。"

简单地说，如果合同双方之间你来我往，你不给我也不给。在没有第三方有权干预的情况下，同时履行抗辩有存在价值。如果合同双方你来我往吵个不停，来了个第三方大喝一声："你俩都少废话，都得给钱！"此时，合同双方如果只能低头乖乖交钱，那么这个同时履行抗辩就失去意义了。

但是，如果假设是丁出来起诉乙和丙，若判决丁胜诉，一名分文未交的人打赢了交了不少钱的人，还是一贯的以恶制恶思路——让坏人斗，好人就安全了——这似乎有悖于常理。

但是，履行大部分出资义务的人，完全可以有力反击对方：要么打官司要求对方也履行更多的出资义务，要么启动除名程序。办法还是很多的，不会让好人受气委屈。极端情形下，也可能驳回一名无赖股东的类似诉讼，但不应该是基于同时履行抗辩权，而是基于民商法原则性条款，进行填补漏洞式的裁判。

邹　宇：此类问题很难作定量分析，只能作定性分析，否则，一人欠缴出资 10 000 元，另一人欠缴出资 9900 元，导致二人诉讼权利天差地别，这就是逻辑错误了。

段晓娟：同时履行抗辩或者先履行抗辩，并不要求双方履行的金额或价值相同啊？

刘建功：怎么不要求？总不能给了同时履行抗辩权却不给对待给付抗辩权吧？

段晓娟：对待给付？对待给付是不是主要在讨论主从给付义务的场合？不记得见过讨论同时履行或先履行抗辩中的"量"的问题？

李后龙：我认为其他股东的请求权基础是股东之间的约定出资义务，而不是代位权，更不是代表诉讼。代位权的行使主体是公司的债权人，公司的股东不能对公司的债务人提起代位权诉讼，无论其是否按约足额出资。在其他股东依股东间的约定义务行使该请求权的前提下，当提起诉讼的股东也未按约出资时，原告、被告双方事实上均处于违约状态，属于双方违约。在对待给付时，被告可以同时履行或先履行抗辩，也可能抗辩不成立而认为双方各自承担违约的责任。其实，对双方共同投资或合作行为，并非绝对不能适用同时履行或先履行抗辩。如双方约定向共管账户分别打款以合作生意，双方的打款行为就是对待给付。双方因打款发生纠纷，适用同时履行或先履行抗辩，恐怕不会有什么争议。股东未按约出资，道理相同。即使不能用上述抗辩，因双方违约，被告方也可针对原告未出资提起诉讼。因此，我的结论是：对原告是否出资到位可不限制，但其请求能否支持，还应根据案件事实以及被告的抗辩方式来判断。《公司法司法解释（三）》第13条直接支持的表述似有漏洞。

李志刚：您所举的事例可能与《公司法司法解释（三）》第13条的情形有所不同：约定向共同账户打款，是一个单纯的合同行为；而第13条中公司恰恰是一个重要的，不应简化为账户的一个独立的主体。且第13条规定主张的是“向公司依法全面履行出资的义务”，这个义务应当理解为是公司法上的法定义务，否则，应当表述为“应当履行章程约定的出资义务”。

李后龙：我的例子是用以说明如何理解对待给付以及同时履行抗辩权行使条件的，至于股东诉请是基于公司法义务还是合同义务，大家正在争论之中，我更多是从解决纠纷角度提出思路的。对章程的合同性质，学界也有讨论。从一种争论中的请求权基础，推导出不公平的结果时，我们就要反思该请求权基础是否合理存在了。

合同、协议、契约与章程

邹　宇：民国时期法学著作中专门分析过“契约”与“合同”的区分，二者虽然文义相同，但是重要的区别在于：一般意义上的货物买卖等缔约方

意志相对，我所得即你所失，此时才有互负债务的双务合同之说，这是产生同时履行抗辩的前提。而制定公司章程、合伙协议等行为各缔约方具备同向意志，为了一个共同的目的而达成一致，此时适用同时履行抗辩权，恐怕法理基础阙如。

张　谷：把讨论限制在有限责任公司业已成立的范围内。唯公司成立，出资人始取得股东资格，其认缴的出资，唯有公司才能向团体成员请求，基础在于章程，此际无所谓同时履行问题。至于其他股东何以亦得请求？其基础何在？实为《公司法司法解释（三）》第13条第1款合并规定，含糊其辞，有以致之。

愚见以为，我国有限责任公司章程实际上有两个易被忽视的面相：一面是诸初始出资人（类于股份有限公司之发起人）之间为设立公司而订立的合伙契约，该契约为了一个共同的目的而将设立人团结起来，其内容是设立人的合意，确定要设立的目标公司、为促成目的各自承担的义务以及份额的分配；另一面是构成目标公司的基础，为此要将目标公司的目的、组织、未来的股东与公司、股东与股东的关系予以明确。因此，所谓“其他股东”，应该指具有设立人性质的初始股东，基于合伙契约（类于发起人协议）而要求未履行出资义务的股东或设立人向已成立之公司履行。

由于公司业已成立，为免损害交易安全，不许有同时履行抗辩权。同时，请求方无论是否全部或者适当履行，因其自身有设立人之连带责任，也勿庸赋予被请求方同时履行抗辩权。我国自《民法通则》《公司法》《合伙企业法》，严格区分“合同”和“协议”，其实益之一，端在此处。

钱玉林：（1）公司章程有关股东出资的规定，在股东与股东之间具有合同的性质，即向第三人（公司）履行的合同。如果股东未履行出资义务，对已履行出资义务的股东承担违约责任。（2）公司章程有关股东认缴出资的规定，在公司与股东之间产生类似于合伙协议的效力和公司章程的对人效力。股东未履行出资义务的，构成对公司财产权的侵害，股东应向公司承担侵权责任，发起股东承担连带责任。

余 论

傅 穹：关于《公司法司法解释（三）》第13条与《公司法》第28条的文义解释与体系解释，学者与法官给出了不同的回答，上述观点各有其观察视角与理论基础。我们不妨换个观察维度进一步探求，何种解释更契合立法初衷与目标实现。

观察一，责任机制的功能维度。从股东出资瑕疵的民事责任设计功能出发，是否应该寻求一种理想的模式范本，即设计一种具有"劝诱机制"（persuasive strategies）的责任安排，从而诱导商事行为主体有最大动机遵从规则，并借此达致对其本身最佳的利益安排。回归到"分期缴纳机制下的股东出资瑕疵的催缴责任"问题，责任机制的诉追主体设计，究竟是限缩解释为"足额出资股东"或扩张解释为"尚未足额出资股东"，均应立足于解决资本充实、股东平等对待、债权人利益保护、避免控股股东对中小股东的利益侵蚀与压迫等问题。如果上述初衷可以认同的话，不妨进入下一个环节，就是责任设计的规则设计与立法技术问题。

观察二，责任机制的规则维度。何种规则安排更富有想象力与解决问题的能力呢？衡量的标尺在于：是否有利于实现资本充实、股东之间出资公平与防范控股股东权力滥用。

综观1904年《大清公司律》、1997年《深圳经济特区有限责任公司条例》[①]、《美国示范公司法》（官方注释）、《美国特拉华州公司法》关于分期缴纳催缴机制的设计，会发现共识性的安排：（1）就认购协议的性质而言，《美国示范公司法》（官方注释）第6.20条规定，公司成立后认购协议是公司与投资人之间的合同，受公司董事会权力的约束，且可以嵌入任何双方一致同意的符合第6.20条的条款。（2）就有权催缴机构而言，往往赋予董事会或执行董事或创办人。以本人阅读所及，几乎未见类似我国现行法律赋予"其他股东"催缴的立法模式。例一，《美国特拉华州公司法》第163条赋予了董事可以

① 该条例已于2006年11月28日被深圳市人民代表大会常务委员会废止。

随时根据董事会决议，在认为公司营业所必需之时，就未全额缴纳股份对价的股份，要求支付不超过未缴纳股份对价的余额。例二，1904 年《大清公司律》第 40 条规定：附股人到期不缴股银，创办人应通知该附股人限期半月，逾期不缴，可将所认股数另招他人接受；第 41 条规定：公司令各股东续支股银，应于十五日前通知，逾期不缴，再展限十五日，仍不缴，则失其股东的权利；第 42 条规定：股东于展限期内不续缴股银，公司可将所认股数招人承买，得价不足，仍向原股东追缴。例三，《深圳经济特区有限责任公司条例》第 20 条规定：公司成立后，董事会或者执行董事应督促股东按期缴纳所认缴的出资。股东违反本条例或者公司章程的规定不按期缴足所认缴的出资的，登记机关应责令董事或者执行董事限期催缴。公司其他股东和债权人有权向未缴足出资的股东请求损害赔偿。上述三种例证试图说明：我国公司法关于分期缴纳的催缴主体原本就是一个独有的制度创新，至于如何解释，创新一下又何妨？

观察三，责任机制的创新解释。首先，就我国在取消最低注册资本额模式下的分期缴纳，就是一个与各国和地区（尤其是亚太地区）取消分期缴纳机制而以实际缴纳为原则、以章程采纳分期缴纳为例外的潮流趋势逆向行走的制度安排。无论从制度的法理基础或既有教训看，在取消最低资本额模式下，采取分期缴纳都未必是一个最佳的选择，缺乏理论与经验支撑。其次，无论未来公司法就闭锁公司是否重新设计分期缴纳机制，即便保留分期缴纳机制，需要完善的，应该是催缴程序的主体与失权程序。最后，既然我国分期缴纳原创性地赋予其他股东以催缴的权利，那么，从有利于资本充实、有利于股东之间相互监督、有利于约束控股股东滥用控制权拒绝按期足额缴纳，有利于债权人利益维护、有利于股东公平对待的逻辑，采纳第二种观点，赋予未足额出资股东以诉权，又有何妨？反正是一个制度创新，司法解释也进行一下创新，未尝不可。

【总结及倾向性意见】

就《公司法司法解释（三）》第 13 条第 1 款“股东未履行或者未全面履

行出资义务，公司或者其他股东请求其向公司依法全面履行出资义务的，人民法院应予支持”规定中，自身未履行出资义务的股东是否可起诉其他未出资的股东的问题，主要有两种观点。

第一种观点认为，未履行出资义务股东向其他股东主张后者对公司出资义务的，法院不应予以支持。理由是，此类诉讼是股东代表公司，起诉其他未履行出资义务的股东，目的是实现公司的资本充实。其依据还是公司章程，而该章程又包含了股东向公司按时缴纳认缴出资义务的内容，若其本人没有履行出资义务，排除未到期的情况之外，其本人对公司本身负有的出资义务没有履行，属于债务人，应当无权代表公司向其他股东催缴出资。

第二种观点认为，未履行出资义务股东向其他股东主张后者对公司出资义务的，法院应予支持。理由是：第一，章程应理解为组织性合同，股东出资义务属于组织合同项下的针对公司的义务，并非股东间的对待给付，无对抗基础也无同时履行抗辩权的实施前提。第二，现行公司法的认缴制模式下，不支持未全面履行出资义务的股东向其他股东资本充实责任的主张，无益于债权人保护与股东公平，故应鼓励未全面履行出资义务股东间互相催缴出资，有利于资本充实。

对此问题又有以下延伸思考：

第一，《公司法司法解释（三）》第 13 条中其他股东要求瑕疵出资股东向公司履行出资义务，按最高人民法院的表述是源于《公司法》第 28 条瑕疵出资的股东“向足额出资的股东承担违约责任”，以及第 83 条“按照发起人协议承担违约责任”。那么按《公司法》第 28 条来看，至少在有限责任公司里，瑕疵出资股东应承违约责任的对象是“足额出资的股东”，但不能得出其他股东也是“足额出资的股东”的结论。

第二，按照全国人大法工委对《公司法》第 28 条的解读，股东未按期足额缴纳出资，违反章程规定的出资义务，产生对公司利益的损害，与对其他已缴纳股东的违约责任，分别产生了对公司的足额缴纳出资，以及对其他履行缴纳出资义务的股东的违约责任，两项不同的责任。这里可以明确的是依据为“章程”。那就要明确《公司法司法解释（三）》第 13 条规定其他股东也可要求股东向公司履行出资义务，到底是哪一项责任这才争议问题的源头。

《公司法司法解释（三）》第13条提出的是向公司履行，那么瑕疵出资股东违约责任理解为“继续履行”，就是章程规定了公司履行出资义务。其他股东是代表公司要求瑕疵股东向第三方履行出资义务，而不是对自己的违约责任。就此也不能得出该第13条中可要求瑕疵股东出资的“其他股东”，就是《公司法》第28条提及的“已足额出资的股东”。

还要进一步考察“对公司的足额缴纳出资义务”。此可从公司合同束理论来解释。

第三，章程中有合伙协议的面向，这里的合伙协议是章程本身的属性，不是发起人协议。后者关于出资设立公司的内容在公司设立成功那天，因目的达成就终止了，发起人才成为股东，也是那一天，章程才对公司、股东发生拘束力。那么，章程可作混合合同理解，股东之间的拘束力源自其中的合伙属性。

于此就应审视“合伙合同中没有同时履行抗辩权”的观点。这里的同时履行抗辩权，不是其他出资瑕疵的股东能不能行使的问题，而是“有没有”的问题。合伙属于组织合同，是指合伙人共同目的下统合给付，迥异于买卖等双务合同中的关于当事人间的交换给付，也就意味着合伙人为共同事业目的之给付的关系，应排除双务合同中当事人为对方当事人交换给付利益关系之相关内容。就此产生以下结论：合伙人出资义务发生履行障碍，因合伙人间不存在交换利益之牵连关系，其他合伙人不能要求其给付合同上的义务，包括行使同时履行抗辩权，而是要通过合伙来要求其给付。

就此落实到公司可有以下衍生阐述：其一，章程确立了股东为共同事业目的向公司给付，没有给付的交换性，不具有双务性，双务合同下同时履行抗辩权没有适用之余地。其二，股东为公司的利益而请求时，视其为执行公司事务，应予允许，但这又涉及公司意志或代表诉讼的适用。其三，两个人间的公司，团体性弱，可理解为公司利益与股东之交换利益产生混同，基于公平原则可行使同时履行抗辩权。

【代表性学术观点】

对此问题学界讨论较少，但对此问题的解读应以现行公司法建构的股东出资瑕疵责任体系为基础，特别是涉股东出资民事责任形态类型。

首先，瑕疵出资股东对公司的出资责任。依据章程中的认缴出资，股东要对公司承担给付出资义务，且采用严格责任原则，无论股东是主观上不愿还是客观上履行不能，只要出资义务履行存在瑕疵就须承当对公司的出资责任。

其次，瑕疵出资股东对足额出资股东的违约责任。依据是《公司法》第28条第2款"股东不按照前款规定缴纳出资的，除应当向公司足额缴纳外，还应当向已按期足额缴纳出资的股东承担违约责任"的规定。责任承担方式主要为损害赔偿，应坚持完全赔偿的原则，即受害股东遭受的全部损失都应由出资瑕疵方负赔偿责任，特别是股东违反出资义务导致公司设立失败的情况。

再次，出资瑕疵股东对公司债权人的承担的补充赔偿责任。《公司法司法解释（三）》第13条、第14条进行了明确规定，在责任范围"未出资或抽逃出资本息范围对公司不能清偿部分"内承担补充赔偿责任。

另外，若是股东的出资瑕疵导致严重损害了债权人利益，符合《公司法》第20条第3款人格否认情形的，该股东应对公司债务承担连带责任。

又次，董事高管对公司或债权人的相应赔偿责任。如果股东没有按期缴纳分期认缴出资或增资义务，与董事高管未尽忠实勤勉义务有因果关系的，后者在相应的损害范围内对公司或债权人承担赔偿责任。该责任是一次性责任，承担责任后可向股东追偿。

最后，公司发起股东对公司的"资本充实责任"，以及对公司债权人的连带补充赔偿责任。为落实资本确定原则，由公司发起股东共同承担的相互担保出资义务履行、确保公司实收资本与章程所定资本相一致的民事责任。其性质上属于公司法上的特殊的民事责任制度。亦属于无过错责任，只要存在资本不足的事实即可构成。公司发起人是否有过错在所不问。同时也是连带责任发起股东中的任何一人对资本不足的事实均负全部充实责任，已承担资

本充实责任的发起股东可向出资瑕疵股东再行追偿。

在资本充实责任的基础上，依据《公司法司法解释（三）》第 13 条第 3 款，公司债权人还可要求发起股东，在瑕疵出资股东对公司的补充赔偿责任承担连带责任，此两者亦是一次性责任。

上述几类出资责任因主体、客体即内容都有相同之处，故不存在冲突的关系。另外由于公司法的私法性，上述民事责任的承担优先于刑事责任和行政责任。比如，责任人的财产不足以赔偿受害人（公司、足额出资股东或者债权人）和缴纳罚款的情形下，应当先行承担民事责任。

【典型案例】

金某湘、王某刚、谢某友、吴某军与潘某中、第三人浙江三门丰源船舶修造有限公司股东出资纠纷案

案号：浙江省台州市中级人民法院（2018）浙 10 民终 2338 号

【基本案情】

第三人浙江三门丰源船舶修造有限公司（以下简称丰源公司）成立于 2006 年 12 月 5 日，相关章程和协议约定被告潘某中与金某湘等四名原告均系该公司股东，并明确了各自的出资金额与出资期限。经营中各股东间产生争议，四名原告遂向法院起诉，要求判令被告潘某中按约定的认股比例向第三人丰源公司缴纳出资额 550 万元。法院另查明涉案五名当事人均未足额交付出资。

【裁判观点】

浙江省三门县法院一审认为，本案系股东出资纠纷，根据第三人丰源公司认可并提供的原告、被告出资票据，原告、被告均没有全额出资，出资额均只占约定出资额的 50%。本案最大争议焦点在于四名原告没有履行全额出资的情况下是否有权要求被告向第三人丰源公司履行出资义务。

四名原告的主要理由是根据《公司法司法解释（三）》第 13 条第 1 款规

定，股东未履行或者未全面履行出资义务，公司或者其他股东请求其向公司依法全面履行出资义务的，人民法院应予支持。对于该条款“其他股东”范围如何理解，是包括其他所有股东还是指未履行或者未全面履行出资义务股东之外的已全面履行出资义务的股东，该司法解释没有明确规定，单从文字上解释存在一定的争议。

结合《公司法》第 28 条规定，股东应当按期足额缴纳公司章程中规定的各自所认缴的出资额……股东不按照前款规定缴纳出资，除应当向公司足额缴纳外，还应当向已按期足额缴纳出资的股东承担违约责任。从立法体系上进行解释，《公司法》第 28 条明确规定股东未按规定缴纳出资的，只对已按期足额缴纳出资的股东承担违约责任，也就是说，不需要向同样没有完全履行出资义务的股东承担违约责任。从学理上解释，股东向其他股东承担违约责任的基础在于股东协议，而本案原、被告均没有完全履行出资义务，根据第三人丰源公司提交的出资证据及认可的原告、被告出资额，原告、被告的出资比例是相当的，四名原告在自己未全面履行出资义务的前提下要求被告潘某中履行出资义务，被告也有权以同时履行抗辩权来予以抗辩。故《公司法司法解释（三）》第 13 条规定的“其他股东”应解释为未履行或者未全面履行出资义务以外的已全面履行出资义务的股东为宜，四名原告要求被告向第三人丰源公司履行出资义务的法律依据并不充分。

至于本案原告、被告包括其他的股东没有全面履行出资义务，违反了公司资本维持原则，可能会损害第三人丰源公司及债权人的利益，应该由第三人丰源公司或公司债权人来主张相关权利，没有直接损害四名原告的利益。

综上所述，四名原告在自己没有按照约定履行出资的情况下，无权要求被告履行出资义务，即四名原告不具备诉讼主体资格。依照《民事诉讼法》第 119 条第 1 项、第 154 条第 3 项之规定，裁定驳回四名原告的起诉。

台州市中级人民法院二审维持一审裁定，理由与一审法院相同。

（讨论整理：李志刚，后续评论：陈克）

股东增资不足与发起人的连带责任

【发言群友】

李志刚、马向伟、吴光荣、李后龙、王建文、朱慈蕴、王松

【讨论时间】

2018年4月

【沙龙实录】

公司发起人的资本充实责任

李志刚：增资时个别股东出资不实，其他股东是否需要承担连带责任？相关法律规范，主要涉及以下两个条文：

《公司法司法解释（三）》第13条规定："股东未履行或者未全面履行出资义务，公司或者其他股东请求其向公司依法全面履行出资义务的，人民法院应予支持。公司债权人请求未履行或者未全面履行出资义务的股东在未出资本息范围内对公司债务不能清偿的部分承担补充赔偿责任的，人民法院应予支持；未履行或者未全面履行出资义务的股东已经承担上述责任，其他债权人提出相同请求的，人民法院不予支持。股东在公司设立时未履行或者未全面履行出资义务，依照本条第一款或者第二款提起诉讼的原告，请求公司的发起人与被告股东承担连带责任的，人民法院应予支持；公司的发起人承担责任后，可以向被告股东追偿。股东在公司增资时未履行或者未全面履行出资义务，依照本条第一款或者第二款提起诉讼的原告，请求未尽公司法第一百四十七条第一款规定的义务而使出资未缴足的董事、高级管理人员承担相应责任的，人民法院应予支持；董事、高级管理人员承担责任后，可以向被告股东追偿。”

《公司法》第178条第1款规定：“有限责任公司增加注册资本时，股东认缴新增资本的出资，依照本法设立有限责任公司缴纳出资的有关规定执行。”

根据以上规定，形成以下两种观点：（1）无连带责任。理由是连带责任严格限于法定，但现行法未就此规定。（2）有连带责任。《公司法》第178条提供了援引依据，法理亦同。请问您怎么看？

马向伟：发起人的资本充实责任主要是基于公司发起设立阶段发起人之间的相互监督义务，不应适用于增资情形。因为该责任是一种法定严格责任，不应扩大适用。

吴光荣：《公司法司法解释（三）》第13条第4款意在排除其他股东的连带责任。设立时发起人承担责任是因为设立中的公司没有董事会代表公司催缴出资，只能由发起人催缴。此与增资时迥异。若增资时再由其他股东承担连带责任，他们势必遭到绑架而不敢同意增资。

李后龙：同意吴老师观点。

王建文：赞同增资时其他股东不承担连带责任的意见。

《公司法》第178条与《公司法司法解释（三）》第13条

吴光荣：实践中确实有承担连带责任的观点，但这是对司法解释的严重误解。应该反思的是《公司法》第178条。该条旨在解决增资时的出资问题，虽然增资时和设立时股东的出资义务是一致的，股东本人违反出资义务的责任承担也是一致的，但不能扩大适用到其他主体的责任承担，因为此时增资与设立已不可同日而语。也就是说，对《公司法》第178条，应作目的性限缩解释。

朱慈蕴：《公司法司法解释（三）》第13条对公司法规定的股东之间连带缴资义务进行了扩张。按照《公司法》的规定，有限公司只有实物出资才规定股东之间的连带责任（《公司法》第30条规定，有限责任公司成立后，发现作为设立公司出资的非货币财产的实际价额显著低于公司章程所定价额的，应当由交付该出资的股东补足其差额；公司设立时的其他股东承担连带责任），但现金出资时不存在这样的连带责任。之所以这样规定，理由是实物出资的估值经过公司设立时的股东同意，大家都签了股东协议，因此负有替实物出资的股东承担连带补缴掺水股的责任。而根据《公司法》第93条第1款，股份公司部分对发起人之间的连带缴资义务扩张到所有出资。该条第2款是实物缴资的掺水股责任的规定，与有限公司相同。其实在这里是多余的，因为第1款已经涵盖了所有未按规定缴足的情况。但是，《公司法司法解释（三）》第13条，并没有区分股份公司和有限公司，事实上又将公司设立时股东之间负有连带缴资义务扩张到所有公司。如果从连带责任必须基于法定，以及司法解释不得超越法律的角度出发，《公司法司法解释（三）》第13条在执行中也一定要尽可能限缩。结合讨论的问题，我同意吴光荣的看法。理由如下：其一，公司增资不同于公司设立，此时公司的增资议案在股东会上都是2/3多数决，不是每个股东都同意，让所有股东之间承担连带缴资义务不公平；其二，公司有董事会负责执行增资决议，包括司法解释规定董事负有催缴义务；其三，不能扩张股东之间连带缴资的责任。

王　松：最高人民法院在（2013）民申字第1504号再审案件中认为：由于公司增加注册资本与公司设立时的初始出资并没有区别，按照最高人民法院执行工作办公室在〔2003〕执他字第33号《关于股东因公司设立后的增资瑕疵应否对公司债权人承担责任的复函》的精神，“公司股东若有增资瑕疵，应承担与公司设立时的出资瑕疵相同的责任”。

不过，《公司法司法解释（三）》第13条规定未履行或者未全面履行出资义务的股东、公司设立时的其他股东（发起人）或公司增资后的董事、高级管理人员等责任主体，对公司债权人承担连带责任。其法律依据主要有两个：（1）《公司法》第93条（股份有限公司成立后，发起人未按照公司章程的规定缴足出资的，应当补缴；其他发起人承担连带责任），推广适用到有限责任公司；（2）《公司法》第147条（董事、高级管理人员对公司负有勤勉义务），董事、高管负有公司增资时向股东催收资本的勤勉义务。从这两条法律依据看，确实得不出有限责任公司增资不足时，其他股东承担连带责任的结论。所以我认为，有限责任公司增资不足时，其他股东不应承担连带责任。

【总结及倾向性意见】

有限责任公司增资不足时，其他发起人是否应当承担连带责任？

倾向性意见认为，虽然《公司法司法解释（三）》第13条对公司法规定的有限责任公司股东之间，就设立阶段的实物出资的连带缴资义务，扩张至所有出资形式。但没有涉及公司经营阶段增资阶段，股东是否要承担连带的缴纳出资义务。又鉴于《民法总则》第178条第3款[①]连带责必须基于法定或约定，故不得将该司法解释规定再扩展至股东对增资负连带缴费义务。

而且公司制度中，公司设立阶段出资义务是全体发起人一致同意，公司增资只要2/3股东同意即可，让所有股东之间承担连带缴资义务不公平。另外，公司经营阶段，公司管理层的忠实勤勉义务已涉及对股东的催缴义务，据此《公司法司法解释（三）》第13条也明确公司管理层增资款到期未缴足，承担相应责任。

对此问题在法教义学上可再作思考。首先，要区分股东与发起股东，公司法文本中只有股份公司有发起人，《公司法司法解释（三）》第1条规定中把《公司法》第78条、第79条中的发起股东扩展到有限公司，从此股东在整个公司法中就可区分为发起股东与其他股东两类。股东承担的是出资义务，不履行或抽逃出资，对公司要补足出资，对"按期履行出资义务的"股东要承担违约责任。发起股东除出资义务之外还要就公司设立时其他股东的补足出资责任（出资义务）承担连带责任，是对《公司法》第30条针对"非货币

① 现为《民法典》第178条第3款，内容与《民法总则》第178条第3款一致。

出资低于显著低于所定价额”补足差额的类推适用。

当然非货币出资与货币出资有明显差异，前者是基于显著低于的外观采用法定担保责任，那对于货币出资不足更具有显著，自应举轻以明重。然而《公司法》第 28 条出资是划入公司开列的账户，其显著性其他发起股东是否清楚是打问号的。之所以股份公司发起股东要在第 93 条规定中其他发起人补缴出资承担连带责任，是因为第 79 条规定的发起人筹备主导设立事务的违反的法定义务使然，有限公司发起股东无此义务，连带责任的正当性是值得商榷的。

但无论怎么说，《公司法司法解释（三）》已经确定了发起股东的补缴出资连带责任（资本充实责任），那么此类股东既有出资义务又有资本充实义务，同时在公司怠于行使催缴其两项义务的情况下，公司不能清偿对外债务的，公司债权人基于《合同法》第 73 条代位权制度，并根据《合同法司法解释（一）》第 20 条规定的入库原则，直接在《公司法司法解释（三）》第 13 条第 3 款中规定了债权人可向发起人主张未履行出资范围内容就公司不能清偿范围内承担连带责任。又因发起人资本充实责任是对其他股东出资责任的替代履行，其承担责任后自可向该股东追偿。

值得思考的是该条第 3 款规定的是“设立时未履行或者未全面履行出资义务”，如果章程明确是分期出资，对于设立后的分期出资没有履行，发起股东是否应当承担资本充实责任。支持的观点认为，可用《公司法司法解释（三）》第 18 条来论证股东充实责任的正当性，第 18 条明确未履行出资义务的股权被转让的，知道或应当知道的受让人应对该股权项下的出资义务承担连带责任。那么在分期缴纳情况下，出让人已经获得了该股权项下的财产性权利，再转让的股权其本身不是股东，且之前几期是按期实缴的，就没有出资义务。其再恶意地转让给没有出资能力的受让人，如此一来第 18 条成了具文，因此必须就第 13 条中“设立时未履行或者未全面履行出资义务”的表述理解为“设立时认缴的出资”，以此来限制出让人转让股权逃避出资。否定的观点是从第 13 条字义解释中得不出设立之后未按约出资也是“设立时未履行或者未全面履行出资义务”，若要进行扩张解释，就要证明有漏洞的存在。而设立时按约履行出资，转让后该股权项下未到期出资义务到期后应由受让人履行，如果由恶意转让逃避出资义务，可通过《侵权责任法》第6条[①]、第8条[②]关于共同侵权的规定直接追究出让人与受让人的侵权责任。如此不存在“计划内漏洞”也就不存在漏洞填补目的性扩张的适用问题。

【代表性学术观点】

关于增资不足时公司发起人是否应承担连带责任这一问题，理论界并无过多论述。就公司发起人的资本充实责任，代表性的学术观点有：

陈甦认为，资本充实责任是公司法上的一种特殊的民事责任制度，其目的是在公司设立者之间建立一种相互督促相互约束的出资担保关系，以确保资本充实，维护公司债权人和社会公众的权益。资本充实责任具体包含以下内容：一是有限责任公司设立时股东的出资担保责任。在设立有限责任公司时，如果有的股东不按章程规定出资，其他参与公司设立的股东对该不出资部分负有连带的补足出资义务。二是股份有限公司发起人的认购、缴纳与交付担保责任。认购担保责任指为设立股份有限公司而发行股份时，其发行股份如未认足或认购后又取消时，由发起人共同认足。缴纳担保责任指股份认购人未按招股说明书或公司章程所定期限缴纳股款时，发起人对股款未缴纳部分负连带缴纳义务。交付担保责任指实物出资的发起人不按章程规定交付出资实物时，其他发起人应按未交付实物的价额，承担补交出资的连带义务。三是差额填补责任。在公司成立时，如果出资实物的实际价额显著低于章程所定价额时，其他公司设立者对不足的差额部分承担连带的填补责任。

可见资本充实责任有以下特点：首先，资本充实责任是公司法上的法定责任，不以公司设立者的约定为必要，亦不能以公司章程或股东大会决议来免除。其次，资本充实责任是违反出资义务股东以外的其他公司设立者的责

---

① 现为《民法典》第1165条。《侵权责任法》第6条规定：“行为人因过错侵害他人民事权益，应当承担侵权责任。根据法律规定推定行为人有过错，行为人不能证明自己没有过错的，应当承担侵权责任。”《民法典》第1165条规定：“行为人因过错侵害他人民事权益造成损害的，应当承担侵权责任。依照法律规定推定行为人有过错，其不能证明自己没有过错的，应当承担侵权责任。”

② 现为《民法典》第1168条，内容与《侵权责任法》第8条一致。

任，违反出资义务股东承担的是出资违约责任，其内容与资本充实责任不同。再次，资本充实责任因公司设立行为而产生，其承担者限于公司设立者。在公司成立后接受出资或股份转让的股东，或股份有限公司发起人以外的应募股东，均不承担资本充实责任。又次，资本充实责任是过错责任，只要存在资本不足的事实即可构成，公司设立者的全部或部分是否有过错，在所不问。最后，资本充实责任是连带责任，全体公司设立者中的任何一人对资本不足的事实均负全部充实责任，先行承担资本充实责任的公司设立者，可向违反出资义务的股东求偿，亦可要求其他公司设立者分担。[①]

【典型案例】

吉林市亚桥食品研究所与吉林粮食集团收储经销有限公司、吉林粮食集团有限公司、四川中恒信实业有限公司、吉林省人民政府国有资产监督管理委员会、大连港集团有限公司企业借贷纠纷案

案号：最高人民法院（2018）最高法民申 5424 号

【基本案情】

在吉林市亚桥食品研究所（以下简称亚桥研究所）与吉林粮食集团收储经销有限公司（以下简称收储公司）、吉林粮食集团有限公司（以下简称吉粮集团）三方借款担保纠纷中，亚桥研究所向收储公司分别借款 1500 万元和 500 万元，并由吉粮集团作为保证人。后国资委、四川中恒信实业有限公司（以下简称中恒信公司）、大连港集团有限公司（以下简称大连港）召开吉粮集团股东会，同意由股东中恒信公司以其持有的新大新公司 100% 股权和刘达公司 100% 股权对吉粮集团进行股权增资。之后长春市工商局为中恒信公司增资办理了变更登记。变更登记时，新大新公司与刘达公司名下的房产已全部设定抵押。后收储公司诉至法院要求归还借款，并要求判令国资委、大连港、中恒信公司就中恒信公司未足额出资部分承担发起人连带责任。

① 陈甦：《公司设立者的出资违约责任与资本充实责任》，载《法学研究》1995 年第 6 期。

【裁判观点】

吉林市中级人民法院一审认为，（1）亚桥研究所与收储公司之间成立企业借贷法律关系，收储公司应当向亚桥研究所清偿借款本息。（2）吉粮集团应向亚桥研究所承担连带保证责任。（3）中恒信公司应在未出资本息的范围内，对收储公司的债务不能清偿的部分承担补充赔偿责任。（4）因公司增资是扩张经营规模、增强责任能力的行为，公司股东若有增资瑕疵，其他股东应参照《公司法司法解释（三）》第13条第2款的规定，承担与公司设立时的出资瑕疵相同的责任。基于上述理由，法院就案涉借款本息，判决作为吉粮集团股东的国资委及大连港对亚桥研究所承担连带责任。

吉林省高级人民法院二审认为，以《公司法司法解释（三）》第13条对瑕疵出资的具体情形，还是责任承担主体及责任承担方式，均有具体、清晰、明确的规定，从法律解释上，出资与增资不同，不能得出其他股东对瑕疵增资承担连带责任的结论。且国资委及大连港也不存在协助抽逃出资行为。据此，一审判决对作为其他股东责任论述错误，属于适用法律不当，应予纠正。

最高人民法院再审认为，中恒信公司向吉粮集团增资的股权项下的资产存在抵押、查封的事实，中恒信公司存在增资瑕疵。《公司法司法解释（三）》第13条对瑕疵出资的具体情形，责任承担主体及责任承担方式，均有具体、清晰、明确的规定。从法律解释上来看，一方面，公司增资时，向股东催收资本属于董事、高级管理人员勤勉义务的范围，故董事、高级管理人员应当向相关权利主体承担责任。另一方面，其他股东与增资股东、发起人的责任范围不同，其他股东与增资股东之间无合伙关系，不承担彼此担保出资的义务，不能得出其他股东对瑕疵增资承担连带责任的结论。故二审法院认定国资委和大连港对中恒信公司增资瑕疵不承担连带责任并无不当。同时，国资委和大连港不存在协助中恒信公司抽逃出资的行为，也不应承担连带责任。因此维持二审判决，并据此裁定驳回再审申请。

（讨论整理及后续评论：陈克）

股东对公司的债权能否抵销股东的出资义务

【发言群友】

李志刚、王文胜、叶林、刘生亮、朱慈蕴、李宇、张谷、刘建功、郭宁华

【讨论时间】

2019 年 3 月

【沙龙实录】

债权转让后的抵销权行使

李志刚：请教诸位师友一个债权转让中的抵销权问题。《合同法》第 83 条规定："债务人接到债权转让通知时，债务人对让与人享有债权，并且债务人的债权先于转让的债权到期或者同时到期的，债务人可以向受让人主张抵销。"根据该条规定，（1）明确了债务人接到转让通知时可以主张抵销，但是未规定债务人当时未主张抵销的，嗣后可否向债权受让人主张抵销？（2）如果嗣后可以主张抵销，但其在接到受让人通知时已明确放弃，此后是否仍可向受让人行使抵销权？比如，股东对公司享有债权，但同时又对公司存有欠缴出资。现股东将其对公司的债权转让，如果转让时公司未主张将该笔债权与欠缴出资的债权予以抵销，且明示放弃对债权受让人的抵销权，其事后可

否再向债权受让人主张抵销？

王文胜： 明示放弃抵销权，之后又再主张？

李志刚： 是的。这里涉及两个层次问题：（1）如果没有明示放弃抵销权，事后是否可以主张？（2）如果已经明示放弃抵销权，事后可否主张？

叶　林： 抵销权在性质上属于形成权。在理论上，就其行使期限，受到除斥期间的限制，但我国法律没有对此作出规定。在逻辑上，债务人可以在诉讼时效期间的任何时点上主张抵销。按照抵销权是形成权的属性，如果债务人明示放弃了抵销权，说明其放弃了基于抵销权而可以获得的利益。这种意思表示似乎应当予以尊重。如果债务人在明示放弃抵销权后，再度主张行使，其实质就是反悔，如无特殊理由，应当不予支持。

股东对公司的债权与出资债权之间的抵销

刘生亮： 即使不考虑让与情形，举例案型“股东对公司的债权与欠缴出资债”之间得否抵销也需评价。

李志刚： 那您认为二者可否抵销？看来在禁反言的问题上，与叶老师有共识。从体系解释来看，根据《合同法》第 82 条，债权转让通知“后”，债务人对让与人的抗辩可以对受让人主张。而该法第 83 条却规定，抵销是接到转让通知“时”，可以主张。后者是否暗含新老划断的意思，以避免主体变更而抵销权负担一直未消灭的情形？

刘生亮： 欠缴出资债权涉及其他法律规范，有无抽逃出资的嫌疑？比如在控股股东存有恶意时。

朱慈蕴： 一般情况下，不能抵销。这除了考虑公司资本充实以外，还需考虑股东与公司之间的关系。因为极易形成对公司的债权，故也容易通过抵销而免除自己对公司的债务。

抵销权能否代位行使

李志刚：另一问题是，公司虽然明示放弃抵销权，但公司的债权人，是否可以主张代位行使抵销权？在已确认股东对公司有债权的情形下，不允许抵销。如此，对公司不是更不利吗？

李　宇：在已确认股东对公司有债权的情形下，不允许抵销，有利于公司债权人，也是资本充实的要求。如此也可解释《合同法》第99条所规定的“依性质不得抵销的债权”。《合同法》第83条用“时”，不同于第82条用“后”，容易被理解为评价上的不一致。从债务人保护原则考虑，不应当以债权让与通知作为切断债务人抵销权的理由。两相比较，第82条的表述比第83条更为妥当。

李志刚：相隔这么近的两个法条，读出的意思，似有意而为之。若是如此，单就“保护债务人”的目的解释而言，可能就不是特别充分的理由。因为，同样可以说，正是为了实现保护债权受让人和债务人的平衡，才将“后”缩短为“时”。

张　谷：同意李宇、朱慈蕴两位老师的意见。抵销不仅是特殊的处分，而且在功能上属于“私的执行”。相与抵销的两债权要“适合于抵销”，且应为可执行的债权。本例中，股东对公司的债权是真正的债权，而公司对股东的出资缴付请求权系“会社法上的权利”，是由股东地位（成员权）派生出来的，只有公司才能主张，且只能向股东主张。倘若公司能任意处分，则不仅会罔顾其对成员权的依赖性，以及股东和公司之间的相对关系，而且的确会有损于公司资本充实和公司债权人保护。因此，股东对公司的债权，其个人得处分；而公司对股东的出资履行请求权，则不能任意处分。

至于《合同法》第82条所规定的“后”，并无须特别考虑。之所以债权让与不影响债务人向受让人主张其对原债权人的抵销权，是因为债权让与无须债务人参与，更无须征求其同意。因此，必须保护债务人地位不至于恶化。截至让与通知之时，债务人对原债权人有适合于抵销的情事，受让人必须承受之。否则，债权人会为了避免债务人行使抵销权，而刻意让与债权于第三人。

股东未履行出资义务的补充赔偿责任之理论基础

刘建功：关于股东对公司的债权，依其性质，不能与股东对公司的出资义务所形成的债权进行抵销。就这点，我赞同张谷、朱慈蕴等诸位老师的意见。

不过，我们还可以将这个问题延伸一下：倘若股东对公司的债权是无期限、无利息，并恰好与其对公司尚未履行的出资义务金额相等，那么，债权人如果以股东没有履行出资义务、侵害其债权为由，请求股东向债权人直接承担补充赔偿责任的，会不会因为欠缺侵权责任中的因果关系构成要件而无法成立？假设债权人以代位权为请求权基础，请求股东在出资义务范围内向其直接清偿，是否又成立了？

张　谷：《公司法司法解释（三）》确立的债权人代位请求股东承担补充赔偿责任的办法，在理论上似乎不能完全解决这个问题。其实，公司对股东的出资义务履行请求权，其本身就是公司资产的一部分，法律上只要允许债权人申请扣押公司对股东的债权请求权即可。

刘建功：张老师说的固然是个好主意。不过，最高人民法院形成的这个思路，最早源于1988年清理整顿公司，之后又经过强化，最终在《公司法司法解释（三）》进行归纳总结，这已经形成二十多年的路径依赖。不过，从实务角度看，仅仅保全、扣押公司对股东的出资请求权，未必能有效保障债权人利益。因为，此时股东不是案件被执行人，这样的保全措施将无法避免股东用各种方法逃避清偿责任。

张　谷：我不了解此种做法是如何形成的。对两种不同做法的实效，也无法比较。但债权人非为股东出资债权的相对方之公司，如何就可以代位，理论上终欠圆满。

刘建功：股东对公司负有到期的出资义务，公司对债权人负有到期债务。

于是，债权人代位公司向股东（次债务人）行使权利。这里隐含了公司对其拥有的向股东的到期债权怠于追索的意思。

张　谷：股东出资形成的公司资产，非仅为个别债权人实现债权之一般担保。

朱慈蕴：如果在公司法中明确规定董事的催缴义务和相应的责任，可能是解决问题的路径。因为公司一旦成立，就交给董事会这个“看门人”，股东不缴资，董事会当然有责任。

郭宁华：赞成朱老师的思路，应该在立法上明确高管的催缴义务。这对于中等规模以上的公司有实际意义，但对于实践中最多数的小规模公司感觉意义不明显。因为他们没有职业经理人，也就没有职业看门人。

【总结及倾向性意见】

依据《合同法》第 83 条“债务人接到债权转让通知时，债务人对让与人享有债权，并且债务人的债权先于转让的债权到期或者同时到期的，债务人可以向受让人主张抵销”的规定，债务人于债权转让当时未主张抵销的，嗣后可否向债权受让人主张抵销的问题，形成两种观点。

第一种观点认为，从体系解释看，根据《合同法》第 82 条中债权转让通知“后”，债务人对让与人的抗辩可以对受让人主张。第 83 条却规定，抵销是接到转让通知“时”，可以主张。暗含新老划断的意思，即债务人当时未主张抵销的，嗣后不能再向债权受让人主张抵销，以避免主体变更而该债权的抵销权负担一直未消灭。

第二种观点认为，《合同法》第 82 条与第 83 条表述上的差异无须特别考虑。债权让与之所以不影响债务人向受让人主张其对原债权人的抵销权，是因为债权让与无须债务人参与，更无须征求其同意。为保护债务人地位不至于恶化，截至让与通知之时，债务人对原债权人有适合于抵销的情事，受让人必须承受之。否则，债权人会为了避免债务人行使抵销权，而刻意让与债权于第三人。

就公司对股东的债权与出资债权能否进行抵销问题，倾向性观点认为，关于股东对公司的债权，依其性质，不能与股东对公司的出资义务所形成的债权进行抵销。

最高人民法院的态度在《最高人民法院关于破产债权能否与未到位的注册资金抵销问题的复函》(法函〔1995〕32号）已经明确，即为保护其他债权人的合法权益，股东对公司享有的破产债权不能与该股东对公司未出足的注册资金相抵销。其间或有公司进入破产阶段，破产债权应平等清偿的考虑。但在公司经营期间，不具优先清偿序位的债权亦应遵循债权平等原则，即公司正常经营阶段的公司债权有参照适用余地。

该观点蕴含的逻辑前提是，股东到期出资应形成的公司资产，作为公司整体财产后，才能向公司债权人清偿。个别债权人不能割裂公司资产的整体性，将部分债权作为自己债权之一般担保，否则先来先得，容易导致债权人间底线竞争，也有违债权平等原则。而且在公司经营堪忧情况下，股东债权劣后原则亦有适用空间，若是股东动辄利用信息优势先行抵销，容易造成偏颇性清偿。

【代表性学术观点】

关于欠缴出资债权能否与公司债权抵销问题，司法实践多以支持抵销为多见。但现有理论界基本通说认为不能主张抵销。代表性的学术观点有以下几种：

丁勇认为，现行法对出资履行及出资责任作了详细规制，但这是以实缴制为基础的。认缴制后，公司仅享有出资债权成为资本结构的常态，公司以抵销、转让、质押等方式处分出资债权成为其行使融资自治权、满足资金需求的重要手段。但和期限安排一样，股东在此同样能借助其"内部人"优势，通过参与甚至决定公司处分出资债权的意思形成，从而"巧妙"地在出资到期前就逃避掉出资义务，其手法更为隐蔽而难以直观察觉，甚至往往从普通债权自由处分的视角被误认为是合法的自治行为。股东应按法律和章程的规定真实履行所承诺的出资义务，这一资本真实缴纳原则（在我国一直被称为资本确定原则）在认缴制下并未改变和放松。因此，不同于普通债权的债权人可随其意愿免除债务人债务，公司不得全部或者部分地免除股东的出资义务。其中，包括了禁止股东抵销和限制公司抵销。即便免除行为不是公司法定代表人而是股东会决议行为，也不允许。否则，资本真实缴纳要求将形同虚设。①

朱慈蕴认为，股东对公司欠缴出资之债务之所以不得与其对公司的债权相抵销，根本原因在于股东出资行为具有特殊性。其特殊性表现为：（1）在公司设立之初，出资人必须认购公司发行的股本或者股份。一旦出资人认购了公司的股份，便构成对公司的一种承诺。作为这种承诺的对价，出资人便具有了股东资格，可以享有股东权利。股东资格的取得以其认购公司股份为前提，并不因为股东未真实出资或者出资瑕疵而受到影响。可以说，股东资格的获得恰恰是出资人认购公司股份还是认购公司债券之法律后果完全不同的关键所在。之所以存在如此差别，原因在于股东的投资形成公司永久性资本，而债权人的投资形成公司的临时性资本。作为公司的永久性资本，只能在公司终止并清偿了所有债务还有剩余的场合，股东才可以收回部分或者全部出资，这意味着股东必须承担略后于债权人得到清偿的风险。作为一种代价，公司法便赋予股东享有参与公司重大事项决策权等权利。这必然导致同样作为公司运营资本的提供者，同样属于公司筹措运营资本的对象，但是，认购公司股份的股东与认购公司债券的债权人欠缴出资的行为，其后果却完全不同：前者直接影响公司对外承担债务的担保财产，后者只是构成对公司的违约。（2）股东出资形成的公司财产对公司债权人具有担保性。公司财产最主要的贡献者是股东，但公司财产一经股东投入便与股东分离，不再属于股东所有，甚至股东不可以直接支配这些财产。为此，股东得到了有限责任制度的“补偿”。当然，股东获得有限责任好处的前提，是其必须遵守公司资本的充实原则和维持原则，应当及时足额地投入财产，并且不可以任何非法律允许的方式抽回或者收回出资。因为公司财产作为公司拥有的独立财产，不仅用于公司经营，同时也成为公司对债权人承担责任的物质财产。公司债权人之所以愿意接受股东有限责任而转嫁给公司的经营风险，就在于公司财

① 丁勇：《认缴制后公司法资本规则的革新》，载《法学研究》2018年第2期。

产之独立并且公司债权人能够通过对公司财产的评估来控制自己的风险。由此，股东对公司的出资不是履行一般债务，而是履行向公司的承诺，即出资组建一个具有充实财产的独立人格的法人，并通过这个法人的运作间接地履行对公司债权人的一种承诺。（3）股东欠缴出资直接影响公司的偿债能力，增加公司债权人的风险。公司一旦组建成功便是一个独立的法人，可以自己名义从事商事交易，承担相应义务。此时，公司财产便具有特定目的，不仅是公司的经营资产，更为重要的是具有公司对外清偿债务的担保功能。特别是在股东已经明确认购了相应的公司股本，使公司已有或者将有的资产通过公司登记制度公示于天下。与公司打交道的人便是根据公示信息判断自己的经营风险。然而，股东只认购股本并不实际缴资或者不足额缴资，不仅导致公司的真实财产并非如公司登记所披露之信息，构成对公司和债权人的欺诈，而且直接影响公司资产的担保功能。当公司期待维持公司登记之资产数量的经营规模，就不得不通过举债方式筹集资本。无疑，这将加大公司的融资成本，还将提高公司的资产负债比，从而进一步加剧公司债务风险，增加公司破产概率，影响公司债权人的期待利益和风险。①

【典型案例】

于某波与烟台市福山福海房地产开发有限公司、烟台市福山高新技术产业区蒲湾社区居民委员会股东出资纠纷案

案号：最高人民法院（2016）最高法民申 1711 号

【基本案情】

烟台市福山福海房地产开发有限公司（以下简称福海公司）章程约定注册资本 800 万元，其中股东于某波应一次缴清 200 万元。后于某波在验资后又将其 200 万元出资抽走。于某波表示因已替公司向烟建五公司支付 190 万元工程款，补足了应缴纳的出资，但福海公司拒不为其出具出资证明，并否认其股权。现于某波诉至法院要求福海公司确认其股权，为其出具出资证明。

① 朱慈蕴：《从破产中股东欠缴出资之债能否抵销谈起》，载《法治论坛》2008 年第 2 期。

【裁判观点】

烟台中级人民法院一审认为：原告主张的以代付的工程款已抵销其出资的依据不足，其诉请不能成立。理由如下：原告主张以其垫付款抵销出资无法律依据。虽然原告主张的垫付款部分可予以认定，但原告主张的垫付款抵其出资，实质是主张的债的抵销，而依《合同法》第 99 条规定，债的抵销只能是品质和种类相同债权。股东因出资所形成的债权，是一个特定的债权，是和股东所享有股权紧密联系的，出资是否到位，不仅涉及公司的利益和债权人的利益，还涉及股东权利的行使和股东的资格的丧失问题。

《公司法司法解释（三）》第 16 条规定，股东未履行或者未全面履行出资义务或者抽逃出资，公司章程或者决议可对其股东权利作出相应的合理限制。第 17 条规定，有限责任公司的股东未履行出资义务或者抽逃全部出资，经催告缴纳或者返还，其在合理期间内仍未缴纳或者返还出资，公司可以股东会决议解除其股东资格。可见，股东因出资所形成债权，是一个特定的债权，不同于一般欠款所形成的债权。而原告所主张的代付工程款，只是和公司形成一个普通的债权，两者不是品质、种类相同的债权，相互抵销无法律依据。

另外，从福海公司章程约定原告是现金出资，并没有约定以债权抵销出资的规定。章程是全体出资人的合意，要改变出资形式，须经股东大会的决议。在未经公司股东会议决议前，原告主张以债权抵顶出资改变了公司章程约定的出资形式，与公司章程的约定不符，

山东高级人民法院二审认为：就于某波是否已经补足了其抽逃的资金 200 万元。其中可以确认于某波代福海公司垫付工程款 133.3 万元，于某波对福海房地产公司也享有到期债权。于某波抽逃其缴纳的全部 200 万元的注册资本，其应当依法向福海公司承担返还 200 万元并赔偿利息损失的民事责任。

现因于某波与福海公司互负的到期债务均为金钱之债，于某波将自己的债务与福海房公司的债务范围内抵销，符合《合同法》第 99 条规定，故原审法院以股东因出资所形成的债权是一个特定债权为由，未认定于某波对福海房地产公司的债权 133.3 万元抵顶出资的理由不能成立。

最高人民法院再审认为：于某波缴纳200万元出资款后抽逃资金，其负有向公司返还出资款的义务。于某波其后通过代付工程款的方式向福海公司返还出资133.3万元，对此福海公司明确表示知道并认可，且有审计报告及双方当事人质证为证。蒲湾居委会认为于某波未向福海公司返还出资款133.3万元，没有充分的证据证明，故裁定驳回蒲湾居委会的再审申请。

（讨论整理及后续评论：陈克）

股东与公司之间的合同及决议

【发言群友】

王长军、李志刚、邓江源、王赫、刘建功、李后龙、郭宁华、吴庆宝、朱慈蕴、蒋大兴、陈克、丁俊峰、段晓娟、张谷、吕来明、李秀霞、王松、纪海龙、刘凯湘、吴泽勇

【讨论时间】

2019 年 4 月

【沙龙实录】

涉及股东与公司间合同关系的公司内部决议之法律性质

王长军：A 公司向某银行贷款，银行要求 A 公司的所有股东都提供连带保证。公司召开股东会，占 15% 股份的小股东甲提出，如果要由其提供担保，则必须把借款的 10% 即 5000 万元交给甲使用，该部分的利息由甲归还（以前大股东也享受过此类贷款）。股东会同意，形成了决议。借款到账后，A 公司又召开了股东会议，撤销了上次的股东会决议（甲虽反对，但股份少）。甲公司得不到借款，遂起诉 A 公司，要求履行给付借款的义务，并赔偿利息损失。请问：应否支持原告诉请？谢谢。

李志刚：案例里面似乎有个很绕的法律问题：当决议涉及公司和股东之间的关系时，是否可以被视为是一种合同？如果把前后两个公司决议都仅仅看成决议，在后次决议撤销前次决议，股东甲虽不乐意，但应服从于多数决的决议程序原则。但从在前决议的内容看，其本身不仅是公司内部决议，同时公司作为一个主体，也与股东甲达成了一个借款合同。如果这个推理成立，则在合同法的语境下，合同单方不能撤销（法定情形除外）。类似拓展问题还包括：如果公司决议为股东全部一致同意，是否也同时构成所有股东之间的合同关系？如果嗣后未按决议内容执行，部分股东是否可以基于合同关系向未履行决议设定义务的股东提起诉讼，并由法院适用合同法作出裁判？

股东会决议能否替代股东与公司间签订的正式借款合同

王长军：李老师一针见血。此案的焦点：股东会决议能否代替股东签订正式协议？二者是何关系？

邓江源：浅见以为，股东决议作为一种团体法律行为，股东个体的意志已经被决议吸收或者说吞没。故决议的本质体现为公司的意志而非股东个人的意志。据此而言，即便是一致决通过之决议，也与股东协议有所区别。

王　赫：管见以为，本案中的前次股东会，既是公司法意义上的股东会，也是各股东作为个人的聚会。后者甚至是最初的目的，所有股东为公司提供担保，这是关于股东与公司之间的外部关系。如李志刚老师所言，在这个过程中，甲作为个人提出要求公司将一部分借款交给他使用，实际上是他与公司之间的合同。因此在这个所谓的“股东会”里，形成了如下法律关系：第一，各股东与公司之间的担保关系；第二，股东甲与公司之间的借款关系，且使用借款是甲同意为公司提供担保的对价；第三，股东会决议批准公司借款给甲，用以换取甲的担保。后次股东会决议只能改变上述第二部分，但不能影响其外部关系。

刘建功：有不同看法。当事人之间的合同，表现形式有多种。《合同法》

第2条第1款[①]规定："本法所称合同是平等民事主体的自然人、法人、其他组织之间设立、变更、终止民事权利义务关系的协议。"依照《合同法》第二章规定，要约与承诺完成、意思表示一致后即成立。这就是判断是否存在一份合同的法定标准。符合这个标准，就意味着合同成立。除此之外，并无其他标准。本案中，A公司先后就贷款事项作出过两份决议，第一份决议的实质是公司接受甲股东的要约、向甲股东作出的出借款项的承诺，意思表示清晰无误，并且已经到达要约人。借款合同应当已经成立了。公司可能就很多问题作出决议，决议内容也可能涉及很多领域。这份决议，并不是为了公司内部治理所为，而是就公司与其他主体之间的民事权利义务作出安排，必须与其他主体意思表示一致。这也就是为什么公司法就利润分配问题，要求公司如果作出与出资比例不一致的安排，需要全体股东一致同意的道理。这是不可能也不应该被团体意志所吸收的。第二份决议则是一个毁约的意思表示，同样具有契约性质。但在本案需要考虑的是，甲股东关于强制履行出借贷款的诉讼请求可能无法得到支持，因为可能因改变贷款用途而构成公司对银行的违约。

王长军：第二份决议能否产生毁约的结果？仅有股东会决议，就构成公司与甲股东之间缔结了资金使用协议，而无须公司与甲另行签订（如公司大股东不反悔当然无纠纷）协议，值得商榷。股东会的决议尚需公司执行机关具体去执行，如执行机关不按照决议缔结合同，则合同似不宜认定为按照决议已经成立，因为尚缺公司作为当事人。正因为尚属决议，故根据公司治理，后一股东决议可以依法否定前一个股东决议，虽有以大凌弱之嫌，但法律似无可奈何。

李后龙：可否认为第一份决议的部分内容违法，第二份决议当然可以将其否决，以此为理由可不支持小股东诉请。但大股东似仍对小股东负有某种责任，不知合同说与非合同说对该责任的性质和内容有无影响？

郭宁华：如果从民法意思表示的完整性和标准性来看，公司股东会决议

---

① 现为《民法典》第464条第1款规定："合同是民事主体之间设立、变更、终止民事法律关系的协议。"

和公司盖章出具的协议还是有区别的，后者自可以视为明确完整的意思表示，但前者尚有欠缺，准确说后者是充要条件，前者恐只是必要条件，但不够充分。

李志刚：（1）从合同形式来看，普通合同的成立，要约承诺即可，但法律另有规定或者当事人另有约定的除外。《合同法》第197条第1款[①]规定：“借款合同采用书面形式，但自然人之间借款另有约定的除外。”据此条规定，可能真的需要一个公司与股东的书面借款合同，合同载明一方为公司，一方为股东。（2）另一个值得关注的问题是：公司在此案例中，是作为一个合同缔结的主体，还是作为决议作出后权利义务关系承受者（客体）？（3）在案例中，因为借款合同的权利义务主体既涉及公司，也涉及股东，故这到底是公司内部关系，还是外部关系？

刘建功：涉及借款的股东会决议也是书面形式。

李志刚：是的，决议本身也是书面形式。这里面可能涉及：是否要由公司作为一方在决议上签章，还是说光有股东签字，也构成是公司与股东之间的合同？

吴庆宝：股东会第一次决议同意得到银行贷款后，分贷给小股东甲公司；但是公司得到贷款后，第二次股东会决议否定了第一次股东会决议，不给股东甲贷款了。这里有两方面问题值得重视：第一，正如大家观点，公司应当与股东甲签借款合同，但未签订。两次股东会决议完全相反，否决了给股东甲贷款的决议内容。这点上，实际是缔约过程中的问题。追究起来，是公司负有缔约过失责任。如果没有甲公司第一次同意股东会决议向银行借款，那么，公司还能不能借到款项？如果答案肯定，则公司出尔反尔，不承担缔约过失责任显然不妥。第二，是不是公司必须分一部分款项转贷给股东甲？从合同法精神来分析，公司应当履行诚信义务。但基于合同没有签署，或者即便签署，后来认为转贷不合适的，也可以不再签订合同，或者终止履行合同。对此，要看公司理由是什么，是否适当，以决定对其追究缔约过失责任之轻

① 现为《民法典》第668条第1款，与《合同法》第197条第1款在文字表述上略有不同，内容没有实质变化。

重。自然，也要取决于股东甲的态度，其是否有勇气与公司决裂，或者与大股东争斗到底。第三，以往案例也证明，处理具有灵活性。记得2005年前后，处理过一起银行与某公司借款纠纷。开始签了框架协议，后来银行贷出一部分，后因某公司违反借款用途，以及银根紧缩，不再继续发放贷款，某公司起诉要求银行承担违约责任并继续履行。我们根据证据与事实，驳回了某公司的诉讼请求。感觉依法依约，需要有事实和证据依据。如果没有合同，应视为处于缔约过程，不能视同民间借贷。即便签订了合同，不履行的，应当追究违约责任，借款合同未必一定要完全履行。

刘建功：法律之所以要求合同采取书面形式，其背后目的是什么？

朱慈蕴：这个案子涉及公司内部决议与公司对外行为的关系与区分问题。我认为，股东会决议只是形成了一个共识（决议），该决议确认了全体股东愿意为公司借款担保的事宜，同时也同意了公司将借款的10%转借给占股15%的小股东。而公司取得银行的贷款以及公司将借款的10%转借小股东，还需要公司与银行、公司与小股东分别签订合同。在这两份合同中，公司一方只需公司公章及法定代表人签字即可。这两份合同都是必需的，代表的是公司行为，不可以公司决议代替借款合同。如果本公司已经与小股东签了合同，借款合同生效。后来公司再行股东会，形成新的决议不同意将10%的借款转借给股东甲。此时，股东甲有两个救济路径：一是就决议而言，小股东其可以根据《公司法》第20条申请决议无效，理由是股东滥用权利损害小股东利益。因为之前甲股东同意为公司借款担保的前提是将10%的借款转借给他，而其他股东均没有表示反对。现在股东又以多数决的方式否决给予小股东的借款，直接损害股东甲利益；若股东甲不选择提起决议无效之诉，则公司要单方解除该借款合同，按照合同解除规则处理，予以股东甲必要补偿。本案中，貌似公司与股东甲之间没有签约。因此，公司与股东甲的借款合同还没有成立。此时，股东甲只有诉股东会决议无效的救济路径。至于诉决议无效能否得到法院支持，则是另一个问题。因为毕竟以《公司法》第20条为由提诉被支持难度很大，法院要进行各种综合判断，才能确定股东是否存在滥用权利之行为。

李志刚：朱老师上面的分析，是否可以作为王长军法官所提的“借款合同书面形式”法律要求的一种解释？

朱慈蕴：借款合同是否书面，依合同法的规定。关键在于公司决议不能直接视为签订合同。

李后龙：如公司也在决议上盖章了，是否应视为公司与甲签订了正式的合同？

王长军：此种可视为签了合同，因为合同主体、标的、数量都具备。朱老师说的“股东甲有两个救济路径：一是可以根据《公司法》第20条申请决议无效，理由是股东滥用权利损害小股东利益”。此路估计较为渺茫。根据《公司法司法解释（四）》，股东会决议只有违反法律、行政法规才无效。大股东反悔，很难说违反了法律、行政法规，且将银行的贷款挪作他用本身就违反了借款合同的约定，银行可以处罚或解除合同，此举对公司更为不利，大股东完全可以此为由抗辩。如果公司与股东甲已经依据股东会决议缔结了合同，则合同有效，股东甲可以起诉要求履行。正因为本案尚未缔结，正如朱老师所言“股东会决议不能代替合同”，股东甲可以向公司主张缔约过失责任。

公司决议的性质：团体行为还是合同行为

蒋大兴：第一份决议系全体股东签署，可同时认定构成股东之间的协议，但若无公司法定代表人签署或盖章，尚难认定构成与公司的合同。股东根据此协议，应促成公司实施借款行为，若以后决议撤销前决议，应视为违约行为，需对甲承担违约责任。公司此时属于合同外的第三人，股东之间能否为第三人设定义务？原则上不可以，但因签约主体是股东，股东有法定权利通过决议形式为公司设定义务，至于该种义务设定是否违反《公司法》第20条之规定另当别论。股东会决议是否有合同效果应根据内容判断，不能一概而论，要看内容上是否给签约主体设定了个别性权利和义务。若设定了此种权利与义务，则难说其不可替代合同。此时，公司决议就有团体行为与合同行为双重性质。就其契约一面而言，不可单方以决议撤销之。决议作为团体行为所吸收的只是股东的团体意思，并不吸收股东的个体意思，因此，决议代合同是有可能存在的。在现实生活中，很多股东会决议交织有个体合同的意思，若都以团体行为吸收个体意思，则会导致此种个体意思无法履行之不合实践的状况发生。之所以如此理解，一则书面形式的功能主要在于举证；二则维护诚信原则的要求，在当下有特别意义。

陈　克：同意蒋老师的观点。公司决议能否吸收合同或者说是股东协议，应区别对待。公司决议从内容上区分可划分为两大类：一类是以股东权利行使为内容，事关股东权利的行使方式、特别保护等，不涉及公司意思。关于该类决议，公司不宜背书。另一类是以公司治理事项为内容，涉及公司权力配置、权力运行等，可在组织法运行，规范上以决议形式公司来认可。第一类更多体现合同法层面上意思自治，背后是股东利益与其他公司参与人利益的协调问题。

丁俊峰：不排除通过决议意思来解释合同意思的路径，在实务当中有存在的合理性。但是决议的形式要件的法定标准缺失，决议可能存在瑕疵以及决议救济的难度等因素，不宜在已有的公司对外意思表示判断标准的基础上，叠床架屋创设新的规则。保守而言，个案中可以加以谨慎运用。

吴庆宝：公司股东会上股东的意思表示，完全是公司内部治理的内容，决议是否有效或可撤销，应由股东会议定，进入司法程序，也只是审查决议程序、内容是否符合公司利益和大多数股东权益，不太可能因为股东个体利益而作出另类判决。股东甲因为自己的附条件表决未获支持，转而提请否决股东会决议，是否可行，要看股东会大多数股东的意思表示。司法硬性干预似乎也缺乏充足依据和理由。

王　赫：同意蒋大兴老师意见。合同不要求必须是书面的，公司对外的意思表示也不以盖章为限。最终只有一份股东会决议，未必不成立公司与股东之间的合同，如果公司意思机关、表示机关在开会时都在场的话。

段晓娟：是否只有合同书才能被认定为符合合同法的合同的书面形式？第一次股东会形成了股东会决议的书面文件，该书面文件中不仅有股东一致同意个人都为公司贷款提供担保的记载，还有一致同意将该笔借款的10%交给甲使用以及该部分利息由甲承担的记载，结合这次股东会召开的背景是公司为满足贷款时银行提出的要求，而会后公司按照该股东会决议记载的内容得到各股东提供的担保从而成功获得贷款。个人觉得，该份股东会决议证明甲和公司之间形成了就10%贷款获得后转借甲使用的合意，也符合《合同法》的书面形式的要求。退一步说，即便这份股东会决议上没有加盖公司印章或法定代表人签名不能代表公司意思表示，公司嗣后依此决议履行的行为也应认定为公司追认。而且，对于合同一方甲来说，如果全体股东一致同意形成的意思表示他还不能相信是公司意思的话，实在有点无所适从。

根据决议内容对股东会决议进行实质性判断

段晓娟：实践当中，我们常看到各种名为"股东会决议"的书证，也常看到各种名为"协议书""备忘录"的书证，前者除了公司法和章程规定的决议内容记载外，还常常有各股东甚至股东之外的主体之间就公司的承包经营、公司的重大资产处置、公司与某个股东之间交易等内容，后者虽然名称不叫股东会决议，但常常对公司法或公司章程规定的股东会决议事项作出讨论并加以记载且公司的全体股东都签名，对于这样一些书证，个人觉得不应仅以其名称认定其性质，而应结合其内容、签署主体乃至签署背景、签署之后履行等情况认定当事人对该证据证明事实的主张能否成立，于是有时候，前者能够证明某些主体之间存在合同关系，后者能够证明公司就某事项形成了股东会决议。总结下来，我应该是基本同意刘建功和蒋大兴两位同志的意见。

蒋大兴：我记得江苏省高级人民法院曾经判决过决议代合同的案件，当时我和建功还讨论过，我支持了决议代合同的观点。以协议代替公司治理的观点，在英国、加拿大均有判例支持。

段晓娟：按照上述思路我也会支持。

什么是决议

张　谷：感觉多数人说的股东会决议不是真正意义上的决议，更像是利用股东会议之便订立的合同。个人觉得始终应区别公司决议和与公司为一方签订的合同。若为决议，必须由有召集权人召集，议题之确定和提前通知（临时动议除外），达成法定最低人数，提议、附议达到多数决的要求，意思表示向会议主持人为之……对照一下，即可知决议与合同之不同。

李志刚：如果具备了决议的程序性要求，且为全体一致同意的决议，是否可能同时成为股东（或者股东与公司）之间的合同？

段晓娟：本案中，股东都同意个人为公司担保的内容记载在所谓的“股东会决议”里，后来股东们都依此为公司贷款提供了担保，但这是因为股东会决议吗？如果这份决议是多数决通过的，不同意的股东也需要履行该“股东会决议”吗？恐怕不能，股东们都同意个人为公司债提供保证担保，似乎更应该解释成公司和单个股东达成了该内容的协议。

实践中，有限公司往往没有这么一整套按照法律条文规定形成的案件事实放在法官面前。打起官司来，当事人经常只有一张什么内容都包括的名字叫“股东会决议”“协议书”“备忘录”或者“承诺书”的证据提供给法院。

张　谷：有限公司之所以这样，是因为其兼有资合和人合性。公司法恰恰是想借助章程自治来确定决议程序，并非公司决议乱七八糟的理由。

王长军：假设股东会都同意为公司借款提供保证担保，但决议后某股东反悔了，公司能否追究其违约责任？

段晓娟：张老师的意思是，如果内容乱七八糟就不认定为是决议？

张　谷：有的是真正的决议，有的不是。不是决议的，依其情形、内容进行具体分析。

吕来明：决议中除了内部关系问题以多数决生效外，若记载公司与特定股东间设定个别权利义务的事项，其成立要件不是多数决，而是以该特定股东为一方，公司为另一方的合意。决议中，全体股东都同意公司（而不是自己）向甲股东承担特定义务。那么，全体股东同意不能直接等同于公司的表意或承诺。否则，67% 以上的股东同意能否等同于公司表意？所以还应由表意机关明示或默示同意。在股东会这个特定场景下，若董事长（应主持股东会）、法定代表人在场，主持股东会作出此决议，应认为表意机关也认可这一事项，则公司与甲股东间合同成立。

段晓娟：首先要解决的是，本案是一个决议的内容，还是一个股东和股东、公司间协议的内容，还是兼而有之。

李秀霞：同意。这就是形成了合同关系。出尔反尔就是违约。

王长军：倾向这是一个决议的内容，也是一个股东和股东之间的协议，但认定为股东与公司之间协议尚不足。

李志刚：作为团体本身的公司的表意，在这个“决议文件”上，可能确实需要一个外在的表示方式，如盖章。

李秀霞：如果公司留存了呢？类比单方出具的借条，施工方出具的目标责任书或者承诺书。就您刚才说的可能需要一个盖章而言。

王　松：公司经营应当以公司法人本身的名义进行，公司的股东会不能以自身的名义直接作为公司对外法律关系的参与者。因此，第一份决议系股东会开会形成的决议，属于股东之间的合同，在公司未与甲之间签订合同之前，不能认定公司与甲之间成立合同关系。实际上，第一份决议系为合同之外的第三人即公司设定义务。参照《合同法》第 65 条规定：“当事人约定由第三人向债权人履行债务的，第三人不履行债务或者履行债务不符合约定，债务人应当向债权人承担违约责任。”即当事人订立的合同只在当事人之间具有约束力，为合同之外的第三人设定义务，如果第三人拒绝承担，则该设定义务无效，甲只能诉请合同相对人承担责任。公司经营的决策权在于股东会，具体实施则只能以公司法人本身的名义进行，这是背后的法理。

纪海龙：愚见：（1）股东会正常召集并正常作出决议，则股东会决议作为决议的效力没有问题。（2）全体股东一致决，从起点上不宜认定必然构成全体股东之间的合同。因为决议时投票行为作出的对象并非其他股东，投票行为的对象是作为公司机关的股东会。当然，如果例外情形下，全体股东很明显是通过一致决方式订立合同时，也可认定全体股东间合同成立，此乃合同解释的射程范围。本案中后种情形并不明显。（3）股东会决议如涉及公司和个别股东间权利义务安排，是否可径直认定为可约束公司。从起点上不宜如此认定。盖因公司对外的法律行为，均应通过代表（代理）人嫁接效果。本案中是否存在小股东和公司间的合同，关键点是看决议时是否存在代表权或代理权嫁接法效果给公司。公司对外从事法律行为，其能约束公司，要么基于法定代理（表）、要么基于意定、要么基于表见。法定代表人代表权为法定。有限公司董事会本身是否有对外代表（代理）权，中国法没有规定，但既然没有规定，似应认为不宜认定董事会有法定代表权。股东会没有法定的代表（代理）公司的权利，这似乎无疑问。从而本案的关键转为第一次股东会决议时，是否存在有效代表公司的代表（代理）权。正如有老师指出的，如法定代表人当时在场且签字，可以认定存在与小股东之间的合同。如法定代表人未签字，但法定代表人明知且未否认，并导致小股东合理信赖此合同有效成立，个案结合具体案情或许可认定构成容忍代理、默示授权或对无权代理的默示追认，后果是合同成立。如以往该公司就经常以股东会决议的方式替代与个别股东的合同，可构成容忍代理，后果是合同成立。如上述情形不存在的，似乎不宜认定存在小股东和公司之间的合同。

李志刚：如果法定代表人的身份与股东身份重合，是否还要区分：其签字仅仅是作为股东的签字，还是以法定代表人的身份签的字？

李秀霞：没法区分。

另一种分析：以缔约过失方式予以救济之可能性

刘凯湘：个人认为：第一，公司股东通过股东会形成的决议或纪要，属于共同法律行为，但该行为的内容为就公司决策与管理作出意思表示，而不能直接对公司产生债权债务的法律后果，其既非处分行为，亦非负担行为。第二，如果决议包含有为股东相互之间设定债权债务的内容，则决议在该特定的股东之间具有合同的效力。第三，公司与特定股东之间的债权债务关系之成立仍需通过公司与特定股东之间达成意思表示一致，具备合同成立的形式要件与实质要件。第四，第二次股东会决议导致公司不能与甲股东之间成立借款合同，应当承担缔约过错责任的是其他股东，而不应当是公司，因为公司尚未与甲进入缔约磋商阶段。

王　松：按照公司法原理，应当区分。即便是法定代表人签字了，也要看他是代表公司与甲订立合同，还是作为股东在股东会议上签字。

李秀霞：刘老师的第二点和第四点结合起来看，股东承担的是违约责任。但是本案好像也不是违约责任。如果第一份决议是合同性质，那么第二份决议是典型的公司法多数决，就不是合同性质，也就不构成对第一份合同的违约。第一份合同仍需继续履行。

王　松：法律具有公示性，任何人应当知晓。甲应当知道股东会或者股东不能取代公司与其订立合同，鉴于其未与公司签订合同，其如果要求公司承担责任，主观上难谓善意，不宜支持其该诉讼请求。

刘凯湘：我的第二点说的是如果股东会决议为特定股东之间设定债权债务，但案例中的股东会决议是为公司与特定股东之间设定债权债务，所以没有违约责任的问题。

李秀霞：那么代替公司作出意思表示的大股东是不是也难谓善意了。

王　松：是的，存在大股东向甲承担责任的问题。

王长军：赞同刘老师前三点意见。就第四点尚有疑问：第一次股东会决议已被第二次股东会决议合法撤销，则其他股东向小股东甲承担缔约过失责任的依据是什么？

吴泽勇：刘老师意思可能是，因为前一个决议被撤销而无法继续缔约吧。

王长军：既被合法撤销，还应否承担责任？

吴泽勇：因为其他股东反悔，导致协议被撤销，进而导致无法完成公司与小股东的缔约。我推测刘老师的逻辑是这样。撤销协议本身合法，但这些股东通过这个途径导致小股东与公司的缔约落空，故需承担缔约过失责任。

刘凯湘：关于第四点其实我也有点拿不准。借款合同并不会在其他股东与甲之间签订，其他股东不会与甲进行缔约磋商，怎么会有其他股东的缔约过错责任呢？我是在琢磨，甲对缔约的合理信赖是发生在谁身上，是公司还是其他股东？看起来是其他股东允诺公司将会跟甲签订借款合同，但事实上最后其他股东没有兑现承诺，导致合同不成立。是否可以理解为甲与其他股东之间进入了磋商阶段？甲的信赖利益保护看起来只能找其他股东，因为找公司是没有理由。

吴泽勇：究竟是跟谁缔约的确很难确定。

纪海龙：中国法下，侵权是大侵权的概念。所有缔约过失责任，几乎都可构成侵权。本案即便缔约过失责任模糊，也可认定为侵权。

王长军：承担缔约过失的前提是要有过错，前一个决议是被合法撤销的，因此股东没有过错，故不应当承担缔约过失责任。

吴泽勇：而且反悔股东也不是缔约的一方。

王长军：按照您的第三点理由，缔约还是应在公司与甲股东之间。但公司不缔约就承担缔约过失责任似乎也难成立，因为缔约的决议已被撤销了。

纪海龙：其他股东出尔反尔，显属过错，甚至是故意悖俗致人受损。

吴泽勇：追求合同法上责任的困境是不是就在于：根据合同目的，甲的合同相对方只能是公司；但缔约过程中有过错的看上去又只能是其他股东。如此，认定公司有过错似乎很难。

王长军：道德层面确是如此，典型以大欺小，应该受到道德谴责，但法律责任还需依法承担。

吴泽勇：如果在刘老师第二条假设的前提下（股东会决议在甲与其他股东之间明确订立合同），那么如果这些股东后来又以新的决议撤销前决议，我觉得构成缔约过失可能问题不大。

王长军：回到第二条假设的前提下，又有两个问题：其一，如股东间合同成立，则生效，亦非缔约过失责任。其二，后一决议合法撤销前一协议，怎么找到承担责任的法律依据呢？

吴泽勇：确实不是缔约过失责任，是违约责任。决议合法不等于股东无过错吧？

李后龙：让公司为股东借款提供担保是公司股东会决议范围，但让股东为公司借款提供担保应不是公司股东会决议范围。本案中，当前一决议相关内容视为股东间承诺时，后一决议是不能以多数决撤销的。当后一决议是全体股东一致通过时，相关内容可以构成对股东间原承诺的变更。因公司部分借款归股东甲用的前提是股东甲为公司借款提供担保，两者不可分割，故仍可从股东会决议范围角度分析此案。

王长军：谁给谁担保问题无争议。问题是：公司将10%的借款转借给甲股东，后被撤销。

李后龙：因为借款转借甲股东与甲股东承诺提供担保不可分，转借虽是前一个决议的范围。但让甲股东担保不属决议范围，因此担保与转借不是决议范围，而是股东间协议，不能通过多数决决议撤销。

王长军：将公司的部分借款转借给某个股东，似应属股东会决议范围。

李后龙：担保与转借不可割裂视之。

王长军：即使不可分割，因后者属于议事范围，故也应归入股东会决议范围

刘建功：这个问题赞同蒋大兴的观点。把问题说得更直接一些。我们面对的问题是，与“甲股东为公司向银行贷款担保、甲股东因此从公司获得部分该笔贷款作为借款”这件事有关的所有当事人都到场了，他们在一起共同商讨，并且达成了一致。这件事如果办成了，就会形成两个法律关系：一是甲股东向银行提供保证的保证合同关系；二是公司与甲股东之间的借款合同关系。这不正是吻合了合同法关于合同的定义么。此时如果一定要说还欠缺了“公司”的意思表示，似乎有违反常识之嫌。因为公司的总共只有两名大小股东，都作出了明确的、一致的意思表示。公司作为拟制的人格，与其意思表示有关的所有利害关系人都到位了。有关道理完全可以用民法上的代理规则说清楚。假设公司作出的决议涉及第三人，那么就会存在意思表示的到达问题。而这份股东会决议恰好解决的是与参与人之一有关的事，自然就不存在意思表示到达与否的问题。如果我们说，光在股东会决议里这样说还不行，必须得由公司再与甲股东签署书面协议才能成立借款合同。这等于对当

事人之间已经形成一致的意思表示再加上一道限制，就如同有的合同需要审批才生效一样。那么，这种额外的限制，就要有强有力的理由来支撑了。有的合同之所以要审批生效，是为了行政法上的管理秩序；有的合同之所以要加上书面形式，是出于履行行为可解释余地较大、因而必须降低判断辨别成本的证据法上考虑等。而对于本案中股东会决议，如果一定要加一份借款协议，否则不认可合同的成立，这是出于什么考虑、解决什么问题、保护谁的利益呢？这样做，除了让大股东获得一次反悔甚至玩弄小股东的机会外，其他并无有值得我们必须接受上述代价去实现的法律上的利益。

还是回到合同定义上去考虑。各方坐在一起，就设立变更终止民事法律关系作出意思表示并形成一致，合同即成立，除非法律另有规定或者当事人另有约定。任何限制，必须有足够充分的、符合“法律另有规定或者当事人另有约定”的理由。至于当事人把他们之间的书面文件称为什么并不是最重要的。曾经和蒋大兴探讨过类似问题。假设公司只有甲乙两名股东，搞了一份股东会决议，内容是甲股东把股权转让给乙股东、价格、履行时间、违约金、管辖地等。如果发生纠纷，法官难道会说他们之间尚未成立转让合同？又如某新三板公司作出董事会决议，强烈谴责以色列轰炸巴勒斯坦难民营。这份“决议”如果被拿到法院起诉要求撤销，法官难道还会受理？股东他们为自己做的事起了什么名字固然重要，但他们实际做了什么，可能更重要。

吴庆宝：建功分析固然有理。不过，有几点需要重视：第一，假如把股东会决议认定为合同，是不是意味着今后只要有了股东会决议就可以不必另签合同？公司与股东似乎可以勉强理解，那么，公司与外部可以这样理解吗？第二，股东会决议是议定，并不能理解为合同的另类形式。正如会议纪要，可否理解为合同的另类形式？大概可以作为合同的弥补，或对合同的证明。如果没有书面形式，可以认定决议是合同，是不是合同法要作扩大解释？第三，感觉过于强调保护的目的性，似乎与决议定位及合同解释无关。我们分析一个问题，关键是要从中立角度考量问题，寻求解释和解决之道。

刘凯湘：小股东自己也要有自我保护意识，他可以提出公司先跟他签订借款合同，他再同意在股东决议上签字。小股东需要保护，大股东也需要保护。当然，问题的实质还不在于要保护谁，而是判断合同成立的形式要件和实质要件，以及法律确立这些要件所要达到的立法目的。况且，小股东如果确有损失，法律仍然会提供救济途径，如追究公司的或者其他股东的缔约过失责任。

刘建功：我的意思不是针对个案中保护谁、不保护谁的问题，而是说，在与设立法律关系的所有主体全部在场，作出清晰一致的意思表示，并且书面化之后，我们如果仍然觉得，形成的这份被称为股东会决议的文件，仍然不能成立合同，必须还要有个标题为“借款合同”的书面材料才行的话，等于是给当事人的自由意思表示加上了一个限制。换句话说，我们认为光意思表示一致，并且书面化还不行，这个要有过得硬的理由。客观上，如果有这种要求，确实赋予大股东一方反悔投机的机会。如果非得给他们机会，就得有更重要的经济、社会价值需要维护为由，以至于必须在一定程度上容忍这种背信弃义。而目前看不出有这种价值存在。志刚说到的“书面形式”，究竟应当是何种形态，是标准的合同书，还是书面化的权利义务约定记载，确实是个值得讨论的问题。不过，《合同法司法解释（二）》第4条、第5条，分别用了“采用书面形式订立合同”和“采用合同书形式订立合同”，可以认为并不要求必须用标准合同书方式。朱广新老师在《法学研究》2019年第2期上发表的一篇文章对这个问题讲得很透彻。[①] 至于以其他责任方式追究背信者，当然是一种方案。但前提是不认为合同已经成立。而这个问题正是我们需要讨论的。

【总结及倾向性意见】

有观点认为，股东会决议如涉及公司和个别股东间权利义务安排，不宜直接认定为可约束公司，理由在于：此涉及公司内部决议与公司对外行为的关系与区分问题。中国公司法没有规定股东会本身有对外代表（代理）权，

① 参见朱广新：《书面形式与合同的成立》，载《法学研究》2019年第2期。

股东会决议只是形成了一个共识（决议），不具有外部性。

如法定代表人股东会决议时也在场，其虽然未签字，但法定代表人明知且未否认，并导致小股东合理信赖此合同有效成立，个案结合具体案情或许可认定构成容忍代理、默示授权或对无权代理的默示追认，才导致合同成立。

倾向性观点认为，股东会决议是否有合同效果应根据内容判断，不能一概而论，要看内容上是否给签约主体设定了个别性权利和义务。若设定了此种权利与义务，公司决议就有团体行为与合同行为双重性质。就其契约一面，不可单方以决议撤销之。决议作为团体行为所吸收的只是股东的团体意思，并不吸收股东的个体意思，因此，决议代替合同是有可能存在的。如此理解，一则书面形式的功能主要在于举证；二则维护诚信原则的要求，在当下有特别意义。相关理由详述如下：

公司决议的本质，是股东（大）会作为权力机关，通过决议形成的意思亦形成公司的意思，若没有出现股东会决议效力瑕疵诉讼，该决议最终具有效力。其中无效和撤销在公司类诉讼中宜作为形成之诉来处理，出于法律安全的需要，在合理期间之后，再从一个违反法律推导出决议无效，是公司制度不可承受的。

依据《公司法》第 37 条、第 99 条明确了决议内容，其可能涉及内部关系也可能涉及外部关系，一般情况下外部关系中，还需有代表权、代理权的公司机关与相对人为特定民事法律行为。内部关系与外部关系分别指涉公司组织关系与公司市场行为，并不以相对人身份为区别依据，即公司与股东也可为外部市场行为，如公允的关联交易等。

外部行为以股东与公司间合同关系为例，也属于合同法调整的范围。要约与承诺是合同从无到有，前后相继的、程式的、动态的实现合意的方式，对应的是合同的形成。至于《合同法》第 10 条[①]强调意思自治是原则，书面

---

① 现为《民法典》第 469 条。《合同法》第 10 条规定："当事人订立合同，有书面形式、口头形式和其他形式。法律、行政法规规定采用书面形式的，应当采用书面形式。当事人约定采用书面形式的，应当采用书面形式。"《民法典》第 469 条规定："当事人订立合同，可以采用书面形式、口头形式或者其他形式。书面形式是合同书、信件、电报、电传、传真等可以有形地表现所载内容的形式。以电子数据交换、电子邮件等方式能够有形地表现所载内容，并可以随时调取查用的数据电文，视为书面形式。"

形式强制是例外。因此，书面合同是指合同订立过程中作出的意思表示在现象形态上采取的载体，是以事实描述的静态观念显示了缔约意思表示的客观存在，所谓的签字或者盖章的规范只是作为法定书面形式必不可少的构成要件，而不是决定合同的成立条件。

虽然股东（大）会为公司意思形成机关，对外交易由相关执行机关落实。但特殊情况下该意思表示可直接到达相对方，如借款公司与股东之间通过要约和承诺形成了合意，既然双方合意已经达成，并没有再由公司特定机关再行确认合意的必要。

同时《合同法》第 13 条[①]既已明确当事人订立合同采取要约承诺的方式，第 25 条[②]又规定承诺生效时合同成立，那么甲股东与公司间借款合同已经成立。相关协议又无《合同法》第 52 条无效的事由，也无规定和约定特别的生效要件，该合同对当事人就有法律约束力。没有必要考虑表见代理、缔约过失责任。

另外，虽然是以决议形式产生的合意，但判断一份书面文件是否为合同，不可只看其名称，而应依据其内容。法律并未要求合同须有名称，只要文件内容记载了当事人之间达成的合意事项，包括了构成一种合同的必要条款，就是合同书。反之，虽然具有合同或协议之名，但文件内容并非当事人之间达成的合意，或者并未包括一种合同的必要条款，也不是合同。对此，司法实践中最高人民法院对合同的书面形式的认定采纳了内容重于形式的判断方法，详见最高人民法院（2016）民终 470 号民事判决书。

【代表性学术观点】

在公司法学术层面上，就“股东会决议的内容是否可以替代协议”问题并没有专门讨论，但就相关问题如何区分公司决议行为与合同行为？或者是股东决议与股东协议？有以下几种代表性的学术观点：

---

① 现为《民法典》第 471 条。《合同法》第 13 条规定：“当事人订立合同，采取要约、承诺方式。”《民法典》第 471 条规定：“当事人订立合同，可以采取要约、承诺方式或者其他方式。”

② 现为《民法典》第 483 条。《合同法》第 25 条规定：“承诺生效时合同成立。”《民法典》第 483 条规定：“承诺生效时合同成立，但是法律另有规定或者当事人另有约定的除外。”

王雷认为，决议行为作用的发挥不局限于法人、非法人组织领域。根本特征是其根据程序正义要求采取多数决的意思表示形成机制，它也是民主这一社会主义核心价值观在民商法领域的具体体现。决议行为的民法哲学基础在于程序正义，合同行为的民法哲学基础则是交换正义，这是两者在成立要件上体现出的根本差别。与合同行为类似，决议行为也存在不成立、未生效、可撤销与无效问题。合同行为突出合同当事人的合意性特点，决议行为则具有程序性、团体性和效力的内部性特点。对比决议行为与合同行为的法律效力，存在两项区分原则（论证规则）：一是决议行为与表决权人表决行为效力瑕疵的区分原则；二是团体内部决议行为与外部合同行为效力瑕疵的区分原则。①

陈醇认为，单方法律行为、合同和决议都由一定的意思表示组成，但后两者是复数意思表示的互动（以下简称意思互动）而形成的“化合物”，即合同和决议是意思互动的成果。在决议的议事过程之中，存在提案、公开讨论、质询、协商等步骤，其中不同主体的意思互动显而易见。合同缔约过程之中也当然存在意思互动。即使一个承诺完全认可了他方的要约，其缔约过程也是一个意思互动的过程，因为承诺本身就意味着一种意思对另一种意思的应和。三者在成分、结构和功能上各不相同，存在质的区别：合同和决议不仅包括了一方的意思表示，还包括了其他参与方的意思表示，是意思互动的“化合物”；对他人意思表示的兼容，赋予二者不同于单方法律行为的功能。但同时决议是多数人的意志，它体现的是意思民主，这使之不同于单方法律行为和合同，无法适用意思自治原则。

缔约程序和决议程序本质上是意思互动的法定程序，目的是以程序理性规制合同和决议的形成过程，程序理性的渗入，使合同和决议成为比单方法律行为更为高级的行为形态。于此不同，单方法律行为强调单方的意思表示，不必考虑意思互动及其程序问题。单方法律行为、合同和决议在有效要件上存在显著的差异，其效力判断上，并不审查合同和决议的有效必须包括两个特殊的要件：意思互动的过程合法（遵守法定程序）及其“化合物”的存

① 王雷：《论我国民法典中决议行为与合同行为的区分》，载《法商研究》2018 年第 5 期。

在。[①]

刘康复认为，对股东会决议的认定，关键是将之与股东协议区别开来，即将其与股东在股东会上达成的股东协议区别开来。一般而言，股东会决议和股东协议的区别主要表现在以下几个方面：

第一，两者的合意形成规则不同。股东会决议按照多数决规则作出，即按照多数派股东的意见作出。少数股东对决议事项明确表示反对，对股东会决议的效力不产生影响。当然，根据股东会决议事项的不同，股东会决议可采用不同的多数决规则，即对一般的事项采用简单多数决，对重大事项则采用绝对多数决。股东协议则应当遵循意思表示一致的原则作出，只要有一个股东明确表示反对，股东协议就无法达成。

此外，股东会决议的形成，有严格的程序规定，必须在股东会会议上作出；而股东协议，可以在股东会会议上作出，也可以在非股东会会议上作出。因此，股东在股东会会议上作出的决议并不一定就是股东会决议。

第二，两者的内容不同。股东会决议只能在股东会职权范围内作出，而股东协议则不受股东会职权范围的限制，可以就有关公司或者股东权利的任何事项达成协议。股东和公司作为相互独立的民事主体，两者在财产和人格上相互独立。因此，两者的意志也应当是相互独立的，即股东不得以自己的意志代替公司的意志，公司也不得以自己的意志代替股东的意志。股东会决议，虽然是股东意思表示的转化物，但它却不是股东的意思表示，而是公司的意思表示，是公司的意志。股东会决议作为公司的意志，当然只能对公司的事项作出处理，不能处分股东的权益。

从法律上来说，公司作为一个享有权利能力的独立民事主体，当然应当拥有自己的利益。但从事实上分析，公司作为一个拟制体，只是人们为达到某种目的的制度工具。从这个意义上来说，公司不需要拥有自己的利益。公司仅仅是与公司有利害关系的利益群体的利益载体。因此，股东作为公司的"主人"，在其对公司有关事项进行处理（分）时，只要不损害股东以外的其

---

① 陈醇：《论单方法律行为、合同和决议之间的区别——以意思互动为视角》，载《环球法律评论》2010年第1期。

他利益群体的利益，就应当承认股东协议的法律效力。所以股东作为公司的投资者，在一定程度上又享有对公司相关事项的决策权。概言之，股东会决议不能处理（分）股东的权益，但股东协议则在一定程度上可以对公司相关事项作出决定。

第三，两者的效力不同。股东会作为公司的权力机构，其作出的股东会决议的效力主要体现为对公司董事、监事及经理等高管人员具有法律约束力，可以看作对公司董事、监事及经理等高管人员的一种命令，董事、监事及经理等高管人员必须执行，否则，股东就可以依照法律、公司章程的规定，追究其责任。股东协议的效力主要体现为对股东的法律约束力，股东必须按照股东协议的规定履行自己的义务，否则，履行了股东协议所约定义务的股东可以依照协议的约定，追究其责任。①

【典型案例】

重庆朝天门国际商贸城股份有限公司、重庆商投石化有限公司企业借贷纠纷案

案号：最高人民法院（2018）最高法民终 816 号

【基本案情】

2014 年 7 月至 2015 年 6 月，重庆朝天门国际商贸城股份有限公司（以下简称重庆商贸公司）与重庆商投石化有限公司（以下简称商投石化公司）签订的多份案涉《备忘录》《资金调度协议》，涉及借款本金合计 1.5 亿元，并就利息等进行了约定。后商投石化公司作出的《董事会决议》载明："经与重庆商贸公司协商同意：1. 公司尚欠重庆商贸公司 1.5 亿元；2. 由商投石化公司股东方商投集团公司、北京贸易公司、青岛化工公司按股比分三次共同向重庆商贸公司担保（1.5 亿元），并出具保证文件。"该决议尾部有金某勋的签名，李某植签名处有手书"代"字，庭审中，北京贸易公司、青岛化工公司

① 刘康复：《论股东会决议与股东协议的区分——由一起股东会决议效力认定案件引发的思考》，载《法学杂志》2009 年第 9 期。

陈述：金某勋、李某植分别为两公司法定代表人。

【裁判观点】

重庆市高级人民法院一审认为：本案的争议焦点是北京贸易公司、青岛化工公司应否向重庆商贸公司承担保证责任。商投石化公司《董事会决议》载明：由商投集团公司、北京贸易公司、青岛化工公司按股比分三次共同向重庆商贸公司担保1.5亿元。该记载仅表明商投石化公司曾为本案债务设定担保形成了《董事会决议》，行为主体是商投石化公司，北京贸易公司、青岛化工公司并未与重庆商贸公司实际订立担保合同，没有形成担保法律关系。故法院除判决商投石化公司向重庆商贸公司偿还借款本金1.5亿元及利息外，驳回要求北京贸易公司、青岛化工公司向其承担保证责任的诉请。

最高人民法院认为：意思表示是民事法律行为的核心要素，即行为人主观上具有追求效果意思的动机，客观上存在一般相对方可理解与接受的外化行为，同时该行为方式应符合法律的规定或者双方的约定。本案中，如何认定《董事会决议》中由商投石化公司股东方商投集团公司、北京贸易公司、青岛化工公司按股比，分三次共同向重庆商贸公司担保等内容所设立的民事法律关系是本案的关键。

首先，从字面含义可解读为，三股东有为1.5亿元公司债务向重庆商贸公司提供担保所形成的意思表示，但没有三股东与商投石化公司共同向债权人承担债务清偿责任的意思表示。重庆商贸公司主张三股东所作出的承诺应为债务加入，与当事人的意思表示不相符。

其次，因《董事会决议》系公司内部文件，其中意思表示的效力并不能当然及于公司之外的任何第三方。本案中，即便可以认定金某勋、李某植在决议上的签名真实且取得了北京贸易公司、青岛化工公司相应授权，亦仅能说明两公司具有向债权人就案涉债务提供担保的效果意思，该意思以《董事会决议》为载体，仅在公司内部发生效力，不能认定客观上已外化。重庆商贸公司认为其知晓《董事会决议》内容即表示北京贸易公司、青岛化工公司与其建立了保证法律关系，理据并不充分。因设定保证法律关系是保证人和债权人之间的法律行为，该种行为要求双方当事人意思表示达成一致，而达成一致的过程应是两个意思表示双向交流的过程。

最高人民法院据此判决驳回上诉，维持原判。

（讨论整理及后续评论：陈克）

股权冻结的登记与公示

【发言群友】

朱虎、郭宁华、葛洪涛、张元、邓峰、段晓娟、李志刚、李宇、蒋大兴、张巍、周林彬、葛伟军

【讨论时间】

2019 年 5 月

【沙龙实录】

股权冻结的司法程序

朱　虎：请教诸位，非上市股份有限公司的股权冻结，是否仅需要工商协助公示，还是也需要冻结登记？

郭宁华：在实践中，法院一般都是采取两步走的操作步骤：（1）工商部门冻结；（2）到公司送达冻结裁定。

朱　虎：那么，工商部门的协助公示和冻结登记是什么关系？如果未向目标公司送达冻结裁定如何处理？根据《最高人民法院、国家工商总局关于加强信息合作规范执行与协助执行的通知》（法〔2014〕251 号）第 11 条规定，人民法院冻结股权、其他投资权益时，应当向被执行人及其股权、其他

投资权益所在市场主体送达冻结裁定，并要求工商行政管理机关协助公示。同时，根据《查封、扣押、冻结规定》第9条第2款规定，查封、扣押、冻结已登记的不动产、特定动产及其他财产权，应当通知有关登记机关办理登记手续。未办理登记手续的，不得对抗其他已经办理了登记手续的查封、扣押、冻结行为。

郭宁华：登记并公示冻结信息是协助执行机关的法定义务。实践中的标准操作规范是，向工商机关送达协助执行通知书和向公司送达查封裁定同时进行。

朱　虎：如果人民法院未向目标公司送达冻结裁定，其效力为何？

股权登记的性质与效力

葛洪涛：这个关系股权登记的性质与效力问题，现在具有较大争议。

张　元：我认为，关于这个问题，可以从以下几个方面进行考虑：（1）根据《公司法》的相关规定，股份公司的股权变动无须登记，故对股份公司的股权冻结无须办理“冻结登记”；（2）法〔2014〕251号联合通知实际是立足于有限责任公司，并未考虑股份公司问题，故不宜对通知条文作扩大解释；（3）按《企业信息公示暂行条例》的规定，股份公司也应自行公示其股权变动情况，该“自行”应为自动，而非自愿；（4）基于执行规范化的考虑，又基于企业信息公示的强行性要求，同时也基于企业信息公示平台的权威性，形成了目前相对成熟的意见，即股份公司股权的冻结，也需向工商部门送达协助执行通知书，但其性质应为“冻结公示”而非“冻结登记”；（5）就股份公司的股权冻结顺序，也应按照工商公示的顺序确定，这也是相对成熟的意见；（6）即使欠缺工商或公司的冻结法律文书，按查封冻结的相对性原则，该冻结措施应对被执行人发生效力，但对未送达的协助主体不发生效力。

朱　虎：这与我的考虑是一致的。

张　元：关于冻结顺序问题，确实争议较大，本质上是确定不同法院管辖权问题以及非破产情况下的受偿顺序问题，不宜过于复杂，宜简单划一，与其观点繁杂，不如确定标准遵照执行，反而能解决大部分问题。

朱　虎：如果股份公司的股权变动无须登记，则在工商部门的冻结仅仅是起到公示作用，即冻结公示，而不是冻结登记。

《公司法》修改后的股权登记规定

葛洪涛：根据2005年《公司登记管理条例》第9条的规定，公司的登记事项包括："（一）名称；（二）住所；（三）法定代表人姓名；（四）注册资本；（五）实收资本；（六）公司类型；（七）经营范围；（八）营业期限；（九）有限责任公司股东或者股份有限公司发起人的姓名或者名称，以及认缴和实缴的出资额、出资时间、出资方式。"而2014年《公司登记管理条例》第9条则修改规定，公司的登记事项包括："（一）名称；（二）住所；（三）法定代表人姓名；（四）注册资本；（五）公司类型；（六）经营范围；（七）营业期限；（八）有限责任公司股东或者股份有限公司发起人的姓名或者名称。"

朱　虎：根据这个规定，股份有限公司仅仅登记发起人即可。

张　元：群内蒋大兴、李建伟、肖建国，均针对此问题奉献了宝贵意见。

葛洪涛：根据新的公司登记管理条例，有限责任公司也不要求登记股权份额了。

张　元：2013年《公司法》修改以后，《公司登记管理条例》随即也进行了相应的修改。

葛洪涛：是啊，如此却将公司登记问题进一步复杂化。各位老师是否也有不同意见？参见《企业信息公示暂行条例》以及《国家工商行政管理总局关于贯彻落实〈企业信息公示暂行条例〉有关问题的通知》（工商外企字〔2014〕166号）。

朱　虎：这个问题我之前没有注意到，是看最高人民法院2017年的一份裁定书时才注意到的。

张　元：这里比较麻烦的是涉及两个问题：（1）司法解释出台前的案件

应如何衡量；（2）只有部分地区的工商机关受理股份公司的公示，如杭州等，但是大部分地区还是不受理。

葛洪涛：诚如张元所讲，信息公示相关制度把登记行为变为了自助行为，将问题再次复杂化。

张　元：工商部门将此解释为自助，但并不是自愿，而是必须自动。由于相应的法律责任机制没有跟上，故根据数据显示，只有百分之几的公司在活跃公示信息。

葛洪涛：那在窗口期，股权冻结的效力应如何认定？个人认为，这里关键问题有两个：一是根据公司法理论，股权变动的依据与节点在哪？是合同签订时，登记于股东名册时，还是工商登记时？二是为了交易安全与司法效果，我们如何设计登记制度的效力？当然，还要考虑这两个问题的衔接。

邓　峰：张元已经解释清楚了。就是从执行的角度而言，如果什么都和股权变动挂钩，那么在这个问题仍然有争议的时候，就没法制定其他规则了。这是目前的最大公约数，当然会有不同争论和吵架，但是主要是从解决问题考虑。公司法本身是发展变化的，登记制度也是变化的。现在《公司法司法解释（二）》《公司法司法解释（四）》都规定了公司遵守程式的义务，还设定了规则，就是明确了一个发展方向，即公司治理规范化下的公司登记，至少现在的操作规定是尊重这种趋势的。

郭宁华：向工商部门送达产生对外公示效力，向公司送达产生单向的直接效力。

葛洪涛：只是希望我们能通过立法或司法解释强化登记或公示的效力，以减少交易成本。

段晓娟：非上市的股份公司股权冻结在案件中办过，冻结裁定送达给公司要求协执，给市场监管局送协助公示通知书。记得广东省的市场监管局也是办的，有的地方市场监管局吃不准怎么办这个业务，但是去执行的同事坚持一点，人家也就收了。虽然公司登记管理条例取消了有限公司关于出资额的登记事项，但之后的《企业信息公示暂行条例》是明确要求20个工作日内公示。只是实践中，公示信息有不少不准确不及时的情况。从查看的不少报告来看，市场监管局也有相应的检查和处罚，最多的是针对不及时公布年度报告的问题。

衍生问题：公司章程是否属于法定公示内容

段晓娟：目前的企业信用信息公示报告里的部分内容及格式，好像并没有章程公开，《企业信息公示暂行条例》里也没有要求。所以，我正在写一篇文章专门针对这个问题，就是不少文章和裁判文书认为某某事项公司章程里写了，章程是公开的，相对人和公司交易就视为接受了这样的交易对象，对公示的内容自担风险等进行批驳。

张　元：公司章程属于"自愿公示"。

段晓娟：我没发现哪个规定章程属于自愿公示？公司设立登记提交的文件包括章程，记载事项变动的修改后章程要提交备案，但是都没有可以自由查询的章程公开的内容。我也查看过不少企业信用信息，没有哪一个有自愿公开章程的内容。

张　元：法律与条例并没有规定自愿公示，但系统有端口可以自行公示年报以及格式化章程的部分内容。

段晓娟：我以为章程公示就是一整个章程文件提供出来，还真不知道那个自愿公示信息原来是格式化章程的部分内容。不过，还是觉得章程公示应该是整个文件。

张　元：又看了公示系统，章程确实不公示。只是记得经营情况可以自愿公示，印象中章程也可以公示。实际上，经营状况通过年报即可体现，出资缴纳和股权变动情况虽是章程内容，但本身属于必须公示项目。实践中，法院查询公司章程，无论从法律规定还是实际运行，都比较顺畅。其实，公示系统完全可再设计个条目，由部分有资信的公司选择公示章程。

李志刚：企业信用公示系统和"章程的登记公示"可能不能完全等同视之。《公司登记管理条例》第 20 条、第 21 条分别规定有限公司和股份公司设立登记需要提交章程。同时，该条例第 27 条规定公司变更登记涉及修改公司章程的，应当提交修改后的章程或者章程修正案。该条例第 61 条规定，借阅抄录复制公司登记档案资料的，应当按照规定的权限和程序办理。这是公司章程在工商机关需要登记（公示）的规范依据。工商登记公示不等于都要在企业信用公示网上公开，但上述法定登记文件可公开查询，不能说没有登记公示，或者没有公示效力。

段晓娟：同意企业信用信息公示系统里没有并不等于章程没有公示，公示和对社会公众公开也不能画等号。但基于公司章程的性质，不作为公示信息对社会公开显然是不合适的。现行《公司法》也好，有关登记、信息公开的条例也好，恰恰没有章程公示的内容，更没有章程主动向社会公开或者公众可以自由便利查询的内容。《公司法》和《公司登记管理条例》都只是规定了登记需要提交给登记机关的文件包括章程，记载事项变更后章程要备案。如果登记机关的这些登记材料、备案材料并非可以自由公开查询的，更非主动公开，怎么能叫公示呢？法院查还是很顺畅的，问题是社会公众市场主体并不能顺畅便利获得这些信息的情况下，说这些信息是“公示公开”的，公司交易相对人应当知悉的，难以令人信服啊。

李志刚：主动公开和登记公示之间可能也还有差别。法律规定是登记公示，不是主动公开。比如，房屋所有权登记，算不算公示？那也不是主动公开的吧。交易相对人查询公司章程，工商是可以接受的。之前经常看到当事人提交的对方公司章程复印件，加盖了工商局的印章。这点似乎没有障碍。

段晓娟：问题是公司章程仅仅是公司登记提交材料，公司登记本身并不能代表章程也登记公示。不动产登记和商事主体登记恐怕不具有可比性。我说的问题恰恰在于，法律、行政法规没有规定章程的公示公开，而我们的理论研究和司法实践中多有公司章程公示公信以及有关章程里已记载的信息相对人应当知道的论述。当事人能够提交并不代表交易相对人能随便查询。根据我了解的信息是，涉诉后拿受理应诉通知书之类司法文书可查，什么也没有提供的，以前也听说过，有的地方有时候给查，有的地方有时候不给查。

李志刚：根据《公司登记管理条例》第 61 条规定，公司登记材料属于查询范围，但需要按照程序查询。正如房地产权属登记，也具有公示效力，但不等于主动上网，谁都可查。然而，这也不影响登记的公示效力。

段晓娟：此处的权限和程序规定正说明并非谁都能去查？所以实践中，不是谁想查就能查。

李志刚：是的。房地产权属登记也是如此，不是谁想查就能查的。所以，房地产权属登记信息是否也有公示效力呢？

段晓娟：如果我不登公告出卖我的房地产，就和公众一点儿关系也没有。但一个商事主体的信息和私人不动产信息显然应当不一样。

公司章程备案登记的公示效力

李　宇：不动产登记的效力是《物权法》明文规定的，章程备案的效力法律则没有规定，这就是两者不同的地方。

段晓娟：是的。

李志刚：如果当事人不和公司做生意，公司章程和他有关吗？

李　宇：同样是备案，商标许可使用合同备案可以对抗第三人，这在《商标法》有特别规定。如果没有法律明文规定，备案登记不能发生对抗第三人的效力，也就没有公示效力。

段晓娟：不动产登记的效力来自《物权法》规定，而公司章程并没有明确的法律规定。我们不能认为只有和公司签了合同的主体才和公司章程有关吧？

李志刚：《企业信息公示暂行条例》第 9 条，规定了查询条件和范围，基本没有设置障碍。

李　宇：这是法律规定。实践中，不是可以自由查询的，至少上海不是如此。

李志刚：从我个人有限经历来看，还没有遇到过工商备案的公司章程不让查询的。

李　宇：企业信用信息公示系统也只能看到基本信息。公检法机关可以查，律师凭介绍信可以查，一般主体是不能自由查询的。

段晓娟： 江苏我接触过的部分地区也不是如此。

李志刚： 关于法定登记机关登记的公示效力，就此一定要找出“公示”二字，还真没找过。

段晓娟： 企业信用信息公示系统倒是用了“公示”一词。

李志刚： 企业信用信息公示系统是“信用公示”，不是全部公示。

李　宇： 如果公司章程记载对第三人可以一律发生对抗效力，那么，任何与公司交易的第三人都得事先请律师去查询。这违反了交易习惯。

李志刚： 这是风险自担，不是交易习惯。实践中，买房子也有不去查房产权属登记的。

蒋大兴： 公司章程当然具有外部效力。根据《企业法人登记管理条例施行细则》（2019 年修订）第 51 条规定，登记主管机关应当将企业法人登记、备案信息通过企业信用信息公示系统向社会公示。公司章程的公示性可以从两方面来理解：其一，组织法上的公示性。基于备案，公司法对章程效力的规定而产生对第三人的公示性，第三人对法律及备案事项有注意义务。其二，交易法上的公示性。在交易法上，相对人作为谨慎交易者会产生注意义务。公司作为交易一方，有诚信义务，包括应对方要求披露章程安排的义务。由此，交易法上也会产生相应的注意义务。

邓　峰： 我再补充一下具体的技术性问题，即何以区分公司章程和股东间协议？只有建立在这个逻辑前提下才能进行讨论，否则股东间的所有交往都可能成为公司事务。当然，关于什么是公司章程的范围，哪些内容具有约束力，由此产生的是法律上的约束力还是事实上的信赖效力，都是可以讨论的问题。但是不能动摇这一理论前提。

我觉得大家都引用了《公司登记管理条例》等法律法规，还应当看《公司法》的相关规定。《公司法》第 25 条规定，有限责任公司章程应当载明下列事项：“（一）公司名称和住所；（二）公司经营范围；（三）公司注册资本；（四）股东的姓名或者名称；（五）股东的出资方式、出资额和出资时间；（六）公司的机构及其产生办法、职权、议事规则；（七）公司法定代表人；（八）股东会会议认为需要规定的其他事项。股东应当在公司章程上签名、盖章。”

《公司法》第81条规定：“股份有限公司章程应当载明下列事项：（一）公司名称和住所；（二）公司经营范围；（三）公司设立方式；（四）公司股份总数、每股金额和注册资本；（五）发起人的姓名或者名称、认购的股份数、出资方式和出资时间；（六）董事会的组成、职权和议事规则；（七）公司法定代表人；（八）监事会的组成、职权和议事规则；（九）公司利润分配办法；（十）公司的解散事由与清算办法；（十一）公司的通知和公告办法；（十二）股东大会会议认为需要规定的其他事项。”

张　巍：上市公司与非上市公司的公司章程，公示效力是否有所区别呢？

李志刚：我倾向公示方式有别，公示效力无异。因为上市公司涉及公众利益，以便于简易公众查询的方式公开为宜；非上市公司者涉及利益相关人，可以通过到工商登记机关查询的方式公示而实现。当然，从商事主体的资信公开和降低交易查询成本的角度考虑，两种如果都采取一体网上强制公示制度，好像也没想到太多弊端和不利的理由。

周林彬：在确定公司章程备案的本质是登记的前提下，我认为：（1）从商事登记的积极效力理解，即公司将相关条款载明在章程中且进行了公示，以上市企业和公司治理较好的大企业为例，这一条款就会产生积极效力，产生第三人知悉的推定效力。（2）从商事登记的消极效力理解，一般公司确实都未将相关条款载明在章程中（可能因商业考虑而选择不载明或未及时变更）。只要是在公司章程中应当存在的条款，就会产生商事登记的消极效力，即不得对抗善意第三人。如果基于《公司法》等法律法规，能够期待第三人知道或应当知道章程条款已经指明了一个规则时，加上个案考量，就可以否定第三人的善意，裁判结果就会与第三人的主张背道而驰。此时第三人的注意义务或审查义务是避免其自己被认定为非善意的结果。

张　巍：如果公司在特定交易中作出与备案章程内容不同的陈述与保证，交易对方应当信赖哪一项？是公司章程还是交易方的陈述与保证？这里是否还存在备案章程的虚假陈述责任问题？这方面上市与非上市公司又有无区别呢?

葛伟军：交易对方应该信赖的是公司的陈述与保证，而不是章程。公司章程产生的约束力有两个层次：一个是股东和股东之间、股东和公司之间产生的合同关系；另一个是《公司法》第 11 条所指的规则关系（还缺少了内部员工等）。故公司章程对债权人是没有约束力的。在英国法上，公司章程不产生在股东或公司与债权人之间设立任何合同的效果。

张　巍：谢谢，我也这么觉得。

公司章程的另一种可能:《公司法》第 37 条之辨析

邓　峰：从根本上来说，公司章程是公司创始股东的公开承诺，是对股东权力的制约，以防止股东作出不利于债权人的事情，尤其是公司资不抵债进入清算公司阶段的时候，属于诚信义务的转向。这是 Williamson 讲的含义，是对股东权力的限制，由此决定了股东协议和正式章程的区分原则。[①] 理论上应该这样理解，故一旦公司进入资不抵债的局面，这时候清算组或者清算人接管的权力结构就是章程规定的。在日常经营阶段，我觉得现在有很多的争议涉及更多的问题，如什么是债权？银行在贷款合同中约定条款要求公司发生重大变动应当经过债权人同意等情形是否有效？实际上，这问题在 20 世纪 30 年代的 Martin v.Peyton 案开始，就一直存在。

如果一个权力结构是固定的，那么信赖当然也可以是事实上存在的。当然，这是另外一个层面的问题。这里还有一个魔鬼细节：《公司法》第 37 条最后规定，“对前款所列事项股东以书面形式一致表示同意的，可以不召开股东会会议，直接作出决定，并由全体股东在决定文件上签名、盖章”，这句原本实际还有后半句，具有相当于章程的效力。这里个中滋味无穷，体会很多。

从法律经济学上来看，股权和债权的性质有不同吗?

张　巍：我觉得股债的区别在于谁有剩余求索权。

---

① Oliver E. Williamson, The Economic Institutions of Capitalism: Firms, Markets, Relational Contracting, The Free Press, 1985, p.306.

邓　峰：剩余索取和剩余决策并不是两者根本的区别，关键是因为借助了权力结构和公司的存在。这在法律经济学文献中也是很少数的观点。

葛伟军：确实是。在有些情况下，公司章程在股东或公司与债权人之间可以设立合同，但是仅限于董事或审计师等有限的场合，例如，公司章程包含了董事资格条款，相当于在董事和公司之间设立了合同关系。

即使把章程的效力区分为对内效力和对外效力，对内效力也应当在最狭窄的范围内进行解释，仅指可执行的合同关系，应当区分股东身份条款与非股东身份条款。股东只有以股东身份规定在章程中的条款，才产生合同关系。股东以股东身份以外行事时，与债权人一样，都称为外部人。20 世纪 60 年代，英国的两位教授对此有争论，即在多大程度上章程条款对外部人有执行力。所以看来，英国法对公司章程的讨论主要还是侧重于其作为合同的理解。

邓　峰：汉斯曼沿袭了 Grossman-Hart-Moore（格鲁斯曼 - 哈特 - 穆尔模型，GHM）。但是 GHM 宣称他们自己是实体论的。

张　巍：邓老师觉得两者之间如何区别呢?

邓　峰：你说的是 2006 年修订的吗？我知道的是，股东只能通过全体一致才能免除下次股东会，就是只能一致决不开会。我觉得股权和债权，如果不行使权利，没有本质区别。严格来说，都是债权。实际上，“债权”这个词不准确，但是大家用惯了，应该是合同关系。所以两者只有行使权利和不行使权利的区别，公司与群体之间的区别。

葛伟军：邓老师刚才说的《公司法》第 37 条末规定的最后一款，在英国法上也有依据。对于私人公司而言，股东会决议有两种形式：一种是会议；另一种是不开会，通过传阅的方式。如果是后者，也适用多数决规则。但是我国《公司法》第 37 条则要求全体股东一致同意，显然比英国法更为严格。还有一点是，若全体股东一致同意，则相当于股东会决议，那么在《公司法》第 37 条项下的这个股东会决议还产生修改公司章程的效力。

邓　峰：葛伟军刚说的两种股东会决议方式从原理说肯定有冲突。

葛伟军：2006 年《公司法》，规定了私人公司的这两种股东会决议方式。

邓　峰：实际上我国香港特别行政区有关于董事会的判例，但是对开会

的要求应当是一样的。非正式的沟通不能算开会，否则无法交流。

葛伟军：英国判例法还有个 duomatic 规则，规定正式的股东会会议通过的事情可以通过非正式的全体股东一致同意通过。

邓 峰：这个没问题，因为是董事会主导的，公司秘书操作。换言之，还是章程内的事情，和我说的不是一回事。

葛伟军：关于董事会会议和决议，还没特别关注过。

【总结及倾向性意见】

股权冻结的登记与公示问题一直以来是民事执行中的难点与重点，尤其是涉及非上市股份有限公司的股权，上述讨论中虽论及实践中具体做法，也谈及股权登记的相关规定及相关效力问题。对股份有限公司而言，设立登记在工商机关办理，但上市公司的股权登记由中国证券登记结算公司办理；未上市的股份公司没有统一规定，目前各地均委托商业或国有资产主管部门、产权交易所、行业协会等办理登记、备案事项。但上述登记备案并无法律、行政法规层面上明确规定，是否产生公示效应存疑。因此，导致各地实务操作不一，认识不一，也无倾向性观点。

因冻结措施的目的在于限制股权的权利变动，故股权有效变动的认定标准是解决上述问题的关键。股权是股东对公司的权利，故股东名册是股东行使股权的凭证。只有股东登记在股东名册上，方能享有股权，并对公司行使股东权利。我国《公司法》第 139 条和第 140 条对股份有限公司的股权转让进行了规定。其中，记名股票，由股东以背书方式或者法律、行政法规规定的其他方式转让；转让后由公司将受让人的姓名或者名称及住所记载于股东名册。而无记名股票的转让，由股东将该股票交付给受让人后即发生转让的效力。所以，非上市股份有限公司的股权变动以是否为记名股票为标准，将股东名册和股票交付作为股权变动生效的认定依据。故执行冻结措施自查封裁定和协助执行通知书送达被执行人和标的公司时发生禁止处分的效力。

但是否还需要向工商部门发送协助公示通知书，实践和理论均存有较大争议。因区别于有限责任公司股权登记的对抗效力，我国《公司法》并未明确要求股份有限责任公司需对股东进行股权登记。根据2014年修改后的《公司登记管理条例》也仅规定有限责任公司股东或者股份有限公司发起人的姓名或者名称为公司必须登记的事项。故实践中，只有少数公司自主登记股东股权状况，很多地区的工商登记部门也认为该项内容不是其职权范围而不予登记。然而，根据《最高人民法院、国家工商总局关于加强信息合作规范执行与协助执行的通知》规定，对冻结、解除冻结被执行人股权、其他投资权益进行公示是工商行政管理机关协助人民法院办理的事项之一。人民法院冻结股权、其他投资权益时，应当向被执行人及其股权、其他投资权益所在市场主体送达冻结裁定，并要求工商行政管理机关协助公示。该条规定并未排除股份有限公司的适用。所以，工商登记是司法限制措施的协助公示手段，此亦是企业信用信息公示系统中专门设置“司法协助”栏目，用以公开登载人民法院要求协助执行的事项的主要原因。

同时，根据《查封、扣押、冻结规定》第26条的规定，人民法院的查封、扣押、冻结没有公示的，其效力不得对抗善意第三人。人民法院通过此种登记公示对善意第三人产生对抗效力，主要用以排除查封之后的善意取得之可能，从而有效避免被执行人和标的公司恶意转移财产。据此，工商部门对股权冻结的登记非为设权登记，应为公示登记，并产生对抗效力。

另需注意的是，工商登记的公示必须以冻结措施的生效为前提。如果仅有工商登记，但并未向被执行人和标的公司送达冻结裁定和协助执行通知，则亦不发生股权冻结的效力。

另外，在强制执行程序中，对被执行人财产权属的判断应当坚持外观主义原则，即当行为主体主张真实意思表示与权利外观不一致时，以权利外观来确定行为的性质和效力。工商机关的登记和公示是典型的显示在外的意思表示，对外产生权利外观，公司登记机关的记载对社会具有公信力，执行法院可依据公示登记的内容强制执行。实践中也有观点认为我国商事外观主义和执行程序中的外观主义原则在一定时期内难以完全树立，实践效果难以保证。但不能否认强制执行更注重效力，执行法院对从市场监督机构业务系统、企业信用信息公示系统以及公司章程中查明属于被执行人名下的股权，都可以冻结。实际权利人主张权利的，再按照异议之诉程序依据个案具体情况进行处理。

在公司章程“对外”效力问题上存在不同观点：一种观点认为公司章程效力只及于公司内部，不具有约束交易第三人的效力，更遑论其具有对世效力；与之相对的另一种观点则认为，登记后公司章程具有了对抗第三人的效力。但规定公司章程登记相关内容《企业法人登记管理条例》及其实施细则、《公司登记管理条例》、各地区商事登记条例或办法等，“登记”“公示”的立法表述亦散见于众多商事单行法，此外还有《企业信息公示暂行条例》等配套制度，但总体而言上述法规仅发挥了商事登记的行政管理作用，对商事登记法律关系的主体、客体、效力、权利、义务等都缺乏明确规范，可以说当下商事登记法律法规更多是行政操作指南，而不是法律适用依据。

【代表性学术观点】

刘贵祥等认为，被执行人股权或其他投资权益被冻结后，其股权或其他投资权益所在的市场主体，便负有在股东名册或其他记载投资权益的协议上记载冻结，并不得转让、设定质押等义务，有限公司还附有申请变更登记的义务，因此，执行裁定有必要向其送达。而工商机关的法定职权在《最高人民法院、国家工商总局关于加强信息合作规范执行与协助执行的通知》中只称为对冻结的协助公示，而不是协助冻结。故对公司以外的法人和其他组织，工商机关仅是实行公示监管，将执行法院冻结信息公示，已经尽到了协助义务。①

国家工商总局专家明确表明：“工商部门不是股东股权确权机关，也不是财产权登记机关，工商部门对有限责任公司出资额的登记，本质作用是信息公示。”② 即便股份公司在工商部门有登记，那此类股权登记也应作相同理解，但至少说明国家工商总局对此立场是明确的。

---

① 参见刘贵祥、黄文艺：《〈关于加强信息合作规范执行与协助执行的通知〉的理解与适用》，载《人民司法·应用》2015 年第 3 期。

② 参见国家工商总局企业注册局综合处吴海峰处长提供的有关说明。转引自刘贵祥、黄文艺：《〈关于加强信息合作规范执行与协助执行的通知〉的理解与适用》，载《人民司法·应用》2015 年第 3 期。

【典型案例】

江苏灌云农村商业银行股份有限公司、江苏紫淮投资实业有限公司与连云港市瑞深贸易有限公司、江苏鸿瑞热电有限公司等股权转让纠纷案

案号：江苏省高级人民法院（2018）苏执监 587 号

【基本案情】

申请执行人江苏紫淮投资实业有限公司（以下简称紫淮公司）与被执行人连云港市瑞深贸易有限公司（以下简称瑞深公司）、江苏鸿瑞热电有限公司（以下简称鸿瑞公司）等股权转让合同纠纷一案审理期间，海州法院作出（2013）新商初字第 0978 号民事裁定书，冻结瑞深公司持有的江苏灌云农村商业银行股份有限公司（以下简称灌云农商行）700 万股股权。该裁定送达当地工商局，但未送给灌云农商行。后法院出具的民事调解书，明确瑞深公司、鸿瑞公司等给付紫淮公司股权转让款 1400 万元及利息。再后，紫淮公司申请强制执行。海州法院作出（2014）新执字第 217 号限期追回通知书，以非法处置该院查封的瑞深公司持有的灌云农商行 700 万股股权为由，责令灌云农商行追回瑞深公司持有的系争股权或相应的股权转让款。因灌云农商行仍未执行该通知，海州法院又作出（2014）新执字第 0217-1 号执行裁定书，裁定：一、追加灌云农商行为本案被执行人；二、灌云农商行在 1400 万元范围内对上述民事调解书确定的被执行人瑞深公司、鸿瑞公司等所负债务承担赔偿责任。

灌云农商行就此执行异议，海州法院驳回其异议后，灌云农商行又向连云港中院申请复议。该院出具（2017）苏 07 执监 152 号执行裁定，裁定撤销（2014）新执字第 0217-1 号执行裁定书的第一项，维持该份执行裁定书的第二项。灌云农商行向江苏高院提起执行监督，该院最终维持（2017）苏 07 执监 152 号执行裁定第一项，撤销（2017）苏 07 执监 152 号执行裁定第二项，撤销海州法院（2014）新执字第 0217-1 号执行裁定第二项。

【裁判观点】

异议审查法院认为：法院裁定对瑞深公司持有的灌云农商行700万股股权予以冻结，该保全裁定一经作出并送达股权变更登记机关工商局即具有公示意义。《最高人民法院关于人民法院执行工作若干问题的规定（试行）》第44条规定，被执行人或其他人擅自处分已被查封、扣押、冻结财产的，人民法院有权责令责任人限期追回财产或承担相应的赔偿责任。灌云农商行作为持股企业亦未履行审慎注意义务，并积极参与将被保全股权进行转让，虽经该院通知限期追回至今仍未追回，依法应承担相应法律责任。故驳回异议。

复议法院认为：本案中，海州法院查封瑞深公司涉案股权后，虽没有向灌云农商行送达查封裁定，但灌云农商行已得知上述股权已被冻结。在此情况下，灌云农商行将股权转让给其员工，是擅自处置已被法院查封、扣押的财产的行为，灌云农商行应承担相应的赔偿责任。（2014）新执字第0217-1号执行裁定书第二项符合法律规定，予以支持。但第一项“追加灌云农商行为本案被执行人”没有法律依据，予以纠正。

执行监督法院认为：根据《公司法》第139条、第140条规定，股份有限公司记名股票，由股东以背书方式或者其他法定方式转让后，由公司将受让人名称及住所记载于股东名册；无记名股票由股东将该股票交付给受让人，即发生转让的效力。再根据《最高人民法院关于人民法院执行工作若干问题的规定（试行）》第53条第2款规定，冻结投资权益或股权的，应当通知有关企业不得办理被冻结投资权益或股权的转移手续。因此，股份有限公司的股权转让以记载于股东名册或者交付股票作为对外公示的效力要件。法院冻结被执行人持有的股份有限公司股权，应向该股份有限公司发出协助执行通知书。本案中，海州法院对涉案股权进行诉讼保全时，未向灌云农商行送达协助执行通知书，该冻结裁定对灌云农商行未发生法律效力。灌云农商行之后向该行员工摊派股权并提供贷款的方式转让股权，并不违反法律规定。据此，灌云农商行的申诉请求成立。

（讨论整理及后续评论：陈克）

第五部分

民事诉讼法专题

债权转让后的借款合同管辖

【发言群友】

李志刚、夏正芳、刘建功、吴泽勇、徐同远、邹波、叶林、郭宁华、刘生亮、肖建国

【讨论时间】

2019 年 3 月

【沙龙实录】

李志刚：《民事诉讼法解释》第 18 条规定：合同对履行地点没有约定的，争议标的为给付货币的，接收货币一方所在地为合同履行地。据此，有人解释为借款合同，涉及出借争议的，债务人所在地为合同履行地；涉及还款争议的，债权人所在地为履行地。遇到的问题是：如果债权转让，债权受让人起诉债务人还款，此时，债权受让人所在地是否有管辖权？

观点一认为：债权受让人承继了债权人出让人的地位，是现在的债权人，所以合同履行地为债权受让人所在地。但如果这样的话，相当于只要原债权人选一个异地债权受让人，就可以任意改变原合同的管辖地。

观点二认为：债权转让，是债权受让人承继了原债权出让人的权利和义务，因为债权转让而产生的变更，不能影响债务人的利益。《合同法》第 82

条[①]规定，债权转让通知后，债务人对让与人的抗辩，可以向受让人主张。据此，原合同中，债权受让人所在地没有管辖权，故债务人可以此对债权受让人所在地法院的管辖权提出异议，并得到支持。请问您怎么看?

夏正芳：赞同第二种意见，否则对债务人不公，超出订立合同时对管辖问题的预期，受让人应受原合同管辖的约束。

刘建功：赞同夏庭长意见。我们可以设想一下，假设在借款合同中双方约定了管辖法院，那么即便债权转让，新债权人自然需要接受合同中关于管辖约定的约束。如果借款合同中对管辖地未作约定，那么法律关于管辖的规定的性质，实际上属于当事人无约定时的补充性规则，其与合同约定应该是同质的，理应得到同等对待。

李志刚：有一种观点认为，如果合同约定了“债权人所在地”管辖，现在债权人变了，那就应该按照新的债权人的“债权人所在地”管辖。

刘建功：这就得涉及合同解释规则了。

吴泽勇：从法律规定的文义可能推导不出债权出让人所在地法院管辖的结论。如果认为管辖是一种利益，这里不仅涉及债务人利益，还有债权出让人和受让人的利益。

李志刚：涉及债务人的管辖利益，是否可以因为债权人的单方意志（或者与受让人的合意）而受到损害。

刘建功：债权人所在地在一定情况下是语义清晰的，但并不绝对。假设债权人是个人，获得印度国籍了，债务人难道还得接受印度法院管辖？此时应该用目的解释来限缩文义囊括范围。

吴泽勇：对债权受让人来说，受让债权当然是一并受让债权上的所有权利和义务。让他去出让人所在地法院进行诉讼，理由何在?

李志刚：理由是他承继的是原合同的权利，也包括原合同的义务（不利益）。

吴泽勇：我觉得这里并不存在独立的债务人对于管辖的利益。管辖只不过是实体债权上的一个附属物，实体债权到哪里了，管辖相应转移到哪里。

① 现为《民法典》第548条，内容与《合同法》第82条一致。

把管辖作为一个特殊的利益来考虑，在法理上非常令人费解。

上面这句话的前提是李老师设定的语境，即《民事诉讼法解释》第 18 条之下，涉及还款争议时的处理。第 18 条是对债务履行地的一个具体规定，说白了就是钱还到哪里，哪里就是履行地。现在债权人变了，钱需要还到另一个地方，当然履行地随之变更。如果认为管辖照旧，不如干脆认为履行地照旧——债务人仍然有权在原来的债权人那里履行，即债权人变更但不转移履行地。我不知道实体法是否支持这样的处理。

李志刚：在电子划款的现实面前，这一还款地（履行地）的法理意义实际已经大大限缩。

但当事人所在地，对诉讼成本、诉讼的优势，却会显著增强。而这，可能正是管辖攻防的核心。

吴泽勇：如果实体法不支持上面的方案（履行地不变），诉讼法好像也没有理由支持单独保留管辖权不变。

徐同远：《合同法》第 62 条第 3 项[①]前半句："履行地点不明确，给付货币的，在接受货币一方所在地履行。"这是关于合同（狭义的债）履行地点如何确定的一种规则。一旦按照本规则，确定了合同履行地点，此后债移转了，履行地点似乎不因此而改变，否则债的同一性就没有了。债的移转只是改变了主体，而不会改变债的内容。债权让与是在不改变债的内容的前提下，将债权让与他人。

吴泽勇：李老师的思路其实是把诉讼法的价值独立化了，作为诉讼法学者我很喜欢这样的立场。

按照徐老师的解释，那么管辖不变没问题。

徐同远：在债权让与后，债权让与人负有义务告知债权受让人债的履行地。这属于债权让与人从给付义务的范畴。

李志刚：感觉绝大多数管辖权争议，都是在争诉讼法的独立价值。

吴泽勇：理解志刚的意思。但觉得这其实不太正常。理论上所有的法院都应该作出一样的判决，但在中国显然当事人常常不这么认为。按照徐老师

① 现为《民法典》第 511 条第 3 项，内容与《合同法》第 62 条第 3 项一致。

的观点（在债权让与后，债权让与人负有义务告知债权受让人债的履行地，这属于债权让与人从给付义务的范畴），管辖不变在理论上更顺畅。

邹　波：实际操作中，我们坚持的是不能超出订立合同时各方对管辖的约定，受让人应当受原合同管辖的约束。现在都要求当事人提交类案判决，原先所谓的主场优势已经大大减少啦。

叶　林：受让人在受让债权的时候，应当知道这个债权所涉纠纷的管辖地，既然他受让了这债权，也相当于接受了债权所附着的管辖权条款。

吴泽勇：如果按照邹波法官说的那样进行的话其实是挺好的，说明一切都在变得正常。

李志刚：对当事人而言，管辖地的确定，除了可能存在"本地保护"的顾虑外，差旅费用及选聘律师，特别是大标的案件的律师选聘（服务质量及收费），也还有一点影响。

吴泽勇：差旅费、找律师和进行诉讼方便的考虑我觉得是正常的。

李志刚：是的，可能这些都属于管辖的"诉讼法独立价值"。

刘建功：自由裁量权司法尺度的区域差异，是在任何情形下都不可避免的事情。管辖自然有除了诉讼成本之外的独立价值。

郭宁华：实践中不止有约定债权人管辖地的，还有约定原告住所地的，这个"原告"也有多种解释角度。

李志刚：那可能主要是合同解释的问题了。

刘生亮：志刚真的确信是合同解释问题？

李志刚：不敢确信，所以说"可能"。

刘生亮：正在看崔建远老师的《合同解释规则及其中国化》一文才有此问。

郭宁华：接着志刚的问题，请教大家有关保理合同纠纷的管辖争议问题：保理合同中保理商和债权人约定了管辖条款，但在基础债权债务合同中，债权人和债务人也约定了管辖条款，两个约定管辖地不一致，现在保理商同时起诉了债权人和债务人，应如何确定管辖？这个问题实践中争议不小。请教大家。

李志刚：立案庭曾经有这样一个案件征求我意见，当时我作为承办人表达了不同意见，不过没有被采纳。准备写篇有关保理的文章，就此问题专门论述。总体倾向，保理合同约定的管辖对债务人没有约束力，不能据此生成对债务人的管辖权。

郭宁华：期待志刚的大作。延伸的一个问题是，如果基础债权债务合同没有约定管辖条款，有观点认为，可按牵连管辖的角度以保理合同约定的管辖地为准。您觉得如何？

李志刚：个人倾向与此问题同理。牵连，不能超出债务人的意志和预期。保理合同源于基础合同，保理商受让，表明其愿意接受基础合同的约束，而不能表明债务人愿意受保理合同的约束。据此，要牵连，也是牵连到基础合同管辖，而不是本末倒置，牵连到保理合同的管辖。

郭宁华：要厘清谁是牵，谁是连的问题。

李志刚：从法律解释角度，不知道是否可以这样理解：（1）文义解释角度，《民事诉讼法解释》第 18 条规定：合同对履行地点没有约定的，争议标的为给付货币的，接收货币一方所在地为合同履行地。严格的文义解释，这里的接受货币一方所在地，应该指的是缔约时的债权人，至少没有明确包括债权转让的情形。（2）债权转让情形下，是否适用本条，涉及是否要将收款人扩张解释到债权受让人。这个过程包含了利益衡量和价值判断，很难说谁对谁错。（3）从体系解释来看，涉及债权转让情形下管辖问题的规定是《民事诉讼法解释》第 33 条："合同转让的，合同的管辖协议对合同受让人有效，但转让时受让人不知道有管辖协议，或者转让协议另有约定且原合同相对人同意的除外。"其体现的原则是：①原合同约束债权受让人（以受让人不知道特约为例外）；②转让变化不约束债务人（以债务人同意为例外）。（4）第 33 条规定的是有协议管辖的情形，它没有说让债务人应当承担因为债权转让带来的管辖变动的风险，而是明确了上面两个原则。而这两个原则，可能是债权转让情形下，本质性的规则——侧重保护债务人，还是受让人。根据这个规则，类推适用到各方当事人没有特别约定的情形，结论似乎是：除非经过债务人同意，否则因为债权转让带来的管辖变动，不能约束债务人。

吴泽勇：第三个角度以后争议就比较大了。

李志刚：吴老师是否同意第三个角度？

吴泽勇：《民事诉讼法解释》第33条也可以理解为，管辖状况不改变，以受让人知道该状况为限。如果这样理解，就完全不能回答您的设问了。所以我觉得第33条对解决设问帮助不大。因为交集太小。

刘生亮：债权让与以不增加债务人负担为原则。履行地于金钱债和非金钱债意义应有不同。由履行地勾连管辖，管辖问题属评价要素，但于金钱债意义不大。仍应回到管辖规则的解释适用。第33条不适用无约（仅适用有约和另约），而应适用第18条，持第一种解读，非金钱债从让与规则，金钱从管辖规则。（债的同一性理论似不能作为解释依据。）

李志刚：由受让人所在地管辖，是否会增加债务人负担？

吴泽勇：按生亮的意思，是否增加负担，只考虑到履行环节。管辖负担不是这里需要考虑的。

李志刚：为什么管辖环节的负担，就不是负担？实体负担，实体法解决；管辖负担，程序法就闭上眼睛吗？

吴泽勇：我觉得生亮的观点在逻辑上自洽的。管辖是履行地确定之后的事儿，确定履行地需要考虑债权的让与是否增加债务人负担。这里的负担只包括债务自身的内容，不可能包括后续争议的管辖。

李志刚：债权转让，恰恰是在履行地确定之后，改变了管辖地。

刘生亮：履行地的确定问题是程序规范还是实体规范。

李志刚：本来是实体法规范，被民事诉讼法解释纳入了程序法规范。

刘生亮：诉讼系属没有形成哪来的管辖。

李志刚：因为捆绑，导致改变。程序法已经把履行地拉入考量，又要把履行地推开？

肖建国：首先，依据履行地规则确定合同诉讼管辖的时间基准，究竟是合同订立时，还是合同转让时，甚至原告起诉时。这是回答提问的前提。《民事诉讼法解释》第33条所确立的管辖协议自动转移规则，时间基准是合同管辖协议订立时；《民事诉讼法解释》第18条所确立的合同诉讼管辖的法定履行地规则，确定管辖的时间基准，究竟是合同订立时还是起诉时，结论就会不同。《民事诉讼法解释》第 33 条之所以采合同管辖协议订立时这一时间基准，理由在于合同争议解决条款的独立性原则，这是《合同法》第 57 条[①]明确规定的。与仲裁法上著名的仲裁条款独立性原则，如出一辙。至于合同诉讼管辖的法定履行地规则，其基准时的判断，我倾向作同一解释，即以合同订立时为基准。法定履行地中“接受给付一方”，应当以合同订立时为准，而非合同债权转让时为准。《民事诉讼法解释》第 18 条初稿是我执笔起草的，本意是将用于确定诉讼管辖的法定履行地规则回归《合同法》第 62 条，以原告诉讼请求所载明的给付内容（金钱、物、行为）为标准判断法定履行地，改变以往司法解释所创设的特征履行地规则，而特征履行地这一纯粹民诉法上的履行地规则，局限于几种有名合同范围，且依赖于立案阶段合同类型的实体定性，人为造成了合同诉讼管辖确定的困难，以及合同诉讼管辖异议的高发。增强合同诉讼管辖法定履行地规则的确定性，减少争议，规制滥用，同时借鉴域外的经验，是第 18 条的初衷。如果将法定履行地基准时定于转让时或起诉时，无疑给人为制造管辖连接点提供便利，管辖规则被规避和滥用的可能会加大。结论：以合同订立时为准判断“接受给付一方”所在地。观点二是妥当的。

刘生亮：民事诉讼学者提出一个问题：如果债权人在签订合同后住所地发生了变动，此后债权人起诉要求债务人履行还款义务应该去签订合同时的住所地起诉吗?

李志刚：很有意思的问题。不过，主体变更和主体住所地变更，可能是两个不同的问题。在规则既定的情形下，债权人的住所地变更，是债务人必须接受的法定后果。且住所地变更，也有法定程序。而主体变更带来的管辖地迁移，则要简单得多，找个人签个纸面合同即可。故通过债权转让制造异地管辖，要比通过变更法定住所地改变管辖地，可能更容易被滥用。

---

① 现为《民法典》第 507 条。《合同法》第 57 条规定：“合同无效、被撤销或者终止的，不影响合同中独立存在的有关解决争议方法的条款的效力。”《民法典》第 507 条规定：“合同不生效、无效、被撤销或者终止的，不影响合同中有关解决争议方法的条款的效力。”

【总结与倾向性意见】

在金钱债务的情形，并不存在债务人对于债权人所在地不变的利益。债权人可以自由改变其所在地，只要债权人改变所在地，债务人就必须在债权人的现所在地履行。这是债务人在订立合同时即可预见的情形。债权人有改变所在地的自由，对此无须债务人同意。因此，“不允许在未经债务人同意的情况下对债务人课加债权人所在地改变的不利益”一说，在实体法上原本就不能成立。债权人将债权转让给位于异地的受让人，对于金钱债务履行地改变的法律效果，和债权人自行改变所在地并无二致。此处同样不存在债务人应受保护的利益，因此法律没有理由作不同的评价。同时应注意的是，《合同法》与《民事诉讼法解释》所称的都不是债权人住所地，而是债权人所在地——所在地的概念含义应比住所地更为宽泛。债权人改变所在地，比改变法定的登记住所更为容易。法律不使用住所地而使用所在地的概念，其合理性在于，此处的法律规则着眼于给付的实际受领：债务人在债权人实际所在的地点履行金钱债务，使债权人能够受领该给付。如果考虑到这一规范目的，则在债权转让的情形，债务人应在受让人所在地履行债务，否则，在让与人所在地履行债务，无法达到使受让人实际受领给付的目的，甚至根本不能履行（此地无人受领），徒然增加债务人和受让人双方的麻烦。诉讼法上的管辖地问题，不过是履行地这一实体问题的延伸，既然管辖地以履行地为准，则管辖地也应服从上述规则。综上所述，无论是因债权人自主改变所在地还是转让债权导致金钱债务履行地发生改变，都是债务人可以预见的情形；债务人如欲避免上述风险，可以订立管辖协议。在订立管辖协议的情形，关于管辖地的合意成为债权内容的一部分，受让人理应知晓该合意，并受此约束，除非存在《民事诉讼法解释》第 33 条所称的例外情形。[①]

【代表性学术观点】

以程序法原理来整合引领合同案件管辖的模范，即为《民事诉讼法解释》第 18 条。“履行地”作为传统的合同案件管辖连接点以来，是从实体法规范

① 上海财经大学法学院李宇教授接受编者委托，在阅读讨论实录的基础上形成的总结与倾向意见。

出发还是以程序法为基准进行妥当解释，一直是学理争议的常在并因而影响实务操作的选择。第18条确立了“以程序法的规定为原则结合实体法内容，确定合同履行认定规则”，旨在通过该规则，能够推导出有关管辖地确定的基本逻辑和大致顺序，把对条文结构的解释与诉讼的动态过程中确定合同履行地的不同程序阶段结合起来，从而为实践操作提供明确的指引。[①] 基于程序规范解释论的立场，**王亚新**和**雷彤**主张，应立足于诉讼请求，主要从程序法的原理出发直接适用第18条，充分发挥该条一般条款的作用。由此，解释论意义上问题则聚焦到“争议标的”这一关键词的含义确定。学理上有两种说明：一是指原稿提出的诉讼请求中被告应当履行的义务，称为“诉请义务说”；二是指双方发生纠纷的合同类型或性质所决定的主要或特征性义务，称之为“特征义务说”。以“诉请义务说”作为基准的考量是，确定合同案件管辖的价值或政策取向：“区别于侧重保护被告的一般地域管辖，以合同履行地为典型体现之一的特殊地域管辖，本身就有平衡利益或负担在原告和被告之间分配的政策性含义。故在解释适用上，适当向原告倾斜，视为确定合同履行地指引。”相对于“特征义务说”高度依赖在实体法的框架内辨识合同的性质或类型，并据此以确定履行地，采用“诉请义务说”意味着强调主要从程序法而非实体法的角度来把握合同案件管辖的确定。程序或实体基准选取的实质性差异，表现为实体法上合同的履行地点经常为复数，且往往有相互对等或主从等复杂的区分，但程序法意义上的履行地最终却必须是唯一的。在具体的程序运行中，合同履行地被定为程序性事项还是实体审查事项的存在争议。既往司法实践中的管辖争夺战，就其实质是“管辖最终依案件审理的实体结果而确定”，从而被贴上了司法地方保护主义的标签。

但也有学者对上述观点提出了截然相反的观点，并主张科学构建合同履行地规则，从而合同履行地确定回归特征履行地规则。[②]

我国台湾地区学者认为，合意管辖之约定，性质上虽属诉讼契约，但本

---

① 王亚新、雷彤：《合同案件管辖之程序规范的新展开——以〈民事诉讼法〉司法解释第18条的理解适用为中心》，载《法律适用》2015年第8期。

② 刘文勇：《再论合同案件管辖规范中的合同履行地规则——〈民诉法解释〉第18条第2款规定的反思》，载《时代法学》2018年第4期。

质上仍属于当事人间就特定法律关系所合意择用之纷争解决方式，在系争诉讼标的的法律关系为债权的脉络，更属于当事人间所约定起诉行使债权之方式，从属于系争债权关系。因此，当债权移转时，合意管辖之“效力”原则上亦应随同移转于该债权之受让人；同时，此结论亦不因债权受让人是否“知悉”该合意管辖之存在而受影响。此种肯定见解之解释，无论系就债权受让人“得援用合意管辖之取得效力”或就其“合意管辖之排除效力所拘束”之结果而言，均不会使债务人因此遭受原所未有之不利益，更不会使受让人限于较原债权人更为不利之“可能无法院得以起诉”的窘境。[①]

【典型案例 1】

山东黄金集团财务有限公司、苏宁易购集团股份有限公司苏宁采购中心债权转让合同纠纷案

案号：最高人民法院（2019）最高法民辖终 476 号

【裁判要旨】

具有金钱给付内容的债权让与合同，自转让通知到达债务人后即对其产生拘束力，该合同约定的货币接收地管辖条款也对受让人具有约束力。

【基本案情】

智宝公司等供应商与山金 3 号定向资产管理计划（由五矿证券代签）签订《应收账款转让合同及回购协议》，智宝公司等供应商与苏宁采购中心签订的各期《应收账款转让通知函》及《回执》。发生纠纷后，五矿证券向苏宁采购中心、苏宁公司发出《关于苏宁易购集团股份有限公司苏宁采购中心向山东黄金集团财务有限公司支付应付账款的通知函》通知其直接向委托人即黄金公司支付应收账款。各期《应收账款转让通知函》《回执》及《大单采购合同》中未约定管辖法院，亦未约定合同履行地，《应收账款转让通知函》的受让主体为黄金公司所有的山金 3 号定向资产管理计划，黄金公司为实际债权

① 黄国昌：《管辖合意对债权受让人之效力》，载我国台湾地区《月旦法学教室》2012 年第 4 期。

人。发生纠纷后，五矿证券将山金 3 号定向资产管理计划返还给了黄金公司，不再担任黄金公司的委托人和资管计划的管理人，由黄金公司直接行使债权人所有权利。

【裁判观点】

最高人民法院经审查认为，《民事诉讼法解释》第 18 条第 2 款规定，合同对履行地点没有约定或者约定不明的，争议标的为给付货币的，接收货币一方所在地为合同履行地。本案中，黄金公司受让的债权具体内容为应收账款，起诉标的是要求苏宁采购中心给付应收账款，故黄金公司作为买卖合同的接收货款一方，其住所地即山东省济南市为合同履行地，山东省高级人民法院对本案具有管辖权。黄金公司取得对苏宁采购中心的债权权利的基础是其与五矿证券之间的债权转让合同，而该合同自通知到苏宁采购中心后即对苏宁采购中心产生效力，因此该合同约定的货币接收地管辖条款也对苏宁采购中心产生约束力。原审裁定本案移送南京市中级人民法院审理，适用法律错误，应予以纠正。

【典型案例 2】

刘某与中铝矿业有限公司郑州分公司、新安县铭源矿产品有限公司债权转让合同纠纷案

案号：河南省洛阳市中级人民法院（2016）豫 03 民辖终 437 号

【裁判要旨】

在原合同对履行地点没有约定或者约定不明的情形下，争议标的为给付货币的，债权受让人作为接收货币一方，其所在地为合同履行地。

【基本案情】

中铝矿业有限公司郑州分公司主张：适用《民事诉讼法解释》第 18 条的前提，是原告与被告之间必须存在有效的合同关系，而上诉人与原告之间没

有任何合同关系。在本案中，原告是依据原告与新安县铭源矿产品有限公司之间签订的《债权转让协议书》起诉上诉人的。西工区人民法院也根据《债权转让协议书》依据《民事诉讼法解释》第18条对上诉人行使管辖权，然而，上诉人不是《债权转让协议书》的当事人。合同具有相对性，只能约束和适用于签订合同的当事人。因此，在原告与上诉人之间不能适用合同纠纷管辖。

刘某辩称：债权转让是指债权人通过协议将合同中的权利转让给第三人，第三人取代原债权人成为合同关系的债权人，从而与原合同中的债务人形成权利义务关系。

【裁判观点】

民事诉讼基于原告的起诉启动，原告的诉讼请求能否成立，被告是否承担民事责任，须经实体审理确定。本案系刘某主张，其受让新安县铭源矿产品有限公司对中铝矿业有限公司郑州分公司的债权后，因向中铝矿业有限公司郑州分公司主张债权无果而产生的争议，该争议为债权转让合同纠纷，依法应由被告住所地或者合同履行地人民法院管辖。根据《民事诉讼法解释》第18条规定，合同约定履行地点的，以约定的履行地点为合同履行地。合同对履行地点没有约定或者约定不明确，争议标的为给付货币的，接收货币一方所在地为合同履行地。因本案当事人之间对履行地点没有约定，刘某作为主张给付货币的接收货币方，其住所地的洛阳市××区为合同履行地，一审法院作为合同履行地人民法院对本案行使管辖权符合法律规定。

（讨论整理：刘生亮；后续评论：李宇、刘生亮）

破产案件的管辖权异议

【发言群友】

李志刚、王松、南宝龙、陆晓燕、刘静、李相波、刘小飞、吴兆祥、陈克

【讨论时间】

2018年2月

【沙龙实录】

债权人是否有权提出破产案件的管辖权异议

李志刚：《企业破产法》未规定破产案件的管辖权异议制度，如果债务人所在地以外的法院受理了债务人提起的破产重整申请，要求债权人申报债权，债权人是否有权提起管辖权异议？是否有提起管辖权异议的期限限制？

王　松：《企业破产法》第3条规定："破产案件由债务人住所地人民法院管辖。"如果在债务人住所地以外的法院受理破产重整案件，程序违法吧？

李志刚：确实如此。有法院以债务人大股东（未进入破产程序）人格混同（人员及办公场所存在混同）为由，将大股东住所地作为"连接点"，受理了债务人申请的破产重整案件，此时如何救济？申报债权是否视为认可管

辖权？

南宝龙：对破产管辖异议无专门的规定，具体有两个思路：一是适用民诉法管辖一般规定。二是不适用应诉管辖，因为破产属于非诉讼程序，应诉管辖应限缩解释。

李志刚：《企业破产法》第 4 条规定：“破产案件审理程序，本法没有规定的，适用民事诉讼法的有关规定。”是否可以将《企业破产法》第 3 条规定的债务人所在地法院管辖理解为“专属管辖”？由此，根据《民事诉讼法》第 127 条的规定，提出破产案件管辖错误的管辖权异议，不受答辩异议期间的限制及申报债权的限制？

王　松：应该是专属管辖。

李志刚：有观点认为，根据《企业破产法》第 3 条规定，债权人申请破产，债务人可提异议（当然，破产法此处未明确异议内容是否包括管辖权问题）；没有规定债务人申请破产时，债权人有权申请异议，所以债权人没有提管辖权异议的权利。但如果债务人与非住所地法院串通，以破产重整方式受理，再通过强裁作出重整方案，债权人似乎难以得到有效救济。

陆晓燕：《企业破产法》第 3 条关于破产案件的管辖，并非专门管辖的规定；《企业破产法》第 21 条关于破产衍生诉讼的管辖，才是专门管辖的规定。

刘　静：实践中肯定有提管辖权异议的吧？怎么应对呢？

陆晓燕：《企业破产法》第 3 条，只是一个地域管辖中的一般管辖规定，也并非专属管辖。类似于被告住所地管辖这样的。配合第 3 条，另外还有级别管辖规定的。只有破产衍生诉讼，才不考虑地域和级别，构成专门管辖。就此问题，可以参见《企业破产法》第 21 条。我所见到的，破产案件只有推管辖，没有抢管辖。

推管辖的情况，表现为裁定不予受理，这个裁定是破产程序中仅有的两个可以上诉的裁定之一。专门管辖和专属管辖的区别主要体现为：专门管辖不考虑级别和地域，是为集中审理等需要，跟着案件走，而非跟着当事人走；而专属管辖则是解决地域问题。另外，还需运用级别管辖的规定解决级别问题。

刘　静： 如果债权人真的是对破产案件而不是破产衍生案件提出管辖权异议，怎么办？

陆晓燕： 基于这点，《企业破产法》第 21 条是典型的专门管辖规定；但《企业破产法》第 3 条仅是与专属管辖相对的一般管辖，是地域管辖的一种。

破产案件是非诉程序，对于非诉程序怎么提管辖权异议，就需要群里的大咖来解答了。实践中没有遇到过，我也没有研究过。但是非诉程序中申报一下权利，不构成管辖权异议失权，这点是肯定的。

刘　静： 我没有想太多，目前是很多法院是按照债务人注册地来管辖的，是不是主要营业地优先于注册地呢？这里面会有问题吗？

陆晓燕： 主要营业地优先于注册地。

刘　静： 当然，非讼程序有那么几种，破产程序是最为复杂的，并非完全没有利益相对方。志刚假设的情况并非没有可能，但即便如此，我的理解，也不能赋予债权人管辖异议权，因为破产程序一般是概括清偿，一般是有很多债权人的。如果允许债权人提管辖权异议，破产程序尽快解决债务危机、避免损失扩大的功能就落空了。就目前而言，法院受理的依据一般都是很明确的，重整中的强裁也用得非常谨慎。所以，如果确实存在管辖的问题，也不必通过管辖权异议的方式来处理，可以通过其他途径解决。

李志刚： 是实际案例，不是假设情形。非债务人所在地法院主动受理债务人提起的破产重整申请，动机应该是已经有了“商定”的方案——如果此种违法受理不给债权人法律上可供援引的“管辖权异议”权利，指望“通过其他途径”，债权人可能权益因此受侵害。

刘　静： 我还是认为，破产程序的管辖异议权不是个好的途径。

破产案件是否适用《民事诉讼法》有关默示管辖或应诉管辖的规定

李志刚： 如果债权人在受理了债务人破产申请的法院申报了债权，是否在法律上视为放弃了提出管辖权异议的权利，而变成了认可该法院具备了管辖权？

《民事诉讼法》第127条规定："人民法院受理案件后，当事人对管辖权有异议的，应当在提交答辩状期间提出。人民法院对当事人提出的异议，应当审查。异议成立的，裁定将案件移送有管辖权的人民法院；异议不成立的，裁定驳回。当事人未提出管辖异议，并应诉答辩的，视为受诉人民法院有管辖权，但违反级别管辖和专属管辖规定的除外。"参照《民事诉讼法》第127条的规定，债权人似有权提出异议，但无"答辩期间"的限定，因为没有答辩程序。

王　松：（1）以人格混同为由受理这个破产案件，没有法律依据，似程序违法，可以向该法院提交书面异议请求纠正。（2）同时提交异议和申报债权，并不视为认可管辖权。可以参考《民事诉讼法》第127条的规定。

南宝龙：破产案件的特殊性在于主体上1对N，即使其中一个债权人认可了管辖，只要没有穷尽N个债权人，就不能说债权人对管辖没有异议。单个的主体无权处分诉讼权利。

李相波：《企业破产法》第3条规定的"破产案件由债务人住所地人民法院管辖"，从严格意义来说，并不属于"专属管辖"。因专属管辖具有"强制性、排他性和优先性"，故世界各国均通过立法的形式予以明定，我国也不例外，即《民事诉讼法》第33条明确规定的不动产、港口作业、继承遗产三类纠纷，除此之外，均不适用"专属管辖"的规定。

对于《企业破产法》第3条的规定，个人认为类似《民事诉讼法》第26条规定的"公司特别诉讼管辖"以及《民事诉讼法》第196条规定的"担保物权实现案件的管辖"等规定。对于此类管辖的性质，学界和实务界对此认识并不统一。有人认为属于"特殊地域管辖"，因按学理来看，特殊地域管辖是相对于一般地域管辖而言的，是法律针对特别类型案件的诉讼管辖作出的规定，主要指以引起诉讼的法律事实所在地或者诉讼标的所在地为标准来确定案件的管辖法院。有人认为此类管辖属于"专门管辖"，虽然上述管辖在法律条文的文字使用上没有"专门管辖"的用语，但由于该类纠纷的管辖目的在于追求集中、迅速及符合公益目的需求，且该类纠纷经常涉及第三人的权益，故应界定为"专门管辖"。也有人将这类管辖称为"准专属管辖"。

但无论如何，在2012年民事诉讼法修改时，经与全国人大法工委沟通和协商，已有初步共识，即依此类管辖的性质和目的，此类管辖并不能适用“约定管辖”及“应诉管辖”，对这一点的认识，是一致的。

刘小飞：基本同意相波意见。似曾有把专门管辖和专属管辖并列规定的条文，其强制力类似专属管辖。在没有特殊规定的情况下，民事诉讼法的一般规定应可适用于此类案件，管辖权异议是当事人的重要诉讼权利，且直接决定了衍生诉讼的管辖法院，应予充分程序保障。

按照这一思路，专门管辖不适用应诉管辖，但如果走管辖权异议程序，还应尽快提起，以免法院参照适用答辩期间规定。由于再审事由已不包括管辖错误，管辖权一旦确定很难更改。

吴兆祥：专属管辖是地域管辖的一类，是以案件为连结点的。专门管辖不是地域管辖，而是集地域和级别一体特殊的管辖规定，其连接点也是案件，所以两者既要明确区别，又有类似的地方。专门管辖和专属管辖都是法定且不可以协议改变的。专门管辖下一层次是地域管辖。专属管辖下一层次是级别管辖。我个人认为《企业破产法》的规定是专属管辖。

陈　克：求教：《民事诉讼法》第34条规定协议管辖不违反专属管辖，那是否可突破专门管辖？

吴兆祥：简单说专门管辖和专属管辖具有同等之法定性。我国《民事诉讼法》管辖规定很有特色，专门管辖优先，次之普通案件再有地域和级别管辖。地域管辖没有一般与特殊管辖的区分，基本就是一般管辖和专属管辖的区分。当然，专门管辖后还有级别管辖。从立法技术看不一定合理，但不能套国外的一般地域与专属管辖的适用规则。

陆晓燕：破产程序是非诉程序，并无起诉与应诉、诉请与答辩的过程。申报债权也并非向法院申报，依然是向债务人（进入破产后，管理人成为债务人的代表机构）申报，是一种向债务人主张债权的方式，而非寻求诉讼救济的方式，谈不上默认管辖权的问题。

但可以进一步思考：倘若债务人（管理人）不接受申报或者就债权金额和性质与债权人发生争议，迫使债权人不得不提起衍生诉讼，债权人基于

《企业破产法》的规定，只能向破产管辖法院提起衍生诉讼，是否视为默认管辖权？

李志刚：能否在申报债权的同时提出管辖权异议呢？或者申报后，是否仍然可以提出管辖权异议？

陆晓燕：申报后肯定是可以提出管辖权异议的。非诉程序是怎么提管辖权异议的？理想状态的破产程序是不需要实体判断的，债权债务关系的确认和清洁，都是依靠管理人代表债务人（此时的债务人其实是全体债权人的联合、是债权人团体）与个体债权人之间的博弈与共识达成。司法只对博弈的程序是否合法、共识是否真正达成，进行裁定，而非判决。整个破产程序，都只作出裁定不出判决，是典型的非诉程序。只是现在管理人力量羸弱，导致个别破产法官越俎代庖干了很多管理人的事，变相地介入了实体判断。破产中的实体问题的解决，都是依靠发起破产衍生诉讼来完成的，破产衍生诉讼作出的就是判决。

【总结及倾向性意见】

关于破产案件中，债权人是否有权提出管辖权异议的问题，有两种观点。

多数观点认为，债权人有权提出管辖权异议。理由是：第一，《企业破产法》第 4 条明确规定：“破产案件审理程序，本法没有规定的，适用民事诉讼法的有关规定。”《企业破产法》第 3 条仅是关于破产案件地域管辖的规定，对管辖权异议没有规定，当然应当适用民事诉讼法的有关规定。第二，从实践角度看，管辖法院不仅影响破产程序的进程，而且涉及破产衍生诉讼的管辖问题，对债权人具有实际利益，应当赋予债权人提起管辖权异议的权利。

少数观点认为，法律并没有赋予债权人管辖异议权。《企业破产法》第 3 条仅规定了地域管辖，没有规定管辖权异议权，应当视为明确排除。因为破产程序属于概括清偿，破产程序涉及多个债权人。如果允许债权人提出管辖权异议，破产程序尽快解决债务危机、避免损失扩大的功能将会落空。所以，即便确实存在管辖问题，也不必通过管辖权异议的方式来处理，可以另寻其他途径。

关于债权人向受理破产案件的人民法院申报债权是否构成应诉管辖的问题，群友观点一致，均认为债权人向受理破产案件的人民法院申报债权不构成应诉管辖。主要理由是：第一，《民事诉讼法》第127条确立的“应诉管辖”规则为“当事人未提出管辖异议，并应诉答辩的，视为受诉人民法院有管辖权，但违法级别管辖和专属管辖规定的除外”。破产案件并非诉讼案件，债权人申报债权也不能理解为答辩。第二，《企业破产法》第3条规定，破产案件由债务人住所地人民法院管辖。该条规定意味着破产案件的管辖具有专属管辖的性质（关于是专属管辖，还是专门管辖存在分歧），根据《民事诉讼法》第127条第2款，也排除应诉管辖规则的适用。当然，在实践操作中，为避免法律风险，债权人可以一边申报债权，一边提出管辖权异议。

【代表性学术观点】

关于破产案件中，债权人或者债务人是否有权提出管辖权异议，存在三种观点。

第一种观点主张，无论债权人还是债务人均不得提出管辖权异议。例如，**钱晓晨、刘子平**认为，在法院裁定受理破产申请后，破产案件的管辖权应恒定不变，无论债务人还是债权人均无权提出管辖权异议，受理破产申请的法院也不得将破产案件移送其他法院审理。其主要理由是：第一，《企业破产法》并未规定管辖权异议制度，从立法上排除了管辖权异议的提出。从比较法上来看，各国和地区破产法也没有允许对破产案件提出管辖权异议的相关规定。第二，从民商法案件来看，有权提出管辖权异议的是被告，破产案件没有被告，债权人只是申报债权，不能提出管辖权异议。第三，从程序设置上来看，管辖权异议的提出与破产程序的不可逆性不符，不利于破产案件的顺利进行。破产案件公正、高效审理的要求，经不起旷日持久的管辖权异议程序的拖延和消耗。第四，允许提出管辖权异议的效果，只能加剧众多破产程序参与人之间的争执，延误案件的审理和破产清算程序，损害广大债权人和债务人企业职工的利益。[①]

第二种观点主张，债权人不得提出管辖权异议，债务人只有在非自愿破产的情况下提出管辖权异议。**最高人民法院民二庭**认为：“在非自愿破产的情形下，只有债务人可以对债权人的破产申请提出管辖权异议；在自愿破产的情况下，债权人只能按照要求进行债权申报，不能提管辖权异议。在时间方面，债务人提管辖权异议的时间应该严格限制，债务人只能在7天内提出。因为法院一旦裁定受理破产申请，一切与债务人有关的实务都由管理人代为进行，债务人显然不能再提出管辖权异议。”[②]北京市高级人民法院在其《企业破产案件审理规程》第3条也规定，债权人提出破产申请，债务人对法官管辖权有异议的，应当依据《企业破产法》第10条第1款的规定，自收到人民法院的通知之日起7日内向人民法院提出。

第三种观点主张，债权人、债务人甚至破产案件的利害关系人均可以提出管辖权异议。**刘贵祥、尹小立**认为，我国目前破产程序不仅是对破产债务综合执行的程序，而且是对各种相关法律关系作出裁决的程序，程序是否公正与各利益主体关系重大，加之实践中确实存在滥用管辖权进行地方保护的现象，以民事诉讼法为依据，允许利害关系人提出管辖异议是必要的。管辖权异议的主体应包括破产企业、破产企业的债权人及破产企业的债务人。在债务人申请破产情形，是否应将有优先受偿权的债权人与无优先受偿权的债权人区别对待，存在争议。有人主张有优先受偿权的债权人无权提出管辖权异议。关于提出管辖权的异议期限，一般诉讼应当在提交答辩状期提出，是因为提交答辩状期限届满后，诉讼程序已经进入审理前的准备阶段或者人民法院对该案件正在进行审理，如果允许当事人此时提出异议，那么当事人就有可能滥用权利拖延人民法院对案件的审理，不利于人民法院及时行使审判权，解决当事人之间的纠纷。在破产程序中，一旦宣告破产，类似于一般民事诉讼实体审理的开始，因此提出管辖权异议的期限应限定在破产宣告之前。

---

① 钱晓晨、刘子平：《破产案件管辖权与管辖权异议研究》，载《人民法院报》2008年5月22日，第6版。

② 最高人民法院民事审判第二庭编著：《最高人民法院关于〈企业破产法〉司法解释理解与适用》，人民法院出版社2007年版，第66~71页。

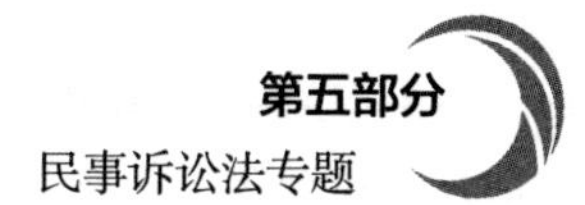

人民法院对破产管辖异议也应作出裁定，异议人依据《民事诉讼法》规定对此裁定可以上诉。[①]云南省高级人民法院在其《破产案件审判指引（试行）》第28条规定，人民法院裁定受理破产申请前，债务人或债权人提出管辖权异议的，人民法院应予审查。异议成立的，裁定不予受理破产申请。管辖权异议不成立的，人民法院可在受理破产申请的裁定书中一并予以明确。

（讨论整理及后续评论：王赫）

① 刘贵祥、尹小立：《当前审理企业破产案件应注意的几个问题》，载《法律适用》2005年第11期。

超过上诉期限后能否增加上诉请求

【发言群友】

葛洪涛、肖建国、郭载宇、王松、李相波、李志刚、夏正芳、吴泽勇、蒋太仁、李建伟

【讨论时间】

2018年10月

【沙龙实录】

上诉请求与期限利益

葛洪涛：在不超出一审诉讼请求的范围内，超过上诉期限后，上诉人能否增加上诉请求？

肖建国：上诉请求划定了上诉审理和裁判范围，以及出于二审中上诉利益变更禁止原则的适用，个人认为除非涉及国家利益、社会公益利益的内容，一般情况下不宜增加为妥。

葛洪涛：我也是这个观点，并且，这涉及上诉期限利益的问题。

肖建国：上诉期限利益，对的。站在另一个角度，增加上诉请求观点也能成立。提起上诉，即产生案件移审效力。是整个案件移审，一审判决全部

不发生法律效力，并非上诉请求部分移审，也非一审判决部分生效部分不生效。因此，基于上诉的全部移审效果，上诉人在一审诉讼请求范围内增加上诉请求，理论上也可获得支持。个人认为，能否增加上诉请求，不是对与错的问题，而是在我国是否妥当的问题。

葛洪涛：这就是我们正反两种观点的各自理由。

诉讼费用的影响

郭载宇：超过上诉期增加上诉请求（前提是未超出一审诉辩范围，超出一审诉辩范围的属增加的独立的诉讼请求，司法解释明确不允许）的问题，个人认为应该允许。同时，对方可要求其承担增加的费用，如第二次开庭的差旅费和其他必要费用等。很多时候上诉人的上诉请求是非常笼统、非常不明确的，如就一句请依法改判，法院一般都予以审理，实践中也没有以诉请不明确为由裁定驳回上诉，一般也只是要求其进一步明确，明确就意味着有增加的可能。

此外，上诉请求都是以事实理由来支撑，两者紧密相连，有时候甲事实理由是否仅对应甲请求而不对应乙请求、丙请求，不一定能作清楚区分。既然允许增加事实和理由，也应允许增加上诉请求。考虑到上诉费也允许期满后补交，二审未规定的比照一审，司法解释只禁止二审增加独立的诉请，没有上诉的部分在二审程序结束前也不能生效，增加诉请不会过度妨碍被上诉人的防御，如果不允许变更上诉请求，则可能迫使上诉人（为避免风险）就一审判决之全部（于其不利部分）提起上诉等，似乎可以认为上诉期只是解决上诉权的问题。这不涉及仅保护上诉人的利益，就一审双方当事人而言，其均有可能成为上诉人。

民事诉讼法解释的视角

王　松：在不超出一审诉讼请求的范围内，超过上诉期限后，上诉人能否增加上诉请求？个人认为，目前民事诉讼法和司法解释对此没有明确规定。原则上对在二审法庭辩论结束前提出、且没有超出一审诉讼请求的，支持为宜。理由：（1）法律没有限制当事人行使这种权利，断然否定没有明确的法律依据；（2）关于二审中当事人增加诉讼请求或者提起反诉（指在一审诉讼请求之外）的处理，《民事诉讼法解释》第328条规定：“在第二审程序中，原审原告增加独立的诉讼请求或者原审被告提出反诉的，第二审人民法院可以根据当事人自愿的原则就新增加的诉讼请求或者反诉进行调解；调解不成的，告知当事人另行起诉。双方当事人同意由第二审人民法院一并审理的，第二审人民法院可以一并裁判。”显然，该条规定限制的是二审中的诉请不能超过一审诉请，没有包括二审中增加不超出一审诉请部分的诉请。（3）关于一审中当事人增加诉讼请求或提出反诉的时限，《民事诉讼法解释》第232条规定：“在案件受理后，法庭辩论结束前，原告增加诉讼请求，被告提出反诉，第三人提出与本案有关的诉讼请求，可以合并审理的，人民法院应当合并审理。”参照该规则，似可理解为当事人在二审法庭辩论结束前可以增加诉请（在一审诉请范围内的增加）。当然，如果因为增加诉请的迟延造成对方当事人损失的，对方可以主张合理损失的赔偿。

李相波：理解正确。2014年制定《民事诉讼法解释》时，就是这样考虑的。当时是根据我国的审判实践和相关法理以及参考了国外的立法例后，起草的关于该问题的相关条文。

葛洪涛：提几条反对理由，供批判：（1）现行法对该问题没有具体规定，但是《民事诉讼法》第164条规定15日内可以上诉，《民事诉讼法解释》第323条规定二审原则上围绕上诉请求展开，除非涉及公共利益。由此可以反推，超过上诉期限提出的请求不能被允许。（2）退一步，即使允许，也应区分情形。增加上诉请求可以具体化为以下几种情形：第一种情形，单纯变更上诉请求金额；第二种情形，变更或增加上诉的一审判项，如开始上诉赔偿损失的判项，随后增加恢复原状的判项；第三种情形，变更或增加义务主体，如开始只上诉主债务人承担责任，随后增加担保人；第四种情形，本诉原告上诉后，反诉原告提出上诉。上述情形是否应被允许，似乎有必要单独讨论。

（3）一审判决因上诉不生效不能成为允许增加上诉请求的理由，否则上述第四种情况也应被允许。再考虑诉的任意合并情形，当事人是商事主体还是民事主体，情况更为复杂。（4）二审与一审不同。一审没有15天上诉期限的限制。

李志刚：洪涛的第一个理由好像属于反面解释，反面解释可能要以充要条件为前提。

郭载宇：第一，二审原则上确应仅围绕上诉请求进行审理，但如果允许上诉期届满后增加上诉请求，二审审理的范围并未超出上诉请求，所以核心问题还是超过上诉期是否允许增加的问题。

第二，在现行法对此未明文的情况下，是法无禁止即可为，还是法无明文则禁止，个人觉得应服从两个目的，即是否便利当事人诉讼，是否会过分增加对方当事人的负担。关于是否便利当事人诉讼，目前上诉期仅为15天，如果案情相对简单，当事人应有充裕的时间决定是否提起上诉，细致确定其上诉请求。实践中有些案件案情非常复杂，判项较多，对如何仔细明确其上诉请求，短短15天不一定足够，加上当事人选择律所可能也会“货比三家”，各律所完全有可能给出不同的诉讼策略，如何确定上诉请求关系当事人诉讼费的数额、证据的收集难度等，15天更显仓促。限制当事人增加上诉请求固然便利了法院审理案件，但是否便利当事人诉讼，值得考量。关于是否会过分增加对方当事人的防御难度，应该不会存在，因为双方一审已经有过交锋了。

第三，关于诉的合并的问题，既然一审已经合并审理了，一审的所有当事人也都是二审案件的当事人，不会导致情况更复杂。

第四，赞同应区分情况的想法。目前初步不成熟的想法是，其一，对于一审依简易程序审理的案件，二审原则上似乎不应允许增加，既然是简易案件，15天上诉期对其明确其上诉请求应已足够，如果此时仍允许增加，与简易程序快速处理纠纷的目的不符；其二，对于一审依据普通程序审理的案件，如果上诉人明显存在诉讼偷袭的目的，如上诉期内仅仅提出一个极细微的诉讼请求（比如，仅针对极其少量的利息上诉，或者仅仅针对律师费上诉等），超过上诉期后拟增加的上诉请求与上诉期内提出的上诉请求相比，“体量”明显超出了合理的限度（具体情形应该视个案具体情况，但似乎可以作为一个原则予以考虑），此种情况也不应允许。粗浅想法，见笑。

诉讼诚信与司法实践视角

夏正芳：从现实角度不赞成追加，诉讼不诚信现象较普遍，只要给机会，可能会被突袭者利用。这边在开庭，那边要答辩期，给还是不给。虽然可用赔偿损失解决，增加了诉讼的复杂性。如果征求对方没意见也可允许。

郭载宇：从这个角度出发，一审似乎也不应允许原告增加变更诉请。

吴泽勇：我也倾向不赞成允许二审追加上诉请求。理由很简单：上诉期限是对当事人上诉权的重要限制，这个限制只有在上诉请求原则上不能突破时才有意义。如果允许上诉请求轻易被追加，那么上诉期限制度很容易就会被规避了。

至于郭法官提到的区别对待，我认为尽管有现实合理性，但似乎应该放在“我国上诉期限是否太短，是否应当予以修正”的问题下面进行讨论。在现行法框架下，好像找不到允许上诉期届满之后追加上诉请求的恰当理由。王松法官给出的几点理由基本上都是在说现行法没有禁止追加，但我认为，上诉期限的规定、上诉审理范围的限定就已足够，并不需要更具体明确的禁止。

肖老师提到上诉导致一审判决整体不生效力的判断，当然没有问题。但这个判断应该只能用来分析一审判决是否发生实质既判力以及执行力的问题，不能推出上诉人可以在二审期间随时追加上诉请求的命题。

郭载宇：二审审理范围的问题不再赘述。对上诉期的理解，理论界和实务界也存在另一种理解，即上诉期内只要具有上诉的意思，提起上诉即可，上诉期限只解决上诉权的问题。现行法下似暂看不出这种理解绝无依据的理由。

吴泽勇：我理解区分情况考虑的方案，这种方案的确为当事人提供了更加周全的保护。问题是这种裁量权对于法院是否适当？与此相伴的说理压力法院是否愿意承受？这可能是这种方案在实践层面需要面对的问题。

王　松：当事人包括律师、甚至包括法官对一个案件的认识是有个过程的，收集证据也是需要时间的。已经限定了二审上诉请求不超过一审诉请范围，适当在诉讼费上做做文章应该可行，类似于举证期限规则，“一刀切”落实不了的。还是看价值导向，是追求保护诉权、纠纷一次性彻底解决，还是职权本位。

吴泽勇：也不一定是职权本位，我理解主要是一个风险分配的问题。允许追加的话，实际上把压力交给法院了。

郭载宇：在经历类似情形的两个案子中，一件明确告知暂先纳入庭审诉辩范围，且需暂先补缴诉讼费，尚未最终纳入二审审理范围，是否纳入有待最终讨论决定。两起案件被上诉人均能当庭答辩，毕竟未超出一审范围，攻防演练过了。一点有限的经验。

吴泽勇：被上诉人都同意答辩吗？

郭载宇：在明确告知被上诉人有权要求新的答辩期，有权要求再次开庭并要求对方承担费用的情况下，两案中的被上诉人庭后均未提出类似请求。在认为不应允许增加的前提下，进行了实质性答辩。

吴泽勇：明白了，先答辩了再说。

肖建国：这两个案件中，上诉人、被上诉人有律师代理吗？

郭载宇：均有。

区分论的解决方案

肖建国：如果采取区分情况处理方案，建议考虑两个因素：一是双方尤其是上诉人有无律师代理，还是本人提起上诉。在最高人民法院提起的上诉，有律师代理是常态，但地方法院未必。当事人本人提起上诉，不能苛求上诉请求的准确完善。二是被上诉人对于增加上诉请求是否同意。增加上诉请求，遭受最大不利益的主要是被上诉人，应由被上诉人同意为宜。因此，上诉人申请增加时，二审法院应征询被上诉人意见，被上诉人不同意的，法院不许增加。

李志刚：肖老师所提的基于有无代理律师的区分，似可以视为是对民事主体与商事主体的诉讼能力差异，而就程序性规则的细分，进而实现程序法上的实质正义。如果上诉人是企业，无论有无律师，则在程序上都不应作出特别的照顾。

肖建国：对的，应限于上诉人为自然人的案件。

吴泽勇：师兄关于当事人诉讼能力的考虑很有道理，但对方当事人同意在实践中可能很难获得。

肖建国：是的。

李志刚：基于民事主体与商事主体的诉讼能力差异，对诉讼效率、诉讼诚信与实质正义作不同的规则设置，此点特别重要。

李建伟：正解。

郭载宇：即使是商事案件，也要考虑我国当前的法治现实，现实是留存很多证据的行政机关较为强势，有关金融机构和公司企业对律师不大配合，调查令等制度尚未成型，律师调查取证的难度还是很大的，这对当事人诉讼策略的制定，进而对诉讼请求的明确是有影响的。

李志刚：取证难的问题，可以通过申请法院调查取证解决，可能不能将影响无限扩张至诉讼请求和诉讼策略，进而影响司法判断。

蒋太仁：我不主张现阶段大力推广律师调查取证，可以试点。人民法院应当作为。根据不同案情介入调查，也有利于提高证据可信度。

王　松：这个问题，可以参考举证时限规则，举证关门到什么时候，也是和诉讼请求的确定、诉请能否得到支持、公正裁判密切相关的。

郭载宇：上述情况只是考量因素之一，应各种因素综合考虑。从目前的实践来看，法院对取证申请感觉是不会轻易支持的。

蒋太仁：可以支持，但目前律师队伍站位决定其取证角度，容易让人产生合理怀疑，将来公务律师事务所成立后可以考虑其专业取证。

王　松：调查令效果不好，银行、机关等很多都不认。

郭载宇：是否应支持调查令我尚无观点，我只是陈述一种现状。

蒋太仁：前景不错，现实残酷。不过破产案件中比较好使，也许这是个突破口。

【总结及倾向性意见】

“在不超出一审诉讼请求的范围内，超过上诉期限后，上诉人能否增加上诉请求”问题，本次讨论主要形成三种意见：一是在不超出一审诉讼请求的范围内，在法庭辩论终结前，上诉人增加上诉请求的原则上应予允许。主要理由是讨论实录中王松老师的见解。二是只要超过上诉期限，即不允许上诉增加上诉请求。主要理由是吴泽勇老师的意见。三是区分对待的意见。主要理由是讨论实录中葛洪涛法官和郭载宇法官的意见，肖建国老师似也支持区别对待说。

程序的正当有序运行，立基于多重制度的协同发力。其间所有制度的力量发挥到极致，呈现的注定是张力充盈而相互龃龉，是所谓过犹不及。由此，争议问题的解决，理应回归其所依托的程序场景，恪守问题属性的边界而不越雷池，方能得出妥当答案。就题述问题的研讨，延展析出可能关联的所有问题当然可行与必要，但问题域的锁定而非聚焦确是必须的。如是，引申延展出的关联问题中，“上诉利益变更禁止原则”的内涵与操作、客观诉之变更与追加、诉讼经济与辩论协同主义、诉讼标的理论、主观范围的变更牵连等，哪些问题是争议解决的逻辑起点，哪些问题有关联但需关联点的锁定，即为后续研讨作业不可或缺。

【代表性学术观点】

陈燕萍认为：对于上诉请求在原诉讼请求范围内是否准许上诉人增加、变更的问题，现行法律没有明确规定。依照《民事诉讼法》的相关规定：“第二审人民法院审理上诉案件，除依照本章规定外，适用第一审普通程序。”而《民事诉讼法》关于第一审普通程序的规定中，又规定：“原告增加诉讼请求，被告提出反诉，第三人提出与本案有关的诉讼请求，可以合并审理。”《民事诉讼法解释》第 232 条规定：“在案件受理后，法庭辩论结束前，原告增加诉讼请求，被告提出反诉，第三人提出与本案有关的诉讼请求，可以合并审理的，人民法院应当合并审理。”可见，在二审程序中，上诉人增加、变更的上诉请求在原诉讼请求范围的，在二审法庭辩论结束前应予准许。[①]

【典型案例 1——法庭辩论结束前准许型】

库尔勒天勤房地产开发有限责任公司建设工程施工合同纠纷案

案号：最高人民法院（2018）最高法民申 667 号

【裁判要旨】

根据《民事诉讼法》第 174 条规定，第二审人民法院审理上诉案件，除依照本章规定外，适用第一审普通程序。而《民事诉讼法解释》第 232 条规定，案件受理后，法庭辩论结束前，原告增加诉讼请求……可以合并审理的，人民法院应当合并审理。因此，二审程序中，上诉人在法庭辩论结束前增加、变更的上诉请求在原诉讼请求范围内的，法庭应予准许。

【裁判观点】

关于二审法院审理泰隆公司增加的上诉请求是否错误以及判决是否超出泰隆公司的上诉请求和诉讼请求的问题。库尔勒天勤房地产开发有限责任公司（以下简称天勤公司）主张泰隆公司 2017 年 10 月 16 日提交新上诉状，增加了 15% 房屋抵顶款和质保金两项上诉请求已超过了上诉期，二审不应审理。根据《民事诉讼法》第 174 条规定，第二审人民法院审理上诉案件，除依照本章规定外，适用第一审普通程序。而《民事诉讼法解释》第 232 条规定，案件受理后，法庭辩论结束前，原告增加诉讼请求……可以合并审理的，人民法院应当合并审理。因此，二审程序中，上诉人在法庭辩论结束前增加、变更的上诉请求在原诉讼请求范围内的，法庭应予准许。经查，泰隆公司一

---

① 陈燕萍：《增加、变更上诉请求的法理分析——以一起人身损害赔偿纠纷为例》，载《山东审判》2009 年第 4 期。

审诉讼请求为天勤公司支付泰隆公司施工款 10 085 919.7 元，一审判决天勤公司支付 2 805 285.28 元工程款以及价值 4 429 740.99 元的房产，并扣减了质保金。泰隆公司增加的两项针对上述房产抵顶工程款和扣减质保金的上诉请求均在其原诉讼请求的范围内，应当予以准许。并且，本案泰隆公司在上诉期内已提出上诉，一审判决并未生效，泰隆公司在其上诉状的上诉请求部分虽未列明该两项上诉请求，但在事实和理由部分已明确阐述了该两项上诉意见并提出了上诉请求，二审开庭时，泰隆公司变更了上诉状并补交了上诉费，故二审法院予以审理并无不当。天勤公司该项申请理由不能成立。天勤公司主张二审判决金额超过了泰隆公司的全部上诉请求和诉讼请求。如前所述，泰隆公司的诉讼请求金额为 10 085 919.7 元，泰隆公司对一审判决少判的工程款、扣减质保金及房屋抵顶工程款提出上诉，二审围绕泰隆公司的上诉请求进行了审理，并判决天勤公司向泰隆公司支付 9 775 144.28 元工程款，未超出泰隆公司的上诉请求和诉讼请求。天勤公司该项申请理由不能成立。

【典型案例 2——法庭辩论结束前准许型】

陕西长通投资开发有限公司、汇通国基房地产开发有限责任公司项目转让合同纠纷案

案号：最高人民法院（2018）最高法民终 431 号

【裁判观点】

鹏跃公司主张陕西长通投资开发有限公司（以下简称长通公司）在 2018 年 7 月 10 日提交的上诉状，实质上增加了请求撤销一审判决第二项的上诉请求，超过了上诉期限。《民事诉讼法》第 164 条第 1 款规定：“当事人不服地方人民法院第一审判决的，有权在判决书送达之日起十五日内向上一级人民法院提起上诉。”该法条对当事人提起上诉的期限进行了规定，但并未限定上诉人变更上诉请求的期限。《民事诉讼法解释》第 232 条规定：“在案件受理后，法庭辩论结束前，原告增加诉讼请求，被告提出反诉，第三人提出与本案有关的诉讼请求，可以合并审理的，人民法院应当合并审理。”参照该规

定，对长通公司在二审法庭辩论前提交补充上诉状增加的上诉请求，应予审理。况且，汇通公司、汇通西安公司就长通公司增加的该项上诉请求，早已提起上诉，故也应审理该项上诉请求。

【典型案例 3——不予准许型】

中国长城资产管理公司北京办事处与东北输油管理局石化物资公司、沈阳中油天宝（集团）物资装备有限公司等金融不良债权追偿纠纷案

案号：最高人民法院（2016）最高法民终 728 号

【裁判要旨】

超过上诉期限新增的上诉请求不属于法院审理范围。

【裁判观点】

《民事诉讼法》第 164 条第 1 款规定“当事人不服地方人民法院第一审判决的，有权在判决书送达之日起十五日内向上一级人民法院提起上诉”，对于石化物资公司超过上诉期限新增的上诉请求，本院不予审查。

【典型案例 4——对方同意准许型】

王某锁、冀某明建设工程分包合同纠纷案

案号：最高人民法院（2016）最高法民申 1922 号

【裁判要旨】

超出上诉期限的上诉请求，对方不同意一并审理也不同意调解的情况下，二审法院应按原上诉状的上诉请求审理。

【裁判观点】

根据二审查明的事实，王某锁在二审庭审时对上诉请求作了四项变更，除放弃其上诉请求第一项中“原审判决山东京庄公司代冀某明支付劳务费

1 783 011.5 元”属计算错误这一项请求外，另外三项均系对原上诉请求进行增加。王某锁增加上诉请求的时间超出了上诉期限，在冀某明既不同意由二审法院一并审理，也不同意调解的情况下，二审法院按照王某锁原上诉状的上诉请求审理本案并无不当。王某锁在二审庭审中当庭放弃“原审判决认定山东京庄公司代冀某明支付劳务费 1 783 011.5 元”属计算错误的上诉请求，属于其对自身诉讼权利的处分，并未违反法律的强制性规定，二审法院予以准许并无不当。且经查，一审判决支持扣除的代付项目的合计金额并没有因计算错误而产生差额的情形。因此，王某锁上诉状中有关一审判决支持扣除的代付劳务费项目金额的上诉请求均应视为放弃，其对一审判决认定的代付劳务费数额应视为认可。王某锁的其他上诉请求实际上均与原一审判决认定的代付项目数额相关，因此王某锁的其他上诉请求应当视为一同放弃。

【典型案例 5——对方同意准许型】

珠海市富景居投资有限公司、蔡某立金融借款合同纠纷案

案号：最高人民法院（2017）最高法民终 505 号

【裁判要旨】

对当事人主体资格的认定等涉及案件审判程序的问题属于法院应当主动审查的范围，但对当事人超过上诉期限提出增加或变更上诉请求的，除非对方当事人同意一并审理，否则二审法院应当严格按照原上诉状的上诉请求进行审理，对当事人超过上诉期限增加的诉讼请求不予审理。

【裁判观点】

《民事诉讼法》第 164 条规定，当事人不服地方人民法院第一审判决的，有权在判决书送达之日起 15 日内向上一级人民法院提起上诉。第 168 条规定，第二审人民法院应当对上诉请求的有关事实和适用法律进行审查。本案中，珠海市富景居投资有限公司（以下简称富景居公司）于 2017 年 3 月 20 日提交的上诉状中明确其上诉请求为：撤销一审判决第一项，改判富景居公

司偿还贷款本金562 435 276.59元，利息从2014年9月25日起按年利率12.5%计至清偿之日止。在二审庭审中，富景居公司则将上诉请求变更并增加至四项，包括从程序上要求发回重审或驳回平安银行起诉，实体上对具体还款本息金额提出变更，以及要求对担保财产、保证人的债权在不超过6亿元范围内承担连带责任。法院认为，对当事人主体资格的认定等涉及案件审判程序的问题属于法院应当主动审查的范围，但对当事人超过上诉期限提出增加或变更上诉请求的，除非对方当事人同意一并审理，否则二审法院应当严格按照原上诉状的上诉请求进行审理，对当事人超过上诉期限增加的诉讼请求不予审理。富景居公司在二审庭审阶段提出变更并增加上诉请求，平安银行不同意对该上诉请求进行审理，故法院仍围绕富景居公司原上诉状的上诉请求审理本案。

（讨论整理及后续评论：刘生亮）

执行程序中担保物拍卖税款与担保物权的顺位

【发言群友】

王长军、李志刚、葛洪涛、王赫、刘生亮、徐同远、肖建国、陆晓燕

【讨论时间】

2019 年 2 月

【沙龙实录】

问题的提出

王长军：法院在执行程序中拍卖抵押的土地、房屋，因本次拍卖，被执行人应担的税款是否优先于拍卖物上存在的担保物权？实务中两种方式都有。

李志刚：《税收征收管理法》第 45 条第 1 款规定："税务机关征收税款，税收优先于无担保债权，法律另有规定的除外；纳税人欠缴的税款发生在纳税人以其财产设定抵押、质押或者纳税人的财产被留置之前的，税收应当先于抵押权、质权、留置权执行。"根据该条款的规定，因拍卖担保物产生的税款，并非产生于设定担保物权之前，故倾向认为：由此产生的税款劣后于担保债权。

王长军：据此规定，似应得出这一结论。这也是担保物权优先论的主要理由。但我认为，该条似不应适用“因本次司法拍卖而产生的税款”，而只适用于拍卖前被执行人差欠的税款。因法院司法拍卖而产生的应由被执行人承担的税款在性质上应界定为实现执行程序必须支付的费用，其与评估、拍卖费相同，均属于执行费的范围，故优于拍卖物上的担保物权。

李志刚：法理上，至少涉及这几个问题：（1）就文意解释或者税款性质而言，税款究竟是“债权”还是“费用”？（2）由拍卖担保物产生的税款，是否必须从拍卖款中扣缴？（3）极端的情形下，破产程序中拍卖担保物产生的税款，是否优先于担保物权？

葛洪涛：赞同税款优先论。《税收征收管理法》第45条适用对象是“纳税人”，针对的是该主体设定担保物权之前的所有欠税。而司法拍卖程序中需要缴纳的税款，针对的是该次“担保物”的变现行为，是实现担保物权的必须成本，属于执行程序中实际发生的费用（广义），应优先于担保债权列支。

换一种说法，在以担保物变现的方式实现担保物权时，担保物权的实际价值，仅限于担保物除去变现成本后的“净值”。实践中，有的拍卖公告明确净值拍卖，由竞买人承担全部费用与税金，这似乎改变了上述分析，但由于竞买人都是理性的，其会考量此时的实际竞买成本，然后给出符合市场的报价。所以这种做法没有问题。

但是，有的法院在拍卖公告中明确，让竞买人负担司法拍卖产生的全部税金（包括竞买人应负担的，也包括被执行人应负担的），然后再赋予竞买人在司法拍卖程序之外另行向被执行人追偿的权利。由于追偿能否实现具有不确定性，所以会导致交易成本的不确定，人为增加了司法拍卖的投机性质，不利于司法拍卖以市价处分财产目的的实现。个人认为是不妥当的。

至于《税收征收管理法》第45条，在所欠税款不具备公示要件的情况下，就优先于担保物权，是否具有正当性；司法拍卖是否应当减免交易税金；都存在不同看法，但这属于立法论层面的问题了，需要另行讨论。

李志刚：法院拍卖公告设定竞买人负担被执行人应予承担的税款，竞买人接受并承担，可以作为竞买人自愿接受特别约定的合同依据，但这并不意味着这部分税款当然由竞买人承担或者从变卖价款中预扣。在纳税主体法定的前提下，把这种税款认定为一种投机，对此，个人持保留意见。在税法有明确的税负承担主体的前提下，将被执行人应当承担的税款，从拍卖价款中直接扣除，等于变相地让竞买人或者担保权人承担了本来应该由被执行人承担的税款，请问其正当性在哪？

葛洪涛： 个人理解，担保物变现过程中产生的税款，属于担保物上的负担，担保权人应当承受。

李志刚： 诉讼费方面，尚且作出了向预交的胜诉方退费的做法，而没有向权利人转嫁，为何税款就要转嫁呢？根据《物权法》第 170 条[①]规定，担保物权人依法享有就担保财产优先受偿的权利，但法律另有规定的除外。按照物权法定、税收法定的原则，哪条法律规定，税收债权是依附于特定物的呢？《税收征收管理法》第 45 条确定的唯一顺位依据是税款产生时间，"税收公示"标准的依据是什么？

税款性质：是债权，还是费用

王长军： 以上两种观点争议的焦点在于：因司法拍卖产生的税款的性质，属于债权还是费用？我倾向纳入执行费用（必须支出费用），主要理由是：第一，除申请执行费外，法律、司法解释对其他哪些费用属于执行费用或必要支出费用的规定并不明确。在法律解释上，应按有利于实现执行的目的来解释。司法拍卖中，如不缴纳税款，多会对抵押物的过户产生阻碍，如有些地方的人民法院向不动产登记机关发出《协助执行通知书》，如未缴纳税款，仍不能解决过户问题，故买受人通过司法拍卖取得担保物所有权将由此受阻，影响买受人权利的实现。第二，拍卖的目的是以物换款，拍卖应理解为系列行为的"综合"，不能简单地将拍卖（狭义）与缴税、过户等行为分离。故由此产生的税款，应视为执行中产生的必要费用。第三，一般情况下的税收债权，是指基于债务人自身行为所产生的税务负担。因司法拍卖而产生的税款，

① 现为《民法典》第 386 条，与《物权法》第 170 条在文字表述上略有不同，内容没有实质变化。

是法院执行行为所产生的费用，与债务人自身行为所产生的税款在法律性质上应有所区别。第四，税款缴纳属于财政收入的主要来源，用于公共开支，具有共益性，纳入执行必须支出的费用优先受偿具有合理性。（5）如不优先于担保物权清偿，实践中可能被规避利用，导致税款流失。但需要强调的是，作为费用的税款，仅限于因本次拍卖而产生且依法应由被执行人负担的部分，其他税款则属于税收债权，而非费用。

李志刚：分析得非常细致深入，受教。仍存有疑惑的是：（1）按照上述第四点理由如果诉讼费从执行回款中扣收，否则一直让原告（权利人）方垫付，是否也具有合理性？（2）《税收征收管理法》第45条明定以税款产生的时间作为优先标准，此种规定是否明确，抑或是否要将税款区分为"一般税款"和"拍卖税款"，再特别地要去作限缩解释，可能也还有讨论空间。但是，在公权力波及私产的时候，是应当谨遵"法无明确授权不得为"的原则，还是将"有利于执行"作为一个终极的原则，这是一个重要的价值导向。（3）对担保物过户问题，法院是在规则、制度和操作上，是从便利和帮助权利人实现权利，还是设置税负转嫁前提、帮助收税，确实也是值得细细考量的价值选择。

王长军：按规定，原告预交诉讼费，其胜诉部分所对应的诉讼费（属于被告承担）法院应当退给原告。被告应当承担的诉讼费通常在执行程序处置其财产后优先扣收，也是优于担保物权。

李志刚：在法律明确规定了付款义务人的前提下，为方便收款而将付款义务转嫁给权利人的做法，总感觉有些奇怪。在这方面，山东、上海等地先后出台了胜诉退费的规定，值得点赞。

葛洪涛：两个事情的性质不一样。就担保物变现过程中的税款（如交易税），是变现的必须费用，不缴纳无法变现，无法实现担保物权，税务机关不会让抵押人赊欠，不涉及向权利人转嫁的问题。

李志刚：有各种可用的催收催缴资源及力量，民事诉讼中的权利人，拿什么去向义务人追缴税款和诉讼费？此间的纳税义务人和扣缴义务人是谁？税收债权是对人债权，还是对物债权？《物权法》第170条可没有规定担保物权人就“扣收变卖税款”后的“担保财产”优先受偿。“担保财产”能包括被执行人的法定缴税义务吗？如果被执行人有其他财产，为什么必须由执行法院从债权人应得的拍卖价款中扣收？

王　赫：国家税务总局2005年9月12日向最高人民法院发出的《关于人民法院强制执行被执行人财产有关税收问题的复函》(国税函〔2005〕869号)载明：“你院《关于人民法院依法强制执行拍卖、变卖被执行人财产后，税务部门能否直接向人民法院征收营业税的征求意见稿》(〔2005〕执他字第12号)收悉。经研究，函复如下：一、人民法院的强制执行活动属司法活动，不具有经营性质，不属于应税行为，税务部门不能向人民法院的强制执行活动征税。二、无论拍卖、变卖财产的行为是纳税人的自主行为，还是人民法院实施的强制执行活动，对拍卖、变卖财产的全部收入，纳税人均应依法申报缴纳税款。三、税收具有优先权。《中华人民共和国税收征收管理法》第四十五条规定，税务机关征收税款，税收优先于无担保债权，法律另有规定的除外；纳税人欠缴的税款发生在纳税人以其财产设定抵押、质押或者纳税人的财产被留置之前的，税收应当先于抵押权、质权、留置权执行。四、鉴于人民法院实际控制纳税人因强制执行活动而被拍卖、变卖财产的收入，根据《中华人民共和国税收征收管理法》第五条的规定，人民法院应当协助税务机关依法优先从该收入中征收税款。”

李志刚：该答复未涉及担保物权人，《税收征收管理法》第45条也得不出题设税款优先于设定在先的担保债权的结论。

王长军：争议焦点在于明确两个问题：(1)因司法拍卖而产生的应由被执行人承担的税款属于执行费还是税收债权？(2)执行费与担保债权谁优先？

李志刚：那是不是税收债权呢？

刘生亮：我认为是税收债权。对于应税人而言，也有规范依据，是因执行行为而获益的应税行为。

王长军：我认为不是，应为执行费。比如，在破产案件中，处置破产财产而产生的评估费、拍卖费都属于破产费，优于债权。

李志刚：基于税法而产生的，交给税务部门的，不是税收债权，是执行费用？普通拍卖、买卖，是否要交税？通过执行拍卖，是否要交税？仅仅因为在执行程序中拍卖，就变成了“执行费用”?《企业破产法》明确税收债权劣后于担保物权，并且没有规定将担保物拍卖中产生的税收债权，列入“破产费用”。

王长军：破产人以前差欠的税款，属于税收债权，税务机关应向法院申报，但法院因拍卖破产财产而产生的破产人应承担的税款则属于破产费用。

徐同远：税收是不是费用，有一个问题就是人们通常所谈论的费用，它指的是什么？在民法上，与这里讨论的问题有关的，是债的履行（清偿）费用，或者说债权实现的费用。它是指实现作为债之客体的给付，所必不可少的费用。税费是不是属于履行费用的范畴，不能一概而论。要看缴税是不是给付实现所必不可少的。比如说，按照现在实际的做法，房地产买卖合同履行，先税后证，税收可能就是履行费用的范畴。不缴税，办不了证，房地产权属移转的义务就可能无法实现。反之，如果是甲欠了乙的钱，甲还有税款没有缴纳，那这个税与乙的债权实现就没有费用的关系。如果乙诉请法院强制执行甲的财产，以实现其债权，此时甲所欠缴的税款，也应该不是乙权利实现的一种费用。甲所欠缴的税款，若要优先于乙的债权实现，要回到《税收征收管理法》第45条第1款。

在物权法上，如果乙的债权（金钱债权）有抵押权，乙实现抵押权也会有费用。《物权法》第173条[①]规定：“担保物权的担保范围包括主债权及其利息、违约金、损害赔偿金、保管担保财产和实现担保物权的费用。当事人另有约定的，按照约定。”《担保法司法解释》第74条规定：“抵押物折价或者拍卖、变卖所得的价款，当事人没有约定的，按下列顺序清偿：（一）实现抵押权的费用；（二）主债权的利息；（三）主债权。”甲欠缴的税款好像也不属于“实现抵押权的费用”的范畴。实现担保物权的费用，或者实现抵押权的费用，是指担保物权人或抵押权人，在实现担保物权或抵押权时，所要支付的费用。因此，如果乙诉请法院强制执行甲的财产，以实现其债权，此时甲

① 现为《民法典》第389条，与《物权法》第173条在文字表述上略有不同，内容没有实质变化。

所欠缴的税款，也应该不是乙的抵押权获得实现的一种费用。甲所欠缴的税款，与乙的抵押权（及其所担保债权）的关系，它要在同一个程序中获得实现，在实体法上，可能还是要回到《税收征收管理法》第45条第1款，而非按照费用的路径来实现。

税收因《税收征收管理法》第45条第1款获得程度不一的优先性，因此有了税收优先权。这个优先权是一般优先权，还是特别优先权呢？好像是一般优先权。关于费用，不知道诉讼法、强制执行法、破产法，怎么理解的。

权属过户与税负承担

葛洪涛：请教两个问题啊：（1）普通房屋买卖，不缴纳交易税，能过户吗？（2）司法拍卖中，不缴纳交易税，能过户吗？

李志刚：过户和税负转嫁给担保物权人，是两个问题。应当由被执行人承担的税负，就因为在执行程序中，就被转嫁给了担保物权人？

葛洪涛：不是转嫁，是想说明这是通过变现途径实现担保权所必需的。

李志刚：被执行人去交税，不可以办理过户吗？是不是必须由担保物权人担了，才能过户？如果是这个规则，是否在鼓励债务人不要自动履行（自己承担应税金额），而是强制执行（从执行拍卖中抵扣）。这样，司法等于变相帮助被执行人省了一大笔税款？

王长军：感觉为抵押人省不了税款？分两种情况分析。其一，当抵押人是主债务人时，债权人可就担保物权未实现的部分继续申请执行他的其他财产，只是剩余债权无优先权而已；其二，当被执行人仅是抵押人而非主债务人时，拍卖款先扣税再承担抵押责任，如款项有剩余才归抵押人所有，无剩余则抵押财产全部被执行完，抵押人占不到便宜。

李志刚：是否有这样的案例和可能：执行法院为了抵押权人的利益和申请，向被执行人追偿，由抵押权人为抵押人垫付的税款？我没研究过，存疑求教。

葛洪涛：问题很尖锐，好像也有道理。分两种情况讨论。第一种情况：

如果抵押人除了抵押物没有其他财产，此时司法拍卖该抵押物，应由抵押人负担的税款，怎么处理？个人认为，在税务机关不减免的情况下，让抵押人负担没有意义，因为不缴纳税金，无法变现。此时要么竞买人负担，要么抵押权人负担，竞买人实质负担没有道理，名义上负担的结果是出了低价，实质还是抵押权人负担了。必须承认，我原来的思考是以这种类型为基础的，狭隘了。

第二种情况：抵押人有其他财产，有缴纳税款的能力，此时，谁来负担？个人认为有讨论的余地。由抵押人另行支付和在抵押物变现款中支付，两种观点都有合理性，但个人倾向后者。理由在于，抵押的基本法理，就是抵押人以抵押物为限承担担保责任，其责任范围限定于抵押物，不应再让其超出该抵押物，再另外拿钱担责。

另外，好像不会产生抵押人逃避税金的问题。因为如果我们认为抵押人的责任范围限于抵押物，那他本来就不应该交这笔税金。退一步，即使我们认为他应该缴纳税金，则可以赋予抵押权人追偿权。此时仍需在抵押物变现款中扣除的意义在于，推进变现程序的顺利进行，且平衡抵押权人与竞买人的利益，毕竟由竞买人负担是没有理由的。

李志刚：高见受教。但对“抵押的基本法理，就是抵押人以抵押物为限承担担保责任，其责任范围限定于抵押物，不应再让其超出该抵押物，再另外拿钱担责”的观点，不敢苟同。物权法定是《物权法》的基本原则，但我国的《物权法》可没有规定“抵押人的责任仅限于抵押物”，并据此豁免其税法上的法定义务。相反，根据《物权法》第170条规定，担保物权人依法享有就担保财产优先受偿的权利，这个财产，没有剔除抵押人的法定税收义务，也未将抵押财产拍卖的税负，依附于抵押物。拒不履行判决的抵押人，据此免除法定税负义务，而抵押权人法定受偿财产因此受损，其正当性何在？

执行程序与税款性质

李志刚：长军兄提出的这个问题，看似简单，实际上跨越物权法、诉讼法和税法，也涉及公权处分私权的依据与边界。如果不能有一个清晰的法律和法理依据，可能确实容易让有理守法的担保物权人，在依法维权的过程中，被层层拔毛；而对不履行判决义务的被执行人，则形成反向激励。

肖建国： 税收性质上属于公法上的金钱债权，无论产生于担保物权之前，还是之后，或者产生于司法拍卖程序中，税收的公法上债权性质，都不会改变。唯一能改变的是税收实现的顺序：担保物权设定在先的，税收债权劣后于担保物权；反之，优先于担保物权。责任财产上未设定担保物权的，税收债权优先于普通的民事金钱债权。因此，对担保物司法拍卖所产生的税收，应当位列担保物权之后，其他民事金钱债权之前，加以实现。

将税款解释为执行费用，虽可缓解法院对担保物执行面临的过户难问题，缓和司法执行权与行政权之间的冲突，具有实用主义的功效，但执行费用一说，理论上难以成立，也与税收债权的性质不符。对担保物司法拍卖所产生的税收，解释为执行费用，实质上是把本来劣后于担保物权的税收，在实现顺序上大大地提前，不仅优先于担保物权，还可以优先于建筑工程款优先权等法定优先权而加以实现。这是因为，执行费用属于共益费用，在担保物变价款分配中，处于绝对的第一顺位。这种解释方案，实际上远远超过了《税收征收管理法》第 45 条规定的税收优先权的理解范围。

葛洪涛： 肖老师，据我了解，实践中不交税不能过户。如果这么处理，在抵押人仅有抵押物的情况下，实践中怎么实现抵押物变现呢？此外，税款属于公法上的债权没有争议，但这不影响其可以同时成为执行程序中必须发生的费用。如前所述，如果不缴纳交易税不能实现抵押物变现成立，则交易税款是抵押物变现、抵押权实现的必然费用，似乎就是执行程序中实际发生的费用了。这个问题和《税收征收管理法》第 45 条没有关系。

肖建国： 抵押物变现，是指拍定、变卖成交或人民法院作出以物抵债裁定。变现后的过户，人民法院发协助执行通知书，可以办理。缴税义务人对税务局所负义务，税务局可以继续主张权利。执行程序必须发生的费用，是指查封、拍卖、分配过程中所必须支付的费用，否则执行程序无法进行。不缴税，不会导致无法拍卖，只会带来人民法院与行政机关之间的权力冲突。

王　赫：如果变价程序止于作出裁定，由当事人自己持裁定过户，倒是问题不大。如果过户也是人民法院通过执行行为完成的，这部分行为所需缴纳的税款，也不认为是费用吗？所以我比较同意葛洪涛老师的意见，其实跟《税收征收管理法》第45条的关系不大，有些税款应当认定为费用优先。

徐同远：税收，究其本质，应该是一种债权，而非物权性权利。即税收针对的是人，而非某个特定的客体。债权具有平等性，是一个原则。当然，它也有特殊性，它是一种公法上的债权。这一点是否当然就决定它具有优先性，不好断言，不懂税法的原理。不过，我觉得，它若因其公法特性而优先于其他债权，尤其是民事债权，以及如何优先，恐怕还得要法律明文规定。明文规定的规则，现在主要是《税收征收管理法》第45条，还有《企业破产法》《商业银行法》《海商法》《民用航空法》等。除此之外，对于税收债权与其他债权的关系，按照债权的一般原则来处理，可能更正当。不过，从实践来看，比较麻烦的是先税后证的操作。在房地产交易实践中，先税后证尤为明显。这样的做法似乎是变相使税收债权具有绝对优先地位。这妥当吗？规定先税后证的文件，在位阶上，有不少属于行政规章。

扣税环节与行为激励

肖建国：过户是土地房管部门的权限，与税务局何干？

王　赫：《不动产登记暂行条例实施细则》第38条规定："申请国有建设用地使用权及房屋所有权转移登记的，应当根据不同情况，提交下列材料：（一）不动产权属证书；（二）买卖、互换、赠与合同；（三）继承或者受遗赠的材料；（四）分割、合并协议；（五）人民法院或者仲裁委员会生效的法律文书；（六）有批准权的人民政府或者主管部门的批准文件；（七）相关税费缴纳凭证；（八）其他必要材料。"

肖建国：这个规定适用于自主交易，没有问题。对人民法院的强制执行，也适用吗？上述条文中有关"应当根据不同情况，提交"如何解释？

王　赫：从这个规定来看，过户确实需要提交完税凭证，但这个税确实不好说是登记产生的税，只是登记需要证明此前已经完税。所以严格说，确实可能不属于登记本身产生的费用，是登记的前提。

肖建国：是的，“相关税费缴纳凭证”也需要解释。

李志刚：提交缴税凭证，也并不意味着必须由人民法院从拍卖价款里代扣税款。

葛洪涛：肖老师，如果不适用，就真的产生通过司法拍卖程序规避税收的问题了。

肖建国：不存在规避税收问题。税务局对被执行人一直有收税权，而且《税收征收管理法》还规定了税务局的代位权。如被执行人对第三人有到期债权的，有权代位主张和请求。

王长军：如果被执行人无其他财产（包括债权），税务局又能怎么办呢？事实上将导致税收流失，实践中容易被利用。故我赞同洪涛老师“如果不适用，就真的产生通过司法拍卖程序规避税收的问题了”的观点。

王　赫：在目前以完税作为过户前提的情况下，似乎将其作为执行的费用是合理的。如果不纳税就没法过户（被执行人此时不会配合缴税），没法过户，当初就不会有人买；或者不确定能否过户，就没人放心买。最终，无论担保物权人还是其他债权人的利益都会受损。当然，如果人民法院通过裁定和协助执行通知书完成过户（肖建国老师认为这样并不违反登记条例，而王长军老师则指出实践中有些登记部门并不配合），然后由税务机关自行向被执行人征收，也是一种方式。

肖建国：税法学者熊伟、王宗涛在《中国税收优先权制度的存废之辩》一文中指出，《税收征收管理法》赋予了税务局具有多种收税手段，法律也有充分保障，故熊伟老师主张取消税收一般优先权。① 可见，税法学者有“自信”，不担心税收流失；建议相关执行法官和学者，也向熊伟老师学习，坚定自信为妥。

李志刚：如果税务局都难以把欠缴的税追回来，那让代扣垫付的抵押权人去向抵押人追讨垫付的税款，就更是“画饼”了。拍卖公司也因此产生了

① 参见熊伟、王宗涛：《中国税收优先权制度的存废之辩》，载《法学评论》2013年第2期。

应税收入，执行法院是否需要代为扣缴呢？

王　赫：如果税务部门请求人民法院协助，法院协助吗？

李志刚：如果按照《税收征收管理法》第5条的规定，应当按照税务局的要求协助。但遵循先税务局之忧而忧的逻辑，不能等税务部门请求协助，当主动为之啊。那这个税款，也要从抵押物拍卖的价款中扣缴咯？

王　赫：现在网拍，这笔费用基本上省了。但评估费还是有，很多是申请人预交，然后再从拍卖款中作为费用优先支付，所以实际上扣过了。

徐同远：人民法院确非纳税人，也不是扣缴义务人。它的角色是按照《税收征收管理法》第5条第3款“各有关部门和单位应当支持、协助税务机关依法执行职务”来确定的。《最高人民法院关于人民法院大力支持税收征管工作的通知》（法［行］发〔1989〕31号）第4条“人民法院在审理经济纠纷和其他案件中，要注意发现当事人或其他人有无偷税、漏税或违法减免税等违法行为，积极向税务机关提供有关情况或提出司法建议，并将有关材料移送税务机关依法处理。如发现犯罪线索，应及时将有关材料移送检察机关处理”以及《国家税务总局关于人民法院强制执行被执行人财产有关税收问题的复函》（国税函〔2005〕869号）第4条“鉴于人民法院实际控制纳税人因强制执行活动而被拍卖、变卖财产的收入，根据《中华人民共和国税收征收管理法》第五条的规定，人民法院应当协助税务机关依法优先从该收入中征收税款”的规定，都是对人民法院角色的进一步确认。

类推适用《企业破产法》

王长军：破产人以前差欠的税款，属于税收债权，税务机关应向人民法院申报，但人民法院因拍卖破产财产而产生的破产人应承担的税款是破产费用中的变价费用，优先于担保物权。不仅实务中都是这样操作，且在理论上争议也小。如全国人大常务委员会法制工作委员会编的《中华人民共和国企业破产法释义》对破产费用的解释，明确“财产变更权属过程应当支付的费用”就属于破产费用。“财产变更权属过程应当支付的费用。如在变卖房地产过程中可能需要补交土地使用权出让金、补交配套费、变更登记手续费等费用。”[①] 破产程序属于概括执行程序，将其与执行类推，得出同样的结论：司法拍卖不动产而产生的被执行人应承担的税款，属于执行费而非税收债权。

刘生亮：这是解释路径的问题。同一“事实”，在不同程序下、在同一程序不同法律关系下，法律意义也会不同。司法拍卖而产生的被执行人应承担的税款，在不同关系下既可依法认定为税收债，亦可归入变价费。此间貌似冲突，实乃适用顺序选择问题。据此，我的理解是：司法拍卖程序下的税费负担可以理解为变价费，但因其公法债的性质，在实现顺位上从绝对优先后撤一步。

王长军：性质不同，则所居位置不同。倘若后撤一步，后撤到何处呢？按照《税收征收管理法》第 45 条执行吗？

刘生亮：后撤到“担保物权后，其他金钱债之前”。

李志刚：《企业破产法》第 109 条规定了别除权，第 113 条规定了破产费用、公益债务与普通破产债权的清偿顺序。担保物权变价款及变价税款，可没有列入《企业破产法》第 113 条所规定的“破产费用”，并且优先于担保物权的清偿。《企业破产法》第 113 条所列的税款优先于普通债权，与《税收征收管理法》第 45 条保持了体系上的一致，正是说明“设定在先的担保物权优先于欠缴税款（只要是产生于担保物权设定之后的）优先于普通债权”的顺位关系。

王长军：担保财产只要交给破产管理人一起处置，则过户税费都作为破产费用。实务中均如此操作。

李志刚：是否也可以独立先行拍卖变价并清偿呢？《企业破产法》将第 109 条别除权放在第十章第一节的破产宣告中，而没有放到第十章第二节的变价和分配中，立法者似不是要把担保物权放在变价分配环节来处理吧？

王长军：据我所知，似乎尚无独立先行拍卖变价并清偿的。

李志刚：正如不少法院把担保物拍卖价款预扣抵押人应付的税款、从执行回款中抵扣胜诉方预付的诉讼费——如果这种做法与法不符，那应该纠错，

---

① 安建主编：《中华人民共和国企业破产法释义》，法律出版社 2006 年版，第 68 页。

能倒推正当性吗？

肖建国： 论证税收是否属于破产费用，对于税收是否为执行费用的讨论，没有可比性。这是因为：破产财产的变价权，由债权人会议决定，破产管理人实施。不同于强制执行中的人民法院处分。目前破产财产的网络拍卖，是以破产管理人名义进行，性质上更接近于任意拍卖，拍卖财产的物权变动时间，也以过户登记为准。这与执行中的网络司法拍卖，拍定裁定送达即产生物权变动，完全不同。

陆晓燕： 破产企业名下的财产可以分为两个序列，其中仅由破产企业拥有自物权的财产可称为破产财产；而除了破产企业的自物权以外还叠加了债权人的他物权或准他物权的财产可称为别除财产。据此，《企业破产法》第109条指向了别除财产对优先债权的分配，但法条规定不具体，准确而言，应该是别除财产（如抵押财产、船舶优先权对应的船舶、工程款优先权对应的工程、办理了租赁公示的租赁财产等）在支付了别除财产的变价费用和共益债务后，清偿优先债权人（抵押债权人、船舶优先权人、工程款优先权人、公示过的承租人可享受破产买卖不破租赁等），并且别除财产变价方案无须经债权人会议决议，除重整需暂停优先债权行使外，破产清算中可不经开会直接变价。《企业破产法》第113条指向了破产财产对三类破产债权（职工债权、国家债权、普通债权）的分配，法条规定比较具体可直接适用。我个人认为，可以将别除财产变价过程中产生的税费纳入别除财产的变价费用，而从别除财产变价所得中支付，但不可能用别除财产变价所得去支付应由破产财产偿付的其他税费，其他税费属于《企业破产法》第113条指向的第二顺位国家债权。

此前一直有人将优先债权和三类破产债权混在一起讨论谁优先，其实我认为这不是可以一起讨论的问题，优先债权从别除财产中优先，三类破产债权从破产财产中优先，各有各的受偿渠道。而且只有后一个渠道破产财产清偿破产债权的变价分配方案需要经过债权人会议表决，别除财产可直接变价；重整中暂停优先债权行使的除外，会纳入重整计划一并表决。

李志刚： 由此看来，对于破产案件中的担保财产变现产生的税负，在破产法的语境下，有了进一步细究的空间。在物权法的语境下，需要区分这一税收债权，是特定化依附于物的，还是针对纳税主体的。

陆晓燕：是的，这是问题的本质，在变价过程中产生的税费是依附于物，还是依附于纳税主体。之所以在破产的情境下，我们在实践中还是把它按照依附于物来理解，是因为这个时候其实已经没有纳税主体了，只有破产财团，从破产财产中转嫁这笔税款而降低三类破产债权的受偿，对三类破产债权人来讲也是不公平的，这也是三类破产债权人在交易过程中无法预判的风险。这种情况类似于，即使没有进入破产，但除了这个抵押财产以外，企业再也没有其他财产可以支付税款。

李志刚：认同破产法有特殊语境。但对风险预判的问题，可能还有讨论余地。至少担保物权是登记公示的，如果抵押人因此而产生法定税负，也应在风险预判之中。

陆晓燕：是的。

肖建国：别除权可直接变价，变价权主体是谁？不是债权人会议、不是管理人，也不是法院，看来只能是担保物权人了。担保物权人在破产程序外实现担保物权，法理上成立，有无《企业破产法》上的依据？有疑问的是，《企业破产法》第 109 条之后的三条，尤其是第 111 条、第 112 条关于破产财产变价方案经债权人会议讨论通过的规定，如何理解，同时与《企业破产法》第 61 条债权人会议的职权、第 25 条管理人的职责之规定的关系，如何解释？

陆晓燕：我的理解是，债权人会议决议与股东会决议相同，都是民法上团体决议的一种，应有共同利益且需集体处分者，才运用团体多数决。破产债权人团体对破产财产有共同利益，破产财产的变价方案会涉及每一位成员的利益，且破产财产需统一变价，所以需债权人会议多数决；而别除财产则为优先债权人个体享有（有余额计入破产财产者除外），并不涉及团体成员需集体处分之共同利益，所以不需经过团体多数决。然而破产法条文确实给了一种别除财产也需团体多数决的误解，所以 2018 年的最高人民法院《全国法院破产审判工作会议纪要》出了一个新规定，抵押财产在破产清算中可不经债权人会议径行拍卖，我个人认为是符合法理的，是对实践误解的一种澄清。

关于管理人职责，是破产程序中特有的，为什么股东会无须“管理人”角色参与，债权人会议却需要，我结合实践的理解是：债权人会议作为债权人团体对破产体资源的自治机构，较之股东会议作为股东团体对经营中企业的自治机构，存在显而易见的治理能力弱化，“天然分散性、信息弱势、专业知识欠缺和搭便车倾向等缺点”，故需介入管理人对债权人团体中“成员权”的程序保障。一是补充债权人团体的组织力。不同于股东团体系为设立法人组织而主动联合，成员之间的权利义务在法人成立时已约定明确；债权人团体系因陷入共同困境而被动连带，成员之间的信息不明加剧了彼此利益的争议性和冲突性。管理人的介入，能够帮助辨析债权人团体的结构（厘定成员之间的权利顺位和金额占比等），奠定团体自治的基础。二是补充债权人团体的专业力。不同于股东团体系主动的经营者，熟悉企业情况且擅长经营决策；债权人团体是被动的治理者，既不掌握破产体信息更不具备自治技能。管理人的介入，能够帮助债权人团体了解破产体情况和决策破产体事务，优化团体自治的效果。破产企业作为一种危机中企业，它的权力机构还是债权人团体会议，而非管理人，管理人仅是债权人团体的决策辅助、决策建议和决策执行机构。

肖建国：谢谢！抵押财产不经债权人会议径行拍卖，这里的径行拍卖，是否指抵押权人的任意拍卖?

陆晓燕：还是走规范的司法拍卖程序。因为如果采取合适的变价方式，或许抵押财产在清偿抵押债权之后，会有余额计入破产财产，从这个意义上讲，抵押财产也许并非单纯的抵押债权受偿的标的物，可能也会成为破产债权受偿的标的物。为了保护各方的利益，还是走规范的司法拍卖程序，但是可以不经开会，先行处分。

肖建国：目前破产财产的拍卖，并非司法拍卖，近年发展起来的破产财产网络拍卖，拍卖主体也不是人民法院，而是破产管理人组织。如果由人民法院司法拍卖，前提是：先走民诉法规定的实现担保物权特别程序，取得执行依据，再由人民法院进行拍卖。看来，最高人民法院《全国法院破产审判工作会议纪要》中规定的“径行拍卖”，应该是指抵押权人的任意拍卖了。对此，《物权法》第 195 条等有明文规定。

抵押权人任意拍卖中产生的税收，按照是否属于实现抵押权的必要费用来解释，应该不属于破产费用，更不属于执行费用。因为不存在抵押物的执行依据，也没有法院对抵押物的强制执行问题。破产别除权，本意是不依赖于破产程序而得以实现的权利。将抵押权人处分抵押物所产生的税收，解释为破产费用，就不合适了。

陆晓燕：破产程序可以理解为一个概括性的“简易审判”执行程序，获得“简易审判”裁定确认结果的，也可以成为破产中的执行根据。这里的“简易审判”是通过债权人申报、管理人审查、债权人会议核查无异议这三步骤完成并经破产裁定确认的。但如果在进入破产之前已经获得执行根据，如担保物权特别程序的执行根据，或者有执行力的公证债权文书，或者仲裁裁决文书，或者生效判决调解书，那就直接进入破产中的概括执行，无须再走“简易审判”三步骤。如果走了“简易程序”三步骤，却未能完成，如存在无法解决的争议的，便要付诸破产衍生诉讼，通过一个真正的审判程序，经一审二审获得执行根据，再进入破产中的概括执行。所以，破产作为一个概括性的“简易审判”执行程序，执行根据既可以来自破产“简易审判”，也可以来自其他常规的执行根据。但是无论是哪种执行根据，最终都归结为概括执行、统一执行，所以都会交给管理人去统一实施。不过确实，实现担保物权特别程序中，这个变价税收究竟是依附于物还是依附于主体，是一个值得讨论的问题。

徐同远：如果说税收是一种债权，那么税收是否又可以分为一般债权与特定物债权？

肖建国：请教：破产实践中，人民法院审查后，是否作出拍卖抵押物的裁定，取得执行依据？是否有执行依据，才可以走司法拍卖？

陆晓燕：经过三步骤，各方都没有异议，没有哪一方发起衍生诉讼的，法院会裁定确认该项债权的金额和性质，然后进入概括执行。会有一份确认裁定书。但这份裁定书是不涉及任何实体判断的，完全是因为各方没有异议没发起衍生诉讼，而作出的裁定。

肖建国：抵押担保的债权范围、数额发生争议，应该比较多见吧。在衍生诉讼期间，能拍卖抵押物吗？

陆晓燕：如果对于抵押债权的性质没有异议，只是对金额有异议，我认为可以先拍卖将变价款提存，然后等待衍生诉讼的结果再分配，以免破产程序过长影响抵押债权人的期限利益。然而破产实践中，拖着不变价不分配，损害抵押债权人利益的，还是比较常见，尤其在之前《企业破产法》规定不明确的情况下。最高人民法院《全国法院破产审判工作会议纪要》是在2018年公布的，很多银行等担保物权人还不知道，也会默默地等待破产程序走完最后再分配。

破产程序与执行程序的再比较

肖建国：抵押物拍卖成交的，破产法院会出成交裁定书，并送达给拍定人吗？抵押物的物权变动，以过户为准还是送达裁定书后变动物权？

陆晓燕：以过户为准。会出具协助执行通知书给产权登记部门办理过户。

肖建国：看来还是任意拍卖。不过户不能变动物权，这可能是《企业破产法》中将拍卖产生的税收解释为破产费用的重要原因吧。强制执行中的司法拍卖，可以直接产生物权变动效力。《物权法》第28条[①]、《物权法司法解释（一）》第7条，对此都予以明定。因此，将税收解释为执行费用的必要性不大。

陆晓燕：这个就涉及执行程序与破产程序的情境差异，执行程序是在资大于债的状态下进行的，体现为债权人与债务人之间的履行关系，这个时候关注的是物权的变动；破产程序则在资不抵债的状态下发生，体现为某一债权人与其他债权人之间的对抗关系，这个时候关注的是物权的公示。在破产程序中，对某一项标的物，某一债权人手持这种物权变动司法文书，而另一

① 现为《民法典》第229条，将《物权法》第28条“仲裁委员会”改为“仲裁机构”，将“人民政府的征求决定”改为“征收决定”，其他内容没有实质变化。

债权人又对该标的物办理了抵押登记甚至过户登记等物权公示手续，这种情况也不鲜见。正因为破产程序是债权人与债权人之间的对抗关系，抵押债权人不承担的抵押物过户税费，并不会像执行程序那样表现为债务人承担，而是会转嫁给其他债权人承担，所以破产实践才有将抵押物过户税费理解为抵押物变价费用的做法。

肖建国：有道理。

王长军：破产程序拍卖标的物所有权的变动以过户为准，而不以裁定送达买受人为准，依据是什么呢？

陆晓燕：没有成交裁定。拍卖的过程只是一个要约承诺的过程。

王长军：没有成交裁定如何过户呢？《民事诉讼法解释》第 493 条规定：拍卖成交或者依法定程序裁定以物抵债的，标的物所有权自拍卖成交裁定或者抵债裁定送达买受人或者接受抵债物的债权人时转移。

陆晓燕：破产程序中，管理人是代表破产企业的，也持有破产企业的公章，跟买受人一起去办过户就可以。只有在产权登记部门有要求的情况下，人民法院为了避免麻烦，再出一个裁定和协执直接交给产权登记部门，类似于市场买卖。说到底，破产财产变价方案，决策者是债权人会议，执行者是管理人，不是人民法院，人民法院只是一个破产程序的主持者。如果债权人会议说不拍卖，直接转让，管理人就直接转让，签个合同就转让了，那就更是市场行为了。

肖建国：说得好！破产财产的处置变价权，不是法院，而是债权人会议或管理人。破产拍卖，其实是任意拍卖，不同于人民法院行使财产处分变价权的执行拍卖。

陆晓燕：是的，就是肖老师说的这个意思。这个拍卖并不是依照司法职权来拍卖，而是依照破产财产变价方案来拍卖。破产财产变价方案是债权人会议作出的。如果债权人会议不要拍卖，也可以采取其他市场化方式。

王长军：债权人会议决定不拍卖也可以，但如果决定通过拍卖变价，则还是应该由人民法院审查并作出裁定吧？

陆晓燕：这就是市场化破产和政策性破产的区别所在：前者体现了当事

人主义，司法只是主持程序，社会中介机构（管理人）充当债权人团体自治的辅助；政策性破产的年代确实是渗透了国家职权主义的色彩，那个时候连破产管理都是政府清算组担任的。

王长军：目前破产财产的拍卖，绝大多数还是通过人民法院采取网络司法拍卖，也有一些地方在采用由管理人直接委托淘宝网拍卖，但也要受人民法院监督。

陆晓燕：人民法院监督管理人按照拍卖程序实施变价、审查这个拍卖程序有无不当之处。债权人会议及其常设机构债权人委员会也有监督权力的。但是人民法院不对结果负责，也不出拍卖裁定。因为在这个过程中，如果有违法之处，债权人还可以向管理人发起索赔的。如果法院出裁定，那不就变成由人民法院赔偿了吗？也就是说，实施拍卖程序的主体，不是法院，是管理人所代表的破产企业。正常企业的治理机构是股东会议，执行和代表机构是法定代表人。破产企业的治理结构是债权人会议，执行和代表机构是管理人。

【总结及倾向性意见】

对于法院在执行程序中拍卖不动产，被执行人应承担的税款是否优先于拍卖物上的抵押权的问题，有两种对立观点：

一种观点认为，税收债权应劣后于抵押权。拍卖抵押物而产生的税款在性质上依然属于税收债权，因其产生于设定抵押权之后，根据《税收征收管理法》第 45 条第 1 款"税务机关征收税款，税收优先于无担保债权，法律另有规定的除外；纳税人欠缴的税款发生在纳税人以其财产设定抵押、质押或者纳税人的财产被留置之前的，税收应当先于抵押权、质权、留置权执行"，故应劣后于抵押权。

另一种观点认为，因拍卖产生的债权应优于抵押权。《税收征收管理法》第 45 条第 1 款只适用于拍卖前被执行人差欠的税款，因本次司法拍卖而产生应由被执行人承担的税款系为实现执行程序必须支付的费用，在性质上属于执行费，故优于抵押权。

比较上述两种观点，分歧的核心在于拍卖抵押财产而产生的税费在性质上属于税收债权还是执行费用，即该税款与被执行人差欠的其他税款在性质上是否不同？性质不同则决定了受偿的顺序差异。

执行费用说主要立足于司法实务，按照《不动产登记暂行条例实施细则》第 38 条第 1 款第 7 项确立的“先税后证”，对于法院的司法拍卖也不例外。即使法院向不动产登记机构发出成交裁定和协助执行通知书，在未向税务机关付清本次拍卖应缴纳的税款时，不动产登记机构通常都会拒绝协助办理过户。此时，买受人事实上不能取得所有权，法院也不会将拍卖款向抵押权人支付，导致拍卖受阻，抵押权人的权利也不能实现。故从实务层面来看，为了推进执行，促使拍卖的顺利进行，将抵押物拍卖而产生的税费作为执行费用，从而优先于抵押权具有合理性，抵押权人亦鲜有对此做法提出异议者。

此外，根据破产法释义，变更财产过程中产生的费用属于破产费用，应当优先受偿。破产程序是概括的执行程序，因此执行程序也可以类推适用破产法的有关规定。

税收债权说则认为，过户产生的税费由税收机关对被执行人收取，并非执行程序的必要费用。从程序上来看，人民法院向买受人送达拍卖成交裁定后，拍卖不动产就已经发生转移，此时买受人可以直接持裁定向登记机关申请办理移转登记。正当的做法是，登记机关办理登记，税务机关向被执行人征收其应当缴纳的税款。

【代表性学术观点】

第一，关于“先税后证”是否使税收债权能够优先于担保物权的问题。

谷佳杰经研究认为，《国家税务总局关于实施房地产税收一体化管理若干具体问题的通知》(国税发〔2005〕156 号）明确规定契税管理要先缴纳税款，后办理产权证书（以下简称“先税后证”）。从该通知文本来看，“先税后证”仅仅是为保障契税的征收而采取的措施，而且在税收实体法律法规中也仅规定了土地增值税和契税需要在权属变更登记前取得完税凭证。尽管国家税务总局的通知没有超出税收实体法律法规规定的范围，然而行政权力在实践中却突破了法律的规定。即未将“先税后证”中的税限定在土地增值税和契税而是扩张到了其他的税种上。“先税后证”制度已经在执行实践中引发了大量难题，而欠税阻碍变更登记使税收债权在事实上具有绝对优先效力（包括优先于担保物权人）。[①]

上海市黄浦区人民法院认为，对于民事执行阶段，应当对涉权属变更登记所需要缴纳的税负项目区分对待。对于契税、印花税等所有交易流转环节必不可少的税负项目，于民事执行提起司法拍卖或者裁定确权过户时，应当视同实现民事债权的必须费用而优先扣除。而对于增值税、营业税等针对被执行人特定财产、特定经营行为的税种，无论是司法拍卖或是确权判决所引起的产权变更登记，均不应具有优先扣划的效力，只能当作税收机关代表国家对原权利人的一种课税负担，由税务征管部门对原权利人享有征缴权。[②]

第二，关于拍卖所产生的税费是否属于执行费用。

在我国台湾地区，因过户登记产生的费用，一般均认可为执行费用。对于拍卖产生的土地增值税，未规定为执行费用，但根据其“税捐稽征法”第6条，土地增值税之征收，就土地自然涨价部分，优先于一切债权及抵押权（第2项）。法院执行拍卖或交债权人承受之土地，执行法院应于拍定或承受后五日内，将拍定或承受价额通知当地主管机关，依法课土地增值税，并由执行法院代位扣缴（第3项）。

对于其他税费，则争点也在于是否为执行所必需。例如，陈计男认为，因执行标的物所欠税捐之垫付款，依“税捐稽征法”第6条第1项规定，其征收优先于其他普通债权，难认系保全执行标的物之必要执行费用。[③]张登科则认为，债权人为保全强制执行之财产，代为支付之税捐或租金，亦应认为执行之必要费用。[④]

在日本，通过强制管理方式执行不动产的，因对不动产课以的税负（如

---

① 谷佳杰：《民事涉税执行研究报告》，未刊稿。

② 上海市黄浦区人民法院课题组：《民事强制执行程序中涉税冲突问题研究》，载《人民司法》2013年第5期。

③ 陈计男：《强制执行法释论》，我国台湾地区元照出版有限公司2012年版，第259页。

④ 张登科：《强制执行法》，我国台湾地区三民书局有限公司2014年版，第226页。

固定资产税、城市规划税等）是为了使不动产能够持续收益而必须缴纳的，因而与执行费用相同，应从收益中扣除。其他不针对不动产的税负，如不动产所得税、继承税、赠与税应当不属于执行费用。

【典型案例】

保定市高新区地税局与中航财务公司、中航惠腾公司执行复议案

案号：北京市高级人民法院（2017）京执复 65 号

【基本案情】

北京四中院在执行中航财务公司与中航惠腾公司金融借款合同纠纷一案中，于 2016 年 7 月 25 日委托北京产权交易所拍卖被执行人中航惠腾公司所有的某块国有土地使用权及七套房产。2016 年 8 月，买受人耐斯电气有限公司以 40 133 万元的最高价竞得，该院得拍卖款 40 133 万元。

后有五家法院分别向该院提出分配案款的申请，该院作为主持分配的法院依法对拍卖款项进行分配，于 2017 年 1 月 3 日制作了案款分配方案，并依法向被执行人等进行了送达。

此后，保定市高新区地税局向北京四中院提出执行行为异议。保定市高新区地税局主张，该分配方案未向其进行送达系程序违法。

北京四中院驳回其异议后，保定市高新区地税局不服，向北京市高级人民法院申请复议。

保定市高新区地税局在复议中请求，确认其属于债权人，是该执行案件的当事人或利害关系人，就应收中航惠腾公司土地增值税、印花税等税款的债权属于优先受偿债权，并裁定北京四中院优先偿还其税款后，剩余部分按各普通债权执行法院采取财产保全和执行中查封、扣押、冻结财产措施的先后顺序清偿。其主要理由是：（1）认定复议申请人是否属于享有债权的民事主体，要看其实质民事法律关系，而不是按时间节点认定，北京四中院以其税收权利发生在拍卖后，而申请财产分配的债权确定在拍卖前为由，否定其当事人、利害关系人身份是错误的。（2）北京四中院适用《民事诉讼法解释》

第516条无事实和法律依据。（3）即使适用《民事诉讼法解释》第516条进行案款分配，也应当保证复议申请人享受的税收债权优先受偿。（4）北京四中院违法回避将被执行人移交破产，系恶意保护申请执行人债权，应予纠正。（5）北京四中院委托没有拍卖资格的北京市产权交易中心拍卖，违反法律规定。（6）北京四中院作出裁定所依据的证据未经质证，即认定委托拍卖、开展案款分配以及分配方案合法，程序错误。（7）即使北京四中院的案款分配程序合法，依照《民事诉讼法解释》第508条第2款的规定，复议申请人亦有权直接申请参与分配和主张优先受偿。（8）北京四中院拍卖公告中"标的物过户登记手续由买受人自行办理，所涉及的一切税、费全部由买受人承担"的条款，违反了税收法定原则，不符合《最高人民法院关于人民法院网络司法拍卖若干问题的规定》第30条的规定。（9）北京四中院强行要求不动产登记部门为买受人办理不动产权证，违反了行政法规规定的"先税后证"原则，直接排除了复议申请人与买受人就代缴税款问题协商的可能，导致税款流失的严重法律后果。（10）税收征税的优先权是一项基本法律原则，人民法院在司法活动中不仅应当主动配合税务机关维护该原则，而且也应当协助税务机关征收税款，保证税款的及时、足额征收。（11）依照《税收征收管理法》第50条的规定，复议申请人有代位权，可以代替中航惠腾公司行使异议权，其既是本案利害关系人又是债权人，有权依法对执行行为提出异议。

【裁判观点】

北京市高级人民法院经审查认为，民事执行方面的法律以及司法解释没有关于税收优先权可在执行程序中参加案款分配并优先实现的规定。故本案中保定高新区地税局与北京四中院的案款分配行为不存在直接的、法律上的利害关系，其不具备《民事诉讼法》第225条规定的利害关系人主体资格，依照《执行异议复议规定》第2条第1款的规定，对其异议申请，应当从程序上予以驳回。

【民法典最新相关规定释评】

就本专题的讨论，有观点认为，司法拍卖产生的税款之所以不能优先于担保物权受偿，其理由之一是《物权法》第 170 条规定了“担保物权人在债务人不履行到期债务或者发生当事人约定的实现担保物权的情形，依法享有就担保财产优先受偿的权利，但法律另有规定的除外”，而法律规定税款可以优先的规定只有《税收征收管理法》第 45 条。

《民法典》第 386 条规定“担保物权人在债务人不履行到期债务或者发生当事人约定的实现担保物权的情形，依法享有就担保财产优先受偿的权利，但是法律另有规定的除外。”与《物权法》第 170 条完全一致，因此民法典施行后，上述观点无须改变。

（讨论整理及后续评论：王赫）

公司债权人能否基于双层股东的出资瑕疵，追加其为被执行人

【发言群友】

傅穹、刘炳荣、马向伟、肖建国、朱慈蕴、刘凯湘、段晓娟、王赫、李志刚、王毓莹、王建文、陆晓燕、朱慈蕴、叶林、葛洪涛、吴兆祥

【讨论时间】

2018年10月

【沙龙实录】

问题与实务

傅　穹：申请执行人以被执行人的ABCD四个股东出资不实为由，申请追加了ABCD为被执行人，并获批准，有《变更、追加当事人规定》第18条作为依据。现在申请执行人又申请追加A公司的四个股东中的两个自然人股东为被执行人，理由是该二人对A公司抽逃出资，可以吗？债权人的穿透力有这么强吗？

刘炳荣：在实务中，通常要通过诉讼解决出资不实的股东承担公司债务问题。但2016年12月1日起实施的《变更、追加当事人规定》允许在执行

程序中追加，实务中也就按这规定办了。再往下，我个人认为还是应通过诉讼解决。

马向伟：最高人民法院执行局曾有过意见，只能申请追加一级股东，不能再往下追加。追加变更司法解释出台后尚无新的精神。

傅　穹：此为现实面临的问题，执行局掌握尺度不一。

执行力主观范围扩张的射程与限度

肖建国：判决执行力对人的扩张，仅限于执行依据所及的主体范围，即被执行人的 ABCD 四个股东；追加被执行人的股东 A 的股东，构成执行力的连续扩张，超出了执行力的主观范围，不具有合法性。这一点，在执行法理论上已有共识，实务中最高人民法院也有明示。傅老师案例中的连续追加，是地方法院的错误做法，应予纠正。

朱慈蕴：同意上述各位的意见。不能在此案中扩张追加被执行人的股东的股东。若 A 股东因它的股东抽逃出资而不能承担本案的出资范围内责任，债权人可以通过对 A 股东破产申请和相关程序维权。

刘凯湘：债权如果有如此强大的穿透力，将来申请执行人可以直接请求法院把国务院列为被执行人。这在国有企业作为被执行人的情形，是完全可能的。

段晓娟：觉得现在的追加规定已经够狠了，再穿透式追加，股东真成了高危人群。

王　赫：追加出资不实股东为被执行人，此前的依据是 1998 年的《最高人民法院关于人民法院执行工作若干问题的规定（试行）》第 80 条。

2013 年的时候，最高人民法院确实曾有监督案件认为不能追加股东的股东为被执行人，裁定中的理由是“考虑到目前变更、追加被执行人制度中当事人救济程序的不完善、诉讼程序更有利于保护当事人实体权利的实现，应对该规定进行严格解释，禁止在执行程序中追加被执行人股东的股东为共同被执行人，故本案不应将武汉市国资委追加为被执行人”。[①]

不过，在2016年《变更、追加当事人规定》出台后，已经赋予了因为出资不实被追加为被执行人的股东提起诉讼救济的权利，应该说救济程序相比此前的复议程序已经更加完善。是否仍然要坚持2013年案件中的观点，其实不无讨论余地。

从条文解释来看，被执行人的股东在被变更追加之后，已经成为本案的被执行人，再对其股东予以追加，仍是追加被执行人的股东，似乎并不违反条文本意。再者，因执行债权转让的，可以变更申请执行人。债权连续转让的，也允许变更债权受让人的受让人为申请执行人。

李志刚：请教：即使是在第一层次的执行主体扩张，从法理上来看，对是否出资到位、是否应该承担责任，是通过诉讼程序查明认定，还是在执行程序中直接解决？作为执行依据的原判决，与股东的出资责任，似乎也不是同一个法律关系？

肖建国：在执行中查明，但查明的标准低于诉讼程序。

李志刚：2016年的《变更、追加当事人规定》虽然给股东赋权，但这是以执行扩张要求股东承担责任为前提，本身不能证明扩张本身的正当性。

肖建国：如被追加人不服追加裁定，可以提不服追加的异议之诉。通过后发型程序保障，弥补追加程序查明的不足。因此，异议之诉的判决，可能推翻追加裁定。

李志刚：未经裁判，直接通过执行程序追加案外人，个人觉得还是应当持非常审慎的态度。打一个不恰当的比喻：未经审判程序，就因为一个案件被收监了，然后再赋予被收监者诉讼和国家赔偿的权利，不能成为未经审判即收监的正当性理由。

王毓莹：个人浅见，审执分离是基本原则。每个人原则上只应对自己的行为负责，为他人负责，要么基于合同约定，要么基于法律规定。一个人对其他人的行为负责应通过诉讼程序而非执行程序。现在的关于执行的司法解释已然突破这一界限，赋予执行机构很大的权力。个人认为，如果再往下突

① 参见最高人民法院（2013）执监字第15号。

破，就更离谱了。

段晓娟：我想执行追加如此规定有解决执行难大背景的促成，制定过程中肯定也有过利弊考量甚至巨大争议。不知道和公司有关的几条追加规定执行的效果如何，有大家担心的混乱和置股东于不应有的危境吗？

王建文：我认为不宜通过执行程序追加，执行程序毕竟缺乏充分的救济，容易导致股东权益被不当侵害。

陆晓燕：裁定原本就只能解决程序问题，但在执行中滥用得比较多。

朱慈蕴：本案不适宜双层股东追加。被执行人的股东被追加，有法律依据。而A股东不能履行出资范围内补充责任，执行人（债权人）只能对其进行破产，再依据破产程序中追究股东的股东抽逃出资的义务。这应当是不同诉讼。

公司债权人能否通过诉讼要求双层股东承担责任

叶　林：《公司法》第20条只是规定了股东承担连带责任，没有规定股东的股东承担连带责任。因此。实务中抽象的穿透至股东之股东，在实体法上是没有依据的。但是，如果通过了裁判程序，确认了A公司的股东为债务人，且该股东的股东有抽逃出资行为，也未尝不可以依据《公司法》第20条第3款追究其连带责任。这种例外的情况是以另外一个单独的审判程序为存在前提的，而不应该在执行程序中予以考虑。

段晓娟：赞同。股东的股东承担责任并非没有可能，侵占公司财产导致公司债权人债权因此不能实现的赔偿责任，法人人格否认之下的连带责任等。但承担责任与否、承担何种责任，应通过审理程序确定。

叶　林：我个人的看法是：被执行人未必是债务人，他是执行程序中的特殊概念；只有当被执行人依照审判程序变成为债务人后，他的股东才可能依据《公司法》第20条成为连带责任人。

葛洪涛：第一，无论如何，只要股东的股东未履行出资义务，就应当承担实体法上的补足出资责任，且必须为公司债权人留出救济途径。

第二，如何救济，属于执行程序与审理程序的具体分工，个人倾向通过审理程序进行。2013年的案件是我承办的，当时执行局联席会意见说，无论到期债权的执行，还是追加股东，都以一层为限。也就是肖建国老师所说的，达成共识。在2016年的变更追加司法解释背景下，如前所述，固然在一定程度上完善了救济程序，但没有改变执行与审判的本质差异，也没有改变审执分离的大原则，变更追加情形，还是审执分离原则的例外。

第三，至于具体诉讼救济程序，除了朱慈蕴老师提到的申请破产，叶林老师提到的在对股东取得确定生效裁判确定债权后再起诉第二层股东，或者直接在一个诉讼中起诉两层股东，我个人认为也是可以的。

叶　林：你的意见是比较妥当的。

肖建国：一个诉讼中起诉两层股东，可以吗？请求权基础不同啊。本来是两个诉讼标的。放一个诉讼中，用诉的合并来处理？

葛洪涛：这个问题我只是基于诉讼的便利直观感觉，我想到的的确是诉的合并。

吴兆祥：请教：上诉可以增加上诉请求吗？或者换一个问题，代位权在一个诉讼中能同时行使两层吗？个人感觉与这个问题类似。

【总结及倾向性意见】

关于公司债权人能否基于双层股东的出资瑕疵，追加其为被执行人的问题，2013年最高人民法院在（2013）执监字第15号案件中，明确"追加被执行人开办单位的开办单位为被执行人无法律依据"，但实务中确实有不同做法。

讨论中，多数观点认为，关于能否被追加为被执行人的股东的股东为被执行人，要考虑变更、追加出资不实的股东为被执行人属于司法解释的特别规定，从审执分离的角度，应当严格限制，不宜扩大适用。因为即便2016年出台的《变更、追加当事人规定》赋予了被追加为被执行人的股东提起异议之诉的权利，但与要求债权人直接起诉相比，程序保障仍不充分。

多数观点的理由主要是审执分离，其实际指向的并不是对双层股东的追加，而是变更追加制度本身。变更、追加制度作为实定法，是法律适用的前提，从解释论的角度应当假定其具有合理性。就双层股东追加问题而言，已经被追加为被执行人的股东，与执行依据确定的被执行人，都是被执行人，在法律地位并无差别。因此，依据变更、追加再次变更追加其股东为被执行人并无不当。

关于能否通过诉讼要求双层股东承担责任这一相关问题，多数观点认为可以，但关于是通过两次诉讼，还是一次诉讼（通过诉的合并）存在分歧。

【代表性学术观点】

最高人民法院执行局在其编著的执行司法解释条文适用中，就《变更、追加当事人规定》第 17 条、第 18 条是否可以适用于追加股东的股东为被执行人，给出了明确意见：《变更、追加当事人规定》第 17 条、第 18 条吸收了《最高人民法院关于人民法院执行工作若干问题的规定（试行）》第 80 条的相关规定。〔2006〕执他字第 7 号复函在《最高人民法院关于人民法院执行工作若干问题的规定（试行）》第 80 条基础上作出的“不得追加被执行人开办单位的开办单位为被执行人”的意见，针对《变更、追加当事人规定》第 17 条、第 18 条继续适用。①

肖建国、刘文勇认为，对于未依法出资的出资人，执行力能否扩张至该出资人，在实体利益归属的一致性和出资人的程序保障上，可以将执行力扩张至该出资人，从而追加其为被执行人，同时赋予其相应的后发型程序保障，以资救济。②

黄忠顺认为，变更追加制度的正当性基础在于执行法院基于债权人对第三人享有之给付义务不存在显著争议而通过略式权益判定程序制作新的执行名义，赋予债权人对第三人所享有之债权以执行力。③

---

① 最高人民法院执行局编著：《最高人民法院执行司法解释条文适用编注》，人民法院出版社 2019 年版，第 228~229 页。

② 肖建国、刘文勇：《论执行力主观范围的扩张及其正当性基础》，载《法学论坛》2016 年第 4 期。

③ 黄忠顺：《论执行当事人变更与追加的理论基础》，载《北京科技大学学报（社会科学版）》2013 年第 2 期。

【实务观察】

关于能否追加公司股东的股东为被执行人，实践中存在争议，最高人民法院的态度也有过转变。

最高人民法院在〔2003〕执他字第1号函中答复曾湖北省高级人民法院：同理（根据1998年《执行工作规定》第80条），开办单位成立时，其开办单位注册资金不实的，也应当照此办理。即肯定了追加股东的股东为被执行人的做法。

此后，最高人民法院在《关于能否追加被执行人开办单位的开办单位为被执行人问题的复函》(〔2006〕执他字第7号）又答复新疆维吾尔自治区高级人民法院：“我院《关于人民法院执行工作若干问题的规定（试行）》(下称《执行规定》）第八十条明确规定：‘被执行人无财产清偿债务，如果其开办单位对其开办时投入的注册资金不实或抽逃注册资金，可以裁定变更或追加其开办单位为被执行人，在注册资金不实或抽逃注册资金范围内，对申请执行人承担责任。’按照上述规定，人民法院只能追加被执行人的开办单位在其开办时投入的注册资金不实或抽逃注册资金时对申请执行人承担相应的责任，并无其他弹性规定。因此，追加被执行人开办单位的开办单位为被执行人无法律依据，对《执行规定》第八十条不能作扩大适用。”

又后，最高人民法院在深圳市五星企业有限公司执行申诉案（〔2013〕执监字第15号）再次重申了这一立场。

【典型案例】

深圳市五星企业有限公司执行申诉案

案号：最高人民法院〔2013〕执监字第15号

【基本案情】

武汉市中级人民法院（以下简称武汉中院）(1998）武经初字第18号判决判令武航经贸公司赔偿深圳市五星企业有限公司（以下简称五星公司）200万余元。五星公司于1998年6月3日申请强制执行。因被执行人无财产可供执行，武汉中院于2000年7月13日裁定中止执行。

1987年武汉航空公司出资成立武汉航空供销经理部，注册资金110.3万元。1992年9月，更名为武航经贸公司。1994年8月，武航经贸公司注册资本变更为600万元。2000年9月，湖北大华有限责任会计师事务所出具鄂华会事验字（2000）B第508号验资报告称：武航经贸公司的原注册资本为600万元，截至1999年12月31日的实收资本为22万元。现该公司上级主管部门武汉航空公司同意，将其对该公司的债权739.8万元转为投资。该报告在验资事项说明中要求“委托方收到报告后，90天内务必到工商登记部门变更登记手续，逾期必须重新验资”。但是2000年9月武航经贸公司最后一次工商年检登记信息显示，其实收资本仍为22万元，该公司并未办理变更登记手续。2003年6月，武汉市工商行政管理局吊销了武航经贸公司的营业执照。

2002年8月，武汉市国资委与东方航空有限责任公司、上海均瑶（集团）有限公司、武汉高科控股集团有限公司共同出资设立了东航武汉公司。武汉市国资委将截至2001年12月原武汉航空公司的净资产评估后回收，作为对于东航武汉公司的出资，共计2.4亿元，占注册资本的40%。

武汉市国有资产管理办公室（武汉市国资委的前身）在2002年10月8日的《市国资办关于同意武航公司与东方航空公司、上海均瑶（集团）有限责任公司、武汉高科控股有限公司共同组建东航武汉公司的批复》（武国资办〔2002〕166号）中明确了上述出资事宜，同时还确认以下两点：一是武汉市国有资产管理办公室作为新公司“中原武汉航空公司”（应为东航武汉公司）国有资产出资人并行使出资人职能；二是武汉航空公司剩余净资产10 862万元留在武汉航空公司进行清理（资产11 393万元、负债531万元）。执行法院查明，该笔资产为武汉航空公司已被生效裁判文书确认的两笔债权，该债权短期内不能实现。

2005年12月，武汉市国资委将其在东航武汉公司中的38%的股份转让给东方航空公司，价款为2.78亿元，东方航空公司已支付到位。2007年12月，武汉市国资委将剩余的2%股权划至武汉经济发展投资（集团）有限公司。

2005年6月，武汉市工商行政管理局吊销了武汉航空公司的企业法人营业执照。

2011年1月25日，应五星公司申请，武汉中院作出（2011）武执裁字第19号执行裁定（以下简称武汉中院第19号裁定）：（1）追加武汉航空公司为被执行人；（2）追加武汉市国资委为被执行人，在接受财产范围内对五星公司清偿债务200余万元及利息。武汉市国资委就此提出异议，请求撤销该裁定，被武汉中院2012年3月27日（2011）武执裁字第59号执行裁定（以下简称武汉中院第59号裁定）驳回。

武汉市国资委向湖北省高级人民法院（以下简称湖北高院）申请复议，湖北高院于2012年9月5日作出（2012）鄂执复字第14号执行裁定书（以下简称湖北高院第14号裁定），认为追加武汉市国资委错误，撤销了武汉中院第59号裁定。

五星公司向最高人民法院申诉，请求：武汉航空公司因其注册资金不实承担对五星公司的赔偿责任；裁定武汉市国资委因其抽逃资金导致武汉航空公司歇业而承担对五星公司的民事赔偿责任。主要理由如下：（1）武汉航空公司由于出资不实，应在少缴的注册资本范围内对五星公司承担责任。武航经贸公司注册资本为600万元，实缴22万元。尽管武汉航空公司在2000年9月曾试图将债权转为股权，但是由于违反了《公司法》第26条关于注册资本“两年内缴足”的规定和验资报告90天内应在工商登记机关进行变更的要求，其债权转股权并未得到工商行政机关的批准，不发生法律效力。根据《最高人民法院关于人民法院执行工作若干问题的规定（试行）》第80条的规定，应追加武汉航空公司在注册资金不实范围内承担责任。（2）武汉市国资委在未清偿武汉航空公司债务的情况下，将其净资产无偿回收并投入东航武汉公司，致使武汉航空公司歇业并被吊销营业执照，应在无偿接受资产范围内对五星公司承担责任。武汉市国资委的行为实际上是一种抽逃资金、转移公司资产的行为。其预留的用于清偿债务的1.08亿元财产实际上是两笔债权，武汉中院证明已经中止执行，其债权根本无法实现。（3）武汉市国资委在抽逃资金导致武汉航空公司歇业后，怠于行使清算责任，根据《公司法司法解释（二）》第 18 条的规定，应在其造成损失的范围内对公司债务承担赔偿责任。（4）武汉市国资委是武汉航空公司的出资人，应承担出资人相应的责任。

【裁判观点】

最高人民法院认为，执行程序中对于被执行人的追加以法律明确规定的情形为限。本案中，武汉市国资委不是被执行人武航经贸公司的开办单位，对其追加缺乏明确的法律依据。武汉中院追加武汉市国资委不当，湖北高院第 14 号裁定予以纠正是正确的。五星公司如认为武汉市国资委以武汉航空公司的部分资产对外投资损害了其利益，可通过诉讼途径解决。

（讨论整理及后续评论：王赫）

以股权转让方式转让土地使用权中的民事行政交叉问题

【发言群友】

尚法、李志刚、吴光荣、王文胜、王松、陈现杰、刘建功

【讨论时间】

2018年7月

【沙龙实录】

案例与问题

尚　法：甲公司于2014年经股东会决议分立为甲、乙两公司，决议中明确甲公司名下的一块土地给乙公司。甲乙两公司股东及股权比例一致。2017年1月，乙公司股东将股权均予转让。2017年3月甲公司向国土部门申请将土地使用权变更登记至乙公司名下（当时尚未统一登记），国土部门以乙公司股东已变更，案涉土地开发未达25%拒绝办理变更登记。乙公司提起行政诉讼，未获支持。

现乙公司起诉要求甲公司履行分立决议，办理土地转移登记（目前已统一登记，乙公司经咨询应由甲公司申请），但甲公司以国土部门已拒绝办理且

行政诉讼已败诉为由拒绝申请。乙公司诉请有两项：甲公司办理土地使用权转移登记；如不予办理，则承担违约赔偿。根据《不动产登记暂行条例实施细则》第 27 条，公司分立应办理转移登记而非变更登记。问题：（1）乙公司股东变更，是否有权根据分立决议要求甲公司办理转移登记；（2）因公司分立而转移土地使用权，是否因股东变化就要适用开发达 25% 的规定；（3）开发达 25% 的判断是法院审查还是登记部门审查；（4）如登记不能，乙公司该向甲公司要求赔偿还是向甲公司股东要求赔偿？

乙公司实为专门成立的项目开发公司，开发的土地就是甲分立时给的土地。乙公司新股东受让股权花了 2 亿元，也是看中有地才受让的。

李志刚：这个案例有意思。乙公司是根据分立决议新设的主体，是否是分立决议（合同）的当事人？法院审查的是义务能否履行，在登记机关不予登记的事实明确的情形下，股东变化及 25% 开发率对登记的影响，似不属于法院的审查范围。

尚　法：乙公司不是分立决议的主体，决议主体是甲公司股东。法院审查能否履行目前就遇到行政的障碍。这个案件是发回的案件，当初一审没支持乙公司就是专门向国土部门发函，能否办。国土部门明确回复，乙公司股东变了，不能办变更登记。

有观点认为，需要了解 25% 开发率达到没有？如果达到，有义务办的一方不办要承担违约责任。而我们在审查时又遇到 25% 开发率如何判断的问题，因案涉地是一个出让合同，但分成三个证，而两个小证在股东没变前乙公司已办到证，面积最大的一块因当时有抵押没办成，现甲公司又不肯办。审查这 25%，就面临的问题是三个证一起审查达到 25%，还是没办的地达到 25%？两个小证已开发。所以，关键是民事案件能审查吗？

不动产登记行为的性质

吴光荣：这个问题确实很有意思，从《第八次全国法院民事商事审判工作会议（民事部分）纪要》来看，25% 只是管理性规定，在私法上不具有效力（既不影响合同效力，也不影响物权变动）。如果这一理解正确，则登记机构似不能以此为由拒绝办理权属变更登记。目前之所以出现这一问题，乃是我们一直将不动产登记理解为行政管理行为（具体行政行为）所致。登记机构何时应当办理登记，物权法没有明文。但如果以行政诉讼要求登记机构，则所适用的法律不是民法而是行政法，这是造成目前问题的主要原因。

尚　法：是啊，直接判决甲公司办理转移登记可否。基于分立协议应该也是原始取得吧？

吴光荣：这些年我一直在呼吁，不动产登记在性质上是登记机构为配合民法的实施而从事的民事非讼行为，对于登记错误以及登记机构拒绝办理登记的救济均应通过特殊制度进行救济，不能通过行政诉讼。

尚　法：对，总不能法院判决履行办证义务，登记部门认为没有达到25%开发率不予办，再来撤销判决。

吴光荣：是的。

王文胜：非常赞同光荣老师的看法。

以股权转让方式转让土地使用权的合同效力

尚　法：光荣，乙公司根据分立协议有权主张吗？不知各位专家对名为股权转让实为土地使用权转让是何观点？合法？非法？

吴光荣：如果对不动产登记不能进行正确定性与定位，物权法将形同虚设。

针对尚法的问题，从当前本案对不动产登记的理解来看，乙公司能否主张，确实有问题。在开发程度不到25%且经行政诉讼的背景下，登记机构的态度至少会影响合同的履行。至于名为股权转让实为土地使用权转让，本身是伪命题。不过本案则是公司分立引起的土地使用权转让，另当别论。

李志刚：尚法所提“乙公司能否根据分立协议主张”的问题，是问乙公司在合同法或者公司法上是否有诉讼主体资格吗？

尚　法：是的，从合同角度似乎不好说。志刚什么看法？原告要求办变更登记，如办不了按土地价值承担违约责任。感觉有点怪。

李志刚：倾向履行不能，而不是违约责任。

尚　法：乙得不到土地，其利益如何保护？

李志刚：（1）显失公平，主张撤销；（2）合同目的不能实现，主张解除。

尚　法：如果将出让合同作为整体标的考虑，法院认为已达25%，直接判履行办理转移登记呢？那就不能告甲公司，而应当告转让股东了。我们前面就是这么考虑的，所以驳回了乙公司诉情，损失另诉。但被发回了。

王　松：在现有法律框架下，土地使用权变更登记，是转让合同的履行行为，也是行政机关的行政管理行为，行政机关审查变更登记有一套行政管理的法律、政策标准。故对于原告变更登记的诉请，法院应征求登记部门的意见：（1）是否能够变更登记？（2）如果不能变更登记，不能变更的原因是什么？如果登记部门明确不同意变更登记，法院不宜作出支持变更登记的判决，因为无法执行。登记部门答复的不能变更登记的原因，可以作为法院判断合同双方过错的参考因素。

王　松：吴光荣老师的观点是对的，但实践中行政管理部门、行政审判部门没有完全按照这个观点操作，不仅仅是形式审查，很多时候是实质审查，或者说采取与法院审查标准不同的标准。故对涉及变更登记的诉请，法院还是征求一下登记部门的意见再判决更为妥当。

尚　法：本案是公司分立啊，不是转让。省里登记部门认为可办，市里认为不能办。法院不知怎么办。以后涉及物权变更总不能都先去咨询登记部门意见再来确定下一步审理思路吧。

王　松：如果不征求意见就判决过户，万一登记部门认为不符合过户条件、不愿意执行判决，会造成判决无法执行，引发再审改判。

尚　法：是啊，现实问题。所以觉得怪，原告第一诉请办证，而法院还得问登记部门。视登记部门意见再往下走。但25%民事案件又不能不表态，如果法院认定25%到了，登记部门认为不到，又扯不清了啊。

王　松：25%到不到，是事实认定问题，登记部门与法院审查的标准一致为好。或者说，登记部门答复的这个不到25%的意见，如果出具书面结论，属于公文书证（口头答复也类似于公文书证），如果当事人不能提供相反证据足以推翻，法院可以直接采信。依据是：《民事诉讼法解释》第 114 条：国家机关或者其他依法具有社会管理职能的组织，在其职权范围内制作的文书所记载的事项推定为真实，但有相反证据足以推翻的除外。必要时，人民法院可以要求制作文书的机关或者组织对文书的真实性予以说明。

陈现杰：我想尚法说的上级法院是不是认为转让合同本身有效，但如未达到已投入投资总额 25% 的转让条件则不发生物权变动效力，即上级法院是依据《物权法》第 15 条的区分原则来理解此案，所以不同意你们驳回乙公司诉请的判决，而认为合同有效，法院应查明 25% 的投资条件是否已达，如已达，应判决过户，如未达，合同亦应继续履行，甲方有义务使投入达到 25% 再办理过户。当然，这里也仍有一些疑问。依司法终局原则，法院认定已达 25%，判决甲方履行过户义务，登记机关应当执行，登记机关无权以其独立判断抗拒生效判决的执行。当然，现实可能不是这样的。

另外，我也有一点疑问：土地转让已投入 25% 的限制，是在 1993 年海南、广西等地房地产泡沫之后国家管理部门的规制措施，目的是防止炒卖土地制造泡沫，规制对象是不同主体之间的炒买炒卖行为。本案是公司分立，分立后的主体承继原主体的财产，虽然登记在分立后的一家公司名下，但并非炒买炒卖性质的转让，援引 25% 的规定有些张冠李戴。

此外，股权转让引起投资结构改变或投资人改变，是否就是主体的变更？我对此也颇有疑问，群内民法专家、公司法专家如何看待这一问题？我觉得起码法人的主体统一性不能算变更，公司还是那家公司，投资人变了，只是造血干细胞的植入和血液的更换，不能说张三因此就不是张三，遗产继承的资格就应当被取消。所以，这种情形也不适用不同主体间土地使用权转让的规则。此外，夏庭长提到一并转让的土地被划分为三块，有两块在股权变更前已过户，登记部门就不适用 25% 的规制，第三块在股权变更后提出过户，登记部门则以此为由进行规制，这个逻辑也是矛盾的，成问题的。假如当事人又把股权回购，办完过户，再来一次股权转让，此种规制又有何意义。

刘建功：按照最近最高人民法院几个判决逻辑，政府关于对土地开发强度要求的规章是不是也涉及社会公共利益？

尚　法：现杰理解分析得透彻。我们也咨询了省级层面的登记部门和外省的看法，认为股东变更不影响转移登记，而当地区登记部门则坚持不能办，比照使用权转让处理，要求达25%。那25%的判断标准谁来定，法院没权似乎说不过去。上级对此案发回我认为是对的，当初处理简单了些，没认识到变更登记和转移登记的不同，《不动产登记暂行条例实施细则》分别规定在第26条和第27条。现在主要是发回后如何处理有点晕。上级直接改也完全可以，指导性更强。

陈现杰：为防止股权转让导致对有关社会公共利益的经济领域的渗透，国家通常是以市场准入方式进行限制，也包括股权结构即比例方面的限制。所以，国家对名为股权转让实则威胁社会公共利益的行为，是直接从市场准入方面进行规制的。据此，拙见以为，仅以股权变更为由限制财产转让，并不符合立法的规制路径。25%的规制历史地看就是对炒买炒卖制造泡沫的规制，其解释适用应采目的解释和历史解释。

尚　法：是的，就此案中的方式限制，限不住。

【总结及倾向性意见】

经由契约的权利义务安排进而实现经营主体的商业目的是为常态，但当此种安排，即目的实现路径或创设法律关系形式的意图“名实不符”或因关联社会公共利益或公序良俗而归入“以合法形式掩盖非法目的”“通谋虚伪表示”等成为规制的对象，在涉土地使用权开发利用场景下，引发争议的主要情形有三点：“以股权转让方式转移土地使用权”“营业转让方式”“公司分立方式”，并以前者引发争议成讼居多。本次沙龙所讨论情形系针对公司分立方式下所引发的土地使用权变更登记问题。在物权法区分原则为普遍接受的情况下，合同效力问题已无争议。但其间所涉权属变更登记，因关联不动产登记的法律性质进而民法与行政法的关系以及民事诉讼程序与行政诉讼程序的衔接问题而越发复杂。题述案例中，问题的缘起在于登记机关视分立的公司股东变化实质是土地使用权的转让而要求履行报批手续。对此，讨论中形成的倾向性意见是，股权变动无涉土地使用权变更登记，不能将股权变动等同于土地使用权的移转，但此立场背后的法理尚显单薄。后续研判的重点也许在批准、登记等行为的性质及其私法效力，进而延伸到民法与行政法的关系、程序衔接等问题。

【代表性学术观点】

吴加明认为，以股权转让名义将不符合法定条件的土地使用权予以实质转让，该行为从公司法角度看是合法的，从刑法角度分析却可能符合我国《刑法》第228条“非法转让、倒卖土地使用权罪”。从实践来看，此类案件既有有罪判决，也有无罪甚至从民商角度认定为合法的判决。无罪说主要以公司法中的“股权转让不同于公司财产转让”为依据，有罪说主要以“透过现象看本质”为基础。在承认刑事实质违法相对独立于民商合法外观的前提下，对于民事和商事领域应有不同的考察规则，即与在刑民交叉领域认定刑事违法相比，在刑事与商事交叉领域，认定刑事违法应更为谨慎。以股权转让方式转让土地使用权的行为，不宜认定为犯罪。①

姚辉认为，无论是“以合法形式掩盖非法目的”中的“目的”，抑或是“通谋虚伪表示”隐藏下的真实行为旨在达到的“目的”，都并非单方在任何情况下的目的，而是当事人双方的合意，或者说是双方通谋的目的，退一步说也是双方明知或应该知道的目的。之所以“以合法形式掩盖非法目的”和“通谋虚伪表示”中的“目的”是双方目的，是因为合同本身为双方行为，理应代表双方当事人的意思表示。双方当事人通过签订合同这一“外衣”，在实际上却是为了另外一个目的，实施另外一个行为。问题在于，双方当事人欲实现的目的却是违法的，即通过表象的订立合同行为的合法形式，去掩盖其规避法律的非法目的，故应将其界定为以表象的合法形式掩盖实质的非法目的。在所谓名为股权转让实为土地使用权受让案型下，如果股权转让的价格仅是土地使用权的出让价格及其溢价，股权转让的价格就与受让股权的对

---

① 吴加明：《“以股权转让方式转让土地使用权”行为的司法认定》，载《政治与法律》2018年第12期。

价无关，如此归入“以合法形式掩盖非法目的”或“通谋虚伪表示”似有其合理性，因为转让标的名义上是股权，实则为资产。由此，判断收购公司股权的行为是否属于商事交易中投资者对目标公司的投资行为，应看其是否基于股权转让而就相应的权利义务以及履行的方法进行的约定，是否改变目标公司本身、土地使用权之主体的变化，即落脚于合同双方在主观上是否构成共同故意。因此，在涉及“以合法形式掩盖非法目的”或言“通谋虚伪表示”的合同案件中，审查隐藏于合法行为下的“非法目的”是否为双方目的是判断是否构成“以合法形式掩盖非法目的”或“通谋虚伪表示”的关键。若有证据证明隐藏于合法行为下的“非法目的”确属双方目的，则该行为应认定为“以合法形式掩盖非法目的”的行为或“通谋虚伪表示”，从而归于无效。若该非法目的不是双方的目的，则没有依据适用合同无效的逻辑进行效力判断，必然无法推导出合同无效的行为结果。以此类推，其他与诈骗、非法经营等有关的行为，只要一方当事人并不明知另一方的非法目的，与之涉及牵连的合同自然也“并不当然无效”。①

董彪认为，以股权转让方式转移土地使用权的合法性问题产生的根源在于对股权与实体资产之间关系的认识分歧。应当将土地使用权主体变更与否作为判断是否构成以股权转让之名行土地使用权转让之实的一般标准，但是，公司法人形骸化、公司股权与土地使用权实质同一的情形例外。《城市房地产管理法》第 38 条的规定为效力性强制性规范，应当有限度地适用于股权转让行为。以股权转让方式转移土地使用权行为的效力不可一概而论，需要平衡股权转让自由与土地市场流转秩序之间的关系。②

吴光荣认为,《土地管理法》等法律规定的土地总登记是人民政府对土地权属的行政确认行为，而《物权法》上的不动产登记是不动产物权的公示方式，既非行政管理行为，更非行政确权行为。不动产权属确认的实体依据是不动产物权变动规则，而非不动产登记，但由于《物权法》赋予不动产登记以权利移转效力、权利推定效力和善意保护效力，故不动产登记在不动产权

① 姚辉:《凯撒的归凯撒、上帝的归上帝——最高人民法院（2016）最高法民终 222 号判决评析》，载我国台湾地区《月旦民商法杂志》2018 年第 9 期。

② 董彪:《以股权转让方式转移土地使用权行为的效力》，载《中国土地科学》2018 年第 5 期。

属确认中亦具有重要地位和作用。国家参与不动产登记在法律性质上属非讼事件，因而不动产登记程序应属非讼民事程序，自应适用非讼程序规则。基于不动产登记簿的形式拘束力，当事人不能就登记机构作出的登记决定提起行政复议或行政诉讼，而只能通过更正登记制度对错误的不动产登记进行救济。因此，不动产权属争议只能通过民事诉讼予以解决。[①]

（讨论整理及后续评论：刘生亮）

① 吴光荣：《不动产登记与不动产权属确认的实体与程序问题研究》，载《法律适用》2014 年第 10 期。

民事责任与刑事责任的财产清偿顺序

【发言群友】

李志刚、周伦军、段晓娟、王富博、刘凯湘、郭载宇、王松、李后龙、王长军

【讨论时间】

2018年10月

【沙龙实录】

财产责任与同一行为

李志刚：《民法总则》第187条[①]规定："民事主体因同一行为应当承担民事责任、行政责任和刑事责任的，承担行政责任或者刑事责任不影响承担民事责任；民事主体的财产不足以支付的，优先用于承担民事责任。"上述规定中的财产不足支付则民事责任优先的规则，是否仅限于"同一行为"引发责任竞合的情形，还是所有情形？

周伦军：这一规定在其他多部法律中都有，多年来同一行为的责任都无法落实。

① 现为《民法典》第187条，内容与《民法总则》第187条一致。

李志刚：谢谢伦军兄！其他具体的部门法语境下，似都可理解为是同一行为。民法总则此处的规定，是重复强调还是统合所有的民事责任优先，而不仅限于同一行为？

段晓娟：伦军，证券虚假陈述的案件，也面临这个问题吧？

周伦军：所有法律中的文字一样，含义相同。实践中的困难在于落实的方法和工作机制，是一个多年未决的老问题了。

王富博：破产中，我们理解是民事责任优先。《全国法院破产审判工作会议纪要》第28条有关破产债权的清偿原则和顺序的规定，体现了这一精神："对于法律没有明确规定清偿顺序的债权，人民法院可以按照人身损害赔偿债权优先于财产性债权、私法债权优先于公法债权、补偿性债权优先于惩罚性债权的原则合理确定清偿顺序。因债务人侵权行为造成的人身损害赔偿，可以参照企业破产法第一百一十三条第一款第一项规定的顺序清偿，但其中涉及的惩罚性赔偿除外。破产财产依照企业破产法第一百一十三条规定的顺序清偿后仍有剩余的，可依次用于清偿破产受理前产生的民事惩罚性赔偿金、行政罚款、刑事罚金等惩罚性债权。"

李志刚：按该条规定，显然已经不拘泥于"同一行为"了。

王富博：是的。

法律解释的视角

李志刚：疑惑尚存：那么，《民法总则》第187条是否限于同一行为？如果限于同一，破产法能否突破民商法层级，生成一种民事责任绝对优先的法秩序？

王富博：财产足以支付，先后支付实意不大；不足支付出现破产原因时，可按特别法优先处理。后种情形下，即便未启动破产程序，根据国不与民争利原则和国民风险负担能力差异性，扩张解释总则规定似更妥当。

李志刚：情形一：张三盗窃，判罚金10万元，另有民事债务5万元，实际财产只有3万元。坚持同一性，则不是民事责任优先了。情形二：甲公司被判强迫交易罪，罚金1亿元；甲欠乙银行借款800万元。甲现有资产1亿元。尚未申请破产，乙银行800万元债务是否优先于1亿元罚金？如果坚持行为同一性，民事债务都无法优先了。如果认为国家不与民争利而扩张解释第187条，则民事债务优先。立法者在第187条中以分号区隔而未以单句单款列明第二句话，是否意味着立法者坚持同一性才优先？伦军认为第187条是否要坚持同一性？上面的发言好像没看出答案。

周伦军：你提的问题是不同层面的，我的理解是文字层面的。在没有个人破产制度的情况下，责任顺序是个非常尴尬的问题。

王富博：明确规定就无须扩张解释了。

李志刚：确实如此。不知道扩张解释是否为共识？文字层面，您认为《民法总则》第187条的优先是否要求同一性？

刘凯湘：按照文义解释，《民法总则》第187条应当是以同一性为前提，难以扩张解释。但就法律宗旨而言，应当形成整个法律责任体系中的民事债权优先于公法债权的原则，且不以债务人破产为条件。

周伦军：不会吧，立法规定的就是同一行为，这是解释论的方法。志刚却举出限于同一行为不合理的事例主张不宜限于同一行为，是立法论的解释方法。层面确实不同的。富博举的特别法例外规定是事实，但不能以特别法上的规定反推，例外应当代替一般。

李志刚：若此，法官可能要在依法和突破法之间作选择了，结果也将产生相当的不确定性。

周伦军：破产制度决定了个人债务的偿还规则，但我们还没有。法官一直都是依法办案的。

李志刚：依伦军之见，还是应当严格坚持同一性，不能扩张解释了？

周伦军：你提的问题要在执行程序中解决，目前无解。实践中一般是按照先来后到的原则处理，后面的"自甘风险"。

王富博：总则规定限于同一行为，对不同行为时如何处理未作规定，形成法律漏洞。但未规定并不意味禁止。在破产程序中，至少司法政策层面明确民事债权优先于刑事、行政责任受偿。我的意思是，在非破产程序中，可根据法理和价值取向，扩张解释总则规定，填补法律漏洞。

郭载宇：从该条主旨、释义内容及所举例证来看，似乎并不涉及不同行为导致的财产责任冲突问题。不同行为导致的不同责任的承担，与不同机关是否对财产采取保全措施，以及如果采取了，保全的先后顺序等也有关系。比如，对同一财产，如果刑事侦查机关保全在先，民事保全在后，根据目前的相关规定，刑事侦查机关可能不会放手。如果顺序相反，民事也不会迁就刑事，赃款赃物除外。

王　松：《民法总则》第 187 条，按照字面文义和法条结构，应解释为：分号之后的表述，受分号前表述前提条件的限制，即民事主体因同一行为应当承担民事责任、行政责任和刑事责任，民事主体的财产不足以支付的，优先用于承担民事责任。

李后龙：从可操作性角度来看，应限于同一行为。非同一行为情形下，由于涉及不同部门，民事责任先于刑事责任很难落实，都保全了谁牵头处置，对其他部门的行为合法性谁负责审查？都没有答案，各部门必各不相让。但破产中所以可以这样操作，是因为破产法院一家统起来了。立法还要力求可操作性。《侵权责任法》第 4 条也是规定同一行为，《民法总则》不存在立法漏洞。在民法总则文义之外作扩张解释不妥，也不具实操性。

王　松：离开了同一行为的清偿较为复杂，宜具体案件具体分析。例如，《最高人民法院关于刑事裁判涉财产部分执行的若干规定》（法释〔2014〕13 号）第 13 条规定：“被执行人在执行中同时承担刑事责任、民事责任，其财产不足以支付的，按照下列顺序执行：（一）人身损害赔偿中的医疗费用；（二）退赔被害人的损失；（三）其他民事债务；（四）罚金；（五）没收财产。债权人对执行标的依法享有优先受偿权，其主张优先受偿的，人民法院应当在前款第（一）项规定的医疗费用受偿后，予以支持。”

王长军：从《最高人民法院关于刑事裁判涉财产部分执行的若干规定》第 13 条来看，民事责任优先是基本原则，并无对同一行为的限制。执行实务中，例如参与分配时，也未要求同一行为，均遵循民事赔偿优先。刑事的追缴、退赔、罚金、没收等都是在执行程序解决，按照《最高人民法院关于刑事裁判涉财产部分执行的若干规定》第13条规定的顺序清偿，与刑事程序中是否先采取保全措施无关。

【总结及倾向性意见】

不同性质责任竞合时的清偿顺序问题，在法理上极易形成共识，即于特定时刻责任主体财产不足以清偿各种类型的责任时，民事责任应该优先获得清偿。只是在实现上述法理共识的技术选择（实体与程序）上，却如此纠结。本次沙龙针对《民法总则》第187条之“同一性”的文义及规范效力的辨识，也是缘于此。虽未形成一致性意见，但努力方向是一致的。第一，恪守民事责任优先清偿的法理共识。第二，《民法总则》第187条之“同一性”的解释适用，仍应遵循文义解释规则，与《侵权责任法》第4条之“同一性”的解释适用规则相同。第三，《民法总则》第187条关于“同一性”的规范不属于法律漏洞事项，破产实践中的一体遵循规则尚无法形成基本原则的程度。第四，期待个人破产制度的建立，终局性解决问题，但仍需程序法的衔接与融合。

【代表性学术观点】

李明发主张，我国《侵权责任法》第4条第2款确立了侵权赔偿责任优先原则，并将违法行为的“同一性”作为适用条件。[①] 应将其扩张到民事赔偿责任优先并提升为民法的基本原则。[②]

徐国栋就民刑责任竞合的罗马法起源与比较法背景进行了研究，认为我国《民法总则》第187条确立了民事责任优先于刑事责任体制，即民贵刑轻体制。但适用的诉讼法条件是刑贵民轻体制，即刑事附带民事诉讼体制。该体制把刑事诉讼当作相关的民事诉讼的先决条件。由此，实体法上的民贵刑轻与程序法上的刑贵民轻体制发生了强烈对抗。就如何解决上述对抗问题，徐国栋教授认为，把民贵刑轻进行到底，废除刑事诉讼法中的刑事附带民事

① 李明发：《论民事赔偿责任优先原则的适用——我国〈侵权责任法〉第4条第2款规定之解读》，载《南京大学学报（哲学社会科学版）》2015年第2期。

② 李明发、李欣：《民事赔偿责任优先：原则抑或规则》，载《学术界》2015年第9期。

诉讼制度，实行民刑分诉制的解决思路，是把这一体制的相关法律问题不在刑事诉讼法中作规定，而是在民事诉讼法中作规定。这样做属于“革命”路径，震荡太大。改良路径是，在现有的刑事附带民事诉讼制度的基础上进行改良。这一制度还放在刑事诉讼法中，但避免完全从执行的角度进行规定，减少从执行角度看待刑民诉权关系的必要，按照诉权行使和诉讼管辖的路径来发展我国未来的刑事附带民事诉讼制度。徐国栋教授指出，无论是“革命性”还是“改良性”方案都不具有现实性。切实可行的思路是采用司法解释的办法，采取诉权行使和诉讼管辖的路径回应民刑诉权关系问题域中的问题，赋予被害人诉讼形式选择权。①

【实务观察】

《全国法院破产审判工作会议纪要》第 27 条和第 28 条在尊重权利人破产程序开始前的地位及其差异性的基础上，根据破产清算程序对财产和损失的公平分配和分担原则，对破产分配顺序和原则予以补充完善，从而达到依法公正保护各方主体利益的目标。完善了没有明确规定清偿顺序的债权清偿顺位和清偿原则。首先，对于侵权行为造成的人身损害赔偿，从人身权益优于财产性权益的角度出发，赋予其优先顺位。其次，根据法律的一般原理，违法行为发生后，法律的首要目的是恢复原状，然后才涉及对侵害人进行惩罚的问题，因此，纪要确定了补偿性债权优于惩罚性债权的原则，并且规定在债务人需要承担民事惩罚性赔偿金、行政罚款、刑事罚金，其财产不足以同时支付时，首先应当清偿普通债权人，在其财产还有剩余的情况下，再用剩余的财产缴纳民事惩罚性赔偿金、行政罚款、刑事罚金。纪要作出上述指引性的原则规定，符合民法总则关于责任聚合的一般法理，具有较强的针对性和指导性，未涉及的债权清偿顺序问题也有待于进一步探索和完善。②

---

① 徐国栋：《〈民法总则〉第 187 条规定的民刑责任竞合的罗马法起源与比较法背景》，载《比较法研究》2017 年第 4 期。

② 贺小荣、葛洪涛、郁琳：《破产清算、关联企业破产以及执行与破产衔接的规范与完善——〈全国法院破产审判工作会议纪要〉的理解与适用（下）》，载《人民司法·应用》2018 年第 16 期。

【民法典最新相关规定释评】

《民法典》第187条规定:"民事主体因同一行为应当承担民事责任、行政责任和刑事责任的,承担行政责任或者刑事责任不影响承担民事责任;民事主体的财产不足以支付的,优先用于承担民事责任。"该条规定与《民法总则》第187条的规定完全一致,因此,《民法典》的颁布施行,不影响本专题的讨论及分析。

(讨论整理及后续评论:刘生亮)

附

林海权大战李志刚
——关于民商审判几个根本问题的分歧与争论[①]

林海权： 我和志刚是十多年的同事和好友。办公室是一墙之隔，在多个案件中是合议庭成员，在多本司法解释的“理解与适用”中担任共同作者，还是中国人民大学的校友，可以说是非常好的兄弟。但是，我们在民商审判的诸多根本问题上，却有着很大分歧。所以，之前同在一个庭共事的时候，经常为一些法律问题、观念问题、方法问题争论得面红耳赤、情绪亢奋。

今天是《民商审判前沿：争议、法理与实务——“民商法沙龙”微信群讨论实录》（第一辑）的首发式，也是“民商法沙龙”微信群首次线下活动。因为担心这次会议的氛围不够热烈，我是从其他会上专门赶来，集中向志刚“开炮”的——把我们多年来在民商审判领域的一些根本分歧作一梳理，集中“清算”。

我觉得我和志刚至少在三个方面，有着很大的分歧。

第一个大的分歧，是民法与商法的关系问题，民法能否解决商事审判中的商事交易问题。

志刚认为民法不能解决商法问题，强调要用商法解决商事交易问题。我

---

① 2019年4月21日，人民法院出版社、中国人民大学民商事法律科学研究中心在中国人民大学明德法学楼共同举办了《民商审判前沿：争议、法理与实务——“民商法沙龙”微信群讨论实录（第一辑）》首发式暨民商审判前沿问题研讨会。二十余位法学家、专家型法官出席了会议，诸多实务界的律师、法务、在校博士硕士报名，聆听“民商法沙龙”的首次线下研讨。与会专家学者，就“在分歧中寻求共识——民商事案件的找法路径”和“收益权信托：交易实践和法律效力”两个主题进行了深入的交锋和研讨。其中，“民商法沙龙”微信群群友林海权与李志刚就民商审判中的几个根本问题进行了深度的论辩，本辑对双方的争辩的内容进行了简要的整理，以飨读者。

认为民法可以解决商法问题，商法的问题可以通过民法的发展，归入民法的体系，在民法的体系内解决。

关于民法和商法，理论上存在民商合一和民商分立不同学说。从实践角度，个人认为，商法离不开民法。民法与商法均是私法，民法是普通私法，商法是特别私法，故亦可以说商法属于特别民法，商事法律的解释以及商事纠纷的处理应当回归民法体系。

其一，商法虽然产生于商事习惯，但在大陆法系国家，商法均经过体系化的改造。以概念为基础的民法体系，是大陆法系国家实现依法裁判的基础。一方面，以概念体系为基础的法典实现了法律的实证化，使得作为裁判依据的“法”具有确定性；另一方面，以概念为要素构成的体系如同有机体，可以根据实践需要推演出具体法律规则，使作为裁判依据的“法”具有适应性。商法虽然来自商事习惯，但在法典化过程中均进行体系化，德国、日本以及韩国的商法典莫不如此，我国目前的商法缺少体系化这个环节。上学时曾经阅读过一些国内的商法教材，感觉商事法律规范缺乏确定性，后偶然阅读韩国学者李哲松的《韩国公司法》，发现以民法体系为基础解读公司法以及相关法律制度是完全可能的，且所构建的公司法律规范具有很强的体系性和确定性。

其二，商法的理解与适用应当回归民法。目前我国商事立法体系已经较为完备，《公司法》《企业破产法》《保险法》《票据法》早在20世纪已经出台，最高人民法院针对以上法律的适用还出台了相关司法解释，但是法律的成文化并不等于法律的体系化，未经精准法律概念体系化的法律条文缺乏内在联系，没有生命力，无法推演具体法律规则。比如，对于公司清算责任，《公司法司法解释（二）》第18条虽作了规定，但仅依据该条文无法判断清算责任的构成要件与损害赔偿责任，实践中容易产生争议。如回归民法概念体系，将清算责任界定为侵权责任，根据侵权责任的基本原理可以推导出清算责任的要件以及损害赔偿的计算。[①] 实际上，出资责任、高管人员义务、股权转让

① 2019年11月8日，最高人民法院发布的《民商审判会议纪要》将此问题回归民法，明确清算责任是侵权责任，并细化构成要件、损害赔偿以及诉讼时效等具体规则，取得很好的效果。

等诸多重要公司法律制度的条文所存在的争议，如回归民法体系，找到合适的位置，可以寻得共识。

其三，商事纠纷的处理应当回归民法。商事主体追求利益，其行为并不当然以已有法律规范为圭臬，不断创新新型交易结构和交易方式。对于新型交易引发的纠纷的处理，司法机关面临缺乏具体法律条文可以适用的情境，如何寻找裁判依据存在诸多争议，甚至造成“无法可以裁判”的错觉。比如，对于金融市场上存在的各种类型的差额补足条款，如何适用法律存在诸多争议。实际上，如回归民法体系，则有助于裁判者寻得妥当裁判依据。依据民法的适用方法，对于前述的差额补足条款，应根据当事人之间的真实权利义务关系对差额补足条款的性质进行认定，符合保证构成要件，适用保证相关法律规定；不符合保证构成要件，如与保证具有相同要素，则可根据同类事物同等处理的原则，可参照适用保证相关规定；当然，参照适用不是完全适用，对于不同于保证的内容，可以根据合同法总则相关规定进行处理。当然，或许对于如何定性、如何参照适用亦可能存在争议，但回归民法，可以将商事纠纷案件处理中寻找法律、适用法律的过程纳入审查范畴，使商事裁判成为可以审查、可以验证的过程。

其四，民法体系应回应商事活动需求，不断成长与发展。当前的民法体系，已非潘德克吞法学时期纯粹以概念为基础的逻辑体系，经过利益法学、价值法学等学说的批判与修补，作为体系基础的要素不再仅限于概念，利益、价值等亦成为民法体系的重要组成部分，现代民法体系是一个由概念与价值相互融合、内在体系与外在体系统一的法律系统，该体系辅之以规范的法律解释、法律虚造等方法，在维护法律确定性的同时，具备关照社会变化的包容性，可根据现实生活发展的需要不断成长。从历史看，源自商事交易的商法的体系化过程，一方面是以民法体系重塑商事法律规范，另一方面是商事习惯推动民法概念、民法体系的发展。比如，合同法理论中的射幸合同主要来自保险合同、法律行为中的共同行为则与商事活动中的决议行为相关。从未来看，商事交易需求亦将继续推动民法概念和民法体系的发展。比如，名股实债、可转股、可转债等将会推动股权、债权概念的重塑；收益权相关交易可能会促使作为所有权权能之一的收益走向独立；担保交易的创新可能导致物权法定原则的松动。商事活动追求效率，但隐藏风险，民法体系追求秩序，但不免僵化，规范的民法体系与活跃的商事活动摩擦下的商事法律规范体系才是商事活动规范、有序的保障。

我和志刚的第二个大的分歧是关于司法与监管的关系问题。

对于金融市场的发展，经济学存在金融自由与金融管制之争，这种争议体现在金融审判中，就是司法审判对当事人意思的介入之争。志刚是市场派、自由派，我是规制派、干预派。我个人认为，金融审判应当对当事人的意思进行必要的介入。

其一，金融审判承担确立交易规则的功能。司法机关的职责是依据法律审理案件、化解纠纷，但金融领域的创新活跃，有些交易缺乏法律依据，有些交易以规避现有法律为目的，对于这类交易引发的纠纷的处理，金融审判并非仅仅是依照已有法律进行裁判的形式推理过程，而实质上是通过个案的审理，确立市场交易规则。例如，对于以银行账户、理财产品、商品租赁权、排污权、碳排放权等为标的的质押的效力，立法未明确规定，司法机关在具体案件中的结论实际具有效力判断的功能；对于各种规避监管的通道业务，司法机关是否认可其效力对市场有重要影响。

其二，金融审判应考虑当下监管机构的监管政策。志刚持金融自由的观点，认为意思自治是市场经济的基本原则，国家不应对金融市场过多地介入和干预，即使干预，亦是监管机构的职责，司法机关不应越俎代庖，介入私法自治。我对此持不同观点。首先，金融市场存在信息不对称，具有极强的负外部性，需要进行监管。实际上，金融在世界各国和地区都是受到监管的领域，只是监管强度存在差别。其次，仅仅依靠行政监管无法达到消除金融市场的信息不对称、负外部性等问题，特别是金融监管与金融机构的"旋转门"现象非常普遍的情况下。再次，司法机关虽然不承担监管职责，但承担着维护规范、维护市场交易秩序的职责，其在审理具体金融纠纷案件时，在支持合法创新的同时，应当保护金融消费者、规范规避行为、引导金融行业服务实体经济，而监管政策是司法机关进行权衡的重要考量因素。

其三，司法机关的介入应当采用合理的方式。志刚认为，司法介入当事人的意思自治，可能存在权力滥用的问题。我认为对此不能过分担忧。意思自治从来都不是没有限制的，只有符合法律要求的意思表示才能产生当事人想要的法律效果，民法上法律行为成立、生效、无效等制度背后实际上暗含着国家意志。理论上，大陆法系国家的公法与私法区分泾渭分明，原则上不应相互影响，但基于公法秩序具有的公益性考量，个人意思自治以不侵犯公法秩序为边界，但公法秩序的介入必须符合私法要求，以个人意思自治为基本原则的法律行为制度，通过转介条款，为公法秩序介入意思自治留下通道，最为典型的是合同生效和无效制度，比如我国《合同法》第 44 条和第 52 条。需要注意的是，公法秩序并非一成不变，故转介条款通常是以强制性规范、社会公共利益、公序良俗等不确定概念存在，其实际授权司法机关根据所处社会时代进行裁量判断。亚里士多德有言，法治并非实现公正的最佳方式，完全的法治确定性强，但可能牺牲个案的公正，亦缺乏对现实生活的关照，故通过不确定条款授权司法机关一定的裁量权，是实现形式法治与实质公正的最佳方式。因此，司法机关的介入不应被视为洪水猛兽，实际上，只要司法机关的介入方式得当，其是法治秩序必不可少的补充。具体到金融审判，司法介入应限于转介条款的适用，且应通过类型化的方式进行规范。

福建伟杰投资有限公司、福州天策实业有限公司营业信托纠纷案，[①] 在之前广受关注。个人认为，对于司法介入意思自治的个案，我们的研究态度不应是简单地批判，而应运用规范的法律构造技术，对个案适用的情形进行建设性的分析，通过类型化的方式将其纳入规范范畴。因此，对于福建伟杰投资有限公司、福州天策实业有限公司营业信托纠纷案，不能简单地认为该案重启以部门规章认定合同无效的做法，并予以批判，否则反而会助长以部门规章为依据判断合同无效的趋势。相反，如仔细对该案进行研究会发现，该案在认定合同效力时援引的条文是《合同法》第 52 条第 4 项，而不是第 5 项。也就是说，该案并没有以部门规章作为判断合同效力的依据，而只是将部门规章作为认定社会公共利益的考量因素之一。从法律适用角度看，该案

① 参见最高人民法院，（2017）最高法民终 529 号民事裁定书。

实际是关于社会公共利益不确定概念具体化的情形之一，如从建设性的角度对社会公共利益的相关情形进行类型化，能更好地为司法机关适用社会公共利益条款提供指引，实现司法机关的有序介入。

需要注意的是，有不少观点将司法机关对通谋意思表示的否定作为司法介入意思自治的内容之一，个人对此有不同观点。意思自治是民法的基本理念，但民法只保护当事人之间的真实意思，虚伪的意思表示，并非当事人的真意，法律无须给予保护，因此，虚伪意思表示无效自罗马法起即是意思表示理论的重要组成部分。我国 1986 年《民法通则》虽没有关于虚伪意思表示的相关规定，但其第 55 条亦明确，民事法律行为必须意思表示真实。2017 年《民法总则》第 146 条弥补了《民法通则》的缺陷，以条文的形式明确虚伪的意思表示不能得到法律保护。对于目前金融领域存在的规避法律、规避监管的交易行为，司法机关根据虚伪意思表示理论，认为虚伪的意思表示无效，依据当事人的真实意思和真正权利义务认定法律关系的性质，其实际是贯彻意思自治，而非公权力对意思自治的干预。

我和志刚的第三个大的分歧是关于经济分析法学的地位问题。志刚推崇经济分析法学，我强调法教义学。

经济分析法学，或者说叫法律的经济分析、法经济学，对于认识法律，尤其是商事法律，甚至是制定商事法律规范，具有一定的价值，但是对于法律的适用，其地位不应高估。经济学是实证科学，进行的是实证研究，其得出的结论为“是什么”的描述性表述。作为新制度经济学的一个分支，经济分析法学实际是以交易成本为基础概念，对法律与经济之间的关联性进行研究，比如法律与金融的关联性、法律的运行成本等。法学是规范科学，其要回答为“应当是什么”的问题，因应然与实然、价值与事实属于不同范畴，经济学关于“是什么”的实证研究是无法解决规范法学所想要的“应当是什么”的问题。而且，人类生活的利益需求多种多样，并非所有利益可以纳入经济学的考量范围，比如生存、安全、尊严等，经济分析法学无法解决法学所关心的规范问题。更为重要的是，法律是实践科学，具体案件审理需要解决的是“什么是合法”的问题，经济分析法学在此的作用更加有限。

当然，经济分析法学对法律实践也并非一无是处，其可作为基于事实的利益衡量发挥作用。众所皆知，司法裁判并非纯粹逻辑三段论的形式推理过程，法律的发现、解释、续造以及适用等方面都存在评价因素，其间需要借助利益衡量进行判断。需要注意的是，方法论上的利益衡量存在基于规范的衡量与基于事实的衡量两种方法。基于规范的衡量是法律价值的衡量，即将现实争议置于法律规范的价值体系中予以考量，解决法律条文的具体化、冲突等问题，其实质是法律解释以及法律漏洞填补方式，以德国拉伦茨为代表。基于事实的衡量是现实利益的衡量，即通过相互冲突利益的衡量，寻求合理解决方式，实现社会效果最大化，其实质是不同于司法三段论的推理方法，以日本的加藤一郎为代表。基于事实的衡量时，如以经济效益考量社会效果，实际是经济学的思维方式，经济分析法学可以在此环节影响法律实践。对于个人而言，基于事实的衡量，以社会效果论证裁判结果的合理性，存在规则虚无主义的危险，尤其在我国当下，规范的法律适用方法尚未建立的情况下，基于事实的衡量大行其道，对法治的破坏大于建设。

最后我再谈一下法律适用方法的个人观点。法律是实践科学，立法并不能代表法治，法治能否实现取决于法律适用是否科学，这就需要确立规范、科学、统一的法律适用方法。法律适用受到当前理论界与实务界的广泛关注，相关研究亦取得丰硕成果，但个人觉得当前的研究仍有待改进，应该更接地气、更中国化。一方面，当前以法教义学为名的相关研究，文字和文风严谨有余，但难以阅读，如拟让从事法律实务的广大人士均能从中受益，可能需要更加通俗化。另一方面，法律实践中存在诸多中国语境特有的问题，但目前未得到应有的重视。比如作为裁判依据的法，除了法律、法规等正式法律渊源外，尚有会议纪要、指导性案例、法律原则等非正式法律渊源，这些渊源如何纳入现有的法律体系，需要研究。比如对于金融领域存在的诸多创新，金融审判如何应对，个案研究得多，方法论上探讨得少。

李志刚：海权和我数月前就约好了来参加今天的首发式，没想到他今天临时另有重要公务，时间冲突。但尽管如此，海权昨天还是告诉我，他今天肯定请假串场赶过来，发个言。我觉得这是真兄弟、亲兄弟！

但没想到海权还带了这么多的重磅“炮弹”，把我们多年来的“积怨”，作了这么认真的梳理，公之于众！特别是对我的观点归纳得也特别精准，我坐在这忍不住要给他鼓掌！既然这么隆重地向我“开炮”了，我觉得我有必要作个简要回应，否则对不起兄弟精心准备的这一枚枚重磅“炮弹”，也不足展现以我们共事这些年来的“相爱相杀”啊！

民商关系、司法与金融监管、法经济学在民商审判中的运用，这三大问题，确实是我们在理念、方法上的根本分歧，有必要在今天作一个集中的“清算”。

第一个问题，在民商关系、民商审判的法律适用上，海权是民法派，我是商法派。

我确实认为传统民法理论不足以解决商法问题和商事纠纷，需要按照功能主义的方法，建构独立的商法理论，而不是在民法的体系内拆墙补瓦、削足适履。海权就此列举的四个理由，正是我反对他的观点的四个理由。

其一，海权明确认可“商法产生于商事习惯”，说明什么？说明商法是外生于民法的，而不是内生于民法的。为什么外生于民法的经济关系偏偏要牵强附会地归入民法体系呢？这不从商法产生的渊源上，就已经论证了商法不是内生于民法，而是独立于民法的吗？就此，我还要强调两点：第一，要区分法律的体系化、法典化和民法的体系化与法典化。有独立的商法典的国家，足以证明商法自身也可以法典化、体系化，而不是只有依托于传统民法，才能体系化。传统民法源于罗马法，以简单商品经济为经济基础和规范原型，以物权、债权和人身权为基本框架。商法从来就不是简单商品经济的产物，无论公司法、证券法、票据法、破产法、保险法、海商法，都是以现代市场经济为原型的，这些交易和制度，不可能在潘德克吞法学派的民法典结构里找到安身立命的位置，所以，虽然诸多国家号称“民商合一”，但仅仅是没有将这些商事单行法归入一部统一的商法典而已，没有哪个国家的民法典把这些典型的商法全部转入到民法典中去了。我们 2020 年要通过的《中华人民共和国民法典》，会把公司法、证券法、票据法、破产法、保险法、海商法装进去吗？绝对不会。你能在传统民法理论里、即将出台的民法典里，找到法定股东的知情权、异议股东的股权回购请求权的规定吗？一定不能。所以，通过拆墙补瓦的方式，强行将商法问题归入民法体系，以实现一种逻辑自洽和体系美，背离了法律制度本身的目的。第二，法律制度不是为了民法的理论体系自洽而存在的，这种理论上的学术偏好、思维偏好，与商事交易的实用性、功能性需求格格不入。商人要解决的是以最低的成本实现最大的收益，并且风险可控，这是商法生成的原动力，也是商法茁壮成长的生命力。商法没有经过罗马法学家、德国民法学家持续的理论改造，似乎还处于“前体系化时代”，不具备体系美，但这又能怎样？商人的习惯上升为商法，证明了实用主义、功能主义，才是商法的目标，形式主义、体系美从来都不是商法的目标。不是民法学家的理论构造创造了商法，商法的评价指标也不是民法学家的理论偏好。满足交易需要，而不是满足体系化偏好，才是商法的真谛。当然，商法虽然无须强行归入民法的体系化，并不意味着其自身无法体系化。事实上，商法自身的理论，也在朝体系化的方向发展，但其并不以归入民法的体系化为目标，也不以之为荣，其有自身的逻辑，体系化也不是其终极的评价目标。

海权认为韩国学者李哲松的《韩国公司法》，写得特别好，这一点我非常赞同，我们高度一致。但我认为这本书好的原因，与海权认为好的原因，恰恰相反：李哲松并没有大量援引罗马法有关物权债权人身权的规定，来实现公司法的逻辑自洽，而正是基于公司这一“团体法”“组织法”的本质，构建了独立的公司法理论，这是商法的自我体系化，而不是将商法归入民法的体系化。而这些理论，在罗马法、传统民法、民法典中，难寻踪迹。

其二，海权认为，商法的理解与适用应当回归民法。我认为恰恰相反。正是因为强烈的“寻母情结”，制约了商法的适用。正是因为民法理论的根深蒂固和过于强大，限制了商法价值、理念、商事审判理念的实现，甚至制约了市场经济的发展。

海权举了一个例子，公司清算责任，《公司法司法解释（二）》第 18 条的公司清算责任，认为仅依据该条文无法判断清算责任的构成要件与损害赔偿责任，实践中容易产生争议。所以要回归民法概念体系，将清算责任界定为侵权责任，根据侵权责任的基本原理可以推导出清算责任的要件以及损害赔偿的计算。并且认为，股东出资责任、高管人员义务、股权转让等诸多重要公司法律制度的条文所存在的争议，如回归民法体系，找到合适的位置，可以寻得共识。——我觉得海权选的例子太好了，这几个例子都说明，民法解决不了这些公司法的问题，找不到合适的位置。高管人员的信义义务，按照民法逻辑、涵射到以物、债、人身权为核心的民法规定，要么削足适履，要么牵强附会，怎么论证都别扭。《公司法司法解释（二）》第18条的公司清算责任，非要把它归入违约责任或者侵权责任，违约责任归入不了，就往侵权责任上靠——那么，谁侵犯了谁的权利？清算义务人未履行清算义务，为什么就侵犯了债权人的权利了呢？在传统民法上，公司的清算义务人和公司的债权人之间，没有直接的法律关系啊？是侵害了债权人的债权吗？清算义务人有侵害债权人债权的故意吗？你会发现，这条路解释得也非常牵强。公司法为什么不能基于功能主义的需要，直接规定清算义务人以法定的清算义务？违反法定清算义务，为什么就不能构成其对债权人承担的法律依据呢？法定义务的违反，本身不就是责任来源吗？

又如，金融消费者这个概念就有很强的弱者定性和道德意味，与合格投资者的概念有本质区别。如果我们按照传统民法上的等价有偿的逻辑，金融消费者，那不能吃亏，至少不能亏本。但合格投资者的概念，则不是一个充满父爱的概念，它把“投资有风险”放在了概念的主体预设上，只要你是合格投资者，别说亏本，即使穿仓，也是风险自担。对于我们的社会大众和商事法官而言，缺的是什么？缺的是投资者教育、风险教育，过于浓厚的父爱，可能在一定时期内，让孩子感恩，但长期住在温室里的孩子，永远无法长大成人，也不可能奠定一个成熟的市场经济的基石。

其三，海权认为，商事纠纷的处理应当回归民法，并以差额补足等新类型的交易法律调整为例，论证了定性、类型化的必要性，以实现使商事裁判成为可以审查、可以验证的过程。海权举的例子太好了，因为“回归民法体系，则有助于裁判者寻得妥当裁判依据”，这可能才是一种错觉。从事商事审判工作、接触商事交易的时间越长，我越感受到，类型化思维，对商事交易而言，是一种非常危险的陷阱，甚至是一种灾难。

为什么这么说，因为传统民法理论、民法典中的典型合同，虽然已经抽象出了很多常见的合同类型，但世界在发展，社会在进步，新的合同、新的交易模式必然应运而生，而不是应罗马法理论、应法学家的构想而生。而类型化的思维，首先是一种强制的“规训”。就以差额补足为例，为什么会一下子就想到了保证，在补足的时点、责任的承担主体、责任承担方式、债权的从属性上，能否和保证有不同，如果不同，那首先它就不是保证，那么它就无效吗？又如，买卖式担保，是买卖，还是担保？它必须是买卖或者担保，为什么就不能先是担保、后是买卖，或者先是买卖、后是担保？名股实债，要么是股、要么债，为什么就不能有时是股、有时是债？融资租赁，到底是融资、还是租赁？是担保，还是买卖？为什么不能既是融资、又是租赁？在具体的交易中，交易各方的利益诉求是多种多样的，我们是强行按照有名合同去类型化规范它、规训它，还是按照无名合同的开放思维，严格遵照合同，这一当事人之间的法律来维护它，是两种完全不同的思维方式。前者有很强的民法思维属性，后者则有更强的商法思维、商事审判思维的属性。我们的问题是，前者属性太重，后者属性太弱。在商事审判领域，我们特别需要一种商事审判理念的启蒙和培育。

其四，海权认为，民法体系应回应商事活动需求，不断成长与发展。对此，我补充两点：第一，海权已经认识到了民法理论和体系不足以适应现代商事交易，这是对的，我显然非常赞同。第二，海权开的药方不对。海权的药方是拆墙补瓦，通过对民法体系的修修补补，实现一种理论和体系的自洽。我的方案是，无须拘泥于传统民法的理论和体系，传统民法理论，只留下一样就可以，就是无名合同的有效性和开放性，剩下的交给商人和商法。有了这一条，商事合同的问题，基本都可以解决了。其他公司法、证券法、保险法、票据法、破产法、海商法等商事特别法的问题，按照实用主义、功能主义的要求，由商事实践去发展和改造，而无须落入传统民法理论与体系的窠臼。

第二个问题，在金融司法与金融监管的关系上，海权是管制派，我是市场派。

海权的管指派观点，主要有三个理由：金融审判承担确立交易规则的功能，金融审判应考虑监管机构的监管政策，司法机关的介入金融交易不会产生权力滥用。我就此作三点回应：

其一，金融审判确立交易规则吗？

对此，需要分清本与末。金融审判创设交易规则吗？不。在此，我不妨套用恩格斯的一句经典的名言："民法准则只是以法律形式表现了社会的经济生活条件。"民法的立法尚且如此，金融审判就已足以确立交易规则了吗？我始终认为，先有金融交易，再有金融纠纷，继而有金融立法。在金融交易和金融审判的关系上，由于成文法的相对滞后性，在某些时候，金融司法不得不跑在金融立法的前面。对新类型的金融交易的法律效力，进行司法判断。但这个判断的过程，不是创设规则的过程，而是寻找和发现金融商法中的"规律"的过程。金融商事审判，首先是私法审判，以调整平等民事主体之间的权利义务关系为出发点和落脚点。所以，我一直强调一个观点，要"敬畏市场"、"敬畏市场规律"、尊重商人的理性，金融审判要保持一种谦益性，重点关注当事人之间的权利义务分配，需要克服一种"我更懂市场""我更懂法律""我要管金融""金融就是揩油""创新就是规避"的思维模式，尊重商业理性和市场理性，审慎判断交易效力，特别是要避免"法无规定即无效"的观念，应当以"私法"的理念来"司法"。

其二，金融审判应当将当下的监管机构的监管政策作为合同效力的合法性判断依据吗？不！

我先举个例子。一位从事金融审判工作的法官找到我，希望我帮助他提供所有的金融监管规定。我心头一惊，一是警惕，二是凉意。从事金融审判多年的法官会发现，以前从未就金融监管政策进行过专门的学习、了解和梳理，因为无论是《合同法》第 52 条，还是合同法解释、民法总则，都将影响合同效力的因素限制在法律和行政法规层级，而未见"监管规定"纳入合同效力的评价因素。而如果你转型进入金融机构以后，就会发现，除了部门规章之外，各种规定、办法、通知、指导意见，浩如烟海。即使一个金融机构的法务人员，也难以数得过来。这些“监管规定”，数量多，内容庞杂，制定和发布程序远不如法律和行政法规那样严格，而且变化非常快。一个非典型的例子就是证券市场上的熔断制度，从2016年1月1日起正式实施出台，到2016年1月7日宣布暂停实施，实际仅存续了7天。如果以这样的规则调整频度，调整商事交易，规则的安定性、交易的安全性从何谈起？

法治的核心是什么？是按照法定权力分工，依照法律规定行使权力。金融监管职责，不是法院作为商事审判机关的职责。法院，不是金融监管规定的执法主体。在合同效力的判断依据这一问题上，立法机关明确将部门规章和其他规范性文件排除在了影响合同效力的规范依据之外，法院只能以法律和行政法规作为合同效力的判断依据，作为司法介入管制的依据，这是立法机关划定的边界。监管规定是否应当纳入法院的审理与审查范围？应当，但这仅仅限于行政审判。而在行政审判中，法院不是去执行监管规定、冲在前面，去看看是否应当加强管理，而是对行政机关的行政行为本身进行合法性审查，看看这些监管规定是否有错，是否损害了行政相对人的合法权益。从方向上来说，它是将公权力往后拉的，而不是助力公权力往前冲的。

在此背景下，将行政监管规定借由社会公共利益的通道，纳入合同的效力评价，至少可能存在两个错误。

一是逻辑错误。既然判断合同效力的因素是法律和行政法规，而不是规章或者其他规范性文件，那么，就不应当将规章或者其他规范性文件隐性纳入合同的效力评价因素；既然损害社会公共利益，违背公序良俗是判断合同效力的因素，那就不应当拿规章及其他规范性文件说事，法官只要判断是否损害社会公共利益、违背公序良俗即可；既然违反规章或者其他规范性文件可能损害社会公共利益、违背公序良俗，也可能没有损害、没有违背，那还引用规章、其他规范性文件作为说理依据干什么？二者本身就不相关啊。

二是将规章、规范性文件与政策、社会公共利益、公序良俗这几个完全不同的概念混同。政策是什么？梁慧星老师有一段精要的阐释：“政策是法律的依据和内容，法律是政策的规范化。政策，在经立法机关、立法程序予以规范化成为现行法律之前，不具有规范性和国家强制性，不能在法院裁判中引用、作为判决依据。这是政策不能作为‘法源’的根本原因。”[①] 从民法通则到民法总则，一个最大的进步就是不再将“政策”本身，作为民商事审判的裁判依据。而规章及各类规范性文件，都是非常微观的、具体的、管理某一具体领域的行政执法规范，二者从制定主体、规范内容、执行机关、实现方式等诸方面，均有重大区别。社会公共利益、公序良俗，则是内涵高度抽象，外延具有高度弹性，极易被滥用的两组宏观概念。从某种意义上说，只要裁判者想拿出这个工具作为合同无效的事由，几乎没有人有更强的论证能力说他错。在更广泛意义上，如果违反规章、规范性文件，就属于损害社会公共利益、公序良俗的话，那么，所有违反规章、规范性文件的行为，都可以，或者说，都应当认定无效。因为，你几乎很难找到一个规章、规范性文件不是保护社会公共利益、维护社会公序良俗的。照此推论，立法机关完全应当将规章、其他规范性文件与法律、行政法规一并纳入合同无效的判断依据啊——但是，恰恰相反，立法机关不仅没有纳入，而是特别强调了规范依据的效力层级，并且进一步限缩到管理性规定。立法机关在合同法立法的时候，尚且如此谦益，非常严格地限缩合同无效的规范依据层级，为什么审判机关却要反其道而行之，在审判过程中绕道将效力层级更低、制定程序更加宽松、变动更加频繁的规章及规范性文件纳入合同效力评价依据呢?

其三，关于司法机关介入私法自治的角度与限度。

海权以《合同法》第 52 条作为司法干预意思自治的例证。我觉得这个例子特别好。但结论和海权恰恰相反。《合同法》第 52 条确实为司法干预意思自治提供了链接。但是，我们应当特别清晰地看到，这种介入和干预，仅仅限于法律和行政法规啊，它没有将违反政策作为司法干预的路径，也没有为违反规章和其他规范性文件提供链接路径。将政策、规章及其他规范性文件借由社会公共利益、公序良俗的路径成为司法干预的理由，只是批了一件袈裟，是一种“技术性”曲线干预路径。此种路径说明，裁判者之所以要认

① 《梁慧星：民法总则绝对不能规定“政策”为“法源”》，载微信公众号“法律出版社”2017 年 1 月 22 日。

定合同无效，本质上还是因为这些行为违反了政策、规章及其他规范性文件，而不仅仅是因为损害了抽象社会公共利益、违背了公序良俗——此点，在引用规章及其他规范性文件作为说理依据的时候，已经足见。

所言至此，我这几年脑海里一直闪烁一个词，就是商事审判的谦抑性。近四十年社会经济发展的结果，从某种意义上来说，主要应当归功于公权力减少干预的结果，也应当归功于从经济审判到商事审判，不断强化其“私法”的司法属性的结果。从合同法解释的限缩无效范围，到司法审判中的减少干预，尽可能减少无效，特别是防止不诚信的当事人从这种事后无效的主张中获益，是商事审判赢得商人尊重、树立和培育契约精神的宝贵成果。来之不易，弥足珍贵。

金融监管是否需要？非常需要！但这是行政监管机关的权力和职责，不是司法机关的权力和职责。作为行政权力从来就不弱的国度，司法权要找一个理由强化干预，那太容易了。但要审慎地、尽可能弱化和减少司法作为公权力的干预，却需要极高的理性、克制与自信。而摧毁很不容易累积起来的一些契约精神、守约文化，轻而易举。在这样的历史文化和社会经济背景下，应强调金融商事审判作为“私法”的司法属性，敬畏法律、敬畏市场规律，谦抑司法，而不是规训司法，跑在监管机构前面去搞行政执法。

值得庆幸的是，我们看到以（2018）最高法民再467号案的判决为代表，明确“即使违反了《关于加强商业性房地产信贷管理的通知》，但该通知不属于法律和行政法规，不应据此认定案涉合同无效。同时，不能简单地将违反部门规章或者国家政策等行为等同于社会公共利益，否则合同法保护合同效力的立法目的将落空”。此案判决体现的司法态度和裁判观点，体现了商事审判作为私法的归位，合同效力评价依据、规范层级和裁判导向的归位，值得点赞！

第三个问题，在法学方法上，海权是法教义学派，我是法经济学派。

说到这一点，我首先需要澄清关于法经济学，或者说是关于经济学的三个普遍误读。第一个误读，经济学就是钱的问题，就是追求效益最大化。这个观点是错误的。经济学追求的是在有限资源约束下的“效用的最大化”。效

用（utility）是指使自己的需求、欲望等得到的满足的一个度量。在风险和不确定条件下，个人的决策行为准则是为了获得最大期望效用值而非最大期望金额值。有首诗特别有代表性："生命诚可贵，爱情价更高。若为自由故，两者皆可抛。"在这首诗里，从头到尾都没有说以金钱最大化为目标，但他在生命、爱情、自由这三者之间作了一个选择。选择的目标是什么呢？是效用最大，追求效用最大的东西。用什么作为比较的尺子呢？金钱价格。生命、爱情、自由，没有一项是可以用金钱来购买的，但这并不妨碍作者将金钱作为比较效用大小的尺子，给他们的效用大小排序。三者只能选一个，那就选择效用最大的自由——这里从来就没有强调金钱最大化，但以金钱为尺码，为效用排序，并作出了效用最大化的选择。这就是非常典型的经济学思想、经济分析思想的运用。

第二个误读，经济学主要靠高等数学，不懂经济学就不能经济分析。这个观点的错误在于，其将经济学的论证和表达工具、过程，当成了经济学本身。其实并非如此，获得诺贝尔经济学奖的科斯、诺思、贝克尔、威廉姆森，都是大师级的经济学家，但他们的代表作中，最多就是小学算术，有的甚至连算术都没有。可见，经济分析是一种思维方式，数学是经济分析的论证与表达工具，经济分析不等于高等数学，经济学是关于选择的科学，关于在有限资源约束条件下效用最大化的选择的科学，因此，不懂高等数学，也可以理解和运用经济分析的方法。

第三个误读，法经济学和法教义学是对立的。前两年，甚至还有就此进行的热烈争论。事实上并非如此，法经济学是我们更好、更深入地理解和运用法律的一种思维方式。

对法官而言，法经济学的功能至少体现在两个方面：一是理解既有法律规范的所以然。比如，某个法条为什么这样规定，学界会有一种考古式的论证：这个法条从我国台湾地区的相关规定借鉴来的，我国台湾地区的规定又是从日本学来的，日本的规定则是从德国学来的，德国是这么规定的，所以我们也应当这么理解。这是一种非常常见的法学论证逻辑。但是，德国的规定就对吗？彼时彼地的法律规定，能当然适用于此时此地的具体问题吗？比如，物权法定，登记公示公信。我们为什么要学习借鉴呢？本质原因，其实还是这个制度本身的功能，登记公示公信，能最大限度地减少权属的确认和查询成本。这是一个成本最小、效用最大的选择，这是采用此制度的根本原因，而不是因为它源于哪里。从这个角度去认识和理解法律制度、规范依据，才算是真正理解了这一制度。

二是经济分析为疑难案件提供实质性的解决方案。从根本上来说，经济学是选择的科学。而法官的裁判，也主要是对法律解释方向和当事人裁判结果的选择。法律三段论本身似乎是一个逻辑自洽的体系，但事实不是。在概念涵摄的过程中、在规范文本多种文义解释的过程中、在法律漏洞填补的过程中，始终充满了选择。而哪种选择对未来的行为激励及社会效用更大，则很难通过对“公平正义”文字本身的论证实现，此时，法经济学则更具实质性判断的优势。

海权认为经济学是实证研究，不能解决规范法学的问题，可能也有讨论的余地。比如，实证经济学与规范经济学本身就一直是经济学的两种学派，并非不存在规范经济学。而生存、安全、尊严等，并非不能用经济分析的方法作出选择与解决。经济学家贝克尔用经济学的思维方式，对所有的人类行为都作出了经济分析，论证了其背后的行为逻辑。生存、安全与尊严，作为人类所珍视的重要价值，都具有效用，可以用不同的效用尺码进行比较。哪一种选择会形成更好的行为激励，增进个人及社会福祉，将为法教义学在价值判断和解释适用的方向上，提供真正的实质性判断。故法经济学，可以为法教义学中的利益衡量，作出更具说服力的论证过程。此点，海权也予以认可。

特别值得强调的是，法教义学和法经济学并非不共戴天的关系，恰恰相反，二者的有效融合，将为法官提供更有力的论证工具。

林海权：从志刚的回应可以看出，志刚和我观点的交锋确实是全方位的。从志刚前述观点看，他对民法体系存在极大的误解，有必要给予澄清。另，论战不是为了“吵”而“吵”，是为了解决问题，一个共同认可的平台对寻求

共识尤为重要。我觉得有必要从商法功能的角度探讨一下我们需要什么样的商法，以此为基础来权衡以何种路径构建商法体系以及商事审判更为合理。

关于体系，以法律关系为基础构建的民法体系，具有重要的实践功能，是大陆法系追求法律确定性的实践探索，是实现依法裁判这一现代法治文明的实践基础。无视体系的实践功能，仅将体系看成只是法学理论基于理性美的思维偏好，甚至将体系化等同于法典化，未能窥视体系具有的追求确定性的真谛。体系化则是以民法体系为范式，指的是以法律关系为基础概念，围绕权利的产生、变动以及消灭构建的法律规范体系，是基于依法裁判需要的实践探索。所谓法治，在实践中体现为依法裁判，即以事先已经存在的法律规范为依据对当下产生的争议进行裁决，其目的是消除裁判中法官的恣意，实现裁判的可预见性。如何建立一套法律系统，可以应对所有未来可能产生的争议？德国历史法学派在理性主义法学的影响下，认为以法律关系为基础概念构建的概念体系可使法律体系成为一个自我进化的组织，能够应对未来所有待决问题，民法体系即是该信念引导下的实践成果，其路径是通过概念之间的内在连结，使得民法体系成为相互联动的一个整体，具体案件的法律适用不仅是适用个别法条，而是整部法律。比如，民法上的合同具有不同于现实生活的专属性意义，其构成必须符合意思表示真实、合法等要件，具有法律拘束力，违反该合同需要承担违约责任等法律效果，这是一个相互联系的法律制度。如有当事人主张违约责任，裁判者并不仅仅适用违约责任条款，而是需要适用整个合同法律制度，对合同的成立、效力等进行判断。通过合同这一概念，使法律适用的不是单一条文，而是整个体系。现代民法在原来的概念体系中增加不确定概念、类型、一般条款等，改良法律解释技术，辅以法律续造方法，其目的均在于维持民法体系，实现依法裁判的确定性。

或许当下的我们可以说，理性主义法学所信奉的法治是形式推理过程只不过是幻想，与现实裁判不符；以法律体系为基础构建的民法概念体系存在不足，不能满足现实裁判的需要，但不可否认，只要我们仍然认为法治、依法裁判、裁判的确定性是人类文明的共同追求，则民法体系作为理性适用法律的探索所取得的成绩是不能否认的。实际上，以法律关系为基础的民法体系形塑了大陆法系国家私法领域的法律实践。首先，以德国为代表的大陆法系民法典的结构、内容是以民法体系为基础的，游离于民法典之外的单行立法亦均可纳入民法体系中；其次，作为大陆法系的民事诉讼程序基础概念的诉讼标的理论亦是以民事实体法上法律关系为基础的，传统的民事诉讼相关制度与民事实体法律体系的关系密不可分；再次，大陆法系的法律适用所遵循的三段论推理亦是建立在民法体系基础之上，作为法律适用基础的请求权分析方法最为典型；最后，更为重要的是，民法体系确立了分析和解决私法领域法律问题的基本框架，是法律人解决现实生活问题的工具。比如，对于任何私人主体的纠纷，法律人最为直接的反应是，哪一方主体有权利？哪一方主体违反义务？哪一方主体应承担责任？该基本分析逻辑背后隐含着法律关系这一基本框架。可以说，近现代以来大陆法系国家所有私法领域的法律制度、法律知识都是建立在民法体系基础之上的，除了具有民法意味的物权、债权等概念外，我们现在所使用的主体（自然人、法人、其他组织）、权利（包括股权）、转让、合同（成立、生效、解除）、责任等概念都来自民法体系。所以，体系在大陆法系并非只是理论偏好、思维偏好，而是一种追求确定性的努力，具有实现理性适用法律的实践功能，且实践中对私法法律制度、法律适用、法律思维具有决定性作用。否认体系的实践功能，实际上是否认人类文明对法律确定性的探索。

法典化不等同于体系化。简单的法典化，只不过是将散落的法律条文置于一部法典之中，实际上是法律条文的汇编而已。缺乏体系化的法典化只是法条的拼凑，并不能使法律条文之间具有内在连结，相互之间无法产生协同作用。因此，法典化不等同于体系化，是否将法律条文置于民法典、商法是否具有法典，与体系无涉。以德国为代表的大陆法系商法的体系化并不是体现为法典化，而是以民法上法律关系为基础的概念体系对商事立法、商法实践的重塑，该过程亦是以实践为取向。一方面，通过概念引入民法体系，借助民法体系解决商事立法不足以应对所有待决争议的问题；另一方面，通过体系化，接轨民事法律相关的程序、适用等具体制度，实现商事司法裁判的规范化。对于李哲松的《韩国公司法》，我看到的是以法律关系为基础对公司

法相关制度的分析，比如对于出资义务，其会分析是对公司还是其他股东的义务？该义务产生依据是什么？违反该义务的法律后果是什么？该分析过程实际上是典型的法律关系分析。而且，从我个人目前所能看到翻译到国内的德国、日本公司法著作、教程，我看到的是这些著作中存在大量民法的概念，并经常援引民法上的原理、法条解释公司法，未能看到所谓的独立于民法体系的独立公司法理论。目前我国民法典的制定如火如荼，据说很快出台，如缺乏体系化的过程，民法典的制定与分散单行法有何区别？仅仅将单行法合并在一起就实现法治了？

志刚认为，商法回归民法，限制了商法价值、理念、商事审判理念的实现，甚至制约了市场经济的发展。对此，我觉得需要明确我们需要什么样的商法？民法与市场经济格格不入吗？商法理念具有独立的价值吗？

历史代表过去，不代表将来。实然不等同于应然，域外大陆商法的体系化的客观事实不代表体系化一定是正确的，不能成为我国商法应当体系化的当然论据。从知识学的角度，我国商法何去何从应当有一个评判坐标，我个人觉得这个坐标是“我们需要什么样的商法”或者说“什么样的商法是符合当下需要的”。个人完全同意志刚所说，商法应当服务于市场经济、服务商事交易，但什么样的商法才是有效服务与市场经济、服务商事交易？个人认为，商法不是商业促进法，亦不是促进商事发展的国家政策，其作为“法”，对市场经济的主要贡献是为市场交易主体提供可预见性的交易规则。诚然交易规则如何设计亦非常重要，不同交易规则的设计存在不同交易成本，但作为一种区别于政策的“法”，其优势是提供一种长期的、稳定的、可预见性的交易规则。之前读过一篇经济学论文，该论文对二战后多个国家的经济政策进行研究，分析经济政策对经济发展的影响，最后的结论是经济发展与经济政策的内容是自由还是管制没有相关性，与经济政策是否稳定有相关性，经济政策越稳定的国家经济发展越快。个人认为，实现经济政策的稳定主要靠法律，而不是各种政策。因此，实现可预见性的交易规则应该仍是商法的首要功能。当前，我国政府对经济发展出台各种各样的政策，这些缺乏稳定性的政策对经济影响有多大影响值得关注。

如何实现商法的可预见性？理论上存在一种可能，即事先对未来可能存在的各种交易提前制定规则，但这显然不具有现实性，与理性主义法学时代的幻想如出一辙，而且事先明确的交易规则可能限制未来的创新行为。那是不是意味着法律对于未来的商事交易束手无策，只能听之任之？如果持该观点，相当于宣告法治的破产。近现代以来的法治文明告诉我们，秩序与自由之间的平衡是法治面临的最大难点，但也是法治对现代文明的最大贡献，大陆法系以民法体系为基础的制度与英美法系以判例法为基础的制度是两种目前较为有效的实践，前者以体系实现秩序，以不确定概念、一般条款等平衡自由，后者以遵循先例实现秩序，以自由裁量权平衡自由，各有优劣，且均有相应的司法体系、法律适用方法相配套，但二者有相互借鉴与融合的趋势。

我国的商法何去何从？远大理想告诉我们，民法体系与判例法系均有不足，我们应该建立自己的规则体系，但现实问题是，如何建立？以清算责任为例，或许真有高人能够提前将清算责任涉及的所有实体法律问题、程序规则等单独设计一套制度，为清算责任可能产生的所有争议提供规则，但至少目前没有看到，我们看到的是只有《公司法司法解释（二）》第18条这一个条文，该条文的适用对是否需要过错、损失如何认定、赔偿范围多广等存在诸多争议，张三可以有一个观点，李四可以有一个观点，哪个观点是正确的？该争议依据第18条单个条文是无法判断的。之所以引入侵权责任，是不得已而为之的做法。依据侵权责任，可以解决过错、损失、赔偿等存在的争议。或许这种回归民法的解决路径有瑕疵，但至少回归民法可以提供一个标准，不回归民法如何解决？志刚认为可以是单独的赔偿责任，那要不要考虑过错、违反义务如何认定、损失如何认定，诉讼中请求权基础是什么、主体如何列明？这不仅仅是一个单独责任可以解决的。如果未能事无巨细形成条文，其他人可能亦有自己不同的观点，那凭什么认为何种观点是正确的。民商法沙龙中对诸多问题进行讨论，专家学者积极踊跃，发表观点，但公说公有理、婆说婆有理，以什么标准判断何种观点的合理性？或者说，本来就没有标准？如此我们还需要法律做什么？

类型化的思考方式亦是如此，其不完美，但能解决问题。潘德克吞法学时期的建构工具是概念，但概念存在的非黑即白的特质与现实生活不符，故民法体系引入类型这一范畴。所谓法治，是要实现同等事项同等对待，故对于同一类型的交易要适用一样的规则。对于金融市场上的各种创新行为，如其所包含要素与某一合同类型一致，当然应当适用已有合同类型的相关规则；如包含部分要素，则只能参照适用。比如之前所提差额补足条款，现实生活中多种多样，有的具备保证要素，适用保证相关规定；有的具备债务加入要素，适用债务加入相关规定；有的则与保证、债务加入均存在差别，则属于无名合同。对于无名合同，则可参照适用最类似合同类型的规定以及合同总则的相关规定。这种类型化的适用方式与当事人的意思自治相违背吗？会阻碍市场主体的交易自由吗？我看不出来。相反，不采用类型化的适用规则，如何处理当事人之间的纠纷？仅仅依据当事人合同约定？合同约定不完善，依据什么？如约定影响他人利益，存在外部性，如何处理？具备保证要素的不适用保证相关规定，是否符合同类事项同等处理的基本原则？再比如，名股实债，传统民法体系中股权与债权是两个不同的概念，分别存在独立的规则体系，现实生活中的名股实债确实很难简单认定为股或者债，但是为了解决现实中的纠纷，司法机关只能依据具体交易模式中股与债的要素，分别参照股权与债权相关规则。我们都很清楚，简单将名股实债界定股或者债不尽理想，最好的方式是针对名股实债的交易模式单独制定一套规则，但现实生活中是否可能？商法学者们是否为名股实债研究出具体规则？如果不参照适用股权、债权的相关规则，如何处理案件？志刚认为，类型化可能会成为商事交易的灾难。我看到的是，类型化在给商事交易留下足够发展空间的同时，有效解决了新类型交易的法律适用问题。类型化并非强制适用已有的有名合同审理商事合同争议，而是根据商事交易与已有合同的类型是否相同决定法律适用，如确实与现有合同类型不符，则属于无名合同，单独探索建立自有的规则，这种方法为何会限制商事交易的发展？

这里面顺便回应一下志刚所提的实用主义与功能主义。所谓实用主义，强调的是脚踏实地解决实际问题，反对好高骛远，反对空谈理想。个人认为，对于商事审判实践而言，回归民法是最大的实用主义。如果我们承认事先对未来可能出现的商事争议提前制定规则不现实、亦不可取，则商事纠纷的处理必然会面临没有现成的、直接的商事法律可以作为裁判依据的困境，回归民法是解决该“无法可依”的最佳途径。回归民法可能不尽完美，甚至个别时候存在瑕疵，但能解决商事审判实践面临的问题。当然，如果有人认为可以事先对未来可能出现的所有商事争议提前制定规则是可取的、亦是可能的，则回归民法确实多此一举；如果有人认为商事领域中依法裁判与实用主义相违背，甚至认为依法裁判阻碍商事实践，那回归民法确实属于应予摒弃的陈腐之见。因此，回归民法是不得已而为之的做法，是权宜之计，但如果我们在没有其他更好替代办法的情况下，其仍是个人目前仍看到的最好解决确定性的途径，这才是最大的实用主义。

说到功能主义，个人首先想到的是金融监管中的功能监管。之前的金融监管是机构监管，以机构作为监管的着眼点，导致金融机构从事多种名实不符的交易，规避监管，甚至监管套利，故当前监管理论强调功能监管，即具有相同功能的交易适用相同的监管政策，无论这些交易名称是什么、参与主体是谁。个人觉得，这种功能监管实际上是民法上的类型化思维在监管上的体现，二者均强调相同类型的交易同等对待。如所谓的功能主义采以上理解，则商事法律实践确实应有功能主义的思维，这一点从英美法系的商事法律实践可窥见一斑。判例法系实际即是同等类型同等对待原则的实践，以类比推理为主要方式，遵循先例原则。这种功能主义思维在美国商事立法中亦有体现。比如，关于违约救济，美国合同法以违约救济方式进行制度体系化，不考虑违约的方式；关于动产担保制度，美国统一商法典以担保标的物为基准进行体系化，对所有动产、权利担保建立统一的公示制度，无论这些动产担保的形式是所有权保留、让与担保、融资租赁、保理、抵押或者质押，只要相关交易具有担保功能，均纳入统一优先权顺位体系。英美法系的功能主义思维方式对当前大陆法系的立法和司法产生重要的影响。对于违约救济，德国 2002 年的新债法对履行障碍法体系进行重构，抛弃原来的以履约不能、迟延履行等违约方式为基础进行体系化的路径，吸收英美法系的做法，构建以救济方式为基础履行障碍法体系；对于动产担保，日本、我国台湾地区亦制

定单独的动产担保相关规定，统一规范这一交易模式；对于司法，案例在大陆法系国家的民商事审判实践中发挥越来越大的作用，类比亦成为一些法学家所倡导的适用方法，当然，大陆法系的类比与英美法系的类比推理还存在本质区别。可见，功能主义是广为认可的一种思考方式，但令我不解的是，志刚在融资租赁、保理等新类型担保方式的观点却与该思维方式极为不符。对于融资租赁、保理，个人认为其是动产、债权的担保方式，应与让与担保、所有权保留、动产抵押、动产质押、应收账款质押等具有担保功能的交易同等对待，纳入统一的动产担保体系。一方面，融资租赁、让与担保、保理等纠纷处理，在效力、变现以及实现程序等方面可以参照动产抵押、质押已有的较为成熟的制度，提高效率；另一方面，可以一并解决同一担保物为不同主体设定担保的担保冲突以及多个主体为同一债权提供担保的共同担保问题。志刚对此持不同观点，其坚持融资担保、保理属于独立的交易，不应纳入担保体系，可能担心这些基于商事实践的交易纳入基于传统民法体系上的担保制度，限制商事实践的发展。我个人不是很明白，将所有类型的动产担保以原来较为成熟的动产担保为基础，建立统一动产担保体系，怎么就会限制商事实践的发展？实际上，统一担保体系的制度模式是以《美国统一商法典》为模板，其源于商事实践，其之所以可以在世界范围内广受赞誉正是该模式具有的规则明确、成本较低、实现便捷的特质。如不将以上新型交易纳入担保，对于保理债权人如何主张权利、可否直接向次债务人直接要求清偿、让与担保的债权人可否要求取得担保物的所有权等具体问题如何处理？如同一标的物同时存在融资租赁、所有权保留、让与担保、动产抵押，如何确定优先顺序？同一债权同时融资租赁、保理、保证、保证保险，债权人基于以上不同交易的权利是否可以自由选择？相互之间是否可以追偿？基于功能主义的考量，将所有具有担保功能的交易建立统一的动产担保体系，有何不可？难道因“担保”是源自民法的概念就必须与其划清界限？

志刚对商法回归民法非常担忧。个人认为，其对民法体系的理念可能存在误解，未看到民法体系对市场经济的基础作用，甚至将民法与商事交易对立起来。我记得拉伦茨《德国民法通论》一书对于民法体系的建构有深刻的论述。从体系建构而言，法律关系是民法体系的第一个概念，但从价值角度，伦理上的人才是民法体系的第一个概念。作为民法体系上的人，其是自由的具有独立意志的个体，可以根据自己的意志做自己想做的事。基于该理念，民法体系中构建出“行为能力”的概念，基于组织体的主体地位问题，建构“权利能力”的概念，确立了自然人、法人、其他组织构成的主体制度；所有权是伦理上的人独立意志实现的体现与保障，故民法中有基于绝对所有权的物权制度；转让是伦理上的人独立意志的实现方式，故民法有以意思自治为取向的法律行为制度；代理是伦理上的人的意志的延伸，故民法有代理制度。众多周知，经济学理论是建立在个人主义基础之上，强调个人是自己利益的最好判断者，尊重个人选择，个人利益最大化就可实现社会福利最大化。从这个角度看，拉伦茨所指的作为民法体系基础的伦理上的人与经济学所秉持的个人主义中的人是一致的。从制度经济学角度，如交易可以在没有成本的环境下进行，则市场主体可以自行达成交易，制度对市场没有影响，但是现实的交易不可能在没有成本的情况下实现，故需要外在制度降低交易成本。市场经济所需的产权制度和交易规则，实际上是由民法的物权制度和法律行为制度来保障，且该物权制度和法律行为制度背后的个人主义理念亦与市场经济要求相一致。可见，现代民法体系在价值判断上与市场经济完全一致，并且构建了市场经济的制度基础，这也是我们一直强调的民法是市场经济的根本大法的原因。

志刚认为，回归民法对商事交易造成障碍。个人认为这只是一种错觉，之所以会有这种错觉，可能源于作为评判的民法体系与商事交易的张冠李戴。关于民法体系，如前所述，传统民法体系的价值内核是意思自治，基本建构工具是法律关系。近现代以来，因外部社会环境发生变化，完全的意思自治导致市场上的强者利用优势地位制定不公平的合同，故在理念上要求对民法体系基础的意思自治进行限制，消费者权益保护是其中典型。需要注意的是，以消费者保护为典型的倾斜保护并未取代意思自治成为民法体系的伦理基础，意思自治仍是民法的主流，倾斜保护是分支，如以倾斜保护否认意思自治，并认为意思自治不是民法体系的基础理念，则可能得出民法理念与商事交易自由存在龃龉的错误结论。另，商事审判回归民法指的是技术上的回归，以法律关系来建构商事法律、处理商事争议，故即使认为民法体系的意思自治受到限制，并不妨碍商法在以法律关系为工具的建构过程坚持意思自治。可见，回归民法体系并不否认意思自治。

关于商事交易，其并非法律概念，内涵与外延并不清晰，如果说回归民法限制商事交易可能需要对商事交易进行限定。买卖、借款、租赁等商事行为已然作为有名合同进入民法体系，理论上不存在回归民法限制相关交易的问题。民法体系与商事交易存在龃龉目前主要存在于金融领域，那是否意味着民法与金融发展格格不入？金融学上，LLSV1998 年发表的 Law and Finance 一文被认为是最早对法与金融相关性进行研究的文章，该文确实得出法律与金融发展存在相关性的结论，但其并非认为民法体系限制金融发展，其逻辑是法律对投资者权益的保护程度与金融发展具有相关性，投资者权益保护程度高的国家金融更为发达。也就是说，法律对金融的相关性体现于投资者保护程度，而不是法律体系，民法体系亦可能为投资者提供有效保护，为投资者提供有效的保护的民法体系国家，金融亦可蓬勃发展，与金融发展具有相关性的是投资者保护程度，而不是是否回归民法。实际上，该结论亦可从虚假陈述制度得到印证。信息披露是资本市场的基石，法律上通过虚假陈述制度来实现信息披露。对于虚假陈述制度，无论是英美法系还是大陆法系，均是以侵权责任为基础来构建虚假陈述的相关法律制度，但并不能认为以侵权责任构建虚假陈述不能得到信息披露的目的。可见，回归民法体系是一种技术选择，而不是价值取舍，回归民法体系并不意味着不能给投资者提供充分保障、更不意味着会妨碍金融发展。

志刚提到，回归民法会限制商法价值、理念的发展与独立。个人认为，商法的价值、理念的独立性并不能成为其不应回归民法的理由。学术研究与制度设计不是为了独立而独立，如商法本身并不存在不同于民法的价值、理念，其独立有何意义？志刚之前曾在多个场合探讨过商法的价值、理念以及商事审判的理念，个人觉得这些价值、理念大多数并不具有独立于民法的内容。比如，其所提的商法的意思自治、权利意识、契约精神等理念与民法上的私法自治似无本质差别？民法亦强调意思自治、权利意识、契约精神；其所提的商法的外观主义，亦没有独立于民法保护善意第三人的内容，所谓外观主义通过民法上的善意取得、表见代理、意思表示的外观主义亦可得到实现；保险法理论将最大诚信原则、近因原则作为保险合同法独有的原则，但在具体内容和制度设计，保险法的最大诚信与民法的诚信亦无本质区别，民法上因果关系理论亦可对近因原则进行解释。如商法的价值、理念没有区别于民法价值、理念的独立性内容，理论家与实务界呼吁独立的商法价值、独立商法理念有何意义？法学研究不是喊口号、划地盘，不能为了独立而独立。20 世纪 80 年代，经济法学一直强调经济法学的独立性，并总结出了一系列理念、原则，但经济法在法律技术上并没有独立的概念和制度（德国没有独立的经济法概念，有的只是经济公法和经济私法），几十年过去了，经济学科尽管依然存在，但其影响力日渐式微。

是不是商法完全没有独立于民法的内容？对此个人亦认为不能过于绝对。商法具有区别于民法的特性，这些特性存在于制度设计而不是价值理念中。商法产生于商人之间的习惯，具有一些独特的规则，这些规则难以在传统的民法体系得到解释。比如，保险法中，投保人违反如实告知的前合同义务，保险人享有的是解除权，而不是合同法上的撤销权。商事交易涉及的主体众多，有些交易亦是传统的单一的法律关系理论难以解释的。比如，股东会决议难以纳入传统的法律行为的范畴；集合信托或者资管计划中，权利主体众多，这些主体如何作为一个整体行使权利，民法目前似未给予合理解释。商事交易的这些特性不仅对实体民法体系造成冲击，亦给以传统民法体系相配套的民事诉讼制度带来挑战，比如债券违约诉讼的主体如何列明，资管计划中的受托人是否具有诉讼主体资格等。随着商事交易的发展，其还会给传统民法体系以及民事诉讼制度提出新的挑战，比如新的权利类型、新的交易模式等。如前所述，民法体系是开放的体系，其在以法律关系等概念体系化商法的同时，自身亦成长完善，未来的民法体系亦将跟随活跃的商事交易继续成长。就我个人观察，对于商事交易带来的挑战，民法体系基础的法律关系框架仍可应对。比如，对于信托计划中的 SPV，实际商事交易对民事主体制

度的挑战，将推动民事主体制度的多样化；对于围绕数据、资产收益权等的交易，首先是对民事物权制度的挑战，可以通过松动物权法定原则，吸纳新型物权，发展独立权利或者权能，并针对特殊类型的权利建立相应的转让规则；对于保理、回购等新型交易，则可通过合同类型的完善予以应对，一方面立法上丰富有名合同的类型，将新型交易相关规则成文化，另一方面完善无名合同法律适用规则，通过具体审判实践完善新型交易的相关规则。

理想很丰满，现实很骨感。作为远大理想，我完全同意志刚所说，建立独立的商事法律体系，独立的商事审判制度，以应对商事交易的灵活与创新。但是，从实用主义角度而言，个人认为回归民法、完善民法才是务实之举。体系是大陆法系追求法律确定性的实践探索，民法体系形塑了大陆法系私法领域的法律制度、法律实践、法律思维，我国当前的商法和商事审判亦不可避免刻上民法体系的烙印，抛弃民法体系，并不仅仅是不适用民法条文，而是抛弃一整套与民法体系相配套的制度，重起炉灶，这种勇气固然可敬，但是否可行？更何况，民法体系的价值并非与商事交易格格不入，相反，民法体系是市场经济的法治基础，无论是理论还是制度，与商事交易并不冲突，且民法体系亦可随着商事交易不断成长，回归民法并非对商事交易构成障碍。是否有必要抛弃民法体系，重起炉灶？当然，如果我们认为民法体系对于追求法律确定性的努力没有价值，确定性的法律对商事交易并非不可或缺，甚至是多此一举，则确实没有必要回归民法。

李志刚：感谢海权非常耐心细致的分析。简要回应三点。第一，法典化和体系化，不是民法的专利，刑法也可以法典化、体系化，并不意味着刑法也要纳入民法典。第二，商法可以自行法典化、体系化。比如，我们的《公司法》没有纳入《民法典》，它就不存在了吗？它能够自洽地独立存在。在《民法典》里，未必是好事，单独存在，可能更好地彰显个性，而不用委曲求全；公司法理论化、体系化的过程，也一定不是在民法学体系里找到回家感觉的过程，而是其长大成人、逻辑自洽的过程。民法虽然有母爱，但阻碍孩子长大成为一个独立的人，肯定不是真正的母爱，真正的母爱是鼓励和承认商法的长大、独立。第三，商法不必寄居在民法的羽翼之下，它完全可以平等地和民法共同在“私法”这一更彰显市民社会、市场经济的概念下，成为好兄弟，共同支撑其私法的大厦，共同保障私权的行使，共同维护私权的神圣，共同防范公法和公权力的不当侵蚀。海权以上关于民法的绝大部分论述，都可以纳入私法的母命题之下，而民法与商法的不同之处，则在“私法”这个共同的母亲下，成长、发展和完善。而这，可能也是民商事审判的一个最根本使命！

后 记

因为有“民商法沙龙”所有群友的持续智慧分享、读者诸君的热心支持、人民法院出版社的持续关注,《民商审判前沿：争议、法理与实务》(第二辑)才能得以这么快就和大家见面。我谨代表本书的编委会，向诸位表示诚挚的谢意!

编辑和出版这样一本好像没有“正确答案”的法律书，对出版社其实是一个很大的冒险。因为通常而言，无论是我们接受的教育思维惯性，还是法律实践理性，都会认为“权威”与“正确”，才是最大的卖点，才能值得买、值得读。而这本微信群讨论记录的书，恰恰不是提供“标准答案”的，它甚至曝光了“权威打架现场”。所以，出版本书，无论对出版社而言，还是对我们编者自身而言，都是抱着一种比较忐忑的心情。

值得庆幸的是，第一辑出版后，受到了广泛的好评，特别是诸多法律家、法学家的高度评价。拿到第一辑书时，已是 2019 年 4 月底。不到一周，就有一位资深的全国审判业务专家专门给我打来电话，说他五一三天假期，哪也没去，一口气读完了全书，并对书给予了高度的肯定。而一位精英律师，则在他的同事的朋友圈“安利”本书的文字和图片下方留言：“说起来都不能想象，我居然能够看一本法学专著，看到像看小说一样热情朗读。”在豆瓣、淘宝、京东等读书、购书的平台上，更多的读者则给予了“开阔思路”“很受启发”的评价和反馈。此点，非常值得我们欣慰。

因为我们高兴地看到，越来越多的法律人，更加注重思辨的过程、更加注重法律和案例背后的法理、更加注重法律的逻辑推理和论证——我相信，这才是值得我们法律人去努力探求的法学和法律的真谛。而这，既是“民商法沙龙”建群的出发点，也是本书出版的初心。我们期待和所有法律人，共同抱着这种对公平正义的笃定追求，对法理与法律论证方法的独立思考，在争辩中求真求智，去共同推进法学、法律和法治的进步。从不同的争辩声音当中抽丝剥茧，经由独立思考形成自己的判断，不仅是一名法律人的基本专业素养，也是一名理性的社会人可以习得的基本认知能力。事实上，沙龙中讨论的问题（如电商刷单与合同效力问题），已经被有的高校作为研究生入学考试的考题，成为测试法律人专业知识和思维能力的一种重要参考。

《民商审判前沿：争议、法理与实务》（第一辑）主要汇集了2014年12月至2018年9月的讨论专题，本辑则主要汇集了2018年至2019年的“民商法沙龙”讨论的重要专题。第一辑出版后，已经成为不少法学学位、学术论文的重要选题来源。部分讨论内容，也开始在若干核心期刊的脚注中出现。与此同时，本书也得到了诸多实务界人士的重点关注。部分问题，如认缴出资的加速到期问题、未办理抵押登记的抵押合同效力问题、抵押登记与担保范围问题，已经在《民商审判会议纪要》中得到了解决。但部分问题，在该纪要明确态度后，又出现了新的争议。比如未经决议的公司担保问题，担保无效之后，公司有无过错、是否应当承担赔偿责任，又成为新的问题。为此，本书就该纪要出台前后，“民商法沙龙”围绕纪要讨论的有关问题，专门列为第一部分，予以集中呈现。其他各部分仍按照部门法的方式，予以分类呈现。

本辑的编辑工作，分别由江苏省徐州市中级人民法院前法官王松、中国行为法学会执行专业委员会理事王赫、黑龙江省高级人民法院前法官刘生亮、上海市高级人民法院法官陈克、中国人民大学法学院吴园晨博士（以姓氏笔画为序）和我共同完成的，最后由我统稿。

中国法学会民法学研究会会长、中国人民大学教授王利明老师百忙之中拨冗为本书作序，并予勉励，令晚辈倍感荣幸。《人民司法》杂志社及张娜女士一直给予了“民商法沙龙”以持续的支持，并慨允已刊发的数个专题收入本书，我谨致以诚挚的谢意。人民法院出版社的韦钦平女士从“民商法沙龙”建群之日起就对“民商法沙龙”的讨论给予了热心的鼓励和关注，并对本书

的出版从内容、结构到封面设计、排版到首发式等，悉心安排和指导，体现了出版人的专业、敬业与情怀。编辑张怡女士全程审校、细心备至，为本书的出版付出了辛勤的汗水。而每一位“民商法沙龙”群友无私分享的智慧、每一位读者的肯定和鼓励，则是我们将这项非常有意义的事业继续下去的最大动力！

李志刚[①]

2020年3月30日

① 李志刚，“民商法沙龙”微信群发起人，博士，中国法学会商法学研究会理事，中国仲裁法学研究会亚太仲裁研究专业委员会委员，中国人民大学民商事法律科学研究中心兼职研究员。